Film-Ratgeber für Lehrer

Jens Hildebrand

warped tomato

Ausgabe 2013. Reprint von *Jens Hildebrand: Film: Ratgeber für Lehrer, Aulis Verlag, Köln, 2001/2006.*

© Jens Hildebrand. Published by Warped Tomato Publishing, Merzenich, Germany.
The right of Jens Hildebrand to be identified as the author has been asserted by him.

Cover von Daniel Hildebrand, www.danielhildebrand.de.
Weitere Bildnachweise siehe Anhang.

Alle Rechte vorbehalten, inklusive des Rechts der Reproduktion dieses Buchs, ganz oder teilweise, in jeglicher Form und Methode. Jegliche Form der Reproduktion oder Speicherung bedarf der ausdrücklichen und schriftlichen Zustimmung des Autors.
Das vorliegende Werk wurde sorgfältig erarbeitet. Dennoch übernehmen Autor und Verlag für die Richtigkeit von Angaben, Hinweisen und Ratschlägen sowie für eventuelle Druckfehler keine Haftung.

ISBN 978-3-929892-50-5

Inhaltsverzeichnis

	Einleitung	7
1.	**Film- und Fernsehrezeption bei Kindern und Jugendlichen**	**11**
1.1	Kinder und Fernsehen	11
	1.1.1 Bestandsaufnahme: Fernsehgewohnheiten	11
	1.1.2 Wie Kinder fernsehen	18
	Was ist gutes Kinderfernsehen?	27
	1.1.3 Probleme und Lösungen	28
	1.1.4 Gewalt im Fernsehen	39
1.2	Ziel: Film- und Fernsehkompetenz	45
2.	**Filmanalyse am Beispiel von Stanley Kubricks *The Shining***	**50**
2.1	Ein rätselhafter Film	50
2.2	Ein Unterrichtsmodell	54
2.3	Sekundärtexte	58
2.4	Detailanalyse nach Sequenzen	70
2.5	Leitmotive und Deutungsversuche	199
2.6	*The Shining* als Literaturverfilmung und als Horrorfilm	210
2.7	Filmische Dramaturgie	216
	2.7.1 Protagonist, zentrales Problem und Antagonist	216
	2.7.2 Die zentrale Frage	219
	2.7.3 Einheit der Handlung und Subplots	221
	2.7.4 Figurenzentrierte und linear-chronologische Kausalität	223
	2.7.5 Zur Struktur	224
	Kopiervorlage: Die Heldenreise	226
	2.7.5.1 Erster Akt (Stationen 1-5)	230
	2.7.5.2 Zweiter Akt (Stationen 6-9)	237
	2.7.5.3 Dritter Akt (Stationen 10-12)	239
	2.7.6 Dramenkurve für den populären Film und *The Shining*	243
2.8	Filmkritik	247
2.9	Schauplatz und Set	251
2.10	Kuriosa	252
3.	**Übersicht: Terminologie der Filmanalyse (deutsch/englisch)**	**255**
4.	**Ideen für Unterrichtsreihen**	**281**
4.1	Die Behandlung von Filmen im Unterricht	281
	4.1.1 Phasierungsmodell	281
	4.1.2 Lernerfolgskontrollen	283
	4.1.3 Schülermotivation und -aktivierung	283
4.2	Fremdsprachenunterricht	284
	4.2.1 Wortschatzentlastung	285
	4.2.2 Training des Hör-/Sehverstehens	286
	4.2.3 Lernerfolgskontrollen	287
4.3	Zur Filmauswahl	287

4.4	Unterstufe	288
	4.4.1 Animationsfilme	288
	4.4.2 Spielfilme	289
	4.4.3 TV-Serien	290
4.5	Mittelstufe	291
	4.5.1 TV-Serien	291
	4.5.2 Spielfilme	296
	4.5.3 Literaturverfilmungen	299
4.6	Oberstufe	299
	4.6.1 Kernfilme für den Deutschunterricht (und Geschichte)	300
	4.6.2 Kernfilme für den Englischunterricht	301
	4.6.3 Thriller	304
	4.6.4 Katastrophenfilme	306
	4.6.5 Science Fiction	307
	4.6.6 Krieg und Gewalt	308
	4.6.7 Satiren	310
	4.6.8 Literaturverfilmungen	311
	4.6.9 TV-Serien	312
5.	**Filmkatalog**	**321**
6.	**Filmtechnik**	**357**
6.1	Bildformate	357
6.2	Medien	361
6.3	Tontechnik	365
7.	**Anhang**	**369**
7.1	Bezugsquellen	369
7.2	Weiterführende Literatur	369
	7.2.1 Film und Fernsehen	369
	7.2.2 Film- und Fernsehpädagogik	370
	7.2.3 Stanley Kubrick und *The Shining*	371
7.3	Zeitschriften und Material zum Thema Medien	373
7.4	Text- und Bildnachweis	373

Für meine Familie und alle Schüler, die hierzu beigetragen haben.

Einleitung

Der folgende Ausschnitt aus einem Interview der Fernsehzeitschrift *TV Spielfilm* mit Satiriker Oliver Kalkofe und Moderator Joachim Steinhöfel illustriert ein grundsätzliches Problem, wenn es um Schule und Fernsehen (und andere Erscheinungen unserer Gesellschaft) geht:

Kalkofe: Das Problem ist, dass das Fernsehen von den Intellektuellen immer verdammt wurde. Dadurch hat man die Leute viel zu sehr allein gelassen. Mich wundert, dass es zum Beispiel Fernsehen nicht als Schulfach gibt.

Steinhöfel: Da muss ich widersprechen, oder sollen die deutschen Lehrer etwa im Ernst das Fernsehverhalten der Jugend steuern?[1]

In der Tat sind Film und Fernsehen in der Didaktik der vergangenen Jahrzehnte recht stiefmütterlich behandelt worden, und zwar auch in ihren fiktionalen Textformen. Während der Dokumentarfilm Eingang in die Natur- und Gesellschaftswissenschaften fand, wurde das Angebot an Spielfilmen und TV-Serien von den Lehrern für Deutsch und die Fremdsprachen allenfalls zurückhaltend aufgenommen: Man stand und steht auch heute einem Alltagsmedium, das primär auf Unterhaltung ausgerichtet ist, sehr skeptisch gegenüber. Noch Anfang der 80er Jahre beließen es die Richtlinien des Landes NRW für die Gymnasiale Oberstufe im Fach Englisch dabei, auf einer einzigen Seite anzudeuten, dass audio-visuelle Medien dem Schüler "authentisches Sprachhandeln" oder "Wirklichkeitsentwürfe" vermitteln könnten.[2] Über marginale Hinweise auf das Schulfernsehen und auf die Nutzung von Filmausschnitten im Bereich des Hörverstehens gelangte man nicht hinaus; beispielhafte Filme und Sequenzen oder Hinweise zu Analysekriterien wurden nicht geliefert. Diese Umstände haben dazu geführt, dass Schüler das Medium Film in den letzten Jahrzehnten häufig nur in der Form der – nicht immer prickelnden – Literaturverfilmung kennen gelernt haben, die gezeigt, aber selten als Film analysiert wurde. Dass Spielfilme und TV-Serien inzwischen auch in der Schule stärker wahrgenommen werden, liegt wohl nur z.T. an der Nachricht, dass ein Jugendlicher beim Schulabschluss durchschnittlich etwa 15.000 Schulstunden erlebt, aber zugleich ca. 18.000 Stunden vor dem Fernseher verbracht und etwa 15.000 TV-Tode gesehen hat. Nicht zuletzt rücken inzwischen jüngere Lehrkräfte nach (sehr langsam, da Bildung zwar ein kostbares Gut ist, aber nichts kosten darf), die sich schon im Studium mit dem Medium Film beschäftigen konnten. Nachdem die neuen Lehrpläne der Länder den Film im Stundenplan der Sekundarstufe II festgeschrieben haben, ist die Lage allerdings für alle Lehrer "ernst" geworden: So sehen die Richtlinien des Landes NRW für das Fach Deutsch in der S II *zwingend* die Behandlung eines Films vor; auf die altbekannte Literaturverfilmung darf nur noch im Grundkursbereich ausgewichen werden.[3] Schon hier wird deutlich, dass eine Videokassette nicht mehr nur als Übermittler z.B. von authentischen Englisch-Dialogen gesehen wird, nicht mehr nur (aber auch) Hilfsmittel beim Hörverstehenstraining im Fremdsprachenunterricht sein soll. Gerade die Aufnahme in den Lehrplan des Deutschunterrichts zwingt dazu, **Filme als Unterrichtsgegenstände** zu sehen und sich mit ihnen als Textform mit spezifischen Gestaltungsmitteln und -techniken auseinander zu setzen. Wenn nur die (selten befriedigende) Verfilmung des gerade gelesenen Romans angeschaut wird, empfinden die Schüler dies meist als "Gimmick" und lassen es an der (im Grunde erschlichenen) Motivation meist schnell vermissen. Ebenfalls häufig zu beobachten ist die Frust-

---

[1] TV nur noch für Blöde ? – Interview mit Oliver Kalkofe und Joachim Steinhöfel. *in:* TV Spielfilm Nr. 5/2001. S. 33f.

[2] Richtlinien für die gymnasiale Oberstufe in Nordrhein-Westfalen – Englisch. Der Kultusminister des Landes Nordrhein-Westfalen [Hrsg.]. Düsseldorf, 1981. S. 92.

[3] Richtlinien und Lehrpläne für die Sekundarstufe II – Gymnasium/Gesamtschule in Nordrhein-Westfalen – Deutsch. Ministerium für Schule und Weiterbildung, Wissenschaft und Forschung des Landes Nordrhein-Westfalen [Hrsg.]. Düsseldorf, 1999. S. 20.

ration, die eintritt, wenn Lerngruppen einen englischsprachigen Film im Original sehen: Die Schüler verstehen wenig bis gar nichts, weil sie an Originalfilme nicht gewöhnt sind; der Lehrer ist über die mangelnden Fähigkeiten seiner Schüler im Hörverstehen enttäuscht, zeigt aber den Film zu Ende, damit man es "hinter sich hat". Auch hier wird der Film eher als Motivationsmittel eingesetzt, das leider nur in Ausnahmefällen die erwünschte Wirkung erzielt.

Im Fall des Fremdsprachenunterrichts bringt die regelmäßige Auseinandersetzung mit zielsprachigem Filmmaterial viel an Sicherheit und damit Gewinn für die Schüler mit sich. Grundsätzlich liegt das Problem beim Einsatz von Filmen allerdings darin, dass es in den meisten Fällen eben nicht um den Film geht, sondern um die Verfilmung eines Romans, um die Frage der Umsetzung einer Buchvorlage, womöglich auch nur um das unterhaltsame Füllen einer Lücke kurz vor den Ferien. Dabei wird der Film als Textform mit ganz spezifischen gestalterischen Mitteln gar nicht wahrgenommen. Während man im Unterricht mit größter Selbstverständlichkeit gedruckte Erzähltexte auf ihre Bedeutung, Gestaltung und Wirkung hin untersucht, sieht man den Film nur selten als das, was er ist: eine **Kunstform.**

Eine Ursache hierfür mag die Erfahrung sein, dass die meisten populären Kinofilme auf den ersten (und oft auch auf den zweiten) Blick nicht viel mit Kunst gemein haben. Dass Hollywood das Medium Film primär als Werkzeug der Unterhaltung und Vermögensbildung sieht, steht außer Frage. Auf eine komplexe und in diesem Sinne kunstvolle Gestaltung legen Produzenten und Regisseure des Mainstream-Kinos wenig Wert; sie sind weniger schaffende Künstler als Filme*macher*. Trotz alledem ist das moderne Kino besser als der Ruf, den es bei vielen Lehrern hat. Denn in der Kunstform des erzählenden Films verbinden sich literarische, dramaturgische, visuelle, akustische und technische Elemente zu einer eigenen Ästhetik, die in ihrer Komplexität eine ganz besondere Wirkung auf den Zuschauer entfaltet.

Hieraus ergibt sich eine **intensive Teilnahme des Rezipienten**, und somit eine besondere **Schwierigkeit für den Einsatz im Unterricht**: In der normalen Film- und Fernsehhaltung ist der Zuschauer eher passiv, er staunt viel, denkt aber wenig. Nach der Ansicht von Neil Postman, Medien-Apokalyptiker aus Tradition, ist die Lage sogar noch schlimmer: Das Fernsehen "verlangt keine besonderen Fähigkeiten und entwickelt auch keine Fähigkeiten", deshalb sei es auch jedem, schon dem kleinsten Kind, zugänglich.[4] Abgesehen von der Tatsache, dass ein Dreijähriger einen Film wie *The Truman Show* oder auch nur *Star Wars* zwar sehen, aber mit Sicherheit nicht verstehen kann, Postman hier also stark simplifiziert: Ohne Anleitung entwickeln Schüler beim Lesen von Texten nicht mehr Wissen über Erzählperspektiven (vielleicht noch nicht einmal ein Bewusstsein ihrer Existenz), als sie beim Anschauen von Filmen ein Bewusstsein für Kameraperspektiven verspüren. Zweifellos lenken Filme stärker von analytischen Fragestellungen ab, ist ihre Rezeption weniger kognitiv, ja eine sinnlichere und sinnlich oft überwältigendere Erfahrung als das Lesen eines Romans – möglich ist das Denken, Kombinieren und Analysieren vor dem Bildschirm aber durchaus. Es ist sogar notwendig, wenn man die **Wirkung der Mittel verstehen und kontrollieren** will. Da auch Filme selbstverständlich auf einer Dramaturgie und damit auf der Voraussetzung basieren, dass der Zuschauer beim Sehen Fragen entwickelt und verfolgt, funktionieren Filme gar nicht ohne Denken. Unstrittig ist der Umstand, dass sich bei manchen Filmen (wie manchen Büchern) die Fragen darin erschöpfen, in welches Bein der Hai beißt, wann sich Julia Roberts und Richard Gere (oder Hugh Grant) kriegen – oder wie lange es dauert, bis Arnold Schwarzenegger zu schießen anfängt...

Der vorliegende Band soll dazu anregen, Filme nicht nur als Bild- und Tonträger, sondern als **Unterrichtsgegenstand** zu sehen, d.h. den notwendigen Schritt von der Leinwand zurückzutreten und das Auge für die **Filmanalyse** zu schärfen. Weder dieser Ratgeber noch denkbare Unterrichtsreihen zum Thema Film sollen darauf abzielen, dass man Filme "zu Tode" analysiert und Schülern den Spaß an dieser Erzählform nimmt. Die Gefahr, dass sie bei der Lektüre von Kurzgeschichten oder Romanen hinter die Wirkung der vom Autor gewählten Mittel

---

[4] Neil Postmann: Das Verschwinden der Kindheit. Fischer TB, Frankfurt/Main 1987. S. 93.

schauen und nur noch "verkopft" lesen können, ist ohnehin größer als das Risiko, dass sie sich im Kino nicht mehr von der Wirkung der bewegten Bilder einfangen lassen. Da es allerdings erstrebenswert erscheint, Schülern Wissen über eine derart verbreitete Textform und Kompetenzen für ihre Rezeption zu vermitteln, soll hier das Bewusstsein für einen lange vernachlässigten, interessanten und motivierenden Unterrichtsgegenstand geweckt werden, der von Jugendlichen außerhalb der Schule noch weit häufiger konsultiert wird als Webseiten.

Wir müssen der Wahrheit ins Gesicht sehen: Filme sind für einen Großteil der Schüler der wichtigste Zugang zum Kulturwissen unserer Zeit: zu Geschichten, Mythen und Motiven aus der Literatur- und Geistesgeschichte vieler Jahrhunderte, zu alten Helden mit neuen Gesichtern und nicht zuletzt zu klassischen, modernen und kunstvollen Formen des Erzählens. Filme bedienen sich unseres "kollektiven Unbewussten" – und formen es.

Ebenso deutlich muss gesagt werden, dass die Beschäftigung mit Film und Fernsehen zwar einen Platz im Unterricht der heutigen Schule haben muss, hierdurch das Fernsehverhalten der Schüler aber kaum beeinflusst werden kann. Das erste Kapitel zeigt, welchen Einwirkungen die Rezeption visueller Medien durch Jugendliche unterliegt und in welch engen Grenzen der Unterricht wirken kann – weshalb auch die Forderung nach einem Schulfach "Fernsehen" wenig sinnvoll wäre, ebenso wenig wie die Forderung nach einem Fach "Buch" oder "CD-ROM". Der Traum von der Schule als Korrektiv gesellschaftlicher Entwicklungen (und als Nährboden bestimmter politischer Ideologien) wird ein ebensolcher bleiben. Die Lehrerschaft stemmt sich mit Recht gegen die von Politikern direkt (durch die Presse) und indirekt (durch Richtlinien und Lehrpläne) artikulierte Forderung, diesen Anspruch zu erfüllen. Dabei sollte jedoch das Kind nicht mit dem Bade ausgeschüttet werden; d.h. durch das Fernsehen verursachte Probleme oder unerfüllbare Anforderungen an die Institution Schule sollten nicht verhindern, dass man sich dort mit Film und Fernsehen beschäftigt. Das Ziel dieser Beschäftigung liegt näher, als mancher befürchtet oder gehofft hat: Die Auseinandersetzung mit filmischen Textformen im Rahmen des Sprach- und Literaturunterrichts soll Schülern **Filmlesefähigkeit** vermitteln und sie in die Lage versetzen, bewegte Bilder **kontrolliert zu rezipieren**. Hierbei geht es nicht um die Schule als Kinosaal, um eine flimmernde Spaßschule mit kuschelweichen Loveseats: Es geht um Bildung.

Jens Hildebrand,
Girbelsrath im August 2001.

Bemerkungen zur 2. Auflage

Die Entwicklung, die zur Zeit der Erstveröffentlichung dieses Buchs schon begonnen hatte, hat sich erfreulicherweise fortgesetzt: Filme sind in der Schule angekommen, nicht nur als Lückenfüller, sondern sogar als Pflicht-"Lektüre" z.B. im Englisch-Leistungskurs: In die Obligatorik für das Zentralabitur 2007 im Fach Englisch wurde in NRW der britische Spielfilm "Bend it like Beckham" aufgenommen.[5]

Dennoch bleibt noch viel zu tun, wie nicht zuletzt die Auswahl dieses speziellen Films zeigt: Das Werk liefert kaum Ansatzpunkte für eine vertiefende Analyse der Filmsprache, dient also eher als bloßer Vermittler landeskundlicher Informationen und "Botschaften". Die gründliche Interpretation eines Films, seiner formalen Gestaltung und Subtexte findet nach wie vor eher selten statt. Mancherorts wird die für die Sekundarstufe II vorgesehene Behandlung von Spielfilmen z.B. im Deutschunterricht in die Jahrgangsstufe 11 verbannt, da man glaubt, das Thema dort leicht und ohne großen Aufwand "abhandeln" zu können. In diesem Fall besteht nicht nur

---

[5] siehe hierzu auch: Jens Hildebrand: A Lesson In Movies: Stand By Me, Bend It Like Beckham, About A Boy. Aulis, Köln 2005.

die Gefahr der Oberflächlichkeit, es wird immer noch eine große Chance vertan: den Schülerinnen und Schülern zu zeigen, dass Filme nicht bloße Gebrauchsgüter sein müssen, sondern Kunstwerke sein können.

Gerade in Zeiten der sich mehrenden Ausdrucksformen von Kunst und Kommerz ist Kulturpessimismus fehl am Platz. Es hat keinen Sinn, den Verfall der Kultur zu beklagen, denn das bedeutet zugleich, dass man nicht mehr an die Kultur glaubt. Kunst hat es immer schwer gehabt, wahrgenommen zu werden. Aber sie ist da, und es gibt einen Weg zu ihr. Wir müssen ihn aber auch gehen wollen.

Jens Hildebrand.

Bemerkungen zur 3. Auflage

Liebe Leser,

dies ist ein unveränderter Nachdruck des „Film-Ratgebers für Lehrer" (den Doppelpunkt habe ich nie verstanden), der ursprünglich im Aulis Verlag, Köln, erschienen ist. Da immer noch Nachfrage nach dem Buch besteht, halten wir es hiermit verfügbar in der Hoffnung, dass es sowohl Ihnen bei der Lektüre als auch Ihren Schülerinnen und Schülern viele anregende Stunden bescheren wird. Weil wir das Format des Buches ändern mussten, haben sich ab Kapitel 1.2 die **Seitenzahlen** leicht geändert. Wir bitten um Verständnis.

Besuchen Sie gerne auch meinen Blog, z.B. um etwas über meine Kinder- und Jugendbücher zu erfahren.

Mit besten Grüßen

Jens Hildebrand
Girbelsrath im Oktober 2013
jenshildebrand.wordpress.com

1. Film- und Fernsehrezeption bei Kindern und Jugendlichen

1.1 Kinder und Fernsehen

Ein deutliches Wort vorneweg: Dieses Buch richtet sich an Lehrer, die sich im Unterricht ausführlich der Filmanalyse widmen möchten. Eine solch kontrollierte, bewusst machende Auseinandersetzung mit Film und Fernsehen weicht von der normalen Rezeption dieser Medien ab und kann – dennoch oder deswegen – die grundsätzliche Haltung der Schüler zur "Flimmerkiste" und ihren Sendungen nur wenig beeinflussen. Auch wenn die Förderung der kritischen Medienrezeption eines der wesentlichen Ziele schulischer Arbeit ist, muss klar sein, dass die Beschäftigung mit filmischen Texten in erster Linie eine fachspezifische Angelegenheit des Literatur- und Sprachunterrichts ist, die jenseits des Medienalltags der Schüler stattfindet und nicht dazu taugt, sich einer Grundhaltung entgegenzustemmen, die Kinder schon etwa vom dritten Lebensjahr an entwickeln.

Die folgenden Erläuterungen sollen zeigen, vor welchem Hintergrund und innerhalb welcher Grenzen sich die Beschäftigung mit filmischen Medien in der Schule abspielt. Angesichts der alltäglichen Fernsehrezeption der Kinder und Jugendlichen wird deutlich, dass der denkbare Vorwurf, die Schule wolle sich des "Problems Fernsehen" nicht annehmen und damit aus der Verantwortung stehlen, ins Leere geht: Schule kann weder das gesunde Maß bestimmen, in dem Kinder fernsehen sollten, noch einer Überschreitung dieser individuellen Grenze und damit einhergehenden Fehlentwicklungen entgegenwirken. Medien bieten verlockende Anlässe zum Missbrauch, verursachen ihn aber nicht. Ursachen für einen Umgang mit medialen Inhalten, den Erwachsene als kritisch betrachten, liegen in der kindlichen Entwicklung und individuellen Problemkonstellationen, d.h. in Bereichen, in die Unterricht kaum vordringen kann. Die Beschäftigung mit Filmen, Fernsehserien, TV-Nachrichten und -Werbung kann neben den Botschaften auch die Funktionsweisen und ästhetischen Wirkungen dieser Text-Formen sichtbar und bewusst machen – aber nicht Kinder von den Bildschirmen wegholen, die dort etwas finden, das ihnen wichtig ist, und die nicht wissen, das man es auch anderswo (und dort womöglich sogar leichter) finden könnte.

1.1.1 Bestandsaufnahme: Fernsehgewohnheiten

Der Medienpädagogische Forschungsverbund Südwest (www.mpfs.de) untersucht regelmäßig die Interessen und den Medienkonsum von Jugendlichen im Alter von 10-19 Jahren (ca. 1000 Befragte).[6] Dabei kommen ca. 20 % von der Hauptschule und je 40 % von Realschule und Gymnasium.

Themeninteressen Jugendlicher 2002:   Interesse steigt (+) oder
                                                      sinkt (-) mit Älterwerden:

97 % Freundschaft (Mädchen 98 %, Jungen 97 %)
88 % Musik (Mädchen 91 %, Jungen 85 %)
77 % Liebe/Partnerschaft (Mädchen 81 %, Jungen 73 %)   +
75 % Ausbildung/Beruf (Mädchen 77 %, Jungen 73 %)   +
72 % Sport (Mädchen 67 %, Jungen 77 %)   -
64 % Mode/Kleidung (Mädchen 76 %, Jungen 52 %)
59 % Musik-Stars/Bands (Mädchen 63 %, Jungen 56 %)   -
59 % Kino/Filme (Mädchen 63 %, Jungen 56 %)   -
56 % Internet (Mädchen 53 %, Jungen 59 %)
48 % Schule (Mädchen 53 %, Jungen 44 %)

---

[6] Sabine Feierabend/Walter Klingler: Medienverhalten Jugendlicher in Deutschland. *in:* Media Perspektiven 10/2003. [Artikel abrufbar unter http://www.mpfs.de, Stand 01.08.2006]

44 % Film- & TV-Stars (Mädchen 49 %, Jungen 40 %)   -
37 % Computerspiele (Mädchen 19 %, Jungen 55 %)   -
36 % Autos (Mädchen 20 %, Jungen 51 %)   +
22 % Kunst/Kultur (Mädchen 30 %, Jungen 15 %)
17 % Wirtschaft (Mädchen 13 %, Jungen 21 %)
14% überregionale Politik (Mädchen 12 %, Jungen 18 %)   +

In der **allgemeinen Interessenlage** der Jugendlichen nehmen **Film, Fernsehen und ihre Stars also nicht die zentrale Rolle** ein, sind jedoch ähnlich wichtig wie z.B. die Schule. Wenig überraschend ist der niedrige Stellenwert der Interessengebiete Wirtschaft und Politik.
Betrachtet man die **Freizeitaktivitäten** der Jugendlichen, die nicht Medien-basiert sind, fällt auf, dass Geselligkeit und Freundschaft zwar erfreulicherweise sehr hoch im Kurs stehen, die meisten nicht-medialen Beschäftigungen, familiäre Unternehmungen eingeschlossen, aber kaum von Bedeutung sind (in diesen Werten gibt es seit Beginn der Studie auch kaum Veränderungen):

Freizeitaktivitäten Jugendlicher ohne Medien 2002:

91 % mit Freunden/Leuten treffen (Mädchen 91 %, Jungen 91 %)
70 % Sport (Mädchen 64 %, Jungen 76 %)
61 % ausruhen, nichts tun (Mädchen 62 %, Jungen 60 %)
18 % Familienunternehmungen (Mädchen 17 %, Jungen 18 %)
14 % Partys (Mädchen 12 %, Jungen 16 %)
14 % Einkaufsbummel (Mädchen 19 %, Jungen 10 %)
13 % Sportveranstaltungen (Mädchen 8 %, Jungen 17 %)
8 % Disco (Mädchen 7 %, Jungen 9 %)
2 % Kirche (Mädchen 2 %, Jungen 2 %)
1 % Theater/Oper/Konzert (Mädchen 1 %, Jungen 1 %)
Bei den **Medienbeschäftigungen** zeigen sich insgesamt deutlich höhere Werte, und das Fernsehen steht in dieser Rangliste ganz oben:

Medienbeschäftigungen Jugendlicher 2002:   **Wert in 1998:**

94 % Fernseher (Mädchen 94 %, Jungen 95 %)   95 %
93 % Musik-CDs/Kassetten (Mädchen 95 %, Jungen 91 %)   94 %
86 % Radio (Mädchen 91 %, Jungen 80 %)   85 %
70 % Computer (Mädchen 62 %, Jungen 77 %)   48 %
56 % Zeitung (Mädchen 57 %, Jungen 55 %)   59 %
43 % Zeitschriften/Magazine (Mädchen 43 %, Jungen 42 %)   49 %
37 % Bücher (Mädchen 49 %, Jungen 27 %)   38 %
20 % Video (Mädchen 15 %, Jungen 26 %)   23 %
11 % Comics (Mädchen 7 %, Jungen 15 %)   12 %
2 % Kino (Mädchen 2 %, Jungen 2 %)   1%

Fernsehen und Musik bilden also die zentralen Freizeitbeschäftigungen der Jugendlichen. Das Kino dürfte aus Kostengründen weit unten stehen, zumal ein Großteil der Filme den Schülern durch illegale Kopien zugänglich sind; häufig kursieren im Internet schon raubkopierte Filme, die gerade erst in die Kinos gekommen sind.
Deutlich gestiegen sind übrigens die Werte für die Computernutzung bei Mädchen; erkennbare Unterschiede zeigen sich in dieser Kategorie allerdings in den verschiedenen Schulformen (Hauptschule 56 %, Realschule 68 %, Gymnasium 78 %).

Der MPFS-Studie zufolge haben 88 % der Jugendlichen eine Musikanlage mit CD-Spieler und **66 % ein eigenes Fernsehgerät** (Mädchen 62 %, Jungen 70 %). Einen eigenen Computer besitzen dagegen "nur" 47 % der Jugendlichen (Mädchen 39 %, Jungen 54 %).

Das Fernsehen dient den Jugendlichen zusammen mit dem Internet als wichtigste Informationsquelle zum Thema Musik. Für Tipps etc. zum Thema Liebe/Partnerschaft wenden sich die Jugendlichen vor allem an Zeitschriften und Magazine (34 %), nur 10 % konsultieren das Fernsehen oder Bücher. Zum Thema Ausbildung/Beruf dient das Internet als wichtigste Quelle. Das Fernsehen spielt hier kaum eine Rolle.

Das **Fernsehen wird offensichtlich im Wesentlichen zur Unterhaltung genutzt**; es steht mit 62 % auch in der Rangliste der Gesprächsthemen Jugendlicher mit Freunden ganz oben (Mädchen 58 %, Jungen 65 %). Computer- und Videospiele werden von 32 % als Themen genannt, Bücher nur von 11 %.

Mit zunehmendem Alter steigt der Medienkonsum bei Kindern und Jugendlichen deutlich an:[7]

3-5 Jahre: 69 Minuten täglich
6-9 Jahre: 87 Minuten täglich
10-13 Jahre: 113 Minuten täglich

Im Durchschnitt sehen Mädchen und Jungen im Alter von 3-12 ungefähr gleich lang fern: Mädchen 93 Minuten, Jungen 94 Minuten. Lediglich etwa 5 % der Jugendlichen sind Vielseher mit einem TV-Konsum von 5 Stunden oder mehr.[8]

Im Vergleich mit anderen europäischen Sendern können diese Zeiten als normal gelten, im Vergleich mit den USA sind sie harmlos: Dort liegt der durchschnittliche TV-Konsum von Kindern bei vier Stunden, die Vielseher (ca. ein Viertel aller Kinder !) erreichen sogar sieben Stunden. Hierbei muss allerdings berücksichtigt werden, dass der Fernseher in amerikanischen und wohl auch zunehmend in deutschen Haushalten nur als Hintergrundkulisse läuft.[9]

Vor allem ist interessant, dass das ohnehin **begrenzte Interesse am "Kinderfernsehen" mit zunehmendem Alter rapide abnimmt:**

3-5 Jahre: 59,9 % Kinderprogramm, 40,1 % Erwachsenenprogramm
6-9 Jahre: 53 % Kinderprogramm, 47 % Erwachsenenprogramm
10-13 Jahre: 25,9 % Kinderprogramm, 74,1 % Erwachsenenprogramm
14-19 Jahre: 8,9 % Kinderprogramm, 91,1 % Erwachsenenprogramm

Verständlich wird der relativ hohe Fernsehkonsum junger und sehr junger Zuschauer erst, wenn man einen Blick auf das von ihnen wahrgenommene **Programmspektrum** wirft. Der größte Teil des Kinderprogramms zielt auf die Kerngruppe der 6- bis 9-Jährigen, die für Produzenten kinderspezifischer Programme am leichtesten erreichbar ist. Nur jeweils ein Sechstel des Kinderprogramms richtet sich an die 3- bis 5-Jährigen bzw. an die 10- bis 13-Jährigen.

Beide Bereiche stellen eine schwierige Zielgruppe dar: Die Ansprüche an ein gutes Programm für die Kleinen sind sehr hoch; will es als echtes Kinderprogramm gelten, muss es ohne Werbeunterbrechung gesendet werden – ein Anspruch, den nur der KiKa und z.T. SuperRTL erfüllen. Eine noch problematischere Zielgruppe sind die 10- bis 13-Jährigen, wie Beckmann konstatiert: "Ihre Sehgewohnheiten reichen von *Biene Maja* bis *Big Brother*, von *Wetten, dass...*

---

[7] AGF/GfK Fernsehforschung PC#TV. *in:* Media Perspektiven 4/2004. S. 152. [Daten aus 2003]
[8] Infoset Fernsehen. Medienpädagogischer Forschungsverbund Südwest. http://www.mpfs.de
[9] Helga Theunert/Margrit Lenssen/Bernd Schorb: "Wir gucken besser fern als ihr!" – Fernsehen für Kinder. Edition TELEVIZION, Internationales Zentralinstitut für das Jugend- und Bildungsfernsehen. KoPäd Verlag, München 1995. S. 19.

über Formel 1 bis hin zu den Videoclips der Musiksender."[10] Kinder dieser Altersgruppe wenden sich schon dem Erwachsenenprogramm zu, um einen Blick "voraus" zu riskieren, zugleich sehen sie aber auch noch Kindersendungen. Mit zunehmendem Alter sinkt die Attraktivität der bei den Kleinen besonders beliebten Zeichentrickfilme und -serien (ausgenommen *Die Simpsons* und *Futurama*). Jedoch liegt der **Schwerpunkt** auch bei der Hinwendung zu realistischer wirkenden Sendungen **eindeutig auf der Unterhaltung**: Auf informierende Sendungen entfallen nur ca. 13% (in den jüngeren Altersgruppen ca. 20%) der gesamten Fernsehzeit.[11]

Kinder gelten bei Sendern und Marktstrategen (eine Einheit, die sich gar nicht mehr trennen lässt) als **äußerst beliebte Zielgruppe**, denn sie sind **dankbare Opfer für die Werbung**. Zudem ist ein erfolgreiches Kinderprogramm sehr öffentlichkeitswirksam, bringt die Sender ins Gespräch und fördert das Ansehen (freilich nicht immer begründeterweise).[12] Die beliebtesten Sendungen sind das "Sandmännchen" bei den 3- bis 5-Jährigen, "Disneys große Pause" und "Spongebob" bei den 6- bis 9-Jährigen. Die Hits der 10- bis 13-Jährigen sind die Serie "Gute Zeiten, schlechte Zeiten", die Musik-Casting-Show "Deutschland sucht den Superstar" (vor allem bei den Mädchen) und Einzelsendungen wie Spielfilme. Bei den Jungen wird nach wie vor "Disneys große Pause" gut frequentiert. Die Marktführer bei den 3- bis 13-Jährigen sind somit SuperRTL und KiKa, der Kinderkanal von ARD und ZDF, der bei den älteren Kindern aber sehr schnell an Bedeutung verliert.[13]

Ingesamt **erreichen andere Sendungen ohnehin mehr Kinder als echtes Kinderprogramm**: Ein *Asterix*-Film hat eine halbe Million, eine Folge von *Gute Zeiten, schlechte Zeiten* oder eine *Wer wird Millionär?*-Show mehr als 400.000 Kinder als Zuschauer. Dem stehen nur 150.000 Zuschauer bei der erfolgreichsten "echten" Kindersendung *Schloss Einstein* gegenüber.[14] Das Problem sind nicht allein die offenbar attraktiveren Inhalte des Erwachsenenfernsehens: Der Konsum der Programme, die für Erwachsene gedacht sind, vermittelt den Jugendlichen zugleich das Gefühl, selbst schon ein Stück weit "erwachsen" zu sein. Außerdem werden diese Programme zur "Prime Time" ausgestrahlt, zu einer Zeit also, in der viele Jugendliche fernsehen (oft auf dem eigenen Gerät), aber kein echtes Kinderprogramm mehr angeboten wird. Eine Alternative bilden hier nur die Serien des KiKa, die nach dem "Sandmännchen" ausgestrahlt werden und speziell auf Teenager zugeschnitten sind.

Zu den populärsten Sendungen gehören Shows wie *Wetten, dass...* oder *Wer wird Millionär?*, Spielfilme und Sport und die **Daily Soaps**, allen voran *Gute Zeiten, schlechte Zeiten*. Während sich die meisten Mädchen auf die Soaps konzentrieren, nehmen die Jungen ein breiteres Programmspektrum wahr. Allerdings werden Nachrichten in beiden Gruppen so gut wie gar nicht gesehen.

Unabhängig von Art und Inhalt einer Sendung sind für Jugendliche vor allem Personen wie Thomas Gottschalk und Günter Jauch oder die festen Figuren der Soaps wichtig: Sie sprechen Jugendliche an, dienen als Identifikationsfläche und binden die Zuschauer langfristig an das Programm. Informations- und Infotainment-Sendungen wirken für Kinder hingegen meist zu abstrakt und zu wenig personenbezogen.[15]

Dass die deutschen Seifenopern, neudeutsch "Daily Soaps", so beliebt sind, muss auf den ersten Blick erstaunen: Sie werden schnell produziert und wirken entsprechend billig, vor allem in der Darstellung oft laienhaft. Was Jugendliche zwischen 12 und 15 Jahren jedoch besonders

---

[10] Frank Beckmann: Gut gezielt und doch daneben. *in:* TELEVIZION 13/2000/2. IZI, München 2000. S.4.
[11] Ole Hofmann: Am Rande des Kinderfernsehens. *in:* TELEVIZION 13/2000/2. IZI, München 2000. S. 40-44.
[12] Theunert/Lenssen/Schorb, S. 16.
[13] Programmangebot in der Nutzungsperspektive der Kinder: Stichprobe 2003. IZI. http://www.br-online.de/jugend/izi/bestand/bestand.htm [Stand 01.08.2006]
[14] Hofmann, S. 43f.
[15] van Eimeren, S. 48ff.

reizt, sind die Rollenmuster und Projektionsflächen, die ihnen die Figuren mit ihren Problemen bieten. Die Charaktere sind bewusst stereotyp angelegt, um die Identifikation so leicht wie möglich zu machen, während die zyklisch wiederkehrenden Grundkonflikte Teenagern die Möglichkeit geben, schon einmal in die Schwierigkeiten des Erwachsenenlebens hineinzuschauen und diese noch fremde Welt zu erforschen.

Die Problematik dieses Ansatzes ist offensichtlich: Die Regeln und Wege, nach denen Probleme in der Welt der Erwachsenen gelöst (oder nicht gelöst) werden, sind Jugendlichen noch fremd und für sie daher nicht völlig durchschaubar. Dass sie Konflikte und Lösungsversuche sehen, heißt nicht, dass sie diese verstehen oder gar sich aneignen können. Stefanie Heckner, Leiterin der Redaktion Serien im Vorabendprogramm beim Bayerischen Rundfunk, meint: "Man braucht nicht unbedingt eine Studie wie die der *National Academy of Television Arts and Sciences* in New York, um festzustellen, dass Soaps nicht nur unterhalten, sondern auch erziehen. In dieser Studie gaben 19% der Befragten an, sich zum ersten Mal intensiv mit dem Thema Aids beschäftigt zu haben, als ihre Lieblingssoap davon handelte."[16]

Es ist doch sehr fraglich, was hier mit intensiver Beschäftigung gemeint ist, und zu welchen Ergebnissen diese geführt hat (es sei denn, man folgt dem scheinbar didaktischen Prinzip, dass schon die Begegnung mit einem Thema zur Erkenntnis führt). Man muss sich nicht einmal vorstellen, was dabei herauskommt, wenn Al Bundy über ein Thema wie AIDS spricht, um abzusehen, dass "Lernen" anhand einer Soap ebenso eine Wunschvorstellung bleibt. Unstrittig ist, dass gerade die Seifenopern die Ritualisierung des Fernsehkonsums bei Jugendlichen fördern. Nicht selten wird der Tagesablauf so geplant, dass man die Lieblingssoap auf jeden Fall sehen kann. Sie hat ihren festen Platz im Alltag der meisten Jugendlichen.

Eine Untersuchung des Internationalen Zentralinstituts für das Jugend- und Bildungsfernsehen (IZI) in München[17] zeigt, dass es weniger die über drei bis vier Folgen ablaufenden, durch Cliffhanger verzögerten Handlungsstränge sind, die das Interesse der Jugendlichen wecken. **Soaps** erfüllen für junge Zuschauer laut Götz vor allem **drei Grundfunktionen**:

1. Eine Soap dient zunächst einfach als **Unterhaltung und Informationsquelle** über die "Welt da draußen". Nach einem auch für Kinder und Jugendliche oft überfrachteten Tag bietet die tägliche Serie die Möglichkeit, einmal in eine andere Welt abzutauchen; diese ist interessant, tatsächlich aber sehr selten eine Ersatzwelt, in die der Rezipient aus Ermangelung einer erfüllenden Wirklichkeit flieht. Die allermeisten Jugendlichen verfolgen Daily Soaps offenbar mit einem deutlichen Bewusstsein dafür, dass dort nur eine Simulation der Wirklichkeit abläuft. Sie fühlen sich allerdings durch die Serieninhalte zu Themen wie AIDS oder Schizophrenie informiert und benutzen die beobachteten Verhaltensweisen der Figuren auch als **Ratgeber**: Sie überlegen tatsächlich, wie sich eine Figur in ihrer eigenen realen Situation verhalten würde, und benutzen dieses Verhalten als Leitlinie.

Nicht zuletzt sehen Jugendliche Soaps als Ratgeber für mögliche kommende Probleme, vor allem in Liebesbeziehungen. Es mag dabei überraschen, wenn Teenager ausdrücklich und lächelnd ihre Lieblingssoap als billig gemachte Scheinwelt entlarven. Letztlich dient diese Distanzierung jedoch nur als (nicht immer überzeugende) Versicherung, dass sie die Serie aus einer vermeintlich distanzierten und abgeklärten Position konsumieren und problemlos verarbeiten können. Auch bei dieser abgefederten Rezeption kann es jedoch dazu kommen, dass Serieninhalte Einfluss auf das wirkliche Leben nehmen. So lassen sich Jugendliche nicht vor der Erfahrung schützen, dass die vereinfachten Lösungen immer wiederkehrender Probleme, die in den Soaps thematisiert werden, nicht als individuelle Lebenshilfe taugen. Positiv formuliert könnte man festhalten, dass Soaps auf diese Weise helfen, die häufig (auch durch den Einfluss der Soaps) simplifizierte Eigenwahrnehmung der Realität auszudifferenzieren.

---

[16] Stefanie Heckner: "Marienhof": Die Kernseife unter den deutschen Soaps. *in:* TELEVIZION 13/2000/2. IZI, München 2000. S. 17.

[17] Maya Götz: Die Bedeutung von Daily Soaps im Alltag von 10- bis 15-Jährigen. *in:* TELEVIZION 13/2000/2. IZI, München 2000. S. 52-64.

2. Eine weitere elementare Funktion der Soaps ist das **Widerspiegeln der eigenen Vorstellung**: Teenager finden sich in Figuren, Situationen oder dem Lebensgefühl und -stil einer Daily Soap wieder. Einzelne, meist zentrale Charaktere fungieren als Bestärkung der eigenen Identität und Rolle. Auch hier muss das Problem gesehen werden, dass Jugendlichen zwar Identifikationsflächen geboten werden, die Handlungen und Problemlösungen der Figuren aber letztlich oberflächlich bleiben. Ihre Vorbildfunktion beschränkt sich letztlich auf Äußerlichkeiten und recht einfache Grundmuster (attraktiv, lebensbejahend, engagiert, aber nicht vollkommen). Jugendliche Figuren, Probleme, Freizeitaktivitäten und Mode dienen als Aufhänger für die Vermittlung einer vermeintlichen Jugendkultur, die aufgrund der großen Wirkung des Fernsehens tatsächlich Einfluss auf die reale Jugendkultur nimmt. Vor allem 12- bis 14-Jährige sehen Daily Soaps, weil diese als Trendsetter wirken. Zwar bemühen sich die Serien gemeinhin, liberale Ideale zu vermitteln, in denen Jugendliche ihre eigenen Ideale und Wünsche wiedererkennen. Erstens jedoch werden diese Ideale (ebenso wie die Konflikte, zu deren Lösung sie bemüht werden müssen) so simplifiziert, dass eine individuelle Ausprägung und Nutzung in der Realität kaum möglich ist. Zweitens sind Produktion und Anlage der Daily Soaps stark auf Produktmarketing konzentriert: Jugendliche sind heute vor allem Konsumenten und orientieren sich an gemeinsamen Konsum- und Spaßerlebnissen mit Gleichaltrigen. Das notwendige Geld kommt größtenteils aus eigener Arbeit; in der Sekundarstufe II verdienen etwa 50% der Schüler eigenes Geld. Gerade jugendliche Zuschauer sind für die Macher der Daily Soaps daher in erster Linie potenzielle Kunden.[18]

3. Zweifellos helfen die täglichen Sendungen auch, **Fehlendes im eigenen Leben zu ersetzen und zu überdecken**. Häufig vertuschen die Serieninhalte nur kleinere Leerstellen im alltäglichen Erfahrungsbereich, mitunter aber auch grundlegende Defizite wie fehlende Emotionalität der Umgebung oder eine anderweitig schwierige Familiensituation. Begünstigt wird diese Wirkung der Daily Soaps dadurch, dass junge Zuschauer generell stark mitfühlen, wenn sie fernsehen. Sie nutzen so die Möglichkeit, Gefühle auf eine Weise zu empfinden und zu zeigen, die ihr alltägliches Umfeld oft nicht zulässt. Ebenso dienen Figuren mit ihren Stärken als Ersatz für eigene Schwächen und als potenzielle Ersatz-Bezugspersonen. Götz beschreibt den Fall des kleinen Kevin (11 Jahre), der mit seiner alleinerziehenden Mutter lebt, sich selbst als klein und schüchtern sieht und mangelnde Kontakte in seiner Klasse beklagt. Kevin begeistert sich für die Figur des "coolen" und dynamischen Kai aus *Gute Zeiten, schlechte Zeiten*, weil dieser einen Typ verkörpert, der Kevin selbst nicht ist. Genau hier liegt das Problem: Die Soaps präsentieren Vorbilder und Schönheitsideale, an die die meisten Mädchen und Jungen gar nicht heranreichen, und bieten so tatsächlich nur eine Ersatzbefriedigung, die kaum zur Bewältigung individueller Schwächen und Probleme beitragen kann. Sinnvoller wäre es, "schwächere" Figuren zu präsentieren, die Wege aufzeigen, mit Schwierigkeiten umzugehen. Da auch in Daily Soaps z.B. Übergewichtige oder anderweitig vom "Schönheitsideal" abweichende Figuren die Ausnahme bleiben, verstärken sie noch den Eindruck, dass solche Menschen Randgruppen der Gesellschaft bilden. Andererseits muss bezweifelt werden, dass eine Serie, deren Figuren mehrheitlich vom Schönheitsideal abweichen, viele Zuschauer finden würde.

Es kommt auch vor, dass sie sich Jungen oder Mädchen in eine parasoziale Beziehung zu einer Soap-Figur hineindenken; vor allem Mädchen zwischen 13 und 16 erträumen sich nicht selten eine sexuelle Beziehung. In einer abgeschwächten Variante solch virtueller Freundschaften entsteht die Vorstellung, ein Mitglied der Fernsehfamilie zu sein. Hier wird die Serie zum **Ersatz für fehlende Bezugspersonen**. Solche Gedankenspiele können den überwiegend weiblichen Rezipienten sowohl Hoffnung auf tatsächliche Freundschaften machen als auch zu Schritten in diese Richtung anregen, doch sind, wie Götz passend feststellt, "die idealisierten

---

[18] Götz, S. 56.

und marktgerechten Wunschjungen für die reale Beziehungsarbeit [...] nicht immer hilfreich."[19]
Eine reeller anmutende Ausformung der Begeisterung für eine Serie stellt das Interesse an den Schauspielern dar, das von manchem Sender noch dadurch angeheizt wird, dass man die Darsteller auf Serien-Events treffen und "kennen lernen" kann. Dieser Umstand verhilft dem Zuschauer zur Selbsterhöhung: Er kann in der Aura der Stars den Abglanz des Ruhms genießen. Zudem verstärken solche Möglichkeiten das Gefühl, zur "Familie" zu gehören, wodurch die Bindung an die Serie verstärkt wird. Manchmal wird so in den Jugendlichen auch der leider kaum realisierbare Wunsch geweckt, selbst "Schauspieler" zu werden.

Ein weiteres typisches Begleitphänomen der Daily Soaps ist das Gespräch mit anderen, die sogenannte **Folgekommunikation**. Wenn sich Anhänger einer Serie austauschen, kommt es nicht selten zur Bildung mehr oder weniger verschworener Gruppen, die sogar Rollenspiele innerhalb der "Welt" der Serie initiieren. Zumindest aber liefern die Figuren und Inhalte reichlich Gesprächsstoff unter Freunden, seltener übrigens innerhalb der Familie.[20]

Eine der beliebtesten Sendungen, die sich an das Konzept der Seifenopern anlehnt und dennoch als echtes Kinderprogramm gelten darf, ist die Serie **Schloss Einstein** (http://www.schloss-einstein.de), die der KiKa wöchentlich ausstrahlt (es handelt sich folglich um eine "weekly soap"). Das Erfolgsgeheimnis der Serie, die konzeptionell ein wenig an Oliver Hassencamps Jugendbücher um die Jungen von *Burg Schreckenstein* erinnert, liegt zweifellos in der Wahl des Handlungsrahmens: *Schloss Einstein* ist ein Internat, in dem Kinder naturgemäß die Hauptrolle spielen, unter sich sind, zusammen Probleme lösen – und wo Erwachsene Randfiguren bleiben.

Die Sendung richtet sich primär an Kinder von 10 bis 13, will aber auch schon 6- bis 9-Jährige ansprechen.[21] Auch wenn man keine professionelle Darstellung erwarten darf, wirkt die Serie weniger klischeehaft als die "erwachsenen" Soaps, vor allem aber kindgerechter. Die meist über 3 bis 4 Folgen hinweg behandelten Konflikte drehen sich um Themen und Fragestellungen, die Kinder und Jugendliche bewegen. "Wir erzählen gleichzeitig von Geheimgängen und erster großer Liebe"[22], betont Ko-Autor Dieter Saldecki. Über die **drei Erzählstränge Comedy, Abenteuer und Beziehung** werden Kindern soziale Muster, Verhaltensmuster und Konfliktlösungsstrategien angeboten, die ihrem Alter und ihrer Lebenssituation entsprechen. Sie sollen eine behutsamere Vorbereitung auf die Bewältigung von Problemen der Erwachsenenwelt ermöglichen, als die "erwachsenen" Daily Soaps sie bieten. Die Serie ist demnach zwar nach dem Muster der Seifenoper-Dramaturgie gestrickt, wahrt aber eine strenge Zielgruppenorientierung, indem die Kinder stets die Sieger sind und ihre Konflikte in einem Happy End aufgelöst werden – eine unbedingte Voraussetzung für kindgerechte Sendungen.

Wie begrenzt allerdings die positive Wirkung auch der populärsten Kindersendung und damit des Fernsehens generell ist, zeigt Saldeckis Beobachtung, dass Scheidungs- und Adoptivkindgeschichten von persönlich betroffenen Kindern nicht gern gesehen, sogar abgelehnt werden.[23] Hier zeigt sich, dass auch die Lieblingsserie zur Bewältigung elementarer, sehr persönlicher Schwierigkeiten keine Hilfe, im Gegenteil sogar eine Belastung sein kann. Kinder benutzen TV-Serien offenbar als **"Blitzableiter", um negative Energien abzuleiten** und Probleme zu vergessen. Umgekehrt können die Sendungen aber offensichtlich **nur sehr begrenzt positive Energie induzieren** und individuelle Probleme lösen helfen. Gerade Kinder in Schwierigkeiten suchen im Fernsehen Selbstvergessenheit und Stärkung. Wenn TV-Sendungen Probleme thematisieren, entsteht zwar der Eindruck, als würden hier Lösungswege angeboten. Sobald die Scheinprobleme aber auf echte Probleme zurückführen, die im realen Leben der Kinder ungelöst sind, wenden sich die Kinder vom Fernsehen ab. Es wirkt offenbar nur als Schein-Therapeut. TV-Geschichten können allenfalls indirekt unterstützen, indem sie von realen Prob-

---

[19] Götz, S. 58.
[20] ebd., S. 59f.
[21] Schloss Einstein. Interview mit Dieter Saldecki. *in:* TELEVIZION 13/2000/2. IZI, München 2000. S. 7.
[22] ebd., S. 7.
[23] Saldecki, S. 11.

lemen ablenken und Kindern ein Gefühl der Stärke verleihen, das sie aus ihrer Wirklichkeit nicht gewinnen können; hierbei ergibt sich aber das Problem, diese Stärke aus der Medienrealität in der Direktrealität umzusetzen. So wenig wie das Fernsehen die Ursache für Persönlichkeitsprobleme ist, so wenig kann es sie lösen.

Auch die vieldiskutierte Show **Big Brother** lehnt sich an das Konzept der Daily Soaps an, vermischt mit Elementen von Talkshow und Dokumentation. Die realen Personen, in den "Container" verbannt und rund um die Uhr zu beobachten, werden zu Figuren, die reichlich Gesprächsstoff liefern. Bei Jugendlichen von 10 bis 15 ist bzw. war die Sendung mit einem Marktanteil von bis zu 25 % äußerst erfolgreich.[24] Sie scheint vor allem für Mädchen, so Götz, eine "Verlängerung von *Gute Zeiten, schlechte Zeiten*." Der mediale Menschenzoo ermöglicht die Beobachtung von authentischem Verhalten in einer Zeit, in der Jugendliche versuchen, selbst möglichst "echt" zu erscheinen. Personen, die authentisch wirken, werden damit zu Leitfiguren, und so sehen auch viele männliche Jugendliche die "großen Brüder" aus der Show als Vorbilder.[25]

Dass die in Deutschland von RTL2 ausgestrahlte Sendung die gezeigten Personen nicht wirklich zu Stars gemacht, sondern einer fragwürdigen Pseudo-Popularität ausliefert, durchschauen die meisten Jugendlichen nicht. Sie nehmen häufig nicht einmal wahr, dass hier Menschen rund um die Uhr überwacht werden. Der Verein "Programmberatung für Eltern", Herausgeber des gelungenen TV-Ratgebers "Flimmo", hat Jugendliche gefragt, warum die Sendung *Big Brother* heißt. Hier einige aufschlussreiche Antworten:[26]

Alexander, 15:	Weil RTL der große Bruder ist.
Lamis, 12:	Der letzte, der übrig bleibt, ist Big Brother.
Isabell, 11:	Das heißt ja großer Bruder. Und das soll heißen, dass die zusammenhalten sollen wie Brüder und Schwestern.
Anthony, 16:	Große Brüder sind immer die Bewacher von kleinen Brüdern, und so ist es halt auch, der Bewacher schaut auf die kleinen Brüder.
Laura, 16:	Wegen dem Buch "1984".

Vor allem aber macht *Big Brother* nicht das Miteinander, sondern die Ausgrenzung zum Prinzip: Die Container-Bewohner werden von ihren Mitbewohnern "nominiert", und zwar nicht als Sieger, sondern als Verlierer, die dann von den Zuschauern aus der Sendung herausgewählt werden. Die Abwahl realer Menschen aus der Schein-Gemeinschaft ist der zentrale Bestandteil der Sendung und wird als großer Spaß inszeniert. Wer nicht normal ist, d.h. nicht im Trend jugendlicher Bewertungskriterien liegt, muss gehen. Übrig bleibt irgendwann der Sieger, der mit viel Geld belohnt wird: Der Held der Normalos.

1.1.2 Wie Kinder fernsehen

Nach der weithin bekannten Ansicht des Medienwissenschaftlers Neil Postman setzt Fernsehen keine Kompetenzen voraus, wodurch Kinder freien Zugang zur Welt der Erwachsenen erhalten und der Kindheit verlustig gehen: "Entscheidend ist, dass das Fernsehen Informationen in einer Form präsentiert, die unterschiedslos jedem zugänglich ist [...]. Die neue, im Entstehen begriffene Medienumwelt beliefert jeden gleichzeitig mit derselben Information."[27] Postman glaubt seine These durch drei Behauptungen stützen zu können:

---

[24] van Eimeren, S. 51.
[25] Götz, S. 62.
[26] Der Flimmo. Programmberatung für Eltern e.V., München. http://www.flimmo.de [Stand 01.08.2006]
[27] Neil Postman: Das Verschwinden der Kindheit. Fischer, Frankfurt/Main 1987. S. 94f.

1. Fernsehen bedarf keiner Unterweisung, jeder kann es, auch das kleinste Kind.

2. Fernsehen stellt an das Denken keine komplexen Anforderungen.

3. Das Fernsehen gliedert sein Publikum nicht.

Tatsächlich ging es dem populären "Medienökologen" offensichtlich nicht darum zu ergründen, *wie* Kinder fernsehen, sondern darum zu verhindern, *dass* sie fernsehen. Seine Argumentation ist allein darauf ausgerichtet nachzuweisen, dass das Fernsehen die Phase der Kindheit störe, sogar zerstöre; obwohl Postman selbst behauptet, dass die Gliederung in Erwachsene und Kinder durch gesellschaftliche Konventionen und Medien, die Lesefähigkeit erfordern, künstlich geschaffen werde.

Folgt man Postmans Argumentationskette, muss man zu einigen erstaunlichen Schlüssen gelangen: Wenn das Fernsehen problemlos auch von Kindern verstanden werden kann, braucht man sich auch keine Sorgen zu machen – jedes Kind wäre schon ein von der Natur voll ausgebildeter Fernsehrezipient. Entweder bietet das Fernsehen nichts, das zu verarbeiten wäre, oder es enthüllt einfach nur, dass Kinder sich von Erwachsenen ohnehin nicht unterscheiden (z.B. in ihren emotionalen und kognitiven Kompetenzen), solange Medien wie Bücher sie nicht ausgrenzen. Postman kann sich hier nicht so recht entscheiden – vielleicht weil er ahnt, dass beides nicht stimmt.

Sicherlich kann jedes Kind die Tagesnachrichten, eine Dokumentation über den Heiligen Gral oder einen Film wie *Indiana Jones und der letzte Kreuzzug* sehen, aber nicht verstehen. Darin liegt gerade das Problem, wenn Kinder fernsehen. Um dieses Problem geht es Postman allerdings gar nicht; es wäre ihm wohl am liebsten, wenn es gar nicht entstünde. Vielleicht liegt dieser Haltung tatsächlich, wie Rogge[28] befürchtet, der Wunsch nach erzieherischen Patentrezepten zugrunde: kein Fernsehen, keine Sorgen.

Je jünger Kinder sind, desto größer ist die Sorge der Erwachsenen, zuallererst der Eltern: Wie schädlich ist Fernsehen? Grundsätzlich nehmen Babys vor dem Bildschirm keinen Schaden, haben aber auch nicht viel mehr davon als die Faszination, etwas flimmern und huschen zu sehen (man sollte allerdings auf Warnsignale für Überforderung wie Quengeln und Sich-Wegdrehen achten). Ab etwa anderthalb Jahren beginnen Kleinstkinder, die bewegten Bilder konzentriert zu verfolgen, und zeigen sich beim Fernsehen oft überraschend ruhig und aufmerksam.  Erst etwa ab dem Kindergartenalter sind explizite Kindersendungen (und nur sie) wie die *Sendung mit der Maus* oder *Löwenzahn* geeignet, das Fernsehinteresse in sinnvolle Bahnen zu lenken.

Immer wieder werden Stimmen laut, die Fernsehen für Kinder grundsätzlich für schädlich halten. So hat sich zum Beispiel medienwirksam der Neuro-Wissenschaftler Manfred Spitzer[29] zu Wort gemeldet und die Ergebnisse verschiedener Studien vorgelegt, die gesundheitsbeeinträchtigende Wirkungen und schädliche Prägungen bei Kindern nachzuweisen versuchen. Eindeutige Beweise muss jedoch auch Spitzer schuldig bleiben, was nicht überrascht, zumal die Forschung Ergebnisse aus Studien, die einen direkten Zusammenhang zwischen Medieninhalten und ihrer Wirkung herstellen, ohnehin nicht mehr als valide ansieht.[30]

Fest steht: Jedes Medium kann bei exzessiver Nutzung schädliche Wirkungen entfalten, doch ist dies vornehmlich eine Frage der transportierten *Inhalte* und des individuellen Rezipienten. Das Medium statt Inhalte zu kritisieren ist leider ein bekannter, aber wenig hilfreicher Ansatz. Eine differenziertere Sichtweise tut Not. Die **Anforderungen, die das Fernsehen an Kinder stellt**, sind zweifellos nicht unerheblich, und auch wenn diese schon recht bald einiges verste-

---

[28] Jan-Uwe Rogge: Kinder können fernsehen. Rowohlt Taschenbuch Verlag, Reinbek 1999.

[29] Manfred Spitzer: Vorsicht Bildschirm! Klett, Stuttgart 2005.

[30] Bernd Schorb: Reflexiv-praktische Medienpädagogik – Raum und Stütze für selbstbestimmtes Mediennutzungslernen. *in:* Thomas Hausmanninger/Thomas Bohrmann [Hrsg.]: Mediale Gewalt. W. Fink (UTB), München 2002. S. 197.

hen, **bleibt ihre Kompetenz als Fernsehrezipient doch lange Zeit unvollkommen**. Kinder "lernen" mit der Zeit:

– filmisch dargestellte Handlungen zu verstehen
– die Bedeutung von Szenen zu erkennen, sie zu einer logischen Handlung zu verknüpfen und Handlungsstränge herauszufiltern
– Figuren anhand direkter und indirekter Charakterisierung einzuordnen
– dramaturgische und filmische Mittel zu verstehen
– Genres, Figurentypen und Handlungsmuster zu erkennen
– Realität und Fiktion zu unterscheiden

Theunert, Lenssen und Schorb[31] haben sich eingehend mit den kindlichen Fernsehfähigkeiten befasst und ausführlich dargestellt, dass die genannten Anforderungen **Vorschulkindern noch erhebliche Schwierigkeiten** bereiten. Sie müssen zunächst **filmische Darstellungsformen verstehen lernen**, wie z.B. die Perspektive der Kamera oder den Schnitt. Sehen sie plötzlich Lummerland von oben, muss ihnen klar werden, dass sie die Insel aus der Sicht von Jim Knopf und Lukas betrachten, die ihre Lokomotive Emma zuvor in ein Fluggerät verwandelt haben. Wechselt nach einem Schnitt die Einstellung in den Kaufmannsladen von Frau Waas, wo die Hallo-Rufe von Jim und Lukas nun gedämpft klingen, muss das Kind den Schluss ziehen, dass diese Szene offenbar zur selben Zeit spielt und es nun mit ansehen kann, wie Frau Waas und ihre Gäste von den Rufen überrascht werden. Derartige Schlussfolgerungen scheinen sehr naheliegend, doch müssen sich Kinder erst daran gewöhnen, dass in Filmen und Sendungen sehr schnell zwischen Schauplätzen und Figuren gewechselt wird, die scheinbar separat ablaufenden Handlungen aber dennoch miteinander in Verbindung stehen. Zunächst können die Kinder den roten Faden einer Filmhandlung noch gar nicht erkennen; sie nehmen nur einzelne Sequenzen wahr, deren Reihenfolge sie nicht überblicken. Das für die Rezeption von Geschichten grundlegende Verständnis für die logisch-kausalen Verknüpfungen der einzelnen Erzählschritte und die Fähigkeit, Handlungsstränge und Hauptfiguren herauszufiltern, wächst erst allmählich heran.[32]

Vorschulkinder sind zunächst einfach an allem interessiert, was aufregend wirkt und sich irgendwie in ihre noch begrenzte Erfahrungswelt einordnen lässt. Sie **orientieren sich an dem, was sie kennen**, versetzen sich gerne in die gezeigten Handlungen hinein und ahmen sie nach. Hier überlappen noch Medien- und Direktrealität, d.h. die Welten, die sich die Kinder aus ihren realen und medialen Erfahrungen konstruieren. Auch in Bezug auf die Figuren ist das Verständnis noch eingeschränkt: Vor Erreichen des Grundschulalters beurteilen Kinder Fernsehcharaktere nach Aussehen und direktem Handeln und teilen sie lediglich in Gut und Böse bzw. Stark und Schwach ein; komplexere oder verschlüsselte Beziehungen erfassen sie nicht. Auch filmische Mittel können kaum eingeordnet werden: Figuren aus der Forschperspektive sehen nicht nur so groß aus, sie *sind* riesengroß. Zwar erkennen die Kinder mit der Zeit auch Unwirkliches, vor allem an der Form (z.B. Zeichentrickfiguren), tatsächlich können die meisten Realität und Fiktion aber erst ab Ende des fünften Lebensjahrs relativ sicher unterscheiden. Mit komplizierten Formaten, z.B. Reality-TV-Sendungen wie *Notruf* oder *Big Brother*, haben auch ältere Kinder (mitunter auch Erwachsene) noch ihre Probleme.[33]

Am liebsten mögen Kinder ein festes und vertrautes Programm, in erster Linie TV-Serien, deren Sendeplatz sie sich schon sehr früh merken (ab etwa drei Jahren).[34] Dies liegt insofern nahe, als Serien bekannte Figuren anbieten, die immer wiederkehren und leicht einzuordnen

---

[31] [Anm. 9]
[32] Rogge, S. 69 und 91ff.
[33] Theunert/Lenssen/Schorb, S. 51-55.
[34] Theunert/Lenssen/Schorb, S. 30 und 34.

sind. Zudem hält sich die Spannung in einem erträglichen Rahmen, da die "Helden" ihre Konflikte stets überleben.

Auch wenn schon Vorschulkinder mit zunehmendem Alter und wachsender Erfahrung ihre Fernsehfähigkeiten erweitern, können sie weder in ihrer emotionalen noch ihrer kognitiven Entwicklung vom Fernsehen profitieren, wenn dessen Rezeption einen **Mangel an echten Erfahrungen** überdeckt. Gerade Klein- und Vorschulkinder müssen ihre Umwelt selbst erforschen – im Fernseher aber kann man nichts anfassen und ausprobieren, und alles geht viel zu schnell, um wirklich verarbeitet oder gar besprochen werden zu können. TV-Sendungen können Kinder entspannen, sie aber auch dynamisieren, aufregen und starke Gefühle wecken. Der natürliche Drang der Kinder, das Gesehene durch Bewegung und Spiel zu verarbeiten, wird von vielen Erwachsenen als Problem gesehen. Gerade kleinere Kinder müssen aber nicht unbedingt auf den Bildschirm gucken, sondern im Gegenteil während des Fernsehens herumtollen, umherlaufen und spielen; nicht zuletzt müssen sie den Freiraum haben, sich vom Fernseher abwenden zu dürfen, wenn sie das Wahrgenommene durch eigene Aktivität umsetzen wollen oder einfach eine Pause benötigen. Je stärker eine Sendung Kinder beschäftigt, desto ritualisierter wird ihr Spiel – ein untrügliches Zeichen dafür, dass das Spielen als Stabilisator wirkt, wie schon Rogge angemerkt hat.[35] Spätestens hier wird deutlich, wie schwer die Umstände kindlicher Entwicklung, allen voran der stete Bewegungs- und Forscherdrang von Kleinstkindern, sich mit dem Fernsehen vereinbaren lässt – zumindest mit dem, was sich Erwachsene darunter vorstellen. Wer Kinder vor dem TV-Gerät zum Stillsitzen zwingt, macht sich doppelt "strafbar": Er missachtet nicht nur ihre Bedürfnisse, sondern teilt dem Fernseher eine Rolle zu, die er nicht haben sollte: als absoluter Fluchtpunkt der Aufmerksamkeit.

Das wohl meistdiskutierte Beispiel für einen möglicherweise schädlichen Einfluss des Fernsehens auf Kleinkinder sind die *Teletubbies*. Warum die BBC sich bemüßigt fühlte, gerade für 1,5- bis 3-Jährige eine Fernsehsendung zu produzieren, deren Bedarf an nicht-greifbaren Bilderfluten gering und an konkreter Erforschung der Umwelt sehr hoch ist, lässt sich ohne Berücksichtigung von Marktstrategien nicht ergründen. Zweifellos wurde die Sendung auch in Deutschland bei den 3- bis 5-Jährigen sehr populär (1999 erreichte sie einen Marktanteil von ca. 19 %).[36] Nun ist großer Erfolg, auf den Macher und Manager eines Produkts gerne verweisen, schwerlich ein Garant für eine positive Wirkung desselben. Andererseits scheint es, als liefere die Serie notorischen TV-Gegnern nur einen besonders willkommenen Anlass, das Fernsehen und seinen Einfluss auf Kinder zu verteufeln.

Zweifellos wirken die *Teletubbies* höchst seltsam und für Erwachsene unerträglich künstlich bis abartig: Die kleinen Gestalten, eine Mischung aus Teddy, Gummibärchen und außerirdischem Affen, sind mit einer Antenne auf dem Kopf und einem Bildschirm auf dem Bauch ausgestattet, auf dem Geschichten eingeblendet werden. Der *Spiegel* sprach treffend von "Sandmännchen auf Ecstasy".

Problematisch erscheint in der Tat nicht nur die frühe Bindung von Kleinkindern an das Fernsehen, für welche diese Serie gewiss weniger verantwortlich ist als die Eltern, die ihre Kleinen die Sendung sehen lassen. Besonderen Anstoß erregt das Gebrabbel der Figuren, das unverständlicher und unsystematischer als jede Kleinkindsprache erscheint. Dass hier der Spracherwerb von Kleinstkindern wirklich gehemmt wird, scheint wenig wahrscheinlich, solange außerhalb der Rezeption der *Teletubbies* eine normale Sozialisation stattfindet. Wie mancher "Experte" andererseits betonen kann, dass der kindgerechte Tonfall (der von Erwachsenen produziert wird) und die häufigen Wiederholungen den kindlichen Spracherwerb fördern würden, bleibt völlig schleierhaft. Wer glaubt, Kleinstkinder lernten Sprache von anderen Kleinstkindern, deren Sprache ebenso ungrammatikalisch und redundant ist, scheint eine Vorstellung

---

[35] Rogge, S. 135.
[36] Gerald Jörns: Kinderfernsehen weiter unter Beschuss. *in:* telepolis – magazin der netzkultur. 09.08.1999.

vom Prozess des kindlichen Spracherwerbs zu haben, die nicht einmal das Attribut populärwissenschaftlich verdient.

Beobachtungsstudien wie die von Maya Götz[37] zeigen, dass auch die Rezeption der *Teletubbies* ihre guten wie ihre schlechten Seiten hat, dass die Kinder z.B. durchaus zu Bewegungen animiert werden, aber auch parasoziale Beziehungen zu den Figuren aufbauen. Wenn schon Kleinstkinder mit dem Fernseher wie mit einem lebendigen Interaktionspartner sprechen oder ihm ihre Puppen zeigen, werden sie schon früh das Opfer einer Enttäuschung, die sie gar nicht bewältigen können. Von Hofacker stellt klar: "Aus ihrem Unvermögen heraus, Direktrealität und Medienrealität zu trennen, versuchen Zwei- bis Dreijährige, mit dem laufenden Fernseher bzw. den gesehenen Figuren zu sprechen und zu kommunizieren, bekommen aber keine kontingenten Reaktionen. Das Erleben einer Pseudo- oder Nicht-Kontingenz wirkt auf Kinder dieser Altersgruppe schnell irritierend und ist letztlich nicht klar in ihre Erfahrungswelt integrierbar."[38]

Abschließend bleibt festzuhalten, dass Kleinstkinder von den *Teletubbies* wohl anregend unterhalten werden, ohne bleibenden Schaden davonzutragen.[39] Einen vernünftigen Grund, die Sendung zu sehen, gibt es nicht.

Kinder empfinden aufgrund der Bewegung der Bilder und der Geräuschkulisse, die sie übrigens viel intensiver wahrnehmen als Erwachsene, eine **natürliche Faszination für den Fernseher**, die sich nur das Ausschalten des Geräts bremsen lässt. Die meisten Kleinkinder, die zum ersten Mal einen laufenden Fernseher entdecken, stehen wie gebannt davor und schenken den flimmernden Bildern ihre ganze Aufmerksamkeit. Warum hält diese Faszination auch noch an, wenn der Reiz des Neuen verflogen ist ? Warum finden Kinder Gefallen an *Tom und Jerry*, wo die Katze ins Bügelbrett kracht, an *Wickie und die starken Männer*, wo ein pfiffiger Wikingerjunge den "Schrecklichen Sven" besiegt, oder am kleinen *König der Löwen*, der sich in der Wildnis behaupten muss ?

Weil sie gerne sehen, wie Unmögliches möglich wird, wie Naturgesetze aufgehoben werden und wie Figuren, mit denen sie sich identifizieren, in der großen Welt voller Gefahren und Unsicherheiten den Sieg davontragen.[40] Kinder werden hier keineswegs Opfer von Allmachtsphantasien, sondern finden im Fernsehen eine **abgesicherte Möglichkeit, Ängste und Konflikte zu durchleben** – solange sie von ihren **Eltern betreut** werden und das Filmerlebnis **nur eines von vielen "Abenteuern" im Alltag** darstellt.

Ab dem **Grundschulalter** erfassen Kinder **Handlungszusammenhänge**, können Abläufe voraussehen, die **Absichten einer Figur** einschätzen und deren **Handlungsweisen antizipieren**. Sie unterscheiden zwischen Wirklichkeit und Fiktion, rezipieren Sendungen aber immer noch sehr subjektiv, also stets mit direktem Bezug zur eigenen Erfahrungswelt. Gewalt wird z.B. in Zeichentrickfilmen als unecht, aber in Nachrichten als echt erkannt und damit zur potenziellen Verunsicherung und Belastung. Reality-TV als Mischform der nachgestellten Realität kann nach wie vor nur schwer eingeordnet werden und bleibt damit problematisch. In fiktionalen Erzählformen erfassen die Kinder hingegen Themen und einfache Handlungsverläufe bzw. -muster mit großer Sicherheit, vor allem in vertrauten Serien; mit wachsender Erfahrung erkennen sie bald auch Genremerkmale.[41] Diese Fähigkeit erleichtert die Rezeption (und führt natürlich zu mehr Fernsehen), da die Kinder immer besser einschätzen können, worauf sie sich einlassen. Sie erkennen beispielsweise, dass die Folgen der meisten Serien in sich abgeschlossen sind und glücklich enden, so dass die Kinder sie gut "aushalten" können.

---

[37] Maya Götz: Begeisterung bei den Kindern, Besorgnis bei den Eltern. in: TELEVIZION 12/1999/2.
[38] Nikolaus von Hofacker: Die ersten Lebensjahre. *in:* TELEVIZION 12/1999/2. IZI, München 1999.
[39] Näheres zu den *Teletubbies*, ihrer Wirkung und Rezeption findet sich z.B. in: TELEVIZION 12/1999/2. IZI, München 1999.
[40] Rogge, S. 52ff.
[41] Theunert/Lenssen/Schorb, S. 54ff.

Darüber hinaus verstehen Kinder im Grundschulalter auch die meisten Gestaltungsmittel filmischer Inhalte wie Vogel- oder Froschperspektiven, Schnitte und musikalische Tableaus (d.h. wiederkehrende Muster, wie Geigenmusik für Gefühle etc.). Hat sich ihnen die ästhetische Dimension einmal eröffnet, beginnen sie auch, Sendungen zu bewerten; so fällt ihnen unglaubwürdiges Verhalten der Figuren oder billig gemachter Zeichentrick durchaus negativ auf. Der Anspruch an die **Übertragbarkeit der dargestellten Handlungen und Verhaltensweisen** wächst, da die Kinder zunehmend nach Modellhaftem suchen, das sich in der eigenen Lebenswelt anwenden lässt.

Das Fernsehen wird in diesem Lebensalter zweifellos als Hilfe zur Persönlichkeitsbildung herangezogen. Dementsprechend logisch erscheint es auch, dass die Selektion der Vorbilder geschlechtsspezifischer wird, Mädchen also immer stärker weibliche und Jungen männliche Helden bevorzugen. Die Orientierung an den Figuren wird insofern verfeinert, als ihre Persönlichkeit und ihr Verhalten differenzierter beurteilt werden. Ab etwa 8 Jahren beginnen Kinder, **Gefühle und Motive einer Figur nachzuvollziehen**, von ihrer eigenen Sicht zu abstrahieren und die Perspektiven der verschiedenen Figuren zu verstehen. Diese wachsende Fähigkeit ermöglicht es ihnen etwa am Ende des Grundschulalters, Beziehungen zwischen Figuren zu erfassen und damit **Konflikte sowie Konfliktparteien zu erkennen**.[42]

Im Verlauf der Grundschulzeit nimmt das Interesse an reinen Kindersendungen wie der *Sesamstraße* deutlich ab. Nachdem die Kinder zunächst vorwiegend Zeichentrickserien verfolgt haben, bevorzugen sie nun immer "realistischere" Sendungen und verfallen schließlich insbesondere auf Action-Serien wie *Knight Rider*, die z.B. am Sonntagnachmittag laufen. Damit erscheint nachvollziehbar, dass in dieser Lebensphase die Privatsender den öffentlich-rechtlichen Anbietern vorgezogen werden. Vor allem die **Jungen lieben Action-Serien** und orientieren sich an männlichen Helden. Das **Angebot an brauchbaren Serien für Mädchen** im Grundschulalter, die sich eher für weibliche Helden und beziehungsorientierte Serien interessieren, ist leider **sehr begrenzt**, die dort angebotenen Mädchenbilder klischeehaft. Da ihnen kaum anderes übrig bleibt, wenden die Mädchen ihr Interesse z.B. David Hasselhoff in *Baywatch* zu; allerdings weniger auf Grund seiner Rettungsaktionen, sondern wegen seines Sozialverhaltens.[43]

Mit **etwa 11 Jahren** haben Kinder bereits eine **recht große Fernseherfahrung** und wissen, was ihnen geboten wird. Die Fähigkeiten, deren Entwicklung im Grundschulalter begonnen hat, werden in der Regel sicher beherrscht: die **Unterscheidung zwischen Realität und Fiktion**, das **Verständnis komplexer Inhalte und Beziehungen**, die **Charakterisierung** von Figuren und die **Einordnung von Konflikten**. Dieses Verständnis kann auch verbalisiert werden. Von großer Bedeutung ist auch die nun ausgereifte Fähigkeit, eine Person bzw. Figur – und sich selbst – aus der Sicht eines Dritten beurteilen zu können. Doch nicht nur die Figuren, das gesamte Programm wird **zunehmend kritisch beurteilt**, wodurch das Fernsehinteresse allerdings nicht grundsätzlich nachlässt, sondern sich lediglich auf die Inhalte konzentriert, die den Kindern und Jugendlichen interessant, glaubwürdig und relevant erscheinen. Da sie inzwischen zumindest im Groben wissen, dass und wie Inhalte hergestellt werden, also dass es Drehbücher und Kameras, Schauspieler und Stuntmänner, Tricks und Spezialeffekte gibt, durchschauen sie immer leichter schlechte Produktionen.[44]

Etwa mit dem Eintritt in die weiterbildende Schule setzt bei Kindern die Motivation ein, das eigene Verständnis der Welt gezielt zu erweitern. Sie sehen über ihren Tellerrand und interessieren sich auch für Probleme, die nicht ihre unmittelbare Lebenswelt betreffen, wie Naturkatastrophen oder Kriege. Dadurch erhöht sich auch das Interesse an TV-Sendungen, vor allem an solchen, die Informationen vermitteln, wie *Galileo* (Pro7) oder *Quarks & Co.* (WDR). Doch dienen auch Fernsehserien und Spielfilme dazu, das **Weltwissen zu erweitern**. Dementspre-

---

[42] Theunert/Lenssen/Schorb, S. 56ff.
[43] ebd., S. 33-40.
[44] ebd., S. 59f.

chend hoch (jetzt deutlich höher als in der Grundschulzeit) ist der Anspruch, dass Fernsehsendungen einen **Realitätsbezug** haben, d.h. ihre Inhalte auf die reale Welt übertragbar sein sollten. Das Heranwachsen bringt ferner eine **zunehmende Orientierung an der Erwachsenenwelt** mit sich. Mädchen konzentrieren sich nicht mehr nur auf weibliche Figuren, sondern interessieren sich ganz besonders für die Rolle der Beziehungspartnerin und Mutter. Hier erwecken die Daily Soaps besonders großes Interesse, da sich dort fast alles um Beziehungen dreht und zahlreiche weibliche Figuren als Identifikationsangebote zur Verfügung stehen. Jungen konzentrieren sich in diesem Alter auf ihre Rolle im "Männerteam" (z.B. in Serien wie *A-Team*) und widmen Beziehungen noch wenig Aufmerksamkeit.[45] In logischer Konsequenz spielen Daily Soaps im Fernsehprogramm der Jungen kaum eine Rolle.

Grundsätzlich sehen Kinder fern, weil sie neugierig sind und wissen wollen, wie die Welt "funktioniert". Aus diesem Grund sind bei Kindern aller Altersstufen Formate wie *Die Sendung mit der Maus* (WDR) und *Löwenzahn* (ZDF) so beliebt, da sie neben unterhaltsamen Episoden auch Beiträge darüber enthalten, wie z.B. ein Bleistift hergestellt wird, warum es Ebbe und Flut gibt und wo Blitz und Donner herkommen. Mit Vollendung des Grundschulalters zeigen Kinder zeigen ein wachsendes Interesse daran, Wissen nicht nur zu sammeln, sondern zu verknüpfen und Zusammenhänge zu verstehen (Was haben die Abgase der Autos mit dem Wetter zu tun ?). Hierzu zählen auch die Lebens- und Verhaltensweisen anderer Menschen, durch deren Betrachtung sich die Kinder über das Leben in anderen Familien und Kulturkreisen informieren und so ihren Horizont erweitern. Damit ist Fernsehen Bestandteil der Überlebensstrategie der Kinder: Je mehr Informationen sie sammeln und verstehen, desto "lebenstauglicher" werden sie. Hierbei bilden sich aus der allgemeinen Neugier mit der Zeit Interessen heraus, wie z.B. das Interesse für Tiere oder Maschinen, wodurch sich eine differenziertere Selektion der TV-Sendungen einstellt.
Durch die Rezeption von TV-Sendungen und -Abenteuern erweitern Kinder nicht zuletzt ihr **Grenzwissen**: Was kann alles passieren ? Gibt es bei uns auch Vulkane und Erdbeben ? Welches ist das größte Tier ? Gibt es Gespenster ? Wie stark kann ein Mensch sein ? Wie weit kann ich gehen ? Wie Theunert/Lenssen/Schorb[46] hervorgehoben haben, dient das Interesse an diesen Fragen letztlich auch dazu, zwischen Realität und Phantasie bzw. zwischen Wahrheit und Lüge unterscheiden zu lernen. Von entscheidender Bedeutung ist die Erprobung der aufgenommenen Information, im Gespräch oder in konkreter Handlung.
Dennoch steht auch bei Kindern die **Unterhaltung im Vordergrund**. Mit Hilfe des Fernsehen lässt sich ohne große Anstrengung Langeweile vertreiben, die eigene Bequemlichkeit befriedigen und ein Mangel an Angeboten überdecken, die zu eigener Aktivität herausfordern. Im Fernsehen sind Action und Spannung angesagt und auf Knopfdruck erhältlich. Dennoch orientieren sich Kinder und Jugendliche an Brauchbarem für die eigene Situation, solange die Rezeption belastungsfrei bleibt. Sobald die individuelle Lebenswelt Probleme mit sich bringt, z.B. besondere Belastungen in der Familie, dient Fernsehen auch als Flucht.[47] Hier bieten sich vor allem TV-Serien an, die eine recht komplexe und stabile Ersatzwelt liefern (die wöchentlich oder sogar täglich wiederkehrt).
Die **Helden** der Lieblingsserien und -Filme sind für Kinder in erster Linie **vorbildhafte Problemlöser**. Jüngere Kinder, vor allem Jungen, suchen primär nach **Stärkefantasien**, d.h. nach Ideen und Strategien, mit denen sie ihre Unterlegenheit gegenüber anderen Jugendlichen (z.B. bei schwächerem Körperwuchs) und den Erwachsenen aufheben können (Statussteigerung). Ebenso spiegelt sich gerade im Kampf zwischen Gut und Böse für Jungen oft ein **innerer Konflikt** wider, der durch die Rezeption der Filmhandlung zwar nicht gelöst, in seiner Belas-

---

[45] Theunert/Lenssen/Schorb, S. 60ff.
[46] ebd., S. 72ff.
[47] ebd., S. 66ff.

tungsintensität aber abgeschwächt werden kann. Hierzu ist ein klar definierter Antagonist notwendig.

Beschützer- und Helferfantasien gefallen besonders jenen Kindern, die ihre eigene Familie als bedroht ansehen und aus dieser Verunsicherung heraus den Impuls entwickeln, sich schützend vor andere zu stellen oder sich einfach um Schwächere zu kümmern. Diese Kinder, vor allem Mädchen, werden nicht nur von Helden angesprochen, die am Ende triumphieren, sondern dabei gleichzeitig die Rolle des Beschützers und Retters spielen.

Sowohl Mädchen als auch Jungen sind außerdem für **Fluchtfantasien** empfänglich, die einen zu hohen sozialen Druck emfinden und sich daher besonders in Helden wiederfinden, die sich über die Welt erheben und somit in der Lage sind, die mit ihr verbundenen Probleme jederzeit hinter sich zu lassen. Solche Helden können oft fliegen, entweder aufgrund übernatürlicher Kräfte (wie z.B. *Superman*) oder durch technische Hilfsmittel (z.B. Raumschiffe).

Nach dem Grundschulalter gehen Kinder zunehmend auf Abstand zur Erwachsenenwelt und suchen nach Vorbildern, die unabhängig von Eltern, älteren Geschwistern, Lehrern etc. erfolgreich sind.[48] Auch hier muss allerdings eingeschränkt werden, dass Kinder, die z.B. in einer auseinander gerissenen "Restfamilie" groß werden, seltener einen solchen Drang verspüren. Sie suchen eher nach Sendungen, die eine funktionierende Komplettfamilie präsentieren. Fernsehen bleibt mithin ein **individueller Rezeptionsprozess**.

Dass Kinder das Verhalten ihrer Vorbilder auch dazu benutzen, um die gesellschaftlichen Normen auszuloten und ihre eigenen Werte auszubilden, gibt angesichts des Programmangebots sicher zu denken. So wird gerade die so wichtige Frage, wie weit Gewalt gehen darf, in TV-Serien und Spielfilmen laut Theunert/Lenssen/Schorb etwa so beantwortet: "wenn keine Menschen betroffen und die Folgen nicht endgültig sind."[49] Leider gehen viele Gewaltdarstellungen im täglichen TV-Programm über diese Hemmschwelle hinaus. Wenngleich bereits an dieser Stelle betont werden muss, dass derartige Handlungsweisen durch das Fernsehen nicht *verursacht* werden, bleibt doch festzuhalten, dass die tägliche Rezeption von Inhalten, in denen körperliche Auseinandersetzungen komplexe Konfliktlösungen übertönen, die Hemmschwelle zur Ausübung von Gewalt herabsetzen kann. Dies trifft zweifellos nicht nur auf filmische Inhalte zu.

Kinder ahmen nicht einfach nach, was sie sehen, sondern suchen nach **Erfolgsstrategien für ihre eigene Lebenswelt**. Ist diese Welt komplex, suchen sie sich auch komplexere Helden und stellen sich ein individuelles Vorbild aus den für sich genommen eher "flachen" Figuren aus Film und Fernsehen zusammen.[50] Sie konstruieren einen persönlichen imaginären Helden (eine Mischung z.B. aus den *Fünf Freunden*, *Harry Potter* und *Indiana Jones*), der in ihrer eigenen Situation erfolgreich sein und ihre Probleme lösen könnte. Ist die **eigene Lebenswelt nicht anregungsreich**, im Gegenteil sogar **bedrückend**, suchen sich die Kinder **einfach strukturierte Helden**, die ihre Konflikte meist durch körperliche Überlegenheit und **Kampf** lösen. Nehmen sie sich diese Helden zu "realen" Vorbildern und ahmen deren Verhalten in der Wirklichkeit nach, stoßen sie in ihrer Umwelt schnell auf Ablehnung. Dieses Scheitern verschlimmert oft ihren individuellen Konflikt, macht sie weiter zu Außenseitern, so dass sich die Fluchttendenzen in Richtung Fernsehen noch verstärken – ein Teufelskreis.

Mit Blick auf die beschriebene Entwicklung drängt sich die Erkenntnis auf, **dass auch Fernsehen eine kognitive Fähigkeit ist**, die im Zuge der kindlichen Entwicklung heranreift, weshalb man analog zur Reifung der Sprache nicht von einem Erlernen des Fernsehens, sondern einem **Erwerb der Fernsehfähigkeit** sprechen sollte. Auch diese Analogie ist allerdings nicht ganz zutreffend: Sprachliche Äußerungen, die Kleinkinder hören, aber noch nicht verstehen, verpuffen einfach. Zwar blenden auch fernsehende Kinder vieles von dem, was sie auf Grund ihrer

---

[48] Theunert/Lenssen/Schorb, S. 77ff.
[49] ebd., S. 84f.
[50] ebd., S. 90f und 94.

Entwicklungsstufe noch nicht verstehen, schlichtweg aus. Andererseits können sie durch Szenen wie wilde Verfolgungsjagden oder eine Flucht, die erst durch eine Rettung in letzter Minute aufgelöst wird, stark verunsichert werden, weil sie das Muster der stets eintreffenden Rettung noch nicht kennen; es fehlt ihnen an Erfahrung, so dass sie das Dargestellte noch nicht kontrolliert betrachten können.

Kinder, wie alle Fernsehrezipienten, konstruieren auf der Grundlage ihres Wissens eine Medienrealität, die **in Abhängigkeit von ihren individuellen Kenntnissen und Erfahrungen** sehr unterschiedliche Gestalt annehmen kann. Wenn zehn Kinder einen Film gucken, laufen tatsächlich zehn verschiedene Filme ab. Dies ist umso mehr bei jüngeren Kindern der Fall, deren Fundus an Erfahrungen noch stark begrenzt und sehr individuell geprägt ist. Kinder sind folglich auch im Hinblick auf das Fernsehen erst dann "erwachsen", wenn sie **alle im Fernsehen dargebotenen Inhalte verstehen** und deren **Intention grundsätzlich einordnen** können,[51] d.h. durchschnittlich mit **13 bis 14 Jahren** – und nicht, wie Postman behauptet, schon im frühen Kindesalter. Er hat folglich Unrecht, wenn er (thesenartig) formuliert:

Für Bilder gibt es kein ABC. Um die Bedeutung von Bildern verstehen zu lernen, benötigen wir keinen Unterricht in Grammatik, Rechtschreibung, Logik oder Wortkunde. [...] Das Fernsehen verlangt keine besonderen Fähigkeiten und entwickelt auch keine.[52]

Abgesehen davon, dass auch ein Film nicht nur aus Bildern entsteht, deren Bedeutung dem Betrachter selbsttätig in den Kopf schießt, sondern eine Geschichte erzählt, die verstanden werden will und in der Dialoge, Bilder und Töne auf komplexe Weise zusammenwirken: Auch ein Buch entwickelt keine Fähigkeiten, sondern das Kind selbst, das lernt, einen gedruckten Text zu lesen und zu begreifen. Auch hierzu muss das Kind mehr mitbringen als die gelernte Fähigkeit zur Dekodierung symbolischer Schriftzeichen. Die Fähigkeit, gedruckte wie filmische Texte zu verstehen, scheint wie der Spracherwerb vor allem ein kognitiver und mentaler Entwicklungs- und Reifeprozess zu sein, der erst mit ca. 10 Jahren zu stabilen Ergebnissen führt und sich danach verlangsamt.

Kinder konstruieren die Geschichten, die sie aufnehmen, selbst, so wie sie ihre eigene Grammatik formen, ohne sich diese bewusst zu machen. Ebenso wenig wie das Sprechen lernen Kinder das Fernsehen nach dem von Skinner propagierten Grundprinzip des "stimulus -> response". Sie eignen sich die Inhalte dieses Mediums aktiv an, wie Weber[53] festgestellt hat:

"Die Inhalte der Fernsehsendungen wirken nicht nach einem linearen Reiz-Reaktions-Schema, sondern werden stattdessen von Kindern (im übrigen auch von Erwachsenen) aktiv angeeignet. Im Prozess der Rezeption setzen sich Kinder auf der Grundlage der von ihnen gemachten Erfahrungen mit den dargebotenen Themen selektiv auseinander. Das Fernsehen stellt symbolisches Material unterschiedlichster Art zur Verfügung, mit dem die Kinder spielen und neue, den eigenen Bedürfnissen angepasste Geschichten erzeugen, die mit der Version des Gesehenen nicht notwendigerweise übereinstimmen muss."

Da Fernsehen eben nicht nur bedeutet, Bilder zu sehen, sondern ihre Bedeutung zu verarbeiten und ihre Wirkung zu verkraften, bleiben Kinder auch vor dem Fernseher Kinder. Ihre Reaktion auf die bewegten Bilder lässt sich nicht kalkulieren. Es gibt nicht *die* Wirkung einer Sendung, aber es gibt **immer eine Wirkung**, wie auch Rogge betont: "Es gibt keine harmlosen, will sagen: einflusslosen Fernsehbilder. Das Bild macht etwas mit dem Kind, wie umgekehrt das Kind etwas mit den Bildern macht."[54]

---

[51] Theunert/Lenssen/Schorb, S. 47ff.
[52] Postman, S. 93.
[53] Sigrid Weber: Wie, was und warum Kinder fernsehen. *in:* Kindergarten heute Nr. 11/12 1998. S. 34-39.
[54] Rogge, S. 97.

Was ist gutes Kinderfernsehen ?

Das *Internationale Zentralinstitut für das Jugend- und Kinderfernsehen* (www.izi.de) des Bayerischen Rundfunks hat sich in seinem Magazin **TELEVIZION** (Nr. 18/2005/2) ausführlich der Frage gewidmet, was gutes Kinderfernsehen ist. Hierzu wurden Produzenten, Programmgestalter und verschiedene Fachautoren befragt. Die Ergebnisse lassen sich wie folgt zusammenfassen.

Gutes Kinderfernsehen...

... unterhält, macht Spaß

... informiert, erklärt, lässt unterhaltsam lernen

... ist leicht verständlich und nachvollziehbar

... ist interessant und sorgt unter Kindern für Gesprächsstoff

.. nimmt sie ernst, belehrt nicht von oben herab, sondern bewegt sich (vor allem sprachlich) auf Augenhöhe der Kinder und passt sich ihren Entwicklungsstufen an

... berücksichtigt ihre Lebenswelt

... vermittelte positive Werte, vor allem durch die Charaktere, die klar strukturiert und leicht wieder erkennbar sein müssen

... spricht Gefühle an und bringt zum Lachen

... bietet Kindern Identifikationsflächen und Vorbilder; zur besseren Übertragbarkeit sollte allerdings auch einmal gezeigt werden, wie den "Helden" etwas misslingt

... erzählt interessante, spannende, anregende, aber nicht zu aufregende Geschichten

... lässt sie über die Welt staunen (nicht sie fürchten), weckt die Neugierde am Erforschen und Entdecken

... aktiviert Kinder, regt sie zu Kreativität und Spiel an (und auch zum Abschalten nach der Sendung, wie z.B. bei *Löwenzahn*)

... ist für Kinder erreich- und ansprechbar, z.B. über eine Homepage und Email-Kontakt

... spricht auch die Eltern an, so dass sich Gespräche mit den Kindern ergeben

... ist glaubwürdig produziert (Kinder sind kritisch, da oft auch an Sendungen für Erwachsene gewöhnt), mithin teuer

... zeigt Gewalt als Teil der Welt, aber nicht als Problemlöser

... ist multikulturell, vermittelt aber auch die eigene Kultur (vor allem angesichts des Einflusses internationaler Sender wie Disney)

1.1.3 Probleme und Lösungen

Natürlich stellt sich Eltern die Frage: Wie geht man mit dem Fernsehen, mit den *Teletubbies*, den *Simpsons*, *Marienhof* und *Big Brother* um ? Vor dem Hintergrund der immer wieder entflammenden Diskussion hat es mitunter den Anschein, als müsse sich jeder entschuldigen, der das Fernsehen nicht verteufelt. Dass man verstehen will, wie Kinder fernsehen, heißt nicht, dass man diesen Prozess für problemlos hält. Doch ebenso wenig, wie sich der Vormarsch der Computermedien aufhalten lässt, ist das Fernsehen aus dem Alltag von Kindern wegzudenken. Selbstverständlich kann das Leben in einem Haushalt ohne Fernseher harmonisch verlaufen, bringt aber dennoch Probleme mit sich. Die Erfahrungen zeigen, dass ein rigides Verbot die "Mediengespenster" meist interessanter macht. Kinder, die in einem Haushalt ohne Fernseher aufwachsen und denen Fernsehen oder gar der Umgang mit fernsehenden Freunden verboten wird, fühlen sich häufig dazu gezwungen, ihr Interesse an diesem offensichtlich brisanten Apparat heimlich zu stillen. Dadurch wird exakt das Gegenteil der wünschenswerten Situation erreicht: Die Kinder entgleiten der Möglichkeit, sie bei der Begegnung mit dem Medium zu betreuen und zu kontrollieren.

Manche Eltern stehlen sich durch ein kategorisches Fernsehverbot – trotz scheinbar hehrer Absichten – aus der Verantwortung. Die Spätfolgen sind nicht ernst, aber es gibt sie: Nach dem Verlassen des fernsehlosen Elternhauses machen viele Herangewachsene eine exzessive Nachholphase durch, zeigen danach meist ein Fernsehverhalten wie jeder andere. Werden sie selbst Eltern, zeigen sie sich jedoch oft verkrampft: Sie wollen das Fernsehen nicht verbieten, haben es aber aus Kinderaugen selbst nie erlebt, bringen also noch eingeschränktere Voraussetzungen mit als andere Eltern, um ihre Kinder beim Fernsehen zu begleiten.[55]

Kinder spüren tatsächlich, wie problematisch manche Eltern das Fernsehen sehen, und gerade dadurch wird es oft noch interessanter. Hier ein Dialog zu *Tom und Jerry*, dem Paradebeispiel einer Sendung, die Erwachsene naturgemäß als problematisch empfinden (zitiert bei Rogge[56]):

Mutter:	Was ist daran lustig ? Wenn die sich weh tun ?
Rolf:	Erstens ist das ein Film, und zweitens tun die sich nicht wirklich weh.
Mutter:	Aber du hast neulich auch die Katze in den Kühlschrank eingesperrt.
Rolf:	War doch nur Spaß.
Mutter:	Spaß, jetzt hört's aber auf.
Rolf:	Na ja.
Mutter:	Und dann hast du gesagt, dass du das von Tom & Jerry hast.
Rolf:	Dann schimpfst du wenigstens weniger, nicht auf mich, sondern auf das Fernsehen.

Dieser beispielhafte Wortwechsel zeigt Erstaunliches: eine Mutter, die einem Zeichentrickfilm Auswirkungen auf die Realität vorwirft, ihrem Kind also die Unterscheidung von symbolischem Kampf und Realität (verständlicher-, aber unberechtigterweise) nicht zutraut – diese aber selbst nicht vornimmt. Nähme sich Rolf eine Sammlung von Wilhelm Busch-Geschichten, in denen gezeichnete Figuren in ähnlicher Weise deformiert werden wie bei *Tom & Jerry*, würde sie höchstwahrscheinlich gelassener reagieren.

Was nicht überrascht, ist die Beobachtung, dass viele Kinder am liebsten mit Geschwistern und Freunden fernsehen. Sie empfinden ihre Eltern häufig als zu verkrampft, als Besserwisser, in deren Gesellschaft kein entspanntes Fernsehen möglich ist. Zudem fühlen sich Kinder durch abschätzige Kommentare gegen das Programm ("Was guckst du denn da wieder für einen

---

[55] Rogge, S. 196ff.
[56] ebd., S. 51f.

Blödsinn?") selbst herabgewürdigt. Natürlich sollte man als Elternteil eine Meinung zu den Sendungen haben, die Kinder sehen. Diese sollte man sich aber möglichst im Voraus gebildet haben, dann nämlich, wenn man sich überlegt hat, welche Sendung man mit den Kindern anschaut; wer Kinder vor dem Bildschirm absetzt, darf sich über "Blödsinn" nicht wundern. Nicht die Kinder sind für das Programm verantwortlich, sondern TV-Macher und – allen voran – die Eltern selbst.

Ergeben sich während einer Sendung unerwartete Probleme, sollte man die eigene Meinung nicht als absolutes Werturteil, sondern subjektiv formulieren (z.B. "Ich finde das gruselig"). Es lässt sich nicht kalkulieren, was Kindern genau gefällt und was sie an Spannung ertragen möchten. So lieben sie vielleicht die ersten Folgen von *Jim Knopf* aus der Augsburger Puppenkiste, aber nicht die turbulenten Schlussepisoden mit der *Wilden 13*. Fangen die wilden Kerle das Raufen an, bitten manche Kinder sogar darum, dass der Fernseher ausgeschaltet wird, weil sie glücklicherweise gelernt haben, die Wirkung, die ein Film auf sie hat, zu artikulieren und in einen Bezugsrahmen (die Reaktion seiner Eltern) zu setzen.

Hingegen empfinden insbesondere kleinere Kinder Diskussionen über das Programm als anstrengend, mitunter sogar als Verhör. Sie brauchen ihre **Eltern offenbar vor allem als Gefühlspartner**.

Ein interessantes Beispiel für das Miterleben von Filmen boten Daniel (4) und Simon (2), als die BBC zu Ostern 2001 den herrlichen, aber sehr spannenden Animationsfilm *The Wrong Trousers* mit den bekannten Knetfiguren *Wallace and Gromit* zeigte. Daniel verfolgte die aufregende Handlung aktiv, mit Kommentaren und Nachfragen; als Wallace in besondere Gefahr geriet, weil er sich nicht aus einer metallischen Roboterhose befreien konnte, sagte Daniel: "Ich kann das nicht aushalten!", so dass wir die Szene Arm in Arm durchstehen mussten. Simon reagierte völlig anders: Er zog ostentativ seine Strumpfhose aus und hatte damit das Problem – zumindest für sich – gelöst.

Der Umgang mit kindlichen Reaktionen vor dem TV-Gerät erfordert viel Fingerspitzengefühl, Geduld und Mut. Vor allem, weil man nicht gleich abschalten darf, wenn Kinder sich beim Ansehen einer Sendung, die grundsätzlich für ihre Altersgruppe konzipiert wurde, beunruhigt fühlen. Kinder brauchen unbedingt das Happy End einer Geschichte, damit ihre Welt wieder in Ordnung kommt, und vielleicht lässt sich die spannende Sequenz gemeinsam ansehen, so dass die Handlung zu ihrem glücklichen Abschluss gebracht werden kann. So nahm Daniel seinen jüngeren Bruder in den Arm, als die Lokomotive Emma durch das Tal der Dämmerung fuhr, "damit Simon keine Angst hat". Dieser lehnte sich bei seinem großen Bruder an, die Szene wurde gespannt verfolgt, dann kehrte wieder Entspannung ein. Freilich funktioniert ein solches Ritual nicht immer, und das muss es auch nicht. Signalisiert ein Kind zu große Beunruhigung, hilft manchmal wirklich nur das Abschalten; hierbei sollte aber klar artikuliert werden, warum die Sendung nicht weiter gesehen wird und dass die Möglichkeit besteht, es zu einem späteren Zeitpunkt noch einmal zu versuchen.

Auch wenn das Abstraktionsvermögen von Kleinkindern noch begrenzt ist, beginnen sie oft schon zu begreifen, dass der Fernseher mitunter Dinge zeigt, die sie als belastend empfinden – gewiss keine schlechte Voraussetzung für eine bewusste, kritische Haltung gegenüber der "Flimmerkiste". **Mehr Gelassenheit** im Umgang mit dem Fernsehen nimmt dem Medium viel von seiner Brisanz und schränkt damit auch seine Attraktivität ein, so dass es auf das reduziert bleibt, was es ist: ein Medium unter anderen. Während man seine Wirkung nicht unterschätzen und Kinder nicht dem Fernseher überlassen darf, sollte man das Medium auch nicht dadurch aufwerten, dass man es als Erziehungsmittel einsetzt. Dogmatische TV-Verbote, Fernsehentzug als Strafe oder Fernseherlaubnis als Belohnung sind nicht geeignet, Kindern einen verantwortungsvollen Umgang mit Medien zu vermitteln. Sie lernen nicht, wie man mit problematischen Inhalten umgeht, erfahren aber, wie der Fernseher zum Heiligen Gral aufgewertet wird, aus dem nur trinken darf, wer "brav" war. Dies hat zur Folge, dass Kinder umso intensiver um das Ansehen einer bestimmten Sendung kämpfen und Eltern angesichts der Grabenkämpfe um das

Fernsehen endgültig verkrampfen oder immer schneller aufgeben. Hat ein Kind andererseits Verantwortungsgefühl für das eigene Sehen entwickelt, reißt es sich vielleicht gar nicht mehr darum, am Samstagabend *Wetten, dass...* zu sehen, und begeistert sich auch vielleicht nicht mehr für den Freund, der einen eigenen Fernseher auf dem Zimmer hat und "alles gucken darf".

TV-Erlebnisse können die Welt der Kinder eingrenzen und erweitern – die **Rahmenbedingungen** spielen dabei eine entscheidende Rolle. Während jüngere Kinder das Ritual des gemeinsamen Fernsehens, die emotionale Nähe und das durch die Anwesenheit der Eltern gegebene Gefühl der Sicherheit mögen, sehen Kinder ab etwa elf Jahren lieber allein fern, aus unterschiedlichen Gründen. Erstens erfordert das gemeinsame Fernsehen mit Geschwistern und Eltern eine Anpassung der Interessen, die nicht immer leicht ist und häufig zu Konflikten führt. Zweitens zappen ältere Kinder häufig und sehen sogar mehrere Sendungen gleichzeitig (wobei gänzlich neue "Text"-Formen entstehen). Die Anschaffung eines TV-Geräts für das Kinderzimmer beendet mögliche familiäre Streitigkeiten um das Fernsehen nicht, sondern verlagert und verschärft sie: Die Kinder sehen häufiger allein, öfter, später und auch heimlich fern.[57]

Kinder können fernsehen, und sie können dies mit zunehmendem Alter auch alleine tun, solange die Eltern wissen, was läuft; und solange die Kinder wissen, dass ihre **Eltern als Ansprechpartner** da sind, die ihre Interessen und Bedürfnisse ernst nehmen. Als Faustregel mag gelten, dass Eltern und ältere Kinder mindestens ebenso häufig gemeinsam fernsehen sollten wie allein.

Auf den Jugendschutz darf man sich leider überhaupt **nicht verlassen**: Im frei zugänglichen Fernsehen (dem "Free-TV") folgen die Sender lediglich dem vorgeschriebenen Zeitraster, das die Ausstrahlung von Filmen ab FSK 16 von 22 bis 6 Uhr und die Ausstrahlung von Filmen mit FSK 18 von 23 bis 6 Uhr erlaubt. Zusätzlich blenden manche Sender Warnungen wie "Die folgende Sendung ist für Personen unter 16 Jahren nicht geeignet." ein. Dennoch können Kinder einen solchen Film natürlich sehen, wenn sie nicht anderweitig kontrolliert werden oder – besser noch, aber kaum zu erwarten – von selbst abschalten. Der gebührenpflichtige Sender Premiere, dessen digital ausgestrahltes Programm sich nur mit Hilfe eines speziellen Decoders empfangen lässt, nimmt das Thema Jugendschutz ernster: Sendungen, die von der FSK erst ab 16 oder 18 Jahren freigegeben sind, lassen sich nur mit Hilfe einer Geheimzahl freischalten (die Eltern natürlich für sich behalten sollten).

Die Anschaffung eines **Video- oder DVD-Rekorders** vergrößert nur dann die Schwierigkeit, das Fernsehverhalten von Jugendlichen zu kontrollieren, wenn diese freien Zugang zu dem Rekorder haben, ohne entsprechendes Verantwortungsbewusstsein zu zeigen, oder ein solches Gerät sogar auf dem eigenen Zimmer haben. Ansonsten kann ein Videorekorder den Umgang mit dem starrem TV-Programm erleichtern, das sonst schnell den ganzen Tagesablauf bestimmt. So kann man die *Sendung mit der Maus* am Sonntagvormittag aufzeichnen, in den Wald fahren und sie am Nachmittag anschauen. Grundsätzlich sollten Rekorder die Fernsehnutzung erleichtern, nicht die tägliche Fernsehzeit verlängern.

Nicht nur in manchem Kinderzimmer, sondern auch in vielen Haushalten läuft der Fernseher nicht, weil man gezielt das Programm verfolgt, sondern einfach als Hintergrundkulisse, nicht zuletzt als Mittel gegen die Einsamkeit. Je älter Kinder werden, desto bewusster sollte ihnen sein, dass hierdurch die Konzentration erheblich beeinträchtigt wird und der Fernseher nicht als Begleitprogramm beim Lesen, Basteln, Anfertigen von Hausaufgaben oder Üben taugt. **Eltern** sind ihren Kindern auch hier **die naheliegendsten Vorbilder** und üben durch ihren eigenen Umgang mit dem Medium einen umso wichtigeren Einfluss aus, je älter ihre Kinder werden, und je mehr Eltern und Kinder gemeinsam und *bewusst* fernsehen.

Eine derartige Begleitung ihrer fernsehenden Kinder ist manchen Eltern einfach zuviel. Dabei lassen sich einige Probleme schon durch eine **bewusste Auswahl des Programms** und die

---

[57] Theunert/Lenssen/Schorb, S. 27-32.

damit verbundene zeitliche Limitierung des Fernsehens lösen: Eine halbe Stunde am Vormittag die *Sendung mit der Maus*, und eine halbe Stunde am frühen Abend die *Sesamstraße* oder *Paddington Bär*: Ein solches Programm birgt für Kinder wesentlich weniger Schwierigkeiten als zwei Stunden wahlloses Zapping durch das Frühprogramm von RTL bis Pro7 am Sonntagvormittag, während die Eltern noch schlafen.

Aus der Notwendigkeit, das Programmangebot zu selektieren, ergibt sich zwangsläufig die Kernfrage: **Was ist eigentlich "gutes" Kinderprogramm ?** Hier lassen sich nur Leitlinien finden, anhand derer eine spezifische Sendung mit Blick auf die jeweilige Zielgruppe individuell geprüft werden muss. Kindgerechte Filme greifen die Welt der Kinder auf und spiegeln Probleme wider, die auf deren Alter und Lebenswelt zugeschnitten sind. Je einfallsreicher die Lösungen für diese Probleme, desto besser: Ein gutes Beispiel ist *Löwenzahn* (ZDF), wo Peter Lustig stets ein Problem aus dem Alltag auf kreative Weise zu lösen versucht und dabei vielen faszinierenden Vorgängen auf die Spur kommt, die leicht verständlich und unterhaltsam erklärt werden. Die große Popularität der Sendung bei Kleinkindern bis hin zu Erwachsenen zeigt, dass ein pfiffiges Programm auch ohne spektakuläre Elemente und Action funktioniert.

Sendungen, die für Kinder interessant sein wollen, müssen **Fragen beantworten, die Kinder stellen**, wie z.B. "Wo kommen Blitz und Donner her?" oder "Wie kann ein Flugzeug fliegen?" Um der Darstellung folgen zu können, müssen Kinder ein bestimmtes Alltagswissen mitbringen, das dann entsprechend erweitert und durch eigenes Ausprobieren gefestigt werden kann. Das Fernsehen vermittelt, wie Rogge festhält, "mehr Wissen *über* als ein Wissen *um* einen Sachverhalt".[58] Diese Wissensvermittlung ist für kleine Kinder zu abstrakt, was sich auch in folgender Beobachtung zeigt: Je mehr konkrete Lern- und Erforschungsangebote Kinder in ihrer realen Umgebung vorfinden, desto unattraktiver wirkt auf sie das Fernsehen. Die "Flimmerkiste" darf und kann innerhalb der ihr gegebenen Grenzen durchaus eine Quelle für Informationen sein – aber eben nicht die einzige.

Idealerweise findet man Gelegenheiten, Informationen aus der *Sendung mit der Maus* oder *Löwenzahn* in eigene Aktivitäten umzusetzen, wie z.B. durch den Bau eines Vogelhäuschens im Anschluss an einen Beitrag über Wintervögel. Fehlen solche Möglichkeiten, wird die geistige Entwicklung von Kindern durch das Fernsehen nicht gefördert, wohl eher sogar gehemmt. Denn der Fluss der Bilder, gepaart mit Sprachinformationen, stellt eine überaus komplexe Informationsmenge dar, die verarbeitet werden muss. Hierin liegt einerseits die Chance des Fernsehens, geistige Prozesse zu aktivieren und voranzutreiben – andererseits aber auch die Gefahr, die Kinder zu überfordern.

Ein wesentliches Element guter Kindergeschichten sind die **Figuren**. Kinder brauchen Helden, die ihre Wünsche und Konflikte widerspiegeln und all das sind, was die Kinder (noch) nicht sind, aber sein wollen: groß und stark, mutig und schlau, trickreich und selbstbewusst, sogar weitgehend von Erwachsenen unabhängig. Häufig reflektieren populäre Helden das Problem der Unterlegenheit gegenüber den Größeren und Stärkeren, vor allem gegenüber den Erwachsenen: *Jerry*, die kleine Maus, besiegt *Tom*, die große Katze; *Wallace und Gromit* besiegen den großen, bösen Hund; der *Kleine Hobbit* bezwingt seine Angst und geht auf Abenteuerfahrt, so wie Frodo im *Herrn der Ringe*, der noch Größeres vollbringen soll...

Das Beispiel *Harry Potter*[59] zeigt, dass ein populärer Kinderheld nicht flach sein muss, auch wenn er zweifellos zu den "Guten" gehört. Harry ist keine Figur, die man instinktiv beneidet: Er lebt als Waise bei der Familie seiner Tante, in der er alles andere als willkommen ist; er ist dünn und nicht eben kräftig; er trägt eine Brille und hat keine Freunde. Andererseits ist er auch kein totaler Versager: Er verfügt nicht nur über Intelligenz und Durchhaltevermögen, sondern auch über magische Kräfte, die ihm schließlich das Tor zu einer Welt öffnen, die nur magisch

---

[58] Rogge, S. 100f.
[59] Joanne K Rowling: Harry Potter und der Stein der Weisen. Carlsen, Hamburg 1998.

Begabte betreten können. In dieser Welt gilt Harry als lebende Legende, weil er den Angriff des übermächtig bösen Zauberers Voldemort überstand. Diese Rolle auszufüllen, fällt Harry, der sich auch nicht als der begabteste und fleißigste Zauberschüler entpuppt, nicht leicht. Und trotz seiner weiteren Heldentaten, in die er eher widerwillig hineinschlittert, bleibt Harry eine Figur mit Schattenseiten: Er bricht Regeln, vor allem die seiner Schule; er verschweigt oder verleugnet die Wahrheit gegenüber Personen, denen er viel bedeutet; und er kennt durchaus Gefühle der Vergeltung.

Sicherlich bedient sich die Autorin bekannter Motive, doch macht offenbar deren gelungene Mischung Harry Potter zu einer solch faszinierenden Figur. Kinder müssen genau das lernen: mit den Schattenseiten ihrer Identifikationsfigur und ihrer eigenen Faszination für diese "dunkle Seite" umzugehen.

Harry Potter ist auch ein gutes Beispiel dafür, dass sich Kinder bei einer Heldenfigur "bedienen", d.h. sich vor allem mit den Stärken und Verhaltensweisen identifizieren, an denen es ihnen selbst aus eigener Sicht mangelt. Diese Selektion gelingt allerdings wohl erst dem typischen *Harry Potter*-Leser ab ca. 10 Jahren. Jüngere Kinder brauchen ein klareres Personal: Die Figuren müssen überschaubar sein, nicht nur in der Zahl, sondern auch in ihrer Zugehörigkeit zu "Gut" und "Böse". Es muss offensichtlich sein, ob eine Figur auf der Seite des Helden oder auf der Seite des Antagonisten steht. Da Kinder in ihrer Einordnung von Menschen und Figuren **polarisieren**, können sie mit Figuren, die nicht eindeutig gut oder böse sind oder die ihr Verhalten grundlegend ändern, wenig anfangen. Sie brauchen **Kontrastfiguren**, wie sie z.B. die Fabel liefert.

Mitunter fragt man sich, warum schon in Geschichten für Kinder Gegenspieler auftreten müssen, und noch dazu derart finstere. In den Konflikten, mit denen die Helden konfrontiert werden, geht es grundsätzlich um den Kampf zwischen Gut und Böse, um Sieg oder Niederlage, oft auch um Freundschaft, Trennung, Überleben und Tod. Die **Bösewichter und Monster** stehen dem Helden auf dem Weg zur Lösung seines Problems im Weg. Sie stellen die Gegenmacht dar, hinter der sich all das verbirgt, wodurch sich Kinder in ihrer Direktrealität unterlegen fühlen. Figuren wie Lord Voldemort oder Darth Vader verkörpern Ängste, ganz besonders die Angst vor der Niederlage, vor der Trennung von den Eltern und die Angst vor dem Tod. Nur indem diese **Ängste bildhafte Gestalt annehmen**, können Kinder sich mit ihnen auseinandersetzen.

TV-Helden bedeuten Kindern viel, auch wenn diese Anhänglichkeit für Erwachsene nicht immer begreifbar ist – hier zeigt sich erneut, dass Postman mit seiner Gleichschaltung von Kindern und Erwachsenen in die Irre geht. Viele Erwachsene können sich nicht wirklich in die Perspektive der Kinder hineinversetzen und deren Fernseherlebnisse nachvollziehen (meist sehen sie gar nicht die Notwendigkeit, dies zu tun, und wenn sie es tun, bleibt dies eine kognitive Anstrengung). Kinder wiederum können und wollen Filme nicht logisch durchdringen, sie aus der Distanz betrachten oder gar auf einer Meta-Ebene diskutieren. Sie *erleben* Filme. Ihre Helden sind Archetypen und die Konflikte klischeehaft – aber nur aus Sicht der Erwachsenen. **Kindern geben sie Halt und Orientierung** in einer Welt medialer und realer Konflikte.

Neben dem Figurenarsenal spielt die **Dramaturgie** eine wichtige Rolle. Kindgerecht aufgebaute Sendungen müssen es den Kindern vor allem anderen ermöglichen, die Geschichte emotional durchzustehen. Spannung ist zwar wichtig, um den Weg des Helden interessant zu machen. Sie darf sich aber nicht bis zur absoluten Gefährdung des Protagonisten zuspitzen, d.h. die **Rettung darf nicht erst in letzter Sekunde** erfolgen, und es **darf nicht eindeutig um Leben und Tod gehen**. Ein **Happy End** ist absolut notwendig, da es die Konfliktsituation durch einen Sieg und durch das Überleben des Helden beendet. Bleibt das Ende offen, indem das Schicksal der Identifikationsfigur nicht geklärt wird, erfahren insbesondere Vorschulkinder eine tiefe Verunsicherung, weil sie sich selbst einem ungewissen Schicksal ausgesetzt sehen. Auch Cliffhanger zwischen einzelnen Episoden einer Serie werden nur von älteren Kindern bewältigt. Wenn es Erwachsenen langweilig erscheint zu wissen, dass der Held am Ende siegreich bleibt, verkennen sie nicht nur, dass auch der populäre Kinofilm, den sie selbst konsumieren, fast ausnahmslos mit einem Happy End schließt (siehe hierzu Kapitel 2.6.5.3). Sie übersehen, dass Kinder die Spannung einer Geschichte nur aushalten, wenn sie sich darauf verlassen können, dass die Erzählung nach dem vertrauten Schema abläuft und ihre Identifikationsfigur als Sieger aus dem Kampf hervorgeht. Die grundsätzlich positiv empfundene **Angstlust** oder "Wonneangst", von der Theunert/Lenssen/Schorb sprechen[60], wird sonst von einer ganz realen und die Kinder verstörenden Angst um den Lieblingshelden verdrängt.

Ein klarer, immer wiederkehrender Aufbau erleichtert folglich in kognitiver wie in emotionaler Hinsicht das Verständnis filmisch präsentierter Erzählungen. Das gängige Muster sieht folgendermaßen aus :

1. Die Sendung beginnt mit dem bekannten Vorspann.
2. Der Held wird mit einem Problem konfrontiert; er bekommt z.B. einen schwierigen Auftrag.
3. Er versucht, das Problem bzw. den Auftrag zu lösen. Dabei kommt es zu Schwierigkeiten, z.B. indem er sich mit einem gefährlichen Gegner auseinandersetzen muss.
4. Der Held löst das Problem.
5. Eine ruhige Dialogszene oder ein Lacher schließen die Handlung ab.
6. Es folgt der bekannte Abspann – oder Werbung.

Der Wunsch, immer wieder dieselbe Art von Geschichten in denselben Strukturen zu sehen, resultiert mitunter in dem Wunsch eines Kindes, immer wieder dieselbe Videokassette oder DVD anzuschauen. Solange dies im normalen Rahmen der täglichen Fernsehzeit geschieht, kann man dem Wunsch des Kindes ruhig entsprechen, anstatt ihm eine künstliche Abwechslung aufzuzwingen. Vielleicht hat ihm an diesem speziellen Film etwas besonders gefallen, oder es muss ihn durch mehrfaches Ansehen verarbeiten. Diese Chance sollte genutzt werden.

Häufig vermittelt sich Spannung durch **bewegte und aktionsreiche Sequenzen** bis hin zu "Actionszenen". Kinder begeistern sich für eine Darstellung, die ihre Sinne anspricht, so dass sie sich durch die Dynamik der Bilder, das Spiel von Farben und Formen sowie die akustische Ebene eines Films fesseln lassen. Ein **Zuviel an audiovisuellen Eindrücken** kann jedoch vor allem **kleinere Kinder überfordern**: Daniel (4) liebte *Die vielen Abenteuer von Winnie Puuh*, flüchtete aber, als er einmal die ersten Minuten von *Aladdin* mit ansah. Aus distanzierter Sicht fällt auf, wie unterschiedlich das Erzähl- und vor allem das Schnitttempo dieser beiden Disney-Filme ist. Nicht minder wichtig als Handlungsstruktur und Figurenarsenal ist folglich die Umsetzung: Ein behutsam inszenierter böser Drache kann erträglicher sein als der Held Aladdin, der wie ein Derwisch auf dem fliegenden Teppich durch die Gegend saust.

Aktionsreiche Sequenzen sind zweifellos ein elementares Spannungsmittel filmischer Erzählungen. Sie müssen aber **aus der Handlung motiviert** sein. Auch Kinder lassen sich nur durch Spannung fesseln, indem sie Fragen in Bezug auf den Ausgang eines Geschehens entwickeln – wenn es einfach nur kracht, langweilen sie sich schnell. Zudem halten Kinder eine Spannungskurve besser aus, wenn sich diese nicht stetig bis zu einem höchst dramatischen Schluss steigert. Kindgerechter ist eine "Wellendramaturgie": ein stetes und **kontrolliertes Auf und Ab zwischen Spannungs- und Ruhephasen ohne extreme Spannungsspitzen**.

Wenn Kinder Gesehenes nicht verarbeiten können, zeigen sie sehr deutlich, dass sie eben noch Kinder sind und die Unterstützung ihrer Eltern brauchen. Grundsätzlich sollte man den Genuss der Spannung zulassen, ein Kind bei seiner Rezeption eines Programms genau beobachten und sorgfältig abwägen, wie man auf eventuelle Probleme reagiert. Fernsehrezeption ist für Kinder

---

[60] Theunert/Lenssen/Schorb, S. 68ff.

grundsätzlich ein **individuelles Erleben**, ein ganzheitliches Empfinden, d.h. keinesfalls eine distanzierte Rezeption, die sich mit Hilfe logischer Schlüsse und Analysen vorhersagen und rational kontrollieren ließe.

Es zeigt sich jedoch, dass Kinder beim Fernsehen **grundsätzlich ähnliche Stadien der Beteiligung** durchlaufen:[61]

1. Das Kind sieht die Sendung scheinbar nur halbherzig. Eine Zeitlang verfolgt es das Bildschirmgeschehen, dann wendet es sich ab, beginnt Nebentätigkeiten, vielleicht kommentiert es die Handlung auch als langweilig oder uninteressant. Solche Reaktionen zeigen sich jedoch nicht nur bei offensichtlich ruhigen Szenen, sondern auch bei turbulenter Action. Sie sind manchmal ein Signal für Überforderung: Das Kind blockt die Rezeption unter dem Vorwand ab, gelangweilt zu sein, weil es sich von ihr überwältigt fühlt. Auch auf Dialoge reagieren Kinder mitunter mit Desinteresse, nicht weil sie unbedingt Action brauchen, sondern weil sie den Dialog nicht verstehen oder emotional nicht bewältigen können (z.B. wenn ein Problem behandelt wird, von dem sie persönlich betroffen sind).

2. Das Kind erlebt die Handlung offensichtlich mit. Es beteiligt sich aktiv, setzt sich aufrecht hin, gestikuliert und äußert seine Gefühle verbal und durch Mimik.

3. Das Kind fühlt intensiv mit. Es wird durch die Sendung emotional so stark angesprochen, dass es sich in seine eigene Gefühlswelt zurückzieht. Es wirkt nun passiver, ist nur bedingt ansprechbar und zeigt kaum Entlastungsverhalten.

4. Das Kind ist wie gebannt, vom Geschehen überwältigt. Es sitzt mit weit aufgerissenen Augen und offenem Mund, der Puls steigt, der Atem stockt. Die scheinbare Versteinerung wird nur durch kleine, aber elementare Entlastungshandlungen durchbrochen: Das Kind steckt die Finger in Mund oder Nase, lutscht daran oder kaut an den Fingernägeln, drückt sich in die Kissen oder auf die Sitzfläche, will sich an vertrauten Personen, dem Stofftier oder der Puppe festhalten. Die Bewegungen wirken krampfartig. Das Kind ist so in den Bann der Filmhandlung gezogen, dass es ihr nicht mehr ausweichen kann, sondern tatsächlich in ihr gefangen ist.

Kommt es während der Rezeption zu einer solchen **Überwältigung**, muss man als **Begleiter aktiv werden**. Wer aber gleich den Fernseher abschaltet, lässt das Kind womöglich mit einem Gefühl der Minderwertigkeit und mit seiner unbewältigten Angst allein. Drohungen wie "Dann müssen wir ausmachen, dann kannst du das eben nicht sehen" hindern das Kind daran, offen mit seiner Angst umzugehen und sie zu verarbeiten. Entweder unterdrückt es seine Gefühle und tut so, als wäre es nicht betroffen, frisst also seine Angst in sich hinein und ventiliert sie später womöglich umso heftiger. Vielleicht holt es die Rezeption auch heimlich bei einem Freund nach und entzieht sich so dem Zugriff – aber auch der Betreuung– durch die Eltern.[62]

Zur Entwicklung der Filmlesefähigkeit gehört gerade auch die **Aneignung von Entlastungstechniken**, die die Bewältigung des Filmerlebnisses unterstützen. Das intensive emotionale Erleben reicht z.B. durch anschließendes Spiel häufig über die Sendung hinaus. Solches Spielen ist kein Alarmsignal, sondern der Versuch, das Gesehene zu verarbeiten, und sollte auf keinen Fall unterbunden werden. Daher ist es allerdings ungünstig, wenn kurz vor dem Schlafgehen noch ferngesehen wird, ruhige Sendungen wie das "Sandmännchen" ausgenommen.

Kinder müssen wissen, dass sie **beim Fernsehen Ansprechpartner haben** und von diesen mit ihren Problemen ernstgenommen werden. Nur so können sie lernen, mit TV-Erlebnissen umzugehen. Zunächst lohnt sich der Versuch, das Kind in den Arm zu nehmen und die **Krise des**

---

[61] Rogge, S. 73ff.
[62] ebd., S. 121.

Helden gemeinsam durchzustehen. Eine Alternative ist das vorübergehende Aussteigen aus dem Programm. entweder indem das Kind den Raum verlässt, bis die größte Spannung überwunden ist, oder indem man beim Einsatz eines Videos die Kassette oder die DVD vorspult (ohne dass das Kind die Sequenz im Schnelldurchgang mit ansehen muss). Diese Lösungen sind allerdings nicht unbedingt optimal: Je älter Kinder werden, desto wichtiger wird es ihnen zu erfahren, *wie* der Held sein Problem gelöst hat.

Zeigt sich nach einer missglückten Rezeption, dass ein Kind traumatisiert wurde und z.B. vor Angst nicht einschlafen möchte, kann die "Bildschirmmethode" eine Hilfe sein: Man stellt sich die beunruhigende Sequenz auf dem Fernseher vor, dreht in der Vorstellung zuerst die Farbe und dann den Ton weg und schaltet schließlich den imaginären Fernseher ab.

Auch wenn Patentrezepte das Leben erleichtern: Das **kategorische Freigeben und Verbieten** von TV-Sendungen und Filmen ist **nicht sinnvoll**. Bei der Selektion des Materials sollte man daher den Blick auf das individuelle Kind, seinen Entwicklungsstand und seine Situation richten. Eine Sendung sollte aus dem Programm gestrichen werden, wenn das eigene Kind ein Problem mit einer Sendung hat, nicht weil das Nachbarskind sie nicht mag oder man die Sendung vielleicht selbst als Kind nicht leiden mochte. Ebenso kann scheinbar "Kindgerechtes", das man damals als besonders schön empfunden hat, wie z.B. eine Serie der Augsburger Puppenkiste, ein Kind überfordern. Hier sollte nicht die Lust an der Kindheitserinnerung den eigenen Abkömmling dazu zwingen, die Sendung zu verfolgen. Welche Wünsche Kinder im Fernsehprogramm und Filmen befriedigt sehen und was sie an dargestellten Ängsten verkraften können, entscheiden sie selbst – und zwar größtenteils unbewusst und in Abhängigkeit von ihrem ganz individuellen Entwicklungsstand. Daher kommt es auch in der Frage, was den kindlichen Gefühlshaushalt durcheinander bringt, häufig zu Fehleinschätzungen.

Eine der größten Gefahren lauert aus Sicht vieler Erwachsener in der Tatsache, dass fernsehenden Kinder nicht – oder nicht immer – zwischen der Abbildung realer und fiktiver Handlungen unterscheiden könnten. Mit dieser Befürchtung geht die Sorge einher, ein Kind könnte Handlungsweisen übernehmen, die zwar im fiktionalen Rahmen einer TV-Geschichte funktionieren, nicht aber in der Wirklichkeit (z.B. dass *Superman* unverwundbar ist und fliegen kann, also gefahrlos von einem Hochhaus springen kann).

Die meisten Kinder bilden schon ab ca. 5 Jahren die Fähigkeit aus zu erkennen, ob im Fernsehen eine reale oder eine fiktive Handlung gezeigt wird. Die Entwicklung dieser Kompetenz lässt sich z.B. dadurch unterstützen, dass man den fiktionalen Charakter einer Geschichte behutsam bewusst macht, ohne das Kind mit dem Bade auszuschütten und die Illusionen der Kinder vollständig zu zerstören. Häufig ereignen sich in Filmen denkbar unwahrscheinliche Zufälle, die Handlung wirkt konstruiert oder übertrieben, die Figuren sind typisiert oder überzeichnet. Hierauf kann man durch subjektiv formulierte Kommentare (nicht durch kategorisches Aburteilen) hinweisen: "Das halte ich aber wirklich für unwahrscheinlich... ob das wohl wirklich klappen kann... dieses Problem würde ich anders lösen..."

Nur scheinbar riskiert man durch derartige Hinweise Gefahr, Kindern die Lust am Fernsehen zu nehmen. Das Gegenteil ist der Fall: Fernsehen für Kinder funktioniert ohnehin nur so lange, wie es ein **Spiel** bleibt. Sie suchen beim Fernsehen einen Zustand der Selbstvergessenheit und Versunkenheit, den Mihaly Csikszentmihalyi als "flow"-Erlebnis bezeichnet hat.[63] Gemeint ist ein Fließen von Gefühl zu Gefühl, von Handlung zu Handlung, von Herausforderung zu Herausforderung. Hierdurch wird die Aufmerksamkeit gebunden und verhindert, dass der Zuschauer Langeweile empfindet und sich seiner selbst und möglicher persönlicher Probleme bewusst wird. Vor allem Kinder suchen diesen Zustand als Entlastung vom Druck ihres Alltags, in dem sie stets die Kleinen und meist Schwächeren sind. Zudem sind sie durch vielfältige Erlebnismöglichkeiten heute stärker an "flow"-Erfahrungen gewöhnt als früher, und vielleicht lesen sie auch weniger, weil sich beim Lesen die Selbstvergessenheit nicht so leicht einstellt.

---

[63] Mihaly Csikszentmihalyi: Das Flow-Erlebnis. Klett-Cotta, Stuttgart 1999. S.59.

Hingegen sind Spiele umso beliebter, desto schneller man durch sie in den "flow" kommen kann. Entscheidend ist bei der Rezeption von Handlungsstrukturen, dass stets Klarheit über den nächsten Schritt besteht, dass man nicht lange darüber nachgrübeln muss, wie es weitergeht. Folgt eine Filmhandlung nicht dem bekannten Muster und gestaltet sich beispielsweise als rätselhaft, taucht der Spieler – und ein solcher ist ein Filmzuschauer, da er seine eigene Wahrnehmung des Films immer selbst konstruiert – aus der Versunkenheit auf. Die Illusion ist zerstört.

Hier liegt das **Paradoxon**, wenn Kinder (und nicht nur sie) fernsehen: Sie müssen genug Distanz haben, um zu wissen, dass Fernsehen nur ein Spiel nach festen Regeln ist – geben diesen Schutzschild aber zugleich auf, um völlig in das Erlebnis hineinzutauchen. Bei dem Versuch, ihre Ängste und Schwierigkeiten zu vergessen, begegnen sie ihnen auf dem Bildschirm. Haben die Ängste **symbolische Form**, können Kinder mit ihnen umgehen, experimentieren, eben spielen und sie dadurch be- und verarbeiten. Wirken sie real oder rühren an wirkliche Probleme, reagieren Kinder überfordert oder blocken ab. Dies belegen noch die Reaktionen zehnjähriger und älterer Jugendlicher auf Scheidungs- und Adoptivgeschichten bei *Schloss Einstein* (s.o.): Sind sie wirklich von derartigen Problemen betroffen, wollen sie sich in der TV-Serie nicht damit auseinandersetzen. Der Fernseher soll Geschichten erzählen, die das Leben *nicht* schreibt.

Da Vorschulkinder nur selten fähig sind, das Abenteuer auf dem Bildschirm als Spiel zu erkennen, sind sie vor dem Fernseher besonders häufig überfordert. Sie nehmen *alles* als reales Geschehen und empfinden die Bedrohung des Helden als echte Bedrohung für jemanden, der ihnen viel bedeutet, und damit als Bedrohung für sich selbst. Naheliegenderweise können gerade Kinder z.B. das Thema Tod nur schwer oder gar nicht verarbeiten. Filmfiguren dürfen zwar umfallen, aber sie dürfen nicht ausdrücklich "kaputtgemacht" oder für tot erklärt werden – schon gar nicht der Held, aber auch keine andere Figur, denn ein Kind kann sich prinzipiell mit jeder Figur identifizieren, ganz oder nur teilweise. *Winnetou 3* ist eindeutig kein Film für Kinder.

Eine noch häufigere Quelle für Verunsicherungen stellen Realsendungen dar, die von Erwachsenen oft gar nicht als problematisch eingestuft werden. In **Nachrichtensendungen** läuft zwar keine lineare Handlung ab, dennoch passiert sehr viel: Nachrichten berichten von Katastrophen, zeigen getötete Tiere und sogar menschliche Leichen. In **Tierfilmen** muss man häufig mit ansehen, wie Tiere einander jagen, töten und fressen.

Eltern glauben hier oft an die neutrale Wirkung der Sachinformation und deren Bildungswert, unterschätzen aber die bedrückenden und verstörenden Auswirkungen solcher Bilder auf ihre Kinder, die sich oft ultimativ bedroht fühlen (die überwiegende Zahl kindlicher Alpträume sind Verfolgungsgeschichten). Bei der Rezeption solcher Sendungen schützt die Kinder nicht mehr der Glaube, das Gesehene sei fiktiv. Man sollte als Erwachsener daher auf keinen Fall selbst die Nachrichten sehen, während Vorschulkinder im Raum sind, auch wenn diese scheinbar das Fernsehen nicht beachten – Kinder hören eben *alles*. Stattdessen sollte man sie erst **ab dem Grundschulalter behutsam an Nachrichtensendungen und Dokumentarfilme gewöhnen**. Als Einstieg eignen sich z.B. die Kindernachrichten *logo* (KiKa).

Dass auch manche Märchen wie *Hänsel und Gretel, Schneewittchen* oder *Der Gevatter Tod* für jüngere Kinder nicht verdaulich sind, ist Eltern mitunter ebenso wenig bewusst. Zwar dienen Märchen dazu, mit dem Phänomen der Angst vor dem Bösen und anderem Unheil umgehen zu lernen, doch überschreiten die Geschichten manchmal die Grenze dessen, was Kinder aushalten und verarbeiten können: Eltern, die ihre Kinder verstoßen; die böse Hexe oder die Stiefmutter, die die Kinder töten wollen; oder Protagonisten, die tatsächlich sterben. Solche Figuren sind insbesondere für Vorschulkinder, denen noch jede Erzählung ganz real vorkommt, ebenso ungeeignet wie die Handlungsmotive, beispielsweise die oft grausamen Bestrafungen. Die böse Stiefmutter ist nicht nur ein Problem für Kinder, die tatsächlich Stiefmütter haben, sondern prinzipiell für alle Kinder, die ihre Mutter plötzlich als die "böse Stiefmutter" sehen könnten.

Wenn Märchen ihre Funktion als kontrolliertes Abenteuer haben und nicht zum Angstmacher werden sollen, dürfen Kinder nicht mit ihnen allein gelassen werden. Grausamkeiten müssen abgeschwächt und die Erzählungen generell als nicht wirklichkeitsgetreu verstanden werden – eine Differenzierung, zu der Kinder aber eben erst ab dem Grundschulalter fähig sind.
Durch die sinnliche Wirkung von Fernsehbildern wird bei filmisch dargestellten Märchen das Risiko der emotionalen Überforderung noch höher. Auch wenn Disney-Zeichentrickfilme und vergleichbare Animationsfilme regelmäßig für alle Altersstufen freigegeben werden, sind einige Szenen für Kinder, auch für ältere, oft nur schwer zu bewältigen: die Verwandlung der bösen Königin in die todbringende Hexe und ihr Mordversuch an *Schneewittchen*, der zunächst glückt; der Tod der Mutter in *Bambi*; der Tod des Vaters im *König der Löwen*; der Verlust der Eltern in *Tarzan*.

Scheinbar harmlose Sendungen bergen gerade für kleinere Kinder die zusätzliche Gefahr, zu falschen Schlüssen, vor allem zu unzulässigen Verallgemeinerungen zu führen: Jeder Hund ist so schlau wie Lassie; das Leben läuft wie bei der Cosby-Familie, oder, schlimmer noch, wie bei Al Bundy und seiner "Schrecklich netten Familie". Unbestritten bleibt, dass das Fernsehen auch ein guter Filter der in ihrer Gänze unerträglichen Wirklichkeit sein kann. So kann ein kindgerechter Tierfilm mit schönen Aufnahmen das Interesse für Tiere und die Natur wecken, ohne Zerfleischungsszenen von Raubtieren zeigen zu müssen. Je älter Kinder sind und je distanzierter sie Fernsehbilder sehen können, desto besser. Beobachtungen zeigen übrigens, dass Mädchen häufig eher auf Überforderung reagieren und mit ihren emotionalen Kräften besser haushalten, so dass sie sich leichter vor unliebsamen TV-Erfahrungen schützen können.[64]
Werden Konflikte z.B. durch Nachrichtensendungen real, kommt es zu Problemen, wie das von Rogge angeführte Beispiel der sechsjährigen Svenja zeigt: Sie hatte in den Nachrichten von einem Flugzeugunglück gehört und fürchtete sich nun sehr vor dem bevorstehenden Flug nach New York. Die Hinweise der Mutter auf die Zuverlässigkeit der Fluggesellschaft beeindruckten sie nicht. Ihre Angst steigerte sich so sehr, dass ihre Mutter mit ihr eine Beratungsstelle aufsuchte. Dort fühlte sich Svenja zunächst in ihrer Schlussfolgerung bestätigt, dass Flugzeuge tatsächlich abstürzen können. Sie räumte zwar ein, dass dies selten geschehe, wollte aber noch immer nicht mitfliegen. Schließlich wurde eine Einigung getroffen: Die Mutter sollte den ganzen Flug über neben Svenja sitzen bleiben und sie anfassen. Auf dem Flug benötigte Svenja den Körperkontakt zuerst gar nicht. Irgendwann fragte sie: "War das hier ?" und verkündete lächelnd, dass sie jetzt festgehalten werden wollte. Kurz darauf entspannte sie sich und widmete sich wieder ihrem Comic.[65]
Das Beispiel zeigt einerseits, wie nachhaltig Fernsehnachrichten auf Kinder wirken können, und andererseits, dass **Körperkontakt und Spiel** die Bewältigung wirksamer unterstützen können als eine Belehrung. Kinder brauchen positive Perspektiven und bauen daher Spielwelten auf, in denen Katastrophen wie Trennung und Tod überwunden werden. Dieses Spiel sollte man auf jeden Fall zulassen, ja fördern, indem man darauf eingeht und mitmacht. Vor diesem Hintergrund wird auch deutlich, dass das Fernsehen selbst keine individuell brauchbaren Lösungsmöglichkeiten für Konflikte anbieten kann.
Rogge berichtet von einem weiteren, bedrückenden Fall: Jan-Ole (8 Jahre) sah mit seinen Eltern und älteren Geschwistern den Disney-Klassiker *Bambi*. Als Bambis Mutter starb, weinte er nicht, sondern wirkte entspannt, suchte lediglich die Nähe seiner Mutter. Später zeichnete er in seinem Zimmer Bambi in den verschiedensten Situationen. Als er seinen Eltern knapp zwei Wochen später die Bilder zeigte und seine eigenen erdachten Filmabenteuer dazu erzählte, entdeckte der Vater in einer oberen Bildecke ein Reh auf einer Wolke. "Das ist Bambis Mutter", sagte Jan-Ole, "die ist immer dabei." Er leugnete, dass die Mutter gestorben sei, sie sei "nur nicht richtig da" und könne Bambi immer sehen. Daraufhin verlor der Vater die Geduld

---

[64] Rogge, S. 86.
[65] ebd., S. 122f.

(und jede Vernunft): Er warf seinem Sohn vor, den Film überhaupt nicht verstanden zu haben, legte wütend die Videokassette wieder ein, fror die Szene mit der sterbenden Mutter per Standbild ein und rief: "Hier!" Jan-Ole reagierte geschockt und begann zu weinen.
Jan-Ole hatte versucht, seine Wahrnehmung des Films und die dadurch ausgelösten Gefühle in sehr phantasievoller Weise zu verarbeiten, und war dadurch mit der Wirkung des Films viel sinnvoller umgegangen als sein Vater. Dessen Versuch, seinen Sohn zu einer rationalen Einsicht zu zwingen (man möchte sagen: zu vergewaltigen), verhinderte nicht nur eine Bewältigung des Films, sondern verstörte Jan-Ole nachhaltig, der eben nicht nur Filmbilder, sondern seine innerste Urangst vor dem Verlust der eigenen Mutter verarbeiten musste. Rogge benötigte ein ganzes Jahr, um die Verunsicherung des Jungen so weit abzubauen, dass dessen Klammern an die Mutter langsam nachließ.[66]

Kinder müssen **Filmerlebnisse**, die häufig ganz reale Ängste auslösen, **in einen festen Kontext setzen** können, zuallererst in ein stabiles Selbstvertrauen und eine sichere Familiensituation. Was ihnen in ihrer Lebenswelt an Gefühlen, Bezugspunkten und Werten zur Verfügung steht, wird durch das Fernsehen kaum beeinflusst, sondern umgekehrt: Die **Direktrealität eines Kindes prägt seine Fernsehrezeption**.
Problematisch wird es, wenn in der Wirklichkeit des Kindes die nötigen Bezugspunkte fehlen und Medieninhalte diese Leerstellen besetzen. Dann wird der Fernseher zum Refugium, und es entwickelt sich ein Teufelskreis: Die Flucht vor den Bildschirm verstärkt die Vereinsamung, das Kind grenzt sich aus, wodurch sich seine Ängste noch verstärken und die Leerstellen immer größer werden. Demzufolge wird das Fernsehen noch dringender als Ersatz gebraucht, das Kind verbringt noch mehr Zeit vor dem Fernseher usw. **Exzessiver TV-Konsum** ist (wie die meisten exzessiven Beschäftigungen) daher kein Anlass für dogmatische Verbote oder drakonische Strafen, sondern ein **Hilfeschrei**. Der Fernseher hat eine Rolle angenommen, die in der Wirklichkeit reale Bezugspersonen besetzen sollten, allen voran die Familie.
Im Alter zwischen 6 und 13 Jahren durchleben alle Kinder die Hoch-Zeit ihres TV-Interesses, mit sehr intensiven Phasen. Diese entstehen durch die besondere Begeisterung für eine bestimmte Sendung, für ihre Helden, durch Gruppenzwänge im Freundeskreis oder in der Familie, oder einfach durch die Faszination am Neuen. Solche Phasen des exzessiven Auskostens gehören zur normalen Entwicklung von Kindern und beschränken sich nicht auf das Medium Fernsehen. Wenn sie allerdings länger anhalten als wenige Wochen, sollte man beginnen, nach tiefer liegenden Ursachen zu suchen. Rogge konstatiert: "Wird das Fernsehen dazu benutzt, sich dem Alltag und seinen Vergnügungen zu entziehen, dann ist *eine* Sendung schon zuviel, weil sie als Flucht missbraucht werden kann."[67]

Die gefürchteten **Actionfilme und Computerspiele** sind für Kinder und Jugendliche besonders reizvoll, da sie ein leicht erreichbares, aber besonders intensives Abenteuer ohne Risiko darstellen. Hinzu kommt, dass Kinder gerade beim Spielen am Computer aufgrund ihrer besseren visuellen Auffassungsgabe und größeren Reaktionsschnelligkeit besser sind als Erwachsene. Wer sich auf ein Computerspiel mit ihnen einlässt, gibt Kindern endlich einmal die Möglichkeit, sich einem Erwachsenen überlegen zu fühlen und das Feld als Sieger zu verlassen. Actionszenen müssen nicht analytisch durchdrungen werden, hier passiert etwas, es wird gehandelt – wodurch der Aktionsdrang der Kinder direkt angesprochen wird.
Wenn Old Shatterhand einen Banditen umhaut, ist das für ein Kind ab etwa sechs Jahren kein Problem, und es darf sich auch wünschen, selbst einmal so stark wie Old Shatterhand zu sein. Dieser Wunsch ist Teil der Identifikation mit einer Heldenfigur. Je älter Kinder sind, desto leichter entschlüsseln sie Darstellungen auf TV- und Computerbildschirmen als Spiel. Proble-

---

[66] Rogge, S. 130 ff.
[67] ebd., S. 29.

matisch wird es, wenn sie sich dazu veranlasst sehen, in das mediale Abenteuer einzutauchen, aber den Weg zurück nicht mehr finden.

1.1.4 Gewalt im Fernsehen

Zerstörerische und körperliche Gewalt wird in Fernsehbildern häufig so inszeniert, dass sie zum Erfolg führt. Während der Held für den Einsatz von Gewalt mit dem Sieg belohnt wird, bleiben die Folgen für die Opfer meist unberücksichtigt; ihr Leiden wird auch (oder gerade) durch die Präsentation sich windender oder blutender Körper nicht nachvollziehbar.
In *Star Wars* werden die Kämpfe mit "Laserschwertern" ausgetragen, es fließt also kein Blut (zumindest in den "alten" Filmen[68]). Nachdem Luke Skywalker am Ende der 5. Episode eine Hand abgetrennt worden ist, muss ihm eine künstliche Hand angepasst werden (bei beiden Vorgängen ist kein Blut zu sehen). Hier wird nicht nur die Gewalt gezeigt, sondern auch ihre Konsequenzen, die besonders schmerzhaft sind, weil sie die Heldenfigur treffen. Dieser Film ist allerdings in Deutschland ab 6 Jahren, in Großbritannien sogar als "universal" freigegeben, d.h. ab etwa vier Jahren, obwohl diese Freigabe nur "leichte Gewalt" zulässt.
An diesem Beispiel wird schon deutlich, wie wenig man sich auf Altersbeschränkungen für Spielfilme verlassen kann, wenn es darum geht, Kinder vor Gewaltszenen zu schützen. Auch wenn der Film die Folgen zeigt: eine abgetrennte Hand überfordert zumindest 4- bis 6-Jährige. Auch einen Bösewicht wie Darth Vader und die zahlreichen, wenn auch unblutigen Filmtode werden sie nicht bewältigen können.
Der Umgang mit dem Thema medial inszenierter Gewalt ist schwierig, weil hier gern **extreme Standpunkte** vertreten werden. Während die einen das Fernsehen für die Ursache jugendlicher Gewaltausbrüche halten, glauben andere, an Filmen und Computerspielen mit hohem Gewaltanteil könnten Kinder ihre Aggressionspotenziale abreagieren. Manche sind sogar der Auffassung, die Rezeption medialer Gewalt könne von Gewalttendenzen reinwaschen. (Hier rückt sogleich Malcolm McDowell in *Clockwork Orange* vor das geistige Auge.) Andererseits geben Jugendliche häufig genug an, durch Filme wie *Rambo* zu Gewalttaten ermutigt worden zu sein – vielleicht auch, weil sie wissen oder spüren, dass hierdurch ein beträchtlicher Teil ihrer ureigenen Schuld auf das Medium abgelenkt wird.
Ein erstaunliches, leider nicht untypisches Beispiel für den schwierigen Umgang mit diesem hochsensiblen Thema sind die Ausführungen von Ute Benz[69]: Sie führt die Faszination, die vor allem Jugendliche für "Gewaltfilme" empfinden, darauf zurück, dass Filme Unbewusstes (z.B. Ängste) und grundlegende Konflikte sichtbar machen, mit denen sich gerade Jugendliche in der Zeit des Heranwachsens auseinandersetzen. Diese grundsätzlich richtige Beobachtung steht allerdings in einem zweifelhaften Kontext: So laufen die Ausführungen von Benz zum einen darauf hinaus, dass der "visuelle Analphabetismus" junger Menschen in erster Linie auf dem Bildungsweg – also in der Schule – abgebaut werden müsse, damit sie gegen die Gefährdung durch Filme gefeit seien. Wenngleich die Schule die Rezeption von Filmen auf kognitiv-intellektueller Ebene fördern kann, wird sie nicht als universeller Problemlöser wirken können: Eine fehlentwickelte Haltung gegenüber Filmen und Fernsehen bei Jugendlichen, die u.a. zu einem gehäuften Konsum von Filmen mit hohem Gewaltanteil führen kann, hat ihren Ursprung im direkten Lebensumfeld, in erster Linie im Elternhaus.
Schon Schüler der Unter- und Mittelstufe sind in ihrer Haltung durch jahrelange Fernseherfahrungen, durch das Vorbild ihrer Eltern und deren Haltung gegenüber dem Fernsehen vorgeprägt. Vor allem aber kann die Schule der sozialen, insbesondere familiären Situation, aus der heraus Kinder sich dem Medium Fernsehen zuwenden, kaum entgegenwirken. Selbst wenn es im Unterricht gelingt, die zunächst unbewusst wahrgenommene Wirkung von Filmen bewusst zu machen, kann ein Schüler allenfalls seinen eigenen Filmkonsum reflektieren und *vielleicht*

---

[68] Zur logischen Reihenfolge der Filme siehe Kapitel 5.
[69] Ute Benz: Warum sehen Kinder Gewaltfilme? C.H. Beck, München 1998.

sogar erkennen, dass er realen Schwierigkeiten ausweicht. Ob er damit ein Werkzeug an der Hand hat, diese Schwierigkeiten zu lösen, muss man ernsthaft bezweifeln.

Noch ärgerlicher ist die Tatsache, dass auch in einer vermeintlich wissenschaftlichen Beschäftigung mit der Problematik derart pauschalisiert wird. So seien laut Benz *vorgelesene* **Märchen** und Mythen generell "zauberhaft" – eine unzulässige Simplifizierung, die die Autorin unfreiwillig selbst entkräftet, wenn sie Filmen vorwirft, "in der Unversöhnlichkeit ihrer Gut-und-Böse-Struktur an Märchenstoffe und Mythen" zu erinnern.[70] Auch spricht Benz generell von "Gewaltfilmen", ohne typische Beispiele, Elemente und Bewertungskriterien aufzuzeigen, d.h. ohne differenziert darzulegen, was überhaupt ein "Gewaltfilm" sein soll. Diese Frage ist durchaus wichtig, denn Gewalt im Sinne von Aggression ist ein essenzieller Faktor der kindlichen Entwicklung und darf durchaus in kindgerechten Filmen vorkommen – solange die Darstellung der Aggression dem gerecht wird, was Kinder emotional verkraften können.

Als Beispiel: Ein Fünfjähriger darf mit ansehen, wenn die Lokomotive Emma den Drachen Maalzahn besiegt, so wie ein Sechsjähriger mitfiebern darf, wenn Michel vor seinem Vater in den Schuppen mit den geschnitzten Männchen flieht. Wenn beide Kinder allerdings eine Schlachtenszenen aus dem Film *Braveheart* (Mel Gibson als schottischer Freiheitskämpfer William Wallace) sehen, werden sie zweifellos überfordert, höchstwahrscheinlich sogar traumatisiert – anders als der Sechzehnjährige, der nicht nur seit vielen Jahren schon weiß, dass das alles nur Filmblut ist, sondern der im Normalfall auch emotional und psychisch so gefestigt ist, dass er den Film nur zur Unterhaltung und nicht als Fluchtort braucht. Ohne expliziten Gewaltdarstellungen das Wort reden zu wollen: Es gibt Filme wie *Braveheart*, in denen man mit ansehen muss, wie ein Arm von einem Schwert abgeschlagen wird, die hieraus aber nicht ihre wesentliche Wirkung beziehen und aus anderen Gründen als gelungen empfunden werden *können*. Dass solche Filme für Kinder und Jugendliche nicht geeignet sind, steht außer Frage.

Der einzige Maßstab, den Benz andeutet, ist die Frage, ob sich die Inszenierung der Gewalt "an bürgerlicher Moral orientiert". Man muss erst gar nicht Anstoß an dem Adjektiv "bürgerlich" nehmen, um dieses Kriterium als bedenkliche Leerstelle zu entlarven: Wieviel Gewalt lässt sie denn zu, die Moral des Normalbürgers? Und "Gewaltfilme [...] beschwören die zerstörerischen Kräfte der Menschheit, die die Herrschaft der Vernunft gefährden"[71] – auch das klingt eher nach biblischer Apokalypse als nach nüchterner Betrachtung. Filme leben (wie andere Erzählformen auch, gibt Benz zu) von der "Lust und Angst, in menschliche Abgründe zu sehen"[72]. Sie sind daher aber nicht unmoralischer oder verwerflicher als *Hamlet* oder *Homo faber*.

Das Beispiel Benz zeigt zumindest, mit welch großem Unbehagen viele dem Medium Film begegnen, selbst wenn sie die Erkenntnis gewonnen haben, dass Filme keine schwarze Magie sind, sondern ein nur unter bestimmten Bedingungen problematisches Medium.

Jedes Kind hat ein Aggressionspotenzial, was nicht mehr und nicht weniger bedeutet, als dass das Kind zu Neuem aufbricht. Dieser "Vorwärts-Trieb" ist grundsätzlich ein positiver, notwendiger Motor der menschlichen Psyche, auch wenn die öffentliche Diskussion um die Auswirkungen des Fernsehen es gerne so darstellt, **als wären Aggression und Gewalt dasselbe** und als brächte das Spiel mit der Aggression Kinder dazu, aufeinander einzuschlagen.

Kinder müssen im Spiel lernen, mit ihrer Aggression so umzugehen, dass für andere hierdurch kein Schaden entsteht. "Ihre aggressiven Ausdrucksformen lassen sich zunächst weder auf mediale noch erzieherische Einflüsse zurückführen, sie drücken notwendige Entwicklungsschritte aus – Schritte in die Selbstständigkeit, das Umsetzen eigener Pläne", so Rogge.[73] Das Fernsehen kann durch seine Geschichten die Auseinandersetzung mit dem eigenen Aggressionspotenzial anstoßen und verstärken – und dadurch auf problematische Lebenssituationen

---

[70] Benz, S. 12f.
[71] ebd., S. 13.
[72] ebd., S.13.
[73] Rogge, S. 143.

hinweisen, die Erwachsenen allerdings nicht immer sehen oder sehen wollen. Hinzu kommt, dass Kindern Gewalt oft in einer Form präsentiert wird, die sie überfordert, wie z.B. in Nachrichten oder Dokumentarfilmen (siehe oben). Viele Eltern halten die ganz reale Gewalt authentischer Kriegsbilder oder Szenen von Löwen, die ein Gnu erlegen, für unproblematisch, sehen aber im symbolischen Kampf zwischen *Tom und Jerry*, den Kinder schon ab 6 Jahren als übertrieben dekodieren, ein Problem.

Filme sind keine Kerker der Phantasie, ebenso wenig wie die Sprache das Gefängnis unserer Gedanken ist. Freilich werden der Phantasie beim Lesen des *Herrn der Ringe* mehr Freiräume gegeben als beim Anschauen der gleichnamigen Verfilmung, aber abgeschaltet wird sie auch da nicht. Gerade bei der Darstellung von **zerstörerischer Gewalt** zeigt sich jedoch, dass Filme die Möglichkeit des Rezipienten einschränken, sich selbst ein Bild zu machen und die Handlung gründlich zu verarbeiten.

Insbesondere hier haben Filme eine unmittelbarere Wirkung als z.B. ein gelesener Text: Wenn in *Dances with Wolves (Der mit dem Wolf tanzt)* die Soldaten, die Kevin Costner als Gefangenen in die Zivilisation zurückbringen wollen, von den Indianern eingeholt und erschlagen werden, empfinden wir es als nicht so schlimm, dass wir hier und da Blut sehen. Die weiterlaufenden Bilder lassen uns gar nicht die Chance, das Schicksal einer einzelnen Figur in den Blick zu nehmen und zu reflektieren, ob sie den Tod verdient hat oder nicht, ob überhaupt jemand den Tod verdient. Wir sind einfach froh, dass der Held befreit ist, und schon geht es weiter.

Die schwer verdauliche Eröffnungsszene aus *Saving Private Ryan (Der Soldat James Ryan)* mag als extremes Beispiel für dieselbe Problematik gelten, noch zugespitzt dadurch, dass der Zuschauer dort noch gar keine Sympathien vergeben hat und (bis auf Tom Hanks) nur anonyme Gesichter zu sehen sind (und größtenteils sterben). Die Schonungslosigkeit der Darstellung soll die Schonungslosigkeit des Krieges widerspiegeln, doch bevor wir noch darüber nachdenken können, freuen wir uns schon über den Sieg der Heldenfigur und verfolgen ihr weiteres Schicksal auf der Leinwand. Wie gesagt: Die Schädel spaltenden Schüsse haben eine unmittelbare, markerschütternde Wirkung auf unsere *Gefühle*. Doch bevor wir diese Wirkung rational verarbeiten können, sehen wir uns der nächsten Wirkung und damit weiteren Gefühlen ausgesetzt.

Gewalt in Filmen irritiert und verunsichert besonders dort, wo man die Reaktion vieler Zuschauer miterlebt: im Kino. In Steven Spielbergs *Jurassic Park* wird eine Nebenfigur, der wenig sympathisch wirkende Jurist Gennaro, von einem Tyrannosaurus Rex getötet: Als das vorzeitliche Untier aus seinem Gehege ausbricht, flieht Gennaro aus einem der Besichtigungsjeeps, wobei er zwei Kinder hilflos darin zurücklässt (schon deshalb muss er sterben). Er verschanzt sich in einer hölzernen Toilettenbude – schon hier lacht das Publikum. Der Saurier stampft hinterher, zerschmettert die Hütte und nimmt den auf dem Toilettensitz zitternden Feigling ins Visier. Das Gelächter steigert sich und überspielt die Grausamkeit der folgenden Bilder, in denen der T-Rex zuschnappt und Gennaro in Stücke reißt. An anderen Stellen des Films wird Gewalt oder deren Auswirkung nicht zur Erheiterung, sondern ganz unverblümt als Schockeffekt eingesetzt: wenn das abgetrennte Ziegenbein auf dem Glasdach des Jeeps landet, oder aus einer vermeintlich helfenden Hand überraschend ein abgetrennter Arm wird.

In derartigen Szenen werden Menschen und Tiere zu Spielzeugpuppen, die in Sekundenschnelle Körperglieder verlieren. Spätestens, wenn die Deutlichkeit solcher Bilder im Gelächter untergeht, beschleicht uns die Angst, Kinder könnten auch reale Menschen und Tiere so behandeln oder zumindest dagegen abstumpfen, sie so behandelt zu sehen. Zwar wissen die meisten, wenn nicht gar alle kindlichen Zuschauer (*Jurassic Park* war ab 12 Jahren freigegeben, aber es waren natürlich auch Zehnjährige im Saal), dass das Gesehene nicht real ist. Doch kann dieser begrenzte Selbstschutz nicht verhindern, dass einzelne Kinder Tage oder Wochen brauchen, um die Bilder zu verarbeiten, die hinter ihren Augen weiterleben und die ureigenen Ängste vor Verfolgung und Vernichtung wachrufen.

Leider schätzen nicht nur Eltern, sondern auch die Kinder selbst ihre Fähigkeit, mit bestimmten Bildern und Sequenzen umzugehen, oft falsch ein. Sie lachen über sie hinweg oder ertragen sie möglichst unauffällig, z.B. wenn sie mit ihren Freunden oder Eltern ins Kino gegangen sind und ihre Beunruhigung nicht zeigen wollen. Gruppenzwänge verhindern häufig eine offene Auseinandersetzung mit der Angst, die filmische Gewalt hervorruft – wenn die Freunde sich einen "Horrorfilm" ansehen, geht man eben mit, auch wenn dies nächtelange Alpträume zur Folge haben kann. Kinder stumpfen nicht nur ab, wenn sie immer wieder blutige Bilder sehen, sondern wenn sie deren **Wirkung verdrängen**.

Zweifellos müssen Kinder lernen, sich mit ihren Ängsten auseinanderzusetzen. Bilder körperlicher und zerstörerischer Gewalt, der äußersten Form der Aggression, sind gewiss das härteste Medium für diese Lektion, dem nicht jedes Kind in jeder Situation gewachsen ist. Zur Wirkung von medial inszenierter Gewalt gibt es folgende wesentliche Hypothesen:[74]

1. die **Habitualisierungs-** oder **Gewöhnungshypothese**: Kinder und Jugendliche stumpfen gegen Gewaltbilder ab und werden dazu stimuliert, selbst gewalttätig zu handeln; mediale Gewalt erzeugt grundsätzlich reale Gewalt

2. die **Nachahmungs-** oder **Imitationshypothese**: Gewaltbilder führen zu einer direkten Nachahmung der Gewalttat

3. die **Stimulationshypothese**: Gewaltbilder können unter bestimmten individuellen und situativen Bedingungen aggressives Verhalten stimulieren; z.B. wenn das Individuum frustriert ist und aggressionsauslösende Reize hinzu kommen, die negativ assoziiert sind (z.B. an vergangene Ärgernisse erinnern) oder prinzipiell Agressionen auslösen (z.B. Waffen) – vor allem, wenn es Parallelen zwischen Medienrealität und Direktrealität gibt

4. die **Excitation-Transfer-These**: jede Form von Medieninhalt kann latent vorhandene, unspezifische Erregungen beim Rezipienten aufbrechen lassen; welche Übertragung stattfindet, ist individuell verschieden, so dass z.B. gewalthaltige Sendungen ebenso zu konstruktivem wie destruktivem Sozialverhalten führen können; ebenso könnten z.B. erotische und komische Medieninhalte zu Gewalthandlungen führen (und umgekehrt)

5. die **Katharsishypothese**: Gewaltbilder reinigen vom angeborenen Trieb zur Gewalt, man kann an ihnen Gewalttendenzen abreagieren

6. die **Inhibitionshypothese**: Gewaltbilder bauen Aggressionsangst und somit Hemmungen gegen Gewalt auf, da die Ablehnung und Bestrafung von Gewalt verinnerlicht (inhibitiert) ist

7. die **Erregungshypothese**: Gewaltbilder können Kinder auf der Gefühlsebene so stark ansprechen, dass diese intensive emotionale Bindungen zu einem Film aufbauen; je näher die inszenierte Welt der Direktrealität des Kindes kommt, desto stärker identifiziert es sich mit dem gewalttätigen Helden, versetzt sich in seine Gefühle, empfindet die Handlung unmittelbar nach – und kann sie umso weniger als Fiktion erkennen

8. die **Rationalisierungsthese**: aggressiv handelnde Jugendliche neigen dazu, Gewaltfilme und -sendungen zu konsumieren, damit sie ihre Aggressionshandlungen als normal betrachten oder sich die Illusion schaffen können, wie ein Held zu handeln – vor oder nach einer Gewalttat

---

[74] Rogge, S. 154ff. / M.Kunczik/A.Zipfel: Gewalthaltige Filme und ihr Publikum. Wirkungsforschung – ein Bericht zur Forschungslage. *in:* Thomas Hausmanninger/Thomas Bohrmann [Hrsg.]: Mediale Gewalt. W. Fink (UTB), München 2002. S. 152ff. / Bernd Schorb: Reflexiv-praktische Medienpädagogik – Raum und Stütze für selbstbestimmtes Mediennutzungslernen. *in:* Hausmanninger/Bohrmann [Hrsg.]: S. 196.

Die Idee, dass Medieninhalte nicht in einzelnen spezifischen Fällen, sondern prinzipiell und direkt Gewalt auslösen würden, wird nur noch in der oberflächlichen öffentlichen Diskussion diskutiert, gilt in der Forschung aber als nicht haltbar. Selbstverständlich ahmen Kinder Bewegungsabläufe und Verhaltensweisen dessen nach, was sie auf dem Bildschirm sehen. Diese Nachahmung ist Teil des Spiels, in dem sie ihre Rezeption verarbeiten, aus ihr lernen, mit ihr fertig werden. Dabei testen sie, ob eine beobachtete Verhaltensweise von der Umwelt akzeptiert wird oder nicht. Dies allein ist aber noch keine ausreichende Erklärung für Gewaltausbrüche. Die Habitualisierungshypothese gilt nach wie vor als nicht empirisch belegt, da bisherige Studien zu sehr divergenten Ergebnissen führten und schlüssige Resultate fehlen. Gleiches gilt für die Katharsishypothese und die Inhibitionshypothese. Die Nachahmungshypothese wird in dieser Form nicht mehr vertreten, auch die Stimulationshypothese gilt als nicht bewiesen.

Schlüssig klingt hingegen die Rationalisierungshypothese. Zwei Studien konnten sogar belegen, dass aggressiv handelnde Jugendliche inzwischen häufig gezielt auf ihren Konsum von Gewaltbildern verweisen, um ihre Gewalttaten abzuschwächen und von ihrer persönlichen Schuld abzulenken.[75]

Den plausibelsten Erklärungsansatz für die unbestreitbare Wirkung medialer Gewalt auf Kinder scheint die **Erregungsthese** zu bieten, die sich mit Erkenntnissen der **Lerntheorie** deckt: Wie ein Kind mit zerstörerischer Aggression umgeht, hängt von seinem **eigenen System an Normen, Werten und Verhaltensstandards** ab, das sich nicht durch TV- und Filmkonsum, sondern primär durch die **Erfahrungen in der Familie und deren Umfeld** bildet.

Mediale Gewalt ist für Kinder dann besonders gefährlich, wenn sie Gewalt aus dem Alltag als Durchsetzungsmittel kennen und daher emotional stark verunsichert, vielleicht sogar traumatisiert sind. Die **Angst vor der realen Gewalt** wird durch die Gewaltbilder noch verstärkt, was nicht unmittelbar dazu führt, dass das Kind sofort selbst Gewalt ausübt. Zunächst identifiziert es sich umso mehr mit dem **gewalttätigen Helden**. Dieser benutzt Faustschläge, Pistolenschüsse und Panzerfäuste als Mittel zur Konfliktbewältigung, trägt den Sieg davon, gewinnt hierdurch an Ansehen und entspricht damit den geheimen Wünschen des Kindes. **Je stärker die emotionale Bindung an diesen Helden wird**, desto realer wirkt das mediale Geschehen auf das Kind, und **desto eher glaubt es, mit Hilfe ähnlicher Mittel seine Direktrealität ändern zu können**.

Je eher es dort gelernt hat, dass Gewalt ein probates Mittel zur Durchsetzung eigener Interessen ist, desto eher wird es selbst versuchen, sie zu diesem Zweck einzusetzen. Leider ist im Zuge der "modernen" Pädagogik die Strafe, die gerade als Erziehungsmittel für Gewalttäter nötig wäre, aus der Schule weitgehend verschwunden. Wer nach ihr ruft, gerät schnell in den Ruf, die Prügelstrafe wieder einführen zu wollen und Despot, preußischer Steißtrommler oder Schlimmeres zu sein. Kinder erleben auch als Schüler immer wieder, dass Fehlverhalten bis hin zur Gewaltausübung ohne Folgen bleibt, selbst wenn es festgestellt wurde, weil den Lehrerinnen und Lehrern die Mittel zur Sanktionierung fehlen. Maßnahmen wie z.B. das Nachsitzen unter Aufsicht, an Schulen anderer Länder institutionalisiert, sind in Deutschland verpönt.

Filme mit hohem Gewaltanteil können Kindern und Jugendlichen als Fluchtort vor tatsächlich empfundenem Druck aus der Direktrealität dienen. Wenn reale Konflikte Unsicherheit erzeugen und Kinder nicht genügend Raum haben, die in ihnen arbeitenden Aggressionen "auszutoben", kann diese Verunsicherung in zerstörerische Gewalt umschlagen. In den Erlebniswelten des Actionfilms und -fernsehens finden manche Kinder mehr Halt und bessere Identifikationsfiguren als in ihrer greifbaren Umwelt. Die Actionspektakel und ihre Helden wirken dann, wie Rogge treffend formuliert hat, als **"psychische Prothese"**.[76] Kinder passen sich in die schablonenhaften Identifikationsflächen prügelnder und schießender Helden ein, anstatt vor dem Hintergrund des Gesehenen ihre eigene Persönlichkeit auszuloten und zu einer eigenen Identität zu finden – diese Abstraktionsleistung können sie einfach noch nicht erbringen.

---

[75] Kunczik/Zipfel, S. 154f.
[76] Rogge, S. 150.

Zusammenfassend lässt sich festhalten, dass das Fernsehen bei solchen Kindern Gewalttendenzen ansprechen kann, die:

1. für Ängste besonders empfänglich sind, insbesondere aufgrund mangelnden Ur- und Selbstvertrauens, z.B. verursacht durch eine unsichere Lebenssituation

2. auf dem Bildschirm gezeigte Ängste als real empfinden, d.h. die mediale Gewalt nicht mehr als Fiktion wahrnehmen, z.B. weil sie in der Familie Gewalt erfahren

3. sich daher mit gewalttätigen "Helden" identifizieren und ihre Handlungsweisen übernehmen.

Kinder lassen sich nicht gegen mediale Gewalt immunisieren, aber man kann ihre Schutzschilde verstärken, indem man ein möglichst stabiles und gewaltfreies Umfeld schafft und ihnen emotionale Verstörungen erspart. Die Grundlage hierfür ist eine **intakte Familie, in der Konflikte ohne Gewalt gelöst** werden. Kinder sollten ihr Vorbild nicht in Eltern finden, die ihre Leitlinien mit Gewalt oder Beschimpfungen durchsetzen, die also unbewusst vorexerzieren, wie man mit Gewalt den Sieg erringen kann und dafür bewundert (wenn auch nicht geliebt) wird. **Fehlgriffe der Kinder müssen – zu Hause und in der Schule – klare Folgen haben**. Mit Hilfe von Worten und sinnvollen Aufgaben sollten klare **Schuldgefühle** vermittelt werden. Darüber hinaus sollte ein Kind nicht lernen, wie man Ängste überspielt, sondern wie man sie abbaut. Beides lässt sich nur erreichen, wenn mit so elementaren Gefühlen wie Angst und Schuld offensiv umgegangen wird.
Fernsehen erzeugt offensichtlich nicht Gewalt, sondern Angst, die sich unter besonderen Umständen in zerstörerischer Aggression Luft machen kann. Da diese Umstände nur **individualpsychologisch** beurteilbar sind, lässt sich der Gefahr ausbrechender Gewalt von außen, also auch in der Schule, nur sehr eingeschränkt entgegenwirken. Die **Prävention** muss dort anfangen, wo die Probleme anfangen: **zu Hause**. Und gerade das macht die Vorbeugung so schwierig, denn Eltern erkennen als Involvierte häufig gar nicht, wo die Probleme ihres Kindes liegen. Hellhörig sollte man werden, wenn Kinder immer dieselben Serien oder Filme sehen oder sich anhaltend Computerspielen mit hohem Gewaltanteil widmen. Auch dem Lehrer muss dies nicht entgehen. Ein hoher TV- und Computerkonsum sollte allerdings nicht als Verursacher für Gewalttendenzen herhalten, sondern als Indiz für tiefer liegende Probleme gesehen werden.
Der **Einsatz von Filmen mit Gewaltpotenzial ist in der Schule grundsätzlich problematisch**, da man nie wissen kann, wie ein Schüler auf sie reagiert. Seine Lebensumstände und Voraussetzungen sind weder ersichtlich noch entscheidend beeinflussbar. Man weiß nicht, wie er mit medialer Gewalt umgehen kann, ob er gelernt hat, mit eventuell angesprochenen Ängsten umzugehen, und ob der Film seiner Lebenswelt, die mit unbekannten Schwierigkeiten behaftet sein kann, zu nahe kommt.
Je jünger Schüler sind, desto schwächer sind sie, desto empfänglicher für Verunsicherungen aus ihrem Umfeld und für mediale Ersatz-Welten. Je älter sie werden, desto gefestigter werden sie in ihrer Persönlichkeit und Identität, und desto eher können sie auch auf kognitiver Ebene bearbeiten, was sie sehen. Die Thematisierung des Angst-Problems im Unterricht kann Schüler auf mögliche Verunsicherungen vorbereiten, aber weder eine von jüngsten Kindesbeinen an entwickelte Fernsehhaltung grundlegend verändern noch tiefer liegende persönliche Probleme lösen. Ich habe erlebt, dass eine Schülerin zu Beginn einer Unterrichtssequenz zu Stanley Kubricks *The Shining*, Schwierigkeiten signalisierte. Dass es sich bei *The Shining* nicht um einen Horrorfilm oder Gewaltstreifen handelt, sondern um ein Familiendrama, das den Blick in innere menschliche Abgründe eröffnet, beweist, dass Probleme mit Filmen nicht in den Kampfszenen eines Streifens wie *Braveheart* lauern müssen. Und andererseits, dass sich mit Fingerspitzengefühl und individueller Betreuung die Chance ergibt, **Schülern Wege aufzuzeigen, mit beunruhigenden Filmen umzugehen** – die sich manchmal genauso wenig abschalten lassen wie die beunruhigenden Szenen des Films, der sich Leben nennt.

1.2 Ziel: Film- und Fernsehkompetenz

Fernseherziehung ist nicht einfacher als andere Aspekte der Erziehung, vermutlich schwieriger als manche. Dies gilt erst recht für den Einsatz des Fernsehens im Unterricht, der sich methodisch wie technisch aufwändig gestaltet und mit offensichtlichen Schwierigkeiten behaftet ist. Dass Schüler filmische Darstellungen für bare Münze nehmen, muss man nicht befürchten, da die Fähigkeit, Fiktives von Authentischem zu unterscheiden, bereits im Grundschulalter zur Verfügung steht. Sextaner kommentieren die abenteuerliche Rettung des *Rennschweins Rudi Rüssel* ganz selbstverständlich mit "Das kann doch nicht sein, die Straße geht doch nie so lange geradeaus!" Gerade die beliebten Trickfilme helfen durch ihre offensichtlich unwirkliche Verbiegung von Körpern und physikalischen Gesetzen, Filme schon früh als etwas zu erkennen, das nicht dem wirklichen Leben entspricht.

Methodischen Schwierigkeiten vorgeschaltet ist das Spannungs- und Angstpotenzial vieler Filme. Nicht alle Schüler der Sekundarstufe I sind in ihrer Lebenssituation und Persönlichkeit so gefestigt, dass sie alles Gesehene mühelos verarbeiten können. Verunsicherungen müssen dabei nicht unbedingt aus Gewaltdarstellungen erwachsen, sondern können sich für Kinder auch aus Figuren, Situationen oder Handlungsverläufen ergeben, die man selbst nicht auf eigene Ängste zurückführt und deshalb nicht als problematisch empfindet.

Leider widerstrebt es den meisten Schülern auch, Beunruhigungen oder gar Ängste im Unterricht auszusprechen. Die Schule kann solche Hemmungen kaum abbauen, und erst recht keine persönlichen Probleme lösen oder verhindern, dass Schüler Filme sehen. Sie darf das Massenmedium Film aber auch nicht ausklammern, weil es schwierig zu handhaben ist. Die Filmrezeption im Unterricht kann durch ihren analytischen Ansatz die emotionale Wirkung bewegter Bilder eindämmen und Schüler mit dem nötigen Rüstzeug ausstatten, um filmische Wirkungen zu durchschauen. Hiermit wird den Schülern kein analytisches Sehen beim abendlichen Kinobesuch aufgezwungen, sondern eine Art Reißleine an die Hand gegeben: Verspüren sie Beunruhigung, können sie Abstand von den Bildern nehmen, sich Struktur und Wirkung eines Films bewusst machen und so einer möglichen Bedrängnis durch Filmerlebnisse ausweichen.

Es steht außer Frage, dass die Behandlung von Filmen im Unterricht stets Unterricht bleibt, so wie auch die Behandlung von Literatur in der Schule ihren eigenen Gesetzen folgt. Als Argument gegen die Filmbesprechung im Unterricht wird mitunter ins Feld geführt, dass die von Filmen erzeugten Lesarten leichter zugänglich seien als z.B. die eines Romans, und dass man daher meist nur über ihre Wirkung, nicht aber ihre Gestaltung spreche. Es steht außer Frage, dass zur Rezeption eines Romans mehr an kognitiver Leistung aufgebracht werden muss als zur Rezeption eines Films. Zwar gibt es Filme, wie z.B. Stanley Kubricks *The Shining*, die besonders vielschichtig sind, auch nach mehrmaligem Ansehen noch neue Deutungen aufwerfen und dennoch nicht eindeutig zu interpretieren sind. Doch erzählt tatsächlich nahezu jeder Film eine leicht durchschaubare Geschichte. Filme sind in ihrer Grundstruktur, nicht zuletzt aufgrund ihres meist streng linearen Plots, an der Oberfläche recht einfach zu begreifen, während es bei einem Roman durchaus vorkommt, dass man einiges an Interpretationsleistung aufbringen muss, um in die Erzählung hineinzufinden oder mit ihr etwas anfangen zu können.

Doch die Tatsache, dass die Handlung eines Films meist leichter zu erfassen ist als die eines Romans, spricht nicht dagegen, Filme im Unterricht zu behandeln. Im Gegenteil: Gerade hier ist es wichtig, das **Bewusstsein für die Ursachen einer empfundenen Wirkung** zu wecken. Natürlich besteht hierbei die Gefahr, ebenso wie bei der Interpretation eines Romans, dem jeweiligen Werk etwas von seinem Zauber zu nehmen. In meinen Augen ist diese Gefahr allerdings unser tägliches Berufsrisiko, dem wir als Lehrer gar nicht ausweichen können und sollten: Der Brechtsche Satz "Zerpflücke eine Rose, und jedes Blatt ist schön" bringt zwar unweigerlich den möglichen Schluss mit sich, dass die Rose hinterher eben auseinandergenommen und "kaputt" ist – doch kann man nur auf diese Weise erfahren, dass sie nicht nur einfach schön wirkt, sondern warum sie schön ist.

Die Schulung im Umgang mit Filmen soll darüber hinaus **Fähigkeiten vermitteln, die der "natürlichen", außerschulischen Filmrezeption zugute kommen**. Die Chance hierzu liegt in der Methodik: Ein Film kann und muss *Gegenstand* des Unterrichts sein, nicht Füllsel. Er muss in seinen Sequenzen, Szenen und auch Einzelbildern untersucht werden. Wer als Lehrer einfach eine DVD einlegt und den Start-Knopf drückt, missbraucht das Medium Film als Lückenfüller und entzieht sich der Aufgabe, seine Schüler zu einer differenzierten **Filmlesefähigkeit** zu führen. Auch Bildschirme sind (ob mit Maus bedienbar oder nicht) keine Bildungsautomaten. Was sie präsentieren, muss erworben werden.

Dieser Erwerb ist zunächst mühsamer, als man vielleicht glaubt, gerade weil Schüler dazu neigen, Filme viel eher als Konsumgegenstand zu sehen als z.B. Bücher. Wenn Schüler merken, dass ein Film nicht nur konsumiert, sondern als Unterrichtsgegenstand behandelt werden soll, reagieren sie leicht frustriert. Meist zeigt sich aber schnell, dass sie diese unvermeidbare Erfahrung weniger widerwillig machen als andere unterrichtliche Erfahrungen. Tatsächlich entwickeln sie in der Regel sehr bald eine **hohe Motivation** für die Untersuchung bewegter Bilder. Dieser Antrieb lässt sich im Verlauf einer Unterrichtsreihe vor allem dadurch aufrechterhalten, dass die Schüler echte **Kompetenzen in der Filmanalyse erwerben und ausbauen**, nach dem Motto: Merken Schüler, dass sie etwas lernen, lernen sie gerne.

Was für das Elternhaus gilt, gilt auch für den Unterricht: Der Weg zur Bewältigung von Filmen führt über das **Gespräch**. Eindrücke, Verständnisfragen und -klärung, Analysen, Deutungen – all dies kann im Schüler- und Unterrichtsgespräch bearbeitet werden. Die technischen Hilfsmittel wie Videorekorder und DVD-Spieler (siehe hierzu Kapitel 6.2) ermöglichen das **mehrmalige und gründliche Anschauen von Filmszenen** bis hin zum Standbild und machen filmische Sekundärquellen (Interviews mit Regisseuren oder *Making-of*-Dokumentationen) greifbar. Ohne Frage schmälert die hierbei geschaffene **Distanz** den Filmgenuss, hebt ihn vielleicht sogar ganz auf, doch ist gerade das erwünscht. Unterricht, in dem Filme einfach abgespult werden, die Schüler bei Filmbeginn konsequent ihre Arbeitsmaterialien einpacken und sich in die "Popcorn-Haltung" begeben, verliert nach innen wie außen an Seriosität und Glaubwürdigkeit. Es fällt zugegebenermaßen nicht leicht, Schülern diese Haltung abzugewöhnen. Doch trägt schon die natürliche Faszination für bewegte Bilder dazu bei, dass das Interesse und auch der Spaß bei der analytischen Betrachtung nicht verloren geht, und Schüler entwickeln durchaus Freude an ihrer eigenen Fähigkeit, eine Filmsequenz auseinander zu nehmen, weil sich die hierzu nötigen Fertigkeiten relativ leicht erwerben lassen. Um den Kinogenuss muss man sich ohnehin keine Sorgen machen. Filme sind dazu gemacht, in den Bann zu ziehen, und wir geben unsere Distanz bereitwillig auf und folgen ihnen. Entscheidend ist, dass wir wieder von der Leinwand zurücktreten *können*, wenn wir wollen.

Wenn es darum geht, sich in der Schule mit Film und Fernsehen zu beschäftigen, empfiehlt sich ebenso wie in der Familie eine **wachsame Gelassenheit**. Das Fernsehen ist gewiss ein problematischeres Medium als andere, aber auch kein Werkzeug der Apokalypse, genauso wenig wie eine Wundermaschine der neuen Medienbildung. Dass Schüler auf den Einsatz eines Films häufig mit dem reagieren, was ich oben die "Popcorn-Haltung" genannt habe, kommt ja nicht von ungefähr. Viele Lerngruppen sehen Filme allenfalls als Anhängsel einer Unterrichtsreihe zu einer Lektüre, und zwar in Form der Literaturverfilmung. Diese wird meistens ohne nähere Betrachtung oder gar Analyse präsentiert, wie der Film in der letzten Stunde vor den Ferien ("Heute gucken wir mal einen Film, aber nur ausnahmsweise. Die anderen Kollegen zeigen ja auch alle nur noch Videos.") Dies sind gängige, aber wenig hilfreiche Praktiken, wenn Schüler Filme als normale Unterrichtsgegenstände und den Fernseher als normales Medium begreifen sollen (und nicht als "Heilige Kuh"). Je seltener Filme im Unterricht Verwendung finden, und je weniger ernsthaft dies geschieht, desto mehr freuen sich die Schüler, wenn endlich einmal der Fernseher im Klassenraum flimmert – und desto schwieriger fällt es, tatsächlich in die Filmanalyse einzusteigen.

Wenn dies geschieht, ist das Ziel nicht nur der technisch sichere Umgang mit dem Fernseher,

Videorekorder oder DVD-Spieler. Zur angestrebten Film- und Fernsehkompetenz gehören vor allem die **Filmlesefähigkeit**, welche die **Kompetenz zur Analyse und Interpretation der Filmsprache** einschließt, und eine Reihe weiterer **Haltungen** und Fähigkeiten, die für eine unproblematische, differenzierte Filmrezeption von grundlegender Bedeutung sind.

Folgt man den Thesen Neil Postmans[77], dürfte es so etwas wie Filmlesefähigkeit gar nicht geben. Jedes Kind, jeder Schüler müsste jeden Film mühelos verstehen, jede Handlung durchschauen, jede Dramaturgie verkraften und jedes Stilmittel erklären können. Filme wären keine Texte mit komplexer Struktur und Wirkung, sondern einfach nur visuelle Reize. Doch Fernsehen passiert nicht einfach: Wenn Kinder vor den Fernseher gesetzt werden, kann das unnütz, verwirrend oder gar schädlich sein, weil ihre Filmlesefähigkeit eben noch nicht entwickelt ist. Postmans zentrale These, das Fernsehen fördere Kinder nicht, sondern schade ihnen höchstens, ist nicht haltbar: Schüler lernen anhand von Filmen, vielschichtige Erzählungen und Wirkungsgefüge zu durchschauen; sie verbessern ihre Fähigkeit, fremdsprachliche Filme zu verstehen; sie lernen, mit Filmen und ihrer emotionalisierenden Wirkung umzugehen.

Zweifellos erreichen Schüler die höchste Kunst in diesen Disziplinen nur durch entsprechende **Schulung**. Doch ohne Schulunterricht werden Jugendliche auch nicht zu Experten der Textanalyse. Filme sind wie Bücher nur Medien, und so offenbart Postmans dogmatische Kritik letztlich nur eins: Hinter seiner Angst vor den modernen Medien steckt nichts weiter als der Frust darüber, dass sie eben keine Bildungsautomaten sind.

Auf dem Weg zur **FILMLESEFÄHIGKEIT** sollen Schüler lernen:

1. filmisch präsentierte Erzählungen zu verstehen

Um Filme und die Geschichten zu verstehen, die sie erzählen, müssen zunächst Bilderfolgen in einen logischen Zusammenhang gebracht werden. Der Rezipient muss erkennen, welche Bilder sich zu Szenen zusammenfügen, wie sich aus Szenen längere Sequenzen bilden und wie diese montierten Erzählteile logisch zusammenhängen. Im Fremdsprachenunterricht geht es außerdem darum, die Filmhandlung durch das Verstehen der zielsprachlichen Äußerungen zu erfassen (Hör- und Sehverstehen).

2. filmische Stilmittel zu erkennen, zu benennen und in ihrer Funktion und Wirkung mit Blick auf den filmischen Kontext zu erklären

Filmische Darstellungen wirken in erster Linie durch visuelle und akustische Eindrücke. Wie der Zuschauer die Handlung sieht, hängt wesentlich vom Einsatz der Kamera ab, die Einstellung, Perspektive und Bewegung des Zuschauerauges bestimmt und somit als zentraler Erzähler fungiert. Hinzu kommen Faktoren wie Bildkomposition, Montage, Spezialeffekte, Akustik, Darstellung etc. (siehe Übersicht in Kapitel 3)

3. filmische Dramaturgie zu erkennen, zu beschreiben und in ihrer Funktion und Wirkung zu erläutern

Die Wirkung eines Films ergibt sich nicht nur aus seinem Inhalt und der filmischen Gestaltung, sondern ebenso aus seiner Dramaturgie, die ganz bestimmten Gesetzen folgt und die Rezeption lenkt (siehe hierzu ausführlich Kapitel 2.6). Die Bewusstmachung dieser Strukturen erfolgt nicht nur durch die Beschreibung der Handlungsentwicklung und ihrer Wirkung auf den Zuschauer, sondern z.B. auch durch Spekulationen über den weiteren Verlauf (bei verzögerter Rezeption), vor allem aber durch die Behandlung der Regeln filmischer Dramaturgie.

---

[77] Neil Postman: Das Verschwinden der Kindheit. Fischer, Frankfurt/Main 1987. S. 94f.

4. Filme selbst zu gestalten, um ihre Kenntnisse über Funktion und Wirkungsweise von Stilmitteln zu vertiefen

Mit Hilfe von Videokamera, Videorekorder oder Computer können Schüler selbst Filme oder kurze Sequenzen erstellen, um den Einsatz filmischer Mittel und ihre Wirkung zu erproben. Ebenso können Filme umgeschnitten und durch alternative Musik und Geräusche untermalt werden. Die konzentrierteste Form dieser gestalterischen Verarbeitung liegt in der Erstellung eigener Kinotrailer, wobei sich zugleich die Möglichkeit bietet, den Bereich des Filmmarketings zu beleuchten.

5. die eigene Rezeption von Filmen zu kontrollieren

Schülern sollte bewusst werden, dass Filme primär emotional erlebt werden und dass es notwendig ist, diese Rezeption kontrollieren zu können. Hierzu gehört die Fähigkeit:

5.1 Filme und Programme bewusst auszuwählen

Filme und Fernsehsendungen sollten gezielt ausgesucht werden. Bei dieser Selektion gilt es, nicht nur die eigenen Interessen, sondern die persönlichen Erfahrungen und Schwierigkeiten mit bestimmten Programmen zu berücksichtigen.

5.2 auf Belastungen durch Filme mit Entlastungstechniken zu reagieren

Die Distanzierung von filmischen Darstellungen dient nicht nur der Analyse, sondern auch der Entlastung von eventuell als problematisch empfundenen emotionalen Wirkungen. Dazu gehört, die im natürlichen Filmerlebnis aufgegebene Distanz wieder herzustellen sowie sich die Fiktionalität und Wirkungsweisen der Bilder bewusst zu machen. Schüler sollten bereit sein und Gelegenheit haben, das Gespräch über Filme zu suchen, Fragen zu stellen und erlebte Wirkungen preiszugeben. Lassen die Rahmenbedingungen (außerhalb der Schule) dies nicht zu, sollten Schüler die Bereitschaft entwickeln, sich während problematischer Sequenzen abzulenken, die Rezeption zu unterbrechen oder gar abzubrechen.

Wie diese Ziele im Unterricht umgesetzt werden können, soll in Kapitel 2 ausführlich veranschaulicht werden. Der Weg führt dort über eine ausführliche Analyse von Stanley Kubricks *The Shining*, die den Schülern die Möglichkeit eröffnet, Thema, Motivik, Wirkung, Wirkungsmechanismen und Rezeption dieses vielschichtigen und möglicherweise als problematisch empfundenen Films zu besprechen. Hierdurch eröffnet sich die Möglichkeit, von ersten Eindrücken über die Detailanalyse zu einer fundierten Deutung und Kritik fortzuschreiten, also die grundlegenden **Methoden der Interpretation** – rezeptionsorientiert, textimmanent und produktionsorientiert – in sinnvoller Kombination auf einen Spielfilm anzuwenden.

Zweifellos sind auf diesem Weg einige Hindernisse zu überwinden, die zumindest teilweise recht banaler Natur sind. Der Einsatz filmischer Medien ist nur in dafür ausgestatteten **Räumen** möglich (siehe hierzu im Detail Kapitel 6). Hier stößt der Unterricht im sprachlich-literarischen Bereich schnell auf Schwierigkeiten, da zwar z.B. die meisten Biologieräume mit Fernsehgeräten ausgestattet sind, aber die wenigsten Klassen- und Kursräume. Man muss sich als Lehrer also entweder um einen "Filmraum" bemühen, in dem dann u.a. die übliche Sitzordnung aufgehoben ist, oder eine **fahrbare Video-Fernseh-Kombination** in den eigenen Raum holen, die dann vor allem hinsichtlich der Akustik nur von eingeschränktem Nutzen ist. Die feste Installation eines Fernsehgeräts und separater Lautsprecher für die bestmögliche Tonwiedergabe (vor allem für den Fremdsprachenunterricht) im Klassenzimmer wird in den wenigsten Schulen möglich sein. Grund hierfür ist die desolate Finanzlage der öffentlichen Kassen, aber auch die Unsicherheit vieler Kollegen im Umgang mit dem Fernsehen, das wie der Computer und das Internet oft als "troublemaker" gesehen wird: Der Videorekorder spult nicht, die Webseite baut sich nicht auf, Fernsehen verblödet, Computerspiele produzieren Gewalttäter... oder

der PC liefert die Bildung und gefährdet den Lehrerjob. Irgendwo zwischen diesen Extrempositionen liegt dann vielleicht noch die Bemerkung des Kollegen: "Aha, ein Video. Wieder mal keine Zeit zur Vorbereitung gehabt, was?"

Wer den Einsatz von Filmen im Unterricht noch nicht erprobt hat, fühlt sich dabei möglicherweise ähnlich unwohl wie bei der ersten Stunde im Computerraum. Da technische Geräte die Angewohnheit haben, Murphys Gesetzen zu folgen, geht gerne etwas schief, steckt ein Kabel nicht richtig oder lässt sich der gewünschte Kanal am Fernsehgerät nicht finden. Auch geht nicht jeder so virtuos mit dem Bildsuchlauf des Videorekorders (oder DVD-Spielers) um, wie dies vor allem die Seh- und Hörverstehensübungen im Fremdsprachenunterricht erfordern. Schon scheint die Lehrperson in ihrer Autorität in Frage gestellt. Doch wer keine Aversion gegen technische Geräte hegt, die man sich als Lehrer im 21. Jahrhundert ohnehin nicht mehr leisten kann, sollte auf den **Trainingseffekt** vertrauen. Gewiss vergibt man sich nichts, wenn man sich von Schülern dabei helfen lässt, das Kabel zwischen Fernseher und DVD-Spieler wieder richtig einzustecken. Mit entsprechender Übung (notfalls zu Hause) sollte man jedoch so viel eigene Sicherheit gewinnen, dass man Schülern ein **Vorbild an Medienkompetenz** sein kann – im Umgang mit der Fernbedienung, aber natürlich auch in der Fachsprache der Filmanalyse.

> Von dir aber habe ich gehört, dass du Deutungen zu geben und Knoten zu lösen vermögest.
>
> ***Daniel 5, 16***

> Niemand konnte einen Film besser drehen als Stanley Kubrick, niemals. Daran war nicht zu rütteln. Aber die Art, wie er Geschichten erzählte, war manchmal antithetisch zu der Art, wie wir Geschichten üblicherweise aufnehmen. [...] Mir gefiel *The Shining* nicht besonders, als ich es zum ersten Mal sah. Seitdem habe ich *The Shining* fünfundzwanzig Mal gesehen, es ist einer meiner Lieblingsfilme. An Kubrick-Filme muss man sich gewöhnen, man muss sie mehr als einmal sehen.
>
> ***Stephen Spielberg*** [78]

> *The Shining* wörtlich zu nehmen, ist ein Fehler. Es hat kein Gesicht, nur Masken.
>
> ***Paul Mayersberg*** [79]

2. Filmanalyse am Beispiel von Stanley Kubricks *The Shining*

2.1 Ein rätselhafter Film

The Shining – ist das nicht ein Horrorfilm ? Dieser Streifen mit Jack Nicholson, der wie ein Wahnsinniger durch eine zerschlagene Tür grinst ? Und basiert das Ganze nicht auf einem Roman von Horrorautor Stephen King ?
Prinzipiell ist zunächst festzuhalten, dass ein Horrorfilm (sofern man *The Shining* überhaupt als solchen einordnen will) weit mehr ist als eine Aneinanderreihung von Gewaltszenen. Kritiker neigen dazu, Horrorfilme auf eine Gewaltdarstellung ohne Sinn und Kontext zu reduzieren und sich durch ihren Nihilismus abschrecken zu lassen. Manche fürchten gar, die Jugendliche könnten sich mit den Tätern der Filmhandlung identifizieren und selbst zu Tätern werden.[80] Hierdurch wird der Rezipient, wie Schorb betont hat, in simplifizierender Weise auf ein reagierendes Objekt reduziert, das zu einer aktiven Verarbeitung des Medieninhalts nicht fähig ist.[81]
Grundsätzlich bieten selbst brutal anmutende "Slasher"-Filme wie *Halloween* oder *Scream* dem Zuschauer ein Spiel mit dem Schrecken an, das bei den Jugendlichen (dem typischen Zielpublikum solcher Filme) eine Interaktion mit dem Spielangebot provoziert. Die Jugendlichen lassen sich auf dieses Spiel ein, erforschen und testen seine Regeln und gelangen so zu einer Auseinandersetzung mit Gewalt und ihrer Inszenierung.
Auch *The Shining* gilt als "Horrorfilm" und damit für viele auf den ersten Blick als problematisch, obwohl in der Medienforschung ein linearer Zusammenhang zwischen Medieninhalt und Wirkung auf den Rezipienten längst als überkommen gilt.[82] Wer genauer hinsieht und die Fülle von Sekundärliteratur zu Stanley Kubrick und *The Shining* zur Kenntnis nimmt, erkennt den Film als eine kunstvoll inszenierte, anspielungsreiche, geradezu verrätselte Mischung aus Fa-

---

[78] Interview in den *Dreamworks Offices*, Hollywood, California, 22.07.1999.
[79] Paul Mayersberg: The Overlook Hotel. *in:* Sight and Sound, Winter 80-81. http://www.visual-memory.co.uk/sk/ss/theshining.htm [Stand 01.08.06].
[80] Gerhard Hroß: Friday the 13th und der Schrecken des Erwachsenwerdens. *in:* Thomas Hausmanninger/Thomas Bohrmann [Hrsg.]: Mediale Gewalt. W. Fink (UTB), München 2002. S. 81-95.
[81] Bernd Schorb: Reflexiv-praktische Medienpädagogik – Raum und Stütze für selbstbestimmtes Mediennutzungslernen. *in:* Thomas Hausmanninger/Thomas Bohrmann [Hrsg.]: Mediale Gewalt. W. Fink (UTB), München 2002. S. 197.
[82] Schorb, S. 197.

miliendrama und Psychothriller. Zwar wirken gerade die symbolhaften Bilder aus *The Shining* auf manche besonders intensiv, doch provoziert gerade das die Frage nach dem Wie und Warum. Zudem gehört es nicht zuletzt zur avisierten Medienkompetenz, den Umgang mit Verunsicherungen zu lernen, die durch Filme wachgerufen werden können – zumal Spielfilme zu den häufigsten von Jugendlichen rezipierten Medieninhalten gehören.
Es gibt genau genommen drei Szenen, die empfindsame Gemüter verunsichern können: die "Fahrstuhlvision", in der eine Blutwelle aus einem Fahrstuhl schwappt (woher das Blut kommt, ist nicht klar); die "Badewannensequenz", in der zuerst eine nackte junge Frau und dann eine nackte *alte* Frau zu sehen sind; und jene kurzen Sekunden, in denen der Hotelkoch Hallorann ermordet wird. Die entscheidende Frage, ob man diese Szenen (oder zumindest die letzte) herausschneiden oder versuchen sollte, die Schüler gegen solche Bilder zu immunisieren, führt zu einem grundsätzlichen Problem: Bilder, vor allem Filmbilder wirken unmittelbar, und ihre Rezeption lässt sich nur bedingt kontrollieren. Eine völlige Immunisierung der Schüler gegen Blut oder Gewalt auf dem Bildschirm ist weder möglich noch wünschenswert; ebenso wenig lässt sich an der alltäglich ausgestrahlten Gewalt, mit der Schüler umgehen müssen, etwas ändern. Ich tendiere daher dazu, die beiden erstgenannten Einstellungen für durchaus aushaltbar zu halten und vor der Mordszene zu warnen, so dass Empfindsamere die Augen schließen können. Meist ernte ich hierfür Gelächter von *allen* Schülern der Gruppe.
Dies sollte jedoch nicht vergessen lassen, dass die Behandlung von Spielfilmen im Unterricht – und insbesondere eines so tief wirkenden Films wie *The Shining* – vom Unterrichtenden eine hohe Sensibilität und genaue Beobachtung der Lerngruppe gehört, um ernsthafte Verunsicherungen wahrnehmen und aufgreifen zu können. Grundsätzlich kann die Behandlung vieler Themen und Inhalte in der Schule zu psychischen Belastungen bei Schülern führen, doch wirken gerade Filme besonders intensiv und unmittelbar auf Geist und Seele. Es gehört unbedingt zur Einleitung einer solchen Unterrichtsreihe, dass der Lehrer seine Schüler dazu ermutigt, ihre bei der Filmrezeption entstehenden Gefühle zu offenbaren – nur dann kann man sich mit ihnen auseinander setzen. Filme verursachen in der Regel keine Angststörungen, können sie aber sichtbar werden lassen. Sollten sich tatsächlich Hinweise auf eine solche Störung ergeben, darf nicht davor zurückgescheut werden, für eine therapeutische Unterstützung des Schülers zu sorgen (die vermutlich bereits vorher notwendig gewesen wäre).

Wie bereits angedeutet, handelt es sich bei *The Shining* nicht um einen temporeichen Schocker, der etwa Gewalt als zentrales Spannungsmittel einsetzte, sondern um ein **komplexes Kunstwerk**, dessen Spannung sich primär aus dem Zusammenwirken subtiler, teils sogar verfremdender Stilmittel und aus der Figurenzeichnung entwickelt, die bewusst übertreiben und somit eher distanzierend wirkt. Mancher Zuschauer findet den Film gar langweilig, eben weil über so lange Strecken nur wenig passiert. Die meisten Schüler verfolgen *The Shining* in kontrollierter Spannung, die natürlich auch dadurch relativiert wird, dass die Präsentation immer wieder für Besprechungen unterbrochen wird. Auf der anderen Seite habe ich es nach mehreren problemlosen Durchläufen dieser Unterrichtsreihe auch erlebt, dass eine Schülerin sich durch den Film beunruhigt fühlte. Glücklicherweise zeigte sich die Schülerin offen und informierte mich, wobei ich auch erfuhr, dass sie sich seit längerem in psychologischer Behandlung befand. Wie mir erst allmählich klar wurde, handelte es sich um einen Musterfall: Hier machte nicht ein prügelnder Jugendlicher das Fernsehen zum Sündenbock oder zeigte sich medienscheu – hier sah jemand in der Medienrealität eine Bedrohung (durch die Figur des Vaters Jack), die einer Bedrohung aus der Direktrealität so sehr ähnelte, dass beim Ansehen des Films eine ganz reale Angst empfunden wurde. Film und Wirklichkeit überlagerten sich, und so konnte die Schülerin den Film ähnlich schwer aushalten wie ihre Lebenssituation.
Solchen Schwierigkeiten, die sicherlich die Ausnahme bilden, wirkt man entgegen, indem man zu Beginn der Reihe die Wirkung von Filmen sowie mögliche Probleme und Lösungsansätze bespricht, wie es das folgende Unterrichtsmodell vorsieht. Durch den Einsatz einiger Sekundärtexte sollte auch deutlich gemacht werden, dass gerade das Genre "Horror", das sich in

Literatur und Film großer Popularität erfreut, mit Urängsten spielt: der Angst vor dem Abnormen, dem Fremden, dem Nicht-Menschlichen, dem Eingesperrtsein, vor allem aber vor der Verfolgung und Vernichtung. Stephen King, verkaufstechnisch gesehen der erfolgreichste Jongleur mit den Ängsten der Menschen, begründet die **Faszination,** die von Horrorgeschichten ausgeht, mit dem *Lass-uns-den-Unfall-genauer-ansehen-Syndrom*: "Während uns unser eigenes unvermeidliches Ende bewusst wird, erwacht in uns das Gefühl für Furcht. Und ich bin der Ansicht, dass [...] alle Furcht letztlich dem Begreifen unseres unabwendbaren Todes dient."[83]

Dass Horrorgeschichten in erster Linie von der Angst vor dem Tod leben, klingt auch in einem der berühmt gewordenen Interviews an, die François Truffaut mit Alfred Hitchcock führte, dem Großmeister des Angstfilms:

> F.T.: Man kann sich keinen Hitchcock-Film vorstellen, in dem der Tod nichts zu suchen hätte. Und ich bin fest davon überzeugt, dass Sie sehr stark empfinden, was Sie filmen, die Angst zum Beispiel.
> A.H.: O ja. Ich bin sehr furchtsam.[84]

Stanley Kubrick sah die Anziehungskraft von Horrorgeschichten zum einen darin begründet, dass sie den Rezipienten im Gedankenspiel auf die Schattenseite seiner eigenen Psyche blicken lassen; und zum anderen nicht nur im Spiel mit dem Tod, sondern in der Hoffnung auf Unsterblichkeit: "Etwas stimmt grundsätzlich nicht mit der menschlichen Persönlichkeit. Sie hat eine böse Seite. Eines der Dinge, die Horrorgeschichten tun können, ist, uns die Archetypen des Unbewussten zu zeigen; wir können die dunkle Seite sehen, ohne ihr direkt gegenübertreten zu müssen. Ferner sprechen Geistergeschichten unsere Sehnsucht nach Unsterblichkeit an. Wenn man sich vor einem Geist fürchten kann, dann muss man glauben, dass ein Geist existieren könnte. Und wenn ein Geist existiert, mag die Vergessenheit nicht das Ende sein."[85]

In einem Interview mit Michel Ciment bekräftigte Kubrick diese Auffassung: "Ich denke, die unbewusste Anziehungskraft einer Geistergeschichte, zum Beispiel, liegt in ihrem Versprechen der Unsterblichkeit. Wenn man sich von einer Geistergeschichte ängstigen lassen kann, dann muss man die Möglichkeit akzeptieren, dass übernatürliche Wesen existieren. Wenn sie das tun, dann wartet mehr als nur Vergessenheit jenseits des Grabes."[86]

Nun ist *The Shining* nicht nur ein Film, der von *Newsweek*-Autor Jack Kroll als der "erste epische Horrorfilm"[87] bezeichnet wurde, und eben auch keine Adaption der King-Vorlage, sondern zuallererst ein Kubrick-Film. Was genau heißt das ? Es bedeutet zunächst einmal, dass auch dieses Werk, so wie *2001 – A Space Odyssey*, *Clockwork Orange* und *Full Metal Jacket*, nicht einfach eine Geschichte erzählt, sondern zugleich ein äußerst skeptisches Welt- und Men-

---

[83] Stephen King: Warum lesen wir phantastische Geschichten ? *in:* Das Stephen King-Buch. Heyne, München 1989. S. 313-318. *englisch in:* Nightshift. New English Library, London 1979. [Vorwort]
[84] François Truffaut/Helen G. Scott: Truffaut/Hitchcock. Hrsg. von Robert Fischer. Diana, München 1999. S. 220.
[85] "There's something inherently wrong with the human personality. There's an evil side to it. One of the things that horror stories can do is show us the archetypes of the unconscious; we can see the dark side without having to confront it directly. Also, ghost stories appeal to our craving for immortality. If you can be afraid of a ghost, then you have to believe that a ghost may exist. And if a ghost exists then oblivion might not be the end." *in:* Jack Kroll: Stanley Kubrick's Horror Show. Newsweek, 02.06.1980. S. 52-54.
[86] "I think the unconscious appeal of a ghost story, for instance, lies in its promise of immortality. If you can be frightened by a ghost story, then you must accept the possibility that supernatural beings exist. If they do, then there is more than just oblivion waiting beyond the grave." Kubrick on "The Shining". An Interview with Michel Ciment. http://www.visual-memory.co.uk/amk/doc/interview.ts.html [Stand 01.08.2006]. *in:* Michel Ciment: Kubrick. München, 1982.
[87] Jack Kroll: Stanley Kubrick's Horror Show. [Anm. 85]

schenbild transportiert. Hinzu kommt, dass sich diese Dimension nur dem wachen, forschenden Betrachter eröffnet, der zwar den Sog der Kubrickschen Bilder spürt und genießt, sich aber nicht von ihnen fortreißen lässt. Zugleich wirken Erzählstil und Formgebung mitunter so verrätselt und verfremdend, dass sie sich gegen ein logisches Verständnis zu sperren scheinen. So ist *2001* weniger eine Erzählung als ein epochales Gemälde über die Position des Menschen im Kosmos, im Tunnel der Zeit, in der Evolution der von ihm entwickelten Maschinen... gemalt in den kalten Farben des Alls, untermalt durch sinfonische Klänge.

Kubrick bewegte sich nicht innerhalb der Grenzen bekannter Erzählformen und filmischer Dramaturgie nach Hollywood-Muster, wie auch Alexander Walker, sein bekanntester Biograph, hervorhebt: "Nur wenige Regisseure besitzen die Begabung, mit jedem ihrer Filme ein neues filmisches Konzept zu entwickeln. [...] Die Fähigkeit zur Entwicklung eines Filmkonzepts besteht im Wesentlichen darin, den eigenen Vorstellungen eine unerwartete Form zu geben, die im Nachhinein oft als die einzig mögliche erscheint. Es ist vor allem dieses konzeptuelle Talent, durch das Kubrick sich als Regisseur ausgezeichnet hat."[88]

In der Tat erneuerte oder erweiterte der nach England emigrierte Amerikaner Kubrick mit nahezu jedem seiner Filme ein ganzes Genre: *Paths of Glory* zeigte nicht den Kriegshelden, sondern den Menschen in der Militärmaschine bei dem Versuch, Mensch zu bleiben. *Dr. Strangelove* geriet zur wohl brillantesten Politsatire und schwarzen Komödie, die bislang gedreht wurde. *2001* wurde der Science Fiction-Film, der am ehesten das Attribut "Kunstwerk" verdient, dessen Tricktechnik eine nach wie vor atemberaubende Wirkung entfaltet und der das seitdem blühende SciFi-Genre nachhaltig geprägt hat. Selten wirkte ein Film so verstörend wie *Clockwork Orange,* so dass es Kubrick schließlich für besser hielt, den Film zurückzuziehen. *Full Metal Jacket* ist der Vietnam-Kriegsfilm, der sich am meisten auf den Menschen und seine Entmenschlichung konzentriert und am wenigsten auf den Dschungel. Und *The Shining* ist eben jener epische "Horrorfilm", der den Schrecken in der Psyche der Protagonisten und nicht in der Fratze mutierter Monster sucht.

Kubrick war kein Querdenker, sondern vor allem ein Künstler, der sein Handwerk perfekt beherrschte. Er passte nicht die Bilder den Formen an, die durch die technischen Möglichkeiten begrenzt waren, sondern erweiterte die Formen so, dass sie seine Bilder transportieren konnten. *The Shining* bezieht einen Gutteil seiner Wirkung aus der dahingleitenden Kamera, die den Betrachter in das Labyrinth des Hotels hineinsaugt. Kubrick setzte hierzu auf die Steadicam, die von ihrem Entwickler Garret Brown während der Dreharbeiten persönlich bedient und perfektioniert wurde. Heute ist dieses Kamerasystem, das ein verwacklungsfreies Bild bei bewegter Kamera ermöglicht, aus der Film- und Fernsehproduktion nicht mehr wegzudenken.

Vor allem aber ist *The Shining* eben **kein vordergründiger Gruselstreifen, sondern ein rätselhafter Film, der vielfache Interpretationen provoziert und dabei mehr Fragen als Antworten liefert**. Wer diesen Film nur oberflächlich rezipiert, versteht ihn nicht, und selbst nach mehrmaligem Ansehen eröffnen sich noch neue Pforten zu neuen Deutungen – oder in neue Abgründe, wie Michael Dare konstatiert hat: "Je näher man sich *The Shining* ansieht, desto mehr Teile passen, desto mehr versteckte Bedeutungen decken sich auf. Die meisten Horrorfilme sind beim zweiten Sehen nicht sehr spannend; man weiß, wo alle Überraschungen sind. Aber durch die Weigerung, sich auf die filmischen Schockeffekte zu verlassen, die derzeit en vogue sind, hat Kubrick einen Film geschaffen, der immer furchterregender wirkt, je öfter man ihn sieht."[89]

---

[88] Alexander Walker: Stanley Kubrick – Leben und Werk. Henschel, Berlin 1999. S. 279.
[89] "The closer you look at *The Shining*, the more pieces fit, the more hidden meanings reveal themselves. Most horror films aren't very suspenseful on second viewing; you know where all the surprises are. But in refusing to rely on any of the cinematic shock effects currently in vogue, Kubrick has made a film that gets more frightening every time you see it." Michael Dare: Kubrick, King and the Ultimate Scare Tactic. http://www.visual-memory.co.uk/amk/doc/0021.html [Stand 01.08.2006].

Zwar ist *The Shining* grundsätzlich eine Literaturverfilmung und auch als solche höchst interessant. Doch wird man den Roman von Stephen King in der Schule kaum lesen. Das ist auch gar nicht nötig, denn der Film stellt allein eine mehr als ausreichende Herausforderung dar. Die folgenden Abschnitte zeigen Wege und Möglichkeiten auf, diese interessante Aufgabe im Unterricht anzugehen.

2.2   Ein Unterrichtsmodell

1. Gibt es Filmlesefähigkeit ?

Ein möglicher **Einstieg** liegt in der Behandlung eines zentralen Auszugs aus "Das Verschwinden der Kindheit"[90], in dem Neil Postman die Grundlagen seiner Auffassung erläutert, das Fernsehen schaffe die Kindheit ab (S. 90-95 dort). Mit Blick auf eine Unterrichtsreihe zur Filmanalyse sind hier jene Aussagen von besonderem Interesse, die bestreiten, dass man beim Fernsehen überhaupt irgendwelche Fähigkeiten benötigt oder entwickelt, ja dass es so etwas wie **Filmlesefähigkeit** überhaupt gibt (siehe Kapitel 1.1.2). Über eine Gliederung sowie die inhaltliche wie formale Analyse des Textes lässt sich eine erste Diskussion einleiten, die als Startpunkt für die Auseinandersetzung mit Filmen dient. Schon an dieser Stelle können Postmans Thesen kritisch hinterfragt werden, zunächst vor dem Hintergrund persönlicher Erfahrungen und Einschätzungen der Schüler. Am Schluss der Reihe, wenn mindestens eine ausführliche Filmanalyse durchgeführt worden ist, kann der Bogen zurück geschlagen werden, um Postmans Standpunkt auf solider Grundlage abschließend zu beurteilen. Zur weiteren Einführung empfehlen sich Texte aus

2. Die Faszination des Schreckens

Die Auswahl von *The Shining* als Gegenstand der Betrachtung eröffnet nicht nur, sondern *erzwingt* die **Bewusstmachung der grundlegenden Wirkung von Film und Fernsehen**: Der Zuschauer lässt sich auf ein Spiel mit der Aufregung und der Angst ein, das solange unproblematisch bleibt, wie er es als Spiel empfindet. Inwiefern gerade sogenannte "Horror"- Geschichten mit den Ängsten des Rezipienten spielen, lässt sich beispielsweise aus Stephen Kings Essay *Warum lesen wir phantastische Geschichten ?* erfahren.[91] Auch wenn längst nicht jeder Schüler eines von Kings Büchern gelesen hat, vermag der Name dieses Autors doch zu interessieren.

Kings Essay, dessen Zielrichtung bereits im vorigen Abschnitt vorgestellt wurde, bietet freilich nur einen von mehreren Erklärungsansätzen. Zur Erweiterung des Blickfeldes können nicht nur die bereits zitierten Erläuterungen Kubricks[92] dienen, sondern auch Ausführungen darüber, wie Fernsehen und Filme insbesondere auf Kinder wirken und unter welchen Umständen es dabei zu **Schwierigkeiten** kommen kann (siehe Kapitel 1.1.2 und 1.1.3). Ausgehend von persönlichen Erfahrungen der Schüler (sofern diese bereit sind, sich zu dieser Frage mitzuteilen), sollte man z.B. die Ausführungen Jan-Uwe Rogges besprechen.[93] Seine grundlegenden Erläuterungen und Schlüsse (S. 104-118, 142-157) sowie die beobachteten Fallbeispiele (S. 119-142) können in Abschnitten verteilt, in Gruppen- bzw. Partnerarbeit durchgesehen und vorgestellt werden. Auf die Präsentation folgt eine abschließende Diskussion, in der die Ergebnisse in Zusammenhang gebracht und abgewogen werden. Dabei lassen sich persönliche Erfahrungen und Auffassungen in den neu geschaffenen Horizont einordnen. Zugleich werden die Schüler angeregt, mögliche Schwierigkeiten bei der eigenen Filmrezeption zu erkennen, zu artikulieren und zu

---

[90] Neil Postman: Das Verschwinden der Kindheit. Fischer, Frankfurt/Main 1987.
[91] [Anm. 83]
[92] [Anm. 85 und 86]
[93] Jan-Uwe Rogge: Kinder können fernsehen. Rowohlt Taschenbuch Verlag, Reinbek , 1999. S. 104-157.

beheben; hierzu sollten auch Entlastungstechniken besprochen werden. An dieser Stelle mag ein zentraler Schluss Rogges Orientierung geben: "Kinder haben Lust, sich in angstbesetzte Situationen zu begeben, sie zu erleben – wenn dies im gesicherten Rahmen, mit selbstgeschaffenen und -bestimmten Regeln und Ritualen geschieht, so bleiben Verunsicherungen erträglich und beherrschbar."[94]

3. Analyse und Interpretation des Films in Sequenzen

Vor dem Hintergrund dieser Einführung kann nun die **Analyse des Films in Abschnitten** (verzögertes Sehen) erfolgen. Die Unterbrechung des Films zur Besprechung läuft zwar der natürlichen Filmrezeption zuwider und führt bei Schülern mitunter zu Widerständen. Doch scheint es gerade beim spannungsorientierten Medium Film wenig vorteilhaft, den gesamten "Text" zu rezipieren, danach an den Anfang zurückzugehen und eine Detailanalyse zu beginnen. Die Entwicklung der Spannung sowie der Leitmotive lässt sich am besten schrittweise nachvollziehen, wobei Erwartungen und Fragen formuliert werden, deren Beantwortung zunächst offen bleibt. So erschließt man *The Shining* Schritt für Schritt, wobei sich immer mehr filmische Mittel und Wirkungen entdecken lassen, sich Bedeutungen und Deutungen manifestieren (oder widerlegt werden) und letztlich deutlich wird, wie vielschichtig das Medium Film sein kann.

Gerade die Behandlung von *The Shining* zeigt, dass auch ein Spielfilm erst nach gründlicher Untersuchung seine volle Bedeutung preisgibt. Diese Entschlüsselung erfordert analytische und interpretatorische Arbeit, bei der filmspezifische Untersuchungswerkzeuge zum Einsatz kommen. In diesem Prozess entwickelt und erprobt sich eben das, was man **Filmlesefähigkeit** nennt. Dass auch am Ende, wenn Handlung und Leitmotive sortiert werden, einige Fragen offen bleiben, gehört zu den besonderen Eigenarten eines Kubrick-Films – und ist ein umso schönerer Beweis dafür, dass ein Film doch mehr ist als nur eine willkürliche Aneinanderreihung visueller Reize.

Zur Aufbereitung des Inhalts bietet es sich ferner an, **Texte aus Sicht der Figuren** verfassen zu lassen, die ihre emotionale Verfassung in den verschiedenen Stadien des Films widerspiegeln. Während für Jack und Wendy **Tagebuchtexte** und **Briefe** in Frage kommen, empfiehlt es sich für Danny (der zu klein ist, um schreiben zu können), **Dialoge** mit dessen imaginärem Freund **Tony** zu entwerfen.

Im Verlauf der schrittweisen Detailanalyse lassen sich auch schon früh gezielte **Lernerfolgskontrollen** durchführen. Inwieweit die Schüler die erarbeiteten Aspekte der Filmsprache und die entsprechenden Fachtermini beherrschen, erweist sich zunächst im Unterrichtsgespräch, bei der Analyse einzelner Szenen am Fernseher. Darüber hinaus kann man Testblätter mit Bildschirmschnappschüssen zusammenstellen, auf denen die Schüler dann z.B. die Kameraperspektiven und Einstellungen diagnostizieren oder Auffälligkeiten in der Bildkomposition finden müssen.

Im **Englischunterricht** müsste zudem die sprachliche Dimension abgesichert werden. Primär geht es um das Training des **Hör- bzw. Sehverstehens**, das sich zunächst im laufenden Unterricht üben lässt. Die Fortschritte der Schüler werden überprüft, indem sie zunächst **Lückentexte** füllen und schließlich ganze **Passagen selbst transkribieren**. Hinzu kommt die Sicherung der neu erschlossenen bzw. eingeführten **Vokabeln** und Fachtermini durch entsprechende Übungen.

Eine eher theoretische **Alternative** zum verzögerten Sehen besteht darin, die Schüler den Film in Gruppenarbeit entschlüsseln zu lassen. Auch wenn man hier durch Sekundärtexte Hilfen geben kann, setzt dieser Ansatz doch zweierlei voraus: zum einen gründliche Vorkenntnisse über Aspekte der Filmsprache und filmanalytische Fachtermini, und zum anderen mehrere Fernsehstationen, an denen die einzelnen Gruppen für sich am Film arbeiten können.

---

[94] Rogge, S. 117.

4. Leitmotive und Dramaturgie

Im Anschluss an die Detailanalyse werden die **Leitmotive** und die **Dramaturgie** des Films abschließend betrachtet, wobei das Verständnis einzelner Aspekte durch Sekundärtexte (siehe Kapitel 2.4 und 7.2.3) erweitert werden kann. Folgende Texte eignen sich besonders (der erstgenannte ist in deutscher Sprache, die übrigen sind englischsprachig; der Volltext einiger Artikel liegt im Internet vor):

> Frank Schnelle: Im Labyrinth der Korridore: THE SHINING (1980). *in:* Andreas Kilb/Rainer Rother u.a.: Stanley Kubrick. Bertz, Berlin 1999. S. 195-212.
>
> Bill Blakemore: The Family of Man. *in:* San Francisco Chronicle, 29.07.1987. http://www.visual-memory.co.uk/amk/doc/0052.html [Stand 01.08.06]
>
> Kubrick on "The Shining". An Interview with Michel Cement. http://www.visual-memory.co.uk/amk/doc/interview.ts.html [Stand 01.08.2006].
>
> Michael Dare: Kubrick, King and the Ultimate Scare Tactic. http://www.visual-memory.co.uk/amk/doc/0021.html [Stand 01.08.2006].

Die Einordnung und Gewichtung der Motive sollte es erlauben, eine **Filmintention** zu formulieren, die sich im Fall von *The Shining* nicht in einer einzigen Zielrichtung erschöpfen wird.

5. Rezensionen und eigene Bewertung

In der Phase der **Bewertung** können sowohl Rezensionen untersucht als auch eigene Kritiken verfasst werden. Hierzu empfehlen sich folgende Texte (der letztgenannte ist in englischer Sprache und steht ebenfalls im Internet zur Verfügung):

> Wilfried Wiegand: Der gekürzte Kubrick – Die deutsche Kinofassung des Horrorfilms "Shining". *in:* Frankfurter Allgemeine Zeitung, Feuilleton 21.10.1980.
>
> Freddy Langer: ... und der ungekürzte. *in:* Frankfurter Allgemeine Zeitung, Feuilleton 21.10.1980.
>
> Urs Jenny: Das Traumangebot. *in:* Der Spiegel Nr. 43/1980. S. 264-67.
>
> Jack Kroll: Stanley Kubrick's Horror Show. *in:* Newsweek, 02.06.1980. S. 52-54. http://www.visual-memory.co.uk/amk/doc/0053.html [Stand 01.08.06]

Die Texte der deutschsprachigen Rezensionen finden sich im Anschluss an die u.a. Klausurvorschläge. Während sich für den **Englischunterricht** die Besprechung **Krolls** (evtl. in Auszügen) anbietet, hat sich im **Deutschunterricht** die Rezension **Langers** bewährt, da sie die ungekürzte Fassung behandelt, dadurch das Blickfeld auf den Film erweitert und ihm insgesamt gerechter wird. Vor diesem Hintergrund lässt sich in einer Klausur, auch im Abitur, die Rezension **Wiegands** als Aufgabe stellen. Die Schüler können die dort vertretene Sichtweise nicht nur analysieren, sondern vor dem Hintergrund der gesamten Unterrichtsreihe, einschließlich der Langer-Rezension, als verengte Sichtweise entlarven (siehe ausführlicher Kapitel 2.7).

6. Erstellung von Werbematarial, Filmmarketing

Ihr Wissen über Themen, Motive, Techniken und Wirkungen des Films können die Schüler abschließend ordnen und nutzen, indem sie **Werbematerial** für den Film **erstellen**, z.B. **Filmposter und Filmprospekte**. Besonders reizvoll erscheint es, die Schüler einen **Trailer** für den Film zusammenstellen zu lassen. Es gibt zwei Möglichkeiten, diese technisch anspruchsvolle Aufgabe zu lösen: am einfachsten über die Verbindung zweier Videorekorder mittels Scartkabel; oder über den Anschluss eines Videorekorders oder DVD-Spielers an einen PC, dessen Grafikkarte mit einem TV-Eingang ausgestattet ist. Mit Hilfe einer Software, die einer derartig ausgestatteten Grafikkarte üblicherweise beiliegt, lassen sich die Szenen zusammenschneiden und mit weiteren Effekten versehen. Der fertige Trailer lässt sich dann am PC abspielen.

7. Abschluss: Was ist Filmlesefähigkeit ?

Um den zu Beginn der Reihe eröffneten Rahmen zu schließen, kann abschließend wieder auf das **Thema Filmlesefähigkeit** eingegangen werden. Es sollte sich nicht nur feststellen lassen, dass es eine solche Fähigkeit gibt, sondern auch, worin sie besteht, d.h. welche Kompetenzen sie umfasst (siehe Kapitel 1.2). Vor diesem Hintergrund lassen sich auch weitere Texte zum Thema Medienkritik behandeln.

8. Klausuren, Abitur

Der Erfolg der Unterrichtsreihe lässt sich auf vielfältige Weise in **Klausuren** bzw. schriftlichen und mündlichen **Abiturprüfungen** kontrollieren. Zum einen bieten sich herkömmliche Aufgabetypen an: die Textanalyse einer Filmkritik oder eines anderen Sekundärtextes wie z.B. einer Interpretation, jeweils mit anschließender kritischer Stellungnahme.
Die Analyse des Films selber gestaltet sich zwar ein wenig aufwändig, wird aber auch im Klausurbetrieb schnell zur Routine. Zunächst wird den Schüler die zu analysierende Szene mindestens dreimal vorgeführt (evtl. einmal ohne Ton), wobei sie sich Notizen machen können. Um anschließend eine Gedächtnisstütze vor allem für die Bewältigung der **inhaltlichen Analyse** zu geben, kann den Schülern eventuell vorkommender Dialog in Form eines Transkripts mitgeliefert werden. Darüber hinaus muss eine Formalanalyse erfolgen, in der die Schüler **filmische Mittel** mit Blick auf ihre **Funktion** und **Wirkung** herausarbeiten. Weiterführende Aufgaben könnten einen kritischen Zugriff auf den Gesamttext einfordern.

Aufgabenstellungen könnten wie folgt aussehen:

Thema: Interpretation einer Filmszene

Film:
Stanley Kubrick: The Shining. 1980. Kapitel 32/33 (europäische Fassung)

Aufgabenstellung:

Interpretieren Sie den vorgeführten Filmausschnitt nach folgendem Muster:

– Einleitung
– Situierung
– Detailanalyse mit Blick auf die zentralen Stilmittel und ihre Wirkung
– Fazit mit abschließender Einordnung der Textintention (zentrale Wirkungsabsicht und Bedeutung der Szene, Leitmotive)

Hinweis:
Die Szene ist mit dem Stück "Utrenja" von Krzystof Penderecki unterlegt.

Thema: Interpretation einer Filmszene

Film:
Stanley Kubrick: The Shining. 1980. Kapitel 14/15 (europäische Fassung)

Aufgabenstellung:

1. Ordnen Sie den vorgeführten Filmausschnitt in den Kontext der Filmhandlung und ihrer Thematik ein.

2. Beschreiben Sie einige in diesem Ausschnitt verwendeten filmtechnischen Mittel und ihre Wirkung.

3. "Kubricks *The Shining* ist ein konventioneller Horrorfilm." Diskutieren Sie diese Aussage, wobei die gezeigte Szene als Ausgangspunkt der Betrachtung dienen kann.

Hinweis:
Die Szene ist mit dem Stück "The Awakening of Jacob" von Krzystof Penderecki unterlegt.

Thema: Analyse eines Sachtextes

Text:
Wilfried Wiegand: Der gekürzte Kubrick – Die deutsche Kinofassung des Horrorfilms "Shining". *in:* Frankfurter Allgemeine Zeitung, Feuilleton 21.10.1980.

Aufgabenstellung:

1. Analysieren Sie die vorliegende Rezension.

2. Kritische Stellungnahme: Wie beurteilen Sie, vor dem Hintergrund Ihrer Rezeption des Films und der im vorliegenden Artikel angesprochenen Aspekte, Kubricks "The Shining"?

Weitere Alternativen wären **kreative Schreibanlässe** wie Tagebucheinträge oder Briefe aus der Sicht von Wendy und Jack oder Dialoge zwischen Danny und Tony. Aufgaben dieser Art sollten allerdings nicht auf tönernen Füßen stehen, d.h. die Schüler sollten in einem weiteren Aufgabenteil die in ihrem selbst entworfenen Text geäußerten Sichtweisen auch logisch begründen und in Bezug zur Filmhandlung setzen können, damit die Möglichkeit zur kreativen Entfaltung nicht in die Beliebigkeit abrutscht.

Die Anmerkungen in den folgenden Rezensionen waren in den ursprünglichen Texten nicht enthalten. Sie sind zur Information der Schüler gedacht und sollten als Annotationen für die Verwendung im Unterricht und in Klausuren ausreichen.

2.3 Sekundärtexte

Bei den folgenden Sekundärtexten handelt es sich um die Rezensionen zu "The Shining" von Wilfried Wiegand und Freddy Langer, die beide am 21.10.1980 in der *FAZ* erschienen, sowie um die Rezension von Urs Jenny aus dem *Spiegel* vom 20.10.1980.
Der Artikel "Tonspuren im Schnee – Zur Filmmusik von *The Shining*" wurde von Konrad Heiland eigens für diesen Band verfasst.

Der gekürzte Kubrick
Die deutsche Kinofassung des Horrorfilms "Shining"

In einem amerikanischen Gebirgshotel übernimmt ein erfolgloser Schriftsteller (Jack Nicholson) den Posten des Hausverwalters. Seine Aufgabe ist es, das menschenleere Haus während des Winters zu beheizen. Ganz ungefährlich, so erklärt man ihm, sei der Job allerdings nicht, denn vor Jahren sei hier einer seiner Vorgänger vor lauter Einsamkeit wahnsinnig geworden und habe seine Familie ermordet. Doch der Hausverwalter winkt ab: ihm komme das Alleinsein nur gelegen, er könne dann endlich an seinem Roman arbeiten.

So leben sie denn zusammen in dem gigantischen Bau. Während die Frau im Keller die Heizanlagen kontrolliert, tippt der Mann in der Empfangshalle auf seiner Schreibmaschine, und der Sohn kurvt auf dem Dreirad durch die verlassenen Korridore. Doch bald, man ahnt es schon, kommen auch die Probleme. Sie kommen in dreierlei Gestalt: als Schnee, als Spuk und als Geistesverwirrung. Durch den Schnee werden die drei Menschen von der Außenwelt isoliert. Die Spukgestalten werden erst vom Sohn und dann auch vom Vater wahrgenommen, und die gegenseitigen Beschuldigungen, Vorwürfe und Verdächtigungen, die daraufhin unter den Familienmitgliedern einsetzen, treiben den Vater schließlich in den Wahnsinn. Er bedroht seine Familie mit der Axt, die Frau verteidigt sich mit Baseball-Keule und Schlachtermesser, doch nach einer wilden Hetzjagd durch das leere Haus und den verschneiten Garten gelingt Mutter und Kind die Flucht, der Unhold hingegen erfriert im Schnee.

Dies ist der Inhalt von "Shining", dem jüngsten Film des amerikanischen, seit Jahren in England lebenden Regisseurs Stanley Kubrick. Es ist zumindest in seiner deutschen Kinofassung (siehe jedoch untenstehenden Beitrag über die Originalfassung) ein schlechter, sogar ein miserabler Film. Alles in ihm kommt genau so, wie man es von Anfang an erwartet. Auch was Kubrick der simplen Handlung an stilistischen und weltanschaulichen Zutaten beigefügt hat, kann den "Shining" nicht retten.

Wenn die Kamera mit verblüffender Rasanz den Dreirad-Fahrten des kleinen Jungen folgt, spürt man zwar noch die meisterhafte visuelle Phantasie Kubricks. In "2001 – Odyssee im Weltraum" hatte er es durch eine ähnlich suggestive Kamera- und Montagetechnik verstanden, uns das Gefühl des Schwebens, Fallens und schwerelosen Gleitens im Weltraum sinnlich erfahrbar zu machen. Und in "Barry Lyndon"[1] war ihm gelungen, was noch kein Regisseur eines Historienfilms geschafft hatte: die fast erschreckende Nähe zu einer längst vergangenen Epoche, deren Details gerade durch ihre Exaktheit schockierten, als befänden wir uns im Wachsfigurenkabinett und nicht im Kino.

In "Shining" jedoch hat diese Rekonstruktions-Dramaturgie ihre Funktion verloren. Alle optische Feinarbeit wirkt nur noch kunstgewerblich, aufgesetzt, dekorativ. Aber Kubrick hat offenbar noch etwas anderes beabsichtigt. Wenn da beispielsweise Mutter und Tochter in einem Gartenlabyrinth spazieren gehen und der Vater gleichzeitig ein Modell dieses Irrgartens betrachtet, in dem plötzlich ameisenklein die beiden Menschen herumwandeln – dann haben wir es mit einem Surrealismus á la Magritte[2] zu tun, der die Realität bloß noch als eine Puppe-in-der-Puppe-in-der-Puppe gelten lässt.

Der Film ist reich an derartigen Verrätselungen. Der Dämon etwa, von dem der kleine Junge besessen ist, spricht und schreibt nur in Spiegelschrift, und bei manchem prophetischen Gesicht des Knaben weiß man nicht recht, ob die Prophetie nun vorwärts oder rückwärts gewandt ist. Aber auch solche Mystifizierungen geben dem banalen Horrorfilm nichts von jener künstlerischen Überhöhung, die Kubrick gewiss beabsichtigt hat. Zumindest in der deutschen Filmfassung wirken diese Elemente als sinnlose Spielereien. Sehenswert an diesem Film, den niemand gesehen haben muss, ist nur das Spiel von Jack Nicholson. Aber das kennt man vergleichbar auch aus anderen Filmen, etwa aus "Einer flog über das Kuckucksnest".

Warum so viele Worte über einen misslungenen Film? Es gibt darauf nur eine Antwort: Weil sein Regisseur Stanley Kubrick heißt. Nach dem Tode Viscontis[3] ist er neben dem Japaner Kurosawa[4] der letzte Filmkünstler, der einen aus der europäischen Opern- und Theatertradition entlehnten Perfektionismus mit dem "Action"-Prinzip des spannungsgeladenen Unterhaltungsfilms á la Hollywood verbindet. "2001" und "Barry Lyndon" waren nicht irgendwelche guten, es waren epochemachende Filme, in denen der Traum aller Filmkünstler, die ästhetische Symbiose von Europa und Hollywood, gelungen war wie nie zuvor. So gehört Kubrick mit Recht zu jenem Dutzend Regisseure, deren Werk in allen Verästelungen Aufmerksamkeit verdient. Wie aber ist es dann erklärlich, dass ein Künstler, der derart geniale Filme gemacht hat, derart scheitern kann?

In der Kunstproduktion scheint – zwar nicht gerade als Gesetz, aber doch als eine psychologische Faustregel – zu gelten, dass sich Künstler oft nach einem besonders eindrucksstarken Werk im nachfolgenden gleichsam ausruhen, dass auf ein expressives also meist ein dekoratives Werk folgt. Die Abfolge der Beethoven-Symphonien illustriert diese Regel recht gut. Auch Kubrick scheint sich mit "Shining", wie seinerzeit schon mit "Clockwork Orange", ausgeruht zu haben. Das jedenfalls ist die Hoffnung seiner Bewunderer.

WILFRIED WIEGAND, FAZ Feuilleton, 21. Oktober 1980.

Anmerkungen:
[1] Historienfilm, angesiedelt am Vorabend der Französischen Revolution.
[2] Magritte, René (1898-1967), französischer Maler des Surrealismus, der nicht die Realität abbilden, sondern das Unterbewusste und Traumhafte thematisierte.
[3] Luchino Visconti (1906-1976), italienischer Film-, Opern- und Theaterregisseur.
[4] Akira Kurosawa (1910-1998), japanischer Filmregisseur (u.a. *Die Sieben Samurai*).

... und der ungekürzte

Immer wieder lassen sich in der Filmgeschichte Beispiele dafür finden, dass bereits während der Dreharbeiten an den Verleih ins Ausland gedacht wurde und für verschiedene Länder verschiedene Versionen des gleichen Films hergestellt wurden – mit Rücksicht auf die jeweiligen Zensurbestimmungen. Oft aber ist eine eigene Version gar nicht nötig, da schon durch die Synchronisation der Inhalt eines Films verändert werden kann. So war Hitchcocks Kriminalfilm "Notorious" einmal als "Berüchtigt" zu sehen, in dem eine Gruppe von Nazis Uran schmuggelt, das andere Mal als "Weißes Gift", in dem Verbrecher mit Rauschgift handeln. Solche deutschen Entschärfungen jedoch, unter denen auch "Casablanca" zu leiden hatte, geschahen ohne das Wissen der Regisseure.

Um so erstaunlicher ist es, dass ein Perfektionist wie Kubrick, der bekannt dafür ist, alle Schritte der Filmproduktion und -distribution zu überwachen, jetzt die Verstümmelung seines Films "Shining" zugelassen oder vielleicht sogar selbst veranlasst hat. Die deutsche Version ist knapp zwanzig Minuten kürzer als die Originalfassung. Und obwohl kaum eine der gestrichenen Passagen länger als drei Minuten ist, bekommt der Zuschauer doch ein gänzlich anderes Bild von den Charakteren.

Vor allem die Stimmung, die der Film vermittelt, und die Begründung für verschiedene Handlungen der Protagonisten sind nun verändert worden. Die Originalfassung dokumentiert ebenfalls die Auseinandersetzungen innerhalb einer Familie, die für den Zeitraum von fünf Monaten in ein Gebäude gesperrt ist, ohne Verbindung zur Außenwelt aufnehmen zu können. Aber die Geschichte ist dort vielschichtiger, die Personen sind genauer gezeichnet, und viel krasser wirkt die Beziehung zwischen Mann und Frau. Die Lebensansichten der Frau sind dort von so erschreckender Banalität und werden derart hysterisch vorgetragen, dass man den Hass des Mannes nur zu gut verstehen konnte. In der gekürzten Fassung hingegen wirkt sie im Vergleich zu ihrem Mann normal und wird zur Identifikationsfigur des Zuschauers.

Die Beziehung zwischen Vater und Sohn ist in der Originalfassung überschattet von einem Jahre zurückliegenden Unfall. Vollkommen betrunken, hatte der Vater, der in der amerikanischen Version als ehemaliger Alkoholiker vorgestellt wird, in einem Wutanfall dem damals dreijährigen Sohn einen Arm gebrochen. Nur mit diesem Wissen lässt sich die erste Szene an der Bar, die auch in der deutschen Fassung enthalten ist, als Delirium tremens[1] verstehen. So ist "The Shining" im Original denn auch weniger ein Horrorfilm als vielmehr ein aufregendes Familiendrama. Nicht der Spuk im Hotel steht dort im Mittelpunkt, sondern der allmähliche Zerfall einer Familie unter dem Eindruck dieses Spuks.

Auch die dramaturgische Bedeutung der gigantischen Architektur und die Schlüsselbeziehung zwischen dem schwarzen Küchenchef und dem Sohn Danny sind nach den Kürzungen nicht mehr in ihrer eigentlichen Funktion zu erkennen. Die Rolle einer Kinderärztin, die wichtige Erklärungen macht, wurde sogar ganz gestrichen. Ebenso ist die Ironie mancher Szenen völlig verschwunden. So kontrastierte Kubrick beispielsweise einige der Handlungen mit Bruchstücken aus Fernsehsendungen. Kurz bevor sich der Sohn zum Vater ins Schlafzimmer schleicht, hatte er eine mörderische Zeichentrickverfolgungsjagd gesehen. Oder die verschüchterte und entnervende Mutter sitzt vor dem Fernsehgerät und schaut sich den Spielfilm "Frühling einen Sommer lang" an. Ausgerechnet während draußen ein Schneesturm tobt und innerhalb des Hauses die tödliche Gefahr – ihr eigener Mann – lauert, sieht man Jennifer O'Neil, die Ausgeburt liebenswerter Weiblichkeit, durch die Dünen spazieren gehen.

Einen Höhepunkt erreicht die englische Version, wenn Shelley Duvall die Hunderte von Manuskriptseiten ihres Mannes durchblättert. Erst in diesem Moment erkennt die naive Ehefrau, die bisher an die Arbeit ihres Mannes geglaubt und ihn auch oft genug moralisch unterstützt hatte, dass Jack offenkundig wahnsinnig geworden ist. Alle vorhergehenden Hinweise auf die Autorentätigkeit bekommen mit einem Male neue Bedeutung. "All work and no play makes Jack a dull boy", hat der Möchtegernschriftsteller wohl tausendmal in allen nur erdenklichen typografischen Variationen getippt, deren Anblick allein schon ein Gruseln verursacht. Keine der Spukszenen kann vergleichbar unheimlich wirken. Enttäuschend, ja geradezu lächerlich, wirkt dagegen die deutsche Fassung mit ihrer banalen Volksweisheit "Was du heute kannst besorgen, das verschiebe nicht auf morgen": Von dem psychologischen Kampf, den der gescheiterte Schriftsteller mit sich selbst führte, ist nichts mehr zu spüren. Er ist in der deutschen Fassung zum willenlosen Spielball der Hausgeister geworden.

Auf die Standard-Gruseleffekte herkömmlicher Horrorfilme, meinte Kubrick, habe er bewusst verzichtet. Auf die deutsche Fassung trifft das nicht mehr zu, im Gegenteil: Hier haben sie die Hauptrolle übernommen. Mit dem Versprechen, den erschreckendsten Horrorfilm der Kinogeschichte gedreht zu haben, lockte Kubrick in Amerika das Publikum in die Filmtheater. Die Erwartungen waren dadurch in eine Richtung festgelegt, die das psychologische Familiendrama, das "Shining" in der Originalfassung ist, nicht erfüllen konnte. Der Publikumserfolg war denn auch nicht so groß, wie Kubrick ihn sich erhofft hatte. Aber anstatt daraus zu lernen, zog man die falschen Konsequenzen: Nicht die Werbung wurde geändert, sondern der Film.

FREDDY LANGER, FAZ Feuilleton, 21. Oktober 1980.

Anmerkung:
[1] Durch Alkoholentzug ausgelöste Psychose bei Alkoholikern, die durch Bewusstseinstrübung und Halluzinationen gekennzeichnet ist.

Das Traumangebot

Einen ganzen Winter lang in einem geschlossenen, weltfernen Hochgebirgshotel wohnen, mit allen Lebensmitteln in Hülle versehen und frei von Verpflichtungen außer der, sich um die Heizung zu kümmern, damit keine Leitungen einfrieren: Das ist ein Traumangebot für jeden angehenden Schriftsteller. Endlich endlos Ruhe, Muße, Konzentration auf das Werk.

Jack Torrance, dem offenbar noch nicht viel im Leben gelungen ist, strahlt über den Job, den man ihm bietet; mit Frau und Kind will er die Winteraufsicht über das abgeschiedene "Overlook Hotel" in den Rocky Mountains übernehmen. Und der verlegene Hinweis des Hotel-Managers, vor ein paar Jahren habe hier ein Hausmeister, von der klaustrophobischen Schnee-Einsamkeit um den Verstand gebracht, Frau und zwei Töchter geschlachtet und sich selbst erschossen, kann Jack nicht bange machen: "Oh, meine Frau liebt Horrorfilme."

Auch ein ewig verhinderter Möchtegern-Schriftsteller ist ja ein Täter, der seinen Tatort noch finden muss, um recht zu sich selbst zu kommen. Ein paar Wochen später hat Jack sich in dem Hotelkoloss aus der Jahrhundertwende angemessen installiert – an einem 6-Meter-Eichentisch mitten in einer Halle von den Ausmaßen eines Tennisplatzes –, hat gründlich über den richtigen ersten Satz seines Romans nachgedacht und hämmert nun heftig auf die Schreibmaschine ein.

Als seine Frau, die gutmütige Seele, wagt, ihn da mit einer häuslichen Trivialität in seinem kreativen Höhenflug zu stören, fährt er sie an, als wolle er ihr gleich an die Gurgel, und zerfetzt (ersatzweise) ein Blatt seines kostbaren Manuskripts. Längst sitzt Jack mitten in einem Horrorfilm – oder der Horrorfilm in seinem Hirn.

Stanley Kubrick macht nichts Halbes. Was dieser scheue Präzisions-Berserker des Kinos, streng von der Welt abgeschirmt, in englischen Studios produziert, jeweils in jahrelanger Feinarbeit, sind Prototypen von höchstem artistischem Raffinement: "2001-Odyssee im Weltraum" als exemplarischer Science-Fiction-Film, "Barry Lyndon" als maßstabsetzendes Modell einer großen Historie, und nun also "The Shining", der Horrorfilm schlechthin.

Kubrick will nicht "fein" sein; er nimmt auch Grusel-Schock und Geister-Mummenschanz ernst, diese gröberen Zutaten eines Kino-Genres, das mit Nervenkitzel und Augentäuscherei eine "reale" Erfahrung von Wahn, Entsetzen und Todesgefahr schaffen will, eines Genres, dessen Kraft aus seiner Kindlichkeit kommt und aus der Tiefe des Bedürfnisses, das er befriedigt.

Düstere Nischen, Kerzengeflacker und huschende Schatten braucht Kubrick nicht. In bunten, fast immer grell hellen Räumen, in überdeutlichen Bildern exerziert er kühl die Kunst des Schreckens vor und erzählt dabei, hinterrücks, fast mehr als erlaubt von der Lust am Grauen, vom geheimen Verlangen danach. Wendy, die zarte, verletzliche, rührend glubschäugige Hausfrau mit einer Schwäche für Horrorfilme, ist das prädestinierte Opfer, das hier endlich seine Opferstätte findet.

Dieses einsame, leere Riesenhotel gehört – ein Horrorhaus wie aus dem Modellbaukasten – zu den gröberen Elementen des Genres; ebenso das weitläufige barocke Heckenlabyrinth, das direkt vor der Hotelfront angelegt ist; und erst recht die besondere Begabung des kleinen Sohnes Danny: Er hat das "Zweite Gesicht", er wird von Bildern vergangener oder künftiger Schrecken verfolgt.

Als Danny das Hotel noch gar nie gesehen hat, zuckt durch sein Hirn (und über die Filmleinwand) schon die Vorstellung einer zimmerhoch aufschwappenden Blutwoge; wenn dieses Bild durch den Film wiederkehrt, reißt jedes Mal eine neue Schleuse des Wahns auf; und allmählich bevölkern Dannys Visionen das leere Haus mit Ausgeburten der Vergangenheit.

Der subtilere Horror des Films entspringt der Kälte und Genauigkeit, mit der Kubrick in dieser klaustrophobischen Kunstwelt eine Ehe als Täter-Opfer-Beziehung beschreibt. Kein Schockbild des Films trifft so tief wie der Augenblick, als Wendy zufällig entdeckt, dass das dicke Romanmanuskript, an dem ihr Mann Woche um Woche getippt hat, nur aus der endlosen Wiederholung eines einzigen stumpfsinnigen Satzes besteht: Alles an Gewalttätigkeit, Hass, Frustrationen und Angst vor der Entdeckung der eigenen Nichtigkeit scheint in diese kindische Formel gebannt – eine Künstlertragödie par excellence.

Als Jack Wendy in diesem Moment überrascht, muss er (endlich ganz eins mit dem Tatort) von der Schreibmaschine zum Hackebeil als Werkzeug der Selbstverwirklichung und -vernichtung fortschreiten.

Auf diesem Weg in den Wahnsinn (den Shelley Duvall und Jack Nicholson mit einer panischen Überintensität durchstehen) verzahnt Kubrick den äußeren mit dem inneren Horror so tückisch und kunstreich, dass sogar die abgebrühtesten Schauereffekte einen Schein von "psychischer Wahrheit" gewinnen. "Das sind alles nur Bilder!" sagt Danny sich immer wieder, um seiner Angst Herr zu werden – und so ist es ja auch: alles nur Bilder von Stanley Kubrick.

Unter den Virtuosen des heutigen Kinos ist der einstige Photoreporter Kubrick der einsame Monomane des Bildes. Sein Kamera-Auge ist aktiver als alle Akteure; seine Schnitte sind nicht Klebestellen, sondern exakte Zäsuren der Wahrnehmung; er füllt nicht die Szene mit heftiger Hektik, sondern erzeugt ganz durch Bild, Kamerabewegung, Montage, was an Aktion, Dynamik und Gefühl sein Kino hervorzubringen vermag.

Sein Großartigstes sind seine Kamerafahrten: ganz einfach geradeaus vorwärts, in die Tiefe des Raums. Diese Bewegung, er zeigt es, ist die dynamischste Erzählgeste des Kinos: Sie überschreitet die Ränder der Leinwand, sie übt einen Sog aus, sie schafft ein eindringliches Raumerlebnis, sie zwingt den Zuschauer förmlich zur Identifikation, wenn sie die Bewegung einer Person überträgt.

Diese Fahrt kann detektivisch sein, etwa beim zögernden Eindringen in ein fremdes Hotelzimmer (Nummer 237 im "Overlook") und durch die halboffene Tür ins Bad, wo, gleichermaßen erschreckend, eine schöne, nackte Frau oder ein schwärenbedeckter Kadaver auf unser Auge warten mag; und diese Fahrt kann, bei genug Tempo, eine hypnotische Kraft bekommen: die Angstlust auf der Achterbahn bei weit aufgerissenen Augen. Kubrick fährt gern schnell.

Mit einer sausenden, förmlich vorwärtsstürzenden Kamerafahrt beginnt "The Shining", und endet auch so. Und dazwischen ist Kubricks Kamera so besessen im Sog unterwegs durch Hotelhallen, durch labyrinthische Korridore und endlich durch das tief verschneite Heckenlabyrinth selbst, als wäre sie zwei Stunden auf der Suche nach dem Punkt, dem Ziel, vor dem sie dann zum Stillstand kommt. Dieses erstarrende Schlussbild ist ein letzter Schlüssel, eine Mystifikation oder eine metaphysische Pointe, die allen Mutmaßungen über Täter und Tatort einen Kick in die vierte Dimension gibt.

Jack ist tot, und das Rätsel der Dame in Zimmer 237 bleibt ungelöst; dennoch oder gerade deshalb ist ein Aufenthalt im "Overlook Hotel" (zwei Kinostunden) ein Traumangebot.

URS JENNY, Der Spiegel Nr. 43, 20. Oktober 1980. S. 264-267.

Tonspuren im Schnee
Zur Filmmusik von "The Shining"

VON KONRAD HEILAND

Im Film, als multimedialem Kunstwerk, können wir mit den Augen hören und mit den Ohren sehen. Längst ist von zahlreichen Filmtheoretikern die Bedeutung der Tonspur gewürdigt worden.

In den Filmen des Ausnahmeregisseurs Stanley Kubrick spielt sie eine Hauptrolle. Seine perfektionistische Besessenheit zeichnet sich auch dadurch aus, dass er sich nicht eine Filmmusik auf den Stoff hin zuschneiden lässt, sondern auf vorhandene Kompositionen zurückgreift, die, jede für sich genommen, ein eigenständiges Opus darstellen.

Auch bei einigen anderen berühmten Beispielen wie Francis Ford Coppolas Vietnamepos "Apocalypse Now" wirkt die Musik als eigenständige Kraft, die der Szene erst ihre spezifische Ausdruckstiefe verleiht. Im kreativen Umgang mit der akustischen Gestaltung eines Kinofilms geht es darum, zwei vormals getrennte Dinge zusammenzubringen, auf dass etwas Neues entstehe: Wie die heitere Beschwingtheit eines Wiener Walzers dem Gleitflug eines Raumschiffs durch das Weltall entsprechen kann, zeigt die entsprechende klangliche Ausstattung einer Szene von "2001 – Odyssee im Weltraum" (Kubrick, 1968); wie gewalttätige Energien einen Widerpart auch in der wuchtigen Architektur Beethovenscher Kompositionen finden können, wird in "A Clockwork Orange" (Kubrick, 1971) auf schockierende Weise vorgeführt.

In der Eröffnungssequenz von "The Shining" passen Bilder und Musik nicht zusammen. Wir sehen die schöne Landschaft der Rocky Mountains und hören an den Klängen, dass irgendetwas Unheimliches dahinter liegt. Wie die Ouverture bei einer Oper stimmt uns die Musik auf das Kommende ein. Das mittelalterliche Dies-irae-Motiv wird zitiert, aber durch Synthesizer-Klänge erheblich verfremdet. Die Musik fungiert hier als Ankündigung, sie weiß mehr als unser Verstand. Die Synthesizer-Instrumentierung der Symphonie Fantastique von Hector Berlioz führt zu Verrückungen und Verschiebungen: Die Welt ist nicht die, die sie zu sein vorgibt – in der Musik erklingt die Klage der Toten, der Gewaltopfer vergangener Tage. Unter dem Overlook-Hotel liegt eine indianische Begräbnisstätte, ein heiliger Ort der niedergemetzelten Ureinwohner Amerikas. Der vormalige Hausverwalter des Hotels war in der langen Einsamkeit der Winterzeit offenbar verrückt geworden und hatte seine Familie abgeschlachtet. All diesen nicht mehr sichtbaren, schrecklichen Geschehnissen gibt die Musik von Anfang an eine Stimme. Durch ihren Einsatz ahnen wir erst, was sich im Verborgenen abgespielt hat, und werden auf den Showdown des Schreckens eingestimmt.

Der innovative Anspruch des Filmregisseurs Kubrick spiegelt sich auch in der Verwendung zeitgenössischer Musik wider. Mit bahnbrechenden Erfindungen auf technischem und ästhetischem Gebiet trieb er die Entwicklung der Cinematographie voran. In seinen Schriften meditiert der zeitgenössische Komponist Wolfgang Rihm über das Spannungsverhältnis von Tradition und Fortschritt: "Dieser schöne konfuzianische Gedanke, "Tradition ist nicht das Bewahren von Asche, sondern das Weitertragen der Glut", war für mich immer wieder ein Hinweis darauf, was Fortschritt sein könnte: nicht das Weitertragen der Asche, sondern das Bewahren der Glut."

Auf dem Soundtrack von "The Shining" ist der Pole Krzysztof Penderecki (geb. 1933) zweifellos der wichtigste Komponist. Sein Werk ist stark von weltpolitischen Ereignissen und religiösen Motiven geprägt und steht unter dem Eindruck von Auschwitz und dem Abwurf der Atombombe über Hiroshima. Als sein Opus Magnum gilt die Lukas-Passion, die 1966 uraufgeführt wurde. Penderecki mischt in diesem Werk gregorianische Elemente mit Zwölfton-Techniken. Polemische Äußerungen anderer zeitgenössischer Komponisten behaupteten, der eigenwillige Künstler komponiere neue Musik für Menschen, die keine Neue Musik hören wollten.

Aus heutiger Sicht zeigt sich in Pendereckis Werken ein ausgeprägter Respekt vor der Tradition und eine Neigung zur Polystilistik, wie sie auch für den postmodernen russischen Komponisten Alfred Schnittke besonders typisch war. Der Personalstil des jeweiligen Komponisten mischt sich etwa mit Zwölf-Ton-Techniken, Jazz-Elementen, unterschiedlichsten musikalischen Traditionen und Zitaten. So erweist sich die Polystilistik nach ihrem Erfinder Alfred Schnittke als "überzeugendes musikalisches Mittel für die philosophische Begründung des Zusammenhangs aller Zeiten". Diese Mehrzeitigkeit, die Gleichzeitigkeit des Ungleichzeitigen, fasste der Kölner Komponist Bernd Alois Zimmermann in den prägnanten Begriff von der "Kugelgestalt der Zeit". Auch durch das "Shining" werden mehrere Zeitebenen zusammengeführt, und so korrespondiert die polystilistische Musik Pendereckis kongenial mit einem zentralen Thema des Films.

Ein geräuschhafter Klangflächenstil verbindet Penderecki noch mit einem anderen Komponisten, dem Ungarn György Ligeti, auf dessen Werke Kubrick schon in "2001 – Odyssee im Weltraum" zurückgegriffen hatte. In einzigartiger Weise sucht der geniale "Klangbildner" Ligeti in seinem Schaffen nach einer räumlich-plastischen Klanggestalt, einem irisierenden Klang mit synästhetischen Wirkungen. Der assoziative Reichtum des Künstlers soll sich im Idealfall auch beim Zuhörer einstellen: Räume und Farben hören, stereometrische Effekte spüren, Nähe und Ferne, Weite und Enge erleben. Die Räumlichkeit der Klangkompositionen Ligetis entspricht dem Labyrinth-Motiv in "Shining" und findet sich sogar im Titel seines verwendeten Stückes "Lontano" (ital: adv. weitab, entfernt/adj. abwesend, fern) wieder.

Wie bei Ligeti und zahlreichen anderen Komponisten der Neuen Musik finden wir auch bei Penderecki ein breites Frequenzspektrum von extrem tiefen bis hin zu sehr hohen Lagen, verstärkt durch wiederkehrende Glissandi-Effekte – ein Weggleiten und Wegrutschen der Finger auf den Violinsaiten.

Der heranrollende Donner, die archaische Wut, das Raubtiergebrüll aus der Wildnis haben eher eine tiefe, grollende Stimme; der Entsetzensschrei des Opfers klingt schrill und hoch. In diese Assoziationsketten können uns die Klänge hineinführen, vielleicht um so mehr, als wir durch keinerlei Melodie oder konsistenten Rhythmus abgelenkt werden. So sind wir den Schockwirkungen der Klänge ausgeliefert, wie die Figuren des Films in der absoluten Abgeschiedenheit des Hotels sich selbst, ihren Nächsten und der Unheimlichkeit des Ortes.

Durch die Verfremdung der Instrumentencharaktere erzielt Penderecki intensive Wirkungen – ganz besonders eindrucksvoll in "Polymorphia": Wenn 48 Streicher die Saiten schlagen und auf das Holz klopfen, knirschende Geräusche auf der Geige erzeugen, dann spiegelt sich in diesen Klängen die Grenzüberschreitung des Wahnsinnigen in der Schlussphase des Films wider.

Die sakrale Atmosphäre von "Utrenja", einem Werk für Chor, Solisten und Orchester über Grablegung und Auferstehung Christi, überhöht den Überlebenskampf der Protagonisten zu einem allgemein gültigen Schicksal: Wir alle sind gemeint, wenn die Religion ihre Stimme erhebt !

Im Finale von "The Shining", einem permanenten, schier unerträglichen Crescendo, wesentlich geprägt von Pendereckis Komposition "Utrenja 1" (Grablegung Christi), stürzen die Klänge auf den Zuhörer ein. Sie geben der weißen Apokalypse um das abgeschiedene Hotel eine sakrale Überhöhung: Die Musik lässt das ewige Menschheitsdrama spürbar werden – den Abgrund in uns selbst. Die ausschließliche Verwendung von Pendereckis Kompositionen gegen Ende des Films verstärkt den Eindruck von Orientierungslosigkeit und allgegenwärtiger Bedrohung. Alle Gewissheiten sind abhanden gekommen, und die Unberechenbarkeit der musikalischen Entwicklungen in Pendereckis Stücken zieht uns mit großer Macht in diese Stimmung hinein: gefangen im Labyrinth der Situationen, Bilder und Töne.

Die gleichwertige Behandlung aller zwölf Töne ohne für uns klar erkennbare melodische, rhythmische und harmonische Strukturen charakterisiert die atonale Musik, in der sich der Zuhörer orientierungslos gefangen wie in einem Labyrinth fühlen kann. Als "Kino des Gehirns" wurde der Film von dem französischen Poststrukturalisten Gilles Deleuze beschrieben: Nicht nur das Overlook-Hotel, auch unser eigenes Gehirn hat die Struktur eines Labyrinths – wir sind Gefangene unserer Seele !

Wenn der kleine Danny immer wieder mit seinem Dreirad durch die leeren Gänge des Hotels rast, ertönt eine Art Donnergrollen, solange er über den Parkettboden fährt. Die rhythmische Unterbrechung dieses Geräuschs, das durch Teppichböden in den langen Fluren abgedämpft wird, intensiviert die bedrohliche Wirkung. Auf eine ganz eigene Art und Weise gelingt es Kubrick, Horroreffekte aus scheinbar harmlosen, alltäglichen Handlungen herauszuholen, auch wenn er das Aufprallen von Tennisbällen wie Schüsse mit Halleffekten erklingen lässt, so dass die hinter den autistisch anmutenden Bewegungen lauernde Gewaltbereitschaft fühlbar wird. Gegen Ende des Films taucht immer wieder ein Herzschlag-Rhythmus auf, der an eine Intensivstation, den Kampf um Leben und Tod, gemahnt.

Nach vielen dissonanten Tönen endet der Film mit einem alten Jazzschlager, "Midnight, the Stars and You", einem Ballroom-Klassiker. Wie die Spätromantik in die Zwölf-Ton-Musik umgeschlagen ist – bezeugt durch das Werk von Arnold Schönberg – so steigert sich hier das Dissonante, Schrille bis zur Unerträglichkeit, um im Abspann in die Erinnerung an die "heile Welt" der Tanzgesellschaften im Hotel auszuklingen.

Nur glaubt man der Musik am Schluss keinen einzigen Ton !

Konrad Heiland arbeitet als Ärztlicher Psychotherapeut, Musiktherapeut und Autor. Er verfasst regelmäßig für Fachzeitschriften essayistische Beiträge mit künstlerischen und psychosozialen Aspekten.

Da es sich bei *The Shining* um eine **Literaturverfilmung** handelt, und noch dazu um eine eigenwillige, kann der Film auch als solche behandelt werden. Hierzu könnte nicht nur auf Romanauszüge zurückgegriffen werden, sondern auch auf einige Texte (siehe Kapitel 2.5 und 7.2.3), die den Film vor dem Hintergrund des King-Romans betrachten, sowie eventuell auf eine von Stephen King selbst produzierte Miniserie für das US-Fernsehen (Länge ca. 4 Stunden, Regie Mick Garris, 1997). Hieraus ergäben sich weitere Möglichkeiten zur Lernerfolgskontrolle (z.B. der Vergleich von Roman- und Filmszene oder der Vergleich einer Szene bei Kubrick und Garris/King).

Das hier entworfene Modell sieht bewusst vor, den **Film abseits der Romanvorlage zu behandeln**, was sich nicht nur zeitökonomischen Gründen anbietet. Da Filmanalyse in der hier vorgestellten Form noch keinen festen Platz im Unterricht des sprachlich-literarischen Bereichs hat, erscheint es sinnvoller, einmal den Blick vom gedruckten Text zu lösen und einen Film als selbstständigen, für sich sprechenden und wirkenden Gegenstand in den Blick zu nehmen.

Das Herzstück dieser Betrachtung ist zweifellos die detaillierte **Filmanalyse**, die von Schülern aufgrund der zu Tage tretenden Vielschichtigkeit des Films üblicherweise als sehr interessant empfunden wird. Dem Vorwurf, sich die Motivation der Schüler durch den Einsatz des Fernsehers zu erschleichen, muss man sich nicht ausgesetzt fühlen, da es nicht um die bloße Vorführung, sondern tatsächlich um die gründliche Auseinandersetzung mit dem Film geht. Natürlich bleibt auch die Behandlung eines Films Unterricht. Hierbei wird schnell deutlich, wie sehr sich Filmrezeption und Lesen unterscheiden: Jede Bedeutung und Wirkung eines Films lässt sich bewusst machen – doch wird das meiste bei der normalen Rezeption eben *nicht* bewusst.

Eine Unterrichtssequenz zum Thema Filmanalyse muss einige **Grundbedingungen der Filmrezeption** berücksichtigen und bewusst machen. Filmbilder sind schon als Standbilder vielschichtig und allein durch den Einsatz von Farben und Formen in ihrer Wirkung schwerer objektivierbar als Worte. Bewegen sich die **Bilder**, sind sie noch schwerer fassbar und damit **offener für Interpretationen**. Filme haben daher viele Informations- und noch mehr Deutungsebenen: Während Jack Nicholson spricht, sieht man seine Mimik, Gestik, seinen Dreitagebart, die Farbe seiner Kleidung, den Raum, durch den er sich bewegt, das Licht, Perspektive und Bewegung der Kamera; man hört seine Stimme, eventuell noch andere Figuren, Geräusche und Musik, man verarbeitet das Gesagte, entwirft ein Psychogramm seiner Figur, spekuliert über weitere Handlungen...

Die Wahrnehmung filmischer Bilder läuft somit **nur unter begrenzter kognitiver Kontrolle** ab: Während wir Sprache überwiegend bewusst registrieren, wirken Musik und Geräusche primär auf unser Unterbewusstsein. Sie werden nur dann direkt wahrgenommen, wenn sie besonders auffällig gestaltet sind oder der Film, wie im Unterricht, analytisch betrachtet wird. Auf visueller Ebene werden Handlungen und Schauplätze bewusst registriert, während Bildkomposition, Farben, Formen und Bewegungen eher unbewusst aufgenommen werden. Auch Aspekte wie Kameraeinstellung und -perspektive fallen nur auf, wenn seltenere Formen wie die Detailaufnahme oder die Froschperspektive auftreten.

Figuren werden zunächst distanziert gesehen, es sei denn, sie werden von bekannten Schauspielern dargestellt oder sind an sich schon bekannt: Jack Nicholson gilt als der exzentrische bis dämonische *homo animalus*; David Duchovny und Gillian Anderson sind nicht sie selbst, sondern die FBI-Agenten Mulder (der an UFOs glaubt) und Scully (die nicht an UFOs glaubt); und Batman ist eben Batman, egal welcher Schauspieler unter dem Latex steckt. Wird eine Figur nicht durch ihren Darsteller vorgeprägt, sieht der Zuschauer sie zunächst neutral. Eine **Charakterisierung entwickelt sich schrittweise**, wobei wir Handlung, Rede, Mimik und Gestik bewusst verfolgen und andere Aspekte wie z.B. die Haarfarbe (blond = gut, dunkel = böse) oder die Farbe der Kleidung unbewusst registrieren.

Spannung entsteht, indem der Zuschauer Fragen entwickelt (siehe hierzu ausführlich Kapitel 2.6). Dies ist zwar ein kognitiver Vorgang, den wir uns aber nicht bewusst machen, weil hierdurch das Eintauchen in die Fiktion unterbrochen würde. Wir wollen glauben, was wir sehen – was nicht schlimm ist, solange wir den Schritt zurück tun können.

Aufgrund der komplexen und vielschichtigen Wirkung von Filmen bietet es sich **nach dem Vorführen einer kompletten Sequenz** grundsätzlich an, in einer ersten Phase die Eindrücke der Schüler zu sammeln. Da Schüler üblicherweise viel entdecken, lässt sich ein unbequemes Ausfragen gut vermeiden, und es entstehen genügend Ansatzpunkte für das **anschließende Analysegespräch**, in dem dann nach weiterer Vorführung der Sequenz bzw. von Sequenzteilen zu fundierten Analyseergebnissen und begründeten Deutungen fortgeschritten werden kann. Hierbei sollte die **Fachterminologie der Filmanalyse** schrittweise eingeführt werden, indem die beobachteten Stilmittel auf **Karteikarten** festgehalten, d.h. definiert und in ihrer Wirkung beschrieben werden. Diese Karteikarten lassen sich im weiteren Verlauf der Analyse ergänzen, so dass am Ende ein breites Kategorienraster zur Verfügung steht, das als Werkzeug für folgende Filmanalysen genutzt werden kann. Die typische Phasierung einer Filmanalysestunde lässt sich folglich etwa so gestalten:

> 1. *Einleitung* durch Rückgriff auf bisheriges Geschehen, Bewusstmachung bereits erarbeiteter Leitmotive, Charakterisierungen etc.
> 2. *Vorführen* der Filmsequenz; Schüler machen Notizen
> 3. *Sammeln* erster Beobachtungen, Entwicklung von Leitlinien für die Detailanalyse
> 4. *erneutes Vorführen* der Sequenz bzw. Sequenzteile
> 5. *Detailanalyse* mit Sammeln der Ergebnisse an der TAFEL und Anlegen bzw. Vervollständigung der KARTEIKARTEN für die Fachterminologie
> 6. *Zusammenfassen* der Ergebnisse
> 7. *Weiterverarbeitung* der Ergebnisse (z.B. in Hausaufgabe)

Wird die Filmanalyse im **Fremdsprachenunterricht** durchgeführt (siehe auch Kapitel 4.2), ist zu überlegen, wie viel Raum dem Training der "watching comprehension" gewidmet werden sollte. Bei einem komplexen Film wie *The Shining* bietet es sich nicht an, hierauf den Schwerpunkt zu legen, da ansonsten die Filmanalyse zu sehr in den Hintergrund rückt und die Behandlung des Films durch das häufige Wiederholen einzelner Sequenzen ermüdend wirkt. Trotzdem ist es unerlässlich, die Rezeption durch Vorentlastung schwieriger Vokabeln zu erleichtern. Bei besonders schwierigen Szenen können Transkripte als Hilfe dienen; viele Drehbücher und Transkripte finden sich im Internet (siehe Kapitel 7.1), manche im Buchhandel. Zum Training des Hörverständnisses wie zur Sicherung wichtiger Ausdrücke tragen auch Transkriptionsübungen bei (von Lückentexten bis hin zu völlig eigenständigen Transkripten). Als Starthilfe kann man ferner die englischen Untertitel einblenden, wenn der Film über die DVD präsentiert wird.

Die US-Fassung von *The Shining* ist übrigens mit 142 Minuten deutlich länger als die in Europa erhältliche Fassung mit 115 Minuten. Falls möglich, sollte man im Englischunterricht die Behandlung der Langfassung versuchen, die ein stimmigeres Gesamtbild liefert. Hierzu muss allerdings die Videokassette oder DVD aus den USA beschafft werden. Im Deutschunterricht sollte man versuchen, die geschnittenen Passagen zu ergänzen, wenn man sich und seinen Schülern dies zutraut. Der Zeitindex der folgenden Detailanalyse richtet sich nach der Langfassung der DVD. Die Sequenzeinteilung soll einschätzen helfen, in welchen Abschnitten man den Film vorführen und besprechen sollte; sie ist freilich nur als Vorschlag zu sehen.

2.4 Detailanalyse nach Sequenzen

Sequenz 1: Vorspann/Prolog: Fahrt zum Overlook

Kamera (camera)

Einstellung (shot):

Das zentrale Stilmittel des Films fällt sofort ins Auge: Die **Kamera fliegt**, zunächst über einen spiegelglatten Bergsee (travelling shot). Die Einstellung ist ein **Panorama**-Blick, der die Szenerie aus weitem Blickwinkel zeigt (extreme long shot/establishing shot). Dennoch verengt sich der Blick des Zuschauers sofort durch die Bewegung: Er scheint in diesen Kanal zwischen zwei Bergwänden hineingesogen zu werden, auf eine einsame Insel zu, Symbol des isolierten Lebens in der sonst kargen Landschaft. Doch ist die Insel nicht das Ziel, der Zuschauerblick kippt zur Seite, als sähe man alles aus dem Blick eines Vogels oder niedrig fliegenden Flugzeugs. Dieser Flug vermittelt nicht nur das Gefühl von Dynamik, sondern wirkt zugleich irritierend, indem er den Zuschauer mitzieht, leicht aus der Balance bringt und von den Füßen holt. Zudem wird die Ruhe, die von der großen, stillen Wasserfläche ausgeht, sofort durchbrochen, da die gesamte Fläche kippt und aus dem Gleichgewicht gerät.

Der Kamerablick wechselt nun in die **Vogelperspektive** (bird's-eye view) und zeigt nur noch einen Teil der Landschaft, reduziert sich also von der Panorama-Einstellung auf die **Totale** (long shot).

Montage (editing):

Der Kameraflug über den See geht mit einer **Überblendung** (dissolve) in die Verfolgung eines kleinen gelben Autos über. Es scheint so, als nähere sich der Blick voller Ruhe der kleinen Made, die sich da unten durch die Natur frisst und in dieser Wildnis wie ein Fremdkörper wirkt. Durch die Vogelperspektive und die beginnende Verfolgung des Autos entsteht der Eindruck, als schwebe ein Raubvogel über der Straße, auf der Suche nach Beute. Nach einem **einfachen Schnitt** (simple cut) hat sich der Verfolger schon fast auf die Höhe des Objekts herabgesenkt. In der gesamten Sequenz folgen nun klare Schnitte, die durch die kontinuierliche Bewegung von Objekt und Kamerablick aber kaum auffallen.

Kamera (camera):

Die Kamera **verfolgt** jetzt das Objekt (camera chase), an das sich nun das Zuschauerinteresse bindet.

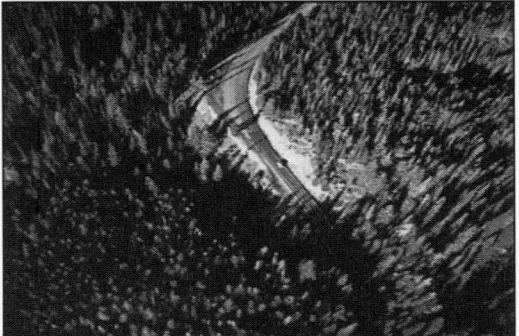

Das folgende Bild zeigt am unteren rechten Rand den Schatten des Kamera-Helikopters. Was aussieht wie einer der ganz seltenen Fehler Kubricks, erklärt Gordon Stainforth, Assistant Editor von *The Shining*, so: "Jedenfalls ist der Hubschrauber-Schatten für etwa 4 oder 5 Frames am Rande der 1.85:1-Maske sichtbar [siehe Kapitel 4.1.1]. Aber er war NICHT sichtbar im Hauptkino von Elstree [dem Filmstudio], zumindest nicht, als die erste Version des Films Elstree 1980 verließ. Ich glaube heute, dass dieser Fehler sich sehr spät im Schneideprozess eingeschlichen hat, als die Einblendung ‚The Interview' am 23. April 1980 um 8 Frames gekürzt und der Vorspann entsprechend um 8 Frames verlängert wurde, da die Musik nicht gekürzt werden konnte. [...] Wenn der Hubschrauber-Schatten flüchtig sichtbar war, hat Stanley ihn entweder nicht gesehen oder für so trivial gehalten, dass er sich nicht darum scherte."[95] Diese Annahme bestätigt Leon Vitali, Kubricks persönlicher Assistent, auf die Frage nach einer Reflexion in *Eyes Wide Shut* (1999), in der man angeblich den Kameramann sieht: "Nun, es war eigentlich der Focus Puller, und er steckte dort fest. Als das gesehen wurde, als Stanley das sah, zuckte er nur die Schultern. Es ging ihm um die Darstellung, und er sagte, wenn die Leute es merken, merken sie es eben."[96]

Einstellung (shot):

Plötzlich beschleunigt sich der Kameraflug, und es hat den Anschein, als wolle der Raubvogel zustoßen: Er nähert sich dem Wagen, der sich als VW-Käfer entpuppt, wodurch sich die Einstellung nahezu auf die **Halbtotale** (medium long shot) reduziert. Doch der Verfolger inspiziert seine Beute nur kurz und entfernt sich zunächst wieder in die **Totale** (long shot).

Beim einfachen Ansehen des Films wird man sich über den Käfer kaum Gedanken machen, doch bietet sich die Assoziation mit einem Schädling an. Die Automarke lässt sich hier kaum als Anspielung auf das Thema Völkermord erkennen, kann aber am Ende der Reihe als Puzzleteilchen eines entsprechenden Deutungsansatzes wieder auftauchen.

Der Wagen gerät nun nicht mehr wirklich aus dem Blick. Der Verfolger wahrt Distanz (Totale), der Betrachter schaut herab aus der sinnlichen Erfahrung von Flug, Entgrenzung und Macht: Mit dem Blick des Raubvogels, der jederzeit zuschlagen könnte, wenn er wollte.

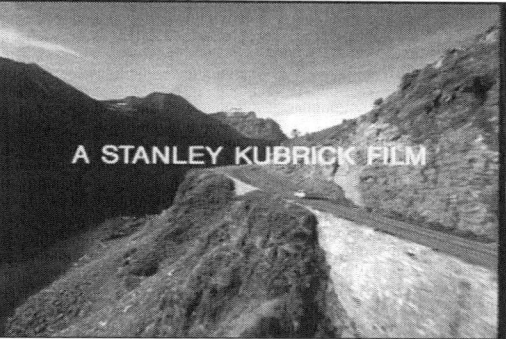

---

[95] Gordon Stainforth *in:* The Kubrick FAQ. http://www.visual-memory.co.uk/faq/ [Stand 01.08.2006].
[96] Kubrick Questions Finally Answered. An In-Depth Talk with Leon Vitali. http://www.dvdtalk.com/leonvitaliinterview.html [Stand 01.08.2006]

Ton (sound):

Die **Filmmusik** (score), meist instrumental, bildet den akustischen Rahmen für die Bilder und versieht sie mit einer emotionalen Qualität. Üblicherweise verstärkt Filmmusik die durch die Bilder hervorgerufenen Stimmungen und wird nicht bewusst registriert. Sie beinhaltet jedoch stets eine Struktur, d.h. eine räumliche und zeitliche Dimension, die auf kognitiver Ebene aufgenommen, verarbeitet und zu den Bildern in Bezug gesetzt wird.[97] Indem die Bilder also durch Ton und Musik ergänzt werden, entstehen Strukturen, verbindende Klammern und Leitmotive. Das Problem verstärkender Filmmusik liegt allerdings wiederum gerade darin, dass sie Konventionen folgt und bekannte akustische "Tableaus" etabliert hat, die zwar leitmotivisch wirken, aber den Soundtrack und damit auch einen ganzen Film stereotyp wirken lassen können. **(Zur Musik in *The Shining* siehe insbesondere Kapitel 2.7.)**

Indem Filmmusik also üblicherweise nicht auffällt, sondern darauf abzielt, eine Kongruenz der Gefühle des Zuschauers mit den in der Filmhandlung ausgedrückten Gefühlen herbeizuführen, verringert sie die Distanz des Zuschauers zum Geschehen. Hingegen wirkt atonale Musik unnormal oder sogar verstörend, so dass der Zuschauer gegenüber dem Geschehen eher eine distanzierte Haltung einnimmt. Da Mainstream-Filme gemeinhin darauf abzielen, den Zuschauer ins Geschehen hineinzuversetzen, wird Filmmusik nur selten als Kontrast eingesetzt, wie es hier der Fall ist: Der "Main Title" von Wendy Carlos und Rachel Elkind basiert auf "Dies Irae" (Tag des Zorns), einem katholischen Trauer- und Klagegesang. Das Stück klingt getragen, düster, sogar bedrohlich (zunächst müssen diese Kategorien bzw. Beschreibungsvokabeln ausreichen; hier könnte fächerverbindender Unterricht oder ein Referat weiter helfen). Das Stück wirkt somit als verfremdender Kontrast zu den Naturaufnahmen.

Vielen Zuschauern fallen bei den Aufnahmen des Hotels am oberen Bildrand die Rotorblätter des Hubschraubers auf. Hierzu noch einmal Gordon Stainforth: "Zufälligerweise (oder nicht so zufälligerweise!) störte sich Stanley überhaupt nicht an dem vagen Schatten der Rotoren am oberen Rand des Bildes in der letzten Einstellung des Vorspanns."[98] Es darf als sicher gelten, dass der Regisseur gesehen hat, was den Perfektionisten, als der er stets galt, eigentlich hätte aufregen müssen. Dies bestätigt wieder Vitali: "Warum ließ er die Helikopterblätter am Anfang von *The Shining*, wenn man über dem Hotel schwebt ?

---

[97] Musik macht klug. Gespräch mit dem Frankfurter Pädagogikprofessor H.G. Bastian. *in:* Die Zeit 15/2000.
[98] The Kubrick FAQ. [Anm. 95]

[...] Es gab viele Dinge, wenn man seine Filme wirklich sezierte, wo man sagen konnte: ‚Nun, das ist komisch.' In *Clockwork Orange*, als Malcolm aus dem Haus seiner Eltern geworfen worden ist, ist die Flut da und wieder weg, innerhalb von zehn Sekunden von Schnitt zu Schnitt. Wissen Sie ? Was soll's ? Was macht es für einen Unterschied ?"[99] Schon an dieser Stelle wird deutlich, dass es Kubrick nicht um Realismus, sondern um Entfremdung ging.

Zu diesem Eindruck passt auch, dass sich in das Musikstück, das dem Vorspann unterlegt ist, seltsame **Geräusche** mischen. Sie erinnern an hohe Schreie von Vögeln, Geistern oder Indianern. Später wird klar, dass die Assoziation mit Indianern gar nicht allzu fern liegt; dass es sich in der Tat um die Geister der Indianer handeln könnte, die sterben mussten, damit das "Overlook Hotel" erbaut werden konnte, das nun in den Blick kommt. In jedem Fall verleiht die akustische Ebene den Bildern einen irritierenden Charakter. Zur Verdeutlichung dieser Wirkung kann man die Sequenz einmal ohne Ton abspielen, oder besser noch mit einer alternativen Musik unterlegen. Interessante Effekte, die teils positiv, teils ähnlich verfremdend wirken wie die Originalmusik, ergeben sich z.B. durch:

1. aus dem Bereich der **Filmmusik**:
– *Once upon a time...Storybook Love* aus *The Princess Bride* (Mark Knopfler)
– *Rachel's Song* aus *Blade Runner* (Vangelis)
– die *Opening Titles* von *Remains of the Day* (Richard Robbins)
– *Clear All Moorings/Assassination* aus *Star Trek 6: The Undiscovered Country* (Cliff Eidelman)
– die *Winnetou-Melodie* (Martin Böttcher)
– und zur Verfremdung: *Der Mann mit der Harmonika* aus *Spiel mir das Lied vom Tod* (Ennio Morricone)

2. aus dem Bereich der **Popmusik**:
– *The River* von Garth Brooks (Album: *Ropin' the Wind*)
– *Telegraph Road* von Dire Straits *(Love over Gold)*
– *The Road to Hell (Part II)* von Chris Rea *(The Road to Hell)*
– *Come Fly with me*, gesungen von Frank Sinatra, besser von James Darren *(This One's From the Heart)*

3. aus dem Bereich der **Instrumentalmusik**:
– *Let There be Light* von Mike Oldfield *(The Songs of Distant Earth)* -> sehr interessanter Effekt !
– *Sentinel* von Mike Oldfield *(Tubular Bells 2)*
– *Chronologie Part 6* von Jean-Michael Jarre *(Chronologie)*

Die 1. Sequenz, zugleich der Vorspann des Films, zeigt also die Fahrt eines gelben VW-Käfers in eine bergige Wildnis (später wird klar, dass die Geschichte in Colorado spielt und es sich folglich um die Rocky Mountains handelt). Die Isolation des Menschen, der am Steuer dieses Fahrzeugs sitzen muss, wird allein dadurch deutlich, dass er kein einziges Haus passiert und kein anderes Auto dort hinauffährt (zwei Wagen stehen geparkt am Straßenrand, zwei kommen entgegen). Die Natur wirkt zunächst noch schön, wird aber schnell immer lebensfeindlicher; die Fahrt endet an der Grenze zum ewigen Eis. Die rollende Einblendung des Vorspanns (credits) unterstützt die ruhige, gleichmäßige, zugleich unaufhaltsame Bewegung auf einen (vor)bestimmten Punkt zu. Hier deutet sich bereits das zentrale Motiv des Films an: das Labyrinth, in dessen Zentrum, dem Endpunkt aller Windungen, der Antagonist schließlich zum Stillstand kommen wird.

Zunächst windet sich die Straße hinauf in das Labyrinth der Höhen und Täler, verlangsamt sich und entpuppt sich ganz oben als Sackgasse. Der Weg führt zu einem Hotel am Fuß eines Berges, und die Botschaft ist schon klar: Hier endet deine Reise, bis hierin kannst du gehen, weiter wirst du nicht kommen. Das Hotel ist offenbar das einzige Bauwerk des Menschen in dieser Einöde. Wer hierher kommt, stößt an die Grenze des Lebens und entgrenzt sich von seinem Platz in der Natur, wie Faust, der neidvoll zu den Bergen hinaufschaut, die das erste Morgenlicht der göttlichen Sonne genießen dürfen.

Dieser Berg aber scheint kein Ort für Anflüge von Titanismus, eher wie der Tolkiensche Schicksalsberg: Zu offensichtlich gehört der Mensch nicht hierher. Die Landschaft ist schroff und steinig, die Luft dünn, und das Hotel duckt sich in die Flanke des mächtigen Gipfels. Der erste Weg des Films führt den Zuschauer nicht in ein romantisches Schlosshotel, sondern an einen vom Leben entrückten Ort. Zugleich hat etwas den kleinen Käfer bis hier oben verfolgt, hat ihn angezogen und vor sich hergetrieben. Und hat ihn nun da, wo es ihn haben will...

---

[99] Kubrick Questions Finally Answered. [Anm. 96]

Die Bergfahrt drehte ein von Kubrick beauftragtes Team im "Glacier National Park" (Rocky Mountains, Montana). Der Filmkundige ahnt vielleicht, dass er ähnliche Bilder schon anderswo gesehen hat. Tatsächlich wurden von Kubrick nicht verwertete Reste der Flugbilder verwendet, als Ridley Scott seinem Film *Blade Runner* eine neue (positivere) Schlusssequenz hinzufügen musste, die der von ihm ursprünglich vorgesehenen Version, dem inzwischen wieder zugänglichen "Director's Cut", fehlt.

Während der Analyse des Vorspanns, die gewiss mehrmaliges Ansehen erfordern wird, sollte ein erstes **Tafelbild** als Protokoll der **Beobachtungen** sowie zur Sammlung der **Fachterminologie** dienen. Wie bereits angedeutet, empfiehlt es sich, die Schüler **Karteikarten** zu den Kategorien der Filmanalyse anlegen zu lassen. Inhaltliche wie formale Notizen zur Sequenz können auf (nummerierten) **Sequenzkarten** festgehalten werden, welche die Funktion des von der Didaktik häufig geforderten "Filmprotokolls" übernehmen können, aber flexibler zu handhaben sind. Das klassische Filmprotokoll, das die Notierung des Szenenverlaufs und der filmsprachlichen Aspekte in einem tabellarischen Raster vorsah, birgt die Gefahr, dass sich die Besprechung auf die Hauptaspekte der Filmsprache reduziert. Noch größer ist das Risiko, dass die **Funktionalisierung** der Beobachtungen aus dem Blick gerät. Zudem erübrigt sich das Anfertigen eines ausführlichen "Protokolls" heutzutage, weil im Unterrichtsgespräch direkt auf das Video bzw. die DVD zugegriffen werden kann, so dass die zu besprechende Szene jederzeit zur Verfügung steht.

Durch die fortlaufende Ergänzung der Karten entstehen sowohl **filmspezifische Aufzeichnungen** als auch ein **terminologischer Werkzeugkasten**, etwa nach folgendem Modell (pro Symbol eine eigene Karte):

📁 **Bild (picture)**
  📁 **Einstellung (shot)**
    Totale (long shot), Panorama (extreme long shot): Überblick, Kontrolle, Sicherheit, Macht
  📁 **Kamera (camera)**
    📁 **Perspektive (angle):** bestimmt Blickwinkel
      Vogelperspektive (high angle): Übersicht, Dominanz, Flug
    📁 **Bewegung (travelling shot):** dynamisiert, erhöht Teilnahme des Zuschauers
      Verfolgung (tracking/chase): entwickelt/steigert Interesse des Zuschauers an Zielobjekt; Objekt wird verfolgt
  📁 **Montage (editing)**
    einfacher Schnitt (simple cut): schneller Übergang zwischen Einstellungen, suggeriert direktes Aufeinanderfolgen der Handlungen
    Überblendung (dissolve) : langsamer Übergang, suggeriert größeren zeitlichen oder räumlichen Abstand zwischen Einstellungen
📁 **Ton (sound)**
  Musik (music): verstärkt/kontrastiert durch Bilder evozierte Gefühle; schafft Strukturen u. Motive
  Geräusche (sounds, noise): verstärken Realismus oder verfremden
📁 **Schauplatz (setting)**
  📁 **Natur, Wildnis (wilderness):** Mensch allein, Entgrenzung, Gefahr
📁 **Handlung/Deutung (plot/interpretation) Sequenz 1**

Beispiel für ein Kategorienraster der **Sequenzkarten** (Einträge in Abkürzungen, z.B. *P* für *Panorama*):

Schauplatz/Handlung/Dialog	Einst.	Persp.	Montage	Ton	Sonstiges
Fahrt durch Gebirge, Wildnis	P	VP, VERF	ÜB	...	...

Sequenz 2: Bewerbungsgespräch (1. Teil) – 2'59''

Montage (editing):

Die **Texteinblendung** (text insert) suggeriert, dass eine erzählerische Instanz, deren Präsenz man in Filmen eher selten spürt, die Handlung überblickt und in einer durchdachten Struktur wiedergibt. Tatsächlich ist die Filmhandlung zwar linear angelegt, d.h. sie zeigt die Ereignisse in ihrer kausal-chronologischen Reihenfolge. Doch verlieren die Texteinblendungen schnell ihren Sinn, da das Geschehen selbst keiner klaren zeitlichen Struktur folgt und Einblendungen wie "Monday", "Saturday" oder "4 pm" keinen Sinn mehr ergeben.

Nun betritt jemand die Hotelhalle, den der Zuschauer, dessen Interesse zuerst auf den gelben VW-Käfer gelenkt wurde, für den Fahrer halten muss. Der Mann trägt einen unauffälligen, erdfarbenen Anzug, der sich perfekt in die Farbgebung des Bildes einpasst und vielleicht andeuten will: Ich passe hierher.

Kamera (camera):

Die Kamera folgt ihm, wie zuvor dem Käfer, zunächst durch **parallele Verfolgung** (parallel tracking shot).

Komposition (composition):

Der erste Blick in das Innere des Hotels fällt auf eine seltsame Mischung verschiedener Stilelemente: Der blanke Fußboden und die kantigen, hohen, hellroten Säulen vermitteln eine unterkühlte Atmosphäre, die durch einige indianische Motive und Leuchter mit hohen Kerzen eher kontrastiert denn aufgelockert wird. Diese Mixtur aus Frank Lloyd Wright, Eingeborenenkunst und angedeuteter Gotik streut weitere Dissonanzen in die Wahrnehmung des Zuschauers und beginnt schon, unterbewusst an dessen Nervenkostüm zu kratzen. Musik ist hier gar nicht vonnöten.

Kamera (camera)
Einstellung (shot)
Montage (editing):

Der Mann geht zielstrebig zur Rezeption und stellt sich als "Jack Torrance" vor. Er fragt nach dem Büro eines Mr. Ullman, wirkt dabei freundlich und selbstsicher. Die Bindung des Zuschauers an die Figur wird durch erste Gefühle von Sympathie verstärkt.

Während sich Jack nun auf den Weg zu Mr. Ullmans Büro macht, fällt zweierlei auf: Die Kamera **bewegt** sich sehr dynamisch, **schwenkt** um die eigene Blickachse (pan) und **verfolgt** Jack aus der Perspektive der **Normalsicht** (tracking shot, eye-level), und zwar **ohne Schnitt**. Während sich der Eindruck einer leicht befremdlichen Innenarchitektur verstärkt, gleitet die Kamera hinter Jack her, lässt ihn nicht mehr aus dem Blick. Sie bleibt kurz hinter Jack stehen, als er schließlich in der offenstehenden Tür zu Ullmans Büro verharrt. Der Eindruck verstärkt sich: Jemand oder etwas ist diesem Mann auf den Fersen...

Komposition (composition):

Bevor Jack eintritt, findet der Blick auf die Bilder im Eingangsbereich einen weiteren Kontrast: Rechts der Tür hängen Landschaftsbilder der Umgebung, links windet sich Surrealismus.

Kamera (camera):

Jack betritt das Büro, die Kamera **folgt** ihm wieder, bleibt dann stehen und **verharrt als stiller Beobachter** des folgenden Gesprächs. Zunächst werden Freundlichkeiten ausgetauscht: Ullman begrüßt Jack wie einen alten Bekannten und nennt ihn gleich beim Vornamen. Jack versichert, das Hotel problemlos gefunden zu haben; die Fahrt sei auch relativ kurz gewesen. Ullman bittet ihn, sich "wie zu Hause zu fühlen". All das liefert erste, aber noch sehr versteckte Anzeichen dafür, dass Jack und dieses Hotel irgendwie zusammengehören.

Einstellung (shot)
Komposition (composition):

Das Bild, das sich nun bietet, ist eine **Halbtotale** (medium long shot): Die Menschen sind ganz zu sehen, der Betrachter hat den Überblick über die Personen im Raum. So entsteht eine grundsätzlich ruhige Wirkung, die eine Konzentration auf die Bildkomposition ermöglicht, d.h. auf den Raum und die Anordnung der Figuren darin. Zunächst fällt wieder die Einrichtung auf: hellrote Wände, eine erste Ahnung von Aggression, in jedem Fall irritierend; eine symmetrische Fluchtpunktperspektive, erzeugt durch die zwei Sessel und Stürze links und rechts; der Fluchtpunkt liegt in Ullmans Schreibtisch, der den Zugang zum Fenster (den Weg zurück in die Freiheit) verriegelt; große, kaltweiße Deckenlichter; an der linken Wand sehen wir eine Karte, ein Funkgerät und ein Barometer, rechts Plaketten als Ausdruck von Erfolg und Stolz. Gerade Linien werden unbewusst als Ausdruck von Kraft und Männlichkeit wahrgenommen, wenige große Flächen suggerieren Ruhe, viele kleine Unruhe.[100] Bei genauerem Hinsehen zeigt sich folglich, dass dieser Raum genauso im Ungleichgewicht ist wie sein Eingangsbereich. Er weist, wenn noch nicht eindeutig auf die Macht des Patriarchen, die sich Jack wie alle Repräsentanten des "Overlook" später aneignen will, so doch bereits auf eine latente Unruhe in der scheinbaren Behaglichkeit und auch auf eine gewisse Gespaltenheit hin. Jack wird also von Ullman eingeladen, sich wie zu Hause zu fühlen, und nach allem, was wir sehen, fühlt sich Jack auch schon ganz heimisch. Er hat allen Grund dazu: Sein neuer Chef hat die Dinge im Griff. Er schickt seine Sekretärin Suzie los, um Kaffee und einen Mann namens Bill Watson zu holen. Eine weibliche Managerin hätte nicht gepasst: Dieses Hotel wird sich als unheimliches Refugium für die Vertreter einer patriarchalischen Gesellschaft erweisen, die eben der Vergangenheit angehört.

Wer mag, kann den ausgestopften Vogel neben dem Funkgerät als Anspielung auf das Hobby des Norman Bates aus *Psycho* und damit als Ankündigung des bevorstehenden Familiendramas deuten. Jedenfalls zeigt die kurze Szene Jack schon in seinem neuen Umraum, und es drängt sich der Eindruck auf, dass er im Overlook Hotel zwar willkommen ist, zugleich aber ein Gefangener sein wird. Und selbst wenn er jetzt noch fliehen wollte, könnte er nicht mehr durch die Tür hinaus, denn dort steht die Kamera als virtueller Verfolger...

Während der Besprechung dieser kurzen Sequenz sollten neue Karteikarten angelegt und die vorhandenen Karten ergänzt werden (Orientierung für das weitere Anlegen bzw. Vervollständigen der Karten liefert Kapitel 3):

Komposition (composition)

Linien (lines): gerade Linien = Kraft/Männlichkeit; Symmetrie = strenge Ordnung, Ruhe, aber auch Lenkung auf Fluchtpunkt, Einengung

Flächen (areas): wenige große = Ruhe; viele kleine = Unruhe

Farben (colours): hell vs. dunkel = positiv vs. negativ; gedeckt/unbunt/Natur/ Erdfarben = Ruhe, Harmonie; auffällige Farben/Signalfarben (vor allem Rot) = Unruhe, Bedrohung, Aggression

Schauplatz

    Architektur: bestimmt Atmosphäre, Zeit, Handlungsrahmen

    Einrichtung: Möbel, Dekoration; bestimmt Atmosphäre, Zeit, Handlungsrahmen (siehe auch Komposition: Formen)

---

[100] Knut Hickethier: Film- und Fernsehanalyse. Sammlung Metzler Bd. 277. Metzler, Stuttgart 1996². S. 51f.

Sequenz 3: Wendy und Danny zu Hause – 4'10''

Montage (editing):

Die 2. und 3. Sequenz sind durch eine **Überblendung** (dissolve) mit der vorigen verknüpft, wodurch der räumliche Abstand zwischen beiden Szenen bzw. ihren Schauplätzen betont wird.

Einstellung (shot):

Die neu entstehende **Totale** (long shot) zeigt einen ruhigen Wohnblock bei schönem Wetter. Sie vermittelt nicht unbedingt ein Gefühl der Idylle, eher der Langeweile. Der Zuschauer, der schon Interesse für Jack entwickelt hat, kann damit rechnen, nun einen Blick auf seine Familie werfen zu können.

Die folgende **Halbnahe** (medium shot) zeigt Mutter und Sohn am Frühstückstisch. In Halbtotalen, aber auch Halbnahen zeigen sich die Beziehungen von Figuren und Gruppen, werden Zusammengehörigkeit oder Brüche angedeutet. Hier wird schnell klar, dass die Familienidylle nur Maskarade und im Grunde jeder mit sich selbst beschäftigt ist: Mutter Wendy liest hingefläzt Salingers "Catcher in the Rye" (keine Horrorgeschichte, wie Jack behauptet), und Sohn Danny sieht fern (die *Roadrunner*-Cartoons lassen sich als versteckter Hinweis auf latente Ängste vor Verfolgung und Gewalt lesen).

Das Gespräch der beiden Figuren wird durch **Nahaufnahmen** (close shots) der jeweils sprechenden Figur vermittelt. Bemerkenswert ist, dass nicht die typische Schuss-Gegenschuss-Technik (angle-reverse angle shots) angewendet wird, bei der abwechselnd aus der Über-Schulter-Perspektive der einen Figur auf die andere gesehen würde. Kubrick markiert wichtige Dialoge gerne dadurch, dass er die **Figur im Bild stets ausreden lässt** und somit die Aufmerksamkeit des Zuschauers auf der Figur und ihrer Rede hält. Und da die Kamera wie hier nicht annähernd aus Wendys Sicht auf Danny blickt (oder umgekehrt), wird umso deutlicher, dass diese Menschen im Grunde aneinander vorbeireden.

Komposition (composition):

Beide Figuren sowie die Raumdekoration zeigen "Flagge": Man sieht eine amerikanische Familie in den **Landesfarben**. Das Tischtuch wirkt durch die vielen hellroten **Flächen** unruhig.

Die Mutter wirkt in ihrer Rolle wenig überzeugend: Sie zieht es vor, ihren Sohn beim Frühstücken fernsehen zu lassen, anstatt sich um ihn und um seine sehr offensichtlichen Probleme zu kümmern. Mit ihren eigenen Manieren scheint es auch nicht allzu weit her zu sein. Dass sie raucht, wird heute leichter als Ausdruck seelischer "Gleichgewichtsstörungen" verstanden als zu Beginn der Achtziger, als der Film entstand. Die Farbe Rot taucht schon als Leitmotiv auf und signalisiert Gefahr, vielleicht auch Gewalt: der Buchumschlag ist rot, und auch auf Ullmans Schreibtisch liegt ein "Red Book". (Übrigens hat M. Night Shyamalan diese Farbe als Leitmotiv in *The Sixth Sense* benutzt.)

Danny sendet deutlichere Signale: Er will nicht in dem Hotel überwintern. Auffällig ist, dass er seinen Widerwillen nur durch "Tony" äußert, einen erdachten Doppelgänger (im Roman lautet Dannys zweiter Vorname "Anthony"). Dass Tony als verstecktes Sprachrohr gegen den dominanten Vater fungiert, muss zunächst Hypothese bleiben. Der Dialog lässt in jedem Fall den Schluss zu, dass Danny keine Spielkameraden hat und unter einer gewissen Einsamkeit leidet. Zugleich will er nicht dorthin, wohin der Vater will. Obwohl Wendy eine schöne Zeit verspricht, sind die Probleme vorprogrammiert.

Sequenz 4: Bewerbungsgespräch (2. Teil) – 5'10''

Die **ersten Bilder** dieser Sequenz finden sich **nur in der US-Fassung** (siehe Kapitel 2.7). Man sieht zunächst, wie Bill Watson hereinkommt, der offenbar zum Hotelstab gehört (in welcher Funktion, bleibt ungeklärt). Er wirkt ein wenig wie Jacks Doppelgänger, spricht aber kaum, bleibt stiller Beobachter. Ullman stellt Jack als Lehrer vor, der aber korrigiert: Er sei "ein *ehemaliger* Lehrer". Da sich diese Tätigkeit nicht als Berufung erwiesen habe, sei er nun Schriftsteller. Schon hier drängt sich der Verdacht auf, dass etwas nicht stimmt: Ein erfolgreicher Schriftsteller bräuchte wohl kaum einen Job als Hausmeister. Vielleicht hatte Jack Probleme als Lehrer? Indem die gekürzte Fassung diesen Dialogteil vorenthält, lässt sie Jack noch enigmatischer wirken. Doch womöglich kam dieser Effekt Kubrick nicht ungelegen.[101]

Zur Vorbereitung jener Atmosphäre, die den Großteil des Films bestimmen wird, erklärt Ullman, dass man das "Overlook" im Winter wegen der Schneefälle schließen müsse, die es von der Außenwelt abschnitten. Was der Zuschauer als wenig verheißungsvoll einstuft, scheint Jack gar nicht abzuschrecken...

Kamera (camera):

Einstellung (shot):

Die Kamera zeigt nun die **Normalsicht**, d.h. sie befindet sich auf Augenhöhe der Figuren (eye-level shot), allerdings mit wechselnden Positionen: Einmal ist sie neben Ullman, wie ein unsichtbarer Gesprächsteilnehmer; dann konzentriert sie sich in **Halbnah**-Aufnahmen (medium shots) auf die Gesprächsteilnehmer, vor allem auf Jack, wodurch seine Worte und seine Mimik stärker akzentuiert werden. Man beginnt, ihn genauer – und misstrauischer – zu beobachten...

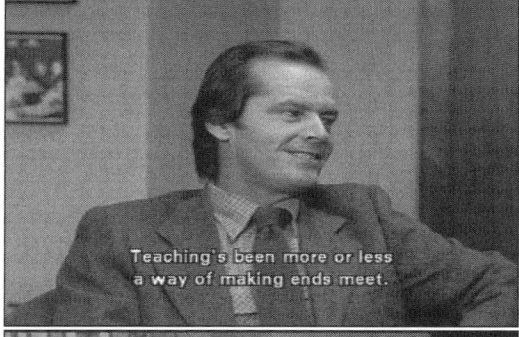

---

[101] Frank Schnelle: Im Labyrinth der Korridore: THE SHINING (1980). *in:* Andreas Kilb/Rainer Rother u.a.: Stanley Kubrick. Bertz, Berlin 1999. S. 207.

Komposition (composition):

Die gekürzte Europafassung setzt ein, als Ullman Jacks zukünftige Arbeit zu beschreiben beginnt. Die Kamera ist zu ihrem Standpunkt bei der Tür zurückgekehrt, von wo sie alle Figuren **halbtotal** erfasst. Watson ist hier einfach plötzlich da, wodurch seine Rolle noch unklarer wirkt. Gerade aus dieser Sicht unterstützt er aber die Symmetrie, wirkt fast wie eine Spiegelung Jacks. Wieder deutet sich eine Gespaltenheit an.

Ein Blick auf die mit alten Fotografien dekorierten Wände lässt vermuten, dass dieses Hotel eine Vergangenheit hat, auf die man stolz ist (und ebenso auf alles, was diese andere Dimension repräsentiert, sich aber erst später enthüllt). Erneut sind auch die Farben interessant: gedeckte Naturfarben, wie z.B. in der Kleidung Jacks und Watsons, suggerieren Harmonie, die aber durch das Rot/Orange der Wände gestört wird. Ullman trägt mit Rot, Blau und Weiß wieder die Landesfarben: Er repräsentiert das Hotel – und soll dieses wiederum Amerika repräsentieren ? Ist das "Overlook" ein "Hotel Amerika" ? Die Flagge auf Ullmans Schreibtisch könnte als Beleg für einen gewissen Patriotismus genommen werden, der Amerika-typisch, vielleicht auch typisch männlich ist.

Ullman weist nun auf das Problem der Isolation hin, doch Jack sucht genau das für sein "Schreibprojekt". Der Manager fragt nach der Familie, an die Jack selbst nicht unbedingt gedacht hat oder denken will. Dass sie die Situation "lieben" werden, wie Jack sich ausdrückt, scheint fraglich: "Aber man beobachtet seine Augen", bemerkte Kubrick, "und die sagen: Zum Teufel, meine Frau und mein Sohn, *die* sind doch völlig egal !"[102]

Ullman kann nicht umhin, von einem Vorfall zu berichten, der andere von dieser Anstellung abgeschreckt hat. Im Winter 1970 übernahm ein Charles Grady mit Frau und Töchtern die Stelle, verlor den Verstand, tötete seine Familie mit einer Axt und erschoss sich. Wieder gehen Wort und Bild auseinander: Jack versichert, nicht derartig gefährdet zu sein, was an sich schon seltsam wirkt. Doch seine Mimik wirkt im Zusammenspiel mit Ullmans Geschichte geradezu als Dénouement: Die Katastrophe ist da schon angedeutet. Jack treibt das Spiel noch ein Stück weiter, indem er auf die Liebe seiner Frau für Horrorgeschichten anspielt. Tatsächlich wirkt Wendy wie die typische "Scream-Queen", und sind es nicht gerade die Ängstlichen, die Horrorgeschichten mögen ? Noch dazu hat der kleine Danny ja einen seltsamen "Tick" – wahrlich, diese Familie ist kein stabiles Gebäude, eher ein Kartenhaus.

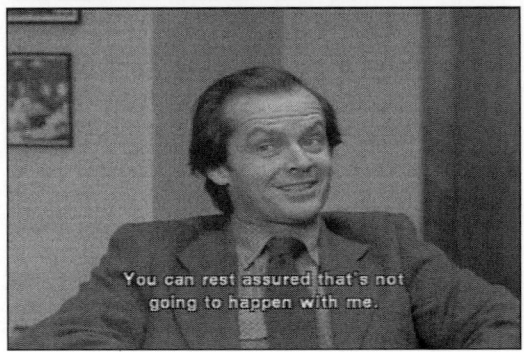

---

[102] Walker, S. 281.

Sequenz 5: Dannys Gabe, Jacks Anruf – 10'32"

Montage (editing):

Wieder erfolgt die Verknüpfung mit der nächsten Sequenz durch eine **langsame Überblendung** (slow dissolve), die nicht nur den räumlichen Abstand zwischen den Schauplätzen kennzeichnet, sondern auch den Schatten des Vaters über den kleinen Sohn legt – ein Bild mit Symbolcharakter ?

Kamera (camera)

Ton (sound):

So schleichend wie dieser Übergang ist auch die folgende Annäherung der Kamera an den Jungen: Sie **fährt langsam von der Seite auf Danny zu** (travelling shot), schleicht sich also förmlich an ihn heran. Die leise einsetzende Musik, "The Awakening of Jacob" von Krzysztof Penderecki (1974), unterstützt das Gefühl einer schleichenden Bedrohung.

Komposition (composition):

Die Wände des Zimmers zeigen typische Dekorationen eines Kinderzimmers. Dies ist Dannys Welt, voller amerikanischer Cartoon-Helden – die Welt von Micky Maus, Snoopy, und dem Roadrunner.

Kamera (camera):

Die Kamerabewegungen in "The Shining", seien es Flüge, schnelle Fahrten oder langsame Annäherungen, entfalten ihre Wirkung erst durch den Raum, in den sie hineinführen: Hier zwängt die Kamera den Zuschauer in ein kleines, enges Zimmer. Die Ähnlichkeit dieses Badezimmers mit dem ominösen Hotelzimmer 237, das später noch eine Rolle spielen wird, lässt sich erst später erkennen.

Der Rahmen dieser Szene mag also wie ein normales Kinderzimmer wirken, doch wird schnell deutlich, dass der Junge, der hier lebt, kein normales Kind ist: Er steht vor dem Spiegel und spricht mit seinem imaginären Freund Tony. Es scheint mehr dahinter zu stecken als eine Kinderfantasie: Mit Hilfe seines *alter ego* – ein weiterer Hinweis auf die Dualität des Menschen – kann Danny in die Zukunft sehen: Jack ruft Wendy tatsächlich an, um ihr mitzuteilen, dass er den Job im Overlook bekommen hat. Jack wirkt dabei nicht besonders euphorisch, allerdings wohl kaum, weil er diese Anstellung nicht wollte, im Gegenteil: Er bleibt gerne länger, und die Mitteilung an Wendy, dass er den Job bekommen hat, klingt so, als ginge sie das eigentlich herzlich wenig an.

Sequenz 6: Dannys Vision – 11'17"

Komposition (composition):

Die **Spiegelung** (mirroring) beginnt nun, sich als subtiles Stilelement des Films zu etablieren. Sie fungiert als sich wiederholender und dadurch verstärkender Fingerzeig auf die Dualität des Menschen. Indem wir Danny zweimal sehen, gewinnen wir Einblick in sein Innenleben, und das zeigt eine gespaltene Seele: Da ist das ängstliche, unschuldige Kind; und da ist etwas, das seine Unschuld schon verloren hat und das Böse schon kennt, das in der Zukunft und wohl auch in der Natur des Menschen liegt.

Auch im Namen dieses Kindes steckt eine Anspielung: Schon der biblische Daniel hat Visionen und kann die Schrift an der Wand lesen. Die Zeichen, die Danny sieht, sind beunruhigend, aber eben Zeichen, die einer Deutung bedürfen. Walkers Bemerkung, die Fahrstuhlvision habe "keinerlei Bezug zum übrigen Film",[103] ist nicht nur falsch, weil Danny darin die beiden Mädchen sieht, die ihm später wieder begegnen werden. Sie und die Blutwelle, die aus dem Aufzug schwappt, sind keine direkte Abbildung von Vergangenem oder Zukünftigem, sondern eine symbolische Darstellung der aufgestauten Gewalt, die im Overlook ausbrechen wird. Dieser Eindruck wird durch die **Zeitlupe** (slow motion) verstärkt.

Die Vision deutet eine Gefahr an, ohne tatsächlich zu verraten, woher diese kommt und welche Form sie annehmen wird. Danny verfügt über ESP (extrasensory perception), aber was er wahrnimmt, muss kryptisch bleiben, wie Kubrick begründete: "Wenn Danny das perfekte ESP hätte, gäbe es keine Geschichte. Er würde alles vorhersehen, jeden warnen und jedes Problem lösen."[104]

Was könnte das aus dem Fahrstuhl schwappende Blut bedeuten? Welche Gewalt droht hier? Sind es Geister, die Danny an den Kragen wollen? Lauern Monster im Overlook Hotel, ist es vielleicht ein besonders gefährliches Spukschloss? Wartet dort (bzw. in der Zukunft) ein blutrünstiger Serienkiller, ein Psychopath? Wird Jack der Psychopath sein?

Ton (sound):

Die Musik setzt sich aus der vorigen Sequenz fort, hat aber an Lautstärke zugenommen. Sie wirkt umso stärker, als sie die gesamte akustische Ebene besetzt, d.h. keinerlei Geräusche zu hören sind: weder das Stürzen und Fließen des Blutes, noch Dannys Schrei, der ebenfalls aus der Zukunft zu kommen scheint (man beachte Kleidung und Umraum).

---

[103] Walker, S. 284.
[104] Kubrick on "The Shining". [Anm. 86]

Kamera (camera)

Montage (editing):

Plötzlich werden zwei Mädchen wie ein Blitzlicht in die Blutlawine gestreut, offenbar wahrgenommen aus der **Augenhöhe Dannys**. So schnell wie das Bild kommt die Assoziation: die Geister der Mädchen, der Grady-Töchter, die ermordet wurden. Sie werden leicht für Zwillinge gehalten,[105] aber wie so vieles in diesem Film sind sie eben nicht, was sie scheinen. Schon Ullman hatte erwähnt, dass sie "zwischen 8 und 10" gewesen seien. Es hat den Anschein, als seien sie auf Zwillinge getrimmt, wie Kraft bemerkte: "Während schon die Präsenz eines der Mädchen erschreckend genug wäre, verstärken zwei, die exakt gleich aussehen, das Horrorgefühl. Ihre Symmetrie hat etwas Unnatürliches – sie sind nicht identisch, aber nahezu. Im Einklang mit Kubricks Kontrolle über jedes Detail der Filmproduktion war die Entscheidung, keine identischen Zwillinge zu besetzen, eine brillante. Sie sehen aus, als ob sie dazu gezwungen worden wären, gleich auszusehen, obwohl sie mit 8 und 10 Jahren zwei Jahre auseinander liegen. Mich verstört diese ‚erzwungene Symmetrie' mehr als eine natürliche."[106]

Das Bild der zwei harmlosen Mädchen wirkt in all dem Blut wie ein Fremdkörper. Der starke Kontrast macht umso deutlicher, dass hier etwas Zartes, Zerbrechliches das Opfer einer ungeheuren Gewalttat wurde. Die widernatürliche Gleichheit der Mädchen unterfüttert das Leitmotiv der Spiegelung und Spaltung und liefert damit einen weiteren Hinweis darauf, wo der Übeltäter mit der zerstörerischen Aggression sitzen könnte: in unserem Spiegelbild, in uns selbst. Die schnellen Schnitte betonen das Plötzliche, Assoziative: Dannys Visionen sind keine präzisen Vorhersagen, sondern visionäre Angstbilder, zugleich kurze Einblicke in eine andere Zeit oder Dimension. Überblendungen wären hier unpassend, wie Kubrick selbst erläuterte: "Ich mag Überblendungen nicht besonders und versuche, sie nicht zu einzusetzen, aber wenn eine Szene auf eine andere am selben Ort folgt, und man möchte klarmachen, dass Zeit vergangen ist, dann ist eine Überblendung die einfachste Art, dies zu vermitteln. Auf der anderen Seite sind paranormale Visionen momentane, kurze Blicke in die Vergangenheit und die Zukunft und müssen kurz, sogar abrupt sein. (I don't particularly like dissolves and I try not to use them, but when one scene follows another in the same place, and you want to make it clear that time has passed, a dissolve is often the simplest way to convey this. On the other hand, the paranormal visions are momentary glimpses into the past and the future, and must be short, even abrupt.)"[107]

---

[105] siehe z.B. Walker, S. 283.
[106] Murray Kraft: The Duality Motif. http://www.drummerman.net/shining/duality.html [Stand 01.08.2006].
[107] Kubrick on "The Shining". [Anm. 86]

Sequenz 6b: Gespräch mit der Kinderärztin – 12'07"

Die folgende Sequenz ist wiederum **nur in der US-Fassung** enthalten (daher 6b), die Kubrick nach dem schwachen Start in den US-Kinos kürzte (siehe auch Kapitel 2.7). Sie liefert einige Hinweise, die das Verständnis der Handlung erleichtern, dadurch jedoch die Mystik einschränken und den weiteren Ablauf vorhersehbarer machen. Das Gespräch mit der Kinderärztin enthüllt, dass Jack in der Vergangenheit gegen sein Sohn gewalttätig geworden ist, was einerseits Dannys seltsames Verhalten erklärt und andererseits den Verdacht erhärtet, dass weitere Ausbrüche zu befürchten sind.

Montage (editing):

Nachdem der Zuschauer bereits Interesse für Jack entwickelt hat, wird die Aufmerksamkeit nun zunächst auf Danny gelenkt. Das erste Bild nach der Blutwelle, völlige Schärze, deutet die Ohnmacht an, die ihn offensichtlich überkommen hat.

Die Kinderärztin stellt eine weitere Dopplung dar, weshalb man – allerdings nur im weitesten Sinne – von einer **Parallelmontage** (parallel montage/cross-cutting) sprechen kann. Ullman und die Ärztin sind Profis, die sich Persönlichkeiten (Jack bzw. Wendy) gegenüber sehen, die nur stabil *wirken*, es bei genauem Hinsehen aber nicht sind.

Kamera (camera):
Komposition (composition)

Die Kamera konzentriert sich auf den Jungen und zeigt ihn in der **Nahaufnahme** (close shot), d.h. seinen Kopf mitsamt Oberkörper. Das Prinzip der **Spiegelung**, mit dem zugleich Dopplung wie Spaltung einhergehen, findet sich auch hier: Während Danny widerstrebend preisgibt, das Tony in seinem Mund lebe und sich manchmal in seinem Magen verstecke, ruht neben seinem Gesicht das eines großen Plüschbären. Auch dieser Doppelgänger hat zwei Seiten: Einmal ist er kuscheliges Übergangsobjekt, das der Junge auch braucht angesichts einer Mutter, die eher teilnahmslos und distanziert an der Wand steht. Andererseits hat der Bär ein blutiges Maul.

Nachdem Danny sich geweigert hat, weiter über Tony zu sprechen, gehen Wendy und die Ärztin ins Wohnzimmer. Der Weg dorthin liefert weitere Irritationen: Der Flur ist eng, kalkweiß und ohne jede Dekoration, kalt und steril. Diese Einstellung erfasst notwendigerweise neben den Menschen auch den Umraum, in den sie eingezwängt sind; sie ist daher wieder **halbtotal** (medim long shot).

Da Wendy die Ärztin ins "Wohnzimmer" gebeten hat, wird beim Anblick der Küche im Hintergrund klar, dass die Wohnung nicht allzu groß ist. Ein erfolgreicher Schriftsteller ist Jack wohl wirklich nicht. Die Nachricht, dass Danny physisch gesund sei, kann nur scheinbar beruhigen, denn das kann nur heißen: Etwas stimmt nicht mit seiner Psyche. Tatsächlich führt die Ärztin Dannys Zusammenbruch auf eine selbstinduzierte Trance zurück, die wohl durch "emotionale Faktoren" ausgelöst worden sei. Dass Wendy nicht wirklich erleichtert, sondern verunsichert ist, beweist ihr Zittern beim Anzünden der Zigarette (zumal das Rauchen selbst ein Versuch ist, Stress abzubauen).

Wendy erklärt der Kinderärztin, die offenbar den Ursachen für Dannys emotionalen Zustand nachgehen will, dass sie erst kürzlich von Vermont hierher nach Boulder (Colorado) gezogen seien. Dort sei Jack Lehrer gewesen. Hier ein Ausschnitt aus dem aufschlussreichen Dialog:

Ärztin: Fiel Tonys erstes Erscheinen mit ihrer Ankunft hier zusammen?
Wendy: Nein, warten Sie... Ich glaube, Danny fing an, über Tony zu sprechen, als wir ihn in den Kindergarten getan haben. [...] Dann hatte er eine Verletzung, deshalb haben wir ihn eine Weile zu Hause behalten. Ich glaube, etwa da habe ich zum ersten Mal bemerkt, dass er mit Tony sprach.
Ärztin: Was hatte er für eine Verletzung?
Wendy: Er kugelte sich die Schulter aus.
Ärztin: Wie hat er das geschafft?
Wendy: Es war nichts Besonderes, wissen Sie...

Dass Wendy die Gewalttat ihres Mannes derart absurd überspielt, lässt die Ärztin schließlich sprachlos. Nach Wendys Aussagen hat Jack den Kleinen verletzt, kurz nachdem dieser in den Kindergarten gekommen war. Jack wird später erzählen, dass der Vorfall drei Jahre zurückliege. Dies scheint eine realistische Angabe zu sein, denn Danny ist inzwischen ein gutes Stück älter als die 3 Jahre, mit denen ein amerikanisches Kind üblicherweise in die "nursery school" kommt; vielleicht ist er tatsächlich knapp 6. Entscheidend ist, dass Wendy hier von "5 Monaten" spricht, die ihr Mann jetzt trocken sei: "He hasn't had any alcohol in 5 months." Diese Aussage belegt, dass Jack allenfalls eine sehr verspätete Einsicht in seine Schuld gezeigt hat. Vor allem aber wird klar, dass Wendy zu schwach war, ihn zu verlassen, denn sein Versprechen, nach dem Übergriff auf seinen kleinen Sohn keinen Tropfen mehr zu trinken, hat er Wendys Äußerungen zufolge etwa zweieinhalb Jahre lang *nicht* eingehalten.

| *Sequenz 7: Fahrt zum Overlook – 17'36"* |

Einstellung (shot):

Die Texteinblendung fungiert als deutliche Zäsur und bringt ferner das strukturierende Erzählmoment in Erinnerung. Daraufhin weitet sich der Kamerablick zur **Totalen** (long shot). Nachdem auf den **diastolischen** Flug des Vorspanns die Einengung auf Räume und Innenperspektive der Figuren (**Systole**) folgte, wird dem Zuschauer und den Figuren für einige Momente noch einmal das Gefühl der entgrenzenden **Diastole** gegönnt – bevor das "Overlook" endgültig erreicht ist und zum Gefängnis wird.

Kamera (camera):

Ton (sound):

Doch die Bedrohung ist sofort wieder präsent: Wir blicken aus der schon bekannten **Vogelperspektive** (bird's-eye view) herab. Und wieder ertönen Klänge, deren Künstlichkeit einen irritierenden Kontrast zur traumhaften Natur liefert. Das Stück "Rocky Mountains" (Wendy Carlos/Rachel Elkind) wirkt ähnlich verfremdend wie die Titelmusik des Vorspanns. Während des folgenden Dialogs rückt sie in den Hintergrund, um danach wieder voll einzusetzen.

Zum ersten Mal sehen wir nun die Torrance-Familie beisammen, und auch hier lässt sich einiges zwischen den Zeilen lesen. Jack zeigt für Dannys Hunger kein Verständnis, er wirkt genervt. Sein hingenuscheltes "You shoulda eaten your breakfast" ist kaum die Sprache eines Lehrers. Wendy kommt Danny zu Hilfe, indem sie die Donner-Gruppe anspricht, doch wird sie sofort vom Oberhaupt der Familie korrigiert. Während sich also ihr Hausfrauen-Image verfestigt, spielt Jack die Rolle des Vaters, allerdings kann auch er nicht überzeugen: Er belehrt seinen kleinen Sohn ohne Hemmungen über den Kannibalismus der Donner-Gruppe (während er seine eigene Familie in die Wildnis führt und dort selbst zum Gewalttäter wider die Natur werden wird). Dass sein Sohn Kannibalismus schon aus dem Fernsehen kennt, kommentiert er mit leichtem Spott, aus dem wohl der Frust spricht, dass der Fernseher seinem Sohn vielleicht sogar ein besserer Lehrer ist. Jack ist als Lehrer gescheitert, und er versagt wohl auch als Vater.[108] Schließlich passiert die Familie die Grenze zwischen Zivilisation und unwirklicher Wildnis, und es stellt sich die Frage, wie lange es dauern wird, bis sie diese Grenze auch innerlich überschreiten wird. Übrigens wird auch hier wieder **gespiegelt**: Diesmal verläuft die Fahrt, im Gegensatz zur Eröffnungssequenz, auf der *linken* Talseite.

---

[108] Georg Seeßlen: Stanley Kubrick und seine Filme. Schüren, Marburg 1999. S. 236.

| *Sequenz 8: Beginn der Tour – 19'36''* |

Einstellung (shot):

Eine **Totale** (long shot) zeigt das Hotel unter dem Berg, dessen Gipfel halb im Nebel verborgen bleibt. Die Sonne scheint, und doch vermittelt auch diese ruhige Einstellung nicht nur ein Gefühl der Idylle, sondern zugleich ein Gefühl der Entrückung: Es zeigt sich, dass hier die Grenze zwischen Pflanzen und Steinen liegt, zwischen Leben und Tod.

Kamera (camera):

Die Kamera **gleitet** nun wie schwebend durch das "Overlook", und zwar **parallel zum Geschehen**, wodurch sie den Zuschauer auf **Distanz** hält; eine besondere Nähe zu den Figuren, die nun ins Bild rücken, wird nicht suggeriert. Man bleibt neutraler Beobachter.

So sieht man zunächst, dass der Hotelbetrieb schon zum Stillstand gekommen ist. Es wird aufgeräumt und geputzt. Hierzu könnte man lakonisch feststellen, dass sich die Spuren der Indianer, die für den Bau des Hotels vertrieben und ermordet wurden, einfach nicht wegwischen lassen... Jack, immer noch in Naturfarben und sehr ordentlich gekleidet, wird von Ullman zu einer ausführlichen Besichtigungstour abgeholt. Die Familie wird beinahe vergessen, allerdings von Ullman; noch scheint sich Jack ihrer zu erinnern.

An dieser Stelle ist die **europäische Fassung wieder gekürzt**: In der Originalversion führt die Tour, bei der eher Jack und Watson ein "Paar" bilden, zuerst durch die monumentale Hotelhalle, die "Colorado Lounge". Ullman deutet dabei die illustre Vergangenheit des Hotels an und erzählt von Jet-Set und Präsidenten: "All the best people." Kann das sein Ernst sein ? Sein Wissen über die indianischen Designs ist vage und lässt die weniger glanzvolle Vergangenheit dieses "Hotels Amerika" nur ahnen. Man vergisst sie wohl lieber, als Weißer.

Einstellung (shot):

Wieder bleibt die Kamera durch **parallele Verfolgung** (parallel tracking shot) auf Abstand, durchmisst aber in anhaltender Seitwärtsbewegung den Raum. Wie ungewöhnlich groß dieser ist, wird schon dadurch deutlich, dass hier eine **Halbtotale** (medium long shot) zum Einsatz kommt, die stets die Menschen in ihrem Umraum zeigt. Das "Overlook" ist so konstruiert und inszeniert, dass schon jetzt sichtbar wird, was es mit den Menschen macht: Es reduziert sie.

Sequenz 9: Games Room –21'21"

🎬 Einstellung (shot)
📷 Kamera (camera):

Während seine Eltern das Hotel besichtigen, ist Danny mit Pfeilwerfen beschäftigt (auch nicht gerade ein Kinderspiel). Die Sequenz beginnt mit einer **Nahaufnahme** (close shot), dann bewegt sich die Kamera **rückwärts**, um in eine **halbnahe** Einstellung (medium shot) überzugehen, die Danny etwa von der Hüfte an aufwärts zeigt. Hierdurch wird der Raum einbezogen, in dem sich Danny befindet; doch unser Blick bleibt auf den Jungen gerichtet, und wir können nicht sehen, wer sich außer ihm noch im Raum befinden mag.

🔊 Ton (sound):

Die im Volumen ansteigende Musik, "Lontano" von Gyorgy Ligeti, verstärkt das Gefühl, dass noch jemand – oder etwas – im Raum sein könnte. Und zwar hinter Danny und damit auch hinter uns. Die Kamera, der unbemerkte Erzähler des Films, entscheidet darüber, was wir als Zuschauer sehen dürfen – und was uns verborgen bleiben soll.

📷 Kamera (camera)
🎬 Einstellung (shot):

Die Anspannung steigt blitzartig durch einen schnellen **Zoom** auf Dannys Gesicht in **Großaufnahme** (close-up). Etwas springt ihn an, etwas überrascht oder paralysiert ihn – etwas, das in diesem kurzen, aber verstörenden Moment nur er sieht, nicht der Zuschauer, dessen Anspannung so schockartig gesteigert wird.

🖼 Komposition (composition):

Und wieder erscheint kein Gespenst, Zombie oder Werwolf. Das Bild der beiden Mädchen, die wieder wie **gespiegelt** als Zwillinge dastehen, kennt Danny schon aus der Fahrstuhlvision (Sequenz 6), aber jetzt stehen sie scheinbar leibhaftig vor ihm. Sind sie eine reale Gefahr, oder nur Geister, die so mächtig sind, dass sie mühelos in die reale Welt herüberkommen können, um ihren neuen Spielkameraden zu besichtigen ? In jedem Fall wirken diese niedlichen Mädchen unheimlicher als jedes zähnefletschende Monster...

🎞️ Einstellung (shot):

Der Blick auf Danny bleibt in der **Großaufnahme** (close-up), denn das Interesse des Zuschauers gehört dem Kind, das beschützt werden muss: Danny schreit nicht und rennt nicht davon, sondern starrt wie paralysiert auf die Erscheinung. Damit zeigt er die typische Reaktion eines Kindes auf tiefe Verunsicherung. Hier wird der Grundstein für die zentrale Wirkung des Films gelegt: Es geht nicht darum, den Zuschauer zu schockieren, sondern ihn zu irritieren und zu verstören. Er soll – wie Danny – nicht weglaufen, sondern wie das Reh im Scheinwerferlicht verharren.

Aus ebendiesem Grund werden die Grady-Töchter, von deren Ermordung Danny eigentlich nichts wissen kann (aber da ist ja das "Shining") noch in der **Halbnahen, beinahe Halbtotalen** (medium (long) shot) auf Distanz gehalten. Sie sollen weder den Jungen noch den Zuschauer anspringen und keinesfalls zur ultimativen Bedrohung werden. Das scheint zwar ohnehin kaum möglich, doch steckt in diesem Gedanken eine weitere Verunsicherung: Irgendwie müssen diese Mädchen doch gefährlich sein, aber wie nur ? Können sie töten ? Sind sie nur eine Warnung ? Warum bloß sagen sie dann nichts ? Warum sehen sie sich an, als hätten sie einen Plan, und verschwinden so verstörend synchron und lautlos, wie sie gekommen sind ?

🔊 Ton (sound):

Auch die Musik ("Lontano", s.o.) bricht nicht aus, wird nicht dröhnend laut oder kreischend. Dennoch beunruhigt sie, denn Melodie und Instrumentierung lassen sich im Auf- und Abwabern der Klänge ebenso schwer identifizieren wie die Bedrohung, die durch das Erscheinen der Mädchen eben nur angedeutet wird.

🎬 Montage (editing):

Die Schnitte sind einfach und liefern einen schnellen Wechsel zwischen Dannys Gesicht und dem Geschwisterpärchen. Hier besteht kein räumlicher oder zeitlicher Abstand, beide Einstellungen hängen direkt zusammen und wirken unmittelbar aufeinander.

Sequenz 10: Die Wohnung des Hausmeisters – 22'14''

Zurück auf Ullmans Tour wird der Zuschauer mit Jack und Wendy zur neuen Heimstatt geführt. Bevor Jack die Wohnung des Hausmeisters betritt, ertappen wir ihn, wie er den weiblichen Hotelangestellten hinterher schaut, die schon Ullman zu "girls" degradiert hatte. Ist Jack ein Schürzenjäger? Nelson nennt ihn gar einen "closet sexist"[109] (einen "Sexist im Wandschrank"). Wenn sich dieses Bild bestätigt, stehen die Chancen für Jacks Erfolg in der Rolle des Familienmenschen nicht sehr gut...

Dennoch mimt er den liebenden Vater und freut sich über das Kinderzimmer. Man kann sich des Eindrucks kaum erwehren, dass sowohl seine Freude als auch die Wendys nur gespielt sind: Jacks Grinsen erstarrt beinahe zur Maske, und Wendy macht mehr schlecht als recht gute Miene zum bösen Spiel. Ihre Körpersprache signalisiert Unbehagen; sie unterdrückt es zugunsten ihres Mannes, der im Badezimmer (US-Version) noch erklärt, er fände es "homey". Später wird er hier mit der Axt eindringen...

Kamera (camera):

Die Kamera ist neben Ullman postiert und wirkt wieder wie ein **Beobachter** auf der Seite des Hotels.

Sequenz 11: Labyrinth und Indianerfriedhof – 23'10''

Nun führt Ullman die beiden an einem Heckenlabyrinth vorbei (auch diese Sekunden fehlen der Europa-Version). Er betont, dass es sehr groß sei – also ein idealer Ort, um in Gefahr zu geraten. Das **Labyrinth** wird neben der Spiegelung das **zentrale Motiv** des Films sein: Es ist ein Ort, an dem man die Vernunft aufgibt und sich dem Sog der Gänge überlässt – denen man zugleich wieder entfliehen will. Der Irrgarten ist Gefahr für Körper und Geist.

Kamera (camera):

Während die Kamera die Gruppe wieder **parallel** und aus der Distanz begleitet wie ein Raubtier, das um seine Beute schleicht, fallen weitere Schatten auf die Vergangenheit des Hotels: Es wurde Anfang des 20. Jahrhunderts auf einem Indianerfriedhof erbaut. Ullmann nennt die Verteidigung der heiligen Stätte durch Indianer "Angriffe". Hier wird deutlich auf die Vertreibung einer ethnischen Minderheit hingewiesen; dieses Hotel gehört ebenso wenig hierhin wie der weiße Mann, und "es krankt als ein Ort, oder ein Nicht-Ort", wie Seeßlen[110] meinte. Im Folgenden erscheint die Thematik des vernichteten Volkes nur noch verschlüsselt, hauptsächlich in der Architektur.

---

[109] Nelson, S. 212f.
[110] Seeßlen, S. 254.

Sequenz 11b: Der Gold Room –23'55''

Kamera (camera)

Komposition (composition):

Die nun folgende Sequenz existiert wieder **nur in der US-Fassung**: Ullman zeigt Wendy und Jack den Ballsaal des Hotels. Wieder wird der Raum in **paralleler Verfolgung** und **halbtotaler Einstellung** durchmessen, doch hat sich die Distanz zu den Figuren leicht verringert. Die Beute ist näher gerückt, vielleicht weil sie interessanter wird. Außerdem befindet man sich hier schon in der (oder einer) Höhle des Löwen befindet.

Der "Gold Room" erinnert in seiner Architektur an einen mit rotem Plüsch ausgeschlagenen Sarg. Wendys Bemerkung, hier könne man eine gute Party feiern, ist nicht nur deshalb fehl am Platze: Für die Frau eines Alkoholikers, der dem gemeinsamen Sohn die Schulter auskugelte und den allenfalls wenige Monate von seiner Sucht trennen, ist es eine bestenfalls gedankenlose, streng genommen dumme Bemerkung.

Auch wenn die Manager des "Overlook" nichts von Jacks Vergangenheit ahnen können, haben sie vorgesorgt und jeden Tropfen Alkohol entfernt. Jacks Versicherung, man tränke nicht, ist vielleicht die momentane Wahrheit, aber eine, die auf tönernen Füßen steht.

Plötzlich wird Danny von Susie, der Sekretärin, hereingebracht. Es verwundert weder, dass er sich in dem großen Hotel verlaufen hat, noch dass sich aus Susies Erklärung, sie habe ihn draußen auf der Suche nach seinen Eltern gefunden, ein leiser Vorwurf lesen lässt. Nun mag Wendy keine starke Frau sein, vielleicht ist sie auch keine vorbildhafte Mutter, aber ihre Instinkte funktionieren: Als Danny zu der Gruppe ihn überragender Gestalten stößt, fragt ihn sein Vater lakonisch, ob er es müde geworden sei, das "Universum zu bombardieren". Liegt die Zerstörung in der Natur des Mannes, selbst eines unschuldigen Jungen? Falls ja, ist die Mutter die Gegenkraft: Wendy ruft ihren Sohn sofort zu sich und legt schützend ihre Arme um ihn. Mutter und Sohn bilden so eine Einheit, und niemand steht weiter von ihnen entfernt als Jack. Die **Halbtotale** (medium long shot) hat hier auch die Funktion, die Beziehung der Figuren zu offenbaren.

Die Herren haben Wichtiges zu besprechen, weshalb die vermeintlich Schwachen sogleich abgeschoben werden. In aller Freundlichkeit, aber Bestimmtheit ordnet Ullman an, der schwarze Koch solle der Frau zeigen, wo sie hingehört: in die Küche.

Sequenz 12: Hallorann, Wendy und "Doc" – 25'21''

Auch die **ersten Sekunden** dieser Sequenz, in denen sich Hallorann als charmanter erweist, als Jack es je sein könnte, **fehlen in der Europa-Fassung**.

🎥 Kamera (camera):

Als Wendy, Danny und Hallorann die Küche betreten, wird sofort klar: Das Hotel ist selbst ein Irrgarten. Dies bemerkt nicht nur Wendy, sondern auch der Zuschauer, der in der **Rückwärtsverfolgung** (reverse tracking shot) mit ansehen muss, wie die Figuren förmlich in das Gewirr aus Gängen und Wendungen hineingezogen werden; die Rückwärtsbewegung verstärkt das Gefühl der Orientierungslosigkeit. Damit ist eine weitere unterschwellige Bedrohung eingetreten: Das Gebäude, das den Torrances neues Zuhause und Schutz sein soll, ist ein Abbild des Heckenlabyrinths draußen. Wendys Scherz, hier wohl "Brotkrumen" streuen zu müssen, kann kaum erheitern: Jedes Kind weiß, dass die Brotkrumen gefressen werden.

Der Schauplatz selbst ist hier das Fundament der Spannung. Jeder, der schon einmal in einem Hotel war, kennt das Gefühl: Man versucht, sich mit dem neuen, temporären Zuhause vertraut zu machen; zugleich aber bleibt ein hohes Maß an Unsicherheit, weil man diesen Ort eben *nicht* genau kennt. Da sind so viele Türen, und man weiß einfach nicht, wer oder was hinter ihnen wartet...

🖼 Komposition (composition):

Die Gefrierkammer ist ein weiteres Gefängnis, dessen Enge sich durch die **symmetrische Komposition** vermittelt. Die Vorräte sollen beruhigen, wirken aber wieder irritierend: Angesichts der vielen Fleischkeulen werden Gedanken an das Schlachten, vielleicht sogar an den **Kannibalismus** der Donner-Gruppe geweckt. Und hatte nicht dieser Grady seine Familie zerhackt? Danny zumindest ist kein Kannibale, er mag lieber Fritten mit Ketchup... Aber noch eine Verunsicherung: Hat Hallorann auch das Shining? Woher kennt er Dannys Spitznamen?

🔊 Ton (sound)
🎥 Kamera (camera):

Mit dem Betreten der Vorratskammer kündigt wieder "Lontano" die nächste Erscheinung an. Das Gefühl der Antizipation wird gesteigert, indem sich die Kamera Danny bis zur **Halbnahe** nähert: Er ahnt, dass etwas kommt...

92

🎥 **Kamera (camera)**

🎞️ **Einstellung (shot):**

Was kommt, wird nun aus Dannys Sicht gezeigt, d.h. aus der **Untersicht** (low angle) mit Blick auf Hallorann. Zwar bewegt sich Danny nicht selbst auf ihn zu, doch konzentriert sich seine Aufmerksamkeit ganz auf Hallorann, so dass sich der Kamerablick zur **Nahaufnahme** (close-up) verschärft. Hiermit wird auch dem Zuschauer die Fokussierung auf diese Figur aufgezwungen und die Spannung erhöht: Welche Bedrohung könnte von diesem sympathischen Mann ausgehen?

Dass auch mit Hallorann etwas nicht stimmt, wird nicht nur durch die unterschwellig beunruhigende Musik, sondern auch durch die **Zeitlupe** deutlich. Danny sieht und hört offensichtlich etwas jenseits der normalen Wahrnehmung.

🔊 **Ton (sound):**

Tatsächlich spaltet sich die Tonspur nun in zwei Ebenen: Im Hintergrund spricht Hallorann mit Wendy, die offensichtlich nichts bemerkt, doch darüber spricht Hallorann noch etwas. Die Verfremdung wird dadurch erhöht, dass er Danny zwar den Kopf zuwendet, sich seine Lippen aber nicht synchron zu der an Danny gerichteten Frage bewegen; diese scheint direkt aus seinem Kopf zu kommen: "How'd you like some ice cream, Doc?" ("Magst du Eiscreme, Doc?")

Hier deutet sich an, dass Danny das Zeug haben könnte, dem Labyrinth-Hotel wieder zu entkommen. Er sieht die Frage Halloranns voraus, die dieser wenig später stellen wird. Er sieht die Zeichen, freilich ohne sie deuten zu können: die Calumet-Dose, gehackte Klauen, Heinz-Ketchup (eine rote, zerquetschte Masse...)[111]

🎞️ **Einstellung (shot):**

Der **Gegenschuss** (reverse angle shot) zeigt Danny in **Nahaufnahme** (close-up): Er wirkt nicht wirklich schockiert, aber doch verstört, vielleicht auch fasziniert.

🎥 **Kamera (camera):**

Schließlich **gleitet** die Kamera wieder hinter dem Regal vorbei, lautlos, wie eine schleichende Katze, und begleitet die Figuren zurück zur Eingangstür.

---

[111] Nelson, S. 214.

| **Sequenz 14: Hallorann und Danny – 28'49''** |

Nachdem beide Tour-Gruppen kurz aufeinander getroffen sind und Hallorann den kleinen Danny zum Eisessen mitgenommen hat, staunt Wendy über die Geschäftigkeit im Hotel. Doch Ullman versichert ihr, dass jeder Angestellte so schnell wie möglich fortwolle und es am Abend schon "wie ausgestorben" sein werde. Die englische Dialogzeile ("You'll never know anybody was ever here.") bereitet den Kontrast zu einer weiteren Äußerung Halloranns besser vor, der später darauf hinweisen wird, dass manche der Geschehnisse im Hotel Spuren hinterlassen hätten. Wendy zieht den schlüssigen, aber wenig anheimelnden Vergleich mit einem "Geisterschiff".

Montage (editing):

Die folgende Überblendung leitet einen Wechsel der Atmosphäre ein: von der Geschäftigkeit zur Ruhe und Konzentration.

Einstellung (shot)

Im folgenden Dialog, in dem sich die Gesprächspartner so gut wie gar nicht bewegen, sehen wir abwechselnd Hallorann und Danny. Hallorann wird frontal, aus leichter Untersicht und in **Nahaufnahme** (close-up) gezeigt. Danny sehen wir hingegen aus Halloranns **Über-Schulter-Sicht** (over-the-shoulder shot) in **Halbnahe** (medium shot). Dies passt insofern, als sich Danny zunächst verschlossen zeigt und nur durch ein leichtes Achselzucken auf die Impulse seines Gegenübers reagiert; er wahrt Distanz.

Erst als er merkt, dass Hallorann ein "Seelenverwandter" ist, taut Danny auf. Hallorann eröffnet, dass auch er telepathisch kommunizieren könne, was seine Großmutter "Shining" genannt habe. Die Ruhe, mit der er spricht und sogar längere Pausen überbrückt, suggeriert eine Verbindung zwischen diesen beiden Menschen über das gesprochene, hörbare Wort hinaus. Es hat den Anschein, als baue sich eine mit den normalen Sinnen nicht fassbare Verbindung zwischen ihnen auf, die keinen Horroreffekt, aber doch ein Element des Übernatürlichen ins Spiel bringt.

Das **Versagen der Kommunikation**, ein Leitmotiv in Kubricks Werken, wie er selbst zugab,[112] wird als zentrales Thema dieses Films leicht übersehen: Das Gespräch zwischen Hallorann und Danny zeigt, wie die Verständigung zwischen den Menschen funktionieren könnte. Doch unter welchen Bedingungen ? Welchen Typ Mensch verkörpern diese beiden ?

---

[112] Nelson, S. 214.

Hallorann wirkt äußerst **natürlich**, wie die echten Eingeborenen der Gegend, die Indianer. Er ist sympathisch, ruhig und bedacht, wie Walker feststellt: "Crothers Gesichtszüge, die alt und verwittert sind wie ein Steinbild der Osterinseln, geben der Geschichte jedoch auch einen moralischen Ernst."[113] Der Ernst besteht darin, dass hier nicht jemand herumspinnt, sondern dass zwei Menschen auf einer Ebene kommunizieren, die dem erwachsenen Menschen der Moderne (Jack) nicht mehr zugänglich ist. Denn ebendiese Fähigkeit, sich seinen Mitmenschen zu öffnen und sein Innerstes mit ihnen zu teilen, hat Jack nicht.[114] Er frisst alles in sich hinein, und seine einzigen Gesprächspartner werden die Geister seiner eigenen Psyche sein, enigmatische Gestalten, die wahre Ursachen nur ahnen lassen, genährt von den Dämonen des "Overlook". Konsequenterweise erzählt Danny Hallorann von Tony, obwohl dieser ihm eigentlich verboten habe, über diese Dinge – die übernatürlichen Wahrnehmungen – zu sprechen. Allerdings kann sich Danny nicht genau an Tonys Botschaft erinnern, wodurch erneut deutlich wird, dass er sein "Shining" noch nicht kontrollieren kann.

Einstellung (shot)
Komposition (composition):

Die **Halbtotale** (full shot) zeigt allerdings, dass Danny mit seiner Ahnung einer bösen Kraft richtig liegt: Im Hintergrund werden Messer als unmissverständlicher Hinweis auf die drohende Gefahr sichtbar. Das unschuldige Kind, für das der Zuschauer wohl nicht nur Interesse, sondern auch Beschützerinstinkte entwickelt, ist in diesem Hotel zweifellos in Gefahr. Das weiß Hallorann, der Danny zwar nicht unnötig beunruhigen möchte, ihn aber auch nicht belügen kann.

In Hallorann entsteht neben Danny eine weitere Gegenfigur zu Jack, dem modernen weißen Mann, der seine Unschuld durch die Versklavung ethnischer Minderheiten verloren hat. Kubrick wählte Crothers auch deshalb als Darsteller, weil er selbst und seine Erklärungen so authentisch wirken: "Hallorann ist ein einfacher, rustikaler Typ, der auf eine entwaffnend unwissenschaftliche Weise über Telepathie redet. Sein volkstümlicher Charakter und seine naiven Versuche, Danny die Telepathie zu erklären, lassen das, was er zu sagen hat, sehr viel akzeptabler klingen als eine standardmäßige pseudowissenschaftliche Erklärung. Er und Danny bilden ein gutes Paar."[115]

---

[113] Walker, S. 290.
[114] ebd., S. 292.
[115] Kubrick on "The Shining". [Anm. 86]

🎬 Einstellung (shot):

Beiden Figuren, vor allem Danny, ist die Kamera jetzt ein wenig näher gerückt. Das Gespräch tritt in seine entscheidende Phase ein. Jetzt zeigt sich, dass Danny schon mehr weiß, als der Zuschauer gesehen hat: Nachdem Hallorann zugegeben hat, dass manche der Geschehnisse im "Overlook" Spuren hinterlassen hätten, und dass nicht alles "gut" gewesen sei, fragt Danny gezielt nach "Zimmer 237". Von diesem Raum haben wir noch nichts gehört, hatten bis zu diesem Moment nicht die leiseste Ahnung, dass es diesen Raum gab und dass dort etwas Böses geschah. Was genau, scheint Danny nicht klar zu sein, und es hat den Anschein, als kenne auch Hallorann die genaue Wahrheit nicht, oder als wolle er sie nicht preisgeben. Weil sie zu schrecklich wäre? Was auch immer mit Zimmer 237 nicht stimmt, es reicht aus, dass Hallorann seine kontrollierte Ruhe aufgibt und Danny nachhaltig verbietet, diesen Raum zu betreten. (Im Roman hat das Zimmer die Nummer 217; die Änderung der Zahl erfolgte auf Wunsch des Hotels "Timberline Lodge", das für die Außenaufnahmen als "Overlook" diente; die Geschäftsleitung fürchtete um die Akzeptanz des echten Zimmers Nr. 217.)[116] Zweifellos wird durch Dannys Frage plötzlich der vermeintliche Wissensvorsprung, den wir aufgrund der Fahrstuhlvision und Ullmans Erzählung über den Grady-Mord zu haben glaubten, ins Gegenteil verkehrt. Hier ist ganz sicher mehr im Gange, als wir sehen können.

Das Un- und Übernatürliche hat sich bis zu diesem Punkt so vielfältig wie enigmatisch ins Bewusstsein gebracht: Da ist die indianische Kultstätte, die auch an Kings *Friedhof der Kuscheltiere* erinnert; das Trappersyndrom (die Donner-Gruppe und Charles Grady); der Kannibalismus; der Hotelspuk (die Mädchen und das "Geisterschiff"); die übersinnlichen Fähigkeiten Dannys und Halloranns (Dannys Vision, das Erraten seines Spitznamens, Halloranns Botschaft im Vorratsraum und seine Warnung vor Zimmer 237). Dieser Film spielt mit den Erwartungen des Zuschauers an einen Horrorfilm: Er befriedigt sie auf den ersten Blick, indem Gewalttaten angedeutet werden und Geister erscheinen, und enttäuscht sie, wenn diese bloß die Gestalt von Mädchen in hellblauen Kleidern haben. Die Kürzungen reduzieren allerdings die Dimension des Familiendramas und verwischen ein wenig den in der US-Originalfassung doch deutlicheren Eindruck, dass der Spuk sich nicht wirklich in diesem Hotel, sondern eher in den Köpfen seiner Gefangenen abspielt.

---

[116] Kubrick on "The Shining". [Anm. 86]

Sequenz 15: Wendy serviert, Danny fährt – 34'07"

Montage (editing):

Obwohl wir keinen Erzähler hören oder sehen, wird er immer wieder in den Texteinblendungen präsent als unsichtbare Instanz, die in diesem Fall entschieden hat, uns den ersten Monat der Torrances im "Overlook Hotel" vorzuenthalten. Wir können daraus nur schließen, dass nichts Wichtiges geschehen ist. Doch wie wir schon ahnen, kommt der Schrecken in diesem Film auf leisen Sohlen...

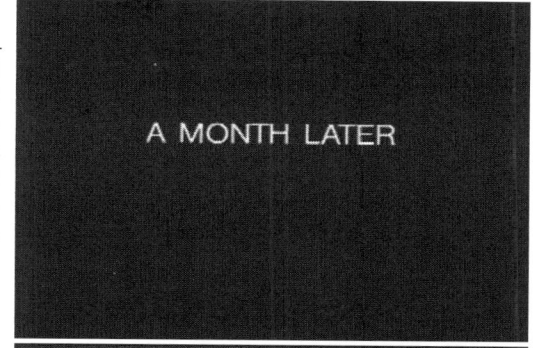

Einstellung (shot):

Die bekannte **Totale** (long shot) zeigt das Hotel, diesmal allerdings bei flacherem Lichteinfall. Der Himmel ist wolkenlos, doch sind die Schatten lang. Der Winter naht, und mit ihm die Dunkelheit. Diese Menschen sind allein in der Natur, ein Tier ruft. Oder ist es ein Indianer?

Kamera (camera)
Ton (sound):

Wiederum nur in der **US-Fassung** beobachtet der Zuschauer, wie Wendy das Foyer mit dem Servicewagen durchquert. Die Kamera weicht vor ihr zurück, umfährt einen Pfeiler, schleicht sich hinter sie: In die Beobachtung kommt Dynamik, und es deutet sich wieder an, dass hier nicht nur beobachtet, sondern verfolgt wird. In der Stille wirkt das Scheppern des Servierwagens störend.

Der Eindruck, dass etwas in diesem Hotel ist, das die Mitglieder der Familie Torrance verfolgt, vielleicht weil es sie als störende Eindringlinge sieht, verstärkt sich durch die folgende **Kamerafahrt** (tracking shot), die zu den berühmtesten und gelungensten der Filmgeschichte gehört. Zunächst dröhnt Dannys Dreirad über den Boden, ein plötzlich einsetzendes, lautes und dadurch leicht erschreckendes Geräusch. Die sinnliche Überwältigung wird intensiviert, indem die Kamera noch leicht **unterhalb der Augenhöhe** Dannys (low angle), d.h. wenige Zentimeter vom Boden entfernt hinter dem Dreirad herfliegt.

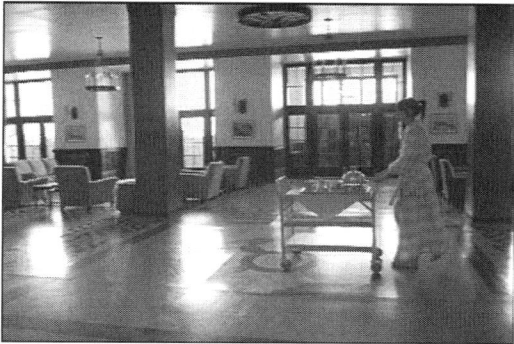

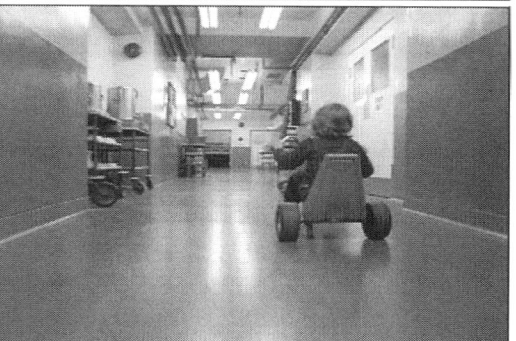

Montage (editing):

Die Fahrt wird an keiner Stelle durch Schnitte unterbrochen und kann so äußerst überzeugend und überwältigend das Gefühl vermitteln, dass Danny – und mit ihm der Zuschauer – verfolgt wird. Jack Kroll, Rezensent in *Newsweek*, stellte daher fest: "Kubricks Kamera bewegt sich selbst wie ein Spuk." Kubrick selber verglich die Steadicam mit einem "fliegenden Teppich".[117] Tatsächlich fasziniert diese Sequenz in besonderer Weise, weil die Kamera **ruckelfrei** dahingleitet und so dem Zuschauer ein Gefühl des Fliegens und Dahingleitens suggeriert. Die heute selbstverständliche, in *The Shining* aber zum ersten Mal in dieser Weise eingesetzte Technik war die **Steadicam**: eine Kamera, die Erschütterungen abfängt und so nahezu jegliche Bewegung während der Aufnahme erlaubt, ohne dass die Bilder ins Hüpfen geraten. Die Steadicam entbindet auch von den üblichen Einschränkungen beim Gebrauch von Gefährten, die benutzt werden, um ein ruhiges, nicht verwackeltes Kamerabild zu erhalten; so kann man mit einer Steadicam schnell um Ecken schwenken oder auch Treppen hinauflaufen und dennoch ein "gleitendes" Bild bekommen (ähnliche Tricks kommen heutzutage sogar in Heimvideokameras zum Einsatz). Es ergibt sich auch ein kompositorischer Vorteil: Die Kamera kann den Boden zeigen, weil sie nicht auf Schienen (tracks) montiert ist. Eine Schwierigkeit ergibt sich bei längeren Aufnahmen allenfalls durch das Gewicht der Steadicam, das inzwischen allerdings erheblich reduziert wurde.

Ton (sound):

Das intermittierende Geräusch der Räder zwischen Parkett und Teppichen erinnert an einen Trommelwirbel. Erneut hat es den Anschein, als solle Dannys schier endlose Dreiradfahrt vor allem eins: die Nerven strapazieren. Dabei erkundet Danny nur das innere Labyrinth des Hotels und umkreist dessen Zentrum, die "Colorado Lounge", wo sich sein Vater bald einnisten wird wie der Minotaurus...

Entwickelt und für die Produktion von *The Shining* perfektioniert wurde die Steadicam von **Garrett Brown**, der die Dreharbeiten mit Kubrick als die "Steadicam Olympics" bezeichnete:

"Ich begann diesen Film mit jahrelanger Steadicam-Erfahrung und mit der Annahme, dass ich damit tun könnte, was immer man vernünftigerweise von mir verlangen könnte. Am Nachmittag des ersten Arbeitstages erkannte ich, dass dies ein völlig neues Spiel war und das Wort "vernünftig" in Kubricks

---

[117] *beide Zitate bei:* Jack Kroll: Stanley Kubrick's Horror Show. *in*: Newsweek, 02.06.1980. S. 52-54.

Wortschatz nicht vorkam. [...] Obwohl ich für einen kruden Videosender gesorgt hatte, so dass Kubrick die Aufnahmen verfolgen konnte, merkte ich schnell, dass, wenn Stanley sagte, das Fadenkreuz solle auf jemandes linkes Nasenloch zielen, er kein anderes Nasenloch akzeptieren würde."[118]

Die Steadicam ruht in sich auf verschiedenen Armen und Streben, wie diese Bilder eines frühen und eines aktuellen Modells zeigen:

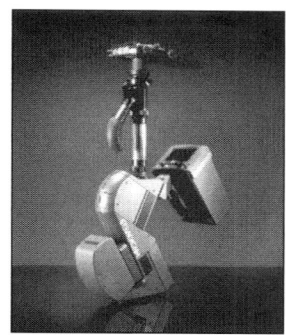

© Cinema Products/The Tiffen Company (www.steadicam.com)

Obwohl die Steadicam üblicherweise getragen wird, kann es nötig sein, sie auf einem fahrbaren Untersatz zu befestigen. Brown beschreibt, warum Dannys Dreiradfahrt auf diese Weise gefilmt werden musste:

"Ich versuchte es zu Fuß und fand heraus, dass ich nach einer dreiminütigen Einstellung zu sehr außer Atem war, um überhaupt noch beschreiben zu können, welche Art Letzter Ölung ich bevorzugen würde. Außerdem konnte ich bei diesen Geschwindigkeiten die Linse nicht viel tiefer als etwa 45 cm über den Boden bekommen. Wir entschlossen uns, die Steadicam auf eine Art Rollstuhl-Prototyp zu montieren, den Stanley Jahre zuvor mitentworfen und noch zur Verfügung hatte." [119]

Die Innenräume des Hotels waren von Setbuilder Roy Walker komplett errichtet worden, d.h. als zusammenhängende Räumlichkeiten, so dass die Kamera tatsächlich das gesamte Stockwerk durchfahren konnte. Diese Set-Architektur erwies sich auch für die Schauspieler als Vorteil, wie Kubrick erklärte:

"Ich habe es immer gemocht, die Kamera zu bewegen. Es ist eines der grundlegenden Elemente der Filmgrammatik. Wenn man die Mittel hat, es zu tun, und das Set, in dem man es tun kann, erhöht es nicht nur das visuelle Interesse, sondern es erlaubt den Schauspielern auch, in längeren, möglicherweise kompletten Einstellungen zu arbeiten. Dies erleichtert es ihnen, ihre Konzentration und ihr emotionales Niveau in einer Szene aufrecht zu erhalten." [120]

Brown wollte seine Kameratechnik ursprünglich an Kubrick vermieten, entschied sich dann aber, die Aufnahmen persönlich durchzuführen:

"Ich glaube, ich wollte persönlich dabei sein, weil Kubrick, reden wir nicht drumrum, einfach einzigartig ist. Er ist der einzige Regisseur, der die absolute Autorität über sein Projekt hat, von der Konzeption bis zur fertigen Filmrolle. Der ultimative Technologe, doch dient seine Technologie einer höheren Vision, die ganz seine eigene ist. Er ist ein Filmemacher im reinsten Sinne des Wortes." [121]

---

[118] Garret Brown: The Steadicam and "The Shining". *in:* American Cinematographer August 1980, S. 786ff. http://www.visual-memory.co.uk/sk/ac/page2.htm [Stand 01.08.06].
[119] ebd.
[120] Kubrick on "The Shining". [Anm. 86]
[121] Brown [Anm. 118]

| Sequenz 16: Frühstück im Bett – 35'16" |

Einstellung (shot)

Komposition (composition):

Während Wendy und Danny sich durch das Hotel bewegen, liegt Jack, der sich eigentlich um das Hotel kümmern sollte, im Bett. Er wird in der **Halbnahen** (medium shot) gezeigt, die noch den unmittelbaren Umraum erfasst und so die Situation betont. Indem die Kamera allmählich in die **Halbtotale** (full shot) zurückweicht und einen weiteren Blick auf den Raum zulässt, wird erkennbar, dass Jack in der ersten Einstellung im Spiegel gezeigt wurde. Damit wird das **Leitmotiv der Spiegelung** wieder aufgegriffen: Das Spiegelbild Jacks, sein Doppelgänger, weist auf eine Spaltung in zwei Seelen hin, vermutlich eine gute und eine böse. Dies muss nicht heißen, dass Jack schizophren ist, aber dass in seiner Persönlichkeit etwas verborgen liegt, das wir noch nicht gesehen haben. (Aber wir haben in der US-Fassung davon gehört, wenn auch in einer von Wendy geschönten Darstellung.)

Robin Wood hat in seinem Essay *Die Rückkehr des Unterdrückten*[122] die Rolle des Doppelgängers erläutert: Im Horrorfilm "wird die Normalität durch das Monster bedroht". Der Doppelgänger erschreckt dadurch, dass die "Normalität und das Monster zwei Aspekte derselben Person sind" bzw. das Monster der "Schatten der Normalität" ist – mit anderen Worten, ihre dunkle Seite. Durch Jacks Spiegelbild kündigt sich an, dass der Horror von innen kommt, d.h. aus diesem Menschen selbst geboren wird und nicht aus dem Hotel (oder dem Indianerfriedhof darunter). Nelson hat zudem beobachtet, dass auch der Dialog gespalten ist: Solange man Jack im Spiegel sieht, wird über Alltägliches gesprochen; sieht man Jack direkt, geht es um sein Déjà-vu und um das Overlook als Spukhotel.[123]

Jack hat verschlafen, und seine Ideen waren bisher alle "bad"; die Doppeldeutigkeit bleibt auch in der deutschen Fassung ("alle schlecht") erhalten. Er wirkt schon ein wenig animalisch, wenn er dem Zuschauer im Spiegel die Zunge herausstreckt; der schwarze Vogel, das Wappentier der "Stovington Eagles" auf seinem T-Shirt, ist auch das Wappentier der USA. Jack ist der "American Man", der Raubvogel. Vielleicht deutet sich hier (ganz versteckt zwar) auch an, dass Jack, der im Vorspann die Beute eines Raubtiers zu werden drohte, bald selbst zu einem solchen mutieren wird...

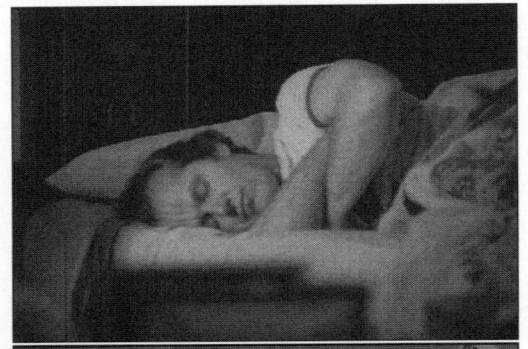

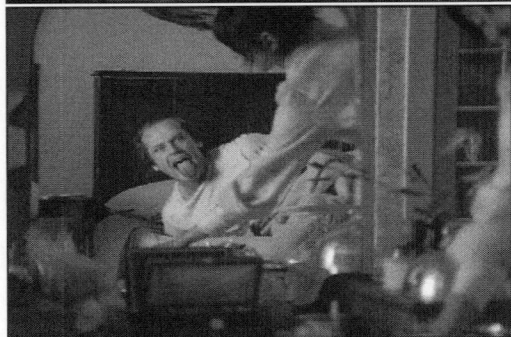

---

[122] Robin Wood: Return of the Repressed. Film Comment, July/August 1978. S. 25-32.
[123] Nelson, S. 217.

Im **US-Original** geht der Dialog nach Wendys tröstendem Hinweis, Jack müsse sich erst wieder an das Schreiben gewöhnen, noch weiter: Sie gibt zu, das Hotel anfangs "gruselig" ("scary") gefunden zu haben. Jack spielt mit dieser Angst, und Wendy lacht (noch) mit: Als er das erste Mal hier heraufgekommen sei, habe er das Gefühl gehabt zu wissen, was "hinter jeder Ecke" ("around every corner") sei. Er glaubte fast, schon einmal hier gewesen zu sein. Diese recht plakative Anspielung auf ein übernatürliches Déjà-vu macht schon klar, dass der Film mit solchen Motiven zwar spielt, es im Grunde aber um etwas ganz anderes geht. Jacks Gefühle müssen nicht bedeuten, dass er tatsächlich schon einmal hier war (wie es später im Film den Anschein haben wird), sondern *einer wie er*.

Vielleicht ist dieses Gefühl darüber hinaus ein Indiz dafür, dass auch Jack grundsätzlich über das Shining verfügt, diese natürliche Gabe aber verdrängt hat; er ist erwachsen, also nicht mehr unschuldig und natürlich. Deshalb wird ihm das Shining auch nicht zur Bewältigung der Gegenwart oder als Fenster in die Zukunft dienen wie Danny, sondern bloß ein Fluchtweg in die Vergangenheit sein, weil ihm die Gegenwart – und das, was er in ihr darstellt – unerträglich geworden ist.

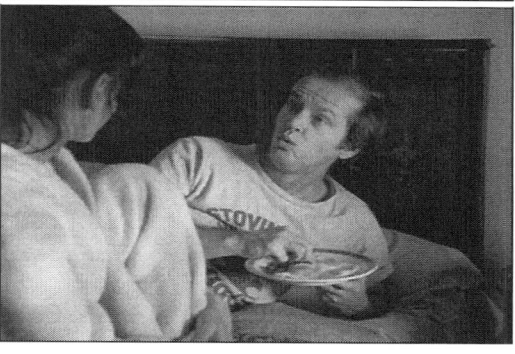

Sequenz 17: Jack bei der Arbeit – 37'28''

Einstellung (shot)
Ton (sound):

Die Rollen sind klar verteilt: Wendy ist die Hausfrau, die ihrem Mann das Frühstück bringt, kocht, mit dem Jungen spielt (und meistens den Fernseher anhat, der die Lücke füllt, die Jack hinterlässt). Auch an diesem wunderschönen Morgen will Jack das Hotel nicht verlassen, um mit seiner Familie spazieren zu gehen. Erneut wird der Zuschauer irritiert, weil er zunächst **intermittierende Schläge** hört, aber nur die Schreibmaschine in **Nahaufnahme** (close shot) eingeblendet wird. Woher kommt dieses Geräusch?

Kamera (camera):

Langsam fährt die Kamera zurück und **schwenkt** nach oben (tilt), um die Hotelhalle in der **Totalen** (long shot) zu zeigen, in der Jack nur als kleine Figur sichtbar ist. Der große Raum offenbart Jacks Hybris, wie Seeßlen bemerkt: "Und zugleich beginnt schon die Wahl dieses Arbeitsraumes ihn zu dementieren und demontieren. So groß könnte sein Werk nicht einmal werden, wenn es denn gelänge, um diesen Raum auszufüllen."[124]

---

[124] Seeßlen, S. 247; Walker, S. 308.

Deswegen spielt Jack Ball und ist lieber das Kind denn der Geistesriese, der er nicht sein kann. Er schleudert seinen Ball gegen ein indianisches Wandgemälde (**US-Fassung**). Bedeuten ihm solche Bilder nichts ?

Die hohe Halle ist zugleich das überschaubare Zentrum des labyrinthischen Hotels, und es ist letztlich verständlich (sowie fatal), dass Jack lieber hier verharrt.[125] Dennoch muss ihn die Größe der "Colorado Lounge" einschüchtern. Ähnlich beklemmende Räume, welche die Figuren aufzusaugen scheinen, um sie zu beherrschen, setzte auch Hitchcock gerne in Szene.[126]

Sequenz 18: Das Labyrinth – 37'57''

Kamera (camera):

Wendy und Danny machen sich also auf, das Labyrinth zu erforschen – ein unbewusster, aber doch kluger Schachzug, wenn man die Gefahr bedenkt, die einmal von diesem Irrgarten und anderen labyrinthischen Strukturen ausgehen könnte. Wendys Spruch, der Verlierer müsse Amerika sauber halten, klingt belanglos. Doch könnte mit dem "Loser" nicht Jack gemeint sein ? Er ist beruflich ein Verlierer und hat jetzt den Job eines Hausmeisters – fehlt nur noch, dass er meint, dass "Hotel Amerika" von unerwünschten Gästen freihalten zu müssen; z.B. von Frau und Kind, oder vom "Niggerkoch", wie Hallorann später einmal genannt wird...

Die Kamera begleitet Wendy und Danny zunächst in paralleler Fahrt und kommt schließlich auf einer Karte des Labyrinths zum Stehen, die verdeutlicht, wie weitläufig und verwunden die Gänge dieses Irrgartens tatsächlich sind. Schließlich beginnt die Kamera, auf Augenhöhe hinter Wendy und Danny herzugleiten (tracking shot). **Die Steadicam** verfolgt sie wie ein unsichtbarer, abwartender Jäger, bleibt stehen, schwenkt (pan) und treibt sie voran, hinein in Sackgassen und ins Herz des Labyrinths.

Ton (sound):

Die atonale Musik von Bela Bartók ("Music For Strings, Percussion and Celesta", 3. Satz) unterstreicht die unheimliche Atmosphäre. Scheinbar unternehmen hier Mutter und Kind nur einen Spaziergang, und dennoch ist die Gefahr allgegenwärtig: durch das Labyrinth selbst und durch das Fehlen von Jack als Beschützer, und eben auch durch das Fehlen musikalischer Harmonie.

---

[125] Seeßlen, S. 45.
[126] Thomas Wirtz: Himmelhoch Hades – Aus leeren Räumen schaut das Grauen: Die wahren Hauptdarsteller von Hitchcocks "Vertigo". *in:* FAZ Nr. 173, 29.07.1999. S. 45.

Zwar benutzt Danny bei der Schlussjagd (Sequenz 44) Fußspuren als "roten Faden" zur Flucht aus dem Labyrinth, aber er ist schon jetzt seinem Vater gegenüber im Vorteil, der das labyrinthische Hotel nie erkundet – weder in seiner inneren architektonischen Struktur noch in deren Verlängerung in die Außenwelt, dem Heckenirrgarten. Danny findet sich schon nach kurzer Eingewöhnung zurecht, wie Wendy erkennt (und damit den Ausgang des Films vorwegnimmt): "Danny, you win." Es ist der natürliche Instinkt des Kindes, eine besondere Fähigkeit der Wahrnehmung, von der Wendy und Jack längst vergessen haben, dass sie sie jemals hatten.

Komposition (composition):

Die **hohen Wände** unterstützen das Gefühl der **Enge**, wodurch die Kamerabewegung durch diese Gänge hindurch auch an Dynamik gewinnt. Der Eindruck, dass hier trotz gemächlichen Schritttempos eine Art Verfolgung stattfindet, wird so verstärkt.

Montage (editing):

Die **Überblendung** (dissolve) wirkt hier besonders gelungen, weil sie in ahnungsvoller Bildhaftigkeit den überdimensionierten Schatten des Vaters über die dahinschwindenden Bilder von Frau und Kind legt. Die **Parallelmontage** (parallel montage) zeigt, dass auch Jack umherwandert, und zwar in die Empfangshalle. Er geht gemächlich, nahezu trancehaft, als würde er unmerklich von etwas angezogen. Noch einmal schleudert er seinen Ball, und fast hat man den Eindruck, als wolle er Dannys Dreirad oder den Teddybären treffen. Diesmal fängt Jack den Ball nicht wieder auf, sein Interesse richtet sich auf etwas Neues. Derweil rollt der Ball weg. Wir werden ihn später wiedersehen.

Ton (sound):

Die Klänge Bartóks werden nun bedrohlicher, während Jacks neues Ziel in den Blick kommt: das Modell des Heckenlabyrinths. Weiß er, wo Wendy und Danny sich gerade aufhalten? Und wenn ja, woher weiß er es? Haben sie es ihm gesagt? Verfügt er wirklich über das Shining, kann er es sogar gezielt einsetzen?

🎥 Kamera (camera)

👤 Einstellung (shot):

Jack beugt sich über das Labyrinth wie ein Gott, der das Geschehen kontrolliert und die kleinen Puppen beobachtet, die an seinen Fäden zappeln sollen. Die folgende **Aufsicht** (bird's eye view) wirkt zunächst, als sähe der Zuschauer mit Jacks Augen auf das riesige und hoffnungslos verwirrende Labyrinth, d.h. aus der Perspektive einer **subjektiven Kamera** (point-of-view shot/POV-shot). Doch im langsamen **Heranzoomen** (zooming-in) auf die Mitte des Irrgartens konzentriert sich die Einstellung bis zur **Detailaufnahme** (extreme close-up), so dass plötzlich Wendy und Danny als sich bewegende Figuren sichtbar werden; im Grunde handelt es sich daher um eine Reduktion der Einstellung **von Weit auf Halbnah** (from long to medium close). Wendy und Danny sind, klein wie Ameisen, im Zentrum des Labyrinths angekommen, an seinem gefährlichsten Punkt, der am weitesten vom Ausgang entfernt ist. Sie scheinen schwach, Jack hingegen wirkt übermächtig, denn die Bilder (tatsächlich eine **Überlagerung** verschiedener Aufnahmen, engl. superimposition/overlay) suggerieren doch, dass er vom Labyrinth-Modell aus das Geschehen im wirklichen Heckenlabyrinth beobachten könne. Was immer Jack sehen mag, er ahnt nicht, dass seine Machtposition eine Illusion ist, ein fataler Selbstbetrug. Denn tatsächlich sind Wendy und Danny frei, während Jack im Labyrinth des "Overlook" gefangensitzt, wo er immer stärker unter den Einfluss innerer und äußerer Dämonen gerät. Nur draußen im echten Labyrinth lassen sich rettende Wege und Auswege finden – wie der Schluss des Films zeigen wird.

🔊 Ton (sound):

Die **Lautstärke** (volume) der Musik nimmt zu, wodurch auch die Bedrohung wächst, die durch die Geisterstimmen-Musik suggeriert wird. Diese steigert sich bis zum Schellenschlag, der mit irritierendem Scheppern, in die Texteinblendung der folgenden Sequenz hinein, einen letzten Hieb auf den angespannten Zuschauer führt. Die Komposition von Bild und Ton wirkt umso enervierender, als die Spannung nur auf akustischer Ebene zum Abschluss gebracht wird; die Bilder zeigen keine Verfolgungsjagd, kein aus den Hecken hervorbrechendes Monster. Die auf visueller Ebene induzierte Spannung bleibt so erhalten, wieder nicht als Schockeffekt, sondern als subtile Verunsicherung.

Sequenz 19a: Wendy kocht – 40'25''

Montage (editing):

Erneut meldet sich die erzählende Instanz, welche die Ereignisse in eine chronologische Ordnung zu bringen scheint. Doch auf den zweiten Blick zeigt sich, dass gar keine Ordnung vorliegt: Die letzte Einblendung (text insert) lautete "Einen Monat später", und wie auch schon dort unklar blieb, um welchen Monat es sich handelte, bleibt auch jetzt die Frage offen, welcher Dienstag hier gemeint sein soll. Ein genaues Datum fehlt, es ist auch nicht wichtig – die Einblendung kann im Grunde nur verwirren.

Einstellung (shot):

Der Texteinblendung folgt leitmotivisch in der **Totalen** (long shot) die Außenansicht des Overlook, die offensichtlich als Indikator für die Entwicklung der äußeren und inneren Atmosphäre dieses Ortes fungiert: Dem klaren, hellen Morgen folgt die Verdunkelung, vermutlich die Abenddämmerung. Über dem "Schicksalsberg" steigt ein wenig Rauch auf. Die erleuchteten Fenster liegen weit auseinander. Halten sich die Mitglieder der Familie Torrance zufällig so weit voneinander entfernt auf, oder deutet sich hier schon der Bruch des Bundes an ?

Nur in der **US-Fassung** sieht man, dass Wendy die Rolle der Hausfrau genügsam ausfüllt: Sie kocht für ihre Familie. Dabei sieht sie wieder einmal fern, vielleicht um die Leere der riesigen Küche zu füllen – oder jene Leere, die das Fehlen ihrer Familie hinterlässt.

Was Jack tut, erfahren wir nicht; man sieht ihn nie bei einer der Arbeiten, die ein "caretaker" eigentlich ausführen müsste. Die Fernsehnachrichten verheißen derweil nichts Gutes: Eine Frau wird vermisst, und ein Schneesturm kommt....

Sequenz 19: Danny vor Zimmer 237 – 41'11''

Kamera (camera):

Die Kamera **verfolgt** Danny auf seiner **Blickhöhe** (eye-level) mit recht hoher Geschwindigkeit. Der Zuschauer kann die Dreiradfahrt so aus Dannys Perspektive miterleben und nimmt das Geschehen als dynamisch wahr. Er fährt durch ein Stockwerk mit vielen Zimmern, eine Orientierung scheint unmöglich. Und doch kann man ebenso gut das Gefühl haben, dass jemand den Jungen verfolgt oder vor sich hertreibt.

📷 Kamera (camera):

Die **Position** der Kamera gibt Danny wieder jenen entscheidenden, Spannung erzeugenden **Vorsprung** vor dem Blick des Zuschauers um die Ecke, hinter der Gott weiß was lauern mag. Wir können nur hinterher eilen, und da wir bereits einen Beschützerinstinkt für dieses Kind entwickelt haben, wird dieser genau jetzt wieder gereizt, da sich der Junge für einen möglicherweise entscheidenden Moment unserem Zugriff entzieht.

Zunächst lauert jedoch scheinbar nichts auf ihn; niemand wartet auf dem Flur, kein Monster oder maskierter Irrer springt aus einem der Zimmer hervor. Und doch unterbricht Danny plötzlich seine Fahrt. Was hat er wahrgenommen, das uns entgangen ist? Der Blick des Jungen, vielleicht auch seine übersinnliche Wahrnehmung hat etwas erfasst, und sogleich zeigt uns die Kamera aus der **Untersicht** (low angle), nahezu als subjektive Kamera (POV shot), was er gesehen hat: die Tür zu jenem obskuren Zimmer 237, von dem Danny schon aus unbekannter Quelle (vermutlich von Tony oder durch eine weitere Vision) erfahren hat, und vor welchem ihn Hallorann so eindringlich gewarnt hat: "Du hast in diesem Zimmer absolut nichts zu suchen!"

🎬 Einstellung (shot):

Die folgende **Halbtotale** (full shot) zeigt Danny wieder im **Umraum** des Korridors. Er ist aufgestanden, zögert jedoch und scheint sich einer gewissen Gefahr bewusst – entweder aufgrund der warnenden Worte Halloranns, oder weil er spürt, dass hier etwas nicht stimmt. Aber seine kindliche Neugier siegt, und vielleicht ist gerade das der entscheidende Punkt, der essenzielle Unterschied zu seinem Vater: Danny erforscht die Gefahren des Hotels. Genau erkennen kann er sie allerdings nicht, sonst würde er wohl doch fliehen.

📷 Kamera (camera):

Obwohl keine Bedrohung sichtbar wird, suggeriert die Positionierung der Kamera hinter Danny die Möglichkeit, dass aus dem Raum hinter der Kamera bzw. dem Betrachter jeden Augenblick ein Angreifer hervorschnellen könnte – gewissermaßen aus dem Rücken des Zuschauers, wodurch sich das Gefühl der Anspannung noch verstärkt.

Entgegen alle Vernunft probiert Danny – ungehorsames Kind und mutiger Forscher zugleich – die Klinke. In diesem Moment stellt sich die bange Frage, ob er nun herausfinden wird, welches schreckliche Geheimnis sich hinter dieser Tür verbirgt. Sie ist jedoch, glücklicherweise, verschlossen.

Montage (editing):

Bevor Entspannung einkehren kann, blitzt eine weitere **Einblendung** (insert) auf: Die Mädchen sind zurückgekehrt, diesmal aber nicht als real erscheinende Figuren, die in Dannys Wirklichkeit eindringen, sondern als kurze, noch irritierendere Vision. Die Erscheinung dieser Bilder aus dem Spiegelkabinett des Overlook und seiner Vergangenheit verunsichert umso mehr, da sie so unvermittelt kommt. Zweifellos überrascht sie sowohl Danny als auch den Zuschauer. Lauern in diesem Zimmer die Mädchen ? Oder warnen sie ? Wovor ?

Einstellung (shot):

Der Eindruck, dass man sich ebenso wenig wie Danny gegen das Eindringen dieser Gestalten in das eigene Bewusstsein wehren kann, wird durch die **halbnahe**, genau genommen **amerikanische Einstellung** (medium/American shot) verstärkt: Die Mädchen sind erheblich näher gerückt als bei der ersten Begegnung. Und sie sind, niedlich angezogen oder nicht, allein deshalb eine potenzielle Bedrohung, weil sie zu zweit sind. Wieder wird an dieser Stelle deutlich, dass der Junge seine Visionen nicht entschlüsseln kann. Seine Reaktion wirkt irritiert, er entfernt sich langsam, flieht aber nicht; er ist verunsichert (wie der Zuschauer), aber keineswegs verstört. Die Bedrohung, die hinter der Vision der Mädchen steckt, kann er noch nicht erfassen.

Kamera (camera):

Während Danny den Gang hinunter verschwindet, verharrt die Kamera an ihrer Position. Es scheint ihn wirklich zu geben, jenen unsichtbaren Beobachter. Blicken wir über seine Schulter, oder er über unsere? In jedem Fall will das Overlook und seine Geister, zu denen wohl auch die Grady-Töchter gehören, mit Danny spielen – wie die Katze mit der Maus.

Ton (sound):

Die Musik, die diese Szene mit Irritation untermalt, ist wieder dem 3. Satz aus Bartóks "Music For Strings, Percussion and Celesta" entnommen.

| Sequenz 20: Wendy stört den Künstler – 43'01" |

Einstellung (shot)
Komposition (composition):

Eine **Halbtotale** (medium long shot) zeigt Jack in der Colorado Lounge, seinem neuen "Nest". Bis auf die Schreibtischlampe ist das Bild wieder völlig symmetrisch konstruiert und täuscht eine Ordnung vor, die zwar die architektonischen Räume klar und beherrschbar erscheinen lässt – doch tatsächlich beherrscht dieser Umraum den Menschen, der dort sitzt, mit dem Rücken zu einer großen offenen Fläche. Jack wirkt winzig und angreifbar.

Ton (sound)
Kamera (camera):

Das Gefühl der Bedrohung wird verstärkt durch die **atonale Musik** (Bartók) und die **langsame, fast schleichende Annäherung** der Kamera an Jack (closing-in/sneaking). Er arbeitet scheinbar fleißig, allerdings wieder nicht als Hausmeister. Vielleicht sollte man annehmen, dass er seine Arbeit als "caretaker" für den Tag erledigt hat, Belege für diese Annahme fehlen jedoch. Er wirkt konzentriert, das Schreiben scheint leicht von der Hand zu gehen, doch die Rückkehr in die **Halbtotale** zeigt, dass die "Bedrohung" nicht von hinten kommt, sondern von vorn: Wendy durchquert die Halle und tritt an den Schreibtisch. Im gleichen Moment reißt Jack, synchron mit dem Schlussakkord, das Blatt aus der Maschine. Ist er fertig ? Fühlt er sich gestört, oder will er Wendy nicht zeigen, was er geschrieben hat ? Tatsächlich spielt Jack sehr überzeugend den sensiblen Künstler: Wendy beginnt fröhlich einen Smalltalk über den Wetterbericht, woraufhin ihr Mann unmissverständlich signalisiert, wie wenig ihn derartige Banalitäten interessieren.

Einstellung (shot):

Die wechselnden Einstellungen offenbaren zum einen in **Nahaufnahme** (close shot) Wendys unglückliche, geradezu bemitleidenswerte Erscheinung, zum anderen in **Halbnahe** (medium shot) Jacks Arbeitsmaterial: Die Mappe auf dem Tisch wird im Film nur einmal indirekt angesprochen, ist in Kings Romans jedoch eine wichtige Quelle, der Jack interessante Details über die dunkle Vergangenheit des Hotels entnimmt.[127]

---

[127] Walker, S. 280.

Jack macht der (aus seiner Sicht) fürchterlich begriffsstutzigen Wendy mit **zunehmend aggressiver Mimik** und **Gestik** (facial expressions/gestures/body language) klar, dass er ungestört sein möchte. Besonders heftig wird seine Reaktion, als Wendy anbietet, etwas von seinem Werk zu lesen. Als er eines der Blätter zerreißt, spürt man, dass sich hier eine aufgestaute Anspannung entlädt. Zugleich wird ein Hang zur Selbstzerstörung deutlich, ebenso wie Wendys Schwäche, die zunächst naiv-fröhlich bleibt und dann stumm dahinstarrt, so als sähe sie ihren Mann zum ersten Mal derart aufgebracht. Als reizbaren Menschen müsste sie ihn jedoch aus der Vergangenheit allzu gut kennen, was wiederum nur die Zuschauer der Originalfassung wissen können. Andererseits beherrscht Wendy das Überspielen oder gar Vergessen unangenehmer Ereignisse auch ganz gut, wie im Gespräch mit der Kinderärztin deutlich wurde (und sich in der Europa-Fassung erst später zeigt, wenn Jack seine Gewalttat an Danny gegenüber einem "Geist" zugibt). Dass Jack nicht der liberale Intellektuelle ist, der er zu Beginn des Films zu sein schien, sondern ein Macho, zeigt sich, als er seine Frau unter mehrfachem Gebrauch des "f-words" hinausschmeißt. Wendy, ganz das brave Prügelmädchen, trollt sich; sie ist eindeutig der Verlierer dieser Schlacht, ohne überhaupt gekämpft zu haben.

Eine Randbemerkung: Jack reißt zwar, als Wendy an seinen Arbeitsplatz tritt, das Blatt aus der Schreibmaschine. Doch als er sich wieder an die Arbeit macht, steckt erneut ein Blatt in der Trommel. Dieser Fehler ist wohl im Schneideraum entstanden; vermutlich enthielt die gesamte gedrehte Szene durchaus den Moment, in dem Jack ein neues Blatt einspannt. Manche Interpreten glauben jedoch, dass Kubrick hier keinen Fehler gemacht hat, sondern darstellen wollte, wie das Hotel Jack mit dem "Stoff" versorgt, den er braucht. Auch wenn man Kubrick hier wohl zu viel an Anspielungsreichtum unterstellt, wird sich später zeigen, dass Jack nur scheinbar an einem Buch arbeitet, tatsächlich völlig geistlos immer wieder ein und denselben Satz in die Maschine hackt. Seine Aggression hier ist eine Abwehrreaktion, mit der er die Entdeckung seines Versagens verhindern will. So kann er, nach außen geschützt, die Türen in sein Ich öffnen, in seine eigene Schattenwelt. Sein Ausbruch markiert auch den Beginn der Entfremdung von seiner Frau, die mit der endgültigen Entzweiung der Partnerschaft enden soll (eine der vielen Spaltungen in diesem Film). Die wachsende Distanz zwischen beiden zeigt sich, indem die Szene nicht mit dem Dialog endet, sondern in die **Halbtotale** zurückkehrt und Wendys Abgang zeigt.

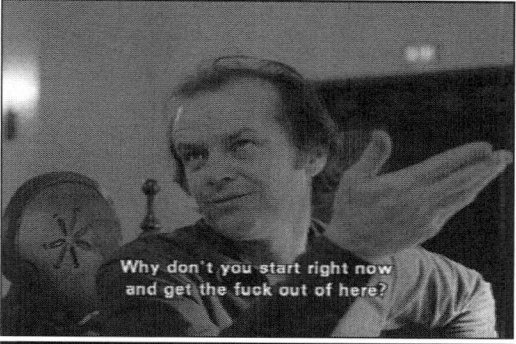

| Sequenz 21: Spiel im Auge des Monsters – 45'57" |

Montage (editing):

Die scheinbare Struktur der Geschichte wird durch die folgende **Einblendung** (nur in der US-Version) weiter ad absurdum geführt: Auf "Dienstag" folgt "Donnerstag".

Einstellung (shot):

Die folgende **Halbtotale** (medium long shot) klärt nur teilweise auf: Die äußere Situation hat sich verschlechtert, das Hotel ist im Begriff, von der Außenwelt abgeschnitten zu werden. Wendy und Danny nutzen den Neuschnee zum Spielen.

Kamera (camera):

Ton (sound):

Die Spaltung der Familie wird immer deutlicher: Mutter und Sohn bereiten sich durch die spielerische Verfolgungsjagd unbewusst auf den entscheidenden Kampf vor. Ihre Aktivität wird durch die **parallele Verfolgung** durch die Kamera (parallel tracking shot) betont. Das einsetzende **Pfeifen** (Auszug aus "Lontano" von Gyorgy Ligeti) deutet die Bedrohung an und bildet eine motivische Klammer zum Erscheinen der Grady-Töchter und Dannys ESP-Kontakt mit Hallorann ("Letzter Tag der Saison").

Einstellung (shot):

Indem nun Jack gezeigt wird, zunächst in **Halbnahe** (medium shot), wird der Schluss nahegelegt, er sei die Quelle der Bedrohung. Tatsächlich sieht man ihn im deutlichen Kontrast zur Rest-Familie. Er steht still im Zentrum seines Nests, eingerahmt von Kräften, die wohl stärker sind als er: Feuer und Geweih machen ihn zum diabolischen Tier, zum Gehörnten, oder zum Minotaurus, dem Monster des Labyrinths. Das Navajo-Wandgemälde liefert *einen* Hinweis auf den Ursprung der Geister, die Jack quälen (die "Viererkette" erinnert nicht nur an Watson, Wendy, Jack und Ullman vor dem Hotel[128], sondern auch an das Motiv der Symmetrie und Spaltung). Langsam **bewegt** sich die Kamera auf Jack zu, bis hin zur **Großaufnahme** (close-up), und zwingt uns seine Nähe auf. Aber diesem Mann will man nicht nahe sein: dunkler Pullover, Dreitagebart, das Gesicht eine einzige Grauzone. Er starrt ins Nirgendwo, und die Musik verstärkt den Eindruck, dass er sich im Delirium befindet. Oder hat er das Shining und sieht, was Wendy und Danny tun?

---

[128] Nelson, S. 206.

Sequenz 22: Der letzte Kontakt – 46'49''

Ton (sound):

Während sich die **Musik** ("Lontano") aus der vorigen Sequenz fortsetzt und folglich **beide Sequenzen verbindet** (match cut), folgt auf die schon bekannte und immer weniger sinnreiche Einblendung eines Wochentags ("Samstag") das ebenso bekannte **Leitmotiv der Außenaufnahme** des Overlook. Die **Totale** (long shot) zeigt die Umgebung, Mengen von Schnee, deren Anblick die sich dramatisch zuspitzende Lage der Familie verdeutlicht. Nicht einmal Licht hinter den Fenstern ist mehr zu sehen. Die Barriere des Schnees scheint unüberwindbar, das Hotel zum Gefängnis geworden.

Kamera (camera)
Einstellung (shot):

Aus erhöhter Position erfasst die **Kamera** die Colorado Lounge im größtmöglichen Ausschnitt, der die Figur des Jack dem riesigen Raum völlig unterordnet und somit ebenfalls eine **Totale** darstellt. Jack sitzt im Zentrum des geschlossenen Raums, ist gewissermaßen schon eingefroren im Herzen des Hotel-Labyrinths.

Wendy hingegen bewegt sich, bleibt aktiv. Die Kamera **begleitet** sie auf dem Weg zur Telefonzentrale. Die meiste Zeit dieses "tracking shots" zeigt die Kamera Wendy von vorn und weicht vor ihr zurück, weniger wie ein Verfolger, eher als Beobachter, der diese Frau zwar im Auge behalten, aber noch nicht angreifen will. Während das Hotel Jack schon fest im Griff hat, scheint diese Frau, trotz allem, nicht so leicht erreichbar zu sein.

Zweifellos sinken die Chancen für Wendy und Danny, dem Overlook-Gefängnis zu entkommen (aber noch wissen sie ja nicht, dass sie überhaupt werden fliehen müssen): Die Telefonleitung ist tot, vermutlich für den ganzen Winter. Als letzte Lebenslinie zur Zivilisation bleibt das Funkgerät in Ullmans Büro, in welches bleichendes **Gegenlicht** (contre-jour shot) auf Wendy fällt, die wieder einmal raucht, um sich zu beruhigen. Das Gespräch mit dem Ranger lässt sich als Totalausfall der Kommunikation bezeichnen, denn es verflacht, durch das nervende "Over" zerhackt, im banalen Smalltalk. Auch das scheinbar wichtige Angebot des Rangers zur Hilfe ist im Grunde genommen sinn- und zwecklos: Das Hotel ist nahezu unerreichbar, jede Hilfe käme wohl, *wenn* sie denn käme, viel zu spät.

Sequenz 23: Die Mädchen – 49'13"

🎥 Kamera (camera):

Danny unternimmt eine seiner Dreiradfahrten und erkundet auf seine bevorzugte Weise das Hotel, hier offensichtlich den Keller. Er entfernt sich, die Kamera lässt ihn "laufen", fängt ihn aber gleich wieder ein. Er kann nicht entkommen, wird **verfolgt** (tracking shot) und in einen schmalen Flur getrieben. Als er um die Ecke biegt, muss man wieder befürchten, dass dahinter irgendein Unheil lauert, dem Danny und wir selbst direkt in die Arme rasen werden. Der Eindruck der Geschwindigkeit wird noch durch die Enge des Korridors intensiviert. Grundsätzlich dynamisiert die **Kamerabewegung** die Wahrnehmung des Zuschauers spürbar, und das mit voller Absicht: Je intensiver die Sinne beansprucht werden, desto schockierender wird das wirken, was hinter der Biegung wartet.

🔊 Ton (sound)

🖼 Komposition (composition):

Und wirklich: Der Beckenschlag (aus "De Natura Sonoris Nr. 1" von Krzysztof Penderecki, 1966) bringt die dynamische Fahrt zum Stillstand, und am Ende des Gangs stehen die beiden Grady-Mädchen. Der **schmale, symmetrische Flur** wirkt wie ein enger Tunnel. Nachdem Danny (und mit ihm der Zuschauer) in diesen Gang des Labyrinths hineingesogen worden ist, gibt es keinen Ausweg mehr. Das hier ist ein "dead end" im vielfachen Sinne: Danny steckt im Sog der **Korridorflucht** fest, der Rückzug ist durch die Kamera und den unsichtbaren Verfolger versperrt, den sie repräsentiert (noch hat Danny nicht gelernt, in seinen eigenen Spuren rückwärts zu gehen, was ihn am Ende des Films retten wird). Das andere Ende des Tunnels wird durch die Mädchen blockiert, die den Fluchtpunkt der weitergedachten Bewegung bilden. Sie sind offensichtlich eine Gefahr und irritieren in mehrfacher Hinsicht: Ihre zwillingshafte Erscheinung unterstreicht die symmetrische Wirkung des Raums und die Unwirklichkeit der Szene. Ihre Kleidchen lassen sie beinahe wie Märchenfiguren wirken.

Und da wir instinktiv glauben, dass alles, was wir sehen, auch wirklich da ist, nehmen wir die Mädchen als reale Bedrohung. Schnell zeigt sich aber, dass auch dieser Schein trügt, denn ihre Stimmen klingen seltsam verzerrt: Hier sprechen Geister aus einer vergangenen Zeit, Wölfe im Schafspelz.

Die Mädchen laden Danny zum Spiel ein, doch da sie nicht wirklich sind, muss das heißen, dass sie in sein Innenleben eindringen wollen, so wie andere, bislang unsichtbare Dämonen beginnen, sich seines Vaters zu bemächtigen. Es droht Gefahr.

Montage (editing):

Blitzlichtartige Rückblenden (flashbacks) zeigen Danny, was ihn erwartet, wenn man sich auf das Spiel mit den Dämonen dieses Hotels einlässt: kein ewiges Paradies, sondern Tod und Zerstörung, Blut, die Axt – Zeugnisse jener Gewalt, in deren Rausch Charles Grady seine Töchter erschlug.

Die Einladung ist grundehrlich gemeint, denn es ist eine Einladung in die Ewigkeit des Todes: "Für immer... und immer... und immer." Hier sieht Danny schon, was sein Vater bis zum Schluss nicht begreifen wird: Wer mit der Unsterblichkeit flirtet, landet in den Armen des Todes.[129] Vielleicht sind diese Mädchen auch gar keine Dämonen; vielleicht kommen sie aus Dannys Unterbewusstsein, als warnende Vorboten väterlicher Gewalt?

Womöglich zeigt sich hier eine jener merkwürdigen Raum-Zeit-Krümmungen, die das Overlook durchziehen (nicht umsonst heißt es in der Werbung für den Film: "A ghostly time warp of madness and murder."): Dieser Flur ist auf die gleiche Art dekoriert wie der Korridor vor der Hausmeisterwohnung (blauer, abgewetzt wirkender Teppich und verblichene Tapete mit Blumenmotiven). Danny durchfährt wohl den "Staff Wing" des Hotels und hat eine Vision der Mädchen und ihrer getöteten Körper in diesem Flur – doch hatte Mr. Ullman im Bewerbungsgespräch nicht davon gesprochen, dass Grady seine Familie im Westflügel "gestapelt" habe?[130]

Kamera (camera)
Montage (editing):

Während die Mädchen in schnellen Schnitten zwischen den Zeitebenen der Gegenwart und der (verzerrten) Vergangenheit hin- und herspringen, zeigt ein **Gegenschuss** (reverse angle shot) Dannys Gesicht in **frontaler Nahaufnahme** (close shot). Sein fassungsloser Schrecken vermittelt sich dadurch unmittelbar. Er scheint sogar vor uns zurückzuweichen, die wir direkt ins Geschehen eingebunden werden, indem die Kamera die **Achsensprung-Regel** (180-degree rule) bricht und die gedachte Linie zwischen den handelnden Figuren betritt.

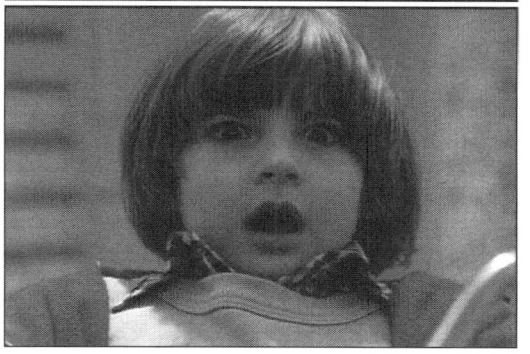

---

[129] Nelson, S. 226.
[130] ebd., S. 212.

🎥 Kamera (camera)
🎞️ Montage (editing):

In weiteren **Schuss-Gegenschuss-Sequenzen** (reverse angle shots) zwischen Danny und den Mädchen rücken diese immer näher, beschleunigt durch schnelle Schnitte. Danny reagiert verständlicherweise mit großer Angst und schlägt die Hände vors Gesicht. Sein instinktives Zurückweichen zeigt an, dass er diese Botschaft zumindest an der Oberfläche verstanden hat, auch wenn er die Quelle der drohenden Gewalt noch nicht erkennt. Er kann die Botschaft dieser Erscheinung nicht mit dem kühlen Verstand des Analytikers auflösen: Hier blickt er nicht nur in die Vergangenheit des Hotels (die Kleider der Mädchen passen übrigens weniger in die 70er, in denen Charles Grady seine Töchter umbrachte, sondern eher in die 20er, in denen ein gewisser Delbert Grady vielleicht dieselbe Tat vollbrachte), sondern in eine mögliche Zukunft. Dem Rezipienten der US-Fassung wird der Übergriff des Vaters einfallen, den Wendy im Gespräch mit der Kinderärztin enthüllt hat. Doch auch den Zuschauer der Europa-Fassung beschleichen wohl ungute Gefühle, dass sich die Gewalttat eines Vaters gegen sein Kind wiederholen könnte.

Als Danny vorsichtig wieder hinsieht, sind beide Reflexionen der Mädchen, ihre Erscheinung als Spielkameraden und Mordopfer, verschwunden. Ein wirklicher Kontakt oder gar Angriff hat nicht stattgefunden. Danny ruft Tony zu Hilfe, der versichert, die Erscheinungen seien "nur wie Bilder in einem Buch". Doch der Junge wirkt, verständlicherweise, nicht überzeugt, wie sein banger Blick verrät.

Was er nicht wissen kann, ist, dass sein Vater ein solches Buch mit Bildern, Berichten und Zeitungsartikeln über die Vergangenheit des "Overlook" schon gefunden hat. Im Roman spielt diese Sammelmappe eine wichtige Rolle, im Film ist sie nur in der ersten Streitszene zwischen Jack und Wendy zu sehen, als diese den "Künstler" bei der Arbeit stört (siehe Sequenz 20). Die Bilder, die Danny sieht, sind somit keine reinen Fantasieprodukte, sondern Erinnerungen aus jener Vergangenheit und zugleich Fata Morganen des Bösen, das in der Gegenwart lauert. Danny ahnt zu Recht, dass Schlimmeres bevorsteht, als bloß beunruhigende Bilder zu sehen.

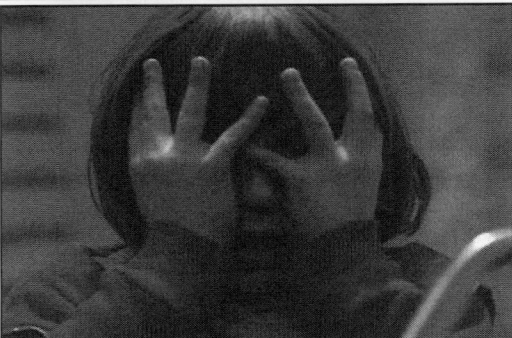

Seeßlen glaubt, dass Danny in dieser Sequenz auch in eine andere, frühere Zeitebene des Hotels vorgestoßen sein könnte (worauf auch das ältere Dekor hinweisen soll).[131] Diese Ansicht rührt an ein Grundproblem des Films: Sind die Dinge, die Danny, Jack und später auch Wendy sehen, nur Einbildungen, die ihren Ängsten entspringen ? Dann gäbe es nicht mehrere Zeitebenen, nur eine andere Wahrnehmungsebene (eben die des Shining). Damit gäbe es auch gar keinen Spuk, und selbst die wenigen Elemente, die *The Shining* zu einem Horrorfilm machen, hätten gar nichts Übernatürliches. Der Film wäre eine Geschichte über innere Dämonen und Ängste. Eine ganze Zeit lang bleibt er tatsächlich genau das und wiegt den Zuschauer (vor allem in der US-Version, wo Jack schon früh als Bösewicht markiert wird) in relativer Sicherheit vor den Unwägbarkeiten des Übernatürlichen.

Oder sieht Danny Erscheinungen, die das Hotel oder das diesem Ort innewohnende Böse in die reale Welt herüberschickt ? Auch Jack begegnet später, im Moment der bis dahin größten Frustration über seine Familie, seinem Lieblingsbarkeeper Lloyd in der Bar des Gold Room und beginnt, mit ihm zu interagieren. Als Wendy in die Bar kommt, wird aber deutlich, dass Lloyd wohl kein für jeden sichtbarer Geist, sondern nur ein Hirngespinst Jacks ist, das dieser sich herbeigeträumt hat. Wenn Danny schließlich in Zimmer 237 attackiert wird (was wir nicht sehen können), Jack aber an seinem Schreibtisch schläft und Alpträume hat, wird jedoch klar, dass die Erscheinungen wirklich in die reale Welt übergreifen können, dass sich also der Spuk *nicht* nur im Kopf abspielt. Jack wird nach den unberechtigten Vorwürfen Wendys, Danny verletzt zu haben, in den Gold Room fliehen, wo sich zu Lloyd die Hotelgäste und ein gewisser Oberkellner namens Delbert Grady gesellen. Auch bei diesen Gestalten könnte es sich noch um reine Halluzinationen handeln (Jack sieht im Dialog mit Grady ständig in die Spiegel der Herrentoilette, spricht also scheinbar nur mit einer Reflexion seiner eigenen Schattenseite). Doch als Grady Jack später aus dem Vorratsraum befreit, wird der endgültige Beweis für den "realen" Spuk im Hotel geliefert.

Zwar haben offensichtlich sowohl Danny als auch Jack das Shining, doch ist diese Parallele zwischen Vater und Sohn nicht ganz perfekt. Jack sehnt sich die Erscheinungen herbei, während Danny einfach mit ihnen konfrontiert und von ihnen überwältigt wird – vielleicht, weil er seine Fähigkeit noch nicht kontrollieren kann. Wichtiger noch ist aber die Erkenntnis, dass es an diesem Ort offenbar ein zeitloses Böses gibt, das von den hier und jetzt lebenden Menschen Besitz ergreifen will. Die Geister kommen folglich von innen und außen: In diesem Korridor sieht Danny zwei Mädchen, die er nicht kennen kann, die aber wie er ein Opfer väterlicher Gewalt geworden sind, also Reflexionen seiner Angst vor dem eigenen Vater darstellen. Zugleich sind sie Ausgeburten des Bösen, das an diesem Ort für immer fortleben wird, da die Menschen hier unverwischbare Spuren hinterlassen haben. Folglich hat auch dieses universellere Böse seinen Ursprung im Menschen, alles Unheil geht von ihm aus. Der Mensch, so die schon in dieser Sequenz sichtbar werdende Botschaft, hat das Böse stets und immer in sich.

Seeßlens Gedanke, Danny begegne den Mädchen auf einer anderen Zeitebene als der seinen, ist also insofern zumindest unglücklich formuliert, als die Mädchen, die Danny hier trifft, nicht bloß Gespenster aus der Vergangenheit sind. Die Dimension, aus der die von inneren Ängsten genährten Visionen Dannys, Jacks und schließlich auch Wendys kommen, ist im Grunde *zeitlos*. Die Figuren und Ereignisse der Vergangenheit haben, um in Hallornns Worten zu sprechen, ihre "Spuren" hinterlassen. Sie vergehen nicht, sondern reichen in die Gegenwart und – eine wenig tröstliche, aber wohl realistische Botschaft – in die Zukunft hinein.

---

[131] Seeßlen, S. 240.

Sequenz 24: Danny und Jack – 51'12''

Einstellung (shot)
Komposition (composition):

Die folgende Sequenz beginnt mit einigen Bildern, die wiederum nur in der Langfassung zu sehen sind: Danny sieht fern, Wendy liest – eine jener üblichen "Familienidyllen" mit Mutter und Sohn. Wieder fällt, nachdem die Kamera aus der **Großaufnahme** (close-up) des Fernsehers in die **Halbtotale** (medium long shot) gezoomt hat und die Menschen in ihrem Umraum zeigt, die symmetrische Komposition des Bildes auf. Sie lenkt den Blick auf das Zentrum, den Fernseher. Dieser hat erneut die zentrale Rolle im Beisammensein von Wendy und Danny eingenommen, und vielleicht ist es gar nicht so abwegig, den Leuchter als seine Krone zu deuten.

Als Danny den Wunsch äußert, seinen Spielzeugtruck holen zu wollen (vermutlich aus der Hausmeisterwohnung), lässt Wendy ihn nur widerwillig und nach eindringlicher Ermahnung ziehen. Sie befürchtet, dass der Vater gestört werden könnte (Wovon ruht er sich eigentlich aus?) und weiß zu gut, auch wenn sie ihre Ängste gegenüber Dritten gerne herunterspielt, in welche Gefahr sich der Junge begibt. Trotzdem lässt sie ihn gehen.

Montage (editing):

Mit der **Überblendung** (dissolve) auf Dannys vorsichtiges Betreten der Hausmeisterwohnung beginnt diese Sequenz in der europäischen Version. Er trägt einen blau-weißen Strickpullover mit dem Konterfei von Micky Maus, darunter ein rotes Hemd – ein amerikanischer Junge eben.

Seeßlen[132] sieht den Jungen auch in dieser Szene in der Vergangenheit des Hotels, doch hier ist seine Deutung kaum mehr nachvollziehbar: nicht nur weil sich die "schweren Ketten", die er an der Tür zu sehen meint, kaum entdecken lassen, und sie ebenso wenig wie der Schleiflack der Tür ein Beweis für eine andere Zeitebene wären. Die Idee, Danny könnte sich auf dem Weg zur Hausmeisterwohnung erneut in den Zeitschichten des Hotels verlaufen haben, ist zwar mit Blick auf die verschiedenen Überlappungen von Vergangenheit und Gegenwart nicht undenkbar, aber ebenso wenig beweisbar. Er trifft auch gar nicht auf ein Phantom der Vergangenheit, sondern auf einen Vater, der zunehmend in die zeitlose Geistersphäre des Hotels abzudriften scheint. Er wirkt erstarrt, wie in Trance oder im Delirium, er schläft nicht, er wacht nicht.

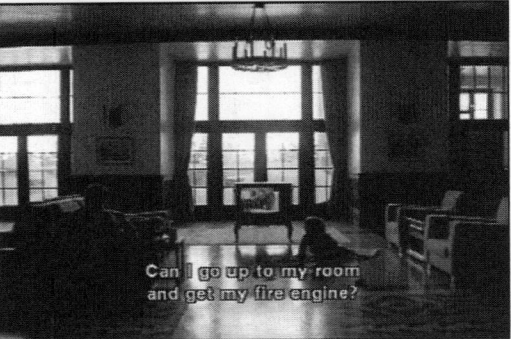

---

[132] Seeßlen, S. 240.

🔊 Ton (sound):

Als Musik setzt wieder Bartóks "Music For Strings, Percussion and Celesta" (3. Satz) ein, die als Geräuschkulisse ohne Melodie irritiert.

🖼 Komposition (composition):

Die Bildkomposition zeigt Jack wieder doppelt, auf dem Bett und im **Spiegel**, so dass es den Anschein hat, als strecke er die Hand nach sich selber aus. Zwar ist Danny ebenfalls ein Abbild seines Vaters, doch die räumliche (sowie zeitliche) Distanz zwischen Vater und Sohn ist unübersehbar und unabänderlich. Noch ist Danny kein Gegner, sondern nur das unschuldige Kind, das sich steif wie eine Puppe macht, als sein Vater ihn auf den Schoß hebt. Es besteht kein direkter Anlass für Danny, Angst zu haben, und doch scheint er zu spüren, dass mit seinem Vater etwas nicht stimmt. Im Unterbewusstsein des Zuschauers wirkt auch die Öffnung des Raums in das Badezimmer verunsichernd. Als Anspielung auf den Weg, den Danny später auf der Flucht vor seinem rasenden Vater nehmen wird, kann man das Fenster hier noch nicht erkennen. Im Gegenteil, der Weg scheint nicht zu diesem fernen Licht der Außenwelt zu führen, sondern hinab in den Orkus, den Abgrund, in den Jack offenbar im hineingesehen hat.

Da die Instinkte des Jungen noch funktionieren, bemerkt er den Verfall des Vaters, wie seine Frage nach einer möglichen Erkrankung offenbart. Jacks Antwort, nur müde zu sein, wirft wieder einmal die Frage nach dem Wovon auf. Seine Erklärung, er habe zu viel zu tun, um schlafen zu können, hat gar keinen Sinn; es sei denn man ahnt, dass seine "Tätigkeit" zunehmend nach innen gerichtet ist.

🎬 Einstellung (shot):

Im Folgenden konzentriert sich die Szene in **halbnaher** Einstellung (medium shot) ganz auf den Dialog zwischen Vater und Sohn, auf das Gesprochene, auf **Mimik** und **Gestik** (facial expressions/body language). Die gesamte Zeit über hält Jack seinen Sohn fest im Arm. Dieser wirkt verkrampft, paralysiert, wie das Kaninchen im Griff der Schlange, die ihre Fangzähne zeigt. Das Gespräch wird vom Vater dominiert und enthüllt Beunruhigendes: Jack äußert den Wunsch, dass es Danny hier gefallen möge; er möchte "für immer und immer" hier bleiben. Seine Worte sind ein Echo der Grady-Mädchen und ein klarer Beweis für seinen Kontakt mit der mysteriösen Schattenwelt, zu der sich im Overlook so viele Türen öffnen.

Beginnt auch Danny zu ahnen, was hinter seiner eigenen Begegnung mit den Phantom-Mädchen steckt? Vielleicht ja, denn er stellt in überraschender Direktheit die entscheidende Frage: Ob Jack ihm und Wendy je etwas antun würde?

Jacks Mimik verdüstert sich sofort und zeigt, dass sich sein Hass nicht gegen Danny richtet, den er wirklich zu lieben scheint, vielleicht aber einfach nicht so lieben kann, wie er es möchte. Sein "rotes Tuch" ist zweifellos Wendy, der er sofort unterstellt, den Jungen gegen ihn aufgehetzt zu haben – allerdings, nach allem, was wir wissen, völlig zu Unrecht.

Kamera (camera):

Genau in dem Moment, als die Sprache auf Wendy kommt, wechselt die Kamera die Position, so dass sich die Distanz zu den beiden Figuren vergrößert. Der flüchtige Moment der – ebenfalls verstörenden – Intimität ist vorüber, die Mutter ist zwischen Vater und Sohn getreten.

Jack versichert Danny seiner Liebe, doch sein Gesicht verrät, dass seine Vorstellungen von Liebe und gemeinsamem Leben im Begriff sind, sich zu pervertieren – bis zum dem Punkt, an dem er glauben wird, nur im Tod könnte er seine Familie für immer bei sich haben...

Komposition (composition):

Die verwendeten Farben tauchen das Gespräch zwischen Vater und Sohn, die sich körperlich so nah sind und doch nicht zueinander finden, in eine bedrückende Kälte. Diese Szene, von Jack Nicholson und Danny Lloyd beklemmend gut gespielt, spiegelt den Charakter von *The Shining* wesentlich besser wider als das bekannte Kinoplakat, in dem Jacks Gesicht durch die mit der Axt gespaltene Tür grinst. Dieser Dialog der Worte und körpersprachlichen Zeichen enthält mehr Schrecken als jede Szene offener Gewalt oder Spukereien: Es wird eine Bedrohung spürbar, die kurz vor dem Ausbruch steht, aber eben noch nicht ausbricht. Während im gängigen Horrorfilm der größte Teil des Spannungsaufbaus auf Gruseleffekte und Verfolgungsjagden setzt, baut Kubrick die Spannung fast ausschließlich über die innere Entwicklung der Figuren und ihrer Beziehung untereinander auf. So wirkt auch diese Szene nicht schockierend, sondern verunsichernd, verstörend und im Grunde unendlich traurig.

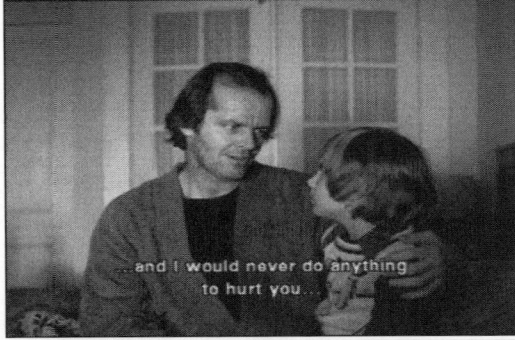

Sequenz 25: Danny betritt Zimmer 237 – 56'58"

◨ Komposition (composition):

Die Einblendung zeigt einen Mittwoch, der auf einen Montag folgt... Die Außenansicht, eine immer wiederkehrende Kurzexposition (hier trifft auch der Begriff des "establishing shot"), zeigt das Overlook tief verschneit im Halbdunkel. Lichter brennen an drei verschiedenen Stellen, das heißt: Die drei Mitglieder der Torrance-Familie halten sich in drei verschiedenen Bereichen des Hotels auf. Was dem Motiv einer Weihnachtskarte ähnelt, ist in Wahrheit ein zunehmend kalter Ort.

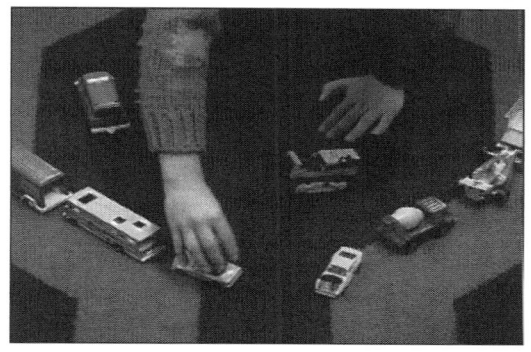

Einstellung (shot)
Kamera (camera):

Danny, das Kind, spielt auf dem Teppich mit seinen Spielzeugautos. Die friedliche Szene gewinnt an dramatischer Kontur, indem die Kamera langsam zurückfährt in eine erhöhte Position, so dass sich eine **Aufsicht** (high angle shot) ergibt, die den Jungen klein und verletzlich erscheinen lässt. Aus der **Nahaufnahme** (close shot) der Hände wird eine **Halbnahe** (medium shot), die den Blick auf Danny und seine unmittelbare Umgebung erlaubt.

◨ Komposition (composition):

Schon wirkt die Szene wieder verunsichernd, denn Danny spielt nicht etwa in seinem Zimmer oder im Beisein seiner Eltern, sondern offenbar allein, umgeben von irritierenden Teppichmustern. Er wirkt gefangen, doch ließe sich auch der Gedanke rechtfertigen, dass er labyrinthische Pfade und Muster im Spiel erforscht und unbewusst jene Fähigkeiten verfeinert, die ihm am Ende das Leben retten können. Dazu passen die "indianischen" Farbtöne Orange, Dunkelrot und Braun.

Plötzlich kommt kein Unhold den Gang entlang, sondern ein Ball. Ist es derselbe Ball, den Jack beim Gang zum Labyrinth-Modell den Korridor hinuntergeschleudert hat? Wer hat ihn aufgehoben und jetzt hierher gerollt? Steckt Jack dahinter? In jedem Fall sollte Danny gewarnt sein, denn die letzte Einladung zum Spielen, ausgesprochen durch die Grady-Töchter, klang wenig verheißend.

Ton (sound):

Zu Beginn der Sequenz setzt "The Awakening of Jacob" von Krzysztof Penderecki (1974) ein, das den hereinrollenden Ball akzentuiert und passenderweise bis zum Erwachen Jacks an seinem Schreibtisch (in der folgenden Sequenz) andauert.

🎬 Einstellung (shot)
🎥 Kamera (camera):

Der mehrfache Wechsel von Perspektive und Einstellung in dieser Szene erhöht die Anspannung des Zuschauers, der sich immer wieder in recht kurzen Abständen auf einen neuen Blickwinkel und neue Implikationen einstellen muss. Der Blick den Flur hinunter erfolgt aus der **Halbtotalen** (medium long shot), um den leeren Flur zu zeigen und das Heranrollen des Balles noch rätselhafter erscheinen zu lassen. Versteckt sich Jack vielleicht in einem der Zimmer, oder jemand anderes? Die Kamera befindet sich **hinter Danny**, etwa auf **Augenhöhe** eines Kindes (eye-level shot), und suggeriert für einen kurzen Moment die Präsenz eines Beobachters oder gar Verfolgers, der still abwartet. Könnten es die Mädchen sein?

Es folgt eine **frontale, halbnahe bzw. amerikanische Aufnahme** (medium/American shot) von Danny, der aufgestanden ist. Sein Gesicht verrät Anspannung und Neugier, sein Pullover die Mission: Der amerikanische Junge geht auf Entdeckungsreise. Die leichte **Untersicht** (low angle shot) lässt Danny größer wirken und unterstreicht seinen Mut – oder Leichtsinn.

Zur Intensivierung der Spannung übernimmt die Kamera schließlich Dannys **Blickwinkel**, wird zur **subjektiven Kamera** (point-of-view shot/POV-shot). Sie hat Dannys Augenhöhe übernommen und simuliert durch leichtes Wackeln seine Bewegung, während er langsam auf eine geöffnete Tür zugeht. Der Anhänger des Zimmerschlüssels ist rot, damit er ins Auge fällt, und so kann die folgende Großaufnahme der Zimmertür den schlimmsten Verdacht bestätigen: Es ist das berüchtigte Zimmer 237.

Danny ist wohl zu jung zu wissen, dass bereits der erste Blick in diesen Raum nur scheinbar ein ganz normales Hotelzimmer zeigt. Die Spiegel deuten schon an, dass es hier wieder in eine andere Dimension geht, wenn nicht räumlich oder zeitlich, so doch geistig: Die Spiegel des Overlook werfen keine freundlichen Bilder zurück, sondern enthüllen die Dämonen. Hinter diesen "looking-glasses" wartet kein Wunderland...

So nimmt Danny, wider alle Warnungen und Warnsignale, die Einladung an und betritt, instinktiv nach seiner Mutter rufend, das berüchtigte Zimmer 237... ein Cliffhanger erster Güte, denn eine **Überblendung** (dissolve) zieht uns von diesem Ort ab.

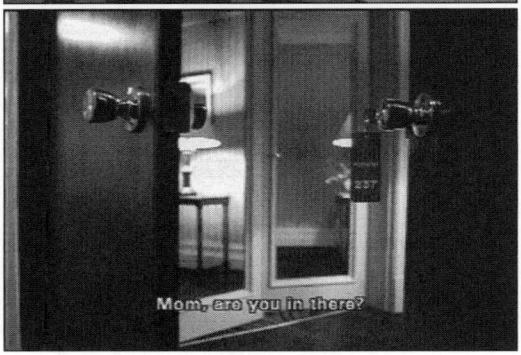

Sequenz 26: Jacks Alptraum, Dannys Hals – 58'30''

🎬 Montage (editing)
🔊 Ton (sound):

Die einsetzende **Überblendung** (dissolve) signalisiert zum einen die räumliche Distanz Dannys zur Mutter, nach der er eben noch gerufen hat; doch ist sie nicht in Zimmer 237, sondern weit weg, im Heizungsraum. Die Langsamkeit der Überblendung erhöht zugleich die Spannung und macht den "Abschied" von Danny besonders unangenehm, weil wir natürlich sehen möchten, was mit dem Jungen passiert. Aber der visuelle Horror wird uns erneut vorenthalten.

Da die Musik sich jedoch fortsetzt und beide Sequenzen verbindet, muss es einen Zusammenhang zwischen dem geben, was Danny gerade erlebt, und dem, was die folgenden Bilder zeigen.

Wendy erledigt Jacks Arbeit und überprüft Heizkessel und Generatoren. Da ertönen von ferne dumpfe Schreie. Wieder ist die Quelle nicht sichtbar, man weiß nicht, was passiert, und nimmt an Wendys Verwirrung teil.

📷 Kamera (camera):

Es folgt einer jener berühmten Kameraflüge, die ohne den Einsatz der Steadicam nicht möglich gewesen wären. Während Wendy den Schreien nachgeht und schließlich läuft, als sie Jack als Quelle identifiziert hat, verfolgt die Kamera sie wie ein fliegender Geist.

🎬 Montage (editing):

Ein kurzer Schnitt entlastet ihn zunächst: Er tobt nicht, sondern leidet Qualen. Zwar scheint ihn der Wahnsinn gepackt zu haben, aber nur im Schlaf, im Alptraum. Womöglich ist hier die Verbindung zu Dannys Erlebnissen zu suchen: Beide begegnen dem Schrecken auf einer Ebene, die sich dem sichtbaren, rationalen Zugriff entzieht.

🖼️ Komposition (composition):

Wendys Lauf führt durch die Gänge des Overlook, die sie immerhin schon besser zu kennen scheint als wir. Die Rohre und Leitungen an der Decke unterstützen den Eindruck der Flucht auf das Ende des Tunnels zu, von dem Wendy angesaugt wird. Wir können uns nicht wehren, sie zieht uns mit.

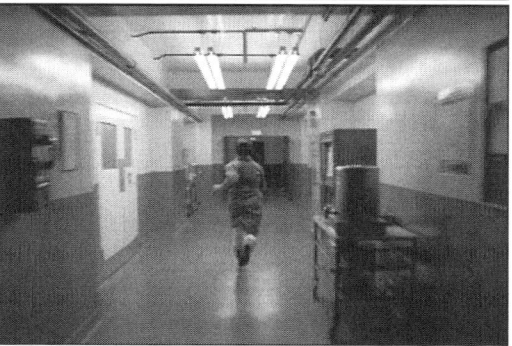

Kamera (camera):

Im Sog der Kamera erreichen wir die Colorado Lounge, wo Jack doch eigentlich bei der Arbeit sein sollte, stattdessen aber, auf dem Schreibtisch zusammengesunken, animalische Laute von sich gibt. Ein Anlass für seine Schreie ist nirgends zu entdecken. Tatsächlich erwacht er erst, als Wendy ihn endlich erreicht hat und berührt. Seine Reaktion ist heftig und zeigt, wie "weit weg" er gewesen sein muss, denn er stürzt schreiend zu Boden.

Die beiden obigen Aufnahmen zeigen Wendys Lauf, wie er im Film zu sehen war. Der Einsatz der bereits beschriebenen Steadicam, die eine verwacklungsfreie Verfolgung durch einen menschlichen Kameraträger möglich macht, ist in den beiden darunter stehenden Bildern zu sehen, die der Dokumentation "The Making of *The Shining*" von Kubricks Tochter Vivian (1980) entnommen sind. Der Kameramann läuft hinter Wendy her und kann einen relativ geradlinigen Weg nehmen (über den Teppich hinweg und zwischen den Sitzmöbeln hindurch), der einem Kamerawagen (dolly) nicht möglich gewesen wäre. Was sich mit herkömmlichen Mitteln als wenig dynamische Kamerafahrt (travelling shot) entpuppt hätte, wird hier dank der damals revolutionären Technik zur beeindruckenden **Kameraverfolgung** (camera chase), die in diesem Film erstmalig zur vollendeten Wirkung gebracht wurde.

Der zweite Mann hinter dem Träger der Steadicam ist Doug Milsome, der während der Kamerabewegung per Fernbedienung den Fokus (und mitunter auch die Blende) der Steadicam steuern musste. Da er hierbei nicht immer den Kameramann (meist Garret Brown, der Entwickler der Steadicam, manchmal abgelöst von Ray Andrew) im Auge behalten konnte, kam es mitunter vor, dass er eine falsche Biegung nahm: "Wir verfingen uns in fantastischen, sich verschiebenden Choreographien, und ein falscher Abzweig fand Doug außerhalb der Einfahrt zum Studio, noch immer am Motor für die Linse spielend."[133]

---

[133] Garret Brown: The Steadicam and "The Shining". *in:* American Cinematographer August 1980, S. 786ff. http://www.visual-memory.co.uk/sk/ac/page2.htm [Stand 01.08.06].

Komposition (composition):

Die Komposition der Aufnahme des folgenden Dialogs zwischen Jack und Wendy verstärkt den Eindruck, dass Jack ein Gefangener ist. Der Blick auf die beiden Figuren, gefilmt aus leichter **Untersicht** (low angle), wird durch den Schreibtisch **eingerahmt** und "bedrückt".

Der Aufbau einer genreüblichen Spannung, in der Tat und Täter so spät wie möglich enthüllt werden, wird in diesem Moment noch deutlicher unterlaufen als durch Dannys Visionen: Jack gesteht einen schrecklichen Traum, in dem er seine Familie auf dieselbe brutale Weise ermordete wie einst Charles Grady die seine. Es wird das letzte Mal sein, dass man Jack in diesem Wachzustand sieht: sich wehrend gegen die Dämonen, die ihn ergriffen haben, in echter Sorge um seine Familie und den eigenen psychischen Verfall.

Kamera (camera):

Der Wechsel der Kameraposition von rechts nach links wirkt, als habe sich die Kamera an einer Achse gespiegelt, die exakt zwischen Jack und seiner Frau verläuft – eine der vielen Spiegelungen des Films, die andeuten, dass die Personen, allen voran Jack, vielschichtige und in mehrfacher Hinsicht gebrochene Charaktere sind. Womöglich befindet er sich unter dem Einfluss der Hotel-Dämonen, die als Katalysatoren seines inneren Zerfalls wirken, auf dem Weg in die Schizophrenie: Hier kämpft noch der Jack Torrance der Gegenwart, Ehemann von Wendy und Vater von Danny, gegen jenen Jack, der ein dunkler Schatten einer ebenso dunklen Vergangenheit ist: der weiße Macho-Mann, der dieses Hotel erbaute, die Indianer vertrieb und zur Axt greift, wenn seine Familie ihm nicht gehorcht. Schon bald wird genau dieser andere Jack die Oberhand gewinnen.

Wieder wechselt die Kamera ihre Position und begleitet Danny in die überdimensionale Halle. Da man ihn nur von hinten sieht, lässt sich nicht erkennen, was genau ihm zugestoßen ist; hierdurch vergrößert sich die Anspannung, wie auch durch sein Schweigen und das betont langsame Eintreten. Immerhin ist der Junge am Leben, doch die Tatsache, dass er in die frühkindliche Geste des Daumenlutschens zurückgefallen ist, lässt ein traumatisches Erlebnis befürchten. Danny lässt sich nicht abwimmeln, sondern strebt unweigerlich dem größtmöglichen Ort des Schutzes zu, den ein Kind finden kann: in die Arme der Mutter.

Einstellung (shot):

Während sich Wendy, zunächst Ungehorsam vermutend, ihrem Sohn nähert, scheint ihr ein Licht aufzugehen. In der **Halbnahe** (medium shot) wird sichtbar, was sie entdecken muss: Würgemale am Hals des Kindes. Immer noch hält Danny den Daumen im Mund, schweigt und starrt ins Leere, über seine Mutter hinweg ins Nirgendwo des gerade durchlebten Albtraums. Die Irritation des Zuschauers wächst, da er nicht gesehen hat, was Danny zugestoßen ist, und es auch jetzt nicht erfährt. Das Geschehen bleibt rätselhaft. Anstatt vordergründiger Spannung empfindet man eher eine gewisse Ohnmacht, weil die Handlung des Films einen zum Grübeln bringt, aber alle Grübelei wenig hilft – und natürlich, weil diese Art des Nervenkitzels anstrengender wirkt als das rein emotionale Miterleben aneinander gereihter Verfolgungsjagden.

Kamera (camera)

Die Veränderung der **Kameraposition** sowie der Wechsel der Einstellung in die **Halbtotale** (medium long shot) offenbart die große Distanz, die sich zwischen Jack und Wendy/Danny ergeben hat. Wendys Vorwürfe an Jack, der Verursacher der Verletzung zu sein, sind gar nicht so abwegig: Er hat Danny schon einmal verletzt, und außer ihnen ist niemand im Hotel. Nach allem, was der Zuschauer gesehen und gehört hat, haben sich die Attacke auf Danny und Jacks Alptraum aber zur gleichen Zeit abgespielt. Dieser Schluss wird nicht nur durch Musik nahegelegt, die als verbindende Klammer wirkt, sondern auch durch den Eindruck, dass Jack am Schreibtisch eingeschlafen ist. Es erscheint außerdem plausibel, dass Jack von einer Gewalttat träumt, während die Phantome des Hotels seinen Sohn angreifen; in gewisser Hinsicht hat ja auch Jack das "Shining".

Tatsächlich wird Danny später erzählen, eine "verrückte Frau" habe ihn angegriffen. Also war Jack wirklich nicht der Täter. Dass hier noch andere Kräfte am Werk sind, die sich Jack als Medium gesucht haben und die Saat des Bösen in ihm aufgehen lassen, kann Wendy nicht ahnen. Ihr Mutterinstinkt veranlasst sie zu klarem Handeln: Sie nimmt ihren Jungen in die Arme, verstößt Jack mit dem wohl heftigsten Fluch, dessen sie fähig ist, und flieht. Jack bleibt fassungslos zurück.

Der Riss in der Familie Torrance droht, zum Bruch zu werden. Doch anstatt sich um die Aufklärung des Missverständnisses zu bemühen, wird Jack nun auf die "andere Seite" übertreten – und argumentieren, dass Wendy es war, die ihn dorthin gebracht hat.

| Sequenz 27: Lloyd – 1h 02' 41'' |

Komposition (composition)

Ton (sound):

Jacks Gang führt an drei Spiegeln vorbei, der die Brechung der realen Welt und das Erwachen seines dunklen Ichs ankündigt. Er schlägt um sich, wie ein Tier zuckend und knurrend, und dazu ertönt "De Natura Sonoris Nr. 2" von Krzysztof Penderecki (1971), die psychische Krise dieses Mannes durch hohe, schrille Töne ohne klares Muster untermalend. Jack ist unterwegs in die Welt *hinter* den Spiegeln, die auch Alice[134] erkundete.

Kamera (camera):

Die Kamera weicht vor Jack zurück, bewahrt ihren Abstand und hält so auch den Zuschauer auf **Distanz**, zumal **Handlungs- und Kameraachse parallel** verlaufen. Der Ort, der Jack magisch anzuziehen scheint, ist der Gold Room; dort lagert wohl der Schatz, der auf Jack wartet. Nachdem er das Licht eingeschaltet hat, erwacht der Saal zu einem seltsamen Halbleben. Walker sieht den Raum als Gruft: die "winzigen Tische glichen Grabsteinen, die nur darauf zu warten schienen, dass die umherspukenden Eigentümer zu ihnen zurückkehrten."[135] Tatsächlich wirken die Kerzen auf den Tischen wie Grablichter, die Decke des Raums wie ein Sargdeckel. Hinzu kommt die Farbgebung: Der rote Grundton erinnert an Poes Kurzgeschichte "Die Maske des Roten Todes", in der eine dekadente Gesellschaft zunächst die unter einer Seuche dahinsterbende Bevölkerung ignoriert, sich in einem labyrinthischen Palast einschließt und schließlich doch von ebendieser Seuche eingeholt wird. Laut Ullmans Aussage trieb man es auch im Overlook einst durchaus bunt. Doch naht kein Feind: Jack ist auf der Suche nach einer Zeit, in der "ein Mann noch ein Mann" sein durfte. Er wird keine Gefahr darin sehen, sich in die Phantome von gestern einzureihen, deren Gold sich zweifellos der Eroberung des Westens und dem Tod der Indianer verdankt.

Kamera (camera):

Die Kamera begleitet ihn und durchmisst den Raum, wobei der Zuschauer interessierter Beobachter bleibt, da die **Kamera- und Handlungsachse parallel zur Bildfläche** verlaufen, sich die Figur dem Zuschauer also weder nähert noch sich von ihm entfernt.

---

[134] Lewis Carroll: Alice's Adventures in Wonderland and Through the Looking Glass. Penguin, London.
[135] Walker, S. 285.

Komposition (composition):

Die vielen Fluchtlinien kündigen an, dass dieser Ort Jack hinfortreißen wird. Zunächst prüft er die Bar, doch sie ist leider leer, wie Ullman angekündigt hat. Frustriert setzt sich Jack einer ganzen Reihe von Spiegeln gegenüber, die ihm den Blick in sein Innerstes bahnen. Dieser Mann ist fertig mit der Welt dort draußen, und nun ruft er die Geister: "I'd give my goddamn soul for just a glass of beer." ("Gott, was gäb ich für einen Drink. Gottverdammt, nur ein einziges Bier.") In der deutschen Fassung nicht so deutlich zu erkennen ist der faustische Pakt, den Jack zunächst mit seinen inneren Dämonen und denen des Hotels schließt: Gebt mir meinen Stoff, und ich gebe euch alles, was ich habe: meine Seele – und, wenn es sein soll, auch meine Familie.

Kamera (camera)
Einstellung (shot):

Die Kamera rückt Jack in frontaler **Nahaufnahme** (close shot) ins Bild und konzentriert die Aufmerksamkeit des Zuschauers ganz auf Gestik und Mimik. Jack scheint den Entzug vom Alkohol, der seine Sorgen ertränkte, nicht mehr aushalten zu können. Er nimmt die Hände vors Gesicht, reibt sich die Augen – und tatsächlich scheint er einen Moment des Erwachens zu erleben: Er beginnt zu lächeln, doch aus diesem Lächeln wird ein Grinsen, akzentuiert von Nicholsons unvergleichlichen Augenbrauen. Dabei sieht er direkt in die Kamera, d.h. in das Auge des Zuschauers, was unweigerlich verunsichernd wirkt, da man diesen direkten Kontakt mit einer Filmfigur nicht gewohnt ist; und weil Jack nicht der Kommunikationspartner ist, den man sich aussuchen würde. Aber hier gibt es nur ihn, und kein Entrinnen aus der aufgezwungenen Nähe. Seine Haltung entspannt sich, doch die Irritation wächst, als er uns mit "Hallo, Lloyd." begrüßt. Mit wem spricht er ? Wer ist "Lloyd" ? Verliert Jack jetzt den Verstand ? Oder sind wir zu begriffsstutzig und durchschauen nicht, was hier vor sich geht ? – Diese Szene illustriert deutlich, wie sehr *The Shining* auf die Verwirrung des Zuschauers setzt, und nicht auf die Überwältigung durch Verfolgungsjagden und Horroreffekte.

Es bleibt die kritische Frage, ob der Rezipient durch derartige Verfremdungen nicht so weit vom Geschehen zurücktritt, dass er sein Interesse daran verlieren könnte.

Die Unwirklichkeit der Szene verstärkt sich noch, als Jack eine sarkastische Bemerkung macht ("Nicht viel los hier, hmm ?"). Sein Lachen erschrickt, weil es so unerwartet kommt und so gar nicht zu Jacks eben noch depressiver Stimmung passt.

Kamera (camera)
Komposition (composition):

Die Kamera schaltet unvermittelt um, und dann ist er da: Lloyd. Gelassen, ruhig, wie in Stein gemeißelt und umgeben von hellem Licht. Wieder erscheint kein fauchendes Monster, kein zuckender Zombie; doch ob man diese Gestalt für einen rettenden Engel im Lichtkranz halten darf, muss bezweifelt werden. Das **Gegenlicht** (backlighting/contre-jour shot) behindert den Blick auf Lloyds Gesicht, er wirkt darin eher dunkel, Jack durchaus ähnlich. Das dunkle Rot seiner Livree schlägt den Bogen zu den bereits erwähnten Assoziationen (Poe) sowie zu jenem Blut, das Danny aus dem Fahrstuhl schwappen sah. Während der Zuschauer diese Feinheiten beim ersten Ansehen des Films allenfalls unbewusst wahrnimmt, kann er doch ahnen: Da steht einer, der Jack in der Hand hat; der Barkeeper, der den Alkoholiker beherrscht. Und womöglich noch mehr: Vielleicht wirkt das böse Hotel als Katalysator und hat Jack geholfen, sich im Delirium tremens seinen Lieblingsbarkeeper herbeizuträumen und vor dem Stress mit Wendy in eine andere Welt zu flüchten. Noch dazu hat sich die Bar mit Flaschen gefüllt, und so kann Jack auf unspektakuläre Weise die Grenze zum "Dreamland" überschreiten. Woher aber kennen sich die beiden ? Ist Lloyd ein Schatten aus Jacks Vergangenheit oder aus der Vergangenheit des Overlook ? Oder vielleicht – irgendwie – sogar beides ? Die Szene gibt wieder neue Rätsel auf, wirkt aber glaubhafter und beklemmender als die Attacke eines wabernden Schlossgeistes.

Kubrick begründete die Wahl seiner unspektakulären Effekte damit, dass sich in seinen Augen gerade die fantastischen Elemente einer Geschichte am besten entfalten, wenn sie normal wirken: "Im Fantasy-Genre will man, dass die Dinge so realistisch wie möglich erscheinen. Die Leute sollten sich genauso schlicht verhalten, wie sie es normalerweise tun. Darauf muss man ganz besonders in den Szenen achten, welche die bizzaren oder fantastischen Details der Geschichte behandeln."[136] Vielleicht liefern diese auf den ersten Blick paradox klingenden Worte die Erklärung für die Unzufriedenheit, die insbesondere Stephen King-Fans angesichts des Kubrick-Films empfanden: Kubrick ging es nicht um Phänomene wie wandernde Heckentiere, die offensichtlich außerhalb des Vorstellbaren liegen, sondern um die Tiefen der menschlichen Psyche – um die "Monster in Menschengestalt".

Der Verdacht hat sich also bestätigt: In den Spiegeln lauern die Dämonen, die Spiegel legen den Blick frei auf den Doppelgänger mit dem schwarzen Herzen. Danny hatte seine erste Vision der Gewalt, die später im Overlook ausbrechen wird, als er in den Badezimmerspiegel sah. Allerdings sah er darin wohl nicht sein eigenes dunkles Ich, sondern das seines Vaters. Während sich Jack zuckend dem Gold Room nähert, sehen wir in den Spiegeln seinen gebrochenen Doppelgänger. Auch der "Gold Room selbst ist voller Spiegel: Jack sieht stets in sie hinein, sowohl hier an der Bar als auch später in der Herrentoilette, wo er eine entscheidende

---

[136] Kubrick on "The Shining". [Anm. 86]

Unterhaltung führen wird. Anstatt mit seiner Familie zu sprechen, redet Jack mit den Phantomen der Vergangenheit, deren Reinkarnation er ist und die zugleich Spiegel seiner Seele sind. Wenngleich Jack kein Geld hat, bekommt er den ersehnten Drink und betont, er habe Lloyd schon immer für den besten Barmixer gehalten; also *muss* er ihn kennen, woher auch immer. Wie im "Faust" ist die Erfüllung des Pakts an eine Bedingung gebunden (dass Jack den Bourbon bekommt), aber eine Wette mit gleichberechtigten Partnern ist es nicht, schon weil Jack den Drink nicht bezahlen kann. Doch da er sich offensichtlich im Land seiner Träume befindet, kriegt und nimmt er, was er will. So wird ihm – zumindest im Delirium – die Gelegenheit gegeben, sich von den Fesseln und Zwängen zu befreien, die seine Rolle als Familienvater ihm auferlegt.

Im Folgenden wurde für die Europa-Fassung ein Teil des Dialogs gekürzt, unglücklicherweise, denn er lässt tief blicken. Jack trinkt auf "five miserable months on the wagon", fünf trockene Monate (auf die Zahl wird noch einzugehen sein), wodurch der Bogen zur "Donner-Gruppe" geschlagen wird, jener Gruppe von Siedlern, die in den Bergen stecken blieben und dem Kannibalismus verfielen. Der Begriff der "Bürde des Weißen Mannes" ist von vielfältiger Bedeutung, wenn man das Gedicht Rudyard Kiplings betrachtet:

> *Take up the White Man's burden*
> *Send forth the best ye breed*
> *Go, bind your sons to exile*
> *To serve your captives' need;*
> *To wait, in heavy harness,*
> *On fluttered folk and wild*
> *Your new-caught sullen peoples,*
> *Half devil and half child.*

Das Gedicht, das 1899 als Ausdruck des britischen Imperialismus entstand, lässt sich auch auf die Besiedlung Amerikas beziehen, in deren Verlauf die Indianer von dort vertrieben wurden, wo nun das Overlook steht. Die ethische Verpflichtung des weißen Mannes, seine gottgegebene Aufgabe, die Eingeborenen der Welt zu missionieren, war nichts weiter als ein Vorwand für die brutale Annexion der Neuen Welt. Bei Kipling wird das Problem nur angedeutet: dass man im Kampf gegen die "finsteren Völker" die eigenen Söhne opfern müsse. Jack Torrance hat die Rolle dieses weißen Mannes verinnerlicht, der in der Zähmung der Wilden selbst zum halben Teufel wird. Diese "Wilden" sind aber keine Ureinwohner, sondern Frau und Kind, das eigene Fleisch und Blut. Ist das die Rache der Indianer?

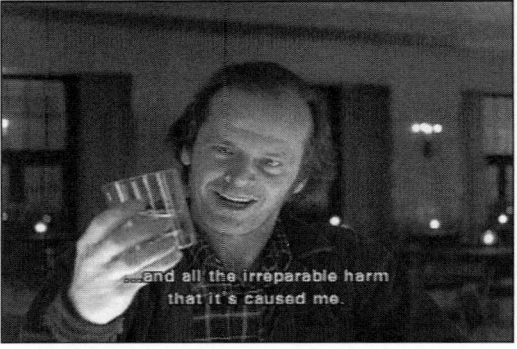

Zurück zu Jacks Zeitangabe: Sie ist zumindest ungenau, denn Wendy beteuert im Gespräch mit der Kinderärztin, Jack sei seit fünf Monaten trocken; dann müssten es jetzt mindestens sechs sein, vermutlich noch mehr.

Natürlich verdreht Jack schon hier die Wahrheit. Entscheidend ist, dass er die Schuld für seine Misere nicht bei sich selbst sucht, sondern in äußeren Umständen und Einflüssen, obwohl er offensichtlich eine längere Zeit ohne Alkohol eben nicht durchstehen kann. Zudem scheint er zu vergessen, dass er die Isolation selbst gesucht hat, um sein Buch schreiben zu können.

Wer Jack Probleme macht, wird in der **US-Fassung** schon an dieser Stelle sehr deutlich: "the old spermbank upstairs". Natürlich kann er glaubhaft versichern, dass er die Sache im Griff hat, wie es sich für einen "richtigen Mann" gehört. So distinguiert Lloyd auch wirken mag, er gehört zur selben Sorte Mann: Seine Lebensweisheit ("Women. Can't live with them – can't live without them.") klingt wie das Echo aus einer Vergangenheit, in der "Männer noch Männer waren und Frauen wussten, wo sie hingehören". Walker fühlt sich hier an die *Jeeves*-Erzählungen von P.G. Wodehouse erinnert.[137] Tatsächlich nennt Jack später den Oberkellner in dieser eingebildeten Vergangenheit "Jeevesy".

Die Kürzung dieses Dialogteils für die europäische Fassung schwächt nicht nur Jacks Vulgarität ab, sondern auch die patriarchalische Haltung, die dahinter steckt. Es besteht allerdings auch dort kein Zweifel, dass sich diese beiden Männer verstehen. Jack und Lloyd sind Spiegelungen desselben Typs Mann, und nicht die letzte(n) dieser Art.

Komposition (composition):

Während des Gesprächs wechselt die Kamera immer wieder von Jack, der die größten Redeanteile hat, zu Lloyd, der seinem Gast – ganz professioneller Barkeeper – immer wieder genau die richtigen Bälle zuspielt.

Die Lichtführung unterstreicht hierbei durch den Einsatz von **Gegenlicht** (backlighting) und **Unterlicht** (below light) den geisterhaften Charakter Lloyds. Er wirkt blass, geradezu wächsern und trotz seiner Freundlichkeit ein wenig dämonisch; hierzu mögen auch die Aufschläge seines Jacketts beitragen, die an zwei Hörner erinnern.

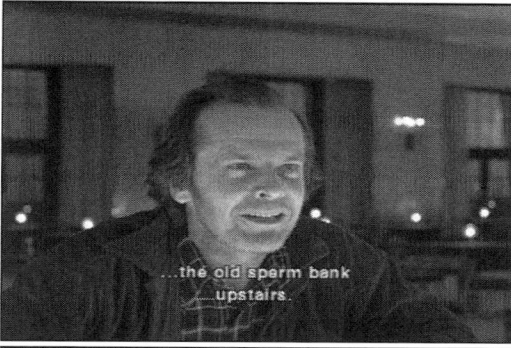

---

[137] Walker, S. 296. *siehe z.B.*: Pelham Grenville Wodehouse: Carry on, Jeeves. Penguin, London.

Die geschnittene Fassung setzt wieder ein, als Jacks Schuldgefühle offenkundig werden: Er behauptet, nie Hand an Danny gelegt zu haben, und beschwert sich doch im gleichen Atemzug darüber, dass Wendy ihm nie vergeben werde, was geschehen sei. Es liegt nahe, dass es gerade die quälende Erinnerung an seinen Ausbruch ist, die er verdrängen möchte. Auf die Lüge folgen Äußerungen, die Jacks patriarchalisch-chauvinistische Grundhaltung offen legen und ernste Zweifel daran aufkommen lassen, dass er seine Tat wirklich bereut: Ihn plagt nicht das Schuldbewusstsein, sondern der Ärger über die "bitch", das "Scheißweib", das ihn den Vorfall nicht vergessen lasse. Von zu solchem Zorn berechtigenden Anwürfen durch Wendy an Jack haben wir nichts gehört oder gesehen, im Gegenteil: Im Gespräch mit der Kinderärztin spielt Wendy Jacks Gewalttat gegen Danny herunter. Damit zeigt sie allenfalls, dass das Problem nicht ausgestanden ist – weil Jack eben erst seit wenigen Monaten trocken ist, wenn überhaupt.

So kommt der Verdacht auf, dass Jack ein grundsätzliches Problem hat: Er passt einfach nicht in seine Zeit, sondern eher in die Vergangenheit des Overlook Hotels. Hier kann er sich einreihen in die Patriarchen, Kolonialherren und Rassisten, die damals die Welt regierten; als das Familienoberhaupt Frau und Familie nach Belieben be- und misshandeln konnte, ohne sich moralische Vorwürfe zu machen und zum Alkoholiker zu werden. Nicholsons Spiel lässt durch überdeutliche Akzentuierungen in Worten und Körpersprache deutlich zutage treten, unter welchen Druck sich der "moderne" Mann gesetzt fühlt.

Jack schwächt die Bedeutung seines damaligen Ausbruchs ab, der "jedem hätte passieren können" und zudem drei Jahre zurückliege. Seeßlen[138] sieht in dieser Zeitangabe mehr Verwirrung, als nötig ist: Wendy behauptet keineswegs, dass Jack seinen Sohn erst fünf Monate zuvor verletzt habe (womit sie Jacks Aussagen gegenüber Lloyd, dies sei drei Jahre her, als Lüge enttarnen würde). Im Gespräch mit der Kinderärztin (US-Fassung) wird deutlich, dass Dannys Verletzung (und Tonys erstes Erscheinen) tatsächlich etwa drei Jahre zurückliegen. Von "5 Monaten" spricht Wendy nur in Bezug auf Jacks Abstinenz vom Alkohol. Das bedeutet, dass seine Angaben richtig zu sein scheinen: Jack hat Danny vor etwa drei Jahren verletzt, und er kommt erst seit etwa einem halben Jahr ohne den Stoff aus, aus dem seine Träume sind. So zementiert sich eine andere Erkenntnis, die auch Wendy ins Zwielicht stellt: Wieso hat sie so lange zugesehen, wie Jack auch nach der Verletzung Dannys weiter getrunken hat?

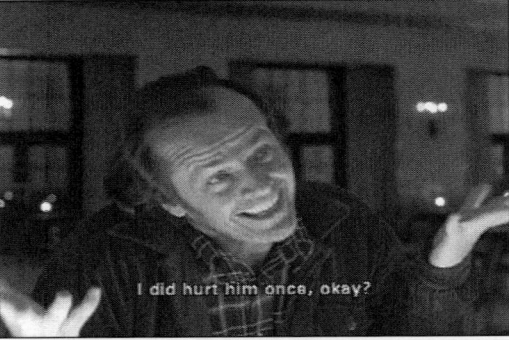

---

[138] Seeßlen, S. 243, 255.

Obwohl Jack hier nicht wirklich etwas getrunken haben kann, wirkt seine Darstellung des Geschehens wie die enthemmte Tirade eines Trinkers. Die Übersetzung der Synchronfassung schwächt hier einiges ab, wenn Jack vom "kleinen Dreckspatz" und dem "kleinen Aas" spricht, während er im Original die Begriffe "son of a bitch" und "fucker" gebraucht. Seine wilde Gestik vermittelt einen klaren Eindruck davon, wozu dieser Mann fähig ist.

Nachdem Jack durch eine wegwerfende Geste klargestellt hat, was er von dem ganzen Theater hält (das er selbst verursacht hat), reißt uns Wendys hysterischer Ruf in die Realität zurück. Schon wieder kommt sie, um zu stören und zu nerven, hysterisch mit einem Baseballschläger den Gang entlang fuchtelnd – eher ein Spielzeug für den Mann, oder das Kind im Manne. Immerhin trägt Wendy im Labyrinth, dem "Haus der Doppelaxt" (als Symbol des Kampfes der Frau gegen den übermächtigen Mann), eine Waffe mit sich. Dass sie diese wirklich anwenden könnte, muss man bezweifeln.

Kamera (camera):

Auch Wendy betritt also das Land der Spiegel, aber für sie ist das "Looking Glass" (noch) nicht durchlässig. Als die Kamera hinter ihr in den Gold Room **einschwenkt** (panning), sehen wir Jack allein an der Bar. Dort ist niemand und nichts sonst, kein Lloyd, kein Whisky. Alles, was man sieht, sind eben die Spiegel, hinter die sich Jack geträumt hat.

Ganz offensichtlich wird er von Wendy geweckt und wirkt trunken: schlaf- oder *be*trunken? Wendy holt ihn mit einer Nachricht aus dem Delirium tremens, die ihn nur teilweise beruhigen kann, weil er plötzlich nicht mehr verdächtigt wird: Jetzt hält Wendy eine "verrückte Frau" für die Täterin, die Danny in einem der Hotelzimmer (natürlich Zimmer 237) gesehen haben will. Jack reagiert nicht eben nüchtern, eher unversöhnlich: "Are you out of your fucking mind?" Diese Reaktion belegt, dass nun der "dunkle" Jack des Traums die Oberhand hat, eben jener Jack, der dem Hotel für einen Drink seine Seele verkauft hat.

Die deutsche Übersetzung ist zwar nicht authentisch, aber aus Jacks Sicht nicht unpassend: "Vielleicht bist du die Verrückte?" Psychisch stabil wirkt Wendy wirklich nicht, wirkte sie eigentlich nie. Immerhin fragt Jack nach, in welchem Zimmer die Unbekannte Frau versucht habe, Danny zu erwürgen. Offenbar ist er doch noch einmal bereit, sich um Familienbelange zu kümmern. Andererseits ist er schließlich der "caretaker", und wenn hier einer für Ordnung sorgt, dann *er*.

Sequenz 28: Hallorann, Danny und Jack in Zimmer 237 – 1h 09'46"

Montage (editing):

Ein harter Schnitt auf die Nachrichtensendung "Newswatch", unterstützt durch eine effektheischende Titelmusik, stiftet erneut Verwirrung. Was sehen wir ? Vielleicht eine der üblichen Fernsehsitzungen von Wendy und Danny ?

Kamera (camera)
Einstellung (shot):

Doch als die Kamera von einer **Nahaufnahme** (close shot) des Fernsehers **zurückzoomt** (zooming-out), rückt zunächst ein Paar schwarzer Füße und dann das Poster einer schwarzen Schönheit ins Bild.

Komposition (composition):

Während der Kamerablick weiter zurückweicht und sich zur **Halbnahe** (medium shot) erweitert, fällt erneut die **Symmetrie** des Raums auf. Sie ist nahezu perfekt und erzeugt den Eindruck von Ausgewogenheit und Ruhe.

Kamera (camera)
Komposition (composition):

Eine **Großaufnahme** (close shot) zeigt Hallorann, genauer sein ruhiges "Osterinsel-Gesicht", wie Walker es nannte.[139] Mit der gleichen Ruhe, die Hallorann ausstrahlt, zoomt die Kamera wieder zurück und enthüllt in **Halbtotale** (full shot) einen Raum, der im Gegensatz zu Jacks Hotelhalle bescheidener dimensioniert ist. Die **Symmetrie** wirkt hier jedoch nicht bedrohlich, eher harmonisierend. Die **Farbe** Orange bildet zwar eine Verknüpfung mit dem Overlook-Hotel, strahlt an dieser Stelle jedoch eher Leben und Leidenschaft aus denn Gewalt. Dazu passen die Poster: Hallorann liegt inmitten schwarzer Schönheiten, die einfach nackt und natürlich sind und sein Bild als das eines "ursprünglichen" Mannes manifestieren, dem die Probleme und Krankheiten des weißen Mannes fremd sind. Halloranns Spiegelungen sind im Gleichgewicht, im Gegenteil zu Ullmans Büro oder Zimmer 237.

Aus dem Fernseher tönt die Nachricht vom drohenden Schneesturm im fernen Colorado, wo die Familie Torrance im Overlook in Not gerät – vor allem der kleinen Danny, der auch das Shining hat und schon von Zimmer 237 wusste, bevor Hallorann ihm vergeblich verbat, es zu betreten...

---

[139] Walker, S. 290.

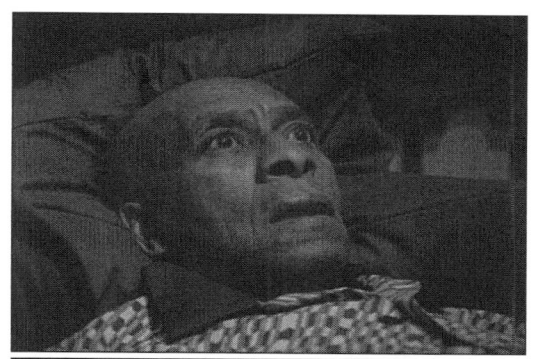

🎥 Kamera (camera):
🎙 Ton (sound):

Ein **sehr langsames Zooming-in** beginnt, die Aufmerksamkeit des Zuschauers auf Halloranns Gesicht zu konzentrieren. Diese Fokussierung wird einerseits durch die **Mimik** (facial expressions) Halloranns unterstützt, dessen Blick sich weitet und ins Leere verliert und der zu zittern anfängt. Hinzu kommt das **Geräusch eines Herzschlags**, das stets als akustischer Pulsbeschleuniger fungiert und die Spannung erhöht, wenn sich eine Filmfigur in einer prekären Situation befindet. Dieses Gefühl wird durch einen hohen **Pfeifton** verstärkt, der leise einsetzt (ein kaum wahrnehmbares Signal fast außerhalb der menschlichen Wahrnehmung, wie das Shining) und dann immer lauter wird, bis es beinahe weh tut: Hallorann empfängt eine Botschaft, die ihn in einen lähmenden Schreckzustand versetzt. Hier ertönt wieder Pendereckis "The Awakening of Jacob". Tatsächlich wird dieser Jakob (Torrance) gleich sein böses Erwachen erleben...

🎞 Einstellung (shot):

Ein weiteres Element, das die Beklemmung erhöht, ist die extreme Annäherung der Kamera an Halloranns Gesicht, bis hin zur **Detailaufnahme** von Nase und Augen. Der englische Begriff des **choker close-up** (auch: extreme close-up) trifft die Wirkung gerade dieser Einstellung genau: Es scheint tatsächlich, als würde Hallorann von dem, was er da vor seinem geistigen Auge sieht, der Atem genommen; als würde er erwürgt (choked).

🎬 Montage (editing):

Die nächste Einstellung war schon einmal zu sehen. Sie zeigt Dannys Blick auf die halb geöffnete Tür von Zimmer 237. Der **direkte Schnitt** (simple cut) auf diese Einstellung suggeriert, dass es ebendieses Bild ist, das Hallorann durch sein Shining empfängt. Im nächsten Moment kommt sein Kommunikationspartner ins Bild: Danny, der offensichtlich unter größter Anstrengung versucht, die traumatische Erinnerung an seinen Besuch in diesem Zimmer an Hallorann zu senden; er zittert ebenfalls, und Speichel hängt ihm von der Unterlippe. Dies ist wohl der erste Versuch des Jungen, sein Shining gezielt einzusetzen. Warum gerade in diesem Moment? Was hat er in diesem geheimnisvollen Zimmer bloß gesehen?

🎥 **Kamera (camera)**

🎞 **Montage (editing):**

Der nächste Schnitt führt hinein in Zimmer 237, doch plötzlich ist die Perspektive eine andere: Wir blicken aus der **Augenhöhe (eye-level) eines Erwachsenen**. Jetzt müssen wir mit Jacks Augen sehen, der seiner Pflicht als Familienvater (oder "caretaker") nachkommen will und Zimmer 237 betreten hat. Wir erleben eine **Parallelmontage** (auch Kreuzschnitt, parallel montage/cross-cutting), die zunächst verwirrt: Zum einen sehen wir Dannys Erinnerung, zum anderen Jacks aktuellen Besuch in diesem Zimmer. Auch in diesem Raum befinden sich Spiegel, die sowohl den Weg zur "anderen Seite" weisen als auch die Erlebnisse der Figuren widerspiegeln. Doch werden wir nicht zwei identische Spiegelungen ein und desselben Ereignisses sehen, sondern verschiedene Reflexionen, so wie sich die Sonne in immer wechselnden Variationen auf Wasser spiegelt.

🖼 **Komposition (composition):**

Die Kamera **schwenkt horizontal** (panning), um den Raum zu erfassen. Hier aber gleitet der Blick über die Ordnung der Dinge hinweg, und die Farben signalisieren alles andere als Harmonie: Die Mischung aus Violett und Rot wirkt dissonant, der dunkle Vorhang bedrückend. Wer sollte sich in einem solchen Raum, der eher in jenes Schloss aus Poes "Maske des roten Todes" gehörte, wohlfühlen? Die Kamera fährt in den angrenzenden Raum, das Schlafzimmer, dessen **Teppichmuster** (pattern) mit Hilfe eines Phallussymbols den Weg zur sexuellen Erfüllung weist. Die Kamera scheint förmlich zu schweben. Die **subjektive Kamera** (P-O-V shot) zeigt, was Jack in diesem Moment sieht, erzeugt jedoch im beschriebenen Kontext eine unwirkliche und verunsichernde Atmosphäre. Wieder das Prinzip: Spannung durch Irritation.

Nicht das Schlafzimmer ist der Ort der Erfüllung, sondern das Bad. Jacks Hand öffnet die Tür, und der Blick fällt auf ein weiteres Spiegelkabinett. Hier allerdings spaltet die Spiegelachse (in Form des Duschvorhangs) die scheinbare Symmetrie in zwei *ungleiche* Hälften: rechts ein Waschbecken mit Spiegel, links Toilettenschüssel und Bidet. An diesem äußerst privaten Ort vermutet man nichts Gefährliches, und doch ahnt der Zuschauer längst, dass etwas hinter diesem Vorhang wartet.

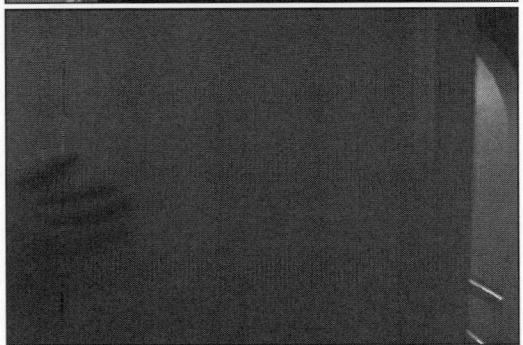

🖼️ **Komposition (composition):**

🎥 **Kamera (camera):**

Auch Jack, der zur Fokussierung auf seine Reaktion in frontaler **Nahaufnahme** (close shot) gezeigt wird, steht wie gebannt. Sein Blick gleicht dem des Rehs im Scheinwerferlicht, oder (vielleicht passender) dem des Kaninchens im Blick der Schlange. Denn Gutes wird man doch kaum erwarten dürfen angesichts dessen, was Danny in diesem Zimmer zugestoßen sein muss.

Die nächste Überraschung lässt nicht auf sich warten: Schon bevor der Vorhang ganz zur Seite geschoben ist, ganz langsam freilich, um die Spannung zu intensivieren, lässt sich erahnen, dass dort kein tobendes Monster wartet. Als der Blick endlich frei geworden ist, fällt er auf eine nackte Schönheit.

Es entspricht dem Prinzip von *The Shining*, dem Zuschauer zunächst etwas zu präsentieren, das ihn überrascht, gegen die konventionelle Erwartung verstößt. Zwar lässt sich erahnen, dass auch Kubrick letztlich wieder zur Konvention des Schreckens zurückkehren muss, nicht nur aufgrund der verstörenden Musik. Doch ereilt uns der Schreck eben nicht auf der Stelle, sondern dann, wenn wir nicht mehr damit rechnen.

Jack zeigt sofort Interesse an dem Angebot des Hotels. Überraschen kann dies nicht; wohl nicht nur, weil man gesehen hat, wie er anderen Frau nachschaut, sondern auch weil man ihn und seine Frau nie auch nur andeutungsweise in einer erotischen Situation gesehen hat. Als sich die Fleisch gewordene Versuchung erhebt, wird Jacks Blick geradezu animalisch – das Tier im Mann will ausbrechen. Schon in dieser Sekunde ist er zum Ehebruch bereit. Alle Pflichten des Ehemanns und Familienvaters sind null und nichtig, er ist allzeit bereit und willens, der Verstand ausgeschaltet.

Jack lässt sich also verführen, und wenn eins doch noch überrascht, ist es die Leichtigkeit, mit der er sich auf die (betont langsame) Umarmung dieser Gestalt einlässt, von der er doch wissen sollte, dass sie gefährlich sein muss – auch wenn er noch nicht wissen kann, dass die Frau, die Danny würgte, doch gänzlich anders aussah. Diese Nixe wirkt einfach so unwiderstehlich für einen armen, sich selbst ständig unterdrückenden Mann nach "five months on the wagon"...

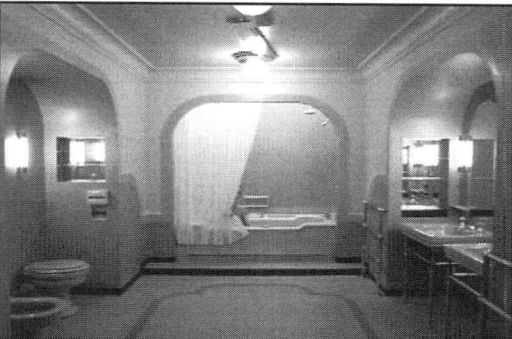

Einstellung (shot):
Komposition (composition):

Die **amerikanische Einstellung** (American shot) erzeugt nicht nur eine situative Spannung, indem sie die in diesem Moment bedeutsame Bewegung der Arme einfängt. Gemeinsam mit der Komposition des Raums aus geschwungenen Bögen zeigt sie Jack als Gefangenen weiblicher **Rundungen** (Geraden = männlich, Kurven = weiblich).[140] Offen bleibt für einen Moment, ob das "ewig Weibliche" Jack hinan oder hinab ziehen wird, doch an der bevorstehenden Befriedigung der Triebe zweifelt vielleicht nur der, der ebendiese gänzlich unter Kontrolle hat. Da Jack dies nicht für sich beanspruchen kann, kommt es zum Kuss.

Aber wie wir schon bemerkt haben, enthüllen sich in den spiegelnden "Schaugläsern" auch die Abgründe der Psyche. Und so zeigt sich plötzlich, bei Jacks flüchtigem Blick in den Spiegel über dem Waschbecken, der Dämon in seiner wahren Gestalt: Jack hält eine verwesende Wasserleiche in den Armen, eine Perversion der jungen Schönheit von eben, die barocke Mahnung der Vergänglichkeit. Wie Kubrick meinte: Wer sich mit der Unsterblichkeit einlässt, tanzt mit dem Tod.

Wie konnte Jack auch annehmen, an diesem Ort sexuelle Erfüllung finden zu können? Jack hat sich auf unerwartete, aber im Grunde klassische Weise verführen lassen. Er hat das Phantom der Vergangenheit, ob es nun seiner eigenen Psyche entspringt oder ein Rachegeist des Overlook ist, nicht erkannt und ist ihm auf den Leim gegangen.

Einstellung (shot)
Kamera (camera):

Der Schock kündigt sich schon an, wenn die Kamera ungewöhnlich lange den Kuss zeigt, als **Großaufnahme** (close-up) mit Fokus auf Jack. Auf diese Weise bleibt das Gesicht der Frau vor dem Blick des Zuschauers verborgen, so dass ihre Verwandlung unbemerkt bleibt. Dennoch ahnt man schon, dass noch etwas kommen muss, spätestens als Jack seinen Blick hebt, um in den Spiegel zu schauen. Noch bevor ein verwirrender Reißschwenk (swish pan/ whip pan) die nackte und hässliche Wahrheit zeigt, verstärkt sich das Gefühl, dass Jacks Traum von der Begegnung mit der Verführung zu schön sein muss, um wahr zu sein.

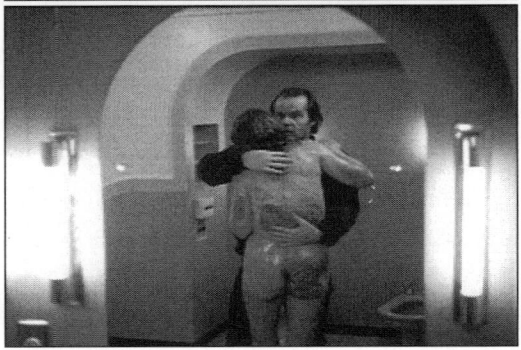

---

[140] Hickethier, S. 51.

Montage (editing):

Genau im Moment dieser Entdeckung erfolgt ein Schnitt auf Danny, der mit aller Kraft seine "Bilder" an Hallorann sendet. Dieser Schnitt auf Danny hat eine primäre und eine sekundäre Funktion: In erster Linie geht es darum, den Zuschauer durch die Form der **Parallelmontage** (parallel montage) zu verunsichern, da er erst einmal verstehen muss, dass hier sowohl Jacks als auch Dannys Erlebnisse gezeigt werden. Zudem wird dem Zuschauer vorenthalten, wie Jack denn nun reagieren wird.

Der folgende Schnitt führt jedoch nicht zurück zu Jack, sondern zeigt die alte Frau, die er gerade in seinen Armen hielt, plötzlich zurück in der Wanne. Erst nach kurzer Überlegung, zu der kaum Zeit bleibt, kann der Zuschauer erahnen, dass hier Dannys Erinnerung abläuft: Offensichtlich ist der Junge derselben "Wasserhexe" begegnet. (Diese Bezeichnung muss nicht weit hergeholt sein, wenn man an die "Wasserprobe" denkt, die bei der Hexenverfolgung zur Anwendung kam: Die Verdächtige wurde ins Wasser geworfen; ging sie unter, war sie unschuldig – vermutlich konnte sie nur nicht schwimmen –; blieb sie oben, galt sie als Hexe.)

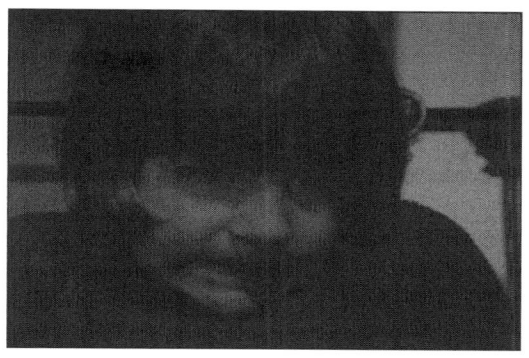

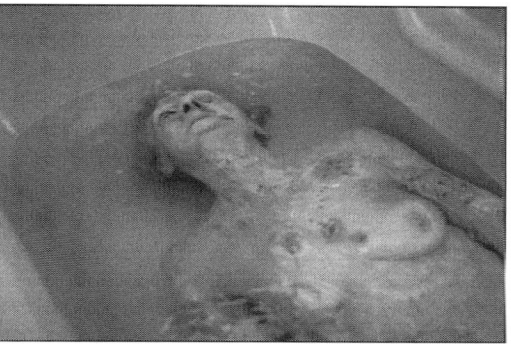

Kamera (camera):

Endlich geht es zurück zu Jack, der sich entsetzt auf dem Rückzug befindet. Die Kamera zeigt ihn in frontaler **Halbnahe** (medium shot) und **bewegt sich auf ihn zu:** Dies ist die Perspektive des Verfolgers, der bedrohlich und nahe genug ist, um Jack in sprachlosen Schrecken zu versetzen. Noch immer weiß der Zuschauer nicht genau, wie diese Gestalt aussieht, doch wird er durch die Kameraführung mitten in das Geschehen versetzt und sinnlich so überwältigt, dass eine kognitive Kontrolle der Rezeption unmöglich wird. Gewiss entspricht die alte Frau, die wir dann endlich von vorne sehen, nicht dem Filmmonster-Klischee: Sie ist im wahrsten Sinne des Wortes zahnlos und kann sich kaum auf den Beinen halten. Und doch macht sie Angst: weil sie schockierend hässlich ist, eine wandelnde Tote und noch dazu nackt; weil sie so großen Spaß an diesem abstoßenden Spiel hat und sich förmlich "totlacht", wobei das Lachen noch verzerrt wird; weil sie aus der **Untersicht** (low angle) gezeigt wird, von einer Kamera, die aus **Jacks Perspektive** (P-O-V shot) blickt und vor der Alten **zurückweicht**; weil sie die Hände nach Jack und nach uns ausstreckt; und weil die Musik immer lauter und schriller an den Nerven zerrt.

Montage (editing)

Einstellung (shot):

Dieser Zyklus der Einstellungen wiederholt sich, wodurch die Sequenz verlängert und dem Zuschauer suggeriert wird, er befände sich in einer Zeitschleife ohne Ausweg: Danny beim Shining – die alte Frau in der Wanne (sie beginnt sich aufzurichten, mit starrem Blick) – Jack, der zurückweicht – die Alte, die auf ihn zukommt. Dann wieder Danny, diesmal in **Großaufnahme** (choker close-up), die uns seine extreme Anspannung im wahrsten Sinne des Wortes nahe bringt, und die Wasserhexe, die sich nun fast ganz aufgerichtet hat. Jack hat Glück im Unglück und endlich den einzigen Ausweg gefunden. Hektisch verschließt er die Zimmertür von außen, als ob das gegen die Kraft helfen würde, der er da gerade in die Arme gelaufen ist. Er flieht. Das **Gegenlicht** (contre-jour shot) und die Kamera, die in ihrer **Position verharrt** und Jack einfach kleiner werden lässt, vermitteln deutlich: Dieser Mann ist jetzt nur noch ein Schatten seiner selbst.

Ein direkter Angriff auf Jack ist uns ebenso erspart geblieben wie das Würgen des Jungen. Doch scheint es, dass auch an dieser Stelle das "Weniger" tatsächlich ein "Mehr" ist. Die Sequenz kann auf Gewalt verzichten, weil sie allein durch ihre Inszenierung zutiefst verstört, und weil zum sinnlich Abstoßenden und Irritierenden noch die geistige Verwirrung kommt. Wenn wir Jack bei seinem Gang in die Höhle des Bösen begleiten, erleben wir eine Alptraumsequenz. Das Hotel spielt mit Jack und seinen unbewussten Wünschen und Ängsten, so wie der Film mit uns spielt: Wir sehen die Begierde nach fleischlichem Genuss und die erbarmungslose Konfrontation mit dem Horror, die Hoffnung auf die Vereinigung mit der ewig jungen Schönheit und die schockierende Zerstörung dieses Traums. Zugleich unterstützt diese Sequenz die Deutung, dass sich das Böse von den Schlechtigkeiten der Menschen ernährt und somit auch in ihnen weiter lebt: Jack ist ein treuloser Macho, und genau das macht ihn verführbar. Das Böse nimmt die Gestalt seiner "Beauty Queen" an, aber diese saugt ihn aus und wird zur spottenden Vettel (eine weitere, verzerrte Verdopplung), aufgedunsen von der dunklen Energie, die sie aus ihm herausgesaugt hat wie ein Zeck. Da sie auch eine Ausgeburt seiner unterdrückten Triebe ist, ist ihre monströse Verwandlung für Jack zugleich die größtmögliche Katastrophe, eine "Explosion in seinem Inneren; nicht nur Ausdruck seiner Impotenz, sondern wahrer Zusammenbruch", wie Seeßlen bemerkt hat.[141]

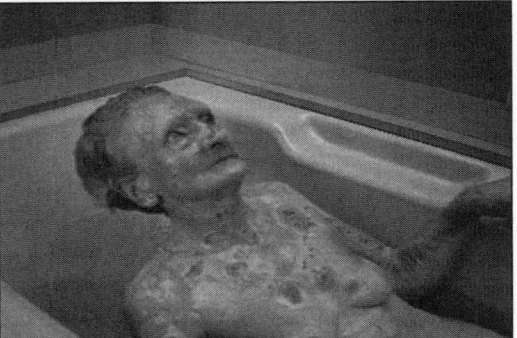

---

[141] Seeßlen, S. 242.

Womöglich ist Jack ein so leichtes Opfer, weil er eben Mensch ist, und dann hielte dieser Film uns allen einen Spiegel vor: Der Mensch lebt im Zwiespalt zwischen der Lust nach Jugend, Schönheit, Sex, Leben – und der verdrängten Angst vor dem Altern, dem Verfall, dem Tod. Wenn Jack, der sich im Overlook wie zu Hause fühlt und, wie der Schluss des Films beweisen wird, in einer anderen Inkarnation tatsächlich schon hier gelebt haben muss, im eigenen Haus verhöhnt wird, ist die hier erlebte Schmach umso schlimmer. Nun ist er nur noch hässlich und klein.

Dem Prinzip der Verwirrung folgend lässt auch diese Sequenz keine eindeutige Interpretation zu: Spielt sich der Alptraum nur in Jacks Fantasie ab ? Dann wäre das sich allmählich zuspitzende Drama nur das eines kranken Mannes. Oder gibt es das Böse wirklich, das ihn in die Falle lockt und zugleich Abbild seiner Krankheit ist, so wie das labyrinthische Hotel, in dessen Gängen der Mensch den Verstand verliert, um irgendwann seinem eigenen Wiedergänger zu begegnen – also den Tod zu finden ? Diese Sichtweise mag wenig erfreulich klingen, passt aber in die Weltsicht anderer Kubrick-Filme.

Schmunzeln darf man über den Gedanken, dass Kubrick den Bruch mit dem Tabu, Toiletten zu zeigen (den als erster Hitchcock in *Psycho* herbeiführte), vielleicht nicht ohne Absicht vollzog. Auch Seeßlen hat auf die Bedeutung der Waschräume in Kubricks Filmen hingewiesen.[142] In der Tat lassen sich einige zunächst abstrus anmutende, aber in ihrer Gesamtheit doch recht interessante Bezüge nachweisen:

– Als Danny seine erste Vision der Gewalt empfängt, steht er am Waschbecken eines kleinen Badezimmers.
– Wenn Danny in der Hausmeisterwohnung auf dem Schoß seines Vaters sitzt, fällt der Zuschauerblick auf die Toilette im Hintergrund, während sich die Spaltung der Familie immer deutlicher ankündigt.
– Jacks Begegnung mit der Horror-Badefee findet im Bad von Zimmer 237 statt.
– In der Herrentoilette des Gold Room wird Jack von Delbert Grady in den Rachefeldzug gegen seine eigene Familie getrieben.
– Jack greift seine Familie wieder in der Hausmeisterwohnung an, wobei sich Wendy und Danny im Badezimmer verschanzen.
– In *Full Metal Jacket* erschießt einer der jungen Soldaten, der die Entmenschlichung der Ausbildung für den Vietnamkrieg nicht mehr aushalten kann, zuerst seinen peinigenden Ausbilder und dann sich selbst: im Waschraum der Kaserne.
– *Eyes Wide Shut*, Kubricks letzter Film, beginnt mit einer Szene, in der man Nicole Kidman beim Urinieren auf der Toilette sieht. Dabei fragt sie ihren Mann (Tom Cruise), wie denn ihr Haar aussehe, und erntet Lob – das aber nur eine gedroschene Phrase ist, denn er hat gar nicht hingesehen. Diese kurze Exposition zeigt eine weitere Familie, die nicht mehr funktioniert.

Wenn man so will, symbolisiert die Toilette den Weg nach unten, in die Abgründe der menschlichen Existenz. Es geht eben alles "den Bach runter": mit der Familie die Menschlichkeit, die Wärme, die Harmonie. Ein Beispiel für den Hang einiger Interpreten, bei ihren Deutungsversuchen nicht nur die Grenze der Ernsthaftigkeit, sondern auch der Logik zu überschreiten, liefert Seeßlen: "Und obwohl diese Szene [die Begegnung mit der Wasserhexe] im Roman so nicht vorkommt, dürfte sie sich unter anderem einer intensiven King-Lektüre verdanken: In *Stand By Me* geht es um den langen Weg von vier Jungen, die die Leiche eines Gleichaltrigen suchen, [...] und am Ende finden sie sie als aufgedunsenen Körper."[143] Kings Novelle *The Body*, auf welcher der Film *Stand By Me* basiert, erschien erst 1982. *The Shining* kam schon 1980 in die Kinos.

Paul Mayersberg hat andererseits sehr nachvollziehbar darauf hingewiesen, dass man Jacks Badezimmerszene als Anspielung auf die legendäre Duschszene aus *Psycho* lesen kann. In Hitchcocks Mordszene, wohl die meist zitierte Sequenz der Filmgeschichte, wird Marion Crane in der Dusche durch das "Monster", das von außen eindringt, bedroht. Mayersberg sieht in Kubricks Sequenz eine Umkehrung dieser Szene: Jack, das Monster, wird aus der Dusche (bzw. Badewanne) heraus bedroht.[144] Sicherlich ist Jack eine Art "Monster", weil er seine Familie verrät. Aber im Moment der Verwandlung wird *die Frau* zum Monster, und Jack ist nur noch ein angstvoller kleiner Junge, der die Flucht ergreift. Hier findet nicht nur ein Tausch der Richtung statt, aus der die Bedrohung kommt, sondern wirklich ein Tausch der Rollen: Der Täter wird zum Opfer, der Starke zum Schwächling. Das Ende des Films wird hier vorweggenommen: Jack wird den Tanz mit den Toten nicht überleben...

---

[142] Seeßlen, S. 263.
[143] ebd., S. 262f.
[144] Paul Mayersberg: The Overlook Hotel. *in:* Sight and Sound, Winter 80-81.

Sequenz 29: Hallorann sucht Kontakt – 1h 16'09''

🖼 Komposition (composition):

Im blauen **Seitenlicht** (half light), das offenbar von der linken Seite her durch Jalousien fällt und die räumliche Wirkung verstärkt, beobachten wir Hallorann, der durch Dannys Botschaft beunruhigt ist. Er versucht, das Overlook zu erreichen. Doch das ist nicht möglich, vermutlich aufgrund des Schneesturms in Colorado. Die Balken und Schatten machen Hallorann zum Gefangenen; er kann von hier aus nichts tun, um Danny zu helfen. Entsprechend geht er hin und her wie ein Tiger im Käfig.

Sequenz 30: Der Bruch – 1h 16'47''

🖼 Komposition (composition):

Jack kehrt "heim" und wirkt keineswegs geschockt. Er behauptet, niemanden in Zimmer 237 gesehen zu haben. Also hat er nichts gelernt oder begriffen – oder ist seine bislang nur angedeutete Schizophrenie jetzt so weit fortgeschritten, dass das eine Ego nicht mehr weiß oder wissen will, was das andere tut? Auf eine solche Spaltung könnte wieder der **Spiegel** hinweisen. Jacks Verhalten irritiert, weil es auf den ersten Blick so unlogisch erscheint. Erst allmählich realisiert man, dass hier eine Vorentscheidung gefallen ist: Jack ist für seine Familie verloren, denn er vergisst einfach und lässt die Gelegenheit aus, sein traumatisches Erlebnis, sei es real oder eingebildet, mit seiner Frau zu teilen. In diesem unspektakulären Augenblick wird klar, dass die Kommunikation zwischen den beiden Ehepartnern endgültig zusammengebrochen ist. Auf diesen Zusammenbruch folgt konsequent der Ausbruch von Feindseligkeiten. Auf das Vergessen der Gewalt folgt ihre Wiederholung.

🎥 Kamera (camera):

Für eine kurze Zeit spielt Jack noch den besorgten Vater und Ehemann. Er erkundigt sich nach Dannys Befinden und legt Wendy den Arm um die Schulter. Der Dialog auf dem Bett wird im **Schuss-Gegenschuss-Verfahren** (reverse angle shots) und in **Nahaufnahmen** (close shots) gezeigt, wodurch sich der Zuschauer auf die Äußerungen und Reaktionen der Figuren (in Wort und Mimik) konzentriert. Wendy ist sichtlich mit den Nerven am Ende. Jack hingegen demonstriert eine Ausgeglichenheit und Väterlichkeit, die so überzogen wirkt, dass sie Wendy verdächtig erscheinen müsste. Aber auch sie schaltet einfach nicht, ist überfordert, vielleicht auch einfach zu gut(gläubig) für diese Welt.

Kamera (camera)

Ton (sound):

Jack erneuert nun seinen Verdacht, Danny habe sich die Würgemale selbst beigebracht. Als Wendy hierauf mit dem logischen Schluss reagiert, dass Danny die Isolation demzufolge wohl nicht aushalten könne und von diesem Ort weggebracht werden sollte, sehen wir plötzlich Danny in **Nahaufnahme** (close shot). Wir wissen, dass er im angrenzenden Zimmer schläft. Während sich die Kamera langsam seinem Gesicht bis zur **Großaufnahme** (close-up) nähert und dadurch die Spannung erhöht, klingen die Stimmen seiner Eltern seltsam **verzerrt** (distorted). Somit wird deutlich, dass Danny das Gespräch nicht einfach durch die geschlossene Tür hört, sondern mit Hilfe seines Shining. Tatsächlich öffnet sich wieder eine Tür ins Unterbewusste, und sofort wird sich endgültig aufklären, in *wessen* Unterbewusstsein der Junge blickt: Die folgende Einstellung, die allein durch die **extreme Untersicht** (worm's eye view) beängstigend wirkt, wird gerade lange genug eingeblendet, so dass man wie der biblische Daniel die Zeichen an der Wand bzw. Tür lesen kann. Wer schnell genug liest, entdeckt die erneute Spiegelung: REDRUM = MURDER. Dieser Gedanke muss von Jack kommen.

Zugleich erklingt wieder, zunächst leise und dann an Lautstärke und enervierender Wirkung zunehmend, Pendereckis "The Awakening of Jacob". Hier ist es Danny, der erwacht, und wenn er auch vielleicht noch nicht rückwärts lesen kann, wird er gleich ein klares Bild der nahenden Gewalt empfangen.

Jack bewahrt noch für einen letzten Augenblick die Ruhe, doch es ist die Ruhe vor dem Sturm. Seine Gegenfragen drücken aus, für wie unglaublich er Wendys Vorschlag hält, die Einheit der Familie aufzubrechen, mit der er doch "für immer und immer und immer" hier bleiben wollte. Das "Scheißweib" will seine Pläne durchkreuzen, und das kann nichts als Unheil bedeuten.

Dannys Entsetzen bricht in einem Schrei aus, doch es ist ein stummer Schrei, zugleich Ausdruck der Wehr- und Hilflosigkeit des Jungen. Er wird von niemandem gehört, außer von uns. Jetzt kann man nicht mehr neutral bleiben und muss, dem Schutzinstinkt folgend, die Partei des Kindes ergreifen. Umso schlimmer ist das Gefühl, machtlos zu sein und nicht helfen zu können. Insofern ist *The Shining* gewiss ein Horrorfilm.

🎬 Montage (editing):

Hier ist sie wieder, die Vision des Fahrstuhls, der das Blut diesmal aber schon weit ausgespuckt hat. Aufgrung des Designs (Holztäfelung, Kerzenleuchter etc.) können wir den Fahrstuhl inzwischen eindeutig als Teil des Overlook identifizieren und womöglich als Symbol des in ihm wohnenden Bösen deuten. Ebenso wichtig ist die Platzierung dieses Bildes mitten in den Moment, in dem Jacks Wut aufkocht; hier handelt es sich gewissermaßen um **eine dreifache Parallelmontage** (parallel montage) aus Gespräch, Schrei und ESP-Botschaft.

Jetzt ist endgültig bewiesen, dass Dannys Visionen ein "conduit"[145], eine Schnittstelle ins Unterbewusstsein seines Vaters sind. Das Blut, das hier zum reißenden Strom wird und uns überflutet, gefilmt aus der **Untersicht** (low angle) und in unerträglich dehnender **Zeitlupe** (slow motion), symbolisiert Jacks Aggressionen, die in genau dem Augenblick überlaufen, als die Blutwelle über das Auge des Zuschauers schwappt und ihn zu ersticken droht. All der Frust, auch der sexuelle, der sich durch die Badezimmerszene angestaut hat, bricht nun aus.

Jacks Hass kulminiert in der Schuldzuweisung, Wendy sei die Ursache all seiner Probleme. Endlich sei er einmal richtig bei der Sache, und sie vermassle ihm wieder seine Chance, etwas zu erreichen. Jack kocht vor Wut, mit hasserfülltem Blick und gefletschten Zähnen. Die besondere Wirkung dieses Augenblicks leitet sich in erster Linie wieder daraus ab, dass keine tätliche Gewalt ausgeübt wird. Stattdessen schafft es Nicholson, die Wut der von ihm gespielten Figur allein durch **Sprechweise** (manner of speaking), **Mimik** (facial expressions) und **Körpersprache** (body language) so überzeugend auszudrücken, dass man Jack Torrance zutraut, seiner Frau im nächsten Moment an die Gurgel zu gehen, was er allerdings – noch – nicht tut.

Sein Vorwurf legt offen, woran dieser Mann krankt: Er fühlt sich als Verlierer. Er wirft Wendy vor, sie sehe ihn lieber als einen jener Loser, die Amerika sauber halten müssten. Man erinnert sich an Wendy und Danny vor dem Labyrinth: "Loser has to keep America clean." Im Englischen wird dieser Vorwurf sehr deutlich: "I have let you fuck up my life so far but I am not going to let you fuck this up." (Die deutsche Übersetzung ist leider weniger klar und wirkt einfach vulgär: "Du benimmst dich mal wieder verdammt beschissen. Aber von jetzt an kannst du mich am Arsch lecken.")

---

[145] Nelson, S. 203.

Es entsteht der Verdacht, dass Jack sich erst als Sieger fühlen wird, wenn er es geschafft hat, mit seiner Familie "für immer" hier zu bleiben. Es ist ein unangenehmer Verdacht, denn offenbar sieht er die fürchterliche Konsequenz dieses Gedankengangs nicht. Jack muss wirklich eine gespaltene Persönlichkeit sein, denn andererseits will er sich von seiner Familie lösen: Wenn Wendy die Schuldige sein soll, so doch nur, weil Jack sich durch sie in eine Form der Existenz gezwängt fühlt, deren Ansprüche er nicht erfüllen kann: treu sein, verantwortungsvoll für andere handeln, für eine sichere materielle Existenz sorgen. Jack möchte ganz Anderes: unabhängig sein und seinen Gelüsten frönen, wie seine Ausflüge in die Schattenwelt zeigen.

Kamera (camera)
Ton (sound):

Nachdem Jack mit Hilfe des drohenden Zeigefingers seinen ersten Schlag gegen Wendy angekündigt hat, mit einem wütenden Blick in die Kamera (als wolle er sagen: "Ihr seid auch nicht besser!") aus der Wohnung gestürmt ist und Wendy verzweifelt zurückgelassen hat, entlädt er seine Wut zunächst an einigem Metallgeschirr (das an Filmdosen erinnert). Wie Wurfgeschosse fliegen die Teile auf die Kamera und somit auf den Zuschauer zu, der sich selbst angegriffen fühlt. Ohne Zweifel empfindet Jack großes Vergnügen, so dass ihn das Scheppern gar nicht stört, das uns wiederum an die Nerven geht.

Anschließend wandert er scheinbar ziellos durch die Gänge, erleichtert, seiner Frau endlich einmal die Meinung gesagt zu haben. Er kennt sich im Labyrinth des Hotels nicht richtig aus, aber da ist ja noch die Kamera, die ihn wieder auf Augenhöhe begleitet (travelling shot at eye-level) und noch mehr im Schilde führt: Sie scheint Jack ohne jede Hektik an einen bestimmten Ort zu ziehen. Und schon erklingt hinter unserem Rücken von ferne Ballmusik.

Einstellung (shot):

Die **Halbtotale** (medium long shot) **aus Jacks Sicht** (P-O-V shot) zeigt den Gang durch die Empfangshalle, der zum Gold Room führt, voller Luftballons und Papierschlangen. Öffnet sich wieder das Tor zu jener Welt, die Jack so viel mehr gefällt als seine Existenz als "family man" ? Da muss der *caretaker* doch einmal nachsehen... Freilich ohne zu realisieren, dass er dort nur Masken treffen wird, hinter denen die Fratze des Todes lauert. Zum "Maskenball" der Toten passt das Musikstück "Masquerade", gespielt von Jack Hylton mit Orchester.

| Sequenz 31: Hallorann und die Ranger – 1h 21'21'' |

Während im Overlook die roten Wogen des Hasses höher zu schlagen beginnen, sitzt Hallorann immer noch in seinem blauen "Käfig". Sein zweiter Kontaktversuch ist zumindest teilweise erfolgreich: Er erreicht die Forest Ranger, die versprechen, das Hotel zu kontaktieren.
Wie der Zuschauer weiß allerdings auch Hallorann, dass damit herzlich wenig erreicht ist, und so wirkt er auch wenig beruhigt, als er auflegt. Denn wie soll ein Anruf Wendy und Danny helfen, wenn Jack wirklich durchdreht?

| Sequenz 32: Delbert Grady – 1h 22'13'' |

Komposition (composition)

Kamera (camera):

Jack nähert sich nun dem Gold Room, aus dem die Musik herüberklingt und sich schon ein leichter **Nebeldunst** in die Flure ergießt, der die Wahrheit verschleiert: Wieder geht Jack an den **Spiegeln** vorbei und betritt die Welt dahinter. Er wird jedoch von den **Kronleuchtern** in einen höheren Stand versetzt: Hier zumindest ist er König.
Im Gold Room, dem gigantischen Glitzersarg ohne jedes Fenster, ist ein Ball der Goldenen Zwanziger im Gange, Sinnbild eines beschwingten Lebens in Freude und Ausschweifung, das jede Mühsal und Sorge aussperrt wie die Bewohner jenes Schlosses bei Poe (die dann doch das Schicksal ereilte).
Zur scheinbar erhebenden Stimmung passt die Musik: "Midnight With the Stars and You" (Ray Noble & Band mit der Stimme von Al Bowlly, 1932). Auf diesem Fest der lebenden Toten darf sich Jack selbst wie ein Star fühlen, schon beinahe unsterblich, und so wird er auch gleich mit Namen empfangen. Man kennt ihn, er gehört dazu. Die **Kamera begleitet ihn schwebend** in den Saal, die Leichtigkeit unterstützend, mit der er diesen Schritt tut; und doch bleibt sie stets in **paralleler Bewegung** und auf **Abstand**, damit unser Auge geschärft bleibt. Zugleich durchmessen wir den gesamten Raum und das "Leben" darin, in dem Jack untergehen muss.
Auch Lloyd, ursprünglich vielleicht ein Gespenst aus Jacks persönlicher Vergangenheit, ist jetzt vollständig in das Repertoire des Overlook integriert. Er spielt eine zentrale Rolle in diesem Schauspiel, das für Jack inszeniert ist, auch wenn ihn niemand sonderlich zu beachten scheint. Lloyd ist das unmissverständliche Signal an Jack: Du bist wieder da, wo du hingehörst.

🎥 **Kamera (camera)**

📽 **Einstellung (shot):**

Weil der folgende Dialog doch bedeutender ist, als man erwarten mag, sehen wir Lloyd und Jack nun wieder im **Schuss-Gegenschuss-Verfahren** (reverse angle shots) und in **Nahaufnahme** (close shots), d.h. den Kopf bis zur Brust, so dass auch der unmittelbare Umraum noch ins Bild rückt: Lloyd, wieder durch **Unterlicht** (below light) und **Gegenlicht** (backlight) dämonisiert, ist der Heilsbote, denn er hütet die Tränke, die vergessen machen. Er ist also ein Todesengel. Als Jack seinen üblichen Bourbon bestellt ("hair of the dog that bit me", das beste Mittel gegen den Kater), erfüllt sich das Glück: Hier gehen alle Drinks für Jack Torrance auf Kosten des Hauses. Endlich ist Jack eine bekannte Persönlichkeit, die bekommt, was ihr zusteht.

Es festigt sich der Verdacht, dass Jack hier nicht nur eine Reise in seine eigene Schattenwelt unternommen hat, sondern in eine andere "Dimension" eingetreten ist, die sich sowohl aus seinen Lastern als auch aus einem universellen Bösen zusammensetzt, das im Overlook wirkt. Jack muss nichts bezahlen, weil er denen "da oben" schon längst gegeben hat, was sie wollen: seine Seele.

Doch was für ein Traum: Die Menschen im "Gold Room" sind immer hier und *für immer*, wahrlich unsterblich. Sie leben abgekapselt von der Welt draußen, von Licht und Wachstum, Altern und Vergehen. Nichts kann ihnen etwas anhaben. Ihre Welt ist ein ewiges Fest, auf dem die Band immer weiter spielt und die kostenlosen Drinks immer weiter fließen. Jack erliegt diesem Traumangebot ebenso wie der junge Nog in der Episode *It's Only a Paper Moon* der TV-Serie *Star Trek: Deep Space Nine*: Nachdem Nog im Krieg ein Bein verloren hat, entwickelt er so starke Depressionen und Lebensängste, dass er immer mehr Zeit im "Holodeck" verbringt (einem Raum, in dem man eine völlig authentisch wirkende, aber doch bloß virtuelle "Realität" erleben kann). Er entwickelt eine besondere Faszination für ein nie endendes Programm, in dem der kongeniale Sinatra-Verschnitt Vic Fontaine[146] das freudenreiche Leben der "Swinging Sixties" vorführt. Nog verlässt das Holodeck erst, als ihm Vic Fontaine selbst die harte, aber unausweichliche Wahrheit verkündet: Wer hier bleibt, verpasst das wirkliche Leben. Er ist schon tot.

---

[146] *Hörtipp:* James Darren: This One's From the Heart. Concord Records, 1999.

▣ Einstellung (shot):

Den ersehnten Drink in der Hand, tanzt Jack in das Partygeschehen, gefolgt von der Kamera, die ihn in gebührendem Abstand begleitet und nun wieder **halbtotal** (medium long shot) einen größeren Ausschnitt des Ballsaals zeigt. So sieht man, dass Jack nicht weit kommt – schließlich gilt es, ihn endgültig in die Höhle des Löwen zu locken.

Der Oberkellner kippt ihm, wie zufällig einem Hotelgast ausweichend, den Inhalt einiger Gläser über die Jacke. Seine sichtlich servilen Bemühungen, die Flecken des Eierlikörs zu entfernen (ist das Ei nicht auch Symbol der Seele ?), bleiben vergebens. Jack reagiert ganz anders, als er wohl reagiert hätte, wäre Wendy dieses Missgeschick passiert: Er bleibt gelassen und wiegelt die Sorge des Kellners ab. Dieser bittet Jack in die Herrentoilette, um die Flecken auf der Jacke sorgfältig entfernen zu können. Die Flecken auf seinem eigenen Frack seien nicht von Bedeutung, meint "Jeevesy", wie Jack ihn nennt (als Anspielung auf den berühmten Diener Jeeves aus den Geschichten von P.G. Wodehouse, der die Zähmung seinen als Junggesellen lebenden Herrn verhindert; im Deutschen nennt Jack den Kellner "mein lieber Pinguin").

Ein ganz harmloser Vorfall, scheint es. Und doch ahnt man, dass hier nichts zufällig geschieht. Der unterwürfige Tablettträger gibt Jack (und dem Zuschauer) schon einen Hinweis auf die Bedeutung dieser kleinen Szene: "Sie sind hier die Hauptperson." Wer noch einen Beweis bräuchte, er fände ihn hier: Jack steht im Mittelpunkt dieses Balls, und weil ihm diese Rolle so gut gefällt, sieht er keinen Grund, ernsthaft zu widersprechen oder sich Sorgen zu machen. Statt dessen klopft er seinem neuen Freund auf die Schultern, ganz der freundliche Patriarch, der seinem alten Köter für die vielen Jahre der treuen Unterwürfigkeit dankt.

📷 Kamera (camera)
🎙 Ton (sound):

Die Kamera folgt den beiden, was die Vermutung unterstützt, dass sich gleich Bedeutenderes abspielen wird als die Entfernung einiger Eierlikörflecken. Derweil spielt die Band weiter "Midnight With the Stars and You", und es mag einem noch auffallen, dass der Klang seltsam dumpf und fern klingt, wie das Echo einer längst vergangenen Zeit.

Komposition (composition)

Montage (editing):

Der Raum, den Jack (in äußerst ausgelassener Stimmung) und der Kellner nun betreten, ist der wohl auffälligste, ja verstörendste Raum des Hotels. Die Komposition geht auf einen Waschraum zurück, den Kundschafter Kubricks in einem von Frank Lloyd Wright entworfenen Hotel in Arizona fanden.[147] In dieser Herrentoilette findet sich Jack nun im Bauch des Ungeheuers, im Zentrum des Bösen, das sich durch das **schreiende Rot** der Wände als Spiegel der Hölle zu erkennen gibt. Klinisches Weiß wird durchbrochen von breiten Streifen frischen **Bluts** an den Wänden. Kleine rote Bodenfliesen wirken wie Blutspuren. Die **harten, geraden Linien** unterstreichen, dass dies ein Ort für **Männer** ist, deren Trieb zur Zerstörung sich hier offen zeigen kann. Jack hat das Zentrum einer kranken Psyche betreten, die zumindest zum Teil seine eigene ist, und jeder Ausweg kann nur über Wut und Blut führen.

Scheinbar wird Jack erwartet, denn bevor Jack und Grady hereinkommen, ist die Kamera schon da. Es folgt eine **zentrale Szene** des Films: Jack hält dem Oberkellner freundlich die Tür auf und lässt damit das Böse herein – das er wieder nicht als solches erkannt hat. Und wieder einmal geht es in einen Raum voller Spiegel, die als Schnittstelle zu den Abgründen seiner Psyche dienen werden.

Einstellung (shot):

Die Einstellung ist zunächst **halbtotal** (full shot), um Jack in diesem "höllischen" **Umraum** und der **Interaktion** mit "Jeevesy" zu zeigen, die zunächst belanglos ist. Doch als Jack den Kellner nach seinem Namen fragt, nimmt die Handlung auf unspektakuläre Weise eine entscheidende Wende: Er heißt Delbert Grady. Dieser Name muss irritieren: War das nicht der Hausmeister, der 1970 seine Familie hier umbrachte?

Kamera (camera):

Auch die Kamera ändert in diesem kritischen Moment ihre Position, **springt um 180 Grad** und verletzt so eine fundamentale Regel der Kameraführung (Achsensprung-Regel/180-degree rule). Auf diese Weise irritiert sie nicht nur das filmgewöhnte Auge, sondern **spiegelt** die beiden Figuren, tauscht sie aus und **macht sie austauschbar**.

---

[147] Walker, S. 303. Es handelt sich wohl um das "Arizona Biltmore" (http://www.arizonabiltmore.com).

Hierzu passt, dass Jack sein Gegenüber nicht ansieht, sondern ständig in den Spiegel schaut. Wem soll er dort anders begegnen als sich selber? Hier darf man schon den Schluss ziehen, dass er mit sich selbst spricht und in den Abgrund der eigenen Seele blickt. Gewiss, es gibt schon in dieser Sequenz Indizien dafür, dass er sich dies nicht alles nur erträumt, sondern dass das Overlook Hotel seinen Teil dazu beiträgt: Es füttert ihn mit dem Stoff, den er braucht, und das ist nicht nur der Whisky, sondern auch ein Mann wie Grady.

Wie kommt dieser Grady hierhin? Der aufmerksame Zuschauer wird sich vielleicht daran erinnern, dass der Familienmörder von 1970 *Charles* Grady hieß und eben nicht Kellner, sondern Hausmeister war – wie Jack. Wer ist nun dieser Delbert Grady? Jacks Erinnerung ist in jedem Fall schlecht, er übersieht einmal mehr die Wahrheit und glaubt, den Mörder von 1970 vor sich zu haben. Daher fragt er, ob Grady nicht einmal der Hausmeister des Hotels gewesen sei, was dieser verneint. Obwohl Jack für einen Augenblick verunsichert scheint, wirkt der folgende Gesprächsteil beinahe wie ein Verhör, das Jack als Fragensteller zunächst dominiert: Zögernd, beinahe harmlos fragt er nach, ob Grady ein Familienmensch sei. In diesen Momenten drückt Jacks Mimik und Gestik aus, dass tatsächlich etwas in ihm arbeitet, aber auch, dass seine Zurückhaltung scheinheilig ist. Unverkennbar bereitet es ihm ein gewisses Vergnügen offen zu legen, dass sein Gegenüber ein Mörder ist – vielleicht, weil dessen Tat seinen eigenen schwarzen Gedanken entspricht?

Beinahe teuflisch wirkt sein Grinsen, als er nach dem Verbleib der Töchter Gradys fragt, von denen er zu wissen glaubt, dass sie tot sind. Gradys Entgegnung, sie würden irgendwo im Hotel herumlaufen, wirkt innerhalb der Geister-Traumwelt ganz glaubhaft, zumal es sich ja nicht um den Charles Grady aus den Siebzigern handelt (was Jack allerdings nicht bemerkt hat).

Jacks Dominanz in diesem Gesprächsteil drückt sich schließlich in einer unscheinbaren Geste aus, die jedoch einen radikalen Umschwung in diesem Gespräch einleitet. Mit gönnerhafter Gelassenheit nimmt er das Tuch an sich, mit dem Grady unterwürfig die dunkelrote Jacke säubert, und sieht sein Gegenüber mit wissendem Blick an, so als wolle er sagen: "Wir zwei wissen doch ganz genau, wovon wir sprechen, mein Alter."

Nun spielt Jack, unerbittlich in Aussage und Wortwahl, seinen scheinbaren Trumpf aus: "Sie waren hier der Hausverwalter. Ich hab Sie wiedererkannt. Sie waren doch in der Zeitung abgebildet. Sie haben doch ihre Frau und ihre beiden Töchter in Stücke gehackt. Und dann haben Sie sich selbst erschossen." Wie der Boxer, der seinen Gegner k.o. geschlagen hat, wirft er das Tuch zur Seite.

Was Jack in der Zeitung gesehen haben will, kann eigentlich nur ein Ausschnitt aus jenem Sammelalbum sein, das er irgendwo im Hotel gefunden haben muss (was der Film nicht zeigt) und das kurz im Bild war, als Wendy ihn beim Schreiben störte. Diese Erklärung ist allerdings nur dem Leser des Romans zugänglich; der Film allein erzeugt nur die wiederum verunsichernde Deutung, dass Jack sich tatsächlich an einen Zeitungsartikel über den Grady-Mord erinnert – aber warum war ihm der Vorfall dann neu, als Ullman ihm davon erzählte ? Und eine noch dringendere Frage: In welchem Zustand muss man sich eigentlich befinden, wenn man seinem Gesprächspartner unterstellt, tot zu sein?

Kamera (camera):

Der erneute **Achsensprung** tauscht Jack und Grady für einen weiteren Moment gegeneinander aus, als Grady zugibt bzw. vorgibt, sich nicht an die Ermordung seiner Familie und seinen eigenen Selbstmord erinnern (!) zu können. Gab es zwei Gradys und zwei Morde an zwei Geschwisterpärchen ? Zumindest scheint es wenig wahrscheinlich, dass dieser Mann aufgrund eines Fehlers im Drehbuch *Delbert* statt *Charles* Grady heißt. Da scheint die Erklärung naheliegender, dass dieser Delbert Grady eben nur eine weitere Reflexion desselben Typs Mann ist. Delbert Grady, Jack Torrance, Charles Grady: Sie sind alle austauschbar, bloße Spiegelbilder. Es scheint, als würden die Grady- und Torrance-Typen immer wieder den "time-loop" des Overlook durchlaufen und allesamt archetypische Vertreter einer bestimmten Sorte Mann sein. Um die Omnipräsenz des Übels zu verdeutlichen, überlagern sich hier die Zeitebenen, so dass der Jack der 80er Jahre in die Vergangenheit eintaucht und dort einem Grady der "Goldenen Zwanziger" begegnet. Hier offenbart sich der Determinismus der menschlichen Natur: Wir können nicht anders, als die Fehler der Vergangenheit zu wiederholen. Sie variieren, aber sie bleiben Fehler. Und wir wiederholen sie deshalb ständig, weil wir die Spuren der Vergangenheit nur allzu gern übersehen und vergessen.

Vielleicht hatte Jack deshalb beim ersten Besuch im Overlook Gefühle des déjà-vu: Er war zwar nicht persönlich schon einmal hier, aber in einem "früheren Leben", als der gleiche Typ Mensch, für den das Overlook schon immer das bevorzugte Zuhause war. Jack, der Amerikaner, ist das Abziehbild des Patriarchen und Rassisten aus der Alten Welt, der sich in der Neuen Welt einen Platz sucht, der wiederum Sinnbild seiner Hybris ist – am Fuß des höchsten Berges gelegen, den "Göttern nahe" und ein Sakrileg gegen das Heiligtum eines unterdrückten Volkes.

In dem Moment, als Jack seine Dominanz ausreizt und Grady freudig grinsend an dessen brutale Tat erinnert, überspannt er jedoch den Bogen, und das Gewicht der Kräfte verlagert sich zu Grady: Er richtet sich zu voller Größe auf, überragt jetzt Jack (zumindest optisch) und versichert, Jack sei stets der *caretaker* gewesen: "I'm sorry to differ with you, Sir. But *you* are the caretaker. You've always been the caretaker. I should know, sir. I've always been here." ("Sir, ich bitte Sie sehr um Vergebung. Aber Sie sind hier der Hausverwalter. Von Anfang an waren *Sie* es. Ich weiß es, Sir. Ich war von Anfang an hier.") Damit bestätigt Grady den Verdacht, dass "unser" Jack Torrance nur ein Wiedergänger des Jack-Typus ist, einer von der Art des biblischen Jakob, seines Zeichens Ahnherr, Patriarch und Träumer.

Seeßlen hat mit Recht darauf hingewiesen, dass die englische Bezeichnung *caretaker* bzw. das ihr zugrundeliegende *to take care* besser zu der Rolle passt, die Jack spielen soll[148]: sich um das Overlook kümmern und die Familie zusammenhalten. Drückt sich in Jacks Träumen, vor allem im Dialog mit Grady das Bedürfnis aus, die Rolle des Patriarchen spielen zu können, d.h. das Alpha-Tier zu sein ? Stachelt Grady ihn an, diesem Drang nachzugeben und sich endlich die Position zu sichern, von der er glaubt, dass sie ihm zusteht ?

Jacks Verhalten in dieser Szene, ausgedrückt durch Mimik und Körperhaltung, passt in dieses Konzept: Es wirkt beinahe atavistisch, wie er sich duckt, wie ein lauerndes Tier umhersieht, seine Gesichtsmuskeln spielen lässt und die Zähne fletscht. Der Dreitagebart macht deutlich, dass Jack auch äußerlich die Rolle des "modernen" Mannes abgelegt hat, der glattrasiert ist, Jackett trägt und anspruchsvolle Bücher liest – oder sogar schreibt. Der Jack Torrance, der sich Jack Ullman als angehender Schriftsteller vorstellte, ist hier nicht mehr zu sehen.

---

[148] Seeßlen, S. 243.

🎥 Kamera (camera):

Die Kamera ist nun in den Wechsel von **Schuss und Gegenschuss** zurückgekehrt (angle shots), um sich im folgenden, entscheidenden Teil des Dialogs ganz auf Worte und Mimik der beiden Gesprächspartner zu konzentrieren. Grady und Jack werden dementsprechend in **Nahaufnahmen** (close shots) gezeigt, gespiegelt an einer unsichtbaren Achse, die mitten durch das Bild verläuft.

Grady, dessen Korrektheit schon fast Arroganz gegenüber den Schwächen der Menschen zu sein scheint, die er bedient,[149] treibt Jack zum Mord an seiner Familie: Er öffnet Jack die Augen, indem er ihm von Dannys Bemühungen berichtet, Kontakt zur Außenwelt aufzunehmen. Jack wirkt völlig ahnungslos, obwohl es auch nur sein eigenes Shining sein könnte, dass ihn hier in Gestalt des Delbert Grady warnt. In jedem Fall ist der "gute" Jack jetzt endgültig der Schwache und hat dem Rassismus Gradys, der wohl auch sein eigener ist, nichts mehr entgegenzusetzen. Grady treibt die Hassgefühle an, indem er nur von einem "Nigger" bzw. einem "Nigger-Koch" spricht, so als wäre dies ungefähr die niedrigste Stufe, die eine Kreatur auf Erden erreichen könnte.

Wer allerdings noch immer glauben wollte, dass Grady eine Gestalt ist, die ausschließlich Jacks verdrehtem Hirn entspringt, findet hier immer deutlichere Hinweise darauf, dass noch eine weitere Kraft am Werk ist. Diese versorgt Jack mit exakt den Informationen, die er zur Rechtfertigung seines Anspruchs braucht, in seiner Familie einmal für klare Verhältnisse zu sorgen. Gibt es das Übernatürliche also doch?

An Grady hat sich eine sichtbare Verwandlung vollzogen: Er scheint nun größer als Jack, weil dieser sich duckt und Grady aus **leichter Untersicht** (low angle shot) gefilmt wird; sein **Gesichtsaudruck** (facial expression) wirkt stolz und unerbittlich. Das Gegenlicht blendet und lässt ihn unwirklich wirken. Wie Lloyd ist auch er ein Todesengel. Hinzu kommen seine Artikulation und Wortwahl, die an die Sprache eines britischen Kolonialherren erinnern. Vom servilen Diener zum dominanten und rassistischen Hetzer, zum Inbegriff des Mannes, der alles im Griff hat: Das ist eine Entwicklung, die auch Jack gerne erleben würde. Dass Jack selbst schwach ist, beweist nicht nur die Tatsache, dass er in Bezug auf Dannys Shining ahnungslos scheint. Es zeigt sich auch, dass er sich sowohl von Danny, den Grady als "naughty boy" bezeichnet, als auch von Wendy bedroht fühlt.

---

[149] Walker, S. 303.

Wieder muss die Frau als Sündenbock herhalten: "Es ist seine Mutter." Jack ahnt nicht, dass Grady (bzw. sein eigenes Unterbewusstsein, das nach Dominanz strebt), eben darin Jacks Schwäche sieht: den verweichlichenden Einfluss der Mutter auf den Jungen überhaupt zuzulassen.

Grady formuliert seine Stellung als Patriarch, in der er nach Belieben Macht und Gewalt ausüben kann, mit dem Euphemismus des Souveräns: "Perhaps they need a good talking-to." Die deutsche Fassung klingt ähnlich verharmlosend: "Vielleicht bedürfen sie eines Verweises."

Mit absoluter Bestimmtheit und von der Unanfechtbarkeit seines Tuns überzeugt, brüstet sich Grady mit der von ihm verübten Zurechtverweisung seiner Familie, an die er sich nun wieder erinnert: "But I *corrected* them. And when my wife tried to prevent me from doing my duty, I corrected her." ("Ich rief sie zur Ordnung. Und als meine Frau mich von meiner Pflicht abzuhalten versuchte, gab ich ihr eine Lektion.")

Die Maske ist gefallen: Er ist also doch ein Gewalttäter, und noch dazu ein erfolgreicher; denn jetzt "lebt" er mit seiner Familie hier im ewigen Overlook, dem Schattenreich der Vergangenheit. Er hat bewiesen, dass er ein würdiges Mitglied dieser Gesellschaft ist, indem er seine Familie ins Overlook-Reich heimgeholt hat. Grady ist der Herrscher über seine Familie. Jack muss diesen Anspruch erst noch erfüllen, und vielleicht wird er es diesmal tatsächlich schaffen. Die erste Voraussetzung erfüllt er schon, denn er ist vom fröhlichen Partygast zum lauernden Tier mutiert, das nun auf die Jagd gehen wird.

Ton (sound):

Im Verlauf des Dialogs erklingen, wiederum nur als ferne Echos, die melancholischen Stücke "It's All Forgotten Now" (Ray Noble & Band mit der Stimme von Al Bowlly, 1932) und "Home" (Henry Hall & the Gleneagles Hotel Band). Beide Titel fundamentieren diese Szene sowohl musikalisch als auch thematisch: Hier, im roten Zentralorgan des Bösen, verläuft die Zeit (wie vielleicht alle Zeit) zyklisch. Immer wieder trifft der Mensch dort das Böse, das in seinem Herzen und in der Welt wohnt. Immer wieder muss er dasselbe tun, weil er vergessen hat, dass er es schon einmal getan hat. Und deshalb ist Jack, der so lange auf der Suche gewesen ist, nun endlich dort angekommen, wo die Reise immer irgendwann endet: zu Hause, bei sich selbst.

| Sequenz 33a: Tony spricht – 1h 31'35" |

Die folgende Szene ist bedauerlicherweise der **Kürzung für die Europa-Fassung** zum Opfer gefallen. Sie zeigt zunächst, wie Wendy auf und ab geht und ihre Nervosität wieder mit einer Zigarette bekämpft. Ihr Selbstgespräch zeugt nicht nur von Hilflosigkeit, sondern beweist auch, dass sie den Zustand ihres Mannes nicht einordnen kann. Sie zieht nur die Schlussfolgerung, Danny nun wohl allein zum Arzt bringen zu müssen. Dass ihr Mann offensichtlich ein ernstes psychisches Problem hat, sieht sie nicht oder verdrängt sie.

Einstellung (shot)
Komposition (composition):

Danny scheint seinen Schock noch nicht verwunden zu haben, denn er ruft immer wieder die Botschaft, die auch Wendy noch nicht begriffen hat. Am Bett trifft sie nur noch Tony (die Szene erinnert ein wenig an *The Exorcist*). Die **Halbnahe** (medium shot) ermöglicht den Blick auf die beiden handelnden Personen und die Dekoration, so dass die Situation deutlich wird: Danny sitzt wach im Bett, und Wendy versucht, mit ihm zu sprechen. Das **Seitenlicht** (auch Halblicht/half light) wirkt zunächst unheimlich, weil der Raum nur teilweise ausgeleuchtet wird. Zugleich teilt es sowohl den Raum als auch Dannys Gesicht in eine helle und dunkle Hälfte. Der Eindruck der Spaltung wird noch durch Dannys Schatten an der Wand verstärkt. Alles deutet darauf hin, dass Danny selbst ein Spiegelbild seines Vaters ist: Auch er zeigt deutliche Symptome einer gespaltenen Persönlichkeit, in der nun das *alter ego* Tony die Oberhand gewonnen hat. Danny sei fortgegangen, erklärt Tony einer fassungslosen Wendy. Die Aufforderung an ihren Sohn, doch endlich aufzuwachen, beweist, wie wenig sie begriffen hat: Sie glaubt nur an einen Alptraum. Die Idee einer Persönlichkeitsstörung kommt ihr nicht.

Kamera (camera):

Der Wechsel in die **Über-Schulter-Perspektive** (over-the-shoulder shot) steigert die Dramatik des Dialogs, indem wir noch enger einbezogen werden in einen weiteren Versuch der Kommunikation, der zum Scheitern verurteilt ist. Die Umarmung des Sohnes durch die Mutter veranschaulicht das hilflose Bemühen, den zerbrechenden Kreis der Familie zusammenzuhalten. Die Situation hat sich deutlich verschlechtert: Nicht nur Jack, sondern auch Danny ist jetzt ein Fremder geworden.

| *Sequenz 33: Kein Kontakt – 1h 33'57''* |

Montage (editing):

In der US-Version sind die vorige und diese Sequenz durch eine Überblendung verbunden. In der Europa-Fassung beginnt diese Sequenz mit einem einfachen Schnitt (simple cut) auf Jack, da sie unmittelbar auf die Unterhaltung mit Grady folgt. Durch die Kürzung um Sequenz 33a verlagert sich der Schwerpunkt vom Drama der zerbrechenden Familie zur Inszenierung des durchdrehenden Jack Torrance. Die Kamera begleitet ihn auf seinem roboterhaft beschrittenen Weg durch die Eingangshalle (tracking shot), wieder in paralleler und die Figur auf Distanz haltender Bewegung. Derweil ertönen die Funkrufe der Forest Ranger, die das Hotel zu erreichen versuchen. Jack zerstört das Funkgerät und wird damit endgültig zum Feind seiner Familie. Dass er die Sabotage des Geräts für wichtig hält, spricht dagegen, dass er von Dannys Shining weiß, das den entscheidenden Kontakt zur Außenwelt herstellt. Dann ist Gradys Warnung auch nicht aus Jacks unbewusster Wahrnehmung geboren – und Grady mehr als ein Hirngespinst. Andererseits will Jack vielleicht auch nur alle Störfaktoren ausschalten, bevor es losgeht... Im Hintergrund pulsiert wieder Pendereckis "The Awakening of Jacob" und wirkt wie ein **Spiegel der Verwirrung**, die sich in Jacks Kopf abspielen muss.

Einstellung (shot):

Bei der Zerstörung des Funkgeräts kommt wieder die **Großaufnahme** (close-up) zum Einsatz, die zeigt, dass Jack das Gerät mit erstaunlicher Zielsicherheit sabotiert. Da man bislang keinen Hinweis auf eine technische Begabung Jacks erhalten hat, könnte man auf den Gedanken verfallen, dass Jack von einer "höheren" Macht gelenkt wird. Tatsächlich erinnert sein Gang an den einer Puppe, die ferngesteuert wird.

Montage (editing):

Nur in der **US-Version** transportiert uns eine **Überblendung** (dissolve) noch einmal zu Hallorann. Die Szene folgt kausal direkt auf die Sabotage des Funkgeräts: Hallorann erkundigt sich nach den Versuchen der Forest Ranger, das Hotel zu erreichen. Da diese Versuche erfolglos waren, beobachten wir Hallorann bei weiteren Überlegungen, immer noch begleitet von der geisterhaften Musik, die jetzt wieder lauter wird. Spätestens jetzt entsteht die Frage, was er unternehmen wird. Damit rückt Hallorann immer mehr als Gegenspieler Jacks ins Bild.

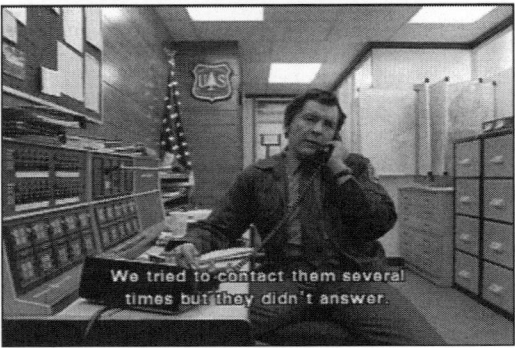

Sequenz 34: Halloranns Reise – 1h 35'42''

Ton (sound)
Montage (editing):

In der **Europa-Fassung** folgt auf die Zerstörung des Funkgeräts direkt die **Totale** (long shot) auf ein Flugzeug und dann ein langsames **Zooming-out** von einem wie versteinert wirkenden Hallorann weg, welches verrät, dass er einer der Passagiere dieses Jets ist, sich also offenbar auf den langen Weg nach Colorado gemacht hat. Allein diese Erkenntnis verleiht dem unspektakulär wirkenden Geschehen eine gesteigerte Dramatik und spitzt den Konflikt um Jack zu: Dieser Mann, im Grunde ein Fremder, nimmt aufgrund einer ESP-Botschaft die weite Reise in die Rockies auf sich, um Danny und Wendy zu helfen. Jack hingegen kümmert sich nur noch um eins: "sein" Hotel. Eine Gegenüberstellung der beiden Figuren wird auch durch die ununterbrochene Fortsetzung von "The Awakening of Jacob" aus der vorigen Sequenz nahegelegt.

In der **US-Version** ist diese Szene ein wenig länger. Sie beginnt mit einer **Texteinblendung** (text insert), die ebenfalls eine Verschärfung des Konflikts suggeriert: Jetzt wird nicht mehr ein Tag, sondern eine Uhrzeit angegeben (auch wenn die Zeitangabe als solche ebenso wenig aussagekräftig ist wie all jene Datumsangaben, die ihr vorausgingen).

Einstellung (shot):

Auf die Totale des Flugzeugs, die aus **leichter Aufsicht** (high angle) insbesondere auf der großen Kinoleinwand ein Gefühl von Höhe und leichtem Schwindel erzeugt, folgt zunächst ein **Zooming-in** auf Hallorann, das wesentlich sinnvoller wirkt als das allein stehende Zooming-out der europäischen Version. Während wir uns Hallorann langsam nähern, wächst unser Interesse an ihm. Wie groß seine Sorge ist, wird in der **US-Fassung** noch dadurch untermauert, dass noch ein langsames **Zooming-out** erfolgt (eben jenes, das in der Europa-Fassung als erstes zu sehen ist). In der **Halbtotalen** (full shot) der Passagierkabine ist zu beobachten, wie Hallorann eine Stewardess nach der Ankunftszeit fragt.

Kamera (camera):

Ein weiterer Schnitt zeigt noch einmal Jack bei der "Arbeit" am Schreibtisch, auf seinem Thron. Zugleich wirkt er in dem großen Raum aber wieder klein und verletzlich, auch durch die Tatsache, dass sich die Kamera ihm langsam von hinten nähert...

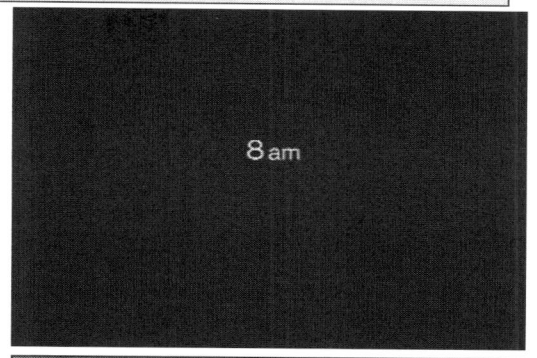

Ebenfalls nur in der **US-Version** geht es zurück zu Hallorann, dessen Flugzeug in dichtem Schneetreiben landet. Die klimatischen Bedingungen verschlechtern sich zusehends, wodurch die Hoffnung auf Wendys und Dannys Rettung gleich wieder in Frage gestellt wird. Das folgende Gespräch, das Hallorann vom Flughafen aus mit einem Freund führt, ist eine der wenigen Sequenzen, deren Kürzung nachvollziehbar erscheint. Denn sie unterwandert die positive Darstellung Halloranns und damit seine Entwicklung zur Gegenfigur Jacks, da Hallorann seinen Freund ohne ersichtlichen Grund anlügt: Er möchte für die spätere Fahrt hinauf zum Overlook eine Schneeraupe mieten und behauptet, auf Anweisung Ullmans zu handeln; die Leute, die sich um das Hotel kümmern sollten, hätten sich als "unreliable assholes" ("unzuverlässige Arschlöcher") entpuppt. Es mag verständlich erscheinen, dass er seinem Freund nicht erklären will, dass ihn eine ESP-Botschaft alarmiert hat. Damit ginge der Verweis auf Ullman als entschuldbare Schwindelei durch, während es für das Verschweigen der Tatsache, dass dort oben eine Frau und ein Kind in Gefahr sind, keinen wirklich plausiblen Grund gibt. So passen weder die Aussagen noch die Ausdrucksweise zur bisherigen Darstellung Halloranns. Vielleicht hat Kubrick diese Szene bei der Durchsicht der Originalfassung auch aus diesem Grund als störend oder zumindest als überflüssig empfunden.

Montage (editing)

Einstellung (shot):

Hier, d.h. nach der Flughafen-Szene, setzt die **Europa-Fassung** wieder ein. In der Inszenierung der folgenden Reise Halloranns hinauf in die Berge vermitteln **Überblendungen** (dissolves) den Eindruck einer langen Fahrt. Zunächst zeigt eine **Halbtotale** (medium long shot) den Wagen Halloranns auf völlig verschneiter Straße. Die Landschaft ist kaum zu sehen, es herrscht nahezu Dunkelheit, die nur durch das **Scheinwerferlicht** (zugleich Effektlichter/effect lights) aufgehellt wird. Das Licht spiegelt sich auf der vereisten Straße, wodurch der Eindruck der zunehmenden Gefahr für Hallorann verstärkt wird.

Ton (sound):

Die deutlich hörbar eingespielten Meldungen aus dem **Autoradio** über den Wettereinbruch unterstützen den Eindruck, dass dem rettenden Engel Hallorann eine lange und beschwerliche Reise bevorsteht. Wieder entsteht Spannung, indem der Zuschauer sich fragt: Wird er das Overlook erreichen? Und wenn ja, wird er *rechtzeitig* ankommen?

📹 **Kamera (camera):**

Nachdem die Kamera Hallorann von der Seite beim Steuern des Fahrzeugs gezeigt hat (wobei nicht der Eindruck entsteht, dass er sich besonders sicher fühlt oder viel Auto fährt), verstärkt die folgende **Über-Schulter-Perspektive** (over-the-shoulder shot) noch die Einfühlung in die Situation. Wie durch ein Visier sehen wir über Halloranns Schulter hinweg auf die Straße, wo sich die Vorzeichen eines drohenden Unheils verdichten: Es hat einen Unfall gegeben, der zunächst nicht durchschaubar ist.

Im Passieren der Unfallstelle **schwenkt** die Kamera (panning) jedoch nach links und übermittelt ein schnell vorbeihuschendes, aber dennoch verstörendes Signal: Ein Käfer, das schnuckelige Auto für die kleine Familie, ist unter einem schweren Lastwagen zermalmt worden. Eine weitere Vorausdeutung auf das Schicksal der Familie Torrance, die ja auch in einem Käfer reiste ? Wird auch sie von einer höheren oder einfach nur mächtigeren Gewalt – noch dazu in Gestalt des Vaters und Versorgers – überrollt werden ?

Sequenz 35a: Tony sieht fern, Wendy sucht Jack – 1h 39'24"

Die folgende kurze Sequenz findet sich wieder nur in der **US-Fassung** und bereitet das endgültige Auseinanderbrechen der Torrance-Familie vor. Danny verfolgt mit starrem Blick *Bugs Bunny*- bzw. *Roadrunner*-Cartoons, deren Hetzjagden einerseits seine Ängste widerspiegeln als auch die Verwandlung des Vaters antizipieren.[150] Wendy hält es auch jetzt nicht für problematisch, ihr traumatisch gestörtes Kind vor derartige Sendungen zu setzen. Wie geschockt der Junge ist, zeigt sich, als Wendy ihm erklärt, dass sie noch einmal nach unten gehen und mit Jack sprechen wolle: Noch immer ist Tony der einzige, den sie erreicht.

Es fällt auf, dass einige Sequenzen gekürzt wurden, in denen Danny und Wendy fernsehen. Hierdurch verliert der Film ein Gutteil seiner kritischen Bezüge zur amerikanischen Lebens- und Popkultur. Wie ernst Kubrick es mit dieser Kritik ursprünglich meinte, bleibt allerdings schwer abzuschätzen, zumal er diese Sequenzen bei der Überarbeitung des Films eben selbst aufgab. Leider wird durch manche Kürzung aber auch die Dimension des Familiendramas reduziert, das sich die meiste Zeit um ein großes Schweigen oder Aneinander-Vorbeireden dreht, wie es beim familiären Fernsehen üblich ist.

---

[150] Nelson, S. 206.

Sequenz 35: Wendy entdeckt Jacks Manuskript – 1h 41'10"

Kamera (camera)

Einstellung (shot):

Hier setzt die **europäische Version** wieder ein: Wendy sucht Jack, bewaffnet mit dem Baseballschläger. Die Kamera **verfolgt** sie (tracking shot), wobei die Bewegung wieder an einen **unsichtbaren, geisterhaften Begleiter** erinnert. Die Kamera schwebt auf Augenhöhe hinter Wendy durch die Colorado Lounge und gleitet, als sie den Schreibtisch passiert, in paralleler Bewegung hinter den Säulen vorbei. Wieder sind wir hin- und hergerissen zwischen der lauernden Rolle, die uns der Film aufzwingt, und unserem Beschützerinstinkt. – Hier, im angrenzenden Korridor, herrscht ein Halbdunkel voller Schatten, in dem Wendy leicht angreifbar ist. Vorerst ist es jedoch nur die Kamera, die sie plötzlich frontal zeigt, sie förmlich anspringt. Schließlich kehrt Wendy um und geht langsam zum Schreibtisch. Die Kamera bleibt stehen und erweitert dadurch die Einstellung von **halbnah** (medium) zu **halbtotal** (medium long shot), zeigt die Figur also in deutlicherem Bezug zum Umraum: Dort kann Wendy noch leichter attackiert werden.

Als Wendy sich der Schreibmaschine nähert, zeigt die Kamera sie aus der **Froschperspektive** (worm's eye view), um zu verbergen, was Jack denn geschrieben hat, wodurch sich die Spannung erhöht. Zudem trägt die selten gewählte Perspektive zur Verunsicherung des Zuschauers bei. Jetzt muss Wendy endlich erkennen, was sie längst hätte ahnen können: Ihr Mann ist ein Versager. Über Hunderte von Seiten hat er, mit großer Ernsthaftigkeit, wie wir uns erinnern, nichts als den folgenden Satz getippt: "All work and no play makes Jack a dull boy."[151] Der Vers geht eigentlich noch weiter: "All work also makes Jill a dull girl.", aber für Jack zählt eben nur das eigene Leid. Nelson sieht in Jacks Schreibfehlern unterschwellige Beweise für den mentalen Verfall und den Ausdruck seiner Leiden: *work* wird zu *worm* (Wurm), *boy* zu *bog* (Sumpf, Klo) oder *bot* (Roboter), *a dull* zu *adult* (Erwachsener).[152] Er wäre gerne ein spielendes Kind und nicht der Erwachsene, der arbeiten muss. Die letzte vernünftige Erklärung für Jacks Verhalten ist nun null und nichtig. Er ist kein Schriftsteller, kein Künstler, der zur genialischen Entgrenzung fähig wäre; selbst dann nicht, wenn man ihn, wie es Wendy und Danny zweifellos getan haben, in Ruhe lässt und ihm alle Grillen großherzig verzeiht.

---

[151] In der deutschen Fassung: "Was du heute kannst besorgen, das verschiebe nicht auf morgen." In den übrigen Synchronfassungen: "Un tiens vaut mieux que deux tu l'auras." ("Eine Sicherheit ist besser als zwei Unsicherheiten.") / "No por mucho madrugar amanece más temprano." ("Es dämmert nicht früher, auch wenn man früh aufsteht.") / "Il mattino ha l'oro in bocca." ("Morgenstund hat Gold im Mund.")

[152] Nelson, S. 224.

🎥 **Kamera (camera)**

🔊 **Ton (sound):**

Wendy gerät beim Durchblättern des ansehnlichen Stoßes Papier, der nur Jacks stummen Hilfeschrei enthält, geradezu in Panik. Dieses Gefühl überträgt sich auf den Zuschauer, und zwar sowohl durch den **ständigen Wechsel der Kameraperspektive** zwischen Froschperspektive und **Großaufnahme** des Papiers **aus Wendys Sicht** (close POV shot) als auch durch die **dissonante Musik** ("Polymorphia" von Krzysztof Penderecki, 1961).

Jack Kroll hat die Wirkung dieses Moments beschrieben: "Keine Blutvision, kein dämonischer Liebhaber, kein verwesender Körper ist so erschreckend wie der Moment, in dem Wendy das Geschriebene sieht, an dem Jack angeblich gearbeitet hat. [...] Der Anblick von Torrances endlos wiederholten Sätzen gefriert einem das Blut durch die Enthüllung eines Mannes, der so blockiert und voller Schmerz aus frustrierter Kreativität ist, dass sein Drang zu töten nicht dadurch erklärt werden muss, dass er von finstren und eiternden Kreaturen aus einer Zeitkette des puren Bösen besessen ist."[153]

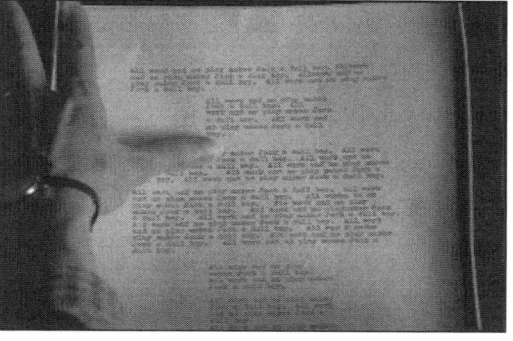

Sequenz 36: Der Streit eskaliert – 1h 43'43''

🎥 **Kamera (camera):**

Nun baut sich doch einmal so etwas wie konventionelle Spannung auf, und tatsächlich nimmt der Film jetzt eine Wendung hin zu jener Art von Spannungserzeugung, wie sie dem Genre des Thrillers oder gar Horrorfilms entspricht. Plötzlich verunsichert nahezu vollkommene Dunkelheit den Zuschauer, dann **gleitet** der Blick wie schwebend nach links und enthüllt die **Perspektive eines Beobachters**, der sich hinter einer der Säulen ungehört herangeschlichen hat. Für einen Augenblick noch darf man glauben, dass hier vielleicht wieder nur ein unsichtbarer Zeuge lauert, doch dann schiebt sich ein schwarzer Umriss ins Bild. Es kann doch eigentlich nur einer sein, aber ist er es?

🔊 **Ton (sound):**

Das nervenzerrüttende "Polymorphia" wird plötzlich ruhiger und verzögert so die Auflösung der Spannung. Die Klänge beginnen förmlich zu zittern, als der Schatten sich endlich bemerkbar macht und wirklich als Jack entpuppt. Er ist herangeglitten wie ein Geist – Jack ist einer der Schatten geworden, die im Overlook herumspuken.

---

[153] Jack Kroll: Stanley Kubrick's Horror Show. in: Newsweek, 02.06.1980. S. 52-54.

Das Kräfteverhältnis der beiden Figuren wird im Folgenden durch ihr Verhalten und ihre Sprechweise verdeutlicht: Jack spricht und bewegt sich mit großer Gelassenheit, während Wendy hysterisch aufschreit, zusammenzuckt und sich verzweifelt an ihrem Schläger festhält. Jack begreift diesen Ort als sein Territorium und Wendy als Eindringling, wie seine Frage beweist: "What are you doing down here ?" ("Was hast du hier unten zu suchen ?") Jacks "coolness" erstaunt und beunruhigt umso mehr, als ihm klar sein muss, dass sich sein Versagen jetzt nicht mehr verhüllen oder beschönigen lässt. Doch tritt er keineswegs den Rückzug an, sucht nicht nach Erklärungen für sein Scheitern als Schriftsteller. Im Gegenteil schaut er mit unverhohlenem Stolz auf den Papierstoß, und dieser Umstand ist mindestens ebenso erschreckend wie der Inhalt der vollgetippten Blätter. Sich nicht darum kümmernd, dass all diese Seiten seinen inneren Zusammenbruch dokumentieren, signalisiert seine im irritierenden Gegenlicht verschwimmende Gestalt: Da habe ich es euch aber gezeigt.

Kamera (camera):

Jack übernimmt nun die Initiative, indem er langsam auf Wendy zugeht und das Gespräch auf Danny lenkt. Die Kamera, die beide im **Schuss-Gegenschuss-Verfahren** (reverse angle shots) zeigt, vermittelt ein Wechselbad der Gefühle: Sie weicht vor Jack zurück und treibt zugleich Wendy vor sich her. Er ist die Bedrohung, sie die Bedrohte – und der Zuschauer steckt mittendrin.

Ton (sound)

Montage (editing):

Als die Sprache auf Danny kommt, der oben vor dem Fernseher sitzt, holt ein **Zooming-in** den jetzt wieder furchtsam wirkenden Jungen heran. Jacks Worte, die so verzerrt klingen, als höre Danny sie mit dem Kopf unter Wasser (oder unter einer Welle von Blut), sind direkt dem in der Colorado Lounge ablaufenden Dialog entnommen. So wird klar, dass diese Bilder eine weitere **Parallelmontage** (parallel montage) darstellen, und zwar wieder in mehrfacher Parallelisierung: Wir sehen den Dialog zwischen Wendy und Jack in der großen Halle, Danny in der Hausmeisterwohnung *und* seine Vision, die wiederum eine Schnittstelle zwischen seiner übernatürlichen Wahrnehmungsfähigkeit und der unterdrückten Gewalt seines Vaters ist. Diesmal droht das Blut gar, ihn zu ertränken – eine Beklemmung, die nicht wieder gelöst wird.

🎥 **Kamera (camera):**

Statt dessen erscheint noch einmal die Schrift an der Tür, "REDRUM", erneut aus der **Froschperspektive** (worm's eye view), d.h. aus der Sicht des Kindes, das die Schrift als Signal der Bedrohung empfinden muss. Sie liegt wohl hinter dieser Tür... Doch welche Tür ist es, und wo führt sie hin?

Die Verbindung mit der Blutvision weist darauf hin, dass dieser Daniel auf dem besten Wege ist, das Menetekel zu entschlüsseln und im Spiegel die Wahrheit, also die Quelle der Gefahr zu erkennen. Die Frage, ob sein Vater ihm oder Wendy etwas antun würde, beginnt sich nun zu beantworten, indem Jack das Nervenbündel, das einmal seine Frau war, mit diebischer Freude quer durch die Colorado Lounge treibt. Dabei verhöhnt er Wendys Sorge um den gemeinsamen Sohn, den man zu einem Arzt bringen müsse, in ausdrucksvoller Mimik, Körpersprache und Artikulation. Ihn interessiert seine Familie nicht mehr, denn die Vision offenbart unmissverständlich, was nach Jacks Vorstellungen mit Danny "getan" werden sollte. Aber warum treibt diesen Mann eine solche Aggression gegen seine Familie, die sich jeden Moment in zerstörerischer Gewalt zu entladen droht?

Wendy und Danny, ja auch jene Persönlichkeit, die den Familienvater Jack Torrance repräsentierte, sind diesem Mann zu Feinden geworden. Die Gründe liegen wohl in ebendieser Rolle: Er will die Verantwortung für seine Familie gar nicht tragen; er will, so Seeßlen, "das Kind sein, geborgen und verantwortungslos, und er will der Herr sein, das Subjekt seiner selbst und das Haupt".[154] Beides scheint unvereinbar, und vielleicht liegt gerade in diesem unbewussten Wunsch jenes unauslöschliche Paradox der männlichen Existenz, die Ursache für die Bewusstseinsspaltung des Mannes: ewig das Kind bleiben zu wollen, das den Schutz der Mutter genießt, und zugleich die Position des Herrn zu okkupieren. Dann muss Danny, das unschuldige Kind, zu einer Bedrohung mutieren: Nachdem er den Vater aus der Gunst Wendys verdrängt hat, wird er nun sogar zu der Instanz, die den Weg der Familie bestimmt. Um Danny dreht sich die Welt, mit Wendy als schützender Hülle, und Jack findet sich dort, wo sich kein Mann und kein Kind finden möchte: außerhalb dieses Zirkels. Deshalb will Jack hier bleiben. Im Overlook dreht sich alles nur um ihn; hier ist er das Zentrum, und sein Thron ist der Schreibtisch in dieser gigantischen Halle der Hybris.

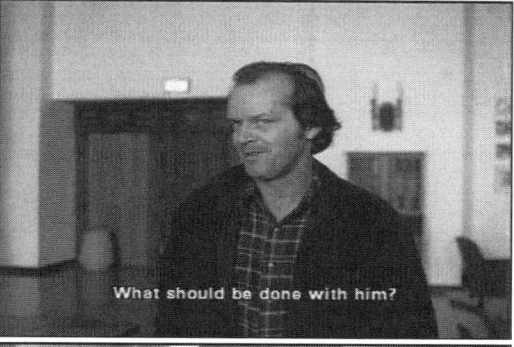

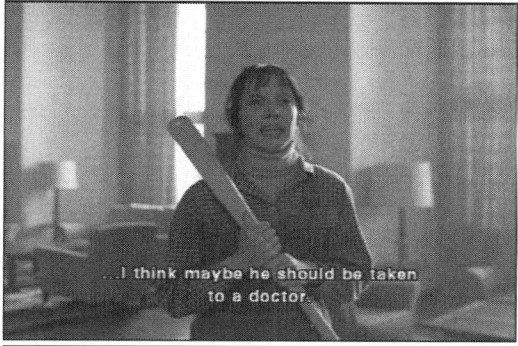

---

[154] Seeßlen, S. 244.

Jacks unbewusste Ängste scheinen sich zur Paranoia ausgewachsen zu haben. Seine Worte und sein Handeln, auch das nur angedeutete, sind Spiegelbild der verkehrten Logik: Sein Wunsch, für immer an diesem Ort bleiben zu wollen, entspricht dem Bewusstsein eines Kindes, das die Gefahr des Todes, die in diesem Wunsch liegt, nicht kennt. Als "Herr des Hauses" hingegen will er das Szepter nicht aus der Hand geben.

Zu ödipalen Komplexen gesellt sich der Druck, den die soziale Rolle auf den Familienvater ausübt: Während Jack arbeiten und sich zum Hausmeister degradieren lassen muss, um seine Familie zu ernähren, kann der Kleine eben das tun, was Jack in seinen verzweifelten Zeilen auch für sich einfordert: spielen und spielen und spielen. Und doch sind es eben nicht nur die Rollenzwänge, die Jack krank gemacht haben: Zuallererst ist es die Sehnsucht nach der unbeschwerten Kindheit frei von Ängsten und Lasten – eine Sehnsucht, die nichts als die Abwendung von jener Erkenntnis darstellt, die am anderen, vorbestimmten Ende der Zeitlinie wartet: Du musst sterben. Wenn es den Tod aber nicht gibt, wie im Gold Room auf der anderen Seite, scheint es auch nicht mehr paradox, das zu zerstören, was man liebt. So gibt es für Jack, der seinen Platz in der Familie Torrance verloren glaubt, nur einen Weg: dem Rat Gradys zu folgen und seine Familie aus dem Weg zu schaffen. Dann kann er für immer hier bleiben, und sie können es auch, denn hinter dem Spiegel liegt ja das Land der ewigen Ballnächte, und der Tod ist nicht das Ende, sondern nur eine Schwelle...

Wer Jacks desolate Lage zu verantworten hat, steht ohnehin fest: Je ängstlicher und damit schwächer Wendy wird, desto größer wird Jacks Wut auf dieses scheinbar so schwache Wesen, das ihm alles vermasselt hat. Er steigert sich in einen Ausbruch verbaler und gestischer Aggression hinein, der sich durch die **Intensität der Darstellung** sowie durch die **frontale Kameraperspektive** direkt auf den Zuschauer entlädt. Jacks Argumentation ist von begrenzter Logik: Wendy wolle ihn zum Bruch seines Vertrags zwingen; nur wir wissen, dass er damit nicht nur den Vertrag mit dem Management des Overlook meint, sondern seinen Teufelspakt mit Lloyd, Grady und Konsorten. An seinen Ehevertrag und die Verantwortung für seine Familie erinnert er sich nicht. Er hat sie vergessen oder verdrängt, wie auch seine Erinnerung an die Geschehnisse im Bad von Zimmer 237. Alles, was er erinnert, ist "ein ehemals latenter Drang, zu dominieren und zu herrschen", wie Nelson beobachtet hat.[155]

---

[155] Nelson, S. 220f.

Im Ausbruch aus den Fesseln der Familie hat sich Jack neue Verantwortungen gesucht, die er nicht vernachlässigen möchte. Endlich ist er einmal ganz bei der Arbeit, und da Wendys Bemühungen um Danny dieser neuen Aufgabe zuwiderlaufen, spricht ihr Jack, die Paradoxie fortführend, alle "moralischen und ethischen" Wertvorstellungen ab.

Kamera (camera)

Einstellung (shot):

Wendy wiederum hat Jack nichts entgegenzusetzen, keine Argumente, keine Fragen, nur hilfloses Gezeter. Ihre Lage wird prekärer, als sie beginnen muss, rückwärts die Treppe zu erklimmen. Durch die **Über-Schulter-Perspektive** (over-the-shoulder shot) und eine leichte Vergrößerung der Einstellung von halbnah (Figur etwa ab Hüfte, medium shot) auf **Amerikanisch** (Figur etwa ab Oberschenkel, American shot) wird die Situation deutlicher: Man sieht beide Figuren zugleich, den geringen Abstand, ihre Gestik, wodurch die Erwartung einer Handgreiflichkeit geschürt wird.

In Wendys Rückzug sieht Schnelle eine Gegenbewegung zu ihrem Eintritt ins Labyrinth,[156] bildlich dokumentiert im ersten Gang durch die Küche mit Danny und Hallorann. Hier, in der Colorado Lounge, weicht Wendy ebenfalls im Zickzackkurs zwischen Möbeln, Teppichen und Labyrinthmustern zurück, als folge sie einer unsichtbaren Brotkrumenspur, einem ariadnischen Faden, den sie zuvor unbewusst gelegt hat. Allerdings bewegt sie sich schließlich rückwärts eine Treppe hinauf, was nicht nur eine an sich unsichere Bewegung ist, sondern auch ihre Lage als in die Enge getriebenes Wesen versinnbildlicht, das sich verteidigen muss. Auch ohne die Treppe als Symbol des männlichen Sexualtriebs deuten zu müssen, wird sichtbar, dass Jack sie von unten her bedrängt und, wenn man so weit gehen will, in sie einzudringen versucht (so hat man sogar die Korridorfluchten als Sinnbild der Vagina gelesen, in die der Zuschauer zusammen mit Jack und Danny eindringt).[157]

Dass Wendy nicht stolpert, ist pures Glück oder der Hinweis darauf, dass sie eben doch schafft, wozu Jack nicht mehr fähig ist: das Labyrinth zu verlassen. Jack macht keinen Hehl aus seinen Plänen und verkündet die Mordabsicht wie eine Liebeserklärung: "Darling. Light of my life. [...] I'm just going to bash your brains in." Aus seinen Scheinattacken wird der ernstgemeinte Versuch, Wendys Schläger zu packen zu kriegen.

---

[156] Schnelle, S. 195.
[157] siehe z.B. Walker, S. 306.

Komposition (composition):

Aber wie der kleine Junge, der nach dem Glas Erdnussbutter in der Speisekammer langt, bekommt er von der Mutter eins auf die Finger. Jetzt wird aus dem Spiel bitterer Ernst, und Jacks schockiertes Erwachen kommt zu spät: Wendy holt aus, jetzt selbst gekrönt und am oberen Ende der Treppe angelangt (also den männlichen Sexualtrieb beherrschend), und befördert ihren Macho-Mann mit einem gezielten Hieb die Treppe hinunter.

Ton (sound):

Im Moment des Schlages erklingt ein **akzentuierendes Motiv** aus Pendereckis "Utrenja – Kanon Paschy". Das Stück "Utrenja" ("Morgengebet") wird zum **Leitmotiv** im letzten Drittel des Films. Es thematisiert die Grablegung und Auferstehung Christi. Abgesehen von der musikalischen Qualität passt das Stück als thematischer Kontrast, denn Jack stirbt in diesem Moment keineswegs. Schon bald wird er wieder auf den Beinen sein, humpelnd wie der Teufel und gefährlicher als je zuvor.

Das Prinzip von Grablegung und Auferstehung passt auch in einem verborgeneren Sinne: Jack verkörpert das Böse und das Schattenreich, die dunkle Vergangenheit. Danny steht ihm entgegen als die Verkörperung von Unschuld, Hoffnung und Zukunft. Und doch muss auch das Kind die Saat des Bösen in sich tragen. Sie muss sich vererbt haben vom Vater auf den Sohn, und irgendwann wird auch der Junge zum Mann heranwachsen und ein weiterer Torrance sein. Obwohl Kings Roman die Ursache des Bösen nicht im Menschen, sondern im Übernatürlichen sucht, heißt Jack dort mit vollem Namen "John *Daniel* Torrance".[158]

Nur solange er Kind ist und den Tod nicht kennt, so scheint es, ist der Mensch unschuldig. Sobald ihn die Angst vor der Begrenztheit der eigenen Existenz gepackt hat, muss er gegen den Verlust der Position ankämpfen, die er für ewig gesichert gehalten hat – und damit all die Fehler wieder begehen, die schon der Vater beging. Insofern würde mit Jack zwar das Böse in *diesem* Mann zu Grabe getragen. In Danny aber muss es, so die beunruhigende Aussicht, wieder auferstehen. In diesem Sinne pervertiert *The Shining* das Prinzip der Hoffnung, die sich an die Wiederauferstehung knüpft: Nur das Böse kommt immer wieder. Und stets auf leisen Sohlen.

---

[158] Stephen King: The Shining. Doubleday, New York 1977/1988. *deutsch:* Shining. Lübbe, Bergisch-Gladbach 1987. *zitiert nach der englischen Taschenbuchausgabe:* New English Library, Hodder & Stoughton, London 1978. S. 34.

| **Sequenz 37: Wendy sperrt Jack ein – 1h 49'25''** |

🎬 **Einstellung** (shot)

📷 **Kamera** (camera)

🔊 **Ton** (sound):

Der Beginn der nächsten Sequenz bringt zunächst Jack ins Bild. Er stöhnt und rutscht über den Boden. Durch die **Nahaufnahme** (close shot) bleibt wieder einmal der Kontext der Situation zunächst verborgen. Die **Kamera schwebt dicht über dem Boden** und folgt dem schweren Körper, der sich von rechts nach links bewegt, seitwärts. Der Zuschauer konzentriert sich so auf Jack und verinnerlicht seine Situation, erkennt z.B. das Blut auf dem Kopf, das diesmal eine physische Spaltung andeutet. Durch die **parallele Ausrichtung von Handlungsachse und Kameraachse** wird der Zuschauer von Jack weder angezogen noch abgestoßen; dennoch erzeugt allein die Nähe zu ihm eine Auseinandersetzung mit seiner momentanen Lage. Obwohl Jack offensichtlich noch matt gesetzt ist, befindet sich der Zuschauer in seiner Reichweite und damit zumindest in mittelbarer Gefahr; zumal Jack sich schon wieder zu regen beginnt. Vor allem aber wird man aufgrund der begrenzten Einstellungsgröße, wenn auch nur für kurze Zeit, über den Kontext im Unklaren gelassen und dadurch verunsichert. Das erneute Einsetzen von "Polymorphia" unterstreicht die Stimmung der latenten Bedrohung. Beinahe hat es den Anschein, als käme das brummende Stöhnen aus der Musik selbst.

In **amerikanischer Einstellung** (American shot) sehen wir nun Wendy, die Jack, ein schweres Stück Arbeit, an den Füßen über den Boden zieht, und zwar in Richtung Speisekammer. Hier entspricht der Film ganz der Konvention, indem sich aus der ablaufenden Handlung eine vordergründige Spannung ableitet: Zunächst fummelt Wendy (fast möchte man sagen: wie eine Blöde) am Schloss herum. In ihrer erdfarbenen Kleidung und mit dem zum Zopf gebundenen Haar könnte man sie für eine Squaw halten, die sich verzweifelt gegen den Angriff des weißen Mannes wehrt.

Als sie die Tür endlich geöffnet hat, droht tatsächlich Gefahr, da Jack inzwischen aufgewacht ist. Und da im Horrorfilm der Bösewicht immer noch einmal aufsteht, erwischt auch der Unhold Jack seine Frau beinahe noch am Rockzipfel. Und obwohl es ihr gelingt, aus der Speisekammer zu entkommen, ist sie schon wieder in der Rolle der Schwächeren und auf der Flucht. Jack will ihr nachspringen, aber eine Verletzung am Fuß, die sein diabolisches Humpeln einläutet, stoppt ihn.

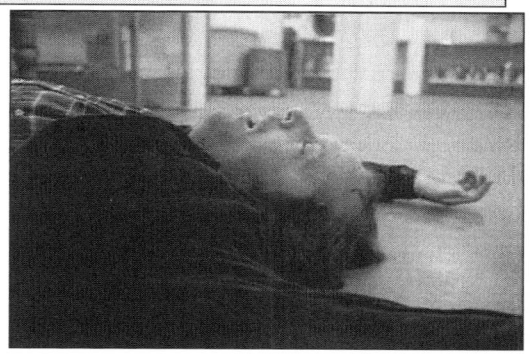

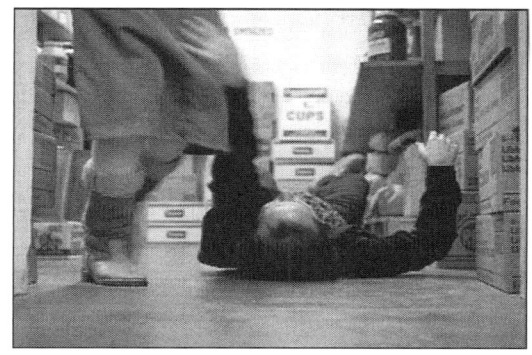

🎥 Kamera (camera):

Nachdem Wendy die Tür verschlossen hat, beginnt Jack in der Kammer zu toben, während die Kamera in die **frontale Halbnahe** Wendys **schwenkt** (panning into medium shot) und deutlich ihre Verzweiflung vermittelt. Sie ist in der Tat kein harter Kämpfer und scheint unter der Belastung der Situation zusammenzubrechen. In diesem Moment wittert Jack, der seine Frau kennt, seine Chance: Zunächst verspricht er, "the whole goddamn thing" zu vergessen, falls sie ihn herauslasse (im Deutschen wird die Rage noch deutlicher, dort spricht er von der "ganzen verdammten Scheiße"). Das klingt wie der Vater, der seinem Kind einen dummen Streich noch einmal durchgehen lassen will. Doch aus der ungewohnten **Froschperspektive** (worm's eye view), durch die sich Jack über uns auftürmt, beobachten wir, wie er diesen extremen Moment erlebt: Er wirkt keineswegs schwach, sondern rasend, verschlagen und gefährlich. Sein Versprechen ist alles andere als überzeugend; man ahnt, dass er auf Wendy losgehen würde, sollte sie wirklich die Tür öffnen.

Offensichtlich hält Jack seine Frau nicht eben für intelligent, denn sein zweiter Trick fällt noch plumper aus: Sein Versuch, den schwer Verwundeten zu spielen, wirkt geradezu komisch. Doch hat er Wendy unterschätzt (und vielleicht auch der Zuschauer, der für einen Moment fürchtet, sie könnte auf diese Masche hereinfallen). Obwohl Wendy am Boden zerstört ist und sich kaum auf den Beinen halten kann, bleibt sie hart. Sie hält an ihrem Entschluss fest, mit Danny aus dem Hotel zu fliehen, wodurch sie klar signalisiert, dass sie das Vertrauen in ihren Mann verloren hat. Steckt hinter ihrem Versprechen, mit einem Arzt für Jack zurückzukommen, noch Fürsorge für ihren offenbar kranken Mann – oder nur der moralische Grundsatz, ihn nicht verhungern lassen zu können? Sie hat es so lange mit ihm ausgehalten, dass sie ihn vielleicht auch jetzt nicht aufgeben will. Dennoch ist es zweifellos zum Bruch gekommen: Vor die Wahl zwischen Jack und Danny gestellt, hat sie sich eindeutig für ihren Sohn entschieden. Jack muss dies als Bestätigung seiner Ängste und zugleich als Kriegserklärung sehen.

🖼 Komposition (composition):

Zu Letzterem passt der kompositorische Rahmen der Einstellungen auf Wendy, die ständig von Messern und anderen Instrumenten der Zerteilung umgeben ist.

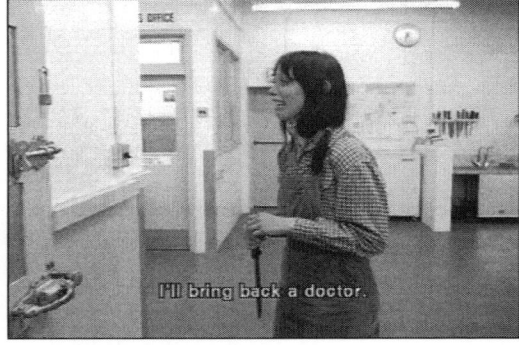

Wieder ist also – eher zwischen den Zeilen – eine wichtige Entscheidung gefallen. Die Auswirkungen zeigen sich in Jacks Verhalten, denn er gibt die Rolle des Familienvaters auf und zeigt sich nun offen als Antagonist, der schnell zu neuer Stärke findet. Tatsächlich hat er einen unerwarteten Trumpf im Ärmel, der auch den Zuschauer überrascht: Jacks gute Laune hat den simplen Grund, dass er das Snowcat sabotiert und damit im Voraus die Flucht von Wendy und Danny verhindert hat.

Kamera (camera)
Ton (sound):

In diesem Moment entfaltet die **Froschperspektive** (worm's eye view) ihre besondere Wirkung: Jack wirkt jetzt so, als habe er die Schwelle zum Wahnsinn erreicht, ja überschritten. Sein Lachen und seine Mimik verraten den Irren, der den Ernst der Lage, vor allem für seinen kleinen Sohn, nicht nur nicht wahrnimmt, sondern verhöhnt.

Die Untermalung mit Pendereckis "Polymorphia" ist perfekt an den Dialog angepasst, denn just in dem Moment, als Jack in seine wahnwitzige Hochstimmung gerät, erhöht sich das Tempo des Stücks, akzentuieren dissonante Akkorde Jacks Trommeln gegen die Tür, und fängt der gesamte Klangteppich zu "zittern" an.

Vivian Kubricks Dokumentation *The Making of The Shining* (1980) gibt auch hier einen interessanten Einblick in die Entstehung der Filmszene und die Arbeitsweise des Regisseurs. Man sieht, dass Stanley Kubrick, der als Perfektionist und Technokrat galt, solch elementare Parameter wie Kameraperspektive und Einstellung (sowie technische Details wie Objektiv etc.) erst während des Drehs festlegte, also durchaus spontan und intuitiv arbeitete. Zunächst betrachtete er Nicholson, der sich an die Tür der Speisekammer lehnte, von der Seite: "Vielleicht sollten wir eine Halbnahe draus machen, aufgrund der Situation." Hier bestätigt sich, dass eine Einstellung stets mit Blick auf ihre Wirkung gewählt wird, dass also z.B. die **Halbnahe** (medium shot) stets die **Situation** sichtbar macht, in der sich eine Figur befindet (in diesem Fall Jack als Gefangener vor der verschlossenen Tür).

Im Anschluss erprobte Kubrick jedoch auch den letztlich im Film verwendeten Blickwinkel unterhalb Nicholsons. Nachdem dieser die Szene angespielt hatte, entschied sich Kubrick für diese **Nahaufnahme** (close shot) vom Boden aus.

| Sequenz 38: Das Snowcat – 1h 53'12" |

🎬 Einstellung (shot)

Zunächst zeigt eine **Halbtotale** (medium long shot), dass Wendy kaum aus dem Hotel herauskommt. (Hier verrät das "Making of" übrigens, wie Kubrick die Geduld mit Shelley Duvall verliert und ihre ohnehin lädiertes Nervenkostüm schwächt, sehr zum Vorteil ihrer Darstellung). Die folgende **Totale** (long shot) reduziert Wendy vor dem großen, eingeschneiten Hotel zu einem klein und verletzlich wirkenden Schatten. Fast muss man Angst haben, dass sie im Schnee ins Stolpern gerät und ins eigene Messer fällt.

🔊 Ton (sound):

Die unwirkliche Stimmung wird unterstützt durch die verzerrten Klänge aus Pendereckis "De Natura Sonoris Nr. 1". Wendy erinnert an die Raumfahrer in Ridley Scotts *Alien*, die durch die lebensfeindliche Atmosphäre eines fremden Planeten stolpern, angreifbar für Wind, Wetter und Untiere. Hier draußen könnte alles Mögliche lauern, und Wendy wirkt, als sie den sabotierten Motor vorfindet, endgültig verzweifelt. Die scheppernde Musik strapaziert die Nerven und steigert sich zu einer Stimmung, die schon ganz nah an Panik heranreicht.

| Sequenz 39: Jack erwacht, Grady greift ein – 1h 54'17" |

Es ist vier Uhr geworden, und wenn diese Zeitangabe irgendeine Bedeutung hat, dann die, dass im Winter jetzt schon die Dämmerung naht. (In der Europa-Fassung lautete die letzte Angabe "Montag"; alle Zeitstruktur ist längst verloren.)

🎬 Einstellung (shot)
🖼 Komposition (composition):

Das nächste Bild, die bekannte Mini-Exposition in der **Totalen** (long shot), eröffnet folgerichtig den Blick auf das Overlook im Zwielicht. Die letzten Lebenslichter leuchten wieder an drei verschiedenen Stellen aus der einbrechenden Dunkelheit. Das **dämmrige Hauptlicht** (key light) definiert die Grundstimmung der Szene und erzeugt in diesem Fall eine bedrückende, unheilschwangere Atmosphäre. So hat es den Anschein, wie Seeßlen anmerkte, als ließe Kubrick "die Hölle zufrieren". Wichtiger aber ist seine Erkenntnis, dass es letztlich, wie Jacks Verhalten zeigt, doch nicht der *Ort* ist, der die Menschen zu Teufeln macht: "Noch nicht einmal das existentialistische *Die Hölle, das sind die anderen* gilt noch: Die Hölle ist jeder Mensch für sich selbst."[159]

---

[159] Seeßlen, S. 260.

🎥 **Kamera (camera)**

🔊 **Ton (sound):**

Während draußen der Wind heult, schläft die Bestie. Doch als die Kamera langsam von Jack **wegzoomt** (zooming-out) und damit andeutet, dass gleich eine Veränderung von außen eintreten wird, ertönt ein Klopfen. Jack glaubt, Wendy habe gepocht, doch es ist Grady. Ist Jack wieder in seiner Traumwelt, also nur scheinbar aufgewacht ? Aber zeugt nicht seine Frage nach Wendy davon, dass er sich den Bezug zur Realität bewahrt hat ? Hier deutet sich schon die Wende an, die Jack in die Karten spielt und den Zuschauer "kalt erwischen" muss.

Jack, im Moment der Blöße ertappt, versucht die Situation zu retten und bekräftigt seinen Willen, das Unausgesprochene zu tun. Doch Grady, der für sich "und andere" spricht, unterstellt ihm Halbherzigkeit und schürt unerbittlich den Hass auf Wendy; es sehe so aus, als habe sie die Oberhand über Jack behalten und sich als besser erwiesen. Jack habe wohl nicht "the belly for it" (er hat nicht den Mumm). Das kann Jack nicht auf sich sitzen lassen: Hat Wendy es also doch geschafft und ihn zum Weichling gemacht ? Bei diesen Worten muss ihm Kreons Reaktion auf die Standfestigkeit Antigones in den Ohren klingen:

"Ich wär nicht mehr der Mann, der Mann wär sie Wenn solche Tat ihr ungeahndet bliebe." [160]

Grady verlangt eine Bestrafung Wendys "in the harshest possible way" ("Ich fürchte, dass Sie dieser Angelegenheit nur Herr werden, wenn Sie aufs Schärfste durchgreifen, Mr.Torrance"). Jack ist bereits so jenseits von Gut und Böse, dass er sich auf diese Strafaktion freut. In blinder Pflichterfüllung, auch hier ein "ganzer Kerl von altem Schrot und Korn", gibt er sein Wort, umgeben von Calumet-Dosen, zerstückeltem Obst und zerstampftem Heinz-Ketchup.

Und als Jack wirklich befreit wird, indem von außen die Tür geöffnet wird, ist ein zentraler Moment des Films gekommen: Unsere Idee, Jack könnte den ganzen Spuk nur geträumt haben, erweist sich als unsere eigene Illusion. Wir sind selbst alle bloß Träumer. Dieser Übergriff aus der "Twilight Zone" ist real. Die Geister sind eben nicht nur Gespinster in den Hirnen einer kranken Familie: Sie haben sich in Jacks Fantasien geschlichen und Form angenommen, und nun strecken sie ihre kalten Finger in die reale Welt herüber.

---

[160] Sophokles: Antigone. Klett, Stuttgart. V. 484-85.

Sequenz 40: Hallorann auf dem Weg – 1h 57'41''

Einstellung (shot)

Komposition (composition):

Die folgende Sequenz liefert einen weiteren Beweis dafür, dass die Mehrzahl der Kubrikschen Bilder auch als Gemälde taugt. Halloranns Annäherung in der Schneekatze, gefilmt in der **Totalen** (long shot), führt durch einen engen Kanal zwischen hohen, dunklen Bäumen hindurch, die wie Wände wirken. Hallorann passiert nun den Eingang des Labyrinths, wie die Maus auf dem Weg zur Falle. Schon jetzt kann er nicht mehr entkommen.

Ton (sound):

Die Atmosphäre von nahender Gefahr und Bedrohung wird auch hier durch die Musik, Pendereckis "De Natura Sonoris Nr. 2", deutlich artikuliert.

Montage (editing):

Kamera (camera):

Nach einer **Überblendung** (dissolve), welche die Länge und damit die Mühsal der Fahrt verdeutlicht, befindet sich die Kamera im Inneren der Fahrerkabine. Sie vermittelt in **seitlicher Halbnahe** (medium shot) sowohl die Unsicherheit Halloranns, der sich ständig umsieht, als auch das Gefühl der Eingeschlossenheit, das noch dadurch gesteigert wird, dass der Zuschauer selbst nichts von der Außenwelt sehen kann. Die folgende **Über-Schulter-Aufnahme** (over-the-shoulder shot) versetzt uns in Halloranns Position und macht noch deutlicher, dass die Fahrt kaum Aussicht auf Erfolg hat, denn durch den dichten Schnee ist kaum ein Vorwärtskommen möglich. Hallorann wird die Katastrophe wohl kaum verhindern können.

Sequenz 41: REDRUM – 1h 58'37''

Kamera (camera):

Die Kamera **verfolgt horizontal schwenkend** (panning shot) Danny, der "REDRUM" murmelnd auf Wendys Bett zugeht wie ein Schlafwandler. Dort fühlt er an der Klinge des Messers, so dass man schon fürchtet, dass er sich selbst verletzt und gleich Blut fließt. Stattdessen dreht er sich um, holt einen Lippenstift und malt jenes Wort auf die Badezimmertür, das wir schon in der Vision gesehen haben: "REDRUM", also "MURDER" (Mord). Wird es hinter dieser Tür zum Mord kommen?

Komposition (composition)
Ton (sound):

Als Danny, immer schneller "REDRUM" murmelnd und schließlich schreiend, zu den fortgesetzten Klänge von "De Natura Sonoris Nr. 2" ans Bett tritt, sieht sich der Zuschauer mit der nächsten Frage konfrontiert, die schon nicht mehr bloß beunruhigt, sondern der bisherigen Handlung den Boden unter den Füßen wegzuziehen droht: Wird Danny jetzt, als verlängerter Arm seines Erzeugers, seine Mutter angreifen? Schließlich ist diese Welt längst in Schieflage geraten, wie der Lampenschirm zeigt (freilich ein Zeichen, das der Zuschauer kaum *bewusst* wahrnimmt). Aber Danny ist noch ein Kind und damit die unschuldige Lichtgestalt, und sein Schrei nichts als die Warnung vor den drohenden Untaten des Vaters. Wendy erwacht, nimmt Danny das Messer ab und schließt ihn in die Arme.

Kamera (camera)
Einstellung (shot)
Ton (sound):

Aber die heilende Wirkung der Vereinigung ist nicht von Dauer: Ein schneller **Zoom** auf Wendys Gesicht **von Halbnah- zu Nahaufnahme** (fast zooming-in to close shot) schockiert schon dadurch, dass wir ihr schneller näherkommen, als jede natürliche Bewegung es erlaubte. Aufgeschreckt durch einen **Akkord** aus Pendereckis "Utrenja" springen wir förmlich auf Wendy zu (oder sie auf uns) und werden erneut mitten hinein versetzt in eine Schocksituation, deren Verursacher wir noch gar nicht kennen. Dann kommt die Erklärung ins Bild, ist jedoch in der **Halbnahe** (medium shot) zunächst nicht klar zu entziffern. Die Paradoxie des Ganzen zeigt sich auch hier: Der Spiegel, der die Dinge verkehrt und auf die "andere" Seite führt, dient als Schlüssel zur Wahrheit; einer Wahrheit freilich, die verborgen ist wie die Schattenseite der menschlichen Psyche (und wie der Eintritt in die verbotene Bibliothek in Ecos *Der Name der Rose*, oder in das Versteck des Stein der Weisen im ersten Band der *Harry Potter*-Reihe).[161] Immer führt der Blick in den Spiegel zu jenem Geheimnis, dessen Aufdeckung zugleich Ziel und Ursache des Konflikts ist: Kaum enthüllt, bringt es schon die Welt aus den Fugen.

---

[161] Umberto Eco: Der Name der Rose. DTV, München 1986.
Joanne K. Rowling: Harry Potter und der Stein der Weisen. Carlsen, Hamburg 1998.

🎥 **Kamera (camera)**

🔊 **Ton (sound)**

🎞️ **Montage (editing):**

Die sinnliche Überwältigung des Zuschauers erreicht ihren Höhepunkt durch die **Kumulation der Effekte**: Ein zweiter, ebenso schneller **Zoom** folgt direkt auf den ersten und lässt dem Zuschauer die gespiegelte Wahrheit ins Auge springen: "Mord", so simpel lautet die Botschaft, die Danny seit Monaten empfangen hat und nie im Klartext zu lesen verstand. Zum Angriff durch die **Musik** kommt nun noch ein plötzliches **Krachen**, ein weiterer Schreck für Wendy, Danny und uns.

Lange müssen wir nicht auf die **Enthüllung der Tonquelle** warten, um zu sehen, dass die Welt der Torrances nun endlich aus den Fugen gerät oder besser: zerschlagen wird. Jack spaltet mit der Axt die Tür zur Hausmeisterwohnung, während Wendy und Danny sich im Badezimmer einsperren – plangemäß, könnte man sagen, denn das war doch der Ort, der durch das Signal "MURDER" bereits ordnungsgemäß gekennzeichnet war. Die Jagd ist eröffnet.

🎞️ **Montage (editing)**

🎥 **Kamera (camera):**

Die Spaltung der Familie drückt sich auch in der **Parallelmontage** (parallel montage/cross-cutting) aus, die in der Hauptsache freilich die Situation der Verfolgung vermittelt: hier Wendy und Danny auf der Flucht, dort Jack als Angreifer, dessen Axthiebe gegen die Tür durch **horizontale Schwenks** (panning shots) dynamisiert werden.

Als Wendy die Badezimmertür schließt, hat der Zuschauer für einen Moment das Gefühl, den Kontakt zu den beiden Figuren zu verlieren, denen sein Mitleid oder gar seine Sympathie gehört. In diesem Augenblick befinden wir uns wieder zwischen allen Stühlen, vor allem aber mitten auf der Linie, die den Jäger direkt zu seinen Opfern führen muss. Es liegt auf der Hand, dass weder die Wohnungstür noch die Tür zum Waschraum eine dauerhafte Barriere gegen Jacks Angriffe sein können. Die neu gewonnene Sicherheit ist nur eine Sicherheit auf Zeit, und wieder wird ein Badezimmer der Ort der Entscheidung sein... Diesmal allerdings sind es Wendy und Danny, die sich einem Monster aus dem Horrorkabinett des Overlook gegenübersehen.

Ton (sound):

Begleitet von den beunruhigenden Klängen aus Pendereckis "Utrenja" (Satz: "Kanon Paschy") zeigt Wendy nun doch mehr Umsicht, als man ihr vielleicht zugetraut hätte. Statt in blinde Panik zu geraten, schätzt sie die Situation richtig ein und versucht sofort, die weitere Flucht durch das Fenster zu ermöglichen. Dass sie es zunächst nicht aufbekommt, gehört zur üblichen Steigerung der Spannung, doch bevor Jack die Wohnungstür öffnen kann, hat sie schon die Lage geprüft. Während Jack noch am Türschloss herumfummelt, hebt sie Danny durch das Fenster.

Montage (editing)
Einstellung (shot):

Doch im Augenblick der Rettung zeigt sich schon das nächste Unheil: In einer leicht reduzierten **Totalen** (long shot) und einer anschließenden **Halbnahen** (medium shot) sehen wir, wie der kleine Junge den rettenden Weg allein antritt und plötzlich verlassen dasteht, im eisigen Wind. Und während die Musik wieder an Tempo und Dissonanz zunimmt, erhöht sich die Gefahr für Wendy: Jack betritt lächelnd und ohne jede Eile das Apartment, wirkt siegesgewiss und voller Vorfreude. Er hat die Axt keineswegs beiseite gelegt, also hat er damit wohl noch etwas anderes vor, als nur Türen zu spalten.
Jetzt ist die Familie vollends zerbrochen, so dass die **Parallelmontage** von nun an in drei Linien verläuft. Damit erreicht auch die Gegenüberstellung von Antagonist und Protagonist endgültige Klarheit: Auf der einen Seite steht der böse Mann, der nur noch die grausame Parodie eines Familienvaters abgeben kann – und auf der anderen Seite der kleine, unschuldige Junge, der von der schützenden Mutter getrennt wurde und nun allein in den Kampf ziehen muss. Von diesem Moment an ist Wendy, auch wenn ihr weiteres Schicksal noch gezeigt wird, nur noch eine Randfigur.

Einstellung (shot):

Jack geht ans Werk, wobei die **nahe Einstellung** (close shot) seinen Wahnsinn für den Zuschauer deutlich sichtbar werden lässt. Die Nähe zur Figur wirkt zugleich verunsichernd, denn so nah würde man diesem Menschen freiwillig nicht kommen wollen.

🎬 **Einstellung (shot)**

🏔 **Komposition (composition):**

Die Dramatik steigert sich weiter, als eintritt, was man befürchten musste: Wendy selbst passt nicht durch das Fenster, so dass die folgende **Totale** (long shot) Danny so klein und verlassen zeigt, wie er sich jetzt fühlen muss. Auch dieses Bild wirkt wie ein wohl komponiertes Gemälde, in dem die große Kulisse den kleinen Jungen auf einen winzigen Schatten reduziert. Das Overlook wirkt gespenstisch, wie ein Monument, das in einer Schneewüste zu versinken droht und doch unsinkbar scheint wie die *Titanic*. Die Scheinwerfer tauchen die Szenerie in eine unheimliche Mischung aus Licht und Schatten.

Wendys Aufforderung an Danny, wegzulaufen und sich zu verstecken, eröffnet das große Finale des Films, das nicht zuletzt dadurch verfremdend und verunsichernd wirkt, als die Verfolgungsjagd um Leben und Tod immer wieder den Charakter eines Versteckspiels annimmt. Hierzu gehört schon Jacks erster Satz im Apartment, "Now come out, wherever you are!", den er geradezu singt; und Wendys Ruf, der ebenso gut eine Spielrunde "Hide and Seek" eröffnen könnte. Tatsächlich nähert sich Jack nicht als blinder Wüterich, sondern in der Rolle des Bösewichts im kindlichen Spiel, des Wolfs auf der Jagd nach den "Drei kleinen Schweinchen". Der Kinderreim

> *Little pigs, little pigs, let me come in.*
> *Not by the hair on your chinny-chin-chin?*
> *Then I'll huff,*
> *and I'll puff,*
> *and I'll blow your house in!* [162]

ist ganz vordergründig Ausdruck der neuen Rolle, die Jack so ausnehmend gut gefällt: Jetzt ist er der Starke, der es sich sogar leisten kann, mit seinen Opfern zu spielen. Da er der *gute* Starke nicht sein konnte, muss er eben der *böse* Starke sein – und diese Rolle spielt er besser als jede andere zuvor. Zum anderen verweist das Spiel auch auf Jacks unerfüllbaren Wunsch, selbst noch einmal das Kind zu sein, das Danny jetzt ist. Dabei scheint er allerdings eins zu vergessen: Versteckspielen, das kann eben ein Kind am besten. Welche Chance kann Jack haben gegen Danny, der schon deshalb trainierter ist, weil er den "playground", das Hotel, längst erkundet hat – im Gegensatz zu seinem Vater?

---

[162] Im Original antwortet im zweiten Vers das Schweinchen: "Not by the hair on <u>my</u> chinny-chin-chin!"

Kamera (camera)

Ton (sound):

Als Jack endlich zur Tat schreitet, wechselt die Kamera zweimal die **Position**, um den Zuschauer stärker in das Geschehen einzubinden, ihm vielleicht sogar das Gefühl zu verleihen, er könne jeden Moment dazwischen geraten. Der erste Hieb auf die Badezimmertür wird sogleich von Wendys schrillem Aufschrei beantwortet.

Einstellung (shot):

Wendy wird nun, sich in die Ecke drängend, in einer **Halbnahen** (medium shot) gezeigt, die zugleich den unmittelbaren Blick auf die Tür eröffnet. Auf diese Weise werden wir selbst von der Wucht erschüttert, mit der die Axt in die Tür schlägt; sie dringt direkt in unser Gesichtsfeld ein. Auch Wendys Verzweiflung, die sich deutlich in ihrer Mimik, Körperhaltung und ihren Schreien ausdrückt, wird unmittelbar miterlebt.

Kamera (camera)

Einstellung (shot):

Die Einbeziehung des Zuschauers wird schließlich noch dadurch verstärkt, dass wir durch einen **schnellen Schnitt** (simple cut) erneut die Position wechseln und uns plötzlich genau hinter jener Stelle der Tür befinden, auf die Jack mit der Axt einhaut. Auch aufgrund der **nahen Einstellung** (close shot) entsteht so der Eindruck, dass die Axthiebe direkt auf den Zuschauer geführt werden und die Klinge uns nur um Haaresbreite verfehlt.

Denkt man daran, dass hier nur ein Mann eine Tür mit der Axt aufbricht, wo doch in anderen Filmen weitaus Schlimmeres passiert, fragt man sich, warum diese Szene dann doch so an die Nerven geht. Die Antwort liegt wohl nicht nur in der Wahl der Einstellungen, sondern auch darin, dass die Darstellung des Wahnsinns nie so auf die Spitze getrieben worden ist wie hier von Jack Nicholson, und dass Hysterie nie so überzeugend gespielt wurde wie von Shelley Duval. Jacks Mimik, vor allem sein Grinsen, das Wissen, dass er zu allem bereit ist, die Bedrohung durch die Axt mit der blitzenden Klinge, das krachende Splittern des Holzes, Wendys Schreie, ihr Zucken... all das wirkt hier zusammen und erzeugt ein Gefühl des Schreckens, ohne dass es zum Äußersten kommen muss.

Darüber hinaus verwandelt Jacks gute Laune die Szene in eine Groteske; das Schaurige mischt sich mit dem Komischen und wirkt daher umso schauriger. Die berühmte Begrüßung "Here's Johnny!" stammt aus der Zeit, als Johnny Carson noch der Gastgeber der *Tonight Show* war. Auch wenn sich diese Zeile angeblich einer Improvisation Nicholsons verdankt,[163] fügt sie sich doch in das Gesamtbild: Jack verhöhnt seine Familie, die nichts als eine Illusion war, durch Zitate aus der Illusionsmaschine Fernsehen. Wendy und Danny, die Dauerfernseher, haben sich einen neuen Lehrmeister gesucht, wie Dannys Wissen über Kannibalismus bewies (siehe Sequenz 7). Da geschieht es ihnen nur Recht, wenn Jack jetzt zu einem jener Jäger wird, deren Hetzjagden sein Sohn ständig in der Flimmerkiste verfolgt. Doch aufs Neue beweist Wendy, dass sie nicht ganz so hilflos ist, wie es den Anschein hatte. Ihr Hieb auf Jacks Hand, der die Türkette öffnen will, trifft, und für wenige Sekunden ist in diesem Film eine Verletzung zu sehen. Jack schreit auf, doch bevor er zur Vergeltung ansetzen kann, naht Hallorann.

Kamera (camera)

Komposition (composition):

Wieder folgen wir seinem Blick mit Hilfe der **Über-Schulter-Perspektive** (over-the-shoulder shot). Durch dichte Schneefälle und ein sehr begrenztes Sichtfeld kommt nach langen, bangen Sekunden das Overlook Hotel ins Bild. Nur noch zwei Lichter brennen, und jetzt scheint in der Tat die Vorstellung nicht mehr allzu weit hergeholt, dass dem nahenden Retter zwei Augen entgegenglühen. Im Hotel scheint es kaum noch Leben zu geben, nur noch diese zwei Augen in einem Totenschädel.

Wendy hat das Nahen der Schneeraupe als erste wahrgenommen. Trotz aller Hysterie hört sie besser als Jack, der länger braucht, um aus seiner Raserei zu erwachen. Der Eindringling durchkreuzt zweifellos seine Pläne, und das kann wieder nur eins bedeuten: Jack muss, wie Grady es formulierte, "aufs Schärfste durchgreifen" und den Störenfried bestrafen. Zunächst allerdings wendet sich Jack doch noch einmal der Badezimmertür zu, die nun völlig zertrümmert ist. Wird er sich doch zuerst Wendy widmen, dem "Licht seines Lebens" ? Der neue (und alte) *caretaker* des Overlook ist nun gefragt: Im Moment der Krise muss er sich endlich bewähren.

---

[163] The Shining FAQ. Warner Bros., Burbank. http://kubrickfilms.warnerbros.com/faq/shining_faq.html [Stand 01.08.2006]

Sequenz 42: Danny versteckt sich, Jack tötet Hallorann – 2h 05'22"

Montage (editing):

Ein Schnitt auf Danny, mitten hinein in seine Fluchtbewegung, enthält uns Wendys Schicksal vor und intensiviert dadurch die Spannung.

Kamera (camera)

Einstellung (shot):

Wir scheinen rückwärts durch den Hotelgang zu fliegen, da die **Kamera** dicht über dem Boden **vor Danny zurückweicht**. Diese Art von Flug wirkt noch irritierender, da wir nicht nach hinten sehen können. Die Einstellungsgröße liegt etwa bei **halbtotal** (full), d.h. ist gerade groß genug, um die Wände des Korridors zu erfassen und so den Eindruck zu vermitteln, dass wir selbst rückwärts durch einen Schlauch rasen und Teil der Verfolgung sind.

Kamera (camera):

Nun zeigt Danny, dass er Wendys Aufforderung verstanden und begriffen hat, welches Spiel er spielen muss, um heil aus dieser Situation zu entkommen. Er versteckt sich in einem der Küchenschränke, einem engen, abgeschlossenen und dunklen Raum, wie die Kamera verdeutlicht, indem sie ihre Position in den Schrank hinein verlagert. Gerade den Empfindsamen muss hier ein Gefühl der Klaustrophobie beschleichen, und so erwachen Zweifel, ob der Junge eine kluge Entscheidung getroffen hat. Andererseits: Wird Jack, der Erwachsene, hier ein Versteck vermuten?

Kamera (camera):

Komposition (composition):

In der folgenden Einstellung **gleitet die Kamera parallel zu Jacks Bewegung** von rechts nach links, um ihn aus versteckter Distanz zu begleiten und zugleich seinen **Umraum** zu zeigen: Zur Axt gesellen sich die verschiedensten Werkzeuge der Zerkleinerung, Schneidemaschinen und Fleischwölfe – diese Küche ist die reinste Folterkammer. Jack bewegt sich hinkend und leicht geduckt, halb Mensch und halb Tier, wie der Minotaurus beim Säubern seines Labyrinths, auf der Suche nach Eindringlingen.[164] Tatsächlich ist, wie wir wissen, mit Hallorann ein möglicher Befreier im Anmarsch, in den man eigentlich gewisse Hoffnungen setzen wollte; doch die Vorzeichen stehen mehr als schlecht.

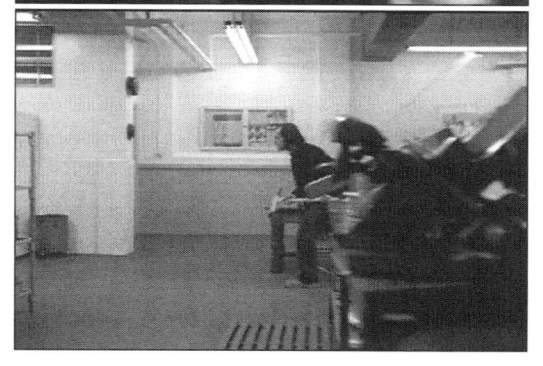

---

[164] Nelson, S. 222.

Einstellung (shot)

Kamera (camera):

Nachdem wir gesehen haben, dass Wendy doch noch am Leben ist und sich aus dem Badezimmer zu befreien versucht, **begleitet die Kamera** Hallorann auf seinem Weg ins Hotel. Sie hält weniger Abstand, so dass sich das Blickfeld auf eine **Amerikanische** (also etwa halbnahe) Einstellung reduziert. Wie immer bedeutet ein begrenztes Blickfeld auch hier größere Gefahr, da man einen Angreifer erst dann sehen kann, wenn er schon sehr nah ist. Die Spannung steigt in diesem Fall noch durch das Wissen des Zuschauers, dass Jack sich tatsächlich auf der Jagd befindet.

Montage (editing):

Als Hallorann das Hotel betritt, wird wieder auf Jack umgeschaltet. So findet sich innerhalb der Schlusssequenz, die eigentlich eine dreifache **Parallelmontage** (parallel montage) von Jacks Jagd, Dannys Flucht und Wendys Umherirren ist, die eingeschobene Parallelmontage von Halloranns Ankunft und Jacks Auflauern.

Kamera (camera)

Einstellung (shot):

Die **Kamera erwartet** Jack im Hotelgang und **begleitet** ihn dann langsam die Treppe hinauf (er kann nur noch humpeln und wirkt dennoch gefährlich, wie ein Teufel eben), so dass wir schließlich in einer **Totalen über seine Schulter** hinweg (long over-the-shoulder shot) auf die riesige Empfangshalle sehen. Der Überblick vermittelt uns nicht nur den Blickwinkel dessen, der die Übersicht und damit die Macht hat, sondern auch jede Menge dunkler Winkel, in denen sich Jack verstecken kann. Die Weite des Raums wird durch das **Echo** der Rufe Halloranns verstärkt. Die Annäherung an Jacks Perspektive ist keine aufgesetzte, sondern eine wohl durchdachte Verkehrung der üblichen Blickweise durch die Augen des Opfers: Sie zwingt den Zuschauer zur Identifikation mit dem Antagonisten und macht ihn zu dessen Komplizen, wodurch sich das Unbehagen des Zuschauers potenziert.

Auch Hallorann wird nun erwartet. Wir befinden uns wieder **auf Augenhöhe** (eye-level) und sehen in einer **Halbtotalen** (full shot), die nur einen Teil des Flurs zeigt, bloß nicht die versteckten Winkel, wie er auf uns zukommt. Die Spannung steigt: Wird es passieren? Und wann?

Die Tötung Halloranns ist neben der Fahrstuhlvision und Wendys Messerhieb die einzige Szene, in der Blut im Bild ist. Für einen kurzen Moment sieht man die Axt, die in Halloranns Brust steckt, und obwohl keine Blutfontänen zu sehen sind, wirken diese Sekundenbruchteile doch unmittelbar. Sie vermitteln eindringlich den Schmerz Halloranns. Dass das Leiden des Opfers gezeigt wird, ist zwar mit Blick auf die Verarbeitung der hier dargestellten Gewalt sinnvoll, doch sollte man in Erwägung ziehen, diese paar Sekunden herauszuschneiden. Da man *The Shining* nur in einem Kurs der 12. oder 13. Jahrgangsstufe besprechen wird, mag es auch ausreichen, die Schüler vor dieser Szene zu warnen. Dies kommt aber nur dann in Frage, wenn die Angst- und Gewalt-Problematik bereits thematisiert wurde und die Schüler offen Probleme signalisieren können. Nur bei entsprechender Aufbereitung der Gewaltproblematik kann man das Risiko einer anhaltenden Verunsicherung minimieren (siehe Kapitel 1.1.4 und 2.1).

Kamera (camera):

Nun **verfolgt** die Kamera Hallorann (tracking shot). Der Zuschauer befindet sich dichter ihm, ist selbst sowohl Verfolger als auch potenzielles Opfer und ahnt schon, dass Jack irgendwo lauert. Der Nervenkitzel, auf den Moment des Angriffs warten zu müssen, wird hierdurch intensiviert.

Auch in dieser Szene leitet sich ein Gutteil der Bedrohung aus der **Architektur** ab: Überall gibt es Türen, Gänge, Säulen und dunkle Ecken, aus denen heraus ein Angriff erfolgen kann.

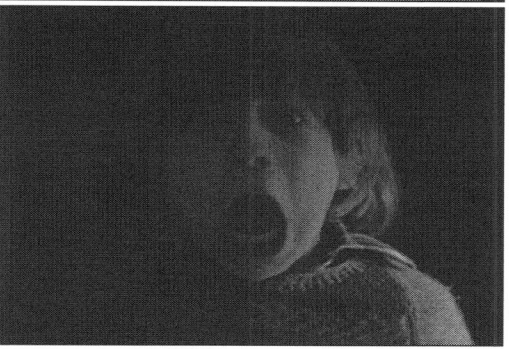

Ton (sound):

Montage (editing)

Während Hallorann sich vortastet, ist es sehr still, doch plötzlich stürzt Jack mit einem **Schrei** hinter einer Säule hervor. Als die Axt Hallorann in die Brust trifft, ertönt der **intermittierend-alarmierende Akkord** aus "Utrenja – Ewangelia" von Penderecki. Eine **Serie sehr schneller Schnitte** (series of fast cuts) zwischen Halloranns Todeskampf, Jacks Attacke und dem stumm schreienden Danny steigert die Dramatik sowie die sinnliche Überwältigung des Zuschauers.

Kaum hat Hallorann das Overlook betreten, ist er schon tot. Er hatte nie eine wirkliche Chance. Und nachdem Jack die Grenze überschritten hat, können sich Wendy und Danny nur noch selbst retten.

Sequenz 43: Danny flieht, Wendy sieht "Gespenster" – 2h 08'40''

Kamera (camera)

Komposition (composition):

Schließlich war Dannys Schrei doch zu hören, und auch Jack hat ihn vernommen. Wieder parodiert er seine Vaterrolle, indem er den Sohn beim Kosenamen ("Dannyboy") ruft. Er nimmt die Verfolgung auf und verharrt vor genau jenem Gang, in dem wir Danny versteckt wissen. Erneut sehen wir **über Jacks Schulter** (over-the-shoulder shot) mit dem Blick des Jägers. Dieser Blick wird angesogen von der Wirkung des engen Tunnels, der wie in Ankündigung weiterer Gewalttaten in Rot erglüht. So schnellen wir mit Jack vorwärts, als Danny das einzig Richtige tut und die Flucht ergreift, hinaus aus diesem Labyrinth des Schreckens.

Derweil geht Wendy mit dem Messer in der Hand eine Treppe hinauf, wie ein Zerrbild der seligen Mutter des Norman Bates. Auch sie ist ein geteiltes, vor allem aber ein bedrohtes Wesen: Im Gefängnis der Gitterstäbe und Treppenfluchten wird sie von ihrem eigenen Schatten verfolgt, der sie jeden Augenblick zu erdolchen droht. Der Wahnsinn des Hotels hat endlich auch sie erreicht, es singt ein Geisterchor aus "Utrenja". Damit ist jetzt auch Wendy ein Gast der ewigen Overlook-Party.

Die **Kamera**, und mit ihr der Zuschauer, **bewegt sich rückwärts** die Treppe hinauf, ein an sich schon prekäres Unterfangen. Wendys Bewegung ist auf den Zuschauer gerichtet, so dass man befürchten muss, in das Messer zu fallen oder erdolcht zu werden, obwohl oder gerade weil diese Frau so panisch wirkt. Die Szene wird beherrscht von einem Gefühl des **Schwindels**, das an Hitchcocks *Vertigo* erinnert und wiederum der Steadicam-Arbeit zu verdanken ist, die Garret Brown so beschreibt: "Ich drehte eine Treppeneinstellung, die mein ewiger Favorit ist. Wir bewegen uns vor Wendy drei Treppenfluchten hinauf, zunächst schnell, und dann allmählich langsamer werdend, bis wir uns kaum noch weiter bewegen, während sie auf Harry Derwent [s.u.] und seinen seltsamen Hundepartner trifft, die das Unaussprechliche machen. Eine sagenhafte Einstellung, obwohl wir sie 36mal machten – multipliziert mit drei Treppenfluchten entspricht das der Besteigung des Empire State Building mit der Kamera. Als ich es endlich auf der Kinoleinwand sah, war ich froh, die Kletterei gemacht zu haben, und wenn es nur deshalb war: Weil es sein musste!"[165]

---

[165] Garret Brown: The Steadicam and "The Shining". *in:* American Cinematographer August 1980, S. 786ff. http://www.visual-memory.co.uk/sk/ac/page2.htm [Stand 01.08.06].

🎥 Kamera (camera):

Die Kamera hat Wendy bis auf den obersten Flur gezogen. Da es keinen vernünftigen Grund für sie gibt, überhaupt hier herauf zu kommen, muss auch sie nun unter den Einfluss des Hotels, seiner Architektur und seiner besonderen Kräfte geraten sein. Als sie den obersten Korridor erreicht hat, bleibt sie stehen und starrt in fassungslosem Schrecken auf etwas, das erneut nur sie sehen kann. Die **frontale Kameraposition** vermittelt nur ihren Schrecken, nicht dessen Ursache.

🎬 Einstellung (shot)

🔊 Ton (sound):

Die Wirkung des Schocks wird durch einen weiteren **schnellen Zoom** (fast zooming-in) und den schon bekannten, **enervierenden Akkord** aus "Utrenja – Ewangelia" verstärkt. Nachdem man zunächst in einer **Halbtotalen** (medium long shot) nicht wirklich erkennen kann, was in diesem Zimmer dort hinten vor sich geht, katapultiert der Zoom den Zuschauer hinüber zu den Gestalten, die nicht da sein dürften, also ganz nahe heran an die Bedrohung. Der Weg dorthin rauscht verschwommen vorbei, und in einer **Halbnahen** (medium shot) sieht man eine weitere Inkarnation der Groteske: eine Gestalt im Tierkostüm und einen Gast bei einem Vergnügen, das die distinguierte Erscheinung des Gentleman als Maske offenbart. Die oft diskutierte Frage, was diese Szene bedeute und um was für eine Art Tier es sich handele, lässt sich nur im direkten Bezug auf Kings Roman schlüssig beantworten: Dort bemerkt Jack in der Ballnacht beim Tanz einen jungen Mann namens Roger, der sich zum Vergnügen der übrigen Partygäste wie ein Schoßhund geriert. Roger möchte die Gunst des älteren, bisexuellen Horace "Harry" Derwent gewinnen, der Millionen in das Hotel investiert hat. Derwent will den jungen Manns erhören, wenn dieser als "cute little doggy" zum Ball erscheint.[166] Ein Mann im Hundekostüm ist kurz zuvor schon Danny auf dem Hotelflur begegnet,[167] doch erst durch Jacks Erlebnisse lassen sich die Drohungen der Hundefigur gegen einen "Harry" als Frustrationen über das Spiel verstehen, das Derwent mit Roger getrieben hat. Jack erkennt schließlich, dass das Hotel ihn ebenfalls zu seinem Schoßhündchen machen will. Widerstand gegen dieses Spiel kann er allerdings auch im Roman nicht leisten.

---

[166] King, S. 325f.
[167] ebd., S. 313f.

In Kubricks Film kann man diese Szene nur als weiteren, allerdings wiederum kryptischen Hinweis auf den Sündenfall der Gesellschaft sehen.

Kamera (camera):

Die Kamera bleibt schließlich stehen, damit Wendy in panischer Angst den Korridor entlang flüchten und zu einem fliehenden Schatten werden kann – wie zuvor Jack nach seinem Erlebnis in Zimmer 237. Erneut ist nichts Schreckliches passiert, es hat keinen Angriff gegeben, doch scheinen die Gesetze der Logik und Konvention endgültig aufgehoben.

Sequenz 44: Danny und Jack im Labyrinth, Wendy im Spiegelland – 2h 10'03''

Kamera (camera)

Einstellung (shot):

Jack erreicht nun humpelnd und schleifend die symmetrisch offenstehende Außentür, durch die Hallorann eben das Overlook, Jacks Höhle, betreten hat. Die **subjektive Kamera** (P-O-V shot) zeigt Jacks Blick wie aus dem zahnbewehrten Maul eines Monsters, hinaus in die kaltblaue, nur halb und diffus erleuchtete Schneewüste. Die Einstellung ist **total** (long shot), wird jedoch durch die Mauern des Hotels eingerahmt, so dass auch hier der Eindruck entsteht, dass Jack ein Gefangener des Gebäudes ist. Andererseits bietet es ihm Schutz, den er aber aufgeben muss, wenn er dort hinausgehen und Danny jagen will.

Jack sieht die Schneeraupe, mit der Hallorann gekommen ist, und schaltet die Außenlichter ein. Ist dies doch sein Spielfeld, hat er auf diesem Gelände das Kommando? Von den äußerlichen Voraussetzungen her sicherlich: Er ist der große, starke Mann, hat eine Waffe und zieht die Hebel. Doch Danny bleibt wachsam: Er realisiert, dass Jack ihn hinter der Schneeraupe entdecken wird, und flieht in das gespenstisch beleuchtete Heckenlabyrinth. Auch wenn der Junge ängstlich und das Labyrinth wie eine Falle wirkt, mag er ahnen, dass er nur hier eine Chance hat: Denn er war schon einmal hier und kennt sich aus mit labyrinthischen Strukturen, auch von seinen Erkundungsfahrten durch die verschiedenen Sektionen und Geschosse des Overlook-Hotels. Während all dieser Zeit saß sein Vater starr in der Colorado Lounge, im Zentrum des Irrgartens aus Hallen, Gängen, Treppen und Zimmern. Hat Jack, der so gerne wieder das Kind sein möchte und der Versuchung der Unsterblichkeit erlegen ist, das Zeug, diesen gewitzten kleinen Jungen zu stellen?

▣ Kamera (camera):
▣ Komposition (composition):

Während die Kamera Jack **verfolgt**, der Danny entdeckt hat und nun losläuft, heben das **Gegenlicht** (backlighting) und die **Untersicht** (low angle) der **Amerikanischen** Einstellung (American shot) die Form der Axt hervor und damit die Bedrohung, die von Jack ausgeht. Dieser ist nur noch ein Schatten, der fleisch gewordene Schwarze Mann aus bösen Kinderträumen, längst ein Wesen der Schattenwelt, die ihn mit soviel Glanz und Glamour im Gold Room in ihren Kreis aufgenommen hat.

▣ Einstellung (shot):

Danny wirkt dagegen winzig, auch weil die Einstellung in diesem Bild mit einer **Halbtotalen** (medium long shot) ein weiteres Sichtfeld eröffnet, innerhalb dessen der Junge besonders klein wirken muss. Wie ein kleiner Fisch im Maul des Riesenwals verschwindet Danny im Eingang des Irrgartens, aus dem indirektes, gespenstisches Licht aufsteigt. Werden wir ihn wiedersehen ? Wird er nicht nur den Weg heraus finden (wer erinnert sich schon noch daran, dass Danny am Ende des ersten Erkundungsgangs mit Wendy am Ende gewann), sondern auch dem Schwarzen Mann entkommen, der einmal sein Vater war ?

▣ Ton (sound):

Der Beginn der Jagd wird durch die laute und schnelle Passage aus Pendereckis "Utrenja" markiert, jenes Stück, das die gesamte Schlusssequenz nicht nur begleitet, sondern in deutlicher Lautstärke den überwältigenden Sinneseindruck der Verfolgungsjagd mitbestimmt.

▣ Einstellung (shot)
▣ Kamera (camera):

Was nun folgt, ist eine der berühmtesten Sequenzen und vielleicht die beeindruckendste Kameraarbeit der Filmgeschichte: die **Steadicam-Verfolgung** Dannys durch die tunnelartigen Gänge des Heckenlabyrinths, in der die Kamera dicht über dem Boden dahinrauscht, im gespenstischen **Zwielicht** aus Dunkelheit und Scheinwerfern, die blenden und lange Schatten werfen, den Jungen beinahe verliert und wieder einfängt. Diese fliegenden Bilder versetzen den Zuschauer in selten erreichter Intensität mitten hinein in die Hetzjagd.

Komposition (composition)
Einstellung (shot):

Dass es nun um die endgültige Entscheidung des Konflikts geht, lässt sich nicht nur aus der Situation ableiten, sondern zeigt sich auch in der Komposition der Einstellungen: Wenn Danny in der **Halbtotalen** (medium long shot) als kleiner Schatten und umgeben von Dunkelheit auf das Ende des Tunnels zurennt, stellt sich die Frage, ob er hier einen Wiedergeburtskanal oder einen Todestunnel hinabläuft. Indem er immer kleiner wird, verlieren wir ihn aus dem Auge – und bleiben in der (An-)Spannung der Frage zurück, wie es ihm ergehen wird. Lieber würden wir dem Instinkt des Beschützers folgen und bei ihm bleiben.

Einstellung (shot)
Kamera (camera):

Die Parallelmontage setzt sich fort, indem zu Jack umgeschaltet wird. Die frontale **Nahaufnahme** (close shot) bringt ihn näher, als uns lieb ist. So werden wir von ihm **rücklings in das Labyrinth getrieben** und zugleich zum Zeugen seines fortschreitenden körperlichen und geistigen Verfalls. Er steigert sich in eine brüllende Wut, während er siegesgewiss "I'm coming" ruft und sein Opfer einzuschüchtern versucht. Ein distanzierterer Blick, der in dieser Einstellung und Situation allerdings schwer fällt, offenbart erste Signale der Schwäche: Sein Humpeln ist stärker geworden, und die Kälte macht ihm offensichtlich heftiger zu schaffen als dem kleinen Jungen. Warum bloß ? Vielleicht, weil der Unhold Jack außerhalb seiner magischen Behausung seine Kraft verliert ?

Der Blick der **subjektiven Kamera** (POV shot) zeigt allerdings, dass Jack die Fußspuren seines Sohnes durchaus sehen kann, und das ist kein gutes Zeichen. Der schnelle Schnitt zurück auf Danny suggeriert die wachsende Gefahr, dass Jack den Jungen einholen, ja sogar schon nach seinen Beinen greifen könnte. Nun wird Danny in entsprechend **naher Einstellung** (close shot) gezeigt. Die Intensität der Verfolgung wird dadurch gesteigert, dass sich die **Kamera beinahe auf Bodenhöhe** befindet, wodurch der Schnee förmlich in die Augen des Zuschauers fliegt und die gesamte Bewegung noch beschleunigt wird. Hierdurch erhöht sich sowohl die Einfühlung in die Verfolgung als auch die Dynamik der Verfolgungsjagd. Jeden Moment kann Danny ausrutschen...

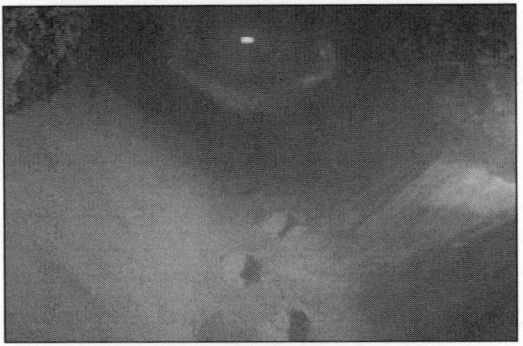

Montage (editing):

In der furiosen Schlusssequenz kommen zwei elementare Stilmittel des Films zur Anwendung: die **Verfolgung durch die Kamera** (camera chase) sowie die **Parallelmontage** (parallel montage/cross-cutting), die das Geschehen in zunächst zwei, dann drei parallel ablaufende Vorgänge spaltet. In die Umschaltungen zwischen Jack und Danny sind als verzögernder und damit die Spannung weiter nach oben schraubender "Abzweig" Wendys Irrläufe durch das Hotel geschnitten. Für quälend lange und weiter verstörende Augenblicke verliert der Zuschauer dadurch sowohl den Gejagten als auch den Jäger aus dem Auge.

Kamera (camera)
Einstellung (shot):

Nachdem die Kamera zunächst hinter ihr hergeschlichen ist, wird Wendy plötzlich in **frontaler Nahaufnahme** (close shot) gezeigt, damit wir an ihrem erneuten Schock teilhaben können – wieder einmal ohne zu wissen, was ihn auslöst, folglich in gespannter Erwartung und Schlimmstes befürchtend. Plötzlich katapultiert uns ein schnelles **Zooming-in** erneut mit voller Schockwirkung vorwärts und auf die Leiche Halloranns zu.

Ton (sound):

Die erschreckende Wirkung dieser Entdeckung wird durch das bereits bekannte Motiv aus Pendereckis "Utrenja – Ewangelia" verstärkt.

Komposition (composition):

Als symbolisches Opfer der zerstörerischen Aggression des "weißen Mannes" ist Hallorann nicht an der Biegung des Flusses begraben, sondern auf einem indianischen Mosaik erschlagen worden.

Kamera (camera):

Als hätten der Zoom und das Blut auf Halloranns Jacke noch nicht genügend Schockwirkung entfaltet, folgt ein **Reißschwenk** (auch: Wischer, engl. swish pan/whip pan) der Bewegung Wendys und wirbelt zugleich den Blick des Zuschauers herum. Diese Art Schwenk dynamisiert nicht nur das Geschehen, sondern schwächt auch das Gefühl der Kontrolle über die Handlung und ihre Wahrnehmung.

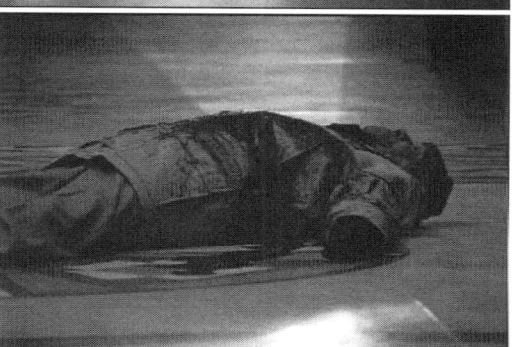

Komposition (composition):

Der Partygast, der plötzlich am Ende des Flurs steht und dann in Nahaufnahme (close shot) ins Bild kommt, ist nicht der Mörder Halloranns, aber der unauslöschliche Beweis dafür, dass die Overlook-Welt der alten Tage tatsächlich zu untotem Leben erwacht ist. Dieser Mann hat keine Waffe und unternimmt auch keinen Angriff, statt dessen wird wieder auf das Prinzip der Verstörung gesetzt: Der ausgebrachte Toast auf die "großartige Party" ist absurd nicht nur angesichts des Mordes an Hallorann, sondern auch aufgrund der Tatsache, dass dieser Geist der Vergangenheit selbst ein Gespaltener ist, wie die Blutspur zeigt, die seinen Kopf in zwei Hälften teilt. Zwischen den Zeilen deutet sich eine tiefere, ironische Bedeutung an: "party" heißt auch "Gemeinschaft" – die Overlook-Gemeinde scheint wirklich eine illustre und verschworene Gesellschaft zu sein...

Kamera (camera):

Dann treibt die Kamera Wendy wie aus der Sicht des Angreifers, der aber gar keiner ist, vor sich her. Sie flieht auf eine symmetrische Tür zu (nicht auf den Aufzug, wie Seeßlen[168] meint). Vielleicht spaltet diese Tür das Geschehen in Vergangenheit und Zukunft, also in jene zwei Ebenen, die letztlich doch identisch sind, weil auf ihnen dasselbe passiert ? Es geschieht ja alles immer wieder...

Einstellung (shot):

Was wirklich hinter der Tür liegt, sieht man nicht mehr. In der folgenden **Halbtotalen** (medium long shot) wirkt Danny besonders klein und angreifbar im kalten Schnee des Labyrinths. Die Dramatik lässt keineswegs nach, denn im Hintergrund ist deutlich Jacks Brüllen zu hören. Wie nah ist er ?
Diese Frage bleibt unbeantwortet, denn es fehlt eine Totale, die den Überblick über die Szenerie lieferte. Statt dessen zwingt eine frontale **Nahaufnahme** (close shot) Jack dem Zuschauer direkt vors Gesicht. So kann seine Wut, artikuliert durch Zähnefletschen und Gebrüll, uns voll treffen.
Folgerichtig vollführt die Kamera die einzig logische Bewegung: Sie weicht zurück vor diesem Mann, der bereit scheint, jeden Moment zu attackieren. Dabei spüren wir unterschwellig: Wenn wir im Rückwärtsgehen stolpern, sind wir verloren. Und wenn Danny nicht bald etwas einfällt, wird die Jagd ein grausiges Ende nehmen.

---

[168] Seeßlen, S. 246.

Montage (editing)
Komposition (composition):

In die **US-Fassung** ist nun ein weiterer Irrweg Wendys montiert, der zugleich den Ausgang der ultimativen Jagd im Heckenlabyrinth retardiert als auch den zunehmenden Schrecken vorantreibt. Das **Seitenlicht** (half light) strahlt wie das gespenstische Licht eines tief stehenden Vollmonds von links in den Korridor und verstärkt die räumliche Wirkung des Tunnels, in dem in jeder dunklen Ecke Gefahr lauern kann.

Kamera (camera):

Wendys Lauf führt hinein in eine Schattenwelt, die zum ersten Mal einem Raum aus einem Geisterschloss ähnelt. Die **Kamera erwartet** sie, **schwenkt** horizontal (panning shot) und gibt den Blick frei in die Empfangshalle des Overlook Hotels. Der Blick **über Wendys Schulter** (over-the-shoulder shot) zeigt, was die Zeit zurückgelassen hat: Dunkelheit, Leere, fahlen Lichtschein, Moder und Spinnweben – Zeichen von Vergänglichkeit und Verwesung.

Wieder offenbart eine **frontale Nahaufnahme** auf Augenhöhe (close shot on eye-level) Wendys atemlosen Schock. Doch wird sofort spürbar, dass sie noch Schrecklicheres sehen muss als nur ein paar Spinnweben. In der Tat zeigen mehrere **Halbtotalen** (full shots), die zur weiteren Verwirrung **recht schnell geschnitten** sind, verschiedene Gruppen von Gerippen. Sie scheinen wie im Leben erstarrt und verwelkt, und so ist auch dies kein direkter Blick in die Vergangenheit, sondern nur ein Echo, eine Reflexion des Lebens, das sich in jener anderen Dimension abspielt. Da auch Wendy offenbar das Shining hat, kann sie im Moment der größten Gefahr die Schatten der Vergangenheit endlich sehen – sie *übersieht* nicht mehr. Aber dieser Moment kommt zu spät, nicht als frühe Warnung, sondern als Schocktherapie: Lauf, so schnell du kannst.

Letztlich wirkt diese kurze Szene ein wenig billig und lässt das Overlook beinahe zu jenem Spukhaus verkommen, das man aus unzähligen eindimensionalen Filmen kennt. Trotz des gelungenen Lichtspiels und der einzigartigen Blautöne, die man nur in Kubrick-Filmen zu sehen bekommt, war das Overlook heller viel gruseliger. So ist dies die einzige Szene, die Kubrick wohl zurecht geschnitten hat. (Steht im Hintergrund des letzten Bildes Grady? Delbert oder Charles? Es ist nicht wichtig...)

Montage (editing)

Einstellung (shot):

Die **Parallelmontage** (cross-cutting) schaltet nun zurück zu Jack, der unaufhörlich in das Tunnelsystem gesogen wird, aber keine sichere Spur zu haben scheint. Wendy war bei ihrem Rückzug in der Colorado Lounge wohl auch nur unbewusst einem roten Faden gefolgt. Nun ist Danny schließlich derjenige, der nicht nur auf eine "Brotkrumenspur" zurückgreift (wie Wendy beim ersten Betreten der Küche mit Hallorann gescherzt hatte), sondern mit der Natur des Labyrinths spielt: Nachdem er seinen Vater mitten in den Irrgarten gelockt hat, zeigt eine **Halbtotale** (full shot), wie er plötzlich anhält, um in seinen eigenen Spuren rückwärts zu gehen – ein vielleicht einfacher, aber sehr wirksamer Indianertrick, der den großen weißen Mann das Leben kosten kann. Danny ist schlauer als Hänsel und Gretel, schlauer als der Kojote aus den Roadrunner-Cartoons, schlauer sogar als sein Vater. Er tut endlich das, was einem das Labyrinth eigentlich verbietet (aber es entbehrt ja ohnehin jeder Logik), worin man aber den naheliegendsten Ausweg sehen muss: Er geht rückwärts, den Weg, den er gekommen ist. Zunächst benutzt er die Spur, die zugleich seine Lebenslinie zur Außenwelt ist, nicht zur Flucht, sondern um seinen Feind in die Irre zu führen.

Im weitesten Sinne kann Danny in diesem Moment seinen größten Trumpf ausspielen: Er hat die letzten Wochen und Monate damit verbracht, seine Umgebung zu erforschen und also das Labyrinth und seine Natur zu kennen zu lernen. Während dieser Zeit hat sich sein Vater verpuppt und das Hotelgebäude, den Ort seiner Metamorphose, nicht verlassen. Und deswegen wird er es tatsächlich, zumindest auf "spiritueller" Ebene, *niemals* mehr verlassen, wie am Ende zu sehen sein wird...

Kamera (camera):

Während Danny die Spuren verwischt (wobei einmal auf Jack geschaltet wird, dessen Weg jederzeit zu Danny führen kann), läuft Wendy weiter wie gehetzt durch das Hotel, auf der Suche nach ihrem Kind und nach einem Ausweg aus dessen labyrinthischen Gängen. Leider hat sie keine Brotkrumen gestreut, weshalb ihr Lauf immer noch orientierungslos erscheint und jetzt offenbar in den Keller geführt hat – eine Vorstufe zur Hölle, wie das Rot der Wände zeigt. Die Kamera erwartet sie in **langsamer Rückwärtsbewegung** und folgt ihr, und so schleichen wir mit Wendy in banger Vorahnung um die Ecke.

📷 Kamera (camera)
Einstellung (shot):

Erneut wird der Blick nun aus der **Über-Schulter-Perspektive** (over-the-shoulder shot) an Wendy vorbei in einen dieser Räume gezogen, deren Fluchtlinie unwiderstehlich ist. Wendy erstarrt. Sie sitzt im Eingang des Tunnels fest, eingeklemmt zwischen uns und dem, was sie erwartet. Um das zu zeigen, verlagert die Kamera ihre Position näher ans Ende des Korridors, so dass aus der Totalen (long shot) eine **Halbtotale** (medium long shot) wird – die dem Zuschauer bekannt vorkommen muss. Es erfüllt sich nun endlich auch in der Realität (oder dem, was ihr im Overlook am nächsten kommt) Dannys Fahrstuhlvision, unwirklich und unerträglich verzögert durch die extreme **Zeitlupe** (slow motion).

📷 Kamera (camera)
Komposition (composition):

Nicht viel weniger erschreckend als das schwappende Blut ist der **frontale Anblick Wendys** (close shot), die geradezu in uns Zuschauer hinein starrt, als wären wir die Ursache des Schocks. Endlich sieht auch sie, dass dieser Ort ein böses Herz hat, das ihr seinen giftigen Saft als schauriges Signal der Gewalt entgegenspeit. Das Rot der Wände deutet an, das hier seit jeher Blut geflossen ist, und so soll es auch jetzt wieder sein.

Es wird immer deutlicher, dass dieses Land hinter den Spiegeln nicht nur seltsam, sondern höchst gefährlich ist. Jede Station, die "Alice" passiert, bringt eindeutigere Anzeichen der Gefahr: dem kostümierten Hund beim verbotenen Spiel folgt das Gruselkabinett der toten Gäste und nun eine Flutwelle aus Blut, die aus den Tiefen aufsteigt und auch Wendy erfassen muss, wenn sie noch länger stehen bleibt wie das Reh im Scheinwerferlicht.

🔊 Ton (sound):

Die Musik, der Satz "Kanon Paschy" aus Pendereckis "Utrenja", evoziert sowohl die inneren Schreie, für die Wendy keine Luft zu haben scheint, als auch die Stimmen der Geister, die sie rufen. Das Messer ist sowohl Taktstock dieser Symphonie des Schreckens als auch Symbol des blutigen Kampfes, zu dem sich das Leben der Familie Torrance zugespitzt hat, und damit Ausdruck der Gefahr, dass jeder Schlag, den Wendy damit führen müsste, ein Schlag gegen den eigenen Bund wäre.

Seeßlen hat mit Recht darauf hingewiesen, dass Kubricks Filme stets "Filme der Bewegung und Filme des Ortes" seien.[169] Dies trifft insbesondere auf *The Shining* zu, wo die Bewegungen durch die Gänge des Labyrinths ihren Kontrast in Jacks Verharren im Zentrum des Hotels finden. Die Colorado Lounge ist solch ein typischer hoher Raum, "in dem der Mensch nur zum Stillstand kommen kann."[170] Die Entscheidung über Leben und Tod fällt jedoch nicht im Zentrum des Hotels, sondern in der labyrinthischen Struktur, die es umgibt, und zwar just in dem Moment, als Jack durch die Finte seines Sohnes zum Stillstand gezwungen wird.

Kamera (camera):

Der Schnitt von Wendy führt zurück in das Labyrinth, wo Danny sich in große Gefahr begeben hat, indem er inmitten der Gänge stehen geblieben ist und sich damit dem Angriff preisgibt. Wie nah die Gefahr tatsächlich ist, suggeriert die Kamera durch ihre **Bewegung seitwärts** an der Hecke vorbei (parallel tracking shot). Sie steigt langsam auf Augenhöhe Jacks, den sie einfängt und in einem schwebenden **Schwenk** (panning shot) zu verfolgen beginnt. Er folgt zunächst den nach links weiter führenden Spuren seines Sohnes, und da nun der zentrale Moment der Jagd gekommen ist, sehen wir plötzlich mit seinen Augen, in der **Aufsicht** (high angle) einer **subjektiven Kamera** (POV shot).

Statt die Nähe seines Sohnes zu spüren, der hinter der nächsten Hecke kauert, folgt Jack blind den Fußabdrücken, dem unheimlichen Sog des Labyrinths ausgeliefert. Doch die Fußspuren hören einfach auf, der Tunnelblick endet im Nirgendwo. So ergeht es einem, der vergessen hat, wie man Spuren liest (und von wem man es lernen konnte).

Man glaubt nur, was man sieht, und deshalb lässt sich die Ohnmacht, die Jack in diesem Augenblick empfinden muss, nicht besser vermitteln als durch die Perspektive seines Blicks, der sich hebt und mit dem Tunnel endet. Dort leuchtet einer der unzähligen kaltweißen Scheinwerfer, die keine Positionslichter, sondern irritierende **Effektlichter** (light effects) sind, die jeden Gang wie den vorigen und nächsten aussehen lassen. Dieser Blick hat keine Richtung, und es gibt auch kein Ziel, das er anpeilen könnte. Die Musik, die im Anschwellen sägender Geigen an *Psycho* erinnert, lässt immer mehr Instrumente zusammenklingen, ohne dass eine Melodie erkennbar würde: Hier herrscht nur noch Verwirrung, Chaos, Angst.

---

[169] Seeßlen, S. 44.
[170] ebd.

Einstellung (shot)
Kamera (camera):

Jacks Reaktion wird in **frontaler Nahaufnahme** auf Augenhöhe (close-up on eye-level) deutlich. Er ist wütend, vor allem aber rat- und orientierungslos und dreht sich suchend umher. Sein Brüllen soll Danny Angst einjagen, doch offenbart es Jacks eigene Verzweiflung. Er wird erkennbar immer schwächer, und hätte er nicht die Axt, wirkte er kaum noch einschüchternd, bloß bemitleidenswert.

Ton (sound):

Doch als die Kamera noch einmal Danny ins Visier nimmt, der ganz nah hinter der Hecke zittert, und als noch dazu die Musik so etwas wie einen Schreckensschrei ausstößt, wächst die Gefahr noch einmal. Jack scheint etwas zu "wittern". Was immer er wahrgenommen zu haben glaubt, veranlasst ihn zu einem kurzen, animalisch-bösen Grinsen. Er kommt in Bewegung, aber er wendet sich, Gott sei Dank, genau in die falsche Richtung.

Einstellung (shot):

So humpelt er schließlich weiter, siegesgewiss und doch verloren, den durch das Labyrinth vorbestimmten Weg entlang: in die Irre. Er entfernt sich, bis er sich selbst zu einem schwachen Schatten in der **Totalen** (long shot) reduziert hat, die nicht er dominiert, sondern die hoch aufragenden Wände der Hecken. Nach dem alles entscheidenden Stillstand folgt nun wieder die Bewegung, wodurch das Paradox seinen Lauf nimmt, da auch diese Bewegung ins Verderben führt, wie Seeßlen begründet: "Im Labyrinth beginnt man, je mehr man fürchtet sich zu verirren, zu rennen, obwohl man weiß, dass man damit seine Chancen keineswegs erhöht, den Ort verlassen zu können. Je labyrinthischer der Ort (und die Situation), desto schneller die Bewegungen (und desto absurder werden sie)."[171]

Kamera (camera):

Doch noch ist Danny nicht entkommen, das vermitteln sowohl die anhaltend schaurige Musik als auch die Kamera, die mitten im Gang auf ihn wartet, als er sich langsam aus dem Gegenlicht heraus vortastet. So wird suggeriert, dass hier immer noch eine Gefahr lauert, vielleicht nicht von Jack, aber doch von jener bösen Kraft, die Danny schon einmal verletzt hat.

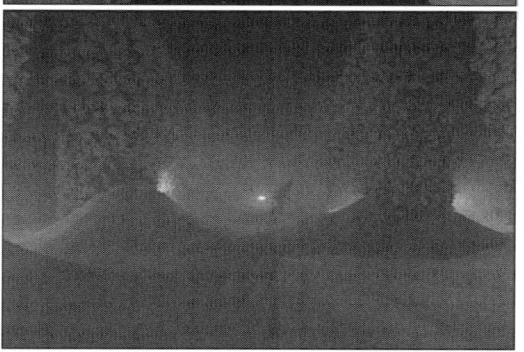

---

[171] Seeßlen, S. 44.

Kamera (camera):

Jetzt sehen wir, endlich, mit Dannys Augen. Heißt das, dass er wirklich schon gewonnen hat? Wohl noch nicht, denn nun gilt es, selbst den Weg aus dem verschneiten Irrgarten zu finden, ohne Jack wieder in die Arme zu laufen. Die **Kamera jagt im rasenden Flug** hinter dem Jungen her, wobei wieder die Steadicam zum Einsatz kommt. Diese Arbeit, aus der hier zwei Schnappschüsse[172] zu sehen sind (links Stanley Kubrick), hat Garret Brown gewohnt lakonisch kommentiert; mit vollem Recht, da er die Steadicam nicht nur erfunden, sondern auch all die langen Meter durch Kubricks Labyrinth selbst getragen hat:
"Das gigantische Heckenlabyrinth ist wohl eines der beeindruckendsten Werke der Filmgeschichte. Es war außerdem wohl eines der bösartigsten Filmsets, an denen man arbeiten konnte. Und Leute, jedes einzelne Bild wurde mit der Steadicam aufgenommen. In seiner gutartigen "Sommer"-Form war das Labyrinth auf dem alten MGM-Gelände in Borehamwood aufgebaut worden. [...] Es war äußerst schwierig, den Weg hinein oder heraus zu finden, wenn man keine Karte hatte. [...] Die meisten Mitglieder der Filmcrew verirrten sich mehrfach, und es brachte auch nichts, "Stanley" zu rufen, da sein Lachen von überallher zu kommen schien! Es war amüsant sich zu verirren, wenn man nur ein Walkie-Talkie dabei hatte. Es war geradezu fantastisch, wenn man gerade die Steadicam trug."[173]
Die Arbeitsbedingungen im Innenraum-Set des "Winter-Labyrinths" waren noch prekärer. Die Luft war heiß, stickig, der Schnee war Salz, das alles korrodierte und das Atmen beschwerlich machte:
"Am Anfang trugen wir die verschiedensten Sorten von Gasmasken. Je schneller wir uns bewegen mussten, desto schlimmer wurde es. Manchmal dachte ich schwermütig daran, mir im Salz absichtlich den Knöchel zu brechen. Es erforderte eine enorme Kraft, die Kamera um die Biegungen zu ziehen, und ein gewisses Ausmaß an Glück, den richtigen Pfad zu finden, wenn man im Wesentlichen nach hinten schaute. Hinzu kam, dass wir uns alle sehr wohl der Gefahr eines Feuers bewusst waren, und wie schwierig es sein würde, aus dem Labyrinth herauszukommen, wenn die Lichter ausgingen, mit echtem Qualm und brennendem Styropor – ein echter Alptraum! Die Aufnahmen sahen allerdings sensationell aus, und die Sequenz im Film ist überwältigend, also war es, wie man so sagt, die Sache wert."

---

[172] Vivian Kubrick: The Making of The Shining. 1980.
[173] Garret Brown: The Steadicam and "The Shining". [Anm. 118]

🎥 Kamera (camera):

Durch Dannys Flucht beschleunigt sich auch der Flug der Kamera, die nun wieder die **subjektive Perspektive** einnimmt (POV shot) und die Dramatik der Situation bewusst macht: Danny folgt seinen eigenen Spuren wie einem roten Faden, wobei das Blickfeld auf die **nahe Einstellung** (close shot) begrenzt ist, da sich der Junge auf nichts als seine Spuren konzentriert. Hierin liegt zugleich eine Gefahr, da er einen Angreifer nicht früh genug sehen könnte, der noch dazu hinter jeder Biegung lauern mag. Darin liegt eben die Tücke des Labyrinths, und je schneller Danny läuft, desto größer wird die Gefahr, die sich dem Zuschauer im schnellen Dahingleiten der Kamera durch blendendes Scheinwerferlicht und Dunkelheit eindringlich vermittelt.

Dann treibt die Kamera wieder Jack vor sich her. Doch während der Junge immer schneller zu laufen scheint, verlangsamen sich die Bewegungen des Vaters. Er dreht und wendet sich auf der Stelle, hinkt weiter den Gang entlang. Die Kamera nimmt ihn **frontal und nah** ins Visier, so dass seine Anstrengung deutlich wird. Hier, außerhalb seiner schützenden Höhle, ist er äußerst angreifbar. Krampfhaft hält er seine Jacke zu, während die Kälte seinem kleinen Sohn gar nichts anzuhaben scheint. Die **subjektive Kamera** vermittelt nun, dass Jack im Gegensatz zu Danny keiner Spur folgt, sondern planlos umherirrt und in Tiefen des Labyrinths vorstößt, die Danny gar nicht betreten hat.

Dieser befindet sich derweil tatsächlich auf dem Rückweg. Die Kamera fliegt rückwärts, um die fortgesetzte Angst des Jungen zu zeigen, aber auch um ihn aus diesen Tunneln des Schreckens herauszusaugen. Danny sieht sich um, hetzt, aber er läuft weiter, während Jack ins Kreiseln gerät, sich hierhin und dorthin dreht und zu taumeln beginnt. Weder findet er Danny, noch dessen Spuren oder einen Ausweg aus dem Irrgarten der Hecken und seines eigenen Wahnsinns. Jetzt weiß er gar nicht mehr, wo er hin soll. Der Minotaurus hat sich in seinem eigenen Labyrinth verlaufen.

Und nun zeigt sich, dass Wendy doch stärker ist, als man ihr bisher zutrauen durfte. Entgegen alle Schrecken und Verwirrungen (sowohl des Geistes als auch der Architektur) hat sie den Ausgang des Hotels gefunden, und es deutet sich tatsächlich der Sieg an: Dort steht die Schneeraupe, mit der Hallorann gekommen ist, der so doch noch zum Retter werden kann.

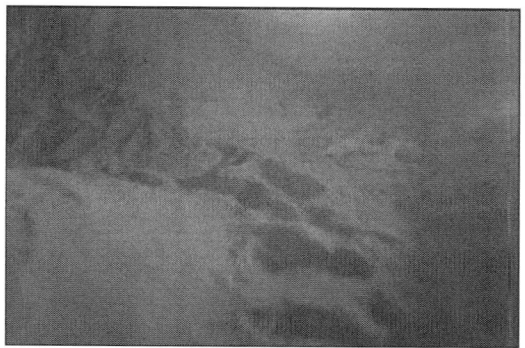

📺 Einstellung (shot):

Danny ist immer noch auf der Flucht. Er sieht zurück, und plötzlich stürzt er und bleibt hinter uns zurück, so dass aus der nahen eine **halbnahe Einstellung** wird (close to medium shot). Dies wäre der Moment für die übliche Wiederauferstehung des Antagonisten und seine letzte Attacke, doch Kubrick verzichtet – zumindest an dieser Stelle – auf dieses Motiv und lässt Danny, wie die folgende **Halbtotale** (medium long shot) zeigt, aus dem Schlund der zugefrorenen Hölle entkommen.

🔊 Ton (sound):

Über "Utrenja" legt sich nun noch Pendereckis "De Natura Sonoris Nr. 2", denn jetzt ist der Moment der Entscheidung gekommen. Danny fällt seiner Mutter in die Arme, die Familie ist wieder vereint, zumindest jener Teil, der noch ein Bund ist.

🎥 Kamera (camera):

Endlich steht die Kamera still, doch nur für den Augenblick des Glücks. Vor Jack weicht sie wieder zurück, aber nur noch langsam, denn er stellt keine Gefahr mehr dar. Der Zuschauer wird nun Zeuge seines Zusammenbruchs, der sich in animalischen Lauten und verzweifeltem Brüllen ausdrückt.

🎞️ Montage (editing):

Mehrfach wird nun zwischen Jack und Wendy/Danny hin- und hergeschaltet, doch auch diese **Parallelmontage** (cross-cutting/parallel montage) dokumentiert lediglich, dass Jack seinen Kampf verloren hat: Mutter und Sohn besteigen die Schneeraupe, und während die Kamera Jack zurück und tiefer in die Gänge hinein treibt, ertönt schon der erste Startversuch des Motors. Dieses Signal verfehlt seine Wirkung nicht: Jack fällt. Mühsam kann er sich noch einmal aufrappeln und unter schwerem Keuchen weiter gegen das blendende Licht antaumeln, ohne wirklich irgendwohin zu kommen. Hierbei hört man schon, dass Wendy der Start gelingt, und als die Schneeraupe losfährt, sind im Hintergrund Jacks wütend-verzweifelte Schreie zu hören. Beinahe klingt es, als rufe er um Hilfe, als brülle er Wendys Namen als Anklage in die eiskalte Nacht hinaus. Aber er findet kein Gehör mehr, sein Zusammenkrampfen in die fötale Schutzhaltung kann nur noch das Mitleid des Zuschauers finden, nicht das seiner Familie. Die Schneeraupe fährt, Jack brüllt und taumelt, und dann verschwinden Mutter und Sohn in die Dunkelheit.

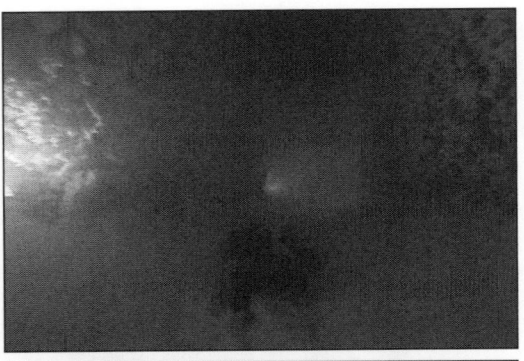

Da Wendys und Dannys Flucht sich dort vollzieht, wo das Labyrinth keinen Zugriff mehr auf sie hat, gelingt sie. Jack aber, der Vater, der seine Familie verraten hat und nun selbst von ihr zurückgelassen wird, schleppt sich weiter durch die Irrwege seines selbst gewählten Tempels.

Kamera (camera)
Komposition (composition):

Die Kamera schwankt noch eine Weile vor ihm her, seine Agonie frontal aufzeichnend, dann folgt sie ihm, aber jetzt geht alles schon nur noch sehr langsam. Jacks Bewegung erlahmt, und mit ihm die Bewegung der Kamera. Die Komposition dieses Filmgemäldes ist unmissverständlicher Ausdruck des nahen Endes: Jack wankt auf das Ende des dunklen Tunnels zu, wo ein gespenstisches Licht auf ihn wartet. Das Licht einer Wiedergeburt?
Doch der vermeintliche Geburtskanal ist ein Todestunnel. Jack sinkt zusammen, und endlich kommt auch die Kamera zum Stillstand. Die Jagd ist vorbei.

Montage (editing)
Ton (sound):

Der harte Schnitt auf Jacks erfrorene und bizarr im Eis versunkene Leiche, den Ausdruck des Deliriums noch im Gesicht, macht seinen Tod in dieser Welt unmissverständlich deutlich. Sein Ende wird akustisch besiegelt durch den scheppernden Paukenschlag (aus Pendereckis "De Natura Sonoris Nr. 1"). So ist das Labyrinth für Jack zur Todesspirale geworden. Man könnte vermuten, dass er das Hotel nie verließ, weil er wusste, dass er außerhalb seiner schützenden Mauern sterben würde. Hätte er jedoch den Ort der Verheißung näher erkundet, statt selbstgefällig im Herzen des Monsters zu sitzen, sich in Illusionen zu flüchten und allmählich nach innen einzubrechen, hätte er mit den realen Menschen um sich herum gesprochen und *gelebt*, hätte er genauer hingesehen und nicht *über*sehen, wäre ihm dieses Ende wohl erspart geblieben. So erliegt er dem Labyrinth durch eigene Schuld, und es wird wahr, weil er es wahr werden ließ: Außerhalb ihres "Wirtshauses" kann die Made Jack nicht leben. Wie die Verräter an den Verwandten, denen der Dichter in Dantes "Göttlicher Komödie" im 9. Höllenkreis begegnet, sitzt er fest im ewigen Eis.[174]
Dabei sah doch dieser letzte Tunnel, den Jack sich entlang kämpfte, wie das Tor zu einer anderen Welt aus...

---

[174] "So staken blau bis wo die Scham man sieht, / Die schmerzenreichen Schatten in dem Eise." Übersetzung von Wilhelm G. Hertz. Fischer TB, Frankfurt/Main 1955.

| Sequenz 45: Epilog: Das Foto vom 4. Juli 1921 – 2h 19'31" |

Kamera (camera):

Dem nervenaufreibenden Lauf durch das Labyrinth mit seinen zahlreichen Drehungen und Schwenks folgt eine **ruhige, gradlinige Bewegung**, wie das Ausrollen einer Achterbahn. Es handelt sich hier um eine klassische **Kamerafahrt parallel zur Blickachse auf ein Objekt zu** (travelling shot parallel to line of vision towards object), wodurch das Interesse des Zuschauers auf das Objekt am Ende der Fluchtlinie gelenkt wird. Die Kamera fährt durch die Empfangshalle des Overlook zunächst auf den Durchgang zum Gold Room zu. Ihre Bewegung ist schnurgerade, und damit das Ziel eindeutig definiert: Es geht auf eine Reihe von Schwarz-Weiß-Fotografien zu, die an der Wand des hinter dem Durchgang liegenden Korridors hängen.

Ton (sound):

Zugleich hat einer jener getragenen Ballmusik-Songs die verstörenden Penderecki-Klänge abgelöst und unterstützt damit den Kontrast zur Hektik der vorangegangenen Szene. Wieder erklingt, **langsam eingeblendet** (slow fade-in), "Midnight, the stars and you":

> Midnight with the stars and you
> Midnight and a rendezvous
> Your arms held a message tender
> Saying "I surrender
> All my love to you"
>
> Midnight brought us sweet romance
> I know all my whole life through
> I'll be remembering you
> Whatever else I do
> Midnight with the stars and you

Ebendieses Lied erklang bereits, als Jack in den Gold Room trat und sich in die Ballgesellschaft aus den Zwanzigern einreihte.

Einstellung (shot):

Durch die Annäherung verringert sich die Einstellung sukzessive von der **Totalen** (long shot) über die **Halbtotale und Halbnahe** (medium (long) shots) hin zur **Nahaufnahme** (close shot) des Bildes, das in der Mitte der Sammlung hängt und demnach tatsächlich exakt den Fluchtpunkt der gesamten Kamerabewegung bildet, das Zentrum, wo am Ende doch alles zum Stillstand kommt. Alles konzentriert sich auf diese Photographie, die schon vermuten lässt, dass sie aus einer anderen Zeit als dieser hier stammt...

🎬 **Einstellung (shot)**
🎞️ **Montage (editing):**

Die Kamera nähert sich noch bis zur **Detailaufnahme** (extreme close-up), die den mittleren Ausschnitt der Fotografie zeigt. Hier hält sie an, und man sieht eine Ansammlung von Festgästen, die alle um ein Zentrum im Vordergrund des Bildes gruppiert scheinen. Wer genau hinsieht, den beschleicht schon eine seltsame und höchst irritierende Ahnung. Eine ganz langsame und verzögernde **Überblendung** (dissolve) verkleinert den Ausschnitt und verstärkt den Verdacht, bevor eine weitere Überblendung Gewissheit schafft: Da steht Jack. Er winkt grinsend ins Bild, es geht ihm blendend. Endlich ist er wirklich der Mittelpunkt des Ganzen, er triumphiert und lässt sich darin auch nicht von einem der anderen Gäste zurückhalten, der seine Hand auf Jacks Arm gelegt hat.

Und als wäre die Erkenntnis, dass Jack (oder auch: der Typ Jack) tatsächlich schon einmal im Overlook gewesen ist, nicht schon verwirrend genug, fährt die Kamera langsam auf den unteren Rand der Fotografie und besiegelt die Verstörung: Jack ist im Jahr 1921 angekommen, um dort den amerikanischen Unabhängigkeitstag zu feiern. Er ist in der Gegenwart eingefroren und dann wiedergeboren worden in jener Zeit, in die er schon in seinen Träumen so gerne eintauchte. Dann **blendet** sich auch dieses Bild **aus** (fade-out), und alles ist schwarz.

Der Tunnel im Labyrinth war also doch ein Wiedergeburtskanal. Allerdings führte er nicht zurück in die Gegenwart oder in die Zukunft, sondern in die Vergangenheit. Jack ist gefangen im Labyrinth der Zeit, das grundsätzlich ein Zirkel ist, ebenso wie der Zuschauer bis zur letzten Einstellung des Films im Overlook gefangen bleibt. Damit könnten der Trost und die geheimen Sehnsüchte, die sich mit dem Gedanken an die Wiedergeburt verbinden, ad absurdum geführt sein. Durch seine Flucht in die vergnügliche Fantasie-Welt des Overlook hat sich Jack nicht nur von seinen Pflichten in der realen Welt verabschiedet, sondern auch von den damit verbundenen Chancen, Freuden, erwiderten Gefühlen und Hoffnungen. Er hat sich vom Leben selbst verabschiedet, zuerst psychisch, und dann auch physisch. Nelson formulierte es treffend: "Jack Torrance vergisst, dass in einem in sich logischen Universum eine Besessenheit mit der Zeitlosigkeit einer Liebesaffäre mit dem Tod gleichkommt."[175]

Jack ist "zu Hause", aber für die, denen er wirklich etwas bedeutete, nicht mehr erreichbar. Der Blick auf das Motiv der Spiegelung und Spaltung, die ja auch eine Verdopplung und Vervielfältigung ist, zeigt aber, dass Jack eben doch nicht nur ein Gespenst der Vergangenheit geworden ist: Der Jack Torrance der

---

[175] Nelson, S. 226: "Jack Torrance forgets that in a contingent universe, an obsession with timelessness becomes tantamount to a love affair with death."

Gegenwart ist im Labyrinth gestorben, doch war er nur eine Reinkarnation, der Doppel- und Wiedergänger eines früheren Jack. Und das spendet nun keinen Trost: Es gab ihn, d.h. Typen wie ihn schon immer – und wird sie immer geben.

Tendierten die Menschen dazu, genauer hinzusehen als zu *übersehen* (to overlook), hätten sie – vor allem Wendy, aber auch Stuart Ullman – wohl schon vorher einen Blick auf die Bilder an der Wand geworfen. Dann wäre vielleicht alles ganz anders gekommen. Aber die Menschen übersehen und vergessen eben, und zwar sowohl die Fehler ihrer eigenen Vergangenheit als auch die Empfindlichkeit und Durchlässigkeit jener Schicht, welche die helle Seite der Psyche von der dunklen trennt. Wenn man will, kann man durch genaues Hinsehen sogar einen der bekanntesten Übeltäter der Geschichte entdecken: Die Hitler-Reinkarnation ist aber nur zufällig im Bild, denn das Foto stammt aus der Geschichte der Warner Bros. Studios in Hollywood. Jack Nicholson wurde nachträglich einmontiert.

Ursprünglich enthielt der Film noch eine zweiminütige Schlussszene, in der Ullman Wendy im Krankenhaus besucht und Danny einen Ball schenkt, der wie der bekannte gelbe Tennisball aussieht. Diese Szene wurde bereits in den ersten Wochen der US-Vorführung gekürzt, da sie das Ende des Films noch enigmatischer erscheinen ließ: Ist Ullman der verlängerte Arm des Bösen, das immer noch weiterlebt? Oder sollte noch einmal betont werden, dass die Torrances wie die Donner-Gruppe zu Kannibalen werden mussten, sich also gegenseitig verzehren mussten, um zu *überleben* – was darauf hindeuten würde, dass auch die verbleibenden Mitglieder der Familie – vor allem Danny – das Wilde, Primitive und Unmenschliche in sich tragen? Letztlich wirkte dieser Schluss jedoch kontraproduktiv: In *The Shining* geht es nicht um das physische Überleben der Guten, sondern um das metaphysische Überleben des Bösen.[176] Jack ist gestorben, aber der Mensch, den er typisiert verkörperte, ist ein Wiedergänger. Da sind Delbert Grady, Stuart Ullman, Charles Grady, Jack Torrance ... und Danny Torrance?

Sequenz 46: Abspann – 2h 21'08''

Ton (sound):

Im optisch unprätentiösen Abspann gibt es nichts zu übersehen, jedoch zu überhören: Als der Song "Midnight, the stars and you" ausklingt, ertönt zuerst Beifall und dann das "Geschnatter" eines unsichtbaren Publikums, das sich aus Partygästen, aber ebenso gut aus Kinogästen zusammensetzen könnte. Hier zeigt sich, dass dieser Film sein Publikum in seine Weltsicht einbezieht: Wir haben bis zur "Midnight" zugeschaut, die "Stars" bewundert und mit ihnen gelitten, aber jetzt richtet sich der Blick auf uns, "and you". Und wir sind nicht anders.

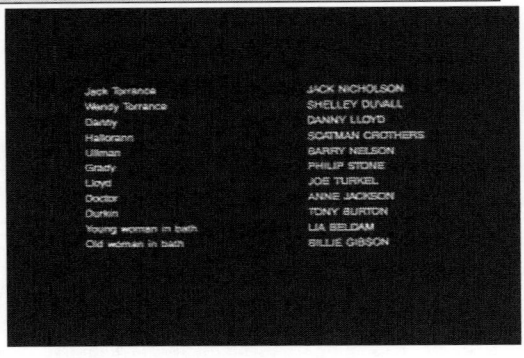

Die Eisschicht unter uns ist genauso dünn, unser Leben die gleiche Gratwanderung zwischen den Licht- und Schattenseiten der Psyche. So leicht, wie die Gäste des Overlook, allesamt gute Amerikaner und "all the best people", wie Ullmann betonte, die Verbrechen ihrer eigenen Vergangenheit vergessen, so überhören wir das Geplapper dieser Menschen, das unser eigenes ist. Und wir übersehen leicht die Botschaft, die darin versteckt ist und all jenen entgeht, die zu früh den Saal verlassen, abschalten oder nicht genau aufpassen, wie Blakemore hervorhob: "Somit versucht der Film bis zum allerletzten Stück, die Selbstgefälligkeit seines Publikums zu durchbrechen, um ihm zu sagen: *Ihr wart, seid die Leute auf dem Overlook-Ball.*"[177] So scheint Kubricks *The Shining* in der Tat, wie Urs Jenny[178] sagte, ein "Traumangebot" zu sein – das sich bei näherem Hinsehen doch als Bildnis des menschlichen Alptraums entpuppt.

---

[176] siehe auch Walker, S. 308.
[177] Bill Blakemore: The Family of Man. *in:* San Francisco Chronicle, 29.07.1987. http://www.visual-memory.co.uk/amk/doc/0052.html [Stand 01.08.06] ("Thus to its very last foot, this film is trying to break through the complacency of its audience, to tell it: *You were, are, the people at the Overlook Ball.*")
[178] Urs Jenny: Das Traumangebot. *in:* Der Spiegel Nr. 43/1980. S. 266-67.

2.5 Leitmotive und Deutungsversuche

Das zentrale Leitmotiv des Films ist das **Labyrinth**. Neben dem Heckenlabyrinth hinter dem Hotel gibt es verschiedene Spiegelungen desselben: das Modell in der Empfangshalle; den gezeichneten Plan vor dem Eingang des Irrgartens; die Architektur des Hotels mit den verwinkelten und in sich verschraubten Gängen, Mosaiken, Teppichmustern und Wandmalereien; und nicht zuletzt Jacks Psyche. Kubrick, so Nelson in seiner tiefgründigen Interpretation, zeige "das Unbewusste als Labyrinth, in dem sich das bewusste Selbst verirrt".[179]

Das Wort "Labyrinth" könnte sich etymologisch aus dem griechischen *labýrinthos* (m.) ableiten, und dieses wiederum aus dem vorgriechischen *lábrys* für "Axt" und *inthos* für "Ort". Diese Bezeichnung verwendeten die nach Kreta eingewanderten Griechen für den verwinkelten **Palast von Knossos**, in dem offenbar an vielen Stellen die Königsinsignie, das Symbol der **Doppelaxt**, angebracht war. Dieser Deutung zufolge bedeutet "Labyrinth" etwa das "Haus der doppelten Axt".[180] Die Doppelaxt markiert den Ort, an dessen Eingang man die **Vernunft aufgibt, sich der Verlockung ausliefert und mit der eigenen Psyche konfrontiert**. Nur wer herausfindet aus der Verwirrung, gelangt zurück zu geistiger Klarheit und Erkenntnis. Hierzu passt, dass der Palast von Knossos vor allem als Kultstätte gedient haben dürfte. Während Wendy und Danny dem Labyrinth-System des Overlook entkommen (und zwar sowohl den Hecken als auch dem Haus selbst), verliert Jack darin seine Verstandeskraft und kann den Ausweg nicht mehr finden. Er ist der Versuchung erlegen, wie die Feiernden im Palast von Knossos, der eines der Vorbilder für das Overlook gewesen sein muss: ein Labyrinth aus Räumen und Korridoren mit Mosaiken und Tanzpodesten, auf deren verwundenen Linien man sich in erotisch-dionysischen Tänzen drehte (lavra = Gang). Das Betreten des Labyrinths war zugleich ein **Initiationsritus**, ein **ritueller Tod**, über den man **Unsterblichkeit** erlangte.[181]

Die Verlockung der Unsterblichkeit wird für Jack absurderweise am Ende wahr, denn über den Weg durch die Labyrinthtunnel gelangt er in das "ewige Overlook". Aber es erscheint doch fraglich, ob diese Welt, die in der Zeit eingefroren scheint wie Jack im Eis des Labyrinths, ein erlösendes Paradies sein kann. So scheint Jacks Rolle eher die des Minotaurus zu sein, der, halb Mensch, halb Tier, als ewiger *caretaker* des Labyrinths dafür sorgen muss, dass keiner dessen Sog entkommt. Tatsächlich muss auch der Palast von Knossos ein Ort der Gefahr gewesen sein, wie Funde von Kinderknochen mit Kerbspuren belegen.[182]

Nimmt man das Labyrinth als Sinnbild der menschlichen Psyche, als **Spiegel der Seele und Ort der Selbstfindung**, dann repräsentiert der Minotaurus das **Animalische, Dunkle** und Gewalttätige in uns allen. Die scheinbar endlose Spirale der Gewalt, die das alljährliche Opfern der jungen Männer und Frauen aus Athen darstellt, wird erst durch Theseus mit Hilfe der Ariadne – also der Weiblichkeit – durchbrochen. Der Stier steht als Sinnbild der Männlichkeit, und diese wiederum für die Gewalt.

Wie viel von diesem Mann-Tier noch in uns steckt, und wie menschlich wir wirklich sind, zeigt sich erst, wenn wir – wie Jack – an unsere Grenzen gebracht werden. Heute gilt die Doppelaxt auch als Symbol der Lesben, welches den Sieg über den Mann signalisiert. Auch wenn Kubrick diese Deutung vermutlich nicht bewusst im Film angelegt hat, passt die gedankliche Verbindung zwischen Labyrinth, Axt und dem Kampf zwischen Mann und Frau insofern, als Jack zwar der Jäger mit der Axt ist, sich jedoch im eigenen Jagdgrund – dem Hotel des Labyrinths – verirrt und letztlich seiner Frau unterliegt. Auch in *The Shining* wird das Mann-

---

[179] Nelson, S. 205: "the unconscious as a labyrinth in which the conscious self gets lost".

[180] Kluge – Etymologisches Wörterbuch der deutschen Sprache. de Gruyter, Berlin, New York 1999. Abbildung aus: Arthur Evans: The Palace of Minos at Knossos Bd. I. 1921. S. 432, Abb. 310d.

[181] Wolfgang Bauer [u.a.]: Lexikon der Symbole. Bertelsmann, Gütersloh. S. 172f.

[182] Michael Siebler: Wo Theseus einst den Minotaurus schlug. *in:* FAZ Nr. 52, 02.03.2001. S. 46.

Monster durch die Hilfe der Weiblichkeit zur Strecke gebracht – wobei der ehemals Geliebte selbst zum Unhold mutiert.

Das Labyrinth verbindet grundsätzlich zwei Bilder: den **sich verwindenden Schnörkel** und damit Ausweglosigkeit, Pessimismus, **Gewalt**, Ende, **Tod**; aber auch die **sich nach außen erweiternde Spirale** und damit Offenheit, Freiheit, Optimismus, Leben und **Wiedergeburt**. Das Leben aber birgt das Risiko, das Jack scheut, weshalb er sich im Zentrum des Labyrinths festsetzt und gar nicht mehr versucht, dem Weg der verschnörkelten Spirale zu folgen und nach draußen zu gelangen. Das Innehalten im Labyrinth, zugleich geschützt und abgeschnitten von der Außenwelt, ist Chance für:

Wandel, Neuanfang, oder *Verharren, Stillstand,*
Wiedergeburt *Tod*

Den Neuanfang schafft Danny, der junge Held, der der dunklen Macht des Irrgartens trotzt und, wie Ciment folgerte, zum "Lichtkind" wird, dessen Intelligenz über den Instinkt siegt.[183] Zwar überlebt auch Jack, aber eben nur als Geist der "Schattenseite". Er bleibt ein Gefangener des Labyrinths und kann dem Strudel der Zeit nicht mehr entkommen.

So hat Titterington mit seiner Beobachtung Recht, dass *The Shining* ein Film der geschlossenen Kreise[184] ist: Danny und die Kamera kreisen um das Zentrum des labyrinthischen Hotels, doch lange Zeit gibt es kein Entkommen. Die Abgeschlossenheit dieses Ortes, verstärkt durch den Schnee, hält die Torrances gefangen. Ebenso ist Jack ein Gefangener seiner selbst und muss immer wieder zu sich zurückkehren, zum Jähzorn, zum Alkohol, zum Scheitern, zur Gewalt. So müssen sich die Fehler der Vergangenheit wiederholen, und Jack hat gar keine Chance, den Zirkel zu durchbrechen, weil er ist, was er ist: Mensch.

In der Vereinigung von **Verengung und Ausdehnung**, **Systole und Diastole**, **Tod und Wiedergeburt** liegt die **Paradoxie** des Labyrinths: Man will hinein, um das schützende Zentrum zu finden, wo man sich selbst vergessen, ausruhen und im Zeitlosen verweilen kann. Doch zugleich muss man sich daran erinnern, auf welchem Weg man zurück in die Freiheit gelangt, um zu überleben.[185] Auch dort vergeht die Zeit und mit ihr der Mensch. Doch das Herz des Labyrinths ist die schlimmere Falle, denn wer sich ihm nicht entwindet, ist schon jetzt verloren. Die Lady Winchester konnte den Geistern, von denen sie sich verfolgt fühlte, auch in ihrem skurrilen Haus, das ein einziges Labyrinth ist aus 160 Zimmern, Gängen, Geheimtüren und Treppen, die in der Decke enden, nicht entkommen.[186] Letztlich wird die Hoffnung, die in der Flucht liegt, immer enttäuscht. Am Ende der Suche nach dem ewigen Leben wartet der (ewige ?) Tod in der realen Welt.

Das Prinzip von Verengung und Weitung findet sich auch in der **Raum-Zeit-Struktur** der Filmhandlung wieder, wie Jansen[187] beobachtet hat: Die Zeitabschnitte werden immer kürzer, die Kapiteleinblendungen reduzieren sich von einem Monat auf Tage und schließlich auf Stunden. Zum Ende hin beschleunigt und verdichtet sich die Handlung zur Jagd ins Herz des Labyrinths,[188] um am Schluss wieder Öffnung und Flucht zu zeigen bzw. anzudeuten (Wendy und Danny entkommen mit der Schneeraupe, Jack in die "Ewigkeit"). In ähnlicher Weise verengt sich die Weite der Natur schon in der Anfangssequenz auf das Hotel am Berg, das auf Figuren, Kamera und Zuschauer wie ein Magnet, wie ein Schwarzes Loch wirkt. Für Jack, den Mi-

---

[183] Michel Ciment: Kubrick. München, 1982. S. 146.

[184] P.L. Titterington: Kubrick and "The Shining". *in:* Sight & Sound, Spring 1981. http://www.visual-memory.co.uk/sk/ss/theshining2.htm [Stand 01.08.2006].

[185] Nelson, S. 204f.

[186] Reinhard Tiburzy: Für Geister erbaut – Das verrückte Haus der Sarah L. Winchester in San Jose. *in:* Die Zeit Nr. 51, 16.12.1999. S. 61.

[187] Peter W. Jansen: Kommentierte Filmografie. *in:* Stanley Kubrick. München 1984. S. 186.

[188] Nelson, S. 208.

notaurus, ist Endstation, wenn die Kamera auf seinem Gesicht im Fotorahmen zum Stehen kommt.

Eine interessante Lesart ergibt sich, wenn man bedenkt, dass der rote Faden eine Erfindung des Labyrinth-**Schöpfers** Dädalus war. Entkommt auch Danny, der als einziger einen roten Faden (seine Fußspuren im Schnee) zu benutzen weiß, durch die Gnade eines/seines Schöpfers ? Wohl nur dann, wenn man Jack als seinen Schöpfer sieht, der durch sein Versagen dem eigenen Sohn die Flucht ermöglicht. Oder *schafft* Danny die Lösung selbst ? Dafür, dass er als die "Lichtgestalt" Beistand von einer höheren Macht erhält, damit sich die Hoffnung erfüllt und der böse Dunkelmann besiegt wird, gibt es keine Anzeichen.

Mit Blick auf solche Deutungsperspektiven war es nicht nur ein Gebot der zur Entstehungszeit von *The Shining* noch begrenzten Technik, dass Kubrick das Heckenlabyrinth den Heckentieren vorzog, die Jack in Kings Romanvorlage auf den Leib rücken. Das Labyrinth passte besser in Kubricks Konzept, wohl auch, weil seine Weltsicht eine andere ist als die des Horrorschriftstellers. Schickel hat das Thema, das Kubricks Filmen zugrunde liegt, wie folgt beschrieben: "Ein Mann (gelegentlich eine Gruppe von Männern) vertraut [...] auf seine eigene Rationalität oder auf die Rationalität jener Systeme, die seine Welt regieren. Daraufhin geht etwas schief, die Illusionen, die er sich über die Ordnung der Dinge macht, gehen verloren, und ihm bleibt nur, die manchmal tödlichen, immer aber zerstörerischen Konsequenzen dieses Verlusts zu tragen."[189]

Schnelle zieht aus Schickels Beobachtung den Schluss, dass Jack versagt, weil er nicht ahnt, "dass das Hotel ihn in seine Gewalt bringen und auf seine Familie hetzen wird."[190] Natürlich übt das Hotel Einfluss auf Jack aus, am deutlichsten, wenn es ihn in Gestalt von Delbert Grady aus der Vorratskammer befreit. Doch mindestens ebenso schwer wiegen **die Illusionen, die Jack sich macht**, zunächst jene über den Zusammenhalt seiner Familie und seine Schriftstellerkarriere, die Stützen seines Seelenheils, die schon seiner Kontrolle entglitten sind, bevor er einen Fuß in das Overlook Hotel setzte; und schließlich jene Illusionen, die ihn vor dem Versagen in die Welt der Lloyds und Gradys flüchten lassen. Letztlich ist es Jack, der seine eigenen Dämonen mit denen des Hotels in Kontakt treten und einen **faustischen Pakt** schließen lässt. Er gibt seine Seele "für ein Glas Bier", will seine Familie opfern als Beweis seiner Hingabe an diesen Pakt und seine neue Aufgabe: dem Overlook für immer erhalten zu bleiben und immer da zu sein – was ihm insofern gelingt, als er am Ende wirklich in die Geisterwelt übertritt und seine Familie zerstört hat, wenn auch durch seinen eigenen körperlichen Tod. Das **Hotel beschleunigt diese Selbstzerstörung, aber es verursacht sie nicht**. Diesen Umstand hat auch Schnelle wiederum gesehen: "Die pathologischen Strukturen und das Gewaltpotential waren latent immer schon vorhanden [...], und das Hotel wird zum Katalysator ihrer Manifestation."[191] Kubricks Filme sind stets beherrscht von Orten, die den Menschen an seine Grenzen bringen: das Weltall, der Schützengraben, die Strafanstalt, das Schlachtfeld, das Overlook Hotel. Dort zeigt sich die wahre *conditio humana*, wie Kubrick sie sieht: Der Mensch ist kein Held, sondern ein Blinder am Abgrund.

Der Zusammenbruch des Menschen wird unterschwellig durch ein weiteres Leitmotiv vermittelt, das der **Spiegelung, Symmetrie und Verdopplung**. Der Spiegel verdoppelt die Menschen, doch dadurch spaltet er sie auch. Der Spiegel soll uns zeigen, dass wir gut aussehen und noch am Leben sind; doch nicht beim *Über*sehen, sondern beim genauen *Hin*sehen entdecken wir, dass wir altern und sterben müssen. Vielleicht ist dieser Konflikt die Ursache für die Spaltung der Seele des Menschen, der in den Spiegel blickt: Er muss sterben, aber er will es nicht. Jack will in Zimmer 237 die schöne Nixe sehen, aber der barocke Spiegel zeigt ihm, wie in

---

[189] Richard Schickel: All Eyes on Them: *in:* Time 12.07.1999. S. 52.
[190] Schnelle, S. 199.
[191] ebd., S. 202.

Baldungs Gemälde "Die drei Lebensalter des Weibes und der Tod" (ca. 1510, Kunsthistorisches Museum Wien), die verwesende Hexe.

Neben den deutlich **sichtbaren Spiegeln** im Overlook Hotel gibt es zahlreiche **versteckte Spiegelungen**, wie schon die Berglandschaft im glatten See, die in der ersten Aufnahme zu sehen ist. Auch die Fahrt zum Hotel ist eine Spiegelung, denn beim ersten Mal fährt Jack auf der rechten, später auf der linken Seite des Tals. In der Architektur finden sich symmetrische Elemente, vorrangig in den Bögen und Säulen der "Colorado Lounge", aber ebenso in den vielen Gängen, die auf einen zentralen Fluchtpunkt zulaufen, und in den zahlreichen zweigeteilten Türen.

Schließlich entpuppen sich auch die Figuren als **Doppelgänger** und damit als **Spaltungen des Einen**: Danny und sein *alter ego* Tony (im Roman heißt der Junge Daniel *Anthony* rance[192]); die Grady-Mädchen, die Nixe und die Hexe – und natürlich Jack, Lloyd, Delbert Grady, Charles Grady, die allesamt den bösen weißen Mann markieren. Selbst Jack und Danny sind zwei und doch eins, nämlich Vater und Sohn, Böse und Gut, und beide haben einen eingebildeten Freund (Lloyd und Tony). Die Doppelgänger dienen dazu, die **Schattenseiten der Figuren zu enthüllen**: Lloyd und Grady sind Sinnbilder der Aggression und Gewaltbereitschaft Jacks, während Tony Dannys Ängste artikuliert. Hinter dem Spiegel zeigt sich immer die dunkle Wahrheit, wie auch in Ecos *Der Name der Rose*, wo der Spiegel in das "Finis Africae" führt, den verbotensten Teil der finsteren Bibliothek.

Die US-Fassung zeigt Dannys Schizophrenie deutlich, wenn er im Dialog mit Wendy nur noch mit Tonys Stimme spricht (und dabei an Norman Bates erinnert). Wie in Norman Bates übernimmt auch in Jack die "dunkle Seite" endgültig die Kontrolle, indem er seine Rolle als Familienmensch vergisst und zum Mörder wird. Der durch die Blutspur geteilte Schädel des Hotelgast-Phantoms ist ein weiteres Indiz für die Krankheit, die die Menschen erfasst hat. "Zwei Seelen wohnen, ach! in meiner Brust..."

Das Prinzip der Verdopplung findet sich im Übrigen auch auf der **Handlungsebene** wieder, welche eine Duplizität der Ereignisse nahe legt: Jack tut, was vor ihm schon Grady tat, und vor diesem schon ein anderer Grady/Jack. Die Ereignisse wiederholen sich, weil die Menschen vergessen, was sie getan haben, oder weil sie mit ihrer "besseren Hälfte" nicht mehr kommunizieren können. Als bestes Beispiel mag Jacks Begegnung mit der Hexe in Zimmer 237 gelten: Als er gleich darauf zu Wendy geht, hat er die Hexe vergessen – oder verdängt. So kann Jack weder seine eigene Vernunft wachrufen noch mit seiner Frau über seine Probleme sprechen. Wer die Geschichte vergisst, wiederholt sie.

Ebenso spaltet dieser Film auch seinen Zuschauer: Durch die häufig halbnahen Einstellungen, vor allem aber durch die stetige Verfolgung der Figuren durch die Kamera entsteht das Gefühl eines unsichtbaren Beobachters, der selbst zu dem gehört, was diese Menschen in diesem Hotel in den Wahnsinn treibt. So ist der Zuschauer hin- und hergerissen zwischen der Rolle des lauernden "Geists", die ihm der Film aufzwingt, und seinen ureigenen Gefühlen: dem Beschützerinstinkt, wenn wir Danny und auch Wendy beoachten, und die Abscheu, wenn wir Jack näher sind, als uns eigentlich lieb ist – vielleicht aber auch das Mitleid, das wir mit ihm empfinden, wenn er am Schreibtisch der Colorado Lounge zusammenbricht und seiner Frau die schrecklichen Träume gesteht, gegen die er sich nicht wehren kann.

Gewiss sind nicht nur die Figuren gespaltene Persönlichkeiten, sondern auch ihre Beziehungen zueinander. Die deutlichste Spaltung auf dieser Ebene ist die der Familie Torrance, die in Jacks Jagd auf seine früheren Partner im "heiligen Bund" gipfelt. Vor diesem Hintergrund kristallisiert sich ein weiteres Motiv heraus: *The Shining* ist nicht zuletzt ein Film über den **Zusammenbruch der Kommunikation**. Von Beginn beschränken sich die Unterhaltungen der Familie Torrance auf kurze Dialoge, die sich gar nicht erst zu Gesprächen entwickeln. Jack ruft nur kurz zu Hause an, weil es später wird, und nicht etwa um mitzuteilen, dass er endlich eine Anstellung gefunden hat. Wendy liest beim Frühstück lieber ein Buch, als sich mit ihrem Sohn

---

[192] Stephen King: The Shining [Anm. 158], S. 391.

zu unterhalten, und lässt ihn fernsehen. Es folgt eine kurze Unterhaltung auf der Anreise zum Hotel, wobei es um nachlässiges Frühstücken und Kannibalismus geht. Bei genauem Hinsehen erkennt man schon hier die Risse in Jacks Familienvater-Maske: Während des Bewerbungsgesprächs, das er allein bestreitet, zeigt er sich locker und gelöst; doch kaum sieht man ihn im Wagen mit seiner Familie, wirkt er schmallippig und genervt. Selbst wenn man hier in Anrechnung bringt, dass lange Autofahrten selbst die harmonischste Familie ans Knistern bringen, muss man insgesamt doch den Eindruck gewinnen, dass die Torrances sich gegenseitig eher ein Klotz am Bein sind. Auf der Hoteltour mit Ullman scheint sich Wendy in der Gegenwart ihres Mannes nicht besonders wohl zu fühlen. Einen Monat später reden sie kurz über ihre Gefühle, als Wendy ihrem Mann das Frühstück am Bett serviert. Doch schon die nächste Szene zeigt Jack als konzentrierten Schriftsteller, der seine Frau hinauswirft. Dabei kann er nicht einmal als Schriftsteller kommunizieren, sondern lediglich einen dumpfen Satz immer wieder in die Schreibmaschine hämmern, um sein Versagen zu maskieren. Er spielt den Schriftsteller, ist aber keiner.

Danny spricht kaum und scheint gerade als Kind besonders isoliert. Er hat offenbar niemanden zum Spielen, weder zu Hause noch im Overlook. Meist redet er mit und durch Tony. Der einzige Lichtblick ist der Kontakt zu Hallorann, den Danny zwar nur zögerlich eingeht (weil er schlechte Erfahrungen gemacht hat), der aber auf einer natürlichen, ja geradezu übernatürlichen Ebene ein geistig-seelisches Band zwischen den beiden knüpft und schließlich, jenseits aller Worte, über tausende Kilometer funktioniert. Das beklemmende Gespräch mit seinem Vater hingegen, der zuerst wie paralysiert auf seinem Bett sitzt und dann den Geisterruf der Grady-Mädchen nachplappert, endet in ohnmächtigem Schweigen. Kontakt kommt nicht zustande und darf nicht sein, auch nicht zur Außenwelt: Nachdem das Telefon nicht mehr funktioniert, muss Jack nur noch das Funkgerät und das Schneemobil stilllegen, um alle Verbindungen nach außen zu kappen, nachdem die inneren Verbindungen sich schon aufgelöst haben. Trotz der zunehmenden Kälte inner- und außerhalb des Hotels will Jack nicht zulassen, dass jemand den Kreis der Familie aufbricht, und wer dies versucht, muss bestraft werden.

Wieder das Paradoxe, die Perversion: Jack muss seine Familie an das Overlook "verkaufen" und töten, um mit ihr verbunden zu bleiben in Ewigkeit. Zu sagen hat man sich zwar schon lange nichts mehr, doch ändert das Jacks Perspektive nicht, der vor allem eins sein will: der Herr im Haus. So hat auch Kroll die Verkehrung des modernen Vaterbildes gesehen: "Als Torrance in rasender Wut auf seinen Sohn losgeht, wird *The Shining* so etwas wie eine perverse Umkehrung von *Kramer vs. Kramer*, wo Vater und Sohn beiderseitige Harmonie in einander fanden."[193] Jack will seinen Sohn opfern, um den Willen der Overlook-Götter zu erfüllen, die sogar zu seinen Gunsten in den Kampf eingreifen; anders als Isaak kann Danny –hier manifestiert sich die düstere Weltsicht – nicht auf Hilfe von "oben" hoffen, sondern muss den Kampf selbst aufnehmen. Vielleicht liegt hierin jedoch wieder ein Stück Hoffnung: Der Mensch verfällt dem Bösen, aber er kann ihm auch entkommen – zumindest fürs erste, denn wer weiß, was aus Danny wird, wenn er selbst erwachsen ist...

Folgt man der Theorie Marshall McLuhans,[194] dass Medien die Lebensbedingungen der Menschen und damit auch deren Verhalten ändern, könnte man zumindest eine Ursache für das familiäre Schweigen in der **Präsenz der Medien** suchen. Wendy und Danny sehen offensichtlich sehr häufig fern. Jack hängt an der Schreibmaschine, doch das Ergebnis der Tipperei ist völlig absurd. Auch das Funkgerät, mit dem sowohl Wendy als auch Jack sich auskennen, ist kein wirkliches Hilfsmittel, wie Wendys sinnlose Unterhaltung mit dem Ranger zeigt. Hallorann sieht zwar ebenfalls fern, doch ist er der einzige, der zugleich eine nonverbale Botschaft empfängt und zu lesen versteht. Die Torrances können weder mit Worten noch mit Bildern

---

[193] Jack Kroll: Stanley Kubrick's Horror Show. in: Newsweek, 02.06.1980. S. 52-54. http://www.visualmemory.co.uk/amk/doc/0053.html [Stand 01.08.06]

[194] Marshall McLuhan: The Gutenberg Galaxy: The Making of Typographic Man. University of Toronto Press, Toronto 1962. und: The Medium is the Message. 1967.

etwas anfangen, vielleicht weil sie mit ihnen zugeschüttet werden: Danny kann seine Visionen nicht deuten oder artikulieren, Wendy seine Vorliebe für Cartoons voller Gewalt nicht entschlüsseln, und Jack verliert sich in seinen Traumszenarien. Er hat seine Rolle als belehrender Vater ohnehin an das Fernsehen abgetreten, was eine der Ursachen seines Frusts sein mag (vgl. S. 79). Hinter dem Schrecken des Zerfalls steckt, wenn man so will, der **Medien-Horror**.

In jedem Fall ist Kubricks The Shining ein Film über die **Krise der Familie**, die in vielfacher Hinsicht versagt: als Zentrum der zwischenmenschlichen Kommunikation, als Ort der Selbstentfaltung und als schützende, Sinn und Sicherheit stiftende Einheit. Die Familie Torrance gerät in die Krise, weil der Vater den Druck der Verantwortung nicht mehr aushält, scheitert und damit als Beschützer versagt. Jack zieht das Hotel seiner Familie vor, weil er nicht mehr dieser Loser sein möchte, der sich unter Wert verkaufen muss, um seine Familie durchzubringen. Das Overlook bietet ihm eine – wenn auch eingebildete – Stabilität, die er in der eigenen Familie nicht findet. Im Hotel ist er "Mr.Torrance", was ausreicht, um an der Bar endlos trinken zu können. Und diese neue Position "erträumt" er sich ganz mühelos. Tiefe emotionale Bindungen wie die innerhalb einer Familie kosten hingegen große Anstrengungen, ohne zur sicheren Investition zu werden – Jack mag seinen Sohn lieben und ihm ganz nahe sein, aber er kann nicht wissen, ob diese Liebe auch erwidert wird. Hinzu kommt die unausweichliche Rivalität zwischen Vater und Sohn, der **ödipale Konflikt**: Der Sohn möchte alle Liebe der Mutter beanspruchen und den Vater verdrängen, dieser den Verlust der eigenen Position verhindern. Jack fühlt sich offenbar in seiner Rolle als Alpha-Tier geschwächt, da nicht mehr alle Aufmerksamkeit auf ihn gerichtet ist (solange er nicht zum Schriftsteller-Star wird). Die Zeiten der Patriarchen, wie sie Grady und andeutungsweise auch Lloyd und Ullman verkörpern, sind auch vorbei. Heute sind Väter wie Kramer gefragt, die ebenso gut eine Mutter sein können, aber zugleich die Trennung der Familie zulassen und alles aus der Hand geben.

Instinktiv möchte Jack selbst das Kind bleiben, das dem Schutz der Mutter/Frau unterliegt, und wie ein Kind zieht er sich vor dem Druck der Konflikte zurück ins schützende Zentrum des Labyrinths: Solange ich hier nicht weg gehe, kann mir keiner was. Er möchte gar nicht kämpfen, weder innerhalb der Familie um seine Rolle als Vater/Mann, noch draußen in der Welt um seine Rolle als Ernährer. Als Schriftsteller kann Jack im Geiste Kind bleiben und spielen wie sein Sohn. Doch er scheitert. Die selbst gewählte Isolation wird zum Gefängnis, und der Weg zurück in die Welt des Kindes ist versperrt, denn es gibt keine Verjüngung und Wiedergeburt am Ende des Lichttunnels – zumindest nicht in dieser Welt. Erst als Jack im Overlook Hotel des Jahres 1921 ankommt, ist er endlich da, wo er hin wollte, im Land hinter den Spiegeln, wo noch die Männer regieren. Um dort zu bleiben, pocht er auf den Vertrag, den er mit den Herren des Overlook abgeschlossen habe, vergisst aber seinen "Ehevertrag" mit Wendy genauso leicht, wie er das Trauma aus Zimmer 237 vergessen hat.[195]

Danny hingegen wird zum Wiedergutmacher und Erlöser, der das Böse aus der Jetzt-Welt entfernt. Dass es sein eigener Vater ist, den er besiegen muss, ist der untrügliche Beweis dafür, dass die wahre **Bedrohung der Familie von innen** kommt.[196] Die Ursachen der Katastrophe liegen aber nicht nur in der "Ankunft" des Sohnes, sondern auch in der Beziehung der Eheleute. Nur kurz sieht man sie in Harmonie beieinander, als sie ihm das Frühstück ans Bett bringt. Funktioniert ihre Ehe nur, solange die Rolle in dieser Weise verteilt sind ? In jedem Fall trifft Seeßlen ins Schwarze, wenn er in treffender Bildhaftigkeit formuliert, dass Wendy und Jack zu einander passen wie "eine Lunte und ein Pulverfass".[197] Das Unheil zieht sich magisch an: eine Hysterikerin und ein Paranoiker, der hybride Macho und die hysterische Schreckmaus, die gerne Horrorgeschichten liest – und wer wollte bezweifeln, dass sie eine grandiose "Scream-Queen" abgibt ?

---

[195] Nelson, S. 221.
[196] ebd., S. 198.
[197] Seeßlen, S. 256.

Die Familie macht den Mann krank, die Kinder übernehmen die Herrschaft, die Frauen kümmern sich um sich selbst. Jack muss arbeiten, um die Familie zu ernähren, während Wendy zu Hause die Füße auf den Tisch legt, liest und sich nur oberflächlich um den eigenen Sohn bemüht (den Jack doch als Rivalen sehen muss). Wenn man so will, versagt auch sie, und zwar als Mutter und Ehefrau, denn auch wenn sie im Hotel Arbeiten ihres Mannes übernimmt, will sie doch weder seine Krise noch die des Sohnes sehen, geschweige denn auflösen. Am Schluss überlässt sie ihren offenbar geisteskranken Mann sogar dem eisigen Tod. Was für eine Rabenmutter...

So zeigt sich auch hier die Paradoxie, wenn Jack zugleich das "Scheißweib", das an allem schuld ist, aus dem Weg räumen will, damit aber zugleich hofft, Frau und Sohn mit in die "ewigen Jagdgründe" hinüber zu nehmen. Letztendlich geht es ihm wohl nur darum: den anderen zu zeigen, wo es lang geht und wer der Boss ist. So begann er als **Schöpfer** der Familie und **Protagonist** des Films – und endet als **Zerstörer** und **Antagonist**.

Andreas Kilb hat zum Themenkomplex Familie und Amerika in seiner Rezension zu Roland Emmerichs *Der Patriot* (2000) einige interessante Bemerkungen gemacht: "Es geht um zwei Dinge in diesem Film: um die Familie und um die Gewalt. Beide zusammen formen das amerikanische Wesen. Wer die Familie angreift, zielt auf das Herz Amerikas. Wer über Gewalt spricht, zielt auf das Gewissen, den Kopf der Amerikaner. Dieser Film zielt auf beide. Er zeigt, dass die Gewalt und die Familienliebe in der Neuen Welt eins sind. Dass er dazu den Hintergrund des amerikanischen Unabhängigkeitskrieges braucht, ist eine Pointe des Zeitgeists."[198]

The Shining stülpt das hier beschriebene Verhältnis von Familie und Gewalt nach außen, pervertiert es: Der Angriff auf die Familie erfolgt von innen, und der Vater, der, wie in *The Patriot*, der Beschützer dieses Heils sein soll, richtet die seit Generationen an Minderheiten verübte Gewalt schließlich gegen sein eigenes Heiligtum. Dieser Mann sieht nicht für, sondern *wegen* seiner Familie rot, und damit bricht die Familie als Fundament Amerikas auseinander. Vielleicht haben doch mehr Zuschauer diese Botschaft gespürt, wenn auch nicht kristallklar wahrgenommen, und vielleicht war *The Shining* deshalb in den USA nicht der erwartete Kassenschlager.

Die Wurzeln des Übels, das die "amerikanische Familie" ergreift, liegen in ihr selbst, in ihrer Sprachlosigkeit, aber auch in den **Verbrechen der Vergangenheit**.[199] Jack ist der typisierte Stellvertreter des weißen Mannes, der gewaltbereit ist, herrschen will und nicht-weiße Menschen unterdrückt, sogar tötet. Opfer und Zeugen dieser Haltung sind die Indianer, die sterben mussten, als das Hotel erbaut wurde (und die zig Millionen, die bei der Eroberung Amerikas starben). Ist es ihr Blut, das aus dem Fahrstuhl quillt, herauf aus dem Friedhof, auf dem das Overlook steht ? Die Hinweise auf die ursprünglichen Eigentümer des Landes sind versteckt, aber zahlreich: die Mosaike und Muster, die Wandgemälde, die "Calumet"-Dosen, vielleicht sogar die zerhackten und zerquetschten Lebensmittel in den Vorratskammern des Hotels (Fleischstücke, gehackte Klauen, Ketchup, zerkleinerte Früchte). In jedem Fall hat das Overlook die indianische Kultur, auf deren Grund es errichtet wurde, förmlich aufgesaugt, doch am Schluss quillt die Blutwelle aus dem Fahrstuhl, lassen sich die Spuren nicht mehr verdecken.

Ist Jack der Repräsentant des weißen Massenmörders ? Immerhin fährt er, wenn man so genau hinsehen möchte, einen Volkswagen... In jedem Fall ist er als Amerikaner ein Sohn des britischen Empires, in dessen Tonfall Lloyd, Grady und letztlich auch Jack selber sprechen: Frauen sind "spermbanks", mit denen man nicht leben, die man aber auch nicht töten kann (oder doch ?). Mütter verderben ihre Söhne ("It's his mother."). Männer werden durch Frau und Kind zu Weichlingen, denen die patriarchalische Kontrolle entgleitet.[200] Freilich haben die Kürzungen

---

[198] Andreas Kilb: Hunde, wollt ihr ewig schießen. *in:* FAZ Nr. 177, 02.08.2000. S. 45.
[199] Nelson, S. 198.
[200] Bill Blakemore: The Family of Man. *in:* San Francisco Chronicle, 29.07.1987. http://www.visual-memory.co.uk/amk/doc/0052.html [Stand 01.08.06]

für die Europa-Fassung den "frauenfeindlichen Subtext", wie Walker[201] es nannte, ein wenig entschärft.

Auch durch seinen Namen wird Jack als Stammvater des Amerikanischen Menschen ausgewiesen, einer von der Art des biblischen Jakob, seines Zeichens Ahnherr, Patriarch und Träumer. Dem modernen Jakob obliegt es, die Familie und das neue Amerika zusammen zu halten – und das ist offensichtlich zu viel verlangt, da dieses Konstrukt einfach nicht zusammen zu halten ist. Schließlich muss auch der Schwarze Hallorann sein Blut auf dem großen Mosaik vergießen. Hier wird wieder aus dem Weg geschafft und unterdrückt, und so mag Blakemore in den Türen des Fahrstuhls, die den Blutstau nur widerwillig freigeben, zu Recht ein Bild des repressiven Umgangs mit dem Genozid an den Indianern und dem nie versiegenden Problem des Rassismus sehen: "Die Poster für *The Shining*, die in Europa benutzt wurden, hatten die Überschrift *Die Woge des Schreckens, die über Amerika fegte*, und zentriert darunter die beiden Worte *ist hier*. Auf den ersten Blick schien dies ein Poster zu sein, das mit der Wirkung des Films auf Amerika prahlte. Aber der Film lief noch gar nicht, als die Poster zum ersten Mal erschienen. Die Woge des Schrecken, die über Amerika fegte, war der weiße Mann."[202] (Nebenstehend das britische Plakat mit dem gleichen Text in durchgehender Zeile. Die Poster wurden übrigens von dem berühmten Saul Bass entworfen, der u.a. für Hitchcock die Vorspannsequenzen von *North by Northwest*, *Vertigo* und *Psycho* gestaltete.)

Tatsächlich feiert Jack seine Einkehr in die ewige Welt des Hotels am 4. Juli, dem "Independence Day", wenn Amerika seine Geburt feiert und die Abermillionen Leichen vergisst, die von dieser neuen Nation hinweggefegt und begraben wurden. Bleibt nur noch hinzuzufügen, dass dieser Schrecken ursprünglich aus Europa kam...

Ohne Zweifel kann man *The Shining* als einen Film über Amerika und das Overlook als ein "Hotel Amerika" sehen. Das Hotel ist der Ort, an dem die Saat des Bösen aufgeht, und es liefert mit seiner labyrinthischen Struktur, in der man sich selbst vergessen kann, das zentrale Motiv des Films: den Tummelplatz einer Gesellschaft, die auf dem heiligen Boden und Blut der Unterdrückten ihren Prunkbau errichtet hat, um dort Erinnerung und Gewissen im Glamour zu ertränken und unsterblich zu werden. Diese Haltung des amerikanischen Lebens hat schon James Fennimore Cooper, der Verfasser des *Lederstrumpf*, gesehen: "Mir scheint, dass die Menschen in den Siedlungen immer an ihr eigenes Ende, an ihren Untergang denken müssen. Und das ist nicht der Untergang, der in Zeit und Natur liegt, sondern das Ende, das auf Verschwendung und Gewalt folgt." Was den Nachfahren dieser Siedler heute bleibt, ist die leere Hülle (oder Hölle ?) dieses früheren Lebens, in der sich viele Türen zur Welt der Geister öffnen, an die vor allem die Indianer glaubten (solch ein Ort ist auch die "Schwarze Hütte" in David Lynchs TV-Serie *Twin Peaks*); weil eben jede böse Tat, wie Hallorann sagte, "Spuren hinterlässt".

Die zahlreichen **Anspielungen auf Amerika** als Land und Kulturkreis hat Titterington[203] recht ausführlich herausgearbeitet. Der Film beginnt schon mit der Weite der Natur, die zugleich von der Gefahr der Isolation kündet, die auf die Pioniere lauerte und nicht selten im *cabin fever* endete. Gehört der Mensch überhaupt hierher ? Jacks gelber Käfer wirkt wie ein Fremdkörper, der sich in die Natur frisst, eben wie der Mensch es tut. Es erscheint nur logisch, dass auch ihn schließlich der Kabinenkoller ereilt, nachdem die Naturgewalten jeden Kontakt zur Außenwelt abgeschnitten haben.

---

[201] Walker, S. 297.
[202] Blakemore [Anm. 200].
[203] P.L. Titterington: Kubrick and "The Shining". in: Sight & Sound, Spring 1981. http://www.visual-memory.co.uk/sk/ss/theshining2.htm [Stand 01.08.2006].

Der Film wimmelt von **amerikanischen Insignien**: Comics, Cartoons, Baseball (Jacks Wurftraining), Fernsehen, Pin-up-Poster, US-Flaggen. Während Jack zu Beginn noch in "neutralen", gedeckten **Farben** auftritt, trägt er im Overlook bald schon die Nationalfarben (blaue Jeans, rote Jacke). Seine Schreibmaschine ist zuerst weiß, dann blau (ein Fehler ?). Sowohl er als auch Danny tragen das Wappentier des Landes, den Adler, auf T-Shirt bzw. Pullover. Auch Mickey Mouse und das Apollo-Programm, der ganze Stolz Amerikas, kennzeichnen Danny als "all-American boy". Wendy hingegen legt ihre amerikanischen Farbattribute ab, trägt statt rotem Pullover und blauem Kleid nur noch Braun und Grün und verwandelt sich dank ihrer Zöpfe, etwa ab dem Spaziergang ins Labyrinth, in eine Squaw. Hallorann erscheint zunächst in Blau, das nicht durch weitere Farben ergänzt wird und in der Farbsymbolik der Navajo, von denen die Ornamente des Overlook stammen, für Weiblichkeit steht; bei seiner Rückkehr kennzeichnet ihn die Naturfarbe Braun noch deutlicher als Freund Wendys und Dannys. Während Bill Watson als Jacks stummer Doppelgänger dessen anfänglich gedeckte Farben trägt, ist Ullman in blauem Jackett, weiß-rotem Hemd und roter Krawatte eindeutig als Vertreter Amerikas erkennbar (am "Letzten Tag der Saison" trägt er eine Lederjacke wie ein Bomberpilot und eine rote Hose); auf seinem Schreibtisch steht nicht nur eine kleine amerikanische Fahne, sondern auch ein Becher mit Stiften und einer winzigen Axt darin.[204]

In den Gemälden der Navajo symbolisiert Blau nicht nur Weiblichkeit, sondern auch den Himmel und damit Freiheit, Glück, Liebe und Leben. Hingegen steht Gelb, wie man es im Wandgemälde der "Colorado Lounge" findet, für Männlichkeit oder den Tod. Zwar trägt Jack keine gelbe Kleidung, doch erscheint er häufig in gelbem oder weißlich-gelbem Licht, z.B. in der "Colorado Lounge", als Wendy ihn beim Schreiben unterbricht, im "Gold Room" und in den Fluren und nicht zuletzt bei der Jagd auf Hallorann. Zwar muss man sich fragen, in welcher Farbe man das Hotel sonst hätte beleuchten sollen und ob man der Lichtgebung eine solche Bedeutung zusprechen darf, wie Nelson es tut. Dennoch hat er grundsätzlich mit seiner Feststellung Recht, dass die Farbwahl zur maskulinen Aura des Overlook passt.[205] Noch markanter zeigt das Rot, das in Dannys Visionen, im "Gold Room" und in der satanischen Herrentoilette erscheint, die Zerstörung der Harmonie an, und zwar sowohl in Jacks Psyche als auch im Miteinander zwischen Männlichkeit und Weiblichkeit. Das Gold des Ballsaals wiederum erinnert an den Goldrausch und die Bewegung nach Westen, die den weißen Kolonialherren Reichtum und den Ureinwohnern Tod und Vergessenheit brachte.

Allerdings liegt die gesamte Farbmotivik im Hintergrund und wird daher kaum wirklich bemerkt und verstanden, im Grunde genommen also übersehen *(overlooked)*. Der Versuch einer detaillierten Analyse, die ein völlig logisches Bild der Bedeutungen und Bezüge liefern will, muss scheitern. Denn *The Shining* ist selbst wie ein Labyrinth: eine Konfrontation mit dem Unbewussten und dem, was darin auf uns lauert. Hier ergibt sich eine Verbindung zum Leitmotiv des Spiegels, die Blakemore als formuliert hat: "Deshalb hat Kubrick einen Film gemacht, in dem das amerikanische Publikum in nahezu jedem Bild Zeichen der Indianer sieht, aber niemals wirklich sieht, worum es in dem Film geht. Gerade die Beziehung des Films zu seinem Publikum ist damit Teil des Spiegels, den dieser Film voller Spiegel der Natur seines Publikums entgegen hält." Deshalb ist das schnatternde Publikum, das wir im Abspann hören, ein Spiegelbild unserer selbst, die wir das Kino verlassen und über diesen Film schwätzen, ohne ihn wirklich verstanden zu haben.

Weil die Spuren des Genozids sich nicht verwischen lassen, muss auch Jack an seiner Aufgabe scheitern, sein **Amerika zu säubern**. Als Wendy und Danny sich auf ihren Erkundungsgang in das Heckenlabyrinth begeben, legen sie fest, was der Verlierer tun muss: "Loser has to keep America clean." Natürlich gewinnt Danny, und der Verlierer ist nicht Wendy, sondern Jack. In seinem Wutausbruch beschwert er sich bei Wendy, sie wolle ihn wohl zum Müllmann ver-

---

[204] Nelson, S. 213.
[205] Leland C. Wyman: The Windways of the Navaho. The Taylor Museum, Colorado Springs 1962. *und:* Nelson, S. 216f.

kommen lassen: "Shoveling out driveways, work in a car wash. Any of that appeal to you ?" (in der deutschen Fassung: "Soll ich etwa Straßen fegen ? Oder vielleicht Autos waschen ? Das könnte dir passen, was ?"

Leider ist Jack tatsächlich ein **Versager**. Alles, was er kann, ist dem ahnungslosen Hallorann auflauern, doch dieser rettet Wendy und Danny doch noch, denn sie entkommen mit seiner Schneeraupe. Hallorann ist es auch, der Dannys "Shining" unterstützt und als etwas Besonderes betrachtet.[206] Jack hingegen kann weder mit der Gabe seines Sohnes noch mit seiner eigenen etwas anfangen. Denn er hat schließlich genauso das "Shining" und kann in die andere Welt hinüber sehen, doch benutzt er sie nur, um sich in Fantastereien zu flüchten und von den bösen Geistern verführen zu lassen, die sein Hirn unter Einwirkung des Hotels gebiert.

Der Zusammenbruch der amerikanischen Familie vollzieht sich, indem sich die Gewalt nach innen richtet und Jack seinen Sohn durch das Labyrinth jagt wie einst seine Väter die Indianer. Aber dieser moderne Amerikaner ist schwach, und sein Sohn entkommt ihm interessanterweise mit einem **Indianertrick**: "Am Ende des Films, in der Klimax-Verfolgung im Overlook-Labyrinth, dem moralischen Labyrinth Amerikas und der gesamten Menschheit, in dem wir von den Sünden unserer Väter verfolgt werden [...], entkommt der kleine Junge Danny, indem er seine eigenen Schritte zurück verfolgt (ein alter Indianertrick) und seinen Vater vorbei tappen lässt."[207]

Im Gegensatz zu Grady, dem erfolgreichen Mörder der Vergangenheit, unterliegt Jack. Aber warum ? Es scheint sich zu bestätigen, dass eben die Familie, heute mehr als früher so vielen anderen Einflüssen ausgesetzt als dem des Vaters, aus "wahren" Männern Weichlinge macht, die nicht mehr belehren, dirigieren, züchtigen können – die nichts mehr zu sagen haben. So schließt sich ein weiterer Kreis: Jack, der Versager, sucht seine Rettung zuerst in der Arbeit und dann, weil er auch als Schriftsteller nichts zuwege bringt, in "white man's burden" – im **Alkohol**, der schon den Indianern zum Verhängnis wurde. So werden Täter zu ihren eigenen Opfern.

Der recht deutliche Bezug zu Poes *Die Maske des Roten Todes* ist von den Interpreten bisher wenig beachtet worden, was umso erstaunlicher ist, als schon Kings Roman mit einem Zitat aus dieser Kurzgeschichte beginnt, die man im Unterricht begleitend lesen kann. Das Blut, das in *The Shining* aus der Tiefe des amerikanischen Bodens empor steigt, ergießt sich hier aus dem Fahrstuhl, bei Poe aus dem Mund derer, die von der schrecklichen Seuche befallen werden und draußen vor dem Schloss verrecken müssen, während die feine Gesellschaft ("all the best people", sagte Ullman) drinnen so lange feiert, bis alles vorüber ist. Optische Bezugspunkte sind das rote Dekor des Hotels, vor allem des "Gold Room", der ein wenig wie ein Sarg aussieht, und die labyrinthische Struktur der Gänge (bei Poe sind "die Säle [...] so unregelmäßig angeordnet, dass man von einem beliebigen Standort immer nur einen überblicken konnte."[208]).

In beiden Fällen **wird die Sünde, die Unterdrückten vergessen zu haben, mit dem Tod bestraft**: So wie bei Poe schließlich doch der Rote Tod die Eskapisten holt, muss auch Jack zugrunde gehen. Zumindest bei King/Kubrick bleibt jedoch ein Funken Hoffnung, indem Danny und Wendy überleben – weil sie zumindest in Ansätzen die Erinnerung an die Unterdrückten, hier die amerikanischen Ureinwohner, bewahrt haben ? Da aber alles zyklisch verläuft, kann das Sterben kein Ende nehmen. Die Gewalt, die Jacks Väter nicht nur den Indianern, sondern auch ihren eigenen Frauen und Kindern antaten, bricht in ihm wieder aus, und letztlich muss sie sich auch in Danny fortpflanzen. So geht es immer weiter: Der Vater schlägt den Sohn, der Sohn wird zum Vater, ...

---

[206] Seeßlen, S. 250.

[207] Bill Blakemore: The Family of Man. in: San Francisco Chronicle, 29.07.1987. http://www.visual-memory.co.uk/amk/doc/0052.html [Stand 01.08.06]

[208] Die Maske des roten Todes. in: Edgar Allan Poe: Grube und Pendel. Insel TB, Frankfurt 1979. S. 160.

Mit seinen zahlreichen versteckten Botschaften ist Kubricks Film, stärker noch als Kings Vorlage, nichts weniger als eine **Mythensammlung**. Mythen werden nicht vergessen, sondern bleiben im "kollektiven Unbewussten" bewahrt: der Mythos des abgeschlossenen und des verbotenen Raums (das Hotel/Zimmer 237), das Labyrinth des Minotaurus, Abraham und Isaak.[209] Der Mythos wird adaptiert oder pervertiert, wie die Geschichte der Wendy, die ihrem *Peter Pan* ins Märchenreich folgt, oder die der Alice, die ins Land hinter dem Spiegel geht. Neben der griechischen Mythologie und der Bibel scheint auch Dantes *Göttliche Komödie* als Stoffstifter gedient zu haben: Im ersten Bereich des neunten Höllenkreises werden die Verräter an den Verwandten bestraft, indem sie im ewigen Eis eingefroren werden: "Und tausend Fratzen sah ich bläulich sich / Vor Frost verziehn, so dass ich Schauder fühle / vor den vereisten Pfützen ewiglich."[210]

In gewisser Hinsicht ist *The Shining* zugleich eine **schreckliche Parodie**: Jack parodiert den Ehemann, den Familienvater und den Künstler, der nicht gestört werden will; Wendy parodiert die hilflose Frau, die ihrem Mann eher durch Glück entkommt (nicht durch Überlegenheit, wie Grady meint, um Jack aufzustacheln); Danny wirkt wie eine Parodie auf das psychisch begabte bzw. besessene Kind, das man aus *Der Exorzist* und *Carrie* kennt. So ist der ganze Film ein Spiel mit dem Zuschauer und eine (allerdings gar nicht amüsante) Parodie auf den Horrorfilm. Schließlich und endlich bleibt das Labyrinth das Herzstück des Films, weil es zugleich Ursprung und Ausdruck des psychologischen Dramas ist. Hier nimmt das Unheil Anfang und Ende, wie Michel Foucault feststellte: "Das Labyrinth zu betreten heißt, ein Theater dionysischer Kastration zu betreten, heißt, sich einer paradoxen Initiation nicht eines verlorenen Geheimnisses, sondern aller Leiden zu unterziehen, deren Erinnerung der Mensch nie verloren hat – den ältesten Grausamkeiten in der Welt."[211] *The Shining* ist das Drama des Menschen, der an seinen Aufgaben und den Schwächen der menschlichen Psyche zerbricht, und auch das Drama eines Künstlers, der nichts schaffen, nur zerstören kann. "Everyone makes his own heaven or hell", heißt es. Die meisten Menschen, so scheint es, sind nur zur Hölle fähig. Es gibt ein **zeitloses Böses im Menschen**, das so universell ist, dass es zugleich als ewig wirkende Kraft an einem von Menschen erbauten Ort als auch in den Menschen selbst immer weiterlebt. Was wir in diesem Film sehen, sind verschiedene **Reflexionen der dunklen Seite des Menschen**; so wie Jack dem Labyrinth des Overlook in die Falle geht und in der Zeit einfriert, sind wir alle Gefangene unserer Fehler, die wir immer wieder vergessen und deshalb immer wieder aufs Neue begehen müssen. So hat der Regisseur Kubrick auch diesem Film seine Weltsicht verpasst: "Wir sind des größtmöglichen Guten und des größtmöglichen Bösen fähig, und das Problem ist, dass wir oft nicht zwischen ihnen unterscheiden können, wenn es unseren Absichten dient."[212]

Zusammenfassend lässt sich feststellen, dass es in *The Shining* um Folgendes geht:

– den Menschen, der in der Krise zerbricht
– die Familie und das Versagen der Kommunikation
– das Drama des weißen Unterdrückers
– die Motive Labyrinth und Spiegel
– alles in allem: um eine Menge Rätsel, die letztlich nicht gelöst werden können

---

[209] siehe auch Seeßlen, S. 252.
[210] nach der Übersetzung von Wilhelm G. Hertz, Fischer TB, Frankfurt/Main 1955.
[211] The Shining FAQ. http://www.visual-memory.co.uk/faq/html/shining/shining.html [Stand 01.08.2006]
[212] Kubrick on "The Shining". An Interview with Michel Cement. http://www.visual-memory.co.uk/amk/doc/interview.ts.html [Stand 01.08.2006]. "We are capable of the greatest good and the greatest evil, and the problem is that we often can't distinguish between them when it suits our purpose."

Der Rückblick auf die erarbeiteten Aspekte und Bezüge bestätigt, dass sich dieser Film **durch die einmalige Rezeption nicht erfassen** lässt, wie auch Nelson betonte: "*The Shining* erfordert mehrmaliges Ansehen, bevor seine Geheimnisse entschlüsselt werden, und obwohl es wie ein labyrinthisches Puzzle in ein oder mehrere interpretatorische Konzepte zerlegt werden kann, bleiben doch Rätsel, die andeuten, dass da noch mehr ist."[213] So gerät der Zuschauer bei der Rezeption keineswegs in den angenehmen Zustand des "flow", sondern findet sich in einem Zustand der ständigen Irritation, Verunsicherung oder gar Verängstigung wider, die sich auch durch die nüchterne Analyse nicht aufheben lässt. Das wusste Kubrick sehr wohl: "Eine Geschichte über das Übernatürliche kann man nicht auseinander nehmen und zu exakt analysieren. Der ultimative Test seiner gedanklichen Konstruktion ist, ob er gut genug ist, einem die Haare zu Berge stehen zu lassen. Wenn man sie einer völlig logischen und detaillierten Analyse unterwirft, wird sie am Ende absurd erscheinen."[214]

2.6 *The Shining* als Literaturverfilmung und als Horrorfilm

Viele Interpreten konzentrieren sich auf *The Shining* als Werk Stanley Kubricks, des Erschaffers von *Dr.Strangelove oder Wie ich lernte, die Bombe zu lieben*, *2001: Odyssee im Weltall*, *Clockwork Orange*, *Full Metal Jacket* und *Eyes Wide Shut*; des Regisseurs, der mehr Takes von seinen Schauspielern verlangte als jeder andere Regisseur. Als sich Matthew Modine bei den Dreharbeiten zu *Full Metal Jacket* entnervt bei seinem Regisseur beklagte, warum er ein und dasselbe Take immer wieder drehen müsse, antwortete ihm dieser, er habe Jack Nicholson beim Dreh zu *The Shining* nicht anders behandelt: Als Nicholson am Set erschien, konnte er seine Zeilen annähernd auswendig. Nach 6 Takes konnte er sie auswendig. Nach 20 Takes wusste er, was sie bedeuten. Nach 50 Takes begann er, mit ihnen herumzuspielen. Nach 100 Takes konnte er sie wirklich fühlen.

Selbstverständlich ist dieser Film ein Werk Kubricks, das gegenüber der Romanvorlage ein so hohes Maß an Eigenständigkeit besitzt, dass Stephen King sich immer wieder von dieser "Verfilmung" distanziert hat. Seine Frustration ging so weit, dass er sich schließlich als Drehbuchautor und Ausführender Produzent einer fünfstündigen TV-Verfilmung bemühte, den eigenen Roman getreu umzusetzen. Das Ergebnis ist ein durchschnittlicher Fernsehfilm, der nicht so schlecht ist wie die meisten King-Verfilmungen, aber auf konventionelle Horrorelemente setzt und an die Tiefgründigkeit des Kubrick-Films nicht heranreicht.

An der Produktion einer getreuen Literaturverfilmung hat Kubrick ohnehin kein Interesse gehabt. Er benutzte **Kings Roman als stoffliche Grundlage, um daraus ein eigenes Werk zu schaffen**, das Ausdruck seiner persönlichen Weltsicht ist, aber nicht ausschließlich als solches gesehen werden darf. Wie bei jeder anderen Erzählform ist es auch beim Film problematisch, auf die Aussage- und Wirkungsabsicht des Autors zu referieren anstatt auf die des Textes selbst. Zudem darf man, selbst wenn man *The Shining* nicht als Literaturverfilmung untersuchen will, nicht vergessen, dass seine Grundstruktur und viele wichtige Elemente (z.B. Dannys Visionen) doch aus Kings Roman stammen. Wenn man wie Seeßlen die Namen der Hauptfiguren als Anspielungen auf biblische Motive oder bekannte Märchen deutet, darf man diesen Kunstgriff nicht Kubrick zuschreiben. Dass der Chefkoch des Hotels Dick Halloran heißt (engl. *dick = Schwanz*), ist nicht der "Vorliebe Kubricks für die Swiftschen Sprachspiele" und seinem "Interesse für Psychoanalyse"[215] zu verdanken, sondern allenfalls dem Einfallsreichtum Kings.

---

[213] Nelson, S. 208.

[214] Kubrick on "The Shining" [Anm. 86]: "A story of the supernatural cannot be taken apart and analysed too closely. The ultimate test of its rationale is whether is it good enough to raise the hairs on the back of your neck. If you submit it to a completely logical and detailed analysis it will eventually appear absurd."

[215] Seeßlen, S. 261.

In seinem Buch wird im Übrigen die Parallele zwischen Vater und Sohn mindestens so deutlich wie im Film, wenn Jacks voller Name dort "John *Daniel* Torrance" lautet.[216]

Vieles von dem, was im Roman ausführlich angelegt ist, wird in der Originalversion des Films knapper und in der gekürzten Europa-Fassung kaum noch behandelt, wie z.B. Jacks Alkohol-Probleme, sein berufliches Scheitern und die Erinnerungen an den eigenen Vater. Im Film scheint Jack einfach von vornherein ein kaum getarnter Psychopath zu sein. Doch im Roman ist das nicht anders. Seeßlens Bemerkung, dort begleite man "lange Zeit einen ganz normalen Familienvater",[217] ist schlichtweg falsch. Bereits im ersten Satz des Romans deutet sich Jacks fragwürdige Geisteshaltung an: "Jack Torrance thought: *Officious little prick*." (*"Schmieriger kleiner Scheißkerl*, dachte Jack Torrance.")[218] Im vierten Kapitel spürt Danny schon das Gespenst der Scheidung und die latente Gewalt seines Vaters, der ihm in einem Wutausbruch den Arm gebrochen hat.[219] Und bereits vor dem "Closing Day" wird klar, dass Jack nicht nur Alltagsprobleme, sondern einen Hang zum Alkohol und zur zerstörerischen Aggression hat. Das Buch nimmt sich lediglich mehr Zeit zur Figurencharakterisierung, als sich der Film leisten kann.

Es kann kein Zweifel bestehen, dass zwischen Buch und Film nicht nur formale Unterschiede bestehen, sondern unterschiedliche Schwerpunkte gesetzt wurden. Zunächst störte sich King an der Besetzung des Jack Torrance mit Jack Nicholson.[220] Nicholson schien die Botschaft des Films durch seine bloße Anwesenheit zu gefährden: Der Zuschauer von 1980, der Jack Nicholson aus *Einer flog über das Kuckucksnest* und King als Horrorschriftsteller kannte, konnte schon in den Szenen des Bewerbungsgesprächs ahnen, dass dieser Mann die Isolation im Overlook nicht aushalten würde. Diese Nachricht konnte man allerdings schon dem Filmplakat entnehmen, welches klar verkündete, dass Jack Nicholson/Torrance Amok laufen würde. Und jeder Leser des Romans wusste es ohnehin.

Ein Problem bringt die Wirkung Nicholsons gewiss mit sich: Wer den von ihm dargestellten Jack Torrance sofort für einen potentiellen Verrückten hält, sieht diesen womöglich nicht mehr als Fallbeispiel des Menschen, dessen Anfälligkeit für die Krise eine Grundeigenschaft ist. Vielleicht glaubt mancher Zuschauer, wie offensichtlich King, dass sich die Botschaft des Films durch seinen Hauptdarsteller zu sehr reduziert: Labile Typen brauchen lediglich einen Anstoß, um endgültig durchzudrehen. Doch stellt Nicholson zu Beginn des Films weder einen tumben Holzfäller noch einen Verrückten dar, vielmehr einen intelligenten und recht gewandt wirkenden Mann. Kubrick wählte Nicholson mit ebendieser Wirkungsabsicht: "Er [Nicholson] ist ein intelligenter und gebildeter Mann, und diese Eigenschaften sind unmöglich zu spielen. In *The Shining* glaubt man, dass er ein Schriftsteller ist, gescheitert oder nicht."[221]

Nicholsons Darstellung im Bewerbungsgespräch ist allenfalls irritierend, weil seine Mimik das gesprochene Wort zu entlarven scheint. Diese Wirkung ist durchaus beabsichtigt: Jack Torrance hat Probleme und versucht, sie zu überspielen.[222] Der Film kann sich nicht die Zeit nehmen, die Kings Roman braucht, um dies zu vermitteln. Das bedeutet aber nicht, dass er Torrance gleich als einen Verrückten zeigt, der nur den rechten Anlass braucht, um mit der Axt auf seine Familie loszugehen.

---

[216] Stephen King: The Shining [Anm. 158], S. 34.

[217] Seeßlen, S. 262.

[218] Stephen King: The Shining [Anm. 158], S. 9.

[219] ebd., S. 30, 37, 41.

[220] Eric Norden: Interview with Stephen King. in: Playboy, June 1983. deutsch in: Das Stephen King Buch. Heyne, München 1989. S. 253.

[221] Kubrick on "The Shining". [Anm. 86]

[222] siehe auch Walker, S. 279.

King hat sich letztlich jedoch vor allem darüber beschwert, dass Kubrick den Schwerpunkt des Horrors vom Hotel auf die Menschen verlagert hat: "Nicht dass Religion im Horror enthalten sein muss, aber ein eingefleischter Skeptiker wie Kubrick konnte das schiere, unmenschliche Böse des Overlook-Hotels einfach nicht begreifen. Daher suchte er nach dem Bösen in den Personen und machte aus dem Film eine häusliche Tragödie mit nur vagen übernatürlichen Schwingungen. Das war ein grundlegender Makel: Weil er selbst nicht glauben konnte, konnte er den Film auch für andere nicht glaubwürdig machen."[223]

Gerade das übernatürliche Element fehlt dem Film tatsächlich fast völlig – nicht weil Kubrick nicht begriffen hatte, dass bei King das Overlook der Ursprungsort des Bösen sein sollte, sondern weil ihn ein simples Spukhaus kaum interessierte. Bei Licht betrachtet scheint King im Übrigen die Dimension seines eigenen Romans zu reduzieren: Auch sein Jack Torrance hat dem Sohn Arm gebrochen und die Ehe an den Rand der Trennung gebracht, bevor er jemals vom Overlook gehört hat. Auch er trägt das Böse in sich, weil er ein Vater ist, wie King an anderer Stelle zugab. Für ihn war das Schreiben dieses Romans scheinbar Geständnis und Katharsis zugleich: "Als ein junger Vater mit zwei Kindern erschrak ich zutiefst über meine gelegentlichen Gefühle echter Feindseligkeit gegenüber meinen Kindern. Wollt ihr nie aufhören ? Wollt ihr nie ins Bett gehen ? Und mit der Zeit kam mir der Gedanke, dass es wahrscheinlich viele junge Väter und junge Mütter gibt, die sehr zornig sind, die Gefühle des Zorns gegenüber ihren Kindern empfinden. [...] Als ich dieses Buch verfasste, schrieb ich daher viel davon nieder und versuchte, es aus meinem System zu bekommen, aber es war auch ein Geständnis. Ja, manchmal war ich sehr zornig auf meine Kinder und hatte sogar das Gefühl, sie verletzen zu können."[224]

Gerade diese Dimension des Buchs, das er allerdings nicht als "serious literary work" betrachtete, hatte Kubrick so interessiert, wie er im Interview mit Michel Ciment offenbarte: "Es schien ein außergewöhnliches Gleichgewicht zwischen dem Psychologischen und dem Übernatürlichen zu treffen, indem es einen glauben machte, dass das Übernatürliche letztendlich durch das Psychologische erklärt würde: Jack muss sich diese Dinge einbilden, weil er verrückt ist."[225] Einerseits ist also auch Kings Buch kein simples Horrorstück, andererseits wollte Kubrick das Übernatürliche in seinem Film gar nicht unterschlagen, es nur nicht zum zentralen Thema machen:

Kubrick: "Erst als Grady den Riegel der Vorratskammer wegschiebt, bleibt einem keine andere Erklärung als das Übernatürliche. [...] Jack kommt zum Hotel und ist psychologisch bereit, dessen mörderisches Gebot auszuführen. Er muss nicht sehr viel weiter gehen, damit sein Zorn und seine Frustration völlig unkontrollierbar werden. Er ist verbittert über sein Versagen als Schriftsteller. Er ist mit einer Frau verheiratet, für die er nur Verachtung übrig hat. Er hasst seinen Sohn. Im Hotel, dessen mächtiger Kraft des Bösen er ausgeliefert ist, ist er schnell dazu bereit, seine dunkle Rolle zu spielen.

Ciment: Also betrachten Sie die Erscheinungen nicht nur als Projektionen seiner geistigen Verfassung ?

Kubrick: Was den Zweck angeht, die Geschichte zu erzählen, ist das Paranormale aus meiner Sicht real. Jacks geistiger Zustand dient nur dazu, ihn für den Mord vorzubereiten und das Publikum vorübergehend irre zu führen.

Ciment: Und wenn der Film vorbei ist ? Was dann ?

---

[223] Nordon, S. 252.

[224] George Beahm: The Stephen King Companion. Futura Publications (Macdonald & Co), London 1991. S. 396.

[225] Kubrick on "The Shining". [Anm. 86]

Kubrick: Ich hoffe, dass das Publikum einen schönen Schrecken gekriegt hat, den Film geglaubt hat, solange sie ihn gesehen haben, und etwas von seinem Sinn behalten hat. Die Ballsaal-Photographie ganz am Ende deutet die Reinkarnation Jacks an."[226]

Während das Übernatürliche bei King im Zentrum der Aufmerksamkeit stand, benutzte Kubrick es als *eines* von mehreren Mitteln, um den Zuschauer zu verwirren: Nachdem man zunächst einen Horrorfilm erwartet, merkt man, dass es vielmehr um einen höchst labilen Menschen geht, um einen potentiellen Psychopathen – um dann zu erfahren, dass das Hotel wirklich ein Spukhotel ist. Aber es ist eben nicht *nur* ein Spukhotel.
Kubrick bediente sich dieses Tricks in Erinnerung an eine Erzählung von Stephen Crane, in der ein paranoider Pokerspieler eine Schießerei vom Zaun bricht, weil er glaubt, betrogen zu werden: "Stephen Crane schrieb eine Geschichte namens 'The Blue Hotel'. Darin erfährt man schnell, dass die zentrale Figur paranoid ist. Er gerät in ein Pokerspiel, beschließt, dass ihn jemand betrügt, macht eine Anschuldigung, beginnt einen Kampf und wird getötet. Man glaubt, der Sinn der Geschichte sei, dass sein Tod unvermeidbar war, weil ein paranoider Pokerspieler letztendlich in eine fatale Schießerei verwickelt werden müsste. Aber am Ende findet man heraus, dass der Mann, den er beschuldigte, ihn *tatsächlich* betrog. Ich denke, *The Shining* benutzt eine ähnliche Art der psychologischen Irreführung, um die Erkenntnis hinauszuzögern, dass die übernatürlichen Geschehnisse sich wirklich ereignen."[227]
Die Erkenntnis, dass es tatsächlich eine übernatürliche Kraft gibt, die im Overlook Hotel wirkt, überrascht den Zuschauer, weil man Lloyd, die Wasserhexe aus Zimmer 237, Grady und den belebten "Gold Room" für Ausgeburten von Jacks Delirium tremens hält. Ernste Zweifel müssen einem allerdings kommen, als Grady Jack eröffnet, dass sein Sohn einen "nigger cook" herbeirufe. Dennoch sehen wir das Übernatürliche durch Jacks Augen, und zwar in Gestalt der Geister, die seine Psyche produziert – er ist der Projektor dieser Erscheinungen, die Schnittstelle. Jack Kroll diagnostizierte daher in seiner Rezension in *Newsweek*: "Das Kino hat uns nie ein verfolgteres Gesicht als dieses gezeigt."[228] Durch die Konzentration auf Jacks psychischen Verfall tritt das Übernatürliche als real wirkende Kraft erst im letzten Drittel des Films zu Tage.
Dass der psychologische Schrecken im Film so an Bedeutung gewinnt, ist einerseits der fesselnden Darstellung Nicholsons, andererseits der Inszenierung des "Spuks" zu verdanken: Dieser kommt in Gestalt von Kellnern, Partygästen, Luftschlangen und blutenden Fahrstühlen – gewiss nicht das übliche Horror-Repertoire. So bleibt festzuhalten, dass es sich bei *The Shining* eher um ein Psychodrama denn um einen Horrorfilm handelt, ein Umstand, der Stephen King sehr missfallen hat. Kroll sah diese Akzentverlagerung als Gewinn: "In *2001* verstand Kubrick, dass es nicht um die ganze hinreißende Technologie ging, sondern um ihre Interaktion mit menschlichen Wesen. In *The Shining* verstand er, dass es nicht um die ganze übernatürliche Maschinerie ging, sondern um ihre Auswirkung auf menschliche Wesen. Trotz all seiner brillanten Wirkungen ist das stärkste und beängstigendste Element in *The Shining* das Gesicht Jack Nicholsons, der eine Metamorphose vom liebenden Vater zum mörderischen Dämon durchläuft. Kubrick und seine Co-Drehbuchautorin, die Romanschriftstellerin Diane Johnson, haben den Schwerpunkt von Stephen Kings Bestseller-Thriller verlagert, hin zu einem subtileren und schockierenderen Gleichgewicht zwischen dem Natürlichen und dem Übernatürlichen."[229]

---

[226] Kubrick on "The Shining". [Anm. 86]
[227] ebd.
[228] Jack Kroll: Stanley Kubrick's Horror Show. *in*: Newsweek, 02.06.1980. S. 52-54. http://www.visual-memory.co.uk/amk/doc/0053.html [Stand 01.08.06]
[229] ebd.

Klarheit in der Frage, ob die instabilen Menschen die Geister anlocken oder umgekehrt, schafft der Film nicht, weil er bis zuletzt verunsichern will. Die Torrances sind instabil, und sie kommen an einen Ort, der die Labyrinthe ihrer Psyche widerspiegelt, tatsächlich von übernatürlicher Kraft ist und die Familie in den Kollaps treibt. So wie das Overlook Jack als Wirt benutzt, um die böse Tat auszuführen, so benutzt Jack das Angebot des Hotels, seinen eigenen Frust abzutöten, seine Familie aus dem Weg zu schaffen und endlich wieder ein freier, ganzer Mann zu sein. Beide Kräfte wirken zusammen, sie sind wie die zwei Zellen einer Batterie. Die Energie, die sie erzeugt, ist stark und böse, und **bei Kubrick wird das Böse wird nicht vertrieben** wie bei King, wo ein mantaförmiger Schatten aus dem Hotel flieht.[230] Der Mensch kann nicht geheilt werden. Die Geschichte muss sich endlos wiederholen. Das Inferno ist zeitlos, das Eis ewig, wie im neunten Höllenkreis.

Obwohl die psychologische, menschliche Komponente bei Kubrick deutlich an Gewicht gewonnen hat, musste er sich häufig den **Vorwurf** gefallen lassen, das Geschehen mit **nüchterner Kälte** inszeniert zu haben. Die "Kälte" ist allerdings nicht Ausdruck einer Gemütsverfassung des Regisseurs, sondern Teil des Themas. So ist beispielsweise die Szene zwischen Danny und seinem Vater (siehe S. 110f) eine *sehr* emotionale, aber eben bedrückende Szene. Darüber hinaus liegt der Fokus weniger auf den Figuren im Dialog, sondern auf den Figuren in ihrem Umraum, der sie indirekt charakterisiert und determiniert. Titterington[231] hat daher wie Kroll Parallelen zwischen *2001* und *The Shining* gesehen: In *2001* werden dem Menschen seine Grenzen durch die Weite des Weltraums und durch die Werke der Technik aufgezeigt. HAL, der von Menschen erschaffene Supercomputer mit menschlicher Stimme und übermenschlicher Intelligenz, wird zum Zerstörer seiner Schöpfer. Die Welt von *2001* ist eine Welt der Technik, die den Menschen nicht nur nicht vor sich selbst zu schützen vermag, sondern ihn an seine Grenzen reisen lässt. Das Scheitern des Menschen vollzieht sich nicht im Dialogtext, sondern im Aufeinanderprallen von Mensch und Kosmos, von Figur und Schauplatz. So verhält es sich auch in *The Shining*: Die Torrances sind moderne Menschen, die im Overlook an ihre Grenzen geraten, weil dort die Risse in ihrem Leben zu Brüchen werden. Das Hotel ist ein kalter Kosmos der Isolation, ein leeres Gebäude, in dem man zueinander und über die Vergangenheit schweigt; ein Ort der stummen Hilfeschreie.
Titterington hat ferner im Kubrickschen Stil Anlehnungen an **Brecht** gesehen: "Seine Absicht ist, unsere bewusste kritische Wahrnehmung zu umgehen, indem er uns intuitiv und emotional durch Bilder einbezieht, die hauptsächlich unterschwellig arbeiten, jedoch mit großer Subtilität und Präzision. Die andere Seite des Stils entspricht eher dem, was Brecht für sein Theater wollte. Die funktionelle Geschichte und der reduzierte Dialog, im Verhältnis zur Erfahrung, die durch die Bilder vermittelt wird, können allein nicht erklären, was wir sehen; und während Letzteres subjektiv auf uns einwirkt, werden wir gleichzeitig gezwungen, die Erfahrung zu hinterfragen und kritisch zu beurteilen."[232] Diese Kombination aus sinnlicher Wirkung auf das Unbewusste und Verfremdung ist fraglos **problematisch**: Während der Zuschauer sich der Wirkung der Bilder hingibt, soll er Abstand nehmen und das Gesehene reflektieren. Dieses Problem hat auch Titterington gesehen: "Nichtsdestotrotz bringt ein solcher Stil viele Probleme mit sich. Das offensichtlichste ist wohl das der Zugänglichkeit. Es wird zur Selbstverständlichkeit, dass ein erstes Ansehen eines neuen Kubrick-Films wahrscheinlich eine verblüffende Erfahrung ist. [...] Man muss sich die Zeit nehmen, sich mit einem solch komplexen Stil vertraut zu machen, und man darf vermuten, dass auch Kubrick (der anregte, dass man *2001* vermutlich zweimal sehen müsse) sagen würde, dass viel davon abhängt, was direkt oder unter-

---

[230] Stephen King: The Shining [Anm. 158], S. 407.
[231] P.L. Titterington: Kubrick and 'The Shining'. *in:* Sight & Sound, Spring 1981.
[232] ebd.

bewusst vermittelt wird, auch wenn das Publikum nicht artikulieren kann, was es gesehen hat."[233]

Die Strategie des populären Films läuft der Absicht Brechts, zwischen Bühnenhandlung und Publikum Distanz zu schaffen, exakt zuwider. Der Mainstream-Film vermeidet Hinweise auf eine erzählende Instanz, will unmittelbar wirken und spricht durch Bilder, nicht durch Worte. Mitunter erzählen Figuren aus dem Off, wie z.B. der Protagonist Deckard in *Blade Runner*. Dieser Erzählerkommentar war in der originalen Schnittfassung des Regisseurs, dem "Director's Cut", nicht enthalten, sondern wurde in die veröffentlichte Kinoversion eingefügt, um die Handlung verständlicher zu machen. Er verstärkt zwar die Bindung an die Hauptfigur, verdeutlicht aber den Charakter der Erzählung und wirkt auf den erfahrenen Kinogänger wie ein Anfängerfehler. Ein gutes Beispiel für die Problematik des spürbaren Erzählers im Film liefert auch die Verfilmung des Chandler-Romans *The Lady in the Lake* von und mit Robert Montgomery (1946): Die Kamera sieht den gesamten Film hindurch mit den Augen des Protagonisten Phil Marlowe. Diese ungewohnte Perspektive der Ich-Erzählung bleibt dem Zuschauer ständig im Bewusstsein und wirkt dadurch artifiziell. Der Film ist kaum mehr als ein technischer Gag.

Sobald der Zuschauer ein filmisches Mittel als solches erkennt, wird ihm bewusst, dass er ein Kunstprodukt sieht und nicht an einer real stattfindenden Handlung teilnimmt. Die Steadicam zieht den Zuschauer wie magisch in das Overlook Hotel hinein und berauscht seine Sinne; in dem Moment aber, in dem er diese Wirkung bemerkt und auf die Perspektive und Bewegung der Kamera zurückführt, entsteht Distanz.

So überrascht es nicht, dass *The Shining* bei seinem ersten Kinostart sehr zurückhaltend aufgenommen wurde. Dass der Film dennoch "Kult" wurde, bis heute fester Bestandteil zahlreicher Kinofestivals ist und sich unter Cineasten eine große Fangemeinde erworben hat, beweist, dass man an Kubrick-Filmen erst mit der Zeit Geschmack findet. Ein Großteil des Publikums, das *The Shining* beim Kinostart sah, erwartete den ultimativen Horrorfilm, der ebenso wenig mit Schockeffekten geizte wie Stephen King in seinen Büchern. Die Erwartungen der King-Fans wurden enttäuscht, doch auch die Reaktion des Feuilletons war durchaus geteilt; nicht zum ersten Mal allerdings, wie Titterington betont hat: "Es scheint kein Zufall zu sein, dass die ersten Reaktionen auf *The Shining* viel mit jenen auf *2001: A Space Odyssey* gemein haben. Auch dieser Film startete vor einer verblüfften Presse, und es dauerte Monate, bevor die Kritiker ihre ursprünglichen Einschätzungen revidierten."[234]

Der Kinobesucher, der den Film in der Regel nur einmal sieht und einen "Thrill-Ride" erwartet, wird bei *The Shining* meist enttäuscht. Doch nicht notwendigerweise, meint Michael Drare: "Kubrick unterwandert absichtlich all die erschreckendsten Momente des Buchs. Er versucht immer noch, dich zu ängstigen, aber nicht auf die Art, wie es üblicherweise geschieht. Jack Torrance versucht, seine Frau mit der Axt zu töten. Ist das nicht schrecklich genug? Ist Gewalt nicht allein erschreckend genug? Kubrick empfindet nicht das Bedürfnis, einen zu betrügen, indem er einem nicht zeigt, was auf der anderen Seite der Tür ist."[235] Doch er konzentriert sich auf den Menschen, der dorthin geht, nicht auf die Phantome, die herüber kommen.

---

[233] ebd.

[234] Titterington [Anm. 225]

[235] Michael Drare: Kubrick, King and the Ultimate Scare Tactic. http://www.visual-memory.co.uk/amk/doc/0021.html [Stand 01.08.2006].

2.7 Filmische Dramaturgie

Die folgenden Ausführungen basieren auf der Untersuchung der "Dramaturgie des populären Films", die Jens Eder durchgeführt hat.[236] Eine nähere Beschäftigung mit diesem Thema liefert nicht nur Hinweise, inwiefern *The Shining* diesem Schema entspricht, sondern auch eine interessante Gelegenheit zur Erweiterung dramentheoretischer Betrachtungen im Unterricht.

Der populäre Film **erzählt nur *eine* Geschichte,** die möglichst in einem Satz formulierbar sein sollte. Diese Einschränkung erleichtert das Verständnis der Handlung, da sich der Zuschauer auf ein Thema bzw. Problem konzentrieren kann. Alles konzentriert sich auf den zentralen Konflikt, Ablenkungen werden vermieden. Der populäre Film ist daher auch eindeutig **figurenzentriert**: Im Mittelpunkt steht meist *eine* Figur, deren Weg von der Konfrontation mit einem Problem bis zu dessen Lösung gezeigt wird.

Oberflächlich betrachtet erzählt auch *The Shining* nur eine einzige Geschichte: die des Jack Torrance, der in der Isolation eines eingeschneiten Hotels den Verstand verliert, auf seine Familie losgeht und dies mit dem Leben bezahlt. Wer nur diese Ebene des Films wahrnimmt, kann ihm nicht viel abgewinnen, weil *The Shining* als bloßer Horrorfilm zu wenig spannende Handlung enthält (z.B. nur eine einzige Verfolgungsjagd). Hier lässt sich eine weitere Erklärung dafür finden, dass Kubricks Version kein Kassenschlager geworden ist, sondern eher ein Liebhaberstück: Die Geschichte um Jack Torrance, der im Overlook den Verstand verliert, besteht aus mehreren Puzzle-Teilen, die Erklärungsansätze für das Geschehen liefern, welche weit über das Horror-Sujet hinaus reichen, sich aber nicht zu einem völlig logischen Ganzen zusammensetzen lassen. Der Kinozuschauer interessiert sich jedoch meist nur für die "Horror"-Geschichte und nicht für angedeutete Erklärungen und metaphysische Aussagen über die Natur des Menschen, auch wenn er spürt, dass sie da sind.

2.7.1 Protagonist, zentrales Problem und Antagonist

Die Handlung **konzentriert sich auf einen Protagonisten, der ein zentrales Problem lösen muss**. Dieser stößt auf Widerstände, die in Drehbuchratgebern häufig als **antagonistische Kraft** bezeichnet werden. Die Schwierigkeiten können durch Figuren (Darth Vader in *Star Wars*) oder durch Naturphänomene (die Stürme in *Twister*, der Vulkan in *Dante's Peak*) entstehen. Mitunter steckt sie aber auch im Protagonisten selber, in seiner "dunkle Seite", die er bekämpfen und besiegen muss.

Eder zieht den Begriff des "Problems" dem des "Konflikts" vor, da letzterer zwei Parteien voraussetzt, die "entgegengesetzte Ziele verfolgen".[237] Gewiss kann man einem Wirbelsturm kaum unterstellen, dass er irgendwelche Ziele verfolgt. Letztlich scheinen jedoch beide Begriffe in konkreten Fällen brauchbar und sinnvoll: Mancher Figur stellt sich eine Naturgewalt in den Weg und wird dadurch zum **Problem**. Für den Meteorologen Bill aus *Twister* (Drehbuch: Michael Crichton und Anne-Marie Martin) stellt der Tornado sowohl das Problem als auch das Ziel dar: Er möchte das von ihm entwickelte Messgerät in den Tornado bringen, um die erste erfolgreiche Messung aus dem Innern des Sturms durchführen zu können. Dabei wird der Wirbelsturm durchaus zu einem "Endgegner", mit dem der Protagonist in einem (Schein-)**Konflikt** liegt. Wie viele andere Protagonisten trägt Bill auch einen Kampf mit sich selbst aus, mit den eigenen Gefühlen, Interessen und Ambitionen, und das Problem des Sturms verbindet sich mit einem inneren Konflikt: die eigenen Ziele aufgeben, den Sturm "sausen" lassen oder weitermachen? Zugleich gibt es einen Antagonisten in Menschengestalt, der Bills Ideen gestohlen hat und mit ihm ein Wettrennen um die erste erfolgreiche Messung austrägt.

---

[236] Jens Eder: Dramaturgie des populären Films – Drehbuchpraxis und Filmtheorie. Beiträge zur Medienästhetik und Mediengeschichte Bd. 7, hrsg. von Knut Hickethier, Literaturwissenschaftliches Seminar Universität Hamburg. LIT Verlag, Hamburg 1999.

[237] Eder, S. 36f.

Der Konflikt zwischen Protagonist und Antagonist verschärft das zentrale Problem, da der Antagonist der Lösung des Problems im Wege steht. Zugleich wird der Zuschauer auf diese Weise in das Geschehen einbezogen und kann seine Sympathien und Antipathien klar verteilen: Er wünscht sich, dass der **Protagonist sein Ziel erreicht** und der **Antagonist besiegt** wird. Dies setzt voraus, dass der Protagonist klare Ziele hat, die der Zuschauer nachvollziehen kann. Drehbuchratgeber empfehlen daher, aus dem Problem, dessen Wurzeln immer auch im Charakter der Hauptfigur liegen, einen möglichst klar erkennbaren Konflikt zu entwickeln, indem möglichst gefährliche Gegenspieler und Naturgewalten als antagonistische Kräfte auftreten, die häufig das Leben der Hauptfigur bedrohen. Die Handlung des populären Films läuft somit stets auf die Frage nach Sieg oder Niederlage und Leben oder Tod hinaus, wodurch der Konflikt maximiert und die Teilnahme des Zuschauers intensiviert wird.[238]

Im zentralen Konflikt geht es immer um Menschen und ihre Handlungen. Wie bereits angedeutet, bilden auch Katastrophenfilme wie *Twister*, *Titanic* oder *Dante's Peak* nur scheinbar eine Ausnahme: Auch in solchen Filmen konzentriert sich der Plot auf die Handlungen der Menschen, die auf die veränderten Bedingungen in ihrer früher normalen Welt reagieren. Häufig genug, so auch in *Twister*, wird die antagonistische Kraft zugleich personifiziert: Es gibt einen anderen Wetterforscher namens Jason, der Bill und Jo zuvorkommen will, und sie reden über die Tornados, als würden sie bewusst eine bestimmte Richtung einschlagen.[239] Tatsächlich hat man während des Endkampfes den Eindruck, als spüre die gigantische Windhose ihre Präsenz und schlage genau den Weg ein, den Bill und Jo auf ihrer Flucht nehmen. Ebenso sind der Vulkan in *Dante's Peak* oder der Berg Caradhras in Tolkiens *Der Herr der Ringe* echte Gegner: mythische Berge, die jeden bestrafen, der sie zu besteigen versucht.

Auch in Monstergeschichten bzw. -filmen ist der Gegner zwar nicht menschlich, handelt aber meist als intelligente Figur mit eigenen Zielen, die denen des Helden entgegengesetzt sind: *Moby Dick* will nicht erlegt werden, sondern Ahab töten. Die Aliens in *Independence Day* verfügen über eine hochentwickelte Technologie, die der menschlichen Zivilisation natürlich überlegen ist, und sie verfolgen sehr konkrete Pläne (die Ausbeutung der Erde und ihrer Ressourcen – sie sind nur unsere Spiegelbilder). Die Dinosaurier im *Jurassic Park*, vor allem die Velociraptoren, erweisen sich als überaus intelligente Jäger. Schon in einer frühen Phase des Films warnt der Großwildjäger Muldoon davor, die Tiere zu unterschätzen. Und wenn schließlich in *End of Days* der Teufel höchstpersönlich New York aufsucht, um Arnold Schwarzenegger zum Kampf zu fordern, nimmt er menschliche Gestalt an, um einen greifbaren und sichtbar fiesen Antagonisten abgeben zu können.

Das Strickmuster des Mainstream-Films lässt sich somit etwa auf folgende Formel bringen: **Zu Beginn des Films werden Menschen mit Problemen konfrontiert, die sie im weiteren Verlauf zu lösen versuchen, was schließlich im Widerstreit mit der antagonistischen Kraft gelingt.** Der Zuschauer identifiziert sich mit dem Wunsch nach dieser Lösung, weil er selbst bestrebt ist, Probleme aus der Welt zu schaffen und die Situation zu kontrollieren. Die Suche nach dieser Lösung soll den Zuschauer über die größtmögliche Strecke der Handlung beschäftigen. Je früher das Problem eingeführt wird und je stärker sich die Handlung darauf konzentriert, desto leichter fällt es dem Zuschauer, sich im Geschehen zu orientieren und seine kausalen Zusammenhänge zu verstehen.[240]

Bei *The Shining* hingegen ist die Einteilung in Protagonist und Antagonist (bzw. antagonistische Kraft) unklar: Jack kommt als erste Figur ins Bild, wirkt recht sympathisch und wird trotz geringfügiger Irritationen, die der unvoreingenommene Zuschauer nicht bemerken muss, zum ersten Bezugspunkt. Ist er der Protagonist? Welches Problem soll er dann lösen, außer sich um das Hotel zu kümmern? Dass er seine eigenen Frustrationen besiegen müsste, wird erst spät

---

[238] Eder, S. 37-40.
[239] ebd., S. 37f.
[240] ebd., S. 40.

klar (als er Wendy beschuldigt, ihn zum Versager zu stempeln, und als sie sein tatsächliches Versagen entdeckt). Und was ist mit dem Jungen, der doch offenbar gestört ist ? Der Zuschauer, dem noch dazu die Informationen der US-Fassung fehlen, hat keine Ahnung, dass die Visionen des Jungen auch Reflexionen seiner Angst vor der Gewalt des Vaters sein könnten. Genauso wenig, wie Danny als Heldenfigur zu taugen scheint, kommt er als Antagonist in Frage. Schließlich ist er nur ein kleiner Junge und damit das prädestinierte Opfer. Könnte Wendy die Antagonistin sein ? Sicherlich nur aus Jacks kruder Sicht der Dinge, und erst zu einem späten Zeitpunkt, an dem man sich längst von Jack distanziert hat und mit seinen Opfern sympathisiert. Somit bleiben als antagonistischen Kräfte nur das Hotel und seine Geister, also die Grady-Mädchen, ein gelber Ball, Lloyd, die Frau im Badezimmer, Grady etc. Bis zu dem Moment, als Grady Jack aus der Vorratskammer befreit, könnte man noch glauben, dass Jack sich alles nur einbildet, und selbst dann wäre er kaum ein fürchterlicher Feind, eher ein bedauernswerter Mann. Erst als es buchstäblich "klick" macht und Jack frei ist, werden die Konfliktparteien deutlich sichtbar: auf der einen Seite Jack, der die Kontrolle über sich selbst verloren hat und sowohl den eigenen Frust als auch den Auftrag der Hotelgeister zur bösen Tat bringen will; und auf der anderen Seite Wendy, die man höchstens mitleidig belächelt, und Danny, der eben doch das Opfer ist, der sich letztlich zwar nicht als gänzlich hilflos erweist, aber doch kaum als Identifikationsfigur taugt. Protagonisten sind meistens männlich, aber selten Kinder, da der erwachsene Zuschauer für sie eher Mitleid und instinktive Schutzgefühle empfindet, sich aber kaum mit ihnen identifiziert. Hier wirkt auch die Erfahrung des Filmrezipienten prägend, dass Kinder in den allermeisten Spielfilmen die Opfer sind, die gerettet werden müssen, und eben nicht die Helden.

Verwirrenderweise ist am Schluss aber auch Jack (das ewige Kind) ein Opfer: ein hilflos brüllendes und winselndes Wrack, das jämmerlich zugrunde geht und dem nichts bleibt, als aus einer verblassten Fotografie zu grinsen. Nun darf man anfangen nachzudenken, wessen Opfer er geworden sein könnte, und gelangt unweigerlich zu der Erkenntnis, das *The Shining* **weder echte Helden und Sieger noch echte Feinde und Verlierer** kennt. Dies wird auch daran deutlich, dass der Film Jack, der schließlich zum Antagonisten wird, wesentlich mehr Zeit widmet als den anderen Mitgliedern der Familie Torrance. So werden wir gezwungen, uns für Jack zu interessieren, obwohl unsere Sympathien eher dem Jungen gehören.

In logischer Konsequenz **fällt es ebenso schwer, ein zentrales Problem auszumachen**, selbst wenn man den Film einer eingehenden Analyse unterzieht. Die ersten Szenen legen zwar nahe, dass es darum gehen wird, wie die Familie Torrance im Overlook zurechtkommen wird. Doch klare Hinweise auf die Ursache des Konflikts und auf die Konfliktparteien fehlen. Einerseits deutet sich schon früh an, dass Jack zum Problem werden könnte, als Ullman vom Grady-Mord berichtet; nimmt man diesen Hinweis und Jacks Grinsen ernst, geht in diesem Moment sogar schon die Spannung verloren, was im Mainstream-Film einer Todsünde gleichkäme. Doch genauso gut könnte man annehmen, dass sich die Familie Torrance gegen die Angriffe irgendwelcher Geister wird wehren müssen, schließlich sieht man ja einen "Horrorfilm". Diese Vorstellung wird auch durch Dannys Blutvision unterstützt, in der sein Vater gar nicht vorkommt. Zudem erfährt man in der Europa-Fassung nicht einmal etwas von Jacks Alkoholproblem, von seinem Gewaltausbruch gegenüber Danny und der Aufgabe des Lehrerberufs. Die Kürzungen haben *The Shining* noch kryptischer gemacht.

Dass in *The Shining* der Horror von innen kommt, die Familie zerbricht *und* in diesem Hotel die Schatten der Vergangenheit spuken, kann man als Zuschauer nicht einmal ahnen. Erst als Jack aus der Vorratskammer befreit ist, konzentriert sich alles, so scheint es, auf den Kampf zwischen diesem Mann und seiner Familie. Doch auch das ist nicht ganz wahr: Das Hotel funkt immer noch dazwischen, indem es mit Wendy spielt, während draußen im Labyrinth die Entscheidung zwischen Danny und Jack fällt. Es geht also nicht nur um den Konflikt zwischen Jack und seiner Familie, sondern auch um den Konflikt Jacks, Dannys und Wendys mit dem Hotel. Das Overlook löst die Probleme der Familie Torrance aus wie ein Erdbeben eine Lawine: Die Lage war schon prekär, bevor die Familie hierher kam. Aber genau diese kausale Verknüpfung wird lange nicht klar, weil man als Zuschauer nur spekulieren kann, wo die Probleme liegen.

Demnach gibt es streng genommen **kein zentrales Problem der Handlung**, **nur ihrer Motivation**: Jack verliert den Verstand, aber man sieht weder auf den ersten noch auf den zweiten Blick, warum. Ist es das Hotel, seine labyrinthische Struktur und/oder der übernatürliche Schrecken, der darin wohnt ? Ist es Jacks Scheitern als Schriftsteller, seine Rolle als Familienvater, die Krise der modernen Familie ? Oder ist es die Rache der Unterdrückten, die Jack auf seine eigene Familie losgehen lassen, um den Schädling auszurotten, der sich viel zu weit in die Natur ausgebreitet hat (man entsinne sich des gelben Käfers aus der 1. Sequenz) ? Wird Jack schuldig, weil er die Vergangenheit vergessen hat oder weil er einfach böse ist, wie wir alle ? Dieser Film legt es nicht darauf an, dem Zuschauer klare Aussagen anzubieten, im Gegenteil: Er will ihn ebenso verwirren, wie er seine Protagonisten verwirrt, und zwar sowohl im Hinblick auf die räumliche Orientierung (daher das Labyrinth) als auch hinsichtlich der temporalen Struktur (darum die Phantome aus der Vergangenheit, die in die Gegenwart kommen, oder umgekehrt), und letztlich auch in Bezug auf die Kausalität des Geschehens. Der Zuschauer rätselt in *The Shining* daran herum, *wo* und *wann* ein Geschehen stattfindet, *was* eigentlich passiert und *warum* es passiert. Im Wirbeln der Gedanken und im Sog der fliegenden Kamera kommt er kaum dazu zu überlegen, wie das Geschehen sich auflösen oder wie man es aufhalten könnte.

2.7.2 Die zentrale Frage

Der Rezipient nimmt den Weg vom Problem zur Lösung als den **Weg von der Frage zur Antwort** wahr. Der Protagonist muss ein Problem lösen, und der Zuschauer stellt sich die Frage: Wird er es schaffen ? Auf dem langen Weg zur Beantwortung dieser zentralen Frage (auch Makro-Frage genannt), die im Mainstream-Film so spät wie möglich geklärt wird, können sich kleinere Frage-Antwort-Bögen mit spezifischeren Fragen ergeben, und innerhalb dieser Bögen wiederum Einzelfragen, welche die Geschehnisse verknüpfen. Mitunter wird auch durch die untergeordneten Fragen eine so hohe Spannung aufgebaut, dass der Zuschauer die zentrale Makro-Frage vergisst und erst später wieder zu ihr zurückfindet.[241]

Diese **Frage-Antwort-Struktur** liegt den allermeisten populären Filmen zugrunde: Wird Mowgli im Dschungel überleben ? Wird Hercules Poirot den Mörder im Orient-Express finden ? Wird Indiana Jones den Gral finden und überleben ? Wird Bill das Messgerät in den Twister bekommen und überleben ? Wird Jack Dawson den Untergang der Titanic überleben ? (Hier sieht man, wie wichtig es war, dass James Cameron seinem Film die Liebesgeschichte zwischen Rose und Jack zugrunde legte, da der Zuschauer von Beginn an weiß, dass die Titanic untergehen wird, und auch schon früh erfährt, dass Rose überlebt.) Wird Truman entdecken, dass er nur in einer Fernsehshow lebt ?

Filme stellen, so Eder, zwei Arten von Fragen: die **Spannungsfrage**, die in die Zukunft gerichtet ist und dem Typus des Konfliktdramas entspricht; und die **Neugierfrage**, die sich auf die Vergangenheit bezieht und zum Typus des analytischen Dramas gehört. Der populäre Film lebt, wie bereits erläutert, vom Konflikt oder Problem, das es zu lösen gilt, und braucht daher unbedingt eine in die Zukunft gerichtete Spannungsfrage. Diese kann sich aus einer Neugierfrage entwickeln, wie z.B. im Krimi: Aus der Neugierfrage *Wer war der Mörder ?* leitet sich direkt die Spannungsfrage *Wird der Mörder geschnappt ?* ab.[242]

Der Film *American Beauty* beginnt mit der aus dem Off gesprochenen Erklärung Lester Burnhams, dass er gestorben sei. Der Zuschauer stellt sich konsequenterweise die Neugierfragen nach dem *Wie* und *Warum*. Im weiteren Verlauf des Films drängt sich dann die Spannungsfrage in den Vordergrund, ob Lester tatsächlich ein Verhältnis mit dem Lolita-Girl Angela anfan-

---

[241] Eder, S. 40f.
[242] ebd., S. 45ff.

gen wird, wodurch der Zuschauer eine Zeitlang die Neugierfrage vergisst und somit von einem durchgehenden Frage-Antwort-Bogen nicht mehr die Rede sein kann. Als Lester dann gegen Ende des Films den Tod findet, wird der Zuschauer, noch den Ausgang der Spannungsfrage verarbeitend, unsanft an die ursprüngliche Neugierfrage erinnert. Zudem muss er sie präzisieren: *Wer* hat Lester erschossen ? Wenn sich Neugier- und Spannungsfragen derartig überlagern und modifizieren, entfernt sich ein Film vom simplen Schema des populären Films, ohne es aber endgültig aufzugeben. Solange sich der Zuschauer auf eine Frage konzentriert, bleibt die Handlung spannend, weil eine Antwort aussteht. Hierbei ist es gleichgültig, ob der Zuschauer bereits gelieferte Informationen vergessen oder verdrängt hat (wie in *American Beauty*) oder schon ahnt, dass der Held überleben wird, wie es im populären Film üblich ist (dies gilt insbesondere, wenn die Helden Kinder sind, die im Hollywood-Film nicht sterben dürfen, wie z.B. in *Jurassic Park*; und natürlich, wenn es sich um den Helden einer ganzen Filmserie handelt, die vermutlich fortgesetzt wird, wie z.B. in *Indiana Jones* oder *Batman*).

Interessant ist in diesem Zusammenhang die Entwicklung der neuen *Star Wars*-Filme von George Lucas, die keine "Sequels" (d.h. Fortsetzungen), sondern Prequels zu den ersten drei Filmen (den Episoden 4-6) sind, d.h. zeitlich *vor* diesen angesiedelt sind. Hier lautet die zentrale Frage nicht: Überlebt der kleine Anakin Skywalker, der Protagonist der neuen Filme ? Da die meisten Zuschauer ihn aus den Episoden 4-6 als Darth Vader kennen, den Antagonisten und mächtigsten Krieger der "Dunklen Seite der Macht", wissen sie, dass er überlebt. Und sie wissen sogar, dass aus ihm ein Bösewicht wird, der erst ganz zum Schluss, als sein Sohn Luke unter den Händen des Imperators zu sterben droht, den Weg zurück zur "Hellen Seite der Macht" findet. Die Frage, die sich der Großteil des Publikums in den Episoden 1-3 stellt, lautet lediglich: Wie kommt es dazu, dass aus dem kleinen Anakin der große, böse Darth Vader wird ? Vielleicht lag es auch daran, dass *Star Wars – Episode 1: The Phantom Menace* trotz des großen kommerziellen Erfolges sehr gemischt aufgenommen wurde: Diesem Film fehlt die brennende Makro-Frage. Es geht nicht um Sieg oder Niederlage, nicht um Leben und Tod der Hauptfigur, sondern nur um die Umstände ihrer Entwicklung, deren Ausgang die meisten Zuschauer kennen.

Eder[243] beschreibt einige dramaturgische Strukturen, die noch deutlicher vom Modell des populären Films abweichen. Zu solchen Abweichungen zählen: das Fehlen einer zentralen Frage (z.B. in *Night on Earth*); die Verwirrung des Zuschauers durch mehrere mögliche Antworten (*Lola rennt*); das Ausbleiben einer klaren Antwort (*Blade Runner – Director's Cut, The Blair Witch Project*); eventuell kombiniert mit einer Rückkehr zur zentralen Frage (*Twelve Monkeys, Lost Highway*).

Ein Film folgt demnach dem Strickmuster des populären Films, solange er dessen ideale Wirkung erzielt: die **Bindung des Zuschauers an eine zentrale Frage**. Diese Frage definiert auch den Endkampf, in dem das Problem gelöst wird: "Die Frage, die am Plot-Beginn entsteht, bereitet den Zuschauer auf die ‚obligatorische Szene' vor, in der die Frage, die der Plot-Beginn aufwirft, beantwortet wird. Die Frage ist immer konkret, niemals abstrakt oder philosophisch."[244] Deutlicher kann kaum formuliert werden, warum populäre Filme stets "handlungsorientiert" sind und *The Shining* nicht in diese Kategorie fällt.

In logischer Entsprechung zur Suche nach dem zentralen Konflikts fällt es bei *The Shining* schwer, eine zentrale Frage stellen, allenfalls eine sehr allgemein formulierte: Was wird in dem Hotel passieren ? Im Verlauf der Exposition ergeben sich zwar konkretere Fragen, die jedoch nicht logisch aufeinander aufbauen, sondern miteinander in Konkurrenz treten und dadurch den Zuschauer verunsichern: Spukt es in diesem Hotel ? Was stimmt mit dem kleinen Jungen nicht ? Woher kommen seine Visionen ? Werden die Torrances von Geistern heimgesucht ? Oder wird Jack seine Familie töten ? Warum hasst Jack seine Frau, und warum erträgt sie ihn ? Die Rezeption wird zusätzlich dadurch erschwert, dass einige dieser Fragen nicht die Handlung,

---

[243] Eder, S. 42ff.
[244] Peter Hant: Das Drehbuch. Praktische Filmdramaturgie. Waldeck 1992. S. 88. *zitiert bei:* Eder, S. 61.

sondern die Beziehungen zwischen den Figuren betreffen, die sich lange Zeit nicht genau ergründen lassen (zumal in der gekürzten Fassung weitere Anhaltspunkte verloren gehen). Der Rezipient sieht sich daher mit mehreren Neugier- und Spannungsfragen konfrontiert, die bis zum Schluss nur unzureichend beantwortet werden. So endet auch der Film: Das Foto von Jack im Jahr 1921 wird von den meisten Zuschauern eher als letzte Frage denn als letzte Antwort empfunden. Ist das wirklich Jack ? Was hat das zu bedeuten ?

Damit zeigt schon der Blick auf drei wesentliche Aspekte des populären Films (zentraler Konflikt, Unterscheidung Protagonist/Antagonist, zentrale Frage), dass *The Shining* nicht diesem Schema folgt. Im Grunde gehört er zu jener Kategorie Film, welche die größtmögliche Abweichung vom Mainstream aufweist, indem sie ihren Rezipienten verwirrt und vor die "tödliche" Frage stellt: Was soll ich glauben ? Während der populäre Film versucht, das Geschehen möglichst realistisch erscheinen zu lassen, weiß der Rezipient von *The Shining* noch nicht einmal, ob das, was er sieht (bzw. was Jack und Danny sehen), wirklich da ist.

2.7.3 Einheit der Handlung und Subplots

Der Mainstream-Film folgt streng dem Prinzip der **Einheit der Handlung**, d.h. der Plot bestimmt die Szenen. **Jede Szene soll in kausaler Beziehung zur zentralen Frage stehen**, also den zentralen Konflikt entwickeln und die Handlung voranbringen. Die Kernfrage im Schneideraum lautet: Welche Szene könnte man weglassen, so dass der Plot noch intakt bliebe ? Gewiss gibt es in jedem Film Szenen, die für die Entwicklung des Konflikts nicht direkt notwendig sind, sondern lediglich den vom Zuschauer erwarteten **Realismus** vermitteln müssen; sie zeigen z.B. logische Folgen oder Randerscheinungen des Geschehens, nicht unmittelbare Gründe für weitere Ereignisse: In *Twister* sieht man nach dem Abziehen der Tornados die von ihnen angerichteten Zerstörungen, weil die Zuschauer logisch erwarten, dass bei solch heftigen Stürmen viel kaputtgeht; indirekt unterstützen diese Szenen natürlich auch die Handlung, indem sie die Gewalt der Stürme und die Notwendigkeit besserer Frühwarnsysteme verdeutlichen (ohnehin das Endziel der Protagonisten). In vielen Filmen gibt es zudem Szenen, die **genrebedingt motiviert** sind: In jedem *Star Trek*-Film kommt es zu witzig-ironisierenden Dialogen (legendär: Spock und McCoy), die zum Repertoire gehören und von den Fans erwartet werden. Häufig arbeiten **genrebedingte Motivation und Handlungsmotivation** jedoch zusammen:[245] Das Zielpublikum erwartet eine Weltraumschlacht, die dann auch die Handlung beeinflusst.

Welche Funktion eine Szene in *The Shining* hat, ob sie in kausaler Beziehung zum Plot steht (und falls ja, in welcher), erschließt sich für den Großteil der Szenen nicht beim einfachen, ersten Ansehen des Films, sondern erst durch eine genaue Analyse und Interpretation, die ein populärer Film seiner Zielgruppe gar nicht zumuten will. Der möglichst klare Bezug zum zentralen Konflikt, den ein Mainstream-Film anstrebt, lässt sich in *The Shining* oft deswegen kaum herstellen, weil der Plot eben selbst nicht eindeutig zu bestimmen oder gar in einem Satz zu beschreiben ist: "Ein Familienvater verliert in einem einsamen Hotel den Verstand und versucht, seine Familie zu töten." – damit wäre nicht gesagt, dass sich weite Teile des Films auf die Innenperspektive der Figuren und ihre Beziehungen konzentrieren, was an sich schon dem Prinzip der Einheit der Handlung zuwiderläuft, da kaum *gehandelt* wird. Der Film konzentriert sich nicht auf Jacks Jagd auf seine Familie, sondern bereitet diese sehr langsam vor und liefert mögliche, aber keinesfalls eindeutige Erklärungsansätze. Ginge es in *The Shining* nur um die Handlungen, könnte man zahlreiche Szenen auslassen oder stark kürzen: Übrig blieben streng genommen nur Teile des Bewerbungsgesprächs (als expositionelle Informationen), die Streitszenen zwischen Wendy und Jack, vielleicht die Szene zwischen Jack und Lloyd als Erklärung für Jacks Frust, und die abschließende Axt-Attacke. Statt kellnernder Geister bedürfte es zwei-

---

[245] Eder, S. 90.

fellos furchterregenderer Phantome, die nicht nur reden, sondern eingreifen und sichtbar das Leben der Hauptfiguren bedrohen.
Der Rezipient des Films nach Hollywood-Muster soll in der Lage sein, das Geschehen zu "kontrollieren", ohne sich geistig anstrengen zu müssen. Aus diesem Grund konzentriert er sich nicht nur auf eine begrenzte Figurengruppe, sondern auch auf eine **Haupthandlung**. Dennoch enthält auch der populäre Film in der Regel mindestens eine **Nebenhandlung**, auch **Subplot** genannt, wobei es sich meistens um eine **heterosexuelle Liebesgeschichte** handelt: Der Held muss nicht nur die antagonistische Kraft besiegen und zur Lösung seines Problems gelangen, sondern auch einen Partner für die Liebe gewinnen. Nicht selten gewinnen die Romanzen derart an Gewicht, dass sie sich kaum noch als Nebenhandlung sehen lassen, was aber nicht unbedingt zum Nachteil werden muss. So war *Titanic* vor allem deshalb ein so großer Erfolg, weil es nicht nur um den Untergang des Schiffs, sondern auch um die Liebe zwischen Rose und Jack ging. Hätte es diesen Handlungsstrang nicht gegeben, hätte dem Film die zentrale Spannungsfrage gefehlt, da jeder Zuschauer die Frage "Geht das Schiff unter ?" selbst beantworten konnte. James Cameron wusste, dass die Beschränkung auf die Neugierfrage "Wie geht das Schiff unter ?" ein dramaturgischer Fehler gewesen wäre, weshalb er durch die Liebesgeschichte ein neue, zweiteilige Spannungsfrage einführte: Kriegen sich Rose und Jack, und werden sie den Untergang überleben ? Dieser Handlungsstrang gewinnt so große Bedeutung, dass er schließlich gar nicht mehr als bloße Nebenhandlung betrachtet werden kann.

In den meisten Fällen lassen sich Haupthandlung und Subplot anhand der folgenden Kriterien jedoch recht klar voneinander trennen. Ein Handlungsstrang ist dann als Nebenhandlung zu sehen, wenn:

– er erst entsteht, wenn der Protagonist bereits mit einem anderen Konflikt konfrontiert wurde, der ihn aus seiner "normalen Welt" herausreißt, die zentrale Frage also schon gestellt ist
– er früher oder später aufgelöst wird als dieser andere Konflikt, d.h. bevor oder nachdem die Spannung nachlässt
– seine Entwicklung nur begrenzten Einfluss auf die Lösung des zentralen Konflikts hat

Da sich der Plot gemeinhin auf den Konflikt mit der antagonistischen Kraft konzentriert und aus dem Gegner am Ende kaum die oder der Geliebte werden kann, muss die Liebesgeschichte zwangsläufig in den Hintergrund rücken. Die **Haupthandlung** beruht in der Regel auf **sichtbar ausgeführten Handlungen und Actionszenen** und wird auch durch solche aufgelöst. **Nebenhandlungen** haben hingegen meist zwischenmenschliche Konflikte und **Beziehungen** (häufig zu Nebenfiguren) zum Thema, die primär durch **Dialog** in Szene gesetzt werden.[246]
Filme wie *Pretty Woman* oder *Notting Hill*, die sich auf eine Liebesgeschichte zwischen den Protagonisten konzentrieren, sind zwar oft große kommerzielle Erfolge, mit Blick auf die gesamte Breite der jährlichen Filmveröffentlichungen aber eher selten.
Dennoch ist es interessant zu sehen, dass 100 von Bordwell[247] untersuchten Filmen 95 eine Liebesgeschichte beinhalteten. Auch wenn dieser Handlungsfaden nicht den zentralen Plot ausmacht, ist er doch mit ihm verwoben: Wie der Plot wird auch der Subplot schließlich aufgelöst und verläuft in einem linearen Bogen von der Exposition über die Konfrontation bis zur Auflösung. Dieser Bogen ist allerdings, wie bereits erwähnt, oft kürzer als der Bogen der Haupthandlung. Eder führt auch hier sein Paradebeispiel *Twister* an, wo sich Bill und seine Frau Jo durch die gemeinsame Jagd nach den Tornados wieder näherkommen.[248] Zu Beginn des Films will sich Bill von Jo scheiden lassen, und es scheint keine Chance für eine weitere

---

[246] Eder, S. 48f.
[247] David Bordwell: The Classical Hollywood Style, 1917-1960. in: David Bordwell/Janet Staiger/Kristin Thompson: The Classical Hollywood Cinema. New York, 1985.
[248] Eder, S. 49.

Beziehung zwischen den beiden zu geben, zumal Bill eine neue Freundin hat. Diese neue Beziehung zerbricht jedoch an der mit der Twisterjagd verbundenen Gefahr und an Bills neu entfachten Ambitionen, sein Messgerät zum erfolgreichen Einsatz zu bringen. Bill und Jo entdecken ihre Gefühle füreinander neu und finden am Schluss, nachdem sie den schlimmsten Tornado überlebt haben, wieder zusammen. Dieses Ende markiert die Zusammenführung von Haupt- und Liebesplot, und der Höhepunkt des Subplots verstärkt den des Plots.[249]

Subplots dienen primär der vertiefenden Charakterisierung des bzw. der Protagonisten und ebenso der Abgrenzung von anderen Figuren, vor allem von der Figur des Antagonisten. Auch bieten Nebenhandlungen dem Zuschauer die Gelegenheit, sich vom spannenden Plot "auszuruhen" und andere Gefühle zu empfinden als Anspannung. Ein im Wortsinn schönes Beispiel ist jene Sequenz in *Witness (Der einzige Zeuge)*, in der die Amish, unter ihnen der abgetauchte Polizist John Book, anlässlich einer Hochzeit gemeinsam eine Scheune bauen. Die Darstellung der gemeinsamen Arbeit, eingefangen in stimmungsvollen Bildern und der atmosphärischen Musik Maurice Jarres, lenkt den Zuschauer für eine Weile von der Bedrohung durch die korrupten Polizisten der "Außenwelt" ab. Solche Sequenzen halten ebenso wie komische Einlagen das Interesse des Zuschauers aufrecht und bieten eine willkommene Ablenkung vom zentralen Konflikt.

The Shining entzieht sich deutlich dem Prinzip von Haupt- plus Nebenhandlung, da sich viel zu lange kein zentraler Konflikt herauskristallisiert, die Konfliktparteien nicht klar erkennbar sind und mehrere zentrale Figuren bzw. Handlungsstränge angeboten werden, die sich wiederum nicht voneinander trennen lassen, sondern ineinander greifen. Geht es in der Hauptsache um Jack, dem der Aufenthalt im Overlook nicht gut zu bekommen scheint ? Oder um Danny, dem als erstem die Geister begegnen ? Und ist nicht auch Wendy von zentraler Bedeutung, die zwischen Vater und Sohn steht, erzwungener Gegner des einen, Beschützer des anderen ? Oder geht es um etwas ganz anderes, um den Kampf einer ganzen Familie gegen ein Spukhotel, böse Geister, die Vergangenheit des eigenen Volkes ? In *The Shining* gibt es viel zu viele Fragen, und viel zu wenig Antworten, und daher auch keine Einheit der Handlung.

2.7.4 Figurenzentrierte und linear-chronologische Kausalität

Damit der Rezipient die Handlung eines populären Films leicht nachvollziehen kann, muss ihre **Kausalität hauptsächlich figurenzentriert** sein, d.h. die Ereignisse müssen sich aus den Wünschen und Handlungen der Figuren ergeben.[250] Der Protagonist des populären Films hat klare Ziele; ein Held, der nichts will, ist keiner. Auch bloße Ideen oder eine unsichtbar wirkende Kraft taugen nicht als Identifikationsflächen. So reicht in *Star Wars* die "Macht" allein nicht aus, um einen Helden zu formen; dieser muss gut aussehen, sympathisch wirken und nachvollziehbare Ziele verfolgen, wie z.B. die Befreiung der Galaxie aus den Händen des bösen Imperators. Der Zuschauer bindet sich prinzipiell an einen Menschen mit Interessen, die positiv ausgerichtet und nachvollziehbar sind.

Der Mainstream-Film soll **linear-chronologisch der Kausalkette der Ereignisse folgen**, demnach möglichst wenig Sprünge durch die Zeit machen (also z.B. Flashbacks vermeiden), damit der Rezipient ihr leicht folgen kann.[251] Der Zuschauer, der an der Geschichte herumrätseln muss, um sie zu verstehen, gewinnt zu große Distanz. Nicht zuletzt deshalb zielt der populäre Film vom Anfang bis zum Ende darauf ab, seinem Zuschauer die größtmögliche kognitive Kontrolle über die Handlung zu geben: Er soll alles verstehen, aber natürlich große Angst um seinen Helden haben. Je einfacher die Handlung, desto größer die Chance, dass der Zuschauer eine möglichst intensive emotionale Teilnahme am Geschehen entwickelt; und desto geringer das Risiko, dass er zurücktritt und kritisch zu sehen beginnt: Selbstvergessenheit und "flow"

---

[249] Eder., S. 51.
[250] ebd., S. 78-82.
[251] ebd., S. 76.

statt Reflexion. Ebenso hinderlich sind Irritationen, die sich aus Verstößen gegen das Plausibilitätsprinzip ergeben, z.B. wenn ein Held im freien Fall ein abstürzendes Flugzeug entert.
Auch hier weicht *The Shining* ab, weil dem Zuschauer das Verstehen schwer gemacht wird. Die Zeitebenen überlagern sich, wenn Danny oder Jack Gestalten aus der Vergangenheit begegnen oder Jack am Schluss in einem Foto des Jahres 1921 auftaucht. Auch lässt sich nur bedingt von einer Kausalität der Erzählschritte sprechen. Zwar führt Jacks Entwicklung stetig bergab, doch lassen sich die Ursachen für seine Handlungen nicht immer erkennen. Man kann noch nachvollziehen, warum er sich vor Wendys Anschuldigungen in den "Gold Room" zurückzieht. Doch ist nur schwer verständlich, warum er immer in diesem Hotel bleiben möchte oder seiner Frau nichts von der Schreckensvision in Zimmer 237 erzählt.

2.7.5 Zur Struktur

Die **drei Akte** des Mainstream-Films bestehen insgesamt aus durchschnittlich **etwa 24 Sequenzen.**[252] Diese Sequenzen bestehen im Einzelnen wiederum aus:

– **Szenen**: mehrere Einstellungen, die sich in einem abgeschlossenen und relativ kurzen Zeitabschnitt sowie an einem begrenzten Ort abspielen, bilden eine Szene
– **Montagesequenzen**: parallel montierte Szenen, z.B. jene, die Jacks und Dannys Jagd durch das Labyrinth und Wendys Irrweg durch das Overlook zeigen (Parallelmontage).

Nach Bordwell[253] hat eine Szene zwei Teile, einen expositorischen und einen entwickelnden: Die **Exposition** stellt Figuren, Ort und Zeit vor, während die **Entwicklung** die Kausalkette der Haupthandlung knüpft: Eine Szene wird idealiter durch eine Ursache aus der vorigen Szene bewirkt, so dass zunächst diese Wirkung gezeigt wird. Daraufhin schafft die Szene wiederum eine Ursache für die nächste Szene, so dass die Szenen wie Dominosteine aufeinanderfolgen. Hieraus ergibt sich eine **kausalchronologische Linearität der Handlung,**[254] wie z.B. in *Indiana Jones and the Last Crusade*:

– Szene 1: Indy erfährt von Donovan, dass es Hinweise auf das Versteck des Grals gibt und Indys Vater auf der Suche verschollen ist. -> Ursache für Szene 2...
– Szene 2: Indy fährt zum Haus seines Vaters. Er bemerkt, dass sein Vater ihm sein Tagebuch geschickt hat, und zwar aus Venedig. -> Ursache für Szene 3...
– Szene 3: Indy reist nach Venedig, um seinen Vater zu suchen. Dort findet er Hinweise auf das Versteck des Grals und erfährt, dass sein Vater in Österreich gefangengehalten wird. -> Ursache für Szene 4...
– Szene 4: Indy reist nach Österreich, um seinen Vater zu befreien usw. ...

Gewiss zeigt nicht jeder Mainstream-Film diese sehr klare kausale Struktur, weshalb Carroll[255] den Zusammenhang zwischen den Szenen des populären Films nicht am unmittelbaren Ursache-Wirkungs-Prinzip festmacht, sondern an der durchgängigen Orientierung der Szenen an den **Fragen des Zuschauers**: Wird Indy sich auf die Suche nach dem Gral begeben ? Wird er seinen Vater finden ? Eine Frage, die in einer Szene entsteht, muss damit nicht notwendigerweise in der nächstfolgenden beantwortet werden, doch muss die folgende Szene zumindest zur Beantwortung hinführen. Wie eingangs dargelegt, verfolgt der populäre Film sehr zielgerichtet die Beantwortung der zentralen Frage über mehrere Einzelfragen, die als einzelne Fasern den roten Faden des Films bilden und die Szenen zusammenhalten.
Bordwells Strukturierung der Szene in zwei Teile macht auch insofern Sinn, als Szenen in ihrem inneren Aufbau der übergeordneten Bauform des Films folgen, also eine Exposition,

---

[252] Eder, S. 97, 99.
[253] David Bordwell: The Classical Hollywood Style, 1917-1960. [Anm. 241]
[254] Eder, S. 76.
[255] Noël Carroll: Mystifying Movie: Fads and Fallacies in Contemporary Film Theory. New York, 1988.

eine zielgerichtete Entwicklung zum Höhepunkt und eine Auflösung haben, die aber nur den szeneninternen Konflikt löst und zugleich ein neues Problem schafft, also weitere Szenen erforderlich macht. Bis auf diesen offenen Schluss gleicht die Mikrodramaturgie, wie Eder festgestellt hat, häufig der Makrodramaturgie des Films.[256]

Der Blick auf die Strukturierung einer Filmhandlung muss auch die Untersuchungen Joseph Campbells[257] und Christopher Voglers[258] erfassen, die die **klassische Heldenreise**, die "Hero's Journey", als Erzählung eines Initiationsritus begreifen und an **12 Schritten** festmachen:

1. Normale Welt (Ordinary World)
2. Ruf ins Abenteuer (Call to Adventure)
3. Ablehnung des Rufs (Refusal of the Call/The Reluctant Hero)
4. Der Mentor (Meeting with the Mentor/The Wise Old Man or Woman)
5. Übertreten der Ersten Schwelle (Crossing the First Threshold)
6. Prüfungen, Verbündete, Feinde (Tests, Allies and Enemies)
7. Annäherung an die Innerste Höhle (Approach to the Inmost Cave)
8. Die Größte Qual (The Supreme Ordeal)
9. Belohnung (Reward/Seizing the Sword)
10. Der Weg zurück (The Road Back)
11. Wiederauferstehung (Resurrection)
12. Rückkehr in die Normale Welt (Return to the Ordinary World/Return with the Elixir/Kissing Off)

Dieses Grundmuster populärer Geschichten findet sich auch in filmischen Erzählungen wieder, erwartungsgemäß besonders häufig im populären Film. Im Folgenden soll dieses dramaturgische Strickmuster an seiner Entwicklung über die 3 Akte **Exposition** -> **Konfrontation** -> **Auflösung** dargestellt werden. Hierbei werden die Stationen Campbells bzw. Voglers einbezogen, wobei erkennbar wird, dass sich der populäre Film mit Blick auf die Zeit, die er beansprucht, im wesentlichen über die Stationen 2-7 erstreckt.

---

[256] Eder, S. 99.
[257] Joseph Campbell: Hero with a Thousand Faces. Princeton University Press, Princeton 1972.
[258] Christopher Vogler: The Writer's Journey: Mythic Structure for Writers. Pan Books, London 1998².

Die Heldenreise (The Hero's Journey)

Der populäre Film hat drei Akte, die grundsätzlich drei Schritte in der Entwicklung des "Helden" (= Protagonisten) darstellen:

Akt I: die Entscheidung des Helden zu handeln, und seine Trennung von der "Normalen Welt"
Akt II: die Handlung mit dem Übertritt des Helden in die "Besondere Welt"
Akt III: die Folgen der Handlung und die Rückkehr des Helden in die "Normale Welt"

Wie Joseph Campbell und Christopher Vogler herausgefunden haben, folgen populäre Geschichten wie Mythen, Märchen und auch moderne Filme einem typischen Muster, das man die "Heldenreise" nennt. Diese Reise basiert auf uralten Initiationsriten, in denen die jungen Mitglieder einer Gesellschaft eine Reihe von Tests bestehen müssen, um voll anerkannte Mitglieder ihrer Gesellschaft zu werden. Die Heldenreise besteht aus verschiedenen Phasen, die mitunter in Ausprägung und Reihenfolge variiert werden:

1. Normale Welt (Ordinary World):
Begrenztes Bewusstsein eines Problems (Limited Awareness of a Problem)

Die Geschichte beginnt zu einem Zeitpunkt, an dem der Held sich noch nicht oder kaum jenes Problems bewusst ist, das den zentralen Konflikt auslösen wird. Die meisten Filme zeigen den Helden zu Beginn in seiner "Normalen Welt" ("Ordinary World") im Kontrast zu der "Besonderen Welt" ("Special World"), die er später auf der Reise betreten muss. Üblicherweise ist der Held ein Durchschnittstyp, oft sogar ein Außenseiter, der zu diesem Zeitpunkt noch keine besonderen Qualitäten oder heldisches Benehmen zeigt. Die Entwicklung der verborgenen Qualitäten bildet das Rückgrat jeder populären Erzählung.

2. Ruf ins Abenteuer (Call to Adventure):
Erhöhtes Bewusstsein (Increased Awareness)

In seiner Normalen Welt wird der Held plötzlich mit einem Problem konfrontiert und zu einem Abenteuer herausgefordert. Häufig wird die Normale Welt durch eine Gefahr bedroht, die nur durch jemanden abgewendet werden kann, der mutig genug ist, in die Besondere Welt überzutreten. An diesem Punkt wird das Abenteuer ausgelöst, beginnt aber noch nicht.

3. Ablehnung des Rufs (Refusal of the Call):
Widerstand gegen den Wandel (Reluctance to Change)

Da der Konflikt, dem sich der Held ausgesetzt sieht, nur in der Besonderen Welt gelöst werden kann, über die er noch keine Kenntnis hat, zeigt der Held Widerstreben, sich auf das Abenteuer einzulassen. Er ist sich seiner selbst nicht sicher, zweifelt, hat Angst. Ihm steht die größte aller Herausforderungen bevor: Er muss seine Ängste überwinden. Hinzu kommen eventuell äußere Widerstände.

4. Der Mentor (Meeting with the Mentor): Den Widerstand überwinden (Overcoming Reluctance)

Der Held braucht zweierlei, um sich auf das Abenteuer einlassen zu können: persönliche Motivation und Zuversicht. Letztere wird in ihm bestärkt durch den Archetyp des "Mentors", z.B. in Gestalt eines weisen Mannes, der die Regeln der Besonderen Welt erklärt. Er unterweist den Helden in jenen Fertigkeiten und Verhaltensweisen, die er brauchen wird, um in der Besonderen Welt zu überleben, den Antagonisten zu besiegen und den zentralen Konflikt zu lösen. Der Mentor kann dem Helden auch bestimmte Objekte geben, die ihm in der Besonderen Welt von Nutzen sein werden: eine Karte, einen Schlüssel, eine Waffe (in Star Wars 4 wird Luke Skywalker das Lichtschwert seines Vaters übergeben, das der Mentor Obi-Wan Kenobi aufbewahrt hat). Die Held-Mentor-Beziehung symbolisiert die Beziehung zwischen Kind und Elternteil, Mensch und Gott.

5. Übertreten der Ersten Schwelle (Crossing the First Threshold): Sich auf den Wandel einlassen (Committing to Change)

Der Held braucht noch eine besondere Motivation, um die Reise zu beginnen: Das zentrale Problem muss zu seinem persönlichen Problem werden. Eine Katastrophe erschüttert die Normale Welt *und* die persönliche Welt des Helden. Meistens kommt jemand, den der Held liebt, zu Tode oder gerät in tödliche Gefahr, oder wird entführt und in die Besondere Welt gebracht.
Nun übertritt der Held, voll motiviert, die Erste Schwelle in die Besondere Welt. Das Abenteuer beginnt, der Held (meist mit Begleitern, manchmal auch mit dem Mentor) macht sich auf den Weg zur ersten Station in der Besonderen Welt.

6. Prüfungen, Verbündete, Feinde (Tests, Allies, Enemies): Mit dem ersten Wandel experimentieren (Experimenting with First Change)

Die erste Station der Reise in die Besondere Welt gibt einen Hinweis auf das, was auf den Helden wartet. Er sieht sich mit den ersten Prüfungen konfrontiert, er muss lernen, Verbündete von Freunden zu unterscheiden, er muss neue Freunde gewinnen und vermeiden, von den Repräsentanten der antagonistischen Kraft gefangen zu werden. In dieser Besonderen Welt wird falsches Verhalten streng bestraft (als Luke Skywalker in *Star Wars* eine Bar im Raumhafen Mos Eisley betritt, beleidigt er versehentlich ein Alien und wird nur durch seinen Mentor Obi-Wan gerettet). Der Held muss die Regeln der Besonderen Welt lernen und neue Qualitäten entwickeln, um in ihr zu überleben. Seine Anpassung an diese Welt markiert den Beginn seines Wandels.

7. Annäherung an die Innerste Höhle (Approach to the Inmost Cave): Sich auf den entscheidenden Wandel vorbereiten (Preparing for Big Change)

Auf der Straße des Abenteuers bewegt sich der Held auf ein Ziel zu: Er muss die Innerste Höhle erreichen und betreten – die Höhle des Löwen, das Heim des Antagonisten. Hier muss er am Ende den Preis erobern, die Prinzessin retten, seinen schlimmsten Ängsten gegenübertreten und gegen den Antagonisten kämpfen. Um dorthin zu gelangen, müssen der Held und sein Team Tricks und Fallen überstehen, die von den Wächtern der Innersten Höhle aufgestellt wurden. Jetzt beginnen sich die neu erlernten Qualitäten auszuzahlen. Das Risiko erhöht sich mit jedem Schritt, durch den sich der Held und sein Team der Innersten Höhle nähern; schließlich wird möglicherweise Gewalt eingesetzt werden. Es kann Verluste geben. Sobald die Innerste Höhle einmal betreten ist, gibt es kein Zurück mehr.

8. Die Größte Qual (The Supreme Ordeal):
Den entscheidenden Wandel versuchen (Attempting Big Change)

Die Innerste Höhle ist stets ein Ort der tödlichen Gefahr für den Helden. In ihrem Aufbau ähnelt sie oft einem Labyrinth: Der Held muss den Weg ins Zentrum finden, um seiner Angst gegenüberzutreten – der antagonistischen Kraft. Diese hat üblicherweise die Gestalt des fürchterlichsten und gefährlichsten Feindes. Der Antagonist stellt den "Schatten" (Shadow) der schlimmsten Ängste des Protagonisten dar (wie Darth Vader in *Star Wars*). Es kann sich auch um eine Naturgewalt handeln (z.B. um einen Tornado, ein Erdbeben oder eine Sturmflut), die sich wie ein intelligentes Wesen verhält. Die antagonistische Kraft ist die Inkarnation der schlimmsten Ängste des Helden, und nun ist für ihn die Zeit gekommen, diese Ängste zu bekämpfen. Es ist ein Kampf um Leben und Tod; noch nicht die letzte, entscheidende Schlacht, aber oft der Moment, in dem der Held und der Antagonist sich im Kampf am nächsten kommen (die Krise, nicht die Klimax).

An diesem Punkt stirbt der Held oft einen symbolischen Tod oder erlebt den Tod eines Gefährten, oft des Mentors (in *Star Wars* muss Luke mit ansehen, wie Obi-Wan von Darth Vader getötet wird, und kann ihm nicht helfen). Der Held erringt hier nicht den finalen Sieg, weil der Antagonist noch nicht besiegt wird; allerdings erobert der Held den Preis (z.B. Prinzessin Leia) und kann aus den Klauen des Feindes entkommen. Indem er diese Qual durchsteht, wird der Held als neues und stärkeres Wesen wiedergeboren. Ohne diese Erfahrung wäre er niemals in der Lage, den finalen Kampf zu gewinnen (Station 11). Der entscheidende Wandel im Helden hat begonnen – ist aber noch nicht vollendet.

9. Belohnung (Reward):
Konsequenzen des Versuchs, Verbesserungen und Rückschläge (Consequences of the Attempt, Improvements and Setbacks)

In dieser Phase kann sich der Held oft ein wenig ausruhen (und mit ihm der Zuschauer). Nach der Flucht aus der Innersten Höhle bereiten sich der Held und sein Team (wer davon übrig ist) auf die letzten Stationen der Reise vor: den Weg zurück. Als eine Belohnung für die Größte Qual hat der Held den Preis gewonnen, welcher die Ordnung in der Normalen Welt wieder herstellen kann. Es ist eine Zeit der Erleichterung und Freude, vielleicht gibt es eine Liebesszene. Der Held hat Ehre und Respekt erworben; seine Begleiter erkennen ihn jetzt als eine Person mit außergewöhnlichen Qualitäten, als einen Helden im wahren Sinne.

10. Der Weg zurück (The Road Back)
Sich dem Wandel erneut widmen (Rededication to Change)

Der Held steht nun vor der finalen Herausforderung, seine Aufgabe zu vollenden: Er muss den Preis, den er in der Besonderen Welt gewonnen hat, in die Normale Welt bringen. Dies ist nicht einfach: Erstens möchte der Held vielleicht gar nicht in die Normale Welt zurückkehren, weil er fürchtet, seinen neu gewonnen Ruhm dort wieder zu verlieren und wieder der Durchschnittsmensch oder gar Außenseiter zu werden, der er war.

Zweitens ist der Weg zurück aus der Innersten Höhle mindestens so schwierig wie die Annäherung. Da der Feind noch nicht endgültig besiegt ist, verfolgt er den Helden, um den Preis zurückzugewinnen und Rache zu üben, wodurch er den Helden auf seinem Weg zurück aufhält. Am Ende wird der Held gezwungen sein, sich noch einmal umzudrehen und den finalen Kampf aufzunehmen.

11. Wiederauferstehung (Resurrection):
Letzter Versuch des entscheidenden Wandels (Final Attempt at Big Change)

Der Held kann den entscheidenden, fundamentalen Wandel nur erreichen, indem er die antagonistische Kraft bekämpft und zu Fall bringt. Der Held darf nicht in die Normale Welt zurückkehren, bevor seine Entwicklung vollendet ist. Er muss sich ein letztes Mal seiner schlimmsten Angst stellen und sie für immer besiegen. Es kann auch notwendig sein, die Innerste Höhle ein für allemal zu zerstören, um Frieden und Ordnung in der Normalen Welt wiederherzustellen (in *Star Wars* muss am Ende die furchtbarste Waffe des Feindes, der "Todesstern", zerstört werden).

Oft gerät der Held hierbei unter Zeitdruck, und *alles* steht auf dem Spiel – dies ist der Kampf, der nicht nur über Leben und Tod des Helden entscheidet, sondern über Leben und Tod aller. Dies ist die Klimax, der aufregendste und wichtigste Teil der Geschichte, der Wendepunkt, an dem der Held seine wichtigste Entscheidung trifft. In einer guten Geschichte wandelt sich der Held nicht nur auf physischer Ebene, indem er seinen tapfersten Kampf ficht – es findet insbesondere ein *innerer* Wandel statt, der schließlich die sichere Niederlage in einen unerwarteten Sieg verwandelt. Dabei sind stets Opfer zu bringen: Kameraden, eine geliebte Person, oder einfach die Unschuld des Helden. Nur indem er diese letzte Qual übersteht, vollendet der Held den letzten und entscheidenden Wandel. Er ist derjenige, der die Schlacht wendet und den entscheidenden Schlag gegen die antagonistische Kraft ausführt. Indem er seine neuen Qualitäten zur Perfektion bringt und nutzt, meistert er das finale Problem. Sein Wandel wird dadurch deutlich, dass der Held nun etwas tun kann, zu dem er am Anfang der Geschichte nicht in der Lage gewesen wäre.

12. Rückkehr in die Normale Welt (Return with the Elixir):
Endgültiges Meistern des Problems, Annahme des Wandels
(Final Mastery of the Problem)

Endlich, wenn der Sieg errungen ist, kehrt der Held mit seinem Preis zurück und "heilt" die Normale Welt. Dadurch erhält er Respekt, Ehrungen, einen Orden; wenn es eine romantische (Neben)Handlung gab, bekommt er auch das Mädchen (oder, im Fall einer Heldin, den Jungen). Am Ende hat der Held einen fundamentalen Wandel durch drei Phasen durchlaufen:

1. Enthusiasmus = von einem "Gott" besucht, von einer gottgleichen Macht berührt (Akt I)

2. Apotheose = ein "Gott" werden, gottgleiche Macht erwerben (Akt II)

3. Epiphanie = als "Gott" anerkannt werden, die gottgleiche Kraft gemeistert haben (Akt III)

Mitunter wird der Zuschauer noch durch eine letzte Enthüllung überrascht. Lachen und Freude bringen eine letzte Erleichterung, und der Protagonist wird als echter Held anerkannt und geehrt. Die Reise des Helden, sein Initiationsritus, ist vollendet.

2.7.5.1 Erster Akt (Stationen 1-5)

Der 1. Akt des Films beginnt üblicherweise mit der **Exposition** (auch Set-up), in der die Welt vorgestellt wird, in der die Geschichte spielt. Häufig wird der Begriff textsequentiell verstanden und meint einfach die Anfangssequenz. Diese Eingrenzung ist häufig, aber nicht immer zutreffend: In manchen Filmen wird der Konflikt schon in der Anfangssequenz ausgelöst, und erst in weiteren Minuten kommen für das Verständnis nötige, d.h. expositionelle Informationen hinzu. Als Beispiel hierfür mag *The Rock* gelten, ein sehr erfolgreicher und keinesfalls kompliziert strukturierter Actionfilm: Durch die Anfangssequenz wird zwar angedeutet, dass der amerikanische General Hummel über gewisse Militäreinsätze verbittert ist, doch genaue Gründe für sein Handeln werden noch nicht klar. Der Film zeigt den Ausbruch des Konflikts (einen Waffendiebstahl und die Besetzung der ehemaligen Gefängnisinsel Alcatraz durch Hummels Männer) und liefert erst danach die genauen Motive des Generals: Er verlangt die offizielle Anerkennung der Leistung seiner bislang geheimen Spezialtruppen sowie Zahlungen an die Witwen seiner gefallenen Leute. Will man seine Forderungen nicht erfüllen, wird er die gestohlenen Waffen gegen die Stadt San Francisco zum Einsatz bringen.

Die meisten Filme machen es dem Zuschauer leichter und liefern expositionelle Informationen, *bevor* der Konflikt beginnt. Auch der klassische Held wird zunächst in seiner **"Normalen Welt"** (Station 1: Ordinary World) vorgestellt, in die dann bald der Konflikt hereinbricht:

– Am Anfang von *Twister* kommt Bill zu Jo, um die Scheidungspapiere unterzeichnen zu lassen; von einer gemeinsamen Tornadojagd ist nicht die Rede, die beiden scheinen sich mit der Trennung abgefunden zu haben.
– In *Indiana Jones and the Last Crusade* muss sich der Titelheld zunächst mit seinen alltäglichen Problemen, d.h. mit seinen Studenten herumschlagen (der Prolog erzählt eine Vorgeschichte, die nichts mit dem zentralen Konflikt zu tun hat und noch in die "Normale Welt" gehört).
– Luke Skywalker ist in *Star Wars* ein einfacher junger Mann, der auf der Farm seines Onkels arbeitet und nicht ahnt, dass in ihm die Kräfte eines Jedi-Ritters schlummern.
– Tolkiens *Der Herr der Ringe* beginnt in der heilen Welt der Hobbits, mit Bilbos Geburtstagsfest; der zukünftige Protagonist Frodo spielt noch keine große Rolle.

The Shining beginnt nicht wie ein typischer Horrorfilm, sondern eher ruhig, sogar langatmig. Der Zuschauer fliegt über eine weite Landschaft und begleitet einen harmlosen VW Käfer zu einem Hotel in den Bergen. Der Fahrer wirkt freundlich und gewandt, und er ist gekommen, um sich hier als Hausmeister für den Winter zu bewerben. Zu Hause sitzen Frau und Sohn, eine kleine Familie, die ihrem Vater gerne folgen würde. Doch zeigen sich schon früh Schattenseiten: Der Zuschauer wird in eine Wildnis geführt, die durch die musikalische Untermalung eher unwirklich scheint und durch ihre Weite auch Gedanken an Isolation und Gefahr wachruft. Das Hotel am Fuß des Berges ist kein normaler, sondern ein entrückter Ort, wie sich sogleich im Verlauf des Bewerbungsgespräch bestätigt: Hier oben kann man das *cabin fever* bekommen und den Verstand verlieren. Der Blick auf Wendy und Danny im trauten Heim verstärkt diesen Eindruck, vor allem durch die Anwesenheit von "Tony" (der als einziger nicht in das Hotel will) und durch Dannys Blutvision. Die erste Phase in Kubricks Film zeigt demnach kein wirklich normale, eher eine rätselhafte Welt. Das muss aber nicht kontraproduktiv wirken: Der Zuschauer ist neugierig zu erfahren, wie es den Figuren ergehen wird, wenn sie tatsächlich die "Special World", das Hotel, betreten werden (d.h. dort hinziehen).

Vor dem Hintergrund der verschiedenen Möglichkeiten, expositionelle Informationen zu vermitteln, lässt sich die Exposition grundsätzlich **funktional** erklären: Sie liefert nach Eder "die Basis für das Verständnis der Handlung und ihres Hauptkonfliktes",[259] d.h. sie beantwortet die dringendsten Fragen, die ein Zuschauer stellt, um die Filmhandlung zu verstehen. Dieser Fra-

---

[259] Eder, S. 53f.

genhorizont ist recht simpel: Er umfasst die üblichen W-Fragen und konzentriert sich besonders auf die Figuren, ihre Beziehungen untereinander und ihre Motive. Der alternativ verwendete Begriff des "Set-up" scheint griffiger, in seiner Bedeutung jedoch auch eingeschränkter: Er bezeichnet im Englischen einfach die "Grundeinstellung", d.h. die Konfiguration der Filmhandlung und die Konstellation der Figuren, von der aus die Filmhandlung ihren Gang nimmt. Die Exposition legt die **Spielregeln** fest, innerhalb derer sich die Handlung bewegen wird, und **steuert die Erwartungen** des Zuschauers. Gewisse Annahmen werden in der Regel schon vor der ersten Rezeption gebildet, da man einen Film üblicherweise selbst ausgewählt hat und grundsätzlich über Thema und Genre informiert ist. Hierbei wird der Zuschauer vor allem durch das Marketing gesteuert, also durch Trailer, Vorankündigungen, Filmposter, Rezensionen.[260] Eine noch deutlichere Vorprägung erfahren die Erwartungen des Zuschauers beispielsweise durch die Lektüre des Romans, auf dem der Film basiert, oder durch die Kenntnis früherer Folgen einer Filmreihe (z.B. bei *Star Trek*). Zumindest aufgrund gesammelter Filmerfahrungen weiß man in etwa, was einen erwartet, welche Regeln gelten und nicht gebrochen werden (z.B. dass Filme meist glücklich enden). Eder führt den Film *Face/off* als Sonderfall an: In der Anfangssequenz erschießt ein Attentäter (= Antagonist) den Sohn eines Polizeibeamten (= Protagonist). Indem der Film mit einer der grundlegendsten Regeln des Hollywood-Films bricht, nach der Kinder nicht sterben, wird gleich zu Beginn klar gemacht, dass in dieser Filmhandlung alles möglich ist – und damit die Anspannung des Zuschauers erhöht.[261] Am Anfang von *GoldenEye* springt James Bond einem abstürzenden Flugzeug hinterher und holt es ein. Spätestens jetzt weiß jeder: In James Bond-Filmen geht es nicht um die Logik des Geschehens. (Der Grat zwischen spektakulärer Action und glaubwürdigem Geschehen ist hier allerdings so schmal geworden, dass ein nicht geringer Teil der Zuschauer in Gelächter ausbricht – wohl kaum die intendierte Wirkung.)
In der Anfangssequenz von *Star Trek: First Contact* erwacht Jean-Luc Picard, der Captain der "Enterprise", im Innern eines gigantischen Raumschiffs voller Wesen, die wie eine Mischung aus Mensch und Roboter aussehen – es sind die Borg, halb Mensch, halb Maschine. Ein Bohrer nähert sich Picards Auge, dann erfolgt ein Schnitt, und Picard erwacht am Schreibtisch: Er hatte offensichtlich einen Tagtraum. Er erfrischt sich vor einem Spiegel, und plötzlich explodiert ein metallisches spinnenförmiges Implantat aus seiner Wange. Wieder ein Schnitt, er schreckt vom Bett hoch, und jetzt beginnt erst die normale Handlung. Diese Sequenz ist nur mit Hilfe eines Elements zu verstehen, das zur Exposition gehört, der Filmhandlung jedoch vorgeschaltet ist: Wer die **Vorgeschichte** (auch **back story**) nicht kennt, kann nur den Schluss ziehen, dass Picard von diesen Wesen scheinbar bis in seine Träume verfolgt wird. Der *Star Trek*-Fan weiß, dass Picard einst von diesen Feinden entführt und selbst in einen Borg verwandelt wurde.
In einem gänzlich analytischen Drama bzw. Film bildet die Vorgeschichte sogar den Zielpunkt der zentralen Neugierfrage: Wie kam es zu dem, was passiert ist? Im häufiger anzutreffenden Film mit zentraler Spannungsfrage liefert die Vorgeschichte das Fundament für die Figuren und ihre Situation, aus der sich die weitere Handlung entwickelt. Insbesondere Filmserien wie *Star Trek* setzen eine Grundkenntnis der Figuren und der Spielregeln in ihrem spezifischen "Filmuniversum" voraus. Aus ebendiesem Grund kann ein Film wie *Star Trek: First Contact* auf die übliche Exposition von etwa zehn Minuten verzichten und sehr schnell zum Konflikt kommen: Picard träumt von den Borg und erwacht durch den Anruf eines Admirals der Sternenflotte, der ihn über neue Angriffe informiert, und Picard kennt schon den Verursacher: die Borg. Der Film braucht nach dem Ablauf des Vorspanns keine zwei Minuten, um die Ausgangssituation und den Konflikt vorzustellen.
Die Exposition liegt meist am Anfang eines Films, weil der Zuschauer in diesen ersten Minuten noch das Interesse und die Geduld dafür aufbringt, etwas über die Figuren zu erfahren.

---

[260] Eder, S. 54.
[261] ebd., S. 54f.

Diese Haltung stellt sich sehr viel schwerer ein, wenn der Zuschauer durch eine rasante Anfangssequenz bereits zum Zerreißen gespannt ist und nun minutenlang ruhige Szenen und Dialoge mit ansehen muss. Es ist leichter, die Spannung langsam aufzubauen, als mit einer Berg- und Talfahrt zu beginnen. Außerdem ist der Zuschauer zu Beginn eines Films noch recht offen für das, was ihm geboten wird, wie Robert Towne *(The Firm, Armageddon, Mission: Impossible 1+2)* festgestellt hat: "Ich habe die Erfahrung gemacht, dass einem die Zuschauer so gut wie alles am *Anfang* eines Films verzeihen, aber so gut wie nichts am Ende."[262]

Selbst wenn die Exposition und die Auslösung des Konflikts, der "Point of Attack", in den meisten Fällen nicht direkt zusammenfallen, sollen sie doch zwecks raschen Spannungsaufbaus dicht aufeinander folgen. Häufig wird Spannung durch einen **Hook** (= Haken) indiziert, d.h. durch ein Ereignis, das die Gefühle des Zuschauers intensiv anspricht. Besonders geschickt geht wieder *Twister* vor, wo die Handlung mit einem Prolog beginnt: Eine Familie flieht in ihren Tornado-Schutzraum, doch der Twister ist so gewaltig, dass der Vater die Schutztür festhalten muss. Das kleine Mädchen, das den Tod seines Vaters mit ansehen muss, ist Jo: In ihrem späteren Leben, das wir in der Haupthandlung des Films sehen, wird sie unnachgiebig angetrieben von ihrem Willen, die tödliche Gefahr der Tornados durch bessere Messungen und Vorhersagemöglichkeiten einzudämmen. Diese Anfangssequenz liefert ein Stück Vorgeschichte und erzeugt Spannung, ohne aber sofort in den zentralen Konflikt einzusteigen (dieser entwickelt sich erst, wenn Bill ins Geschehen eintritt). Vor allem fungieren diese ersten Bilder als Hook, als Haken, der den Zuschauer einfängt und ihn emotional an Jo bindet.[263]

Prologe treten in verschiedenen Varianten auf: *Sneakers* zeigt seinen Protagonisten Martin Brice zunächst als Student: Er hackt sich mit seinem Freund Cosmo in einen Bankcomputer, die beiden schieben das Geld anderer Leute hin und her, und während Martin Pizza holen geht, wird Cosmo verhaftet. Darauf folgt ein eleganter Übergang in die aktuelle Zeit vom Schneegestöber der Verhaftungsszene zum Schnee auf dem Bildschirm eines Überwachungsfahrzeugs, in dem der gealterte Martin erwacht: ein Mann mit einer interessanten Vergangenheit, die ihn bald einholen wird. Steven Spielbergs *Saving Private Ryan* beginnt auf einem Soldatenfriedhof in der Jetzt-Zeit, dann führt eine Rückblende zurück zum Tag der Invasion in der Normandie. Nach Ablauf der gesamten Handlung auf dieser Zeitebene kehrt die Geschichte zum Soldatenfriedhof zurück, wo wir nun den gealterten Private Ryan erkennen. Die Exposition reicht allerdings stets weiter als der Prolog, denn ein Film muss seine Figuren auf der Ebene vorstellen, auf der die Haupthandlung spielt: d.h. die Figuren und die wichtigsten Eckpunkte ihrer Existenz zur Zeit des zentralen Konflikts.

Eine interessante **Rahmenhandlung** benutzt *Forrest Gump*: Forrest wartet auf den Bus und erzählt verschiedenen Menschen seine Geschichte im Rückblick. Dieser Erzählrahmen gelangt nach etwa zwei Dritteln des Films an sein Ende, wenn Forrest die Haltestelle verlässt und endlich seine Jenny wiedersieht. Dennoch gibt es auch eine Klammer um die gesamte Handlung: die Feder, die im Vorspann auf Forrests Füße weht, am Ende aus dem Buch seines Sohnes fällt und auf den Zuschauer zuweht.

Der **Vorspann** ist insbesondere dann interessant, wenn er über das reine Abspulen textlicher Information und Musik hinausgeht. Meist beginnt mit ihm schon die Exposition, d.h. die Handlung fängt an, während noch Informationen eingeblendet werden, wie auch in *The Shining*. Diese Kombination von Vorspann und Handlung ist nicht unproblematisch, da die Einblendungen die Fiktionalität des Geschehens betonen. Wie gut ein Film die Atmosphäre eines Films vorbereiten und damit wirksames Element der Exposition sein kann, zeigt der Vorspann zu *Seven*: Hier zittern die Angaben in verzerrten Bildern und werden (ähnlich wie in *Psycho*) unter verstörender Musik zerstückelt. Dieser Vorspann vermittelt die üblichen Informationen, gibt erste Einblicke in die verwirrte Psyche des Mannes, der im Film gejagt werden wird, leitet die düstere Grundstimmung ein und weckt sofort das Interesse des Zuschauers.

---

[262] Eder, S. 59ff.
[263] ebd., S. 57

Interessant ist in diesem Zusammenhang auch der Vorspann zur *Truman Show*: Die Einblendungen informieren den Zuschauer nicht darüber, wer den Film gedreht hat, sondern wer die *fiktive* Show produziert, um die es in dem Film geht – der Vorspann ist Teil der Fiktion.

Die Exposition muss es dem Zuschauer **innerhalb von etwa zehn Minuten ermöglichen, möglichst wahrscheinliche Hypothesen** über den Fortgang der Handlung sowie über das Verhalten und die Entwicklung der Figuren zu bilden. Der Rezipient braucht hierzu Informationen, die so berechenbar und kohärent sein müssen, dass er nicht wild spekuliert, sondern einen **begründeten Vorentwurf der Entwicklung von Handlung und Figuren** bilden kann.[264] Auch wenn der Spannungsbogen das zentrale Mittel des populären Films ist: Der Zuschauer braucht eine gewisse Sicherheit und Stabilität, um die Spannung "ertragen" und sich auf sie einlassen zu können. Erhält er am Anfang eines Films keine brauchbaren, die Rezeption stabilisierenden Informationen, baut er automatisch Distanz zum Geschehen auf und beobachtet alles Weitere kritisch. Geschehen auf der Leinwand in den ersten Minuten sogar Dinge, deren Anblick sich der Zuschauer nicht zumuten will, wird er womöglich die Rezeption abbrechen. Meist vermeiden aber selbst die schlimmsten "Schocker" eine solche Wirkung, indem sie den Zuschauer zunächst in Sicherheit wiegen. So treibt die Verfilmung von Stephen Kings *Pet Sematary* den Rezipienten zwar an die Grenzen des Erträglichen, zieht ihre wirklich abstoßenden Register jedoch perfiderweise erst weit nach der Exposition, so dass die meisten Zuschauer sich in der Kinovorführung nicht aufraffen konnten, den Saal zu verlassen.

Aufgrund seiner bisherigen Filmerfahrungen ist der Zuschauer in seinen Erwartungen vorgeprägt. Er rechnet damit, dass die Handlung glücklich endet, das Problem gelöst wird und die Liebenden zusammenfinden. Die Dramaturgie des populären Films **kommt den Erwartungen des Zuschauers auch im Hinblick auf die Entwicklung der Figuren entgegen.**[265] Wenn ein Protagonist sich verändert, ist diese Entwicklung meist auf eine einzelne Facette seines Charakters und zudem zeitlich beschränkt, also nur eine punktuelle Veränderung und **kein grundsätzlicher Wandel**: *Forrest Gump* bleibt grundsätzlich der liebe und "begrenzte" Mensch, der er schon als Junge ist; *Indiana Jones* ist der mutige, in seinen Aktionen oft einfach nur glückliche Held (er tut sich mit Veränderungen als Serienheld freilich besonders schwer). Auch Bills Faszination für die *Twister* ist eine Rückkehr zu jener Begeisterung, die sein früheres Leben bestimmt hat; und Jo jagt den ganzen Film hindurch nach Tornados, durch erschreckende Zwischenfälle allenfalls zu kurzem Nachdenken, aber nie zum Aufgeben veranlasst.

Die Erwartungen und Hypothesen des Zuschauers werden auch durch die Darsteller bestärkt, die gerade mit wachsender Popularität dazu verdammt scheinen, immer wieder ähnliche Rollen zu spielen: Tom Hanks ist der aufrechte und aufrichtige Amerikaner; Mel Gibson der Kämpfer bis zum letzten Blutstropfen; Julia Roberts die Frau, die auf vielen Umwegen den Mann ihrer Träume findet. Viele "Stars" versuchen früher oder später in ihrer Karriere durch einzelne Filme aus dem Gefängnis solcher Meta-Rollen auszubrechen, aber es gelingt ihnen häufig nicht; nicht weil diese anderen Filme notwendigerweise schlecht sind, sondern weil die Zuschauer bestimmte Darsteller nur in bestimmten Rollen sehen wollen. Die bekanntesten Beispiele sind wohl die Ausflüge von Sylvester Stallone und Arnold Schwarzenegger, die besonders eindimensionale Charaktere zu spielen pflegen, ins Fach der Komödie *(Tango and Cash, Oscar, Kindergarten Cop, Junior)*.

Da der Zuschauer am Anfang eines Films dazu gebracht wird, eine Bindung an den Protagonisten zu entwickeln, basieren seine Hypothesen auf der **Annahme, dass dieser den Konflikt des Films lösen und überstehen wird.**[266] Hieraus ergibt sich logisch die Hoffnung, dass der Antagonist bzw. die antagonistische Kraft bezwungen wird. Die Spannung des Films entsteht dadurch, dass dem Zuschauer in der Entwicklung des Konflikts alternative Hypothesen nahege-

---

[264] Eder, S. 58f.
[265] ebd., S. 59.
[266] ebd., S. 59.

legt werden, die seinen ursprünglichen, positiven Annahmen zuwider laufen: Der Protagonist wird nicht siegen, womöglich sogar ums Leben kommen – statt dessen wird die "Dunklen Seite" siegen. Würden im Zuschauer nicht diese antithetischen Gedanken entstehen, könnte er sich zurücklehnen und das Filmgeschehen aus der Distanz verfolgen, wohlwissend, dass der Held nicht von der Klippe stürzen wird. Oft *wissen* Zuschauer sehr wohl, dass sie nicht wirklich um ihren Helden bangen müssen, weil sie schon erfahren haben, dass dieser den Film überlebt (z.B. von Freunden, die den Film bereits gesehen haben, oder aus der Filmkritik). Dass sie dennoch Spannung empfinden, kann als Beleg dafür gesehen werden, dass bei der beschriebenen Hypothesenbildung nicht nur die Gesetzte der Logik und Wahrscheinlichkeit, sondern auch Gefühle wie Sympathie und Sorge eine wichtige Rolle spielen.

The Shining wirkt auch deshalb verstörend, weil der Zuschauer kaum wahrscheinliche Hypothesen aufstellen kann: Während des langen Vorspanns kann man versteckte Hinweise auf das spätere Geschehen entdecken, die aber keineswegs leicht zugänglich, sondern im Gegenteil so verschlüsselt sind, dass sich daraus allenfalls Spekulationen ergeben. Dabei bleibt es auch während der folgenden Gespräche zwischen Jack und Ullmann bzw. zwischen Wendy und Danny. Auch sie liefern keine stichhaltigen Hinweise, im Gegenteil: Jacks Aussagen, vor allem jene über seine stabile Familie, widersprechen unserem eigenen Eindruck. Solche Brüche irritieren den Zuschauer, der eine Hypothese, an der er festhalten will, nicht willkürlich bildet, sondern in der Exposition üblicherweise eindeutige Hinweise erhält, die stabile Annahmen über den Handlungsverlauf ermöglichen und damit eine kontrollierte Rezeption gewährleisten. Die einzige recht stabile Hypothese, die der Rezipient bilden kann, ist die, dass die Familie Torrance im Overlook in Schwierigkeiten geraten wird. Welcher Konflikt sich zwischen wem abspielen wird, bleibt jedoch im Dunkeln. Ullmans Hinweis auf das *cabin fever* des Charles Grady deutet zwar eine Möglichkeit an, doch wirkt die Vorstellung Jacks als Mörder der eigenen Familie am Anfang zu erschreckend, um zur wahrscheinlichen Hypothese werden zu können. Ebenso gut könnte man eben annehmen, dass der Geist Gradys und andere Spukereien die Torrances bedrohen werden. Die "relativ feste Annahme", die laut Eder[267] durch die Exposition entwickelt wird, lässt sich in *The Shining* nicht formulieren. *The Shining* verunsichert seinen Zuschauer von Beginn an, was für einen "Horrorfilm" wiederum keine schlechte Taktik ist.
In *The Shining* findet, wie bereits dargelegt, auch keine polarisierende Bindung an die Figuren statt. Wir erfahren einfach zu wenig über sie, und das wenige Sichtbare erweckt lediglich Irritation oder Mitleid: Der Vater seltsam, die Mutter fahrig, der Sohn verhaltensgestört. Mitleid, hier mit dem Kind, ist jedoch kein sehr wirksames Mittel, wenn es darum geht, den Zuschauer emotional an eine Figur zu binden. Wer Mitleid empfindet, reflektiert die Gefühle des Betroffenen und denkt darüber nach, wie diesem geholfen werden kann – und gewinnt durch die Reflexion Abstand zur Situation. Distanz will der populäre Film aber ebenso wenig herstellen wie die Aristotelische Tragödie. Aus ebendiesem Grund war Lessings Übersetzung von *Éleos* mit "Mitleid" stets irreführend: Der griechische Begriff, mit dem Aristoteles eines der zentralen Gefühle beschreibt, die sich im Publikum der Tragödie entladen sollen, bezeichnet vielmehr das Gefühl des Jammers über die Figur, verbunden mit der Angst im Angesicht des ihr begegnenden Schicksals. Nur durch das intensive Empfinden dieser Angst kann sich der Zuschauer von derselben befreien und reinigen (Katharsis), nicht indem er eine Figur "von außen" mitleidig betrachtet.
Auf den ersten Blick scheint somit auch der Begriff der **Empathie** problematisch, durch die nach Eder[268] der Zuschauer an die Figuren eines Films gebunden werden soll. Empathie dient im herkömmlichen Sinne dazu, die Situation einer Person, in deren emotionale Lage man sich hineinversetzt, zu *verstehen*. Hiermit kann jedoch nicht wirklich eine *rationale* Durchdringung der Situation gemeint sein, sondern lediglich eine Hinführung zu deren Verständnis durch die

---

[267] Eder, S. 58f.
[268] ebd., S. 59.

Bildung von Analogieschlüssen wie z.B.: In dieser Situation würde ich mich *so* fühlen, und *so* oder *so ähnlich* muss sich die betroffene Person jetzt fühlen. Das Verständnis, das die Wahrnehmungsforschung von Empathie entwickelt hat, kommt der Zielvorstellung von der idealen Wirkung im populären Film noch näher: Dort wird sie der **Intuition** gleichgesetzt, d.h. der **spontanen Erkenntnis**, die eben nicht auf distanzierter Reflexion basiert. Wer Intuition besitzt, kann Zusammenhänge und Situationen unmittelbar erfassen. Diese Fähigkeit zum ganzheitlichen, nicht messenden bzw. ermessenden Verstehen wird aus Sicht der Neuropsychologie in der rechten Gehirnhälfte lokalisiert wird, ebenso wie die Empathie.

Der wichtige Einschnitt, der meist das Ende der Exposition markiert, ist der bereits genannte **Point of Attack** (auch: erregendes Moment, triggering incident). Es ist der Moment, der den **zentralen Konflikt auslöst**. Dies kann durch eine Handlung, ein äußeres Ereignis, einen Dialog oder durch eine Kombination derselben geschehen: Ein korrupter Programmierer legt des Sicherheitssystem des *Jurassic Park* lahm; eine Wetterfront gebiert mehrere *Twister*; *Indiana Jones* erfährt, dass sein Vater verschwunden ist, und macht sich deshalb auf die Suche nach dem Heiligen Gral. Das Problem des Helden wird dabei zur zentralen Frage des Zuschauers: Werden die Forscher und die Kinder den losgelassenen Dinosauriern entkommen ? Wird Indy seinen Vater und den Heiligen Gral finden ? Werden Bill und Jo ihr Messgerät zum Einsatz bringen (und dabei wieder zueinander finden) ?
Der Beginn des Konflikts und die Formulierung der zentralen Frage müssen aber nicht zusammenfallen, z.B. wenn der Konflikt bereits vor dem Beginn der im Film gezeigten Handlung ausgelöst wurde. Am Anfang von Michael Manns hervorragendem Film *The Insider* sehen wir die Protagonisten im Kampf um ein Problem, das wir erst allmählich entschlüsseln: Der TV-Produzent Lowell Bergman will ein brisantes Interview filmen und veröffentlichen, und der Chemiker Dr. Jeffrey Wigand wird von den Bossen eines Tabakkonzerns vor die Tür gesetzt (selbst das wird erst nach elfeinhalb Minuten klar) und damit vor die Frage gestellt, wie er mit dem explosiven Wissen über die Wirkung der Zigaretten umgehen soll. Lange nachdem der Konflikt ausgelöst worden ist, können wir die (erste) zentrale Frage des Films stellen: Wird Lowell Dr. Wigand dazu bewegen können, sein Wissen in einem Interview preiszugeben ? (Der Film, der auf einer wahren Begebenheit beruht, wirft noch eine zweite zentrale Frage auf: Wird das Interview auch gesendet werden ?)
Es lässt sich wohl folgender Schluss ziehen: Je länger der Zuschauer im Unklaren über den Konflikt gelassen wird, desto weniger entspricht der Film dem Strickmuster des populären, d.h. leicht zugänglichen und handlungsbetonten Films. Mit der Informationsvergabe an Figuren und Zuschauer muss ein Drehbuchautor geschickt umgehen, um dem Zuschauer möglichst viel Kontrolle über das Geschehen geben zu können, ohne zu viel an Spannung vorweg zu nehmen: In *The Lost World (Jurassic Park 2)* wird zu Beginn des Films ein Mädchen von kleinen Dinosauriern angegriffen, wodurch der Zuschauer lange vor den Protagonisten erfährt, dass die Bedrohung durch die geklonten Dinosaurier des ersten Films nach wie vor besteht. Die Spannung bleibt allerdings erhalten, weil man nicht erfährt, was genau das Forscherteam auf der offenbar von Sauriern verseuchten Insel erwartet und ob sie von dort zurückkehren werden.
Da die Positionierung des Point of Attack direkt an oder vor den Filmanfang den Zuschauer eher verwirrt und dazu zwingt, wichtige expositionelle Informationen nachzuliefern, führen die meisten Mainstream-Filme ihre Figuren zunächst in der "Normalen Welt" ein. Der Point of Attack liegt jedoch selten später als **zehn Minuten nach Filmanfang**. Der folgende Teil des Films, der bis zum Beginn der Auflösung reicht, bildet üblicherweise den Hauptteil und nimmt die meiste Zeit in Anspruch, nicht zuletzt weil die Spannung so lange wie möglich aufrecht erhalten werden soll.
Auch der Blick auf Voglers Stationen auf der "Hero's Journey" verdeutlicht, wie schnell die populäre Heldengeschichte zur Sache kommt: Schon die zweite Station markiert den **"Ruf ins Abenteuer"** (Station 2: Call to Adventure), der alle folgenden Handlungen auslöst, folglich den **Point of Attack** bildet und dem Helden Anlass gibt, seine normale Welt zu verlassen:

- Bill sieht, dass das von ihm mitentwickelte Messgerät einsatzbereit ist.
- Indy wird darüber informiert, dass es den Heiligen Gral vermutlich tatsächlich gibt, und wird gebeten, den Hinweisen nachzugehen.
- Die von Prinzessin Leia geschickten Androiden R2D2 und C3PO gelangen in die Hände von Lukes Onkel, und Luke sieht die von R2D2 abgespielte Botschaft, die für einen gewissen Obi-Wan Kenobi bestimmt ist.
- Frodo erbt von Bilbo den Ring, der unsichtbar macht.

Auf diese Phase folgt in der Regel zunächst ein verzögerndes Moment, die **"Ablehnung des Rufs"** (Station 3: Refusal of the Call/The Reluctant Hero). Entweder will der Held die Fahrt nicht auf sich nehmen, oder er erkennt den Ruf noch gar nicht als solchen, oder es gibt äußere **Widerstände**:

- Bill hat mit der Welt der Tornadojäger eigentlich abgeschlossen.
- Indy zeigt kein Interesse, auf die Suche nach dem Gral zu gehen, und verweist statt dessen auf seinen Vaters als Experten (weil er noch nicht weiß, dass dieser bei der Suche selbst verschwunden ist).
- Luke ahnt nichts von der Bedrohung durch das Imperium, von seiner eigenen Bedeutung und seinen "Jedi"-Kräften; sein Onkel will ihn von der Gefahr fernhalten, verrät deshalb nichts und will sogar R2D2s elektronischen Speicher löschen.
- Frodo ahnt nicht, welche Bedeutung der Ring hat.

Daraufhin tritt häufig der **"Mentor"** (Station 4: Meeting with the Mentor/The Wise Old Man) in Aktion: Der Held wird **über die Welt informiert, in der das Abenteuer stattfinden wird**. Hierzu dient eine Person, die schon einmal in der "Special World" war und sich darin auskennt (oft ein gealterter Held) oder über entsprechende Quellen (Bücher, Karten etc.) verfügt:

- Bill und Jo sind zwar selbst Experten auf dem Gebiet der Tornadojagd; allerdings spielt auch hier Jos Tante Meg die Rolle der älteren Frau, bei der sich die Tornadojäger vor dem Kampf stärken (und die sie schließlich auch retten müssen).
- Indy findet seinen Vater und erfährt, dass die Suche nach dem Gral wirklich erfolgreich sein könnte.
- Obi-Wan weiht Luke in die Welt der Jedi-Ritter ein. Dennoch will Luke nicht in den sich abzeichnenden Konflikt mit dem Imperium hineingezogen werden; hier sind die dritte und vierte Phase nicht sauber voneinander zu trennen.
- Frodo erfährt von Gandalf, dass der ihm von Bilbo vermachte Ring der Eine Ring Saurons ist, der vernichtet werden muss. Frodo aber fühlt sich der Aufgabe des Ringträgers nicht gewachsen und hat mit Abenteuern nicht viel im Sinn, d.h. die dritte und die vierte Phase greifen hier ineinander.

Durch den Mentor bestärkt, meist aber durch ein weiteres Ereignis angestachelt, bricht der Held nun doch ins Abenteuer auf. Durch das **"Übertreten der Ersten Schwelle"** (Station 5: Crossing the First Threshold) **nimmt er den Konflikt auf** und betritt die "Special World":

- Eine Unwetterfront gebiert immer kräftigere Tornados, so dass die Hoffnung besteht, in einem dieser Wirbelstürme das Messgerät zum Einsatz bringen zu können. Bill schließt sich seiner alten Truppe an.
- Nachdem sie den Nazis entkommen sind, die den Gral verzweifelt suchen, entschließt sich Indy, gemeinsam mit seinem Vater den Nazis zuvor zu kommen.
- Lukes Onkel und Tante werden von den Soldaten des Imperiums getötet, woraufhin Luke schwört, nun ein Jedi-Ritter werden zu wollen, wie sein Vater es war.
- Nachdem Frodo schon auf den ersten Stationen seiner Reise von den Schwarzen Reitern verfolgt worden ist, sieht er ein, dass er sich seiner Aufgabe als Ringträger stellen muss. Er macht sich auf die Reise nach Bruchtal.

Dieser Schritt markiert den **1. Plot Point**. Plot Points sind Momente, in denen der Protagonist eine Entscheidung trifft, die den folgenden Handlungsverlauf bestimmt, meist indem ein neues Teilziel definiert wird, das zur Lösung des Konflikts hinführt.

2.7.5.2 Zweiter Akt (Stationen 6-9)

Die Stationen auf dem Weg des Helden, die im 2. Akt durchlaufen werden, sind nicht zahlreich, aber von elementarer Bedeutung für die Entwicklung und den Ausgang der Handlung. Daher hat der 2. Akt auch den **größten Anteil an der Gesamtlänge** des Films (etwa die Hälfte, meist ca. 60 Minuten).

Das wesentliche Element, das die Aufmerksamkeit des Zuschauers über einen Hauptteil eines Films bindet, ist die **Spannung**. Sie ergibt sich aus dem Mitfiebern des Zuschauers mit dem Helden, der gegen den Widerstand der antagonistischen Kraft um die Lösung seines Problems kämpft. Um dieses Interesse über längere Zeit aufrecht zu erhalten, muss die Spannung **gesteigert** werden. Dies wird erreicht, indem jeder Konflikt, dem der Protagonist auf den Stationen 6-11 begegnet, stärker ist als der vorige. Dabei werden auch immer mehr Figuren in den Konflikt einbezogen (am Anfang kämpfen Luke Skywalker und seine Begleiter nur gegen einige Stormtrooper, am Ende gegen den ganzen Todesstern mit abertausenden Mann Besatzung). Der zentrale Konflikt spitzt sich zu, der Held hat **immer weniger Handlungsalternativen**. Er muss mit immer mehr bzw. größeren Gefahren fertig werden und wirkt von Konflikt zu Konflikt **mitgenommener**, meist sowohl in geistiger wie auch körperlicher Hinsicht, wodurch wiederum die Wahrscheinlichkeit sinkt, dass er sein Ziel erreichen wird. Der Zuschauer bangt immer intensiver um seinen Helden, der häufig auch noch unter **Zeitdruck** gerät (Luke muss den Todesstern mit dem nächsten, letzten Schuss vernichten, sonst wird der Todesstern die Basis der Rebellen zerstören). In der Intensivierung des Konflikts nimmt der Protagonist immer mehr die Gestalt des archetypischen Kämpfers für das Gute an. Eder unterscheidet **drei Arten der Steigerung** in rezeptionsästhetischer Hinsicht:[269]

- **kognitive Steigerung:** die im Zuschauer hervorgerufenen Fragen und Hypothesen beziehen sich immer konkreter auf die Lösung des zentralen Konflikts (am Anfang stellt sich die Frage, ob Luke Skywalker den Todesstern überhaupt entdecken wird; am Ende geht es darum, ob er ihn zerstören kann)

- **emotionale Steigerung:** die dargestellten Gefühle wie Aggression, Trauer, Angst oder Wut werden intensiver, sowohl in der Figur als auch im Zuschauer (die letzte Schlacht um den Todesstern ist die heftigste; im Anflug auf den Schacht, in den er den letzten Schuss platzieren muss, zeigt Luke die größte Anspannung und das größte Vertrauen in seine Jedi-Kräfte)

- **sinnliche Steigerung:** die sinnliche Wahrnehmung des Filmgeschehens nimmt den Zuschauer immer stärker gefangen (der Anflug auf den genannten letzten Schacht führt durch einen engen Kanal, durch den die Kamera hindurch fliegt).

Der Zuschauer wird kaum dazu angeregt, über die Gründe und Motivationen des Geschehens nachzudenken; seine geistigen Anstrengungen konzentrieren sich auf die Frage, was als nächstes geschehen wird. Wie Eder[270] bemerkt, werden ihm hierbei auf sehr klare Weise zwei alternative Lösungen angeboten: eine erwünschte, aber unwahrscheinliche (der Protagonist schafft es) und eine unerwünschte, aber wahrscheinliche (der Protagonist schafft es nicht). So wird der populäre Film von Spannungsfragen dominiert.

Nachdem der Protagonist die Welt des Abenteuers betreten hat, muss er zunächst in der Phase **"Prüfungen, Verbündete, Feinde"** (Station 6: Tests, Allies and Enemies) zahlreiche Tests

---

[269] Eder, S. 91-95.
[270] ebd., S. 77.

bestehen, die möglichst in Verbindung mit der Konfliktfrage stehen und ihn **auf die Lösung vorbereiten** sollen. Dabei muss der Held forschen: Er findet heraus, wer seine Freunde und Feinde sind, d.h. wer ihm beisteht, seine Rivale ist oder ihn daran hindern will, das Ziel zu erreichen. Häufig muss er auch den Ort finden, an dem der Konflikt gelöst werden kann:

– Bill und Jo suchen, im Wettlauf mit ihrem Konkurrenten Jason, den größten Tornado.
– Indy und seine Freunde müssen im Wettlauf mit den Nazis die Höhle finden, in welcher der Gral versteckt ist.
– Luke gewinnt Han Solo als Verbündeten und muss sich im Kampf mit dem Laserschwert üben; schließlich finden sie den Todesstern, auf dem Prinzessin Leia gefangen gehalten wird.
– Die Gemeinschaft des Rings macht sich auf den Weg, zerbricht schließlich, und Frodo muss mit Sam den Weg zum Schicksalsberg finden; schließlich werden sie von Gollum geführt, der zeitweise Verbündeter, aber immer auch latenter Feind ist.

Sind die Fronten geklärt, kann durch die **"Annäherung an die Innerste Höhle"** (Station 7: Approach to the Inmost Cave) die Lösung des Konflikts vorbereitet werden. Die Innerste Höhle ist das **Zentrum des Bösen**, die Höhle des Löwen, der Ort des größten Schreckens, der auf den Helden wartet. Der Begriff der Annäherung verdeutlicht, dass diese Phase noch zum Mittelteil der Geschichte gehört, da die Auflösung des Konflikts erst *in* der Innersten Höhle erfolgen wird.

– Die Tornadojäger spüren den schlimmsten aller denkbaren Twister auf.
– Indy und sein Vater finden die Gralshöhle.
– Das Raumschiff Han Solos, mit Luke und seinen Freunden an Bord, wird vom Traktorstrahl des Todessterns angezogen; so geraten sie in die "Höhle" des Antagonisten Darth Vader.
– Frodo nähert sich mit Sam und Gollum dem Land Mordor, wo der Schicksalsberg liegt.

In der achten Phase muss der Held die Innerste Höhle betreten, die nicht selten eine **labyrinthe Struktur** aufweist, wodurch sie die Gefahr erhöht. Dort muss er die **"Größte Qual"** (Station 8: Supreme Ordeal) durchstehen, indem er zum ersten Mal dem Feind begegnet und damit seine erste große Prüfung besteht. Dieser Moment der **Krise** markiert insofern die Größte Qual, als der Held zum ersten Mal mit dem Tod konfrontiert wird: Entweder stirbt er selbst einen **scheinbaren Tod**, oder er wird Zeuge eines Todes, der ihn hart trifft. Häufig **verliert** der Held in dieser Phase **seinen Mentor** (Losing The Mentor/Guide):

– Bill und Jo treten dem Sturm, der soeben Jason getötet hat, entgegen, um ihr Messgerät im voraussichtlichen Pfad des Tornados zu platzieren (das Feld, das sie durchqueren müssen, ähnelt einem Labyrinth).
– Indys Vater wird lebensgefährlich verletzt und droht zu sterben, während Indy die lebensgefährlichen Aufgaben auf dem Weg zur Gralskammer lösen und den richtigen Becher auswählen muss. Er erreicht schließlich die Gralshöhle.
– Luke und seine Freunde kämpfen sich zum ersten Mal durch den labyrinthischen Todesstern und befreien Prinzessin Leia, doch Luke muss mit ansehen, wie Obi-Wan im Kampf mit Darth Vader stirbt; zu einer direkten Auseinandersetzung mit der antagonistischen Kraft, die aus den zwei Komponenten Todesstern (= Innerste Höhle) und Darth Vader besteht, kommt es nicht; die größte Prüfung steht Luke noch bevor
– Nachdem Frodo schon den Tod Gandalfs und Boromirs und den Zerfall der Gemeinschaft durchstehen musste, wird er nun beim Eindringen nach Mordor von dem Spinnenwesen Kankra tödlich verletzt. Sein Diener Sam übernimmt die Rolle des Helden, tötet Kankra und befreit Frodo.

In dieser Phase erreicht der Film seinen **2. Plot Point**, die zweite zentrale Entscheidung innerhalb des Konflikts. Jetzt fällt eine Vorentscheidung darüber, ob der Held die Gefahr bestehen und den Konflikt lösen kann. Man spricht hier auch vom **kausalen Höhepunkt** des Films, da die ursprüngliche Ursache des Konflikts nun zum angestrebten Ergebnis führt: Wenn Indy den richtigen Gralsbecher auswählt, hat er "gewonnen", andernfalls stirbt er (und mit ihm sein Vater). Wenn Bill und Jo ihr Messgerät nicht in den Tornado hineinbringen und die ersehnten Daten gewinnen können, ist ihre Chance vorbei.

Diese erste große Prüfung macht nicht nur den Protagonist zum Helden, sondern sorgt für die besonders starke Identifikation des Zuschauers mit der Figur. Vogler hat eine griffige Beschreibung gefunden: "Die Leute bezahlen nicht nur, um tolle Spezialeffekte, lustige Dialoge und Sex zu sehen. Sie lieben es zu sehen, wie Helden dem Tod ein Schnippchen schlagen. Tatsächlich lieben sie es, selbst dem Tod ein Schnippchen zu schlagen. Die Identifikation mit dem Helden, der aus dem Tod zurückspringt, ist Bungee-Jumping in dramatischer Form."[271]

Deadlines, die Zeitdruck auf den Helden erzeugen, sind ein sehr häufig eingesetztes Mittel der Spannungssteigerung: Bill und Jo müssen sich beeilen, sonst zieht der Sturm davon bzw. löst sich auf; Indy muss den Gral schnell herbeischaffen, sonst stirbt sein Vater; Frodo muss den Ring vernichten, bevor Sauron den Plan der Zerstörung durchschaut und des Ringes habhaft werden kann. Dennoch muss der kausale Höhepunkt nicht mit dem Spannungshöhepunkt zusammen fallen. Häufig erreicht die Spannung ihre Klimax erst später, wenn der Protagonist den letzten Kampf um Leben und Tod führen muss; wie z.B. in *Twister*, wenn Bill und Jo selbst in das Innere des Tornados geraten. Wie Eder angemerkt hat, bemüht sich der populäre Film allerdings darum, ein "Hochplateau"[272] an Spannung entstehen zu lassen, so dass die Stationen 8-11 möglichst rasch abgehandelt werden.

In der folgenden Phase der **"Belohnung"** (Station 9: Reward/Seizing the Sword) gewinnt der Held zunächst, nachdem er die erste große Begegnung mit dem Antagonist überstanden hat, seinen **Preis**:

– Bill und Jo platzieren das Messgerät im Pfad des Tornados, das wie erhofft vom Sturm erfasst wird und die ersehnten Daten übermittelt.
– Indy wählt den richtigen Becher aus, füllt ihn, läuft damit zurück zu seinem Vater und rettet dessen Leben.
– Luke befreit Prinzessin Leia aus den Händen Darth Vaders und flieht mit ihr vom Todesstern.
– Frodo erreicht den Schicksalsberg.

2.7.5.3 Dritter Akt (Stationen 10-12)

Der 3. Akt des Mainstream-Films liefert das **Ende der Konfrontation** und die **Auflösung** des Konflikts: Das zentrale Problem wird gelöst, die zentrale Frage beantwortet – und zwar möglichst spät, möglichst kurz vor dem Filmende, um den Spannungsbogen so weit wie möglich zu strecken. Der Zuschauer ist hier ganz Kind: Er will das Ende unbedingt sehen, weil die zentrale Frage beantwortet werden muss und die Fäden wieder zu einem sinnstiftenden Bild der Welt zusammengeknüpft werden (sollten). Dennoch muss ein Film jetzt rasch zum Ende kommen, da der Held seinen Preis gewonnen hat und die Spannung schon nachlässt.

Auf den vorläufigen Sieg folgt daher sehr schnell die zehnte Phase, **"Der Weg zurück"** (Station 10: On the Road Back): Der Held macht sich auf den **Rückweg** aus der Innersten Höhle und wird mit weiteren Prüfungen konfrontiert. Häufig **schlägt die antagonistische Kraft noch einmal zurück**:

– Der Twister rast hinter Bill und Jo her.
– Als Elsa den Gralsbecher ergreift und das Siegel der Höhle übertritt, beginnt diese einzustürzen; der Gral fällt in eine Spalte, sie will ihn unbedingt erreichen, entgleitet dabei Indys Griff und stürzt in die Tiefe.

---

[271] Vogler, S. 167.
[272] Eder, S. 93f.

- *Star Wars* zeigt eine leicht abgewandelte Dramaturgie: Hier führt der Weg nicht von der Innersten Höhle (dem Todesstern) weg, sondern noch einmal auf sie zu, weil Luke den Todesstern zerstören muss; dabei steht er unter besonderem Zeitdruck, da er den tödlichen Schuss ins Ziel bringen muss, bevor der Todesstern eine bestimmte Position erreicht und die Basis der Rebellen (auf deren Seite Luke kämpft) vernichten kann.
- Gollum taucht plötzlich wieder auf, greift Frodo an und bringt den Ring in seinen Besitz.

Nachdem die Helden das zentrale Problem gelöst haben, herrscht also plötzlich die Frage: Werden sie überleben ? (Häufig verbunden mit der Frage: Kommen sie aus der Innersten Höhle heraus ?) Die Antwort liefert die Phase der **"Wiederauferstehung"** (Station 11: Resurrection), in welcher der **Höhepunkt der Spannung** erreicht wird. Dieser Moment wird von Eder mit dem ein wenig unscharfen Begriff des "inhaltlichen Höhepunkts" belegt; es ist der Augenblick der dramatischsten, spektakulärsten und meist letzten Auseinandersetzung mit der antagonistischen Kraft.[273] Der Held muss seine letzte und gefährlichste Prüfung bestehen; er muss die Welt retten, für die er kämpft, indem er die letzte Schlacht, in der es meist um Leben und Tod geht, übersteht und den Antagonist besiegt. Danach ist der Held gereinigt und erlöst:

- Bill und Jo entkommen dem Tornado.
- Nachdem ihm Elsa entglitten ist, rutscht Indy ab. Er wird von seinem Vater gehalten, will aber nun seinerseits nach dem Gral greifen. Schließlich gehorcht er aber seinem Vater und lässt vom Gralsbecher ab, und sie entkommen der einstürzenden Höhle.
- Luke zerstört den Todesstern (den "gegenständlichen" Teil der antagonistischen Kraft) und wird dabei von Darth Vader direkt angegriffen. Doch kommt es nicht zum Endkampf zwischen den beiden: Vaders Schiff wird ins All geschleudert, und die letzte Auseinandersetzung ist vertagt; indem Luke der Macht vertraut, tut er den ersten wesentlichen Schritt, um ein "Jedi-Ritter" zu werden.
- Frodo kämpft mit Gollum, der Ring wird vernichtet und damit der zentrale Konflikt gelöst; Frodo und Sam entkommen dem Inferno am Schicksalsberg. (Aufgrund der Besetzung des Auenlandes durch Saruman durchläuft die Geschichte noch einmal die Phasen 10 und 11, aber nur in abgeschwächter Form, da der wahre Antagonist längst besiegt und Saruman nur noch ein Schatten seiner selbst ist.)

Damit der Zuschauer die Energie, die er in den Film investiert hat, nicht als vergeudet ansieht, muss sich die Lösung des Konflikts **logisch** aus den Handlungen und dem Verhalten des Helden ergeben: Der Held muss den entscheidenden Treffer landen, niemand sonst. Der Zuschauer muss das Ende bekommen, auf das er vorbereitet wurde; in der Regel handelt es sich um ein Happy End. Bei *Titanic* darf es aber auch ein trauriger Schluss sein, weil der Zuschauer ohnehin Tragik erwartet hat. Was zählt, ist eine **konsequente Auflösung**. Ein *deus ex machina*, der plötzlich rettend eingreift, verärgert den Zuschauer, weil er diese unerwartet eintretende Kraft in seinen Hypothesen nicht einplanen konnte.[274]

Zum Schluss müssen die letzten losen Fäden zusammengeführt werden. Es sollen keine Fragen offen bleiben, die Protagonisten sollen glücklich bis ans Ende ihrer Tage leben können. Daher klingt die Filmhandlung in den letzten wenigen Minuten des Films (selten mehr als fünf) mit der Phase **"Rückkehr in die normale Welt"** (Station 12: Return to the Ordinary World/Return with the Elixir/Kissing Off) aus. Der **Konflikt ist aufgelöst**, die **Helden haben überlebt**:

- Der Tornado hat sich aufgelöst, Bill und Jo küssen sich und sind wieder vereint.
- Indy reitet mit seinem Vater und seinen Freunden in den Sonnenuntergang.
- Luke und Han Solo werden von Prinzessin Leia vor Tausenden von Rebellen geehrt.

---

[273] Eder, S. 93.
[274] ebd., S. 69.

– Frodo verlässt Mordor, wird auf dem Feld von Cormallen durch Aragorn geehrt und kehrt als Held ins Auenland zurück (das er dazu noch befreit, s.o.).

Aus einem "naiven" Menschen ist durch das Abenteuer ein erprobter Held geworden, der dem Tod ins Auge geblickt und seinen schlimmsten Feind besiegt hat. Er kehrt in die "Normale Welt" zurück, die nun wieder im Gleichgewicht ist.
Der Mainstream-Film erzählt folglich, in variantenreicher Form, die Geschichte eines Initiationsritus, den auch der Zuschauer "simuliert" durchlebt. Der Zuschauer nimmt Anteil daran, wie der Protagonist zum Mann (oder zur Frau) wird, und am Schluss gelangt auch der Zuschauer zurück in den Ausgangszustand der Ruhe. Er sieht sich in dem Gefühl bestärkt, die Geschichte verstanden, die richtigen Prognosen getroffen und sich mit der richtigen Figur identifiziert zu haben. Eder hat ferner darauf hingewiesen, dass durch den Sieg des Guten über das Böse auch das Wertegefüge des Zuschauers bestätigt wird.[275] Würden die Prognosen des Zuschauers enttäuscht, hätte er Grund, beleidigt zu sein, da er nicht schlau genug gewesen wäre, die Geschichte zu durchschauen.

Kubrick wäre nicht Kubrick, würde er sich an das recht simple Schema der klassischen Heldengeschichte halten. Selbstverständlich finden sich einige der bekannten Elemente wieder, weil auch Kubrick wusste, dass man einen Zuschauer nicht über zwei Stunden interessieren kann, ohne eine spannende Geschichte zu erzählen. Doch lässt sich kein einheitlicher "Reiseweg" der Helden aufstellen: Nachdem schon die erste Phase in einer nur augenscheinlich normalen, heilen Welt beginnt (siehe S. 217f), setzt sich das Prinzip der Spaltung im weiteren Verlauf fort. *The Shining* erzählt mehrere Geschichten, in erster Linie die vom Verfall Jacks und die von Dannys Kampf gegen das böse Hotel. Beide Handlungsstränge haben miteinander zu tun, sie berühren sich mitunter, laufen aber erst im letzten Drittel des Films zusammen. Lange Zeit gehen die "Helden" getrennte Wege, und die Handlung konzentriert sich nicht auf Aktionen, sondern auf die rätselhafte Entwicklung der Charaktere. Vogler hat den Stationen der heldischen Reise Entwicklungsstufen der Heldenfigur zugeordnet:[276]

1. Normale Welt: begrenztes Bewusstsein eines Problems
2. Ruf ins Abenteuer: erhöhtes Bewusstsein
3. Ablehnung des Rufs: Widerstand gegen den Wandel
4. Der Mentor: den Widerstand überwinden
5. Übertreten der ersten Schwelle: sich auf den Wandel einlassen
6. Prüfungen, Verbündete, Feinde: mit dem ersten Wandel experimentieren
7. Annäherung an die Innerste Höhle: sich auf den entscheidenden Wandel vorbereiten
8. Die Größte Qual: den entscheidenden Wandel versuchen
9. Belohnung: die Konsequenzen des Versuchs (Verbesserungen und Rückschläge)
10. Der Weg zurück: sich dem Wandel erneut widmen
11. Wiederauferstehung: letzter Versuch des entscheidenden Wandels
12. Rückkehr in die Normale Welt: Endgültiges Meistern des Problems, Annahme des Wandels

---

[275] Eder, S. 72.
[276] Vogler, S. 211ff.

Der Weg der Figuren in *The Shining* gestaltet sich etwa wie folgt:

	Jack	Danny und Wendy
1. Normale Welt:	Jacks Welt scheint ein normales Familienleben zu führen. Es gibt zwar Anzeichen für Probleme, doch entweder nimmt er sie nicht wahr oder er überspielt sie. Die ersten Szenen zeigen ihn allerdings schon beim Betreten der "Special World".	Auch Dannys Welt ist nur scheinbar in Ordnung. Er hat einen unsichtbaren Freund namens "Tony", der nicht in das Hotel gehen will.
2. Ruf ins Abenteuer:	Jack bekommt den Job im Hotel, weil er hier seine neue Aufgabe sieht und die große Chance wittert.	Danny wird nicht ins Abenteuer gerufen, sondern muss zwangsläufig mit seiner Mutter dem Vater in die Berge folgen.
3. Ablehnung des Rufs:	Diese Phase fehlt. Jack zeigt keinerlei Widerstände, ins Hotel zu ziehen (im Gegensatz zu Danny/Tony). Er zieht mit seiner Familie ein, wodurch die 5. Station vorweggenommen wird.	Während Danny mit dem neuen Job seines Vaters kein Problem hat, kulminiert Tonys Widerstand in der Blutvision. Danny kann das Signal der Gefahr nicht einordnen, Wendy will es offenbar nicht.
4. Der Mentor:	In gewisser Weise wird diese Rolle später von Lloyd und Grady ausgefüllt, die Jack mit seinem "Auftrag" vertraut machen: Er muss seine Familie zur Räson bringen, um sich seiner Rolle als *caretaker* würdig zu erweisen (und für immer im Overlook bleiben zu dürfen).	Hallorann führt Wendy und Danny durch das Hotel. Schließlich erklärt er Danny, was es mit dem Hotel auf sich hat, und rät ihm, sein Shining gezielt einzusetzen. Zugleich warnt er Danny vor Zimmer 237.
5. Übertreten der ersten Schwelle:	Jack betritt die Welt des Abenteuers schon zu Beginn und verschreibt sich ihr sofort. Ohne Widerstände nimmt er die Rolle des *caretaker* an.	Auch Wendy und Danny sind längst in der "Special World" gefangen. Allerdings passen sie sich besser an, indem sie die neue Welt erforschen (vor allem Danny).
6. Prüfungen, Verbündete, Feinde:	Jacks Versuche, sich an die neue Rolle anzupassen, machen zunächst Wendy zu seinem Gegner, weil sie Danny aus dem Hotel wegbringen möchte; und schließlich auch Danny, der Hallorann herbeiruft. So werden aus den ursprünglichen Verbündeten die Feinde, und Jack findet neue Partner: Lloyd, Grady und die unsichtbaren Herren des Overlook.	Bei seinen Erkundungen muss Danny die ersten Tests bestehen, was ihm nicht immer gelingt: Er findet das Innere des Heckenlabyrinths und verirrt sich auch nicht im Hotel, kann aber auch der Versuchung nicht widerstehen, die Klinke von Zimmer 237 zu probieren. Er sieht seine Feinde, die Mädchen, doch kommt es nicht zur direkten Konfrontation. Während seine Mutter mit ihm spielt, wächst die Distanz zum Vater, in dem er auch schon den Feind ahnt. Auch Wendy hat ihre ersten Auseinandersetzungen mit Jack.
7. Annäherung an die Innerste Höhle:	Das Zentrum des Hotels ist die "Colorado Lounge", doch gibt es einige kleinere Zentren des Bösen, und so durchläuft Jack diese und die folgende Phase mindestens dreimal: bei der Erkundung von Zimmer 237, im Gespräch mit Grady im "Gold Room" und im Streit mit Wendy auf der Treppe der Hotelhalle.	Auch Danny nähert sich einer der inneren Höhlen: Die Tür zu Zimmer 237 steht offen, und er geht hinein...
8. Die Größte Qual:	Paradox ist, dass Jack zwar den Repräsentanten seines Feindes begegnet, sie aber nicht als solche erkennt. Daraufhin wird die innere Logik des Heldenweges pervertiert: Der "Held" schlägt sich auf	Zunächst wird Danny in Zimmer 237 von der verwesenden Frau angegriffen und beinahe erwürgt (hier begegnet er zum ersten Mal direkt sowohl dem Tod als auch der Inkarnation des Bösen, das

	die Seite des Bösen und übernimmt dessen Auftrag. Jack wird mit dem Tod konfrontiert, aber er sieht nicht, dass man Geistern nur als Toter Gesellschaft leisten kann. Damit versagt er schon in den ersten Prüfungen, und genauso scheitert er auch bei seinem Auftrag für die andere Seite: Er unterliegt Wendy und wird in die Vorratskammer verschleppt (eine Art scheinbarer Tod).	im Overlook und im Herzen seines Vaters wohnt). Schließlich wird Wendy von Jack in der "Colorado Lounge" angegriffen. Sie besteht ihre erste große Prüfung und kann ihn überwältigen.
9. Belohnung:	Sobald sich die Konfliktparteien konstituiert haben, lassen sich die Handlungsstränge zusammen erfassen. Die Folgen der ersten Konfrontation sind klar: Jack bleibt die Belohnung versagt, er wird eingesperrt. Wendy hat Danny (ihren "Preis") beschützt.	
10. Der Weg zurück:	Für Wendy und Danny heißt es nun, aus dem Hotel wegzukommen. Der erste Rückschlag ist die Entdeckung, dass Jack das Snowcat tatsächlich sabotiert hat. Jack erhält eine neue Chance, sich seiner neuen Aufgabe doch noch als würdig zu erweisen und den großen Wandel zum *caretaker* zu vollziehen, indem er von Grady befreit wird. Er greift seine Familie in der Hausmeisterwohnung an.	
11. Wiederauferstehung:	Der Endkampf ist wiederum geteilt und treibt die Spannung auf den Höhepunkt: Danny muss seinen Vater im Heckenlabyrinth überlisten, dieser seinen Wandel zum *caretaker* vollziehen, indem er seinen Sohn opfert, und Wendy muss einen Weg aus dem Hotel finden, um ihren Sohn zu retten. Danny und Wendy bestehen ihre letzte und größte Prüfung, Jack scheitert. Dennoch, und das ist das Ungeheuerliche und Beunruhigende, kann auch er am Ende siegen: Das Foto, auf dem der Film zum Stillstand kommt, legt Jacks Wiedergeburt nahe.	
12. Rückkehr in die Normale Welt:	Die Rückkehr Dannys und Wendys wird nicht gezeigt, kann aber vorausgesetzt werden. Weil Jack tot ist, kann es für ihn keine Rückkehr in die "Normale Welt" geben. Sollte er jedoch tatsächlich schon einmal existiert haben und ein Teil der Kraft sein, die "stets das Böse schafft", ist er letztlich doch heimgekehrt in die Schatten der Vergangenheit, die immer wieder ihre Hände in die Gegenwart strecken...	

Der Versuch, Voglers Schema auf *The Shining* anzuwenden, zeigt, dass die Handlung dieses Films komplexer angelegt ist als die des gängigen Hollywood-Films. Ferner kristallisiert sich auch hier die Botschaft heraus, dass der Mensch prädestiniert ist, zu seinen bösen Taten zurückzukehren: Bei Jack fehlt die Ablehnung des Rufs ins Abenteuer, das ihn auf die Seite des Bösen ziehen wird. Die anderen haben keine Wahl, als mit ihm zu gehen, und können dem Unheil nicht ausweichen – aber ihm schließlich doch, unter großen Verlusten, entkommen.

2.7.6 Dramenkurve für den populären Film und *The Shining*

Die Drehbuchratgeber empfehlen den Autoren des Mainstream-Films, sich an die grundlegende Drei-Akt-Struktur von Exposition -> Konfrontation -> Auflösung zu halten. Schon Gustav Freytag sah die Möglichkeit der Reduktion von 5 auf 3 Akte, die er Einleitung -> Höhepunkt -> Katastrophe nannte. Dieses Grundkonzept wurde in der Drehbuchpraxis an die klassische Heldengeschichte angepasst: Der **Höhepunkt wurde so weit wie möglich ans Ende** der Handlung verlagert und die **Katastrophe durch ein glückliches Ende ersetzt**, um die Erwartungen des breiten Publikums zu befriedigen.[277] Somit wurde die kanonische Dreiaktstruktur zwar formal beibehalten, inhaltlich aber wieder an den Gang der mythischen Heldengeschichte angepasst, die in jedem Fall die Rückkehr des siegreichen Helden in seine "Normale Welt" vorsah.

Eine Veranschaulichung dieser neuen/alten Struktur zeigt keine Pyramide mehr, sondern etwas, das an manche Etappe der Tour de France erinnert: den Anstieg über mehrere, immer höhere

---

[277] Eder, S. 92f.

Gipfel bis zum höchsten Berg mit einer abschließenden Abfahrt zurück ins Tal (Abbildung in Anlehnung an Eder;[278] die Zahlen bezeichnen die Stationen der "Hero's Journey"):

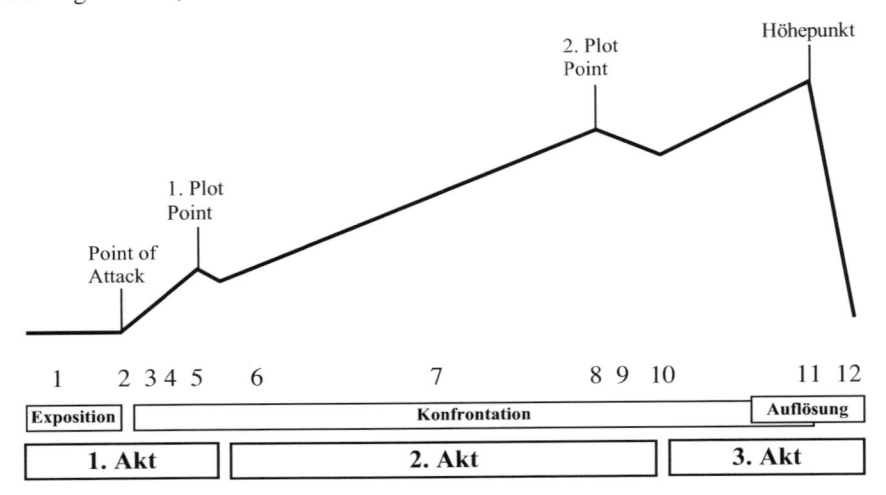

```
                                        2. Plot                Höhepunkt
                                        Point
                1. Plot
                Point
     Point of
     Attack

     1    2 3 4 5    6         7        8 9 10      11  12
   ┌────┐┌──────────────────────────────────────┐┌──────────┐
   │Exposition│          Konfrontation           ││ Auflösung │
   ┌────────┐┌──────────────────────┐┌─────────────┐
   │ 1. Akt ││       2. Akt         ││   3. Akt    │
```

Hier zeigt sich das übliche Schema: Der **1. Akt** des populären Films beginnt mit einer **Exposition**, auf die der **Point of Attack** folgt, der schließlich zum **1. Plot Point** führt. Die Plot Points markieren die Wendepunkte der Handlung, weil hier der Protagonist ein neues (Teil-)Ziel anvisiert, nachdem er das bisherige Teilziel erreicht oder verfehlt hat. Der 1. und 2. Plot Point sind die entscheidenden Wendungen *innerhalb* des Konflikts und damit auch die Trennpunkte zwischen den Akten (meist nimmt der Protagonist am 1. Plot Point den "Ruf ins Abenteuer" an, um am 2. Plot Point die "Größte Qual" durchzustehen). Insbesondere auf diese zentralen Plot Points folgt meist eine Ruhephase, bevor das folgende Ansteigen der Spannung den Beginn des nächsten Aktes anzeigt. Daher lassen sich Plot Points auch daran erkennen, dass sie den Konflikt deutlich verschärfen und somit die Ursache dafür sind, dass jeder Akt spannender als der vorige ist. Point of Attack und Höhepunkt gelten als Anfang und Ende des Konflikts und werden daher üblicherweise nicht zu den Plot Points gezählt.[279]

Der 1. Akt enthält demnach nicht nur die Exposition, sondern sowohl die Auslösung des Konflikts als auch die Annahme desselben durch den Protagonisten (eine Folge der Reduktion der fünf Akte des klassischen Dramas und der Tatsache, dass der Film schneller zur Sache kommen will bzw. muss als eine gottesdienstliche Handlung).

Nach der kurzen Ruhephase, die auf den 1. Plot Point folgt, beginnt der **2. Akt**, in dem sich die **Konfrontation mit dem Konflikt entwickelt**. Dieser Teil ist üblicherweise der eindeutig längste des Mainstream-Films, in dem mehrere untergeordnete Plot Points dafür sorgen, dass die Handlung vorangetrieben und die **Spannung erhöht** wird; sie stellen jedoch keine zentralen Entscheidungen dar. Eine solche erfolgt erst im **2. Plot Point**, indem der Held aus der Begegnung mit dem Antagonist als (noch nicht endgültiger) Sieger hervorgeht. An diese Station schließt sich wiederum eine **Ruhephase** an (nach Voglers Schema die "Belohnung").

Auf dem "Weg zurück" kommt es zu weiteren Konfrontationen mit Schwierigkeiten, meist auch noch einmal mit der antagonistischen Kraft, wodurch die Spannung steigt und der **3. Akt** beginnt. Hier findet die Handlung ihren **Spannungshöhepunkt im letzten Kampf des Helden,** der über Leben und Tod bzw. Sieg und Niederlage entscheidet. Die Konfrontation reicht insofern in die Auflösung hinein, als dieser letzte Kampf in der Regel einige Zeit in Anspruch nimmt. Die allermeisten Filme brechen nach der Entscheidung außerdem nicht abrupt ab, sondern lassen die **Spannung ausklingen**, allerdings innerhalb recht kurzer Zeit.

---

[278] Eder, S. 104.
[279] ebd., S. 105ff.

Eine grobe Zeiteinteilung für den Kinofilm mit einer durchschnittlichen Länge von ca. zwei Stunden sieht etwa so aus:

    1. Akt: – Point of Attack in den ersten 15 min.
    (30 min.)   – 1. Plot Point nach ca. 25 min.
                – Ende nach ca. 30 min.

    2. Akt: – 2. Plot Point nach ca. 85 min.
    (60 min.)   – Ende nach ca. 90 min.

    3. Akt: – Höhepunkt nach ca. 115 min.
    (30 min.)   – Ende nach ca. 120 min.

Interessant ist in diesem Zusammenhang auch Eders Beobachtung, dass amerikanische TV-Filme in 7 Akte unterteilt sind, da es 6 Werbeunterbrechungen gibt. Um das Interesse der Zuschauer aufrecht zu erhalten und sie vom Programmwechsel abzuhalten, endet jeder Akt hier nicht mit einer Ruhephase, sondern mit einem Cliffhanger. Hierdurch wird die Spannung gesteigert, indem eine neue Frage aufgeworfen, aber nicht sofort beantwortet wird. Eine besonders wichtige Frage soll sich am 3. Plot Point ergeben, da die 3. Werbepause kurz vor der vollen Stunde liegt, wo besonders häufig der Kanal gewechselt wird.[280]

Bei der Erstellung einer **Dramenkurve für The Shining** muss wiederum berücksichtigt werden, dass mehrere Handlungsstränge zugleich ablaufen, d.h. mehrere gleichberechtigte Figuren verschiedene Wege gehen, die unterschiedliche Handlungspunkte erreichen. Im Grunde genommen ist es bereits eine unzulässige Vereinfachung, die Handlung als lineare Entwicklung darzustellen, weil es den Anschein hat, dass die Protagonisten an verschiedenen Punkten aus der Zeitlinie der Gegenwart ausscheren. Dennoch läuft das Geschehen für den Rezipienten linear ab, weshalb die folgende Einteilung als Versuch zu sehen ist, die dramaturgische Struktur der gezeigten Handlung und nicht ihren zeitlichen Ablauf zu erfassen.

Der **1. Akt** beginnt mit einer Exposition, welche die Protagonisten (Jack, Wendy und Danny), den Schauplatz (das Overlook Hotel) und die Grundstimmung (Irritation, Verunsicherung) einführt. Der **Point of Attack** liegt im Grunde genommen **vor dem Beginn** des Films: Jack hat sich um die Stelle als Hausmeister beworben und fährt nun zum Bewerbungsgespräch ins Hotel. Hierdurch ist der Schritt von der normalen in die besondere Welt schon eingeleitet und der Konflikt ausgelöst worden, zumal Jack Wendy seine Entscheidung für den Job (bzw. die Annahme seiner Bewerbung) eher beiläufig mitteilt. Wollte man innerhalb des gezeigten Geschehens einen Point of Attack setzen, müsste man ihn wohl auf jenen Moment festlegen, in dem Jack zu Hause anruft (eigentlich nur um mitzuteilen, dass es später wird). **Dannys Fahrstuhlvision** fungiert als **Hook**, der dem Zuschauer die erste intensive Teilnahme beschert.

Die **Fahrt der Familie** ins Hotel markiert den **1. Plot Point**, dem hier jedoch kein echter Spannungsaufbau vorausgeht. Jack hat sich nicht von der Grady-Geschichte abschrecken lassen (es ist unwahrscheinlich, dass er Wendy überhaupt davon erzählt hat). Auch Dannys Zusammenbruch wird offenbar nicht als Problem gesehen, trotz der bevorstehenden Extremsituation. Alle handelnden Figuren sind offenbar dazu determiniert, die nächsten Monate in diesem Hotel zu verbringen. Im Anschluss an die Fahrt steigt die Spannung, vor allem durch die Erscheinung der Mädchen und durch Hallorann. Seine Warnung kann mit Bezug auf Dannys Entwicklung als weiterer, allerdings untergeordneter Plot Point gesehen werden. Der Junge weiß nun, dass in diesem Hotel tatsächlich eine Gefahr lauert und dass er das ominöse Zimmer meiden sollte – oder erforschen muss.

Es stellt sich die Frage, ob die **Exposition** hier noch andauert oder schon mit Dannys Vision bzw. dem Gespräch mit der Kinderärztin (Langfassung) endet. Bedenkt man, dass die Exposition den Zuschauer in die Lage versetzen soll, wahrscheinliche Hypothesen über den Hand-

---

[280] Eder, S. 109.

lungsverlauf aufzustellen, muss man, vor allem als Zuschauer der Kurzfassung, den "Letzten Tag der Saison" wohl noch zur Exposition zählen, weil erst hier deutlich wird, dass die in Dannys Vision angedeutete Gefahr existiert und es im Hotel zu einem Konflikt kommen wird. Allerdings hält sich Kubrick ohnehin nicht an die Regel, dem Rezipienten die kognitive Kontrolle über die Handlung zu erlauben. Aufgrund der Erscheinung der Mädchen und Hallorans Warnung kann man zwar ahnen, dass die Familie Torrance Probleme bekommen wird. Aber man wird ständig in die Irre geführt: Nachdem im Bewerbungsgespräch ein gewisser Verdacht auf Jack gelenkt wurde, scheint es in diesem Hotel nun wirklich zu spuken und sogar ein besonders gefährliches Zimmer zu geben. So mag eher die ausführliche Vorstellung des Schauplatzes (die von Ullman geführte Hotel-Tour) als Indiz dafür gelten, dass die Exposition in *The Shining* bis ans Ende des 1. Aktes reicht.

Ebenfalls problematisch ist die Entscheidung, wann die **Konfrontation** mit dem Konflikt beginnt – üblicherweise mit dem Point of Attack, also spätestens mit Jacks Anruf (und Dannys folgender Reaktion, der Fahrstuhlvision). Doch hat der Konflikt noch kein Gesicht, dem sich ein Protagonist entgegenstellen könnte. Somit erscheint es logischer, die Konfrontation erst mit dem **2. Akt** beginnen zu lassen. Dieser beginnt nach ca. 34 Minuten (Originalfassung), nachdem der erste Monat im Hotel, wenn man so will die typische Ruhephase nach dem 1. Plot Point, durch eine Texteinblendung übersprungen worden ist. Der Einschnitt ist auch deshalb an dieser Stelle sehr deutlich, weil die Torrances nun allein im Overlook zu sehen sind. Im 2. Akt zeigt sich zunächst eine sehr langsame Entwicklung. Zu den untergeordneten Plot Points, die den Konflikt zuspitzen, gehört schon Jacks Entscheidung, nicht mit Frau und Sohn spazieren gehen, sondern schreiben zu wollen – und die anschließende Szene, die ihn zeigt, wie er den Ball gegen die Wände knallt und seltsam grinsend auf das Labyrinth-Modell hinunter starrt. Hier deutet sich seine antagonistische Haltung an, wird aber noch nicht bestätigt. Der nächste wichtigere Plot Point ist jene Szene, in der Wendy Dannys Verletzung entdeckt und Jack beschuldigt, woraufhin dieser sich in seine erste "Gold Room"-Fantasie flüchtet (hier erfolgt wieder eine Ruhephase; Jacks "Teufelspakt" bleibt zunächst unbemerkt). Der Konflikt spitzt sich zu, indem der Riss, der durch die Familie Torrance läuft, immer größer wird.

Auch Jacks Begegnung mit der Frau in Zimmer 237 lässt sich noch als untergeordneter Plot Point verstehen, da hier zwar ein intensives Erlebnis gezeigt, aber keine zentrale Entscheidung verursacht wird: Jack wird zum Spielball seiner eigenen Fantasie bzw. der Kräfte des Overlook (das ist noch nicht klar) und reagiert anschließend seinen sexuellen Frust ab, indem er Wendy anbrüllt. Zur Verschärfung des Konflikts trägt hier Wendys Absicht bei, Danny aus dem Hotel wegbringen zu wollen (aber sie versucht es nicht). Wieder kommt Jack kurz im "Gold Room" zur Ruhe, um schließlich von Grady zum "Durchgreifen" an der eigenen Familie gedrängt zu werden.

Der Streit mit Wendy in der "Colorado Lounge" bildet den **2. Plot Point**, an dem sich schon andeutet, dass Jack scheitern wird. Doch sinkt die Spannung noch nicht, da Wendy die sabotierte Schneeraupe entdeckt und nun eine weitere zentrale Entscheidung fällt: Gradys Eingreifen markiert den **3. Plot Point**, an dem Jack befreit wird, so dass es tatsächlich zum Kampf zwischen ihm und dem Rest der Familie kommt. Jack hat jetzt das erklärte und mit einem Versprechen bekräftigte Ziel, seine Familie zur Räson zu bringen (also zu töten, wie es einst Grady tat). Die plötzliche Erkenntnis, dass die Geister wirklich existieren und sogar in das Geschehen der realen Welt eingreifen können, stellt eine überraschende Neuorientierung dar. Diese Wendung ist freilich recht unspektakulär und nicht besonders spannend, weshalb man den 3. Plot Point wohl niedriger als den 2. ansetzen muss. Die folgende "Ruhephase" ist nur kurz und zeigt zunächst Hallorann in der Schneeraupe und dann Danny, der REDRUM an die Tür malt.

Der **3. Akt** beginnt, nachdem etwa zwei Stunden vergangen sind, mit einem **plötzlichen Spannungsanstieg**: Jack greift an. Als Danny das Labyrinth betritt, beginnt die Auflösung, die auf den **Spannungshöhepunkt** zuläuft, an dem er Jack überlistet und dadurch die Entscheidung des Konflikts herbeiführt. Da dies erst kurz vor Ende des Films geschieht, reicht die Konfrontation weit in die Auflösung hinein (hier entspricht *The Shining* dem üblichen Schema).

Wenn Wendy und Danny mit der Schneeraupe fliehen, **scheint** der Konflikt **aufgelöst**, indem Jacks Leiche im Herzen des Irrgartens gezeigt wird. Jetzt baut sich die Spannung auch sehr schnell ab; die langsame Kamerafahrt auf das Foto wirkt wie ein ruhiger Ausklang. Doch das Foto, das nach ca. 2 Stunden 20 Minuten verblasst und den 3. Akt beschließt, markiert keine Auflösung im eigentlichen Sinne, sondern macht *The Shining* zum **offenen Drama**. Selbst wenn es die einzige zentrale Frage des Films gewesen wäre, ob Jack seine Familie töten würde, und diese Frage beantwortet scheint, wird nun eine neue Frage aufgeworfen: Lebt Jack doch weiter, wenn auch in der Vergangenheit ? Oder wer ist der Mann auf diesem Foto ?

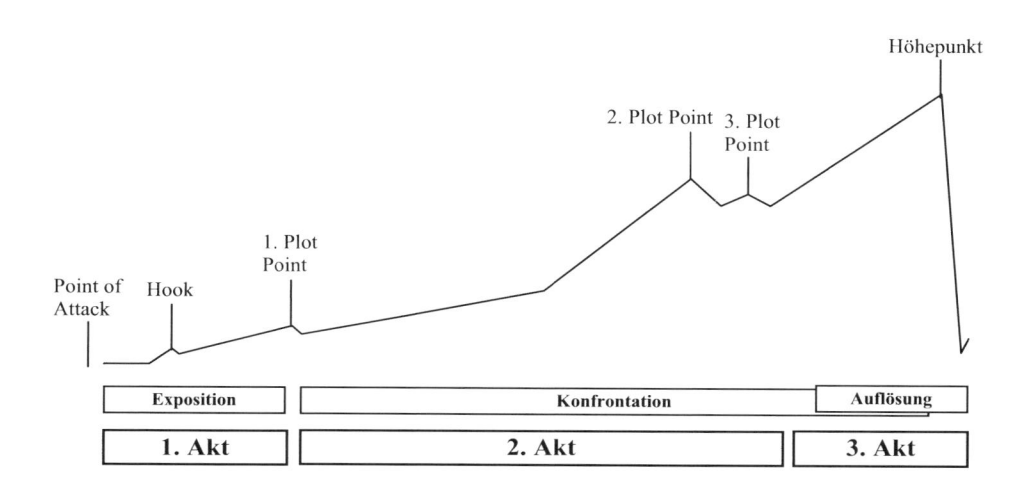

NB: In der gekürzten Fassung fällt die Spannung nach der Fahrstuhlvision abrupter ab, da die Sequenz mit der Kinderärztin fehlt, in der sich die Anspannung langsamer abbaut (aber auch hier nicht auf das ursprüngliche Niveau zurückfällt, da Wendys Haltung zu Jacks Alkoholproblem ein Fragezeichen hinterlässt).

Es wird offensichtlich, dass sich Kubrick grundsätzlich an den Spannungsbogen und die Zeitstruktur des üblichen Kinofilms hält, die dramaturgische Struktur aber im Detail verkompliziert und zum Ende hin geöffnet hat. Auch zeigt sich das Ergebnis der Handlungsarmut: *The Shining* ist im Hauptteil und damit in seiner Gesamtheit deutlich weniger spannungsorientiert als der Mainstream-Film. Hierdurch erklärt sich, dass der Film trotz der bekannten Vorlage und des berühmten Regisseurs an der Kinokasse nur ein eher bescheidener Erfolg wurde. Ungeachtet dessen gilt Kubricks Version von *The Shining* vielen als der beste Horrorfilm aller Zeiten und findet bis heute ein breites Publikum, vor allem unter Cineasten.

2.8 Filmkritik

Als Quellen für Filmrezensionen eignet sich insbesondere der Feuilleton der großen Tages- und Wochenzeitungen. Eine besondere Fundgrube stellt die "FAZ Filmkritik" dar, die im Internet unter http://www.faz.net (im Bereich Feuilleton) zu finden ist und z.T. sogar Ausschnitte aus den besprochenen Filmen bereit hält. Generell lohnt sich die Recherche im Internet, da auch immer mehr fachjournalistische Artikel veröffentlicht werden. Weniger ergiebig ist der Blick in Kinomagazine, deren Besprechungen meist eher oberflächlich bleiben.

In der *Frankfurter Allgemeinen Zeitung* erschienen gleich zwei Rezensionen zu Kubricks *The Shining* (im vollen Wortlaut ab S. 56). Wilfried **Wiegand**[281] skizziert zunächst die Handlung

---

[281] Wilfried Wiegand: Der gekürzte Kubrick. *in:* Frankfurter Allgemeine Zeitung, Feuilleton 21.10.1980.

des Films, wobei er allerdings stark verkürzt und vereinfacht. Der näheren Betrachtung stellt er eine deutlich negative Bewertung des Films voran: "Es ist zumindest in seiner deutschen Kinofassung (siehe jedoch untenstehenden Beitrag über die Originalfassung) ein schlechter, sogar ein miserabler Film." Wiegand will seine Einschätzung damit begründen, dass die Handlung vorhersehbar sei und die Inszenierung – er spricht abwertend von "stilistischen Zutaten" – den Film nicht retten könne.

Weder die visuelle Dimension noch die Detailtreue, so führt Wiegand aus, könnten in *The Shining* überzeugen. Er spricht den Stilmitteln des Films jede Funktion ab, ohne sie im Kontext der Filmhandlung und ihrer Motivik näher zu untersuchen, und würdigt sie als "kunstgewerblich, aufgesetzt, dekorativ" herab. Statt für seine Bewertung eine Begründung zu liefern (was ihm wohl schwer fiele, da z.B. der durch die Kamera suggerierte Sog ebendiese Wirkung des "Overlook Hotels" versinnbildlicht, also keineswegs "aufgesetzt" ist), gibt sich Wiegand die Attitüde des Kunstkenners, indem er davon spricht, der Film wolle offenbar surrealistisch wirken. Der Verfasser versucht jedoch nur ansatzweise zu erklären, was er hier meint: Es gebe in *The Shining* zwar viele "Verrätselungen" und "Mystifizierungen", die jedoch keinen wirklichen Sinn hätten. Als einziges Beispiel hierzu führt Wiegand den "Dämon" an, von dem Danny "besessen" sei. Hier zeigt sich, dass er die Funktion des *imaginary friend* als Ausdrucksform der kindlichen Angst vor dem gewalttätigen Vater und damit die tiefere Ebene des Films, die dieser auch in der deutschen Fassung hat, nicht verstanden oder einfach vernachlässigt hat. Diese Oberflächlichkeit der Betrachtung findet seine Bestätigung in Wiegands Werturteil des "banalen Horrorfilms", der bei genauerer Betrachtung doch weit über die Beschäftigung mit bloßen "Spukgestalten" hinausgeht. Wiegand kommt dagegen zu dem vernichtenden Schluss, diesen Film müsse "niemand gesehen haben", noch nicht einmal wegen der zweifellos nicht zu leugnenden Darstellerqualitäten des Jack Nicholson.

Sein Vorwurf, Kubrick habe versucht, eine nichtssagende Geschichte zum Kunstwerk zu erhöhen, kann jedoch nicht treffen: Zunächst widerspricht Kubrick dem selbst durch die Aussage, er hoffe, der Zuschauer würde sich beim Anschauen des Films gruseln – eine explizite Wirkung als filmisches Kunstwerk hatte der Regisseur gar nicht im Sinn. Andererseits muss berücksichtigt werden, wodurch der Grusel entsteht: nicht durch billige Horroreffekte, sondern durch den Schauplatz, die Entwicklung der Figuren und ihre filmische Inszenierung. Wiegands "Mystifizierungen" (wie etwa Tony, und vermutlich meint er mit "Dämonen" eher die Gestalten, denen Jack begegnet) haben ihren Zweck, sie sind das eigentliche Thema des Films: der psychische Zusammenbruch eines Menschen, der äußerlich (an diesem entrückten Ort) wie innerlich (als Vater und Schriftsteller) an seine Grenzen gerät. Das Thema ist ebenso wenig banal wie seine Umsetzung, und die Handlung allenfalls insofern "vorhersehbar", als dem aufmerksamen Beobachter Jack schon zu Anfang verdächtig vorkommen mag. Wenn Wiegand sich darüber beklagt, dass alles "genau so [kommt], wie man es von Anfang an erwartet", hat er aber eins nicht gesehen: Es geht gar nicht darum, wie es kommt, sondern *dass* es so kommt – und *warum*.

Da der Film aus Sicht dieses Rezensenten offensichtlich missglückt ist, meint dieser, eine Legitimation für die Besprechung finden zu müssen. Diese findet er in der Tatsache, dass es sich bei Stanley Kubrick um einen außergewöhnlichen Filmkünstler handelt(e), den Wiegand denn auch in einem Zuge mit Visconti und Kurosawa nennt. Zudem spricht er dem Regisseur das Verdienst zu, mit *2001* und *Barry Lyndon* "epochemachende Filme" geschaffen zu haben. Da eine Auseinandersetzung mit *The Shining* nach Meinung Wiegands also nur erforderlich ist, weil es sich um einen Kubrick-Film handelt, versucht er abschließend, eine Erklärung für das vermeintliche Versagen des Meisterregisseurs zu finden. Hierbei bemüht er sich wieder, diesmal durch Parallelen zur Musik, ein breit gefächertes Kulturwissen zu zeigen. Er kommt zu dem Schluss, Kubrick habe (einer der Kunstproduktion innewohnenden Regel folgend) nach einem ausdrucksstarken ein bloß "dekoratives" Werk geschaffen, quasi eine Auszeit genommen. Dieser Erklärungsversuch drücke allerdings nur die "Hoffnung seiner Bewunderer" aus, sei also keine Gewissheit. Ob sich Wiegand selbst zu diesen Bewunderern zählt, ist kaum zu entscheiden und letztlich nicht relevant. Wenn er über *2001* und *Barry Lyndon* spricht, klingt es noch so. Berücksichtigt man aber, wie wenig Mühe er sich gegeben hat, *The Shining* näher zu untersuchen, muss man es wohl bezweifeln.

Freddy **Langer**[282] äußert in seiner auf derselben Seite der *FAZ* veröffentlichten Besprechung (ab S. 57) zunächst Befremden darüber, dass "ein Perfektionist wie Kubrick [...] jetzt die Verstümmelung seines Films *Shining* zugelassen oder vielleicht sogar selbst veranlasst hat." Das Befremden wäre wohl noch größer gewesen, wenn er gewusst hätte, dass Kubrick die Schnitte in der Tat selbst durchführte. Langers Wortwahl zeigt in jedem Fall deutlich, dass die Kürzungen dem Film seiner Ansicht nach nicht gut getan haben. Was der in Europa veröffentlichten Fassung fehlt, ist die ausführlichere Zeichnung der Charaktere und ihrer Vorgeschichte, welche dem Rezipienten der Originalfassung das Verständnis der Handlung erleichtert. Nur dort, so Langer, erhalte das Familiendrama ein Fundament und werde zu einem echten Handlungsfaden:

"Die Geschichte ist dort vielschichtiger, die Personen sind genauer gezeichnet, und viel krasser wirkt die Beziehung zwischen Mann und Frau. Die Lebensansichten der Frau sind dort von so erschreckender Banalität und werden derart hysterisch vorgetragen, dass man den Hass des Mannes nur zu gut verstehen konnte. In der gekürzten Fassung hingegen wirkt sie im Vergleich zu ihrem Mann normal und wird zur Identifikationsfigur des Zuschauers."

Zwar bleibt fraglich, ob sich Zuschauer tatsächlich mit Wendy identifizieren, die schon auf den ersten Blick wenig stabil wirkt und auch kaum genug Szenen hat, um eine Identifikationsfläche zu bieten. Aber ihre Ansichten über die Probleme ihres Mannes sind in der Tat wichtig, wenn man verstehen will, wie es zu ihrer schwachen Position im Familiendreieck kommt: Sie hat ihn viel zu lange gewähren lassen und kann nun, von der Außenwelt isoliert, nicht mehr heraus aus dieser Klemme. Nur wer mitangesehen hat, wie sie Jacks an Danny verübte Gewalt gegenüber der Kinderärztin beschönigt, kann begreifen, wie sich eine Frau von ihrem Mann derartig abkanzeln lassen kann wie in der "Colorado Lounge". Die schwere Verletzung durch den Vater kommt dem Zuschauer der US-Fassung schon zu Ohren, bevor die Familie in das Hotel zieht: "Nur mit diesem Wissen", so Langer, "lässt sich die erste Szene an der Bar, die auch in der deutschen Fassung enthalten ist, als Delirium tremens verstehen." Wenn man auch beim Ansehen der Europa-Fassung spüren mag, dass Jack an der Bar in sich selbst versinkt und das Trauma seines "Ausrutschers" verarbeitet, ahnt man nichts von Wendys fataler Gleichgültigkeit oder Ohnmacht gegenüber den Problemen ihres Mannes. Vor diesem Hintergrund kommt Langer zu einem ganz elementaren Schluss, der die Lektüre des Films von störenden Scheuklappen befreit: "So ist *The Shining* im Original denn auch weniger ein Horrorfilm als vielmehr ein aufregendes Familiendrama."

Ein geringfügiger, aber dennoch spürbarer Mangel ergibt sich nach Langers Ansicht aus der deutschen Übersetzung des Spruchs, den Jack unablässig in seine Schreibmaschine gehackt hat, in eine deutschsprachige "banale Volksweisheit", die vom Kampf gegen das Versagen nichts spüren lasse. Jack klinge im Deutschen wie der "willenlose Spielball der Hausgeister". Wenngleich Langer in diesem Punkt nicht ganz Unrecht hat, scheint die Ansicht, in der gekürzten Fassung dominierten die "Standard-Gruseleffekte", doch ein wenig übertrieben. Die Fahrstuhlvision, die Zwillinge, der Kuss der Hexe aus Zimmer 237 oder die Worte Gradys gehören sicher nicht zum üblichen Horror-Repertoire. Sie verstören auch eher, als dass sie Angst- oder Schockgefühle auslösen. Gerade ein Film, der so wenig mit unmittelbar wirkenden Schockeffekten arbeitet, muss seine Wirkung aus anderer Quelle beziehen – zum Beispiel aus den Spannungen innerhalb der Familie. So war die Befremdung, die das amerikanische Publikum angesichts der Langfassung verspürt hat und die Kubrick zu den Kürzungen veranlasste, Langer zufolge eine logische Konsequenz des Films und seines Sujets:

---

[282] Freddy Langer: *... und der ungekürzte. in:* Frankfurter Allgemeine Zeitung, Feuilleton 21.10.1980.

"Mit dem Versprechen, den erschreckendsten Horrorfilm der Kinogeschichte gedreht zu haben, lockte Kubrick in Amerika das Publikum in die Filmtheater. Die Erwartungen waren dadurch in eine Richtung festgelegt, die das psychologische Familiendrama, das "Shining" in der Originalfassung ist, nicht erfüllen konnte. Der Publikumserfolg war denn auch nicht so groß, wie Kubrick ihn sich erhofft hatte. Aber anstatt daraus zu lernen, zog man die falschen Konsequenzen: Nicht die Werbung wurde geändert, sondern der Film."

Eine kurze Auflistung der Kürzungen findet sich auf der offiziellen Homepage von Warner Bros. über Stanley Kubrick unter http://kubrickfilms.warnerbros.com/faq/shining_faq.html. Ein ausführlicher Artikel des *Monthly Film Bulletin* zu diesem Thema ist unter http://www.visual-memory.co.uk/sk/films/cutshining.htm [Stand 01.08.06] erreichbar. Es besteht kein Zweifel, dass *The Shining* aufgrund der Kürzungen kryptischer und rätselhafter, aber auch vielschichtiger wirkt. Aus diesem Grund sollte man den Film zumindest im Englischunterricht in voller Länge zeigen und auch die Besprechung im Deutschunterricht um die gekürzten Passagen ergänzen, auch wenn diese nur in englischer Sprache vorliegen (auf der US-DVD).

Im *Spiegel* fand Urs **Jenny**[283] (ab S. 59) zu einer insgesamt deutlich positiveren Bewertung von Thema und Inszenierung. Der Schrecken sei keineswegs banal:

"Der subtile Horror des Films entspringt der Kälte und Genauigkeit, mit der Kubrick in dieser klaustrophobischen Kunstwelt eine Ehe als Täter-Opfer-Beziehung beschreibt. Kein Schockbild des Films trifft so tief wie der Augenblick, als Wendy zufällig entdeckt, dass das dicke Romanmanuskript, an dem ihr Mann Woche um Woche herumgetippt hat, nur aus der endlosen Wiederholung eines einzigen stumpfsinnigen Satzes besteht: Alles an Gewalttätigkeit, Hass, Frustration und Angst vor der Entdeckung der eigenen Nichtigkeit scheint in diese kindische Formel gebannt – eine Künstlertragödie par excellence."

Wie Langer sieht auch Jenny das Drama eines Familienvaters und Künstlers als zentrales Thema, das in erster Linie verwirren wolle. Dieser Effekt entfalte sich sowohl durch die schauspielerische Leistung als auch durch die kunstvolle Inszenierung. Der psychische Zusammenbruch werde von Jack Nicholson und Shelley Duvall mit einer "panischen Überintensität" dargestellt, so dass die von Wiegand und Langer als konventionell bezeichneten Schreckeffekte wie eine "psychische Wahrheit" wirkten. Jenny hat gesehen, dass die "Horroreffekte" durch ihre enigmatische oder seltsam unaufregende Wirkung eine psychologische Dimension gewinnen, die tiefer verunsichert als einfache Schockeffekte. Im Gegensatz zu Wiegand betrachtet er *The Shining* als gelungenen Nachweis der Filmkunst Kubricks, den er den "einsame[n] Monomane[n] des Bildes" nennt, und filtert die signifikanten Stilmittel heraus, die Kamera und die Montage: "Sein Kamera-Auge ist aktiver als alle Akteure; seine Schnitte sind nicht Klebestellen, sondern exakte Zäsuren der Wahrnehmung." In der Art und Weise, in der dieser Regisseur die Kamera bewegt, findet sich nach Jennys Ansicht der stärkste Ausdruck der visuellen Erzählkunst Kubricks:

"Sein Großartigstes sind seine Kamerafahrten: ganz einfach geradeaus vorwärts, in die Tiefe des Raums. Diese Bewegung, er zeigt es, ist die dynamischste Erzählgeste des Kinos: Sie überschreitet die Ränder der Leinwand, sie übt einen Sog aus, sie schafft ein eindringliches Raumerlebnis, sie zwingt den Zuschauer förmlich zur Identifikation, wenn sie die Bewegung einer Person überträgt. [...] Kubrick fährt gern schnell."

---

[283] Urs Jenny: Das Traumangebot. *in:* Der Spiegel Nr. 43/1980. S. 266-67.

Durch die Kamerabewegung wird der Zuschauer in den Rahmen der Fiktion hineingesogen, wo sich dann in Jacks Phantasmen nichts als Illusionen finden. Jenny sieht in der durch die Kürzungen verstärkten Enigmatik kein unüberwindbares Hindernis zum Erleben des Films, sondern eine lobenswerte Abwechslung: "Jack ist tot, und das Rätsel der Dame in Zimmer 237 bleibt ungelöst: dennoch oder gerade deshalb ist ein Aufenthalt im ‚Overlook Hotel' (zwei Kinostunden) ein Traumangebot."

Jack Krolls Rezension, die in *Newsweek*[284] erschien und im Internet steht, ist bereits mehrfach bei der Erarbeitung der Leitmotive und Deutungsversuche (Kapitel 2.4) zitiert worden. Auch er sieht *The Shining* als gelungenen, sogar als genreprägenden Film: "Stanley Kubrick hungert nach dem Ultimativen. In *The Shining* zielt er auf den ultimativen Horrorfilm, etwas, das *The Exorcist* aussehen lassen wird wie *Abbott und Costello treffen Beelzebub*. Das Ergebnis ist der erste epische Horrorfilm, ein Film, der für andere Horrorfilme das ist, was sein *2001: A Space Odyssey* für andere Weltraumfilme ist." Nach Krolls Ansicht liegt die besondere Leistung des Regisseurs darin, sich auf den Menschen anstatt auf den äußeren Schrecken konzentriert zu haben. Kubrick liefere kein Popcorn-Kino, keinen Hollywoodfilm, keine Stephen King-Verfilmung: sondern eine neue Form des Erzählens, die den Film als Erzählmedium voll ausschöpft.

2.9 Schauplatz und Set

Die langen Pausen zwischen den Filmen, die Stanley Kubrick produzierte, verdanken sich der akribischen Vorbereitung, zu der auch die Suche nach geeigneten Vorbildern für das Overlook Hotel gehörte. Diese Aufgabe oblag in der Vorbereitung für *The Shining* Roy Walker, der wochenlang durch Amerika reiste und Außen- wie Innenaufnahmen interessanter Hotels machte. Während die Fahrten mit dem gelben Käfer bei Flügen durch den Glacier National Park in Montana entstanden (und von Greg MacGillivray von "Greg MacGillivray Freeman Films" aufgenommen wurden), zeigen die Außenaufnahmen das Skihotel "Timberline Lodge" im Mt. Hood National Forest in Oregon (http://www.timberlinelodge.com). Da dieses Hotel auch ein Zimmer 217 hatte, wie es in Kings Roman vorkam, bat das Management Kubrick, eine andere Nummer einzusetzen (daher 237).[285]

Die innere Architektur, die hintere Fassade des Hotels und das Heckenlabyrinth wurden auf dem Gelände der EMI Elstree Studios in Borehamwood, London, errichtet (das Winter-Labyrinth übrigens im Innern des Studios). In den Elstree Studios entstanden u.a. *2001: A Space Odyssey*, die *Star Wars*- und *Indiana Jones*-Filme sowie die Pre-Production von Spielbergs *Saving Private Ryan*. Kubrick, der Amerikaner war, hatte diese Studios nicht zuletzt als Arbeitsplatz gewählt, um in Ruhe arbeiten zu können. Borehamwood ist denn auch alles andere als Hollywood, weshalb Harrison Ford *(Star Wars, Indiana Jones)* einen eigenen Namen fand: Boringwood.

Die Räume des Overlook wurden mit Blick auf die Möglichkeiten der Steadicam errichtet, und viele der Innensets, wie z.B. die "Colorado Lounge" und ihre umliegenden Korridore, boten nie dagewesene Möglichkeiten für Kamerafahrten ohne Schnittunterbrechungen, welche die berauschende Wirkung der Bilder sicherlich beeinträchtigt hätten. Die Gestaltung des Sets war durch das Interieur verschiedener Hotels inspiriert worden, die Walker in den USA gefunden hatte, u.a. durch das "Ahwanee Hotel" im Yosemite National Park (http://www.webportal.com/ahwahnee/), dessen Hotelhalle als Vorbild für die "Colorado Lounge" diente:

---

[284] Jack Kroll: Stanley Kubrick's Horror Show. *in*: Newsweek, 02.06.1980. S. 52-54. http://www.visual-memory.co.uk/amk/doc/0053.html [Stand 01.08.06]

[285] Kubrick on "The Shining". [Anm. 86]

Der rote Waschraum des "Gold Room" stammt aus einem von Frank Lloyd Wright entworfenen Hotel in Arizona.[286] Hierbei kann es sich wohl nur um das Arizona Biltmore Hotel handeln (http://www.arizonabiltmore.com/), obwohl es dort heute, wie Bryan Arnett herausgefunden haben will, scheinbar keine solche Herrentoilette mehr gibt (immerhin heißt der Ballsaal des Biltmore ebenfalls "Gold Room"...). Arnett hat auf seiner Webseite "The *Real* Overlook Hotel"[287] eine Fülle von Informationen über die Filmsets zusammengetragen, deren Darlegung Rahmen und Zweck dieses Buches sprengen würde, besonders Interessierten aber durchaus empfohlen sei. Zu den Bemühungen einiger Interpreten (z.B. Nelsons[288]), den labyrinthischen Schauplatz von *The Shining* genau zu erforschen, hat sich Gordon Stainforth, der Schnittassistent Kubricks, wie folgt geäußert: "Die Leute haben versucht, die Geographie des Overlook Hotels auszuarbeiten, ohne Erfolg und ohne zu realisieren, dass sie etwas völlig missverstanden haben. Dies ist kein realer 3D-Ort, sondern ein Ort, der in der Vorstellung des Zuschauers existiert. Jede Person, die *The Shining* sieht, formt ihr eigenes Bild des Hotels aus disparaten Fragmenten, die ihr geliefert werden. Die reale Geographie des Hotels funktioniert nicht, und sie war auch nicht dafür vorgesehen."[289]

2.10 Kuriosa

Um Stanley Kubrick und seine Filme ranken sich zahllose Legenden, Gerüchte und mehr oder weniger kuriose Ideen. Kubrick war besonders dafür bekannt, dass er seinen Schauspielern mehr **Takes** (= Aufnahmen einer Szene) abverlangte als jeder andere Regisseur, angeblich bis zu 125. Es besteht kein Zweifel, dass vor allem Jack Nicholson und Shelley Duvall zu Höchstleistungen angetrieben wurden. Wer Vivian Kubricks *The Making of The Shining* gesehen hat, wird wissen, dass Shelley Duvalls Hysterie stellenweise echt war, weil Kubrick sie nicht gerade sanft behandelte (vielleicht mit Absicht). Scatman Crothers, der Darsteller des Dick Hallorann, erinnert sich: "In einer Szene musste ich aus einem SnoCat aussteigen und über die Straße gehen, kein Dialog. Vierzig Takes. Er ließ Nicholson über die Straße laufen, kein Dialog. Fünfzig Takes. Er ließ Shelley, Jack und den Jungen über die Straße laufen. Achtzig Aufnahmen, Mann, er will immer etwas Neues und er hört nicht auf, bis er es hat."[290] (Hierbei ist nicht ganz klar, ob Crothers von seiner Erinnerung getäuscht wurde, sich ungenau ausgedrückt hat oder die Szene mit Jack, Wendy und Danny, die man nie zusammen auf einer "Straße" sieht, herausgeschnitten wurde.). Gordon Stainforth erklärt einige der hohen Zahlen mit dem hohen

---

[286] Walker, S. 303.
[287] Bryan Arnett: The *Real* Overlook Hotel. http://www.unrealaudio.net/theshining2/realoverlook.htm [Stand 01.08.06]
[288] Nelson, S. 211f.
[289] Gordon Stainforth *in:* The Shining FAQ. http://www.visual-memory.co.uk/faq/html/shining/shining2.html [Stand 01.08.2006].
[290] Jack Kroll: Stanley Kubrick's Horror Show. [Anm. 228]

technischen Aufwand, den Kubricks Inszenierungen erforderten, z.B. in Bezug auf die angeblich 125 Takes von Wendy/Shelley Duvall auf der "Colorado Lounge"-Treppe: "Ich bin sicher, dass Shelley niemals eine Szene 125-mal wiederholen musste. (Ich glaube, die meisten Takes waren von Scatman [Crothers] in der Küche, die irgendwo im Bereich von 75-80 Takes lagen). Die Szene mit Shelleys Rückzug auf der Treppe hatte NICHT nur etwas mit Schauspielern zu tun, es war auch ein technisch sehr schwieriges Stück der Steadicam-Arbeit. Unzählige Dinge können schief gehen und gingen schief bei dieser Art von Aufnahme. (Wenn meine Erinnerung korrekt ist, lag die Zahl bei etwa 45 Takes.)"[291]

Auch und gerade zeigte sich der **Perfektionismus** des Regisseurs in den technischen Bereichen der Filmproduktion, wie Jack Nicholson nicht ohne Ironie illustrierte: "Stanley ist gut, was den Ton angeht. Das sind viele Regisseure, aber Stanley ist auch gut darin, eine neue Halterung zu entwerfen. Stanley ist gut, wenn es um die Farbe des Mikrofons geht. Stanley ist gut, wenn es um den Händler geht, von dem er das Mikrofon gekauft hat. Stanley ist gut, wenn es um die Tochter des Händlers geht, die eine Zahnkorrektur bräuchte. Stanley ist gut."[292]

Kubricks Filme laden wie die Werke kaum eines anderen Regisseurs dazu ein, nach Subtexten und Symbolik zu suchen. Selbst ein ernsthafter Interpret wie Nelson kann es sich nicht verkneifen, eine besondere **Zahlensymbolik** anzusprechen, die sich vielleicht dem Spieltrieb des Regisseurs, vielleicht aber auch nur dem Zufall verdankt. In Kubricks Filmuniversum scheint die Zahl 21 von zentraler Bedeutung zu sein: Jack erscheint wieder im Jahr 19*21*. 21 Bilder hängen an der Wand. Die Funkrufnummer des Hotels ist KDK 12. Dannys Pullover trägt die Nummer 42, und eine der TV-Sendungen, die er mit seiner Mutter schaut, ist der Film *Summer of '42*. Und 42 ergibt geteilt oder "gespalten" 21. Die Kapitel "8 am" (nur US-Fassung) und "4 pm" ergeben zusammen 12, die Spiegelung von 21. Die Quersumme der Zimmernummer 237 ist 12. Wann beginnt die Sequenz, in der Danny im "Games Room" den Grady-Mädchen begegnet ? Nach 21 Minuten und 21 Sekunden... – Mit Blick auf Kubricks *2001* ergeben sich weitere Spielereien: Lässt man die Nullen weg, kommt man wieder auf 21 bzw. die gespiegelte 12. Der Tag, an dem der Supercomputer HAL (der wie Jack zum Bösen mutiert) eingeschaltet wird, ist der 12. Januar 1992; die Quersumme dieser Jahreszahl ergibt wieder ... genau, 21 !

Zu guter Letzt: Zu den häufig gehörten und gelesenen "Gerüchten" gehört der Vorwurf, Stanley Kubrick sei ein kalter Regisseur gewesen, der mehr Wert auf die Technik gelegt habe als auf die Figuren seiner Filme, die zu wenig Emotionen zeigten. Diese Sichtweise erscheint in Bezug auf Jack, Wendy und Danny, die sehr starke Gefühle zeigen – nur keine positiven –, geradezu absurd. Sie ergibt jedoch einen gewissen Sinn, wenn man sie in den rechten Kontext setzt. Kubrick widmete den technischen Komponenten des Produktionsprozesses sehr viel Aufmerksamkeit, um die Stilmittel der Filmsprache so weit ausreizen zu können wie nur wenige andere Regisseure. Dies hat zur Folge, dass viele Zuschauer, abgestumpft durch den konventionellen Mainstream-Film, von der Wirkung der Kubrickschen Filmbilder (und -töne) stärker gefangen genommen werden als von den Charakteren und letzteren weniger Beachtung schenken. So sieht auch Gordon Dahlquist die Ursache der besonderen Wirkung in Kubricks Wahl der subtileren Stilmittel: "Solche Kritiker reagieren wohl, wenn sie einen Kubrick-Film gesehen haben, nicht darauf, was Kubrick ihnen gezeigt hat, sondern darauf, was er ihnen nicht gezeigt hat: nämlich ein Werk, das den Regeln der konventionellen Filmgrammatik folgt, die Emotion zu dem Zweck vermitteln und intensivieren, dass die Geschichte irgendwie aufdringlich, spektakulär und wichtig wirkt. [...] Schließlich platzierte Kubrick die emotional explosivs-

---

[291] Gordon Stainforth *in:* The Shining FAQ. http://www.visual-memory.co.uk/faq/html/shining/shining.html [Stand 01.08.2006].
[292] Jack Kroll: Stanley Kubrick's Horror Show. [Anm. 228]

ten Elemente seiner Filme in Kompositionen, die auf sich selbst aufmerksam machen, und rahmte sie dabei in einer Art formalistischer Box ein."²⁹³

Die Figuren, gefangen im Rahmen der Bilder – das passt zum Bild der Welt, das Kubrick in zahlreichen seiner Filme entwarf, so in *Clockwork Orange, 2001, The Shining* und *Full Metal Jacket*. Es ist eine "kalte" Welt, die den Menschen an seine Grenzen bringt und seine Schattenseiten offen legt. Kubricks Figuren sind keine Helden, sondern Opfer sowohl ihres Umraums (der Technik, ihrer Gesellschaft, ihrer Vergangenheit) als auch Opfer ihres Menschseins. Vielleicht ist dieser kalte Kosmos, der in Stanley Kubricks Filmen entstand, tatsächlich ein Spiegelbild unserer eigenen Welt.

> "Und wenn du nicht sofort lieb bist", fügte sie hinzu, "stecke ich dich ins Haus der Spiegel. Wie würde dir das gefallen ?"
> **Lewis Carroll, *Through the Looking Glass***

---

[293] Gordon Dahlquist. *in:* The Kubrick FAQ. http://www.visual-memory.co.uk/faq/index4.html#slot37 [Stand 01.08.2006]

3. Übersicht: Terminologie der Filmanalyse (Deutsch/Englisch)

BILD	PICTURE

Farbe:	colour:

Schwarz-Weiß-Film	black and white film
seit Durchsetzung des Farbfilms gibt es fast nur noch Schwarz-Weiß-Sequenzen, meist zur Darstellung einer -> Rückblende in einem Farbfilm	

Farbfilm	colour film
heute gängig und nach wie vor meist auf Filmmaterial aufgenommen; inzwischen wird, allerdings noch eher selten, auch digital gefilmt	

Format:	aspect ratio:
Verhältnis der Breite zur Höhe des projizierten Bildes	

4:3 / 1,33:1	4:3 / 1,33:1
das normale TV-Format; ebenfalls einfaches Kinoformat ("Academy Aperture", "Normalformat"); tatsächlich liegt das Format bei 1,37:1	

16:9 (Widescreen, 1,78:1)	16:9 (widescreen, 1,78:1)
TV-Breitformat; in Breitwandformaten fotografierte Kinofilme werden üblicherweise mit dem -> Pan-and-Scan-Verfahren an das normale TV-Format von 4:3 angepasst; 16:9-fähige Fernsehgeräte können Kinofilme jedoch (nahezu) im originalen Breitwandformat darstellen, ohne dass die bekannten schwarzen Balken am oberen und unteren Bildschirmrand erscheinen; bei extremen Breitwandformaten wie -> Cinemascope/Panavision® bleiben jedoch auch im Format 16:9 (flache) Streifen	

1,66:1 (europäisches Widescreen)	1,66:1 (European widescreen)
gängiges Breitwandformat europäischer Filme	

1,85:1 (amerikanisches Widescreen)	1,85:1 (American widescreen/Academy Flat)
gängiges Breitwandformat amerikanischer Filme; auch Spielberg-Format, Academy Flat oder nur Flat genannt	

2,35:1 (Cinemascope, Panavision®)	2,35:1 (Cinemascope, Panavision®)
in besonders aufwendigen Produktionen verwendetes Breitwandformat, bei dem das Bild bei der Aufnahme auf einem 35mm-Film zunächst gestaucht und bei der Projektion wieder entzerrt wird (anamorphotisches Verfahren)	

2,2:1	2,2:1
seltenes, auf 70mm-Film aufgenommenes Breitwandformat	

1,43:1 (IMAX®)	1,43:1 (IMAX®)
auf 65mm-Film fotografiertes Großformat mit bestechender Bildqualität, das allerdings weniger im Kino, sondern hauptsächlich in Museen (z.B. im Smithsonian Air and Space Museum, Washington) sowie in Vergnügungsparks zum Einsatz kommt	

Pan-and-Scan	pan-and-scan

das Anpassen breitwandiger Kinofilme an das Fernsehformat (-> 4:3), so dass sie das komplette Fernsehbild füllen, d.h. keine schwarzen Balken am oberen und unteren Bildrand sichtbar sind; hierbei wird das breite Kinobild abgeschwenkt und lediglich ein Ausschnitt (meist die Mitte) gezeigt, so dass ein (beträchtlicher) Teil des linken und rechten Bildrandes verlorengeht

Letterboxing	letterboxing

von Cineasten bevorzugtes Verfahren, das einen Breitwandfilm in voller Breite auf dem Fernseher zeigt; beim "Pressen" in das TV-Format entstehen am oberen und unteren Bildschirmrand die bekannten schwarzen Balken, doch geht kein Bildteil verloren

Komposition	**composition**

lenkt den Blick des Zuschauers und organisiert die Beziehung zwischen Figur und Umraum; Achtung: die kompositorische Bildmitte liegt meist leicht über der tatsächlichen Bildmitte

geschlossen vs. offen	closed vs. open

wirkt der Umraum begrenzt und statisch, so dass der Blick auf die Figur gerichtet bleibt, ist die Form geschlossen (erste Bildreihe); offene Bilder sind so angelegt, dass der Zuschauer auch den Umraum wahrnimmt; so verändert sich in der zweiten Bildreihe die Form von geschlossen zu offen, von der Ruhe im Spiel zur Unruhe im Teppichlabyrinth; in der dritten Reihe ist die Form eher offen: freie Natur, weiter Raum, die Kamera verliert die Figuren aus dem Blick

Anordnung von Figuren und Objekt	arrangement of characters and objects

deutet Beziehungen an, gruppiert, ordnet Figuren in Umraum ein, charakterisiert (rechts Norman Bates aus "Psycho" inmitten ausgestopfter Raubvögel)

Formen und Linien	shapes and lines
	lenken Aufmerksamkeit, schaffen räumliche Wirkung, stellen Beziehungen zwischen Bildelementen her; unterstützen die Atmosphäre (hier in Lynchs "The Straight Story")

gerade vs. kurvig	straight vs. curved
"Männlichkeit" vs.	"Weiblichkeit"

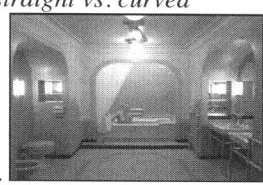

lang, horizontal vs. kurz, diagonal	long, horizontal vs. short, diagonal
Ruhe, Stabilität vs.	Unruhe, Konflikt

von links unten nach rechts oben vs. umgekehrt	from bottom left to top right vs. vice versa
Hoffnung vs.	Katastrophe

Rahmen	frames

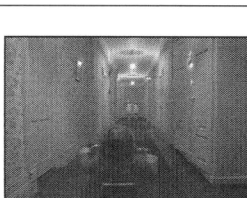

Wände, Türen etc. organisieren, ordnen Mensch in Umraum ein, evtl. diesem unter

wenige große Flächen	few large areas

suggerieren Ruhe, Ausgeglichenheit (hier u.a. aus "The Straight Story" und "Out of Africa")

viele kleine Flächen	many small areas
z.B. Muster auf Kleidung, Wänden, Böden; vermitteln Unsicherheit, fehlende Stabilität	
Farben	colours
auf Kontraste (hell/dunkel -> dämonisierend) und Symbolfarben achten (z.B. rot = Blut); gedeckte, unbunte Farben (muted colours) wirken ruhig und harmonisch, auffällige Farben (striking colours) lenken Aufmerksamkeit auf bestimmte Bildteile bzw. verunsichern	

Licht, Ausleuchtung, Lichtführung:	**light/lighting:**
Normalstil	normal key
	normale Beleuchtung, Tageslicht, alle Details sind erkennbar
High-Key-Lichtstil	high key lighting style
	starke Ausleuchtung, helles Sonnenlicht, viele helle Töne; meist glückliche Stimmung, Hoffnung
Low-Key-Lichtstil	low key lighting style
	wenig oder kaum Ausleuchtung; Dominanz von Schatten und dunklen Tönen; düstere Atmosphäre, Bedrohung
weiches vs. hartes Licht	soft vs. hard light
	schwacher vs. starker Licht-Schatten-Kontrast; Abschwächung (traumhaft oder unheimlich) vs. Akzentuierung/Blendung, z.B. bei -> Gegenlicht

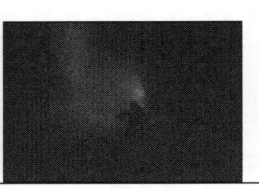

Vorderlicht	front lighting
	Licht aus Richtung der Kamera; erzeugt helle Ausleuchtung, wirft keinen Schatten, Figur oder Objekt wirkt normal, flach

Gegenlicht	back lighting/contre-jour shot

blendet, verwäscht Details, erzeugt Unsicherheit/Bedrohung, dämonisiert; manchmal nur kurz, als Schockblendung (ganz rechts Mrs.Bates aus "Psycho")

Seitenlicht/Halblicht	half light

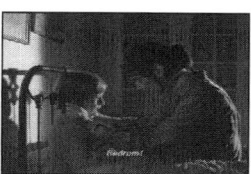

von der Seite einfallendes Licht, oft aus unsichtbarer Lichtquelle; verstärkt räumliche Wirkung, leuchtet Raum aber nicht komplett aus; wirkt unheimlich; starker seitlicher Schatten

Kreuzlicht	cross lighting
	Kombination/Kompromiss aus Seitenlicht und Gegenlicht, d.h. von schräg vorn kommend; nur schwacher seitlicher Schatten

Oberlicht	above light
	Licht kommt von oben, oft als natürliches Tageslicht; gleichmäßige Ausleuchtung; gebrochen durch Gitter etc. Andeutung von innerem Konflikt (hier Kirk in "Star Trek 6")

Unterlicht	below light
	Licht kommt von unten, wirkt bei Beleuchtung einer Figur bzw. eines Gesichts dämonisierend

Scheinwerfer	spotlight

Scheinwerferlicht, das eine Szenerie (hier u.a. eine Grabkammer in Stephen Sommers "The Mummy"), eine Figur oder ein Objekt beleuchtet und dadurch betont; auch als -> Gegenlicht

Glanzlichter/Akzentlichter	high lighting

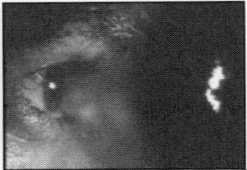

feine Lichtstrahlen, die besondere Details wie z.B. Augen hervorheben (hier das Auge des Norman Bates aus Hitchcocks "Psycho")

Effektlichter/Lichteffekte	light effects

alle im Bild sichtbaren Lichtquellen/-effekte (hier u.a. in "The Mummy" und "Star Trek 6")

sich bewegendes Licht	moving light

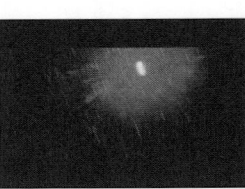

z.B. Suchscheinwerfer, Blaulicht, Feuer; verstärkt Action (z.B. in "Star Trek 6")

Hauptlicht/Führungslicht	key light

bestimmt Grundbeleuchtung der Szene, schafft Atmosphäre, hilft Bild strukturieren

Fülllicht	fill light

harmonisiert, hellt durch -> Haupt-/Führungslicht verursachte Schatten auf

Dekorationslicht	set light

beleuchtet die Dekorationen, üblicherweise schräg von oben

Einstellung:	shot:
beschreibt die Distanz zwischen Figuren/Objekt und Kamera; der Wechsel der Einstellung ist das zentrale strukturierende und lenkende Element im Film	

weite Einstellungen	long shots
etablieren die Atmosphäre einer Szene; Zuschauer hält <u>Distanz</u> zu Figur/Handlung, bleibt neutral, behält den Überblick, kann Informationen in Ruhe aufnehmen	

nahe Einstellungen	close shots
der Zuschauer konzentriert sich auf Dialog und einzelne Handlung; er empfindet <u>Nähe</u> zu Figuren und Handlung, identifiziert sich mit Figuren oder empfindet Abneigung (bei Negativfiguren)	

Anfangseinstellung	establishing shot

Einstellung zu Beginn einer Sequenz, die Überblick über Ort und Situation verschafft; üblicherweise eine -> Panorama-Einstellung oder -> Totale

Weit/Panorama	extreme long shot

zeigt viel Landschaft, Figuren sind kaum oder nicht sichtbar; Gebäude aus weiter Entfernung (mind. etwa halber Kilometer); gibt Überblick über Schauplatz, etabliert Atmosphäre, bereitet Handlung vor (-> Anfangseinstellung/establishing shot)

Totale	long shot

Szenerie/großer Raum mit allen wichtigen Elementen; Mensch untergeordnet

Halbtotale	medium long shot, full shot

zeigt Figur ganz, d.h. von Kopf bis Fuß unter Einbezug des Umraums; für Kompositionen, die Figurenkonstellationen (in kleineren Gruppen) zeigen, oder eine Figur im Verhältnis zu ihrem Umraum; auch für Aktionen mit Körpereinsatz (z.B. Verfolgung, Kämpfe)

| Halbnah | | | medium shot/medium close shot | |

in der Regel ist die Figur etwa vom Knie oder der Hüfte an aufwärts zu sehen; die Halbnahe beschränkt sich oft auf eine Figur und zeigt diese in einer <u>bestimmten Situation</u>, da die Dekoration erkennbar bleibt; auch bei Dialogen, wobei die Dialogpartner im Profil zu sehen sind (dann auch one-shot, two-shot etc. genannt)

| Amerikanisch | | | American shot/medium shot | |

Spielart der Halbnahen, aus dem Western entwickelt: zeigt Figur etwa vom Oberschenkel an aufwärts; betont Körperhaltung oder Gestik und damit meist eine bevorstehende Handlung; dient somit dem Spannungsaufbau (z.B. beim Duell, hier in Michael Crichtons "Westworld")

| Nah | | | close shot/medium close-up | |

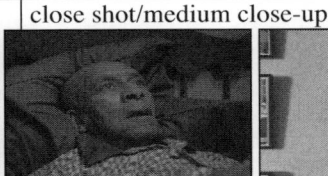

zeigt Körper etwa von Mitte Oberkörper an aufwärts; betont Mimik und Gestik, z.B. im Dialog

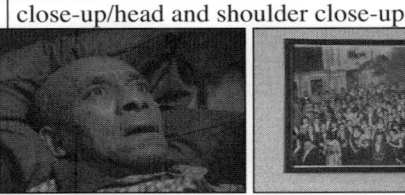

| Groß | | | close-up/head and shoulder close-up | |

zeigt Kopf und Hals (evtl. mit Teil der Schultern), betont Mimik und Emotionen; charakterisiert, verstärkt Identifikation oder Ablehnung

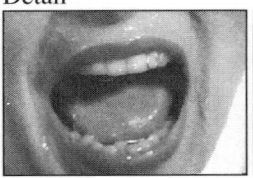

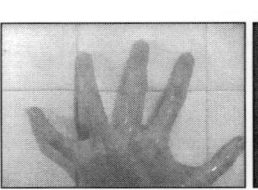

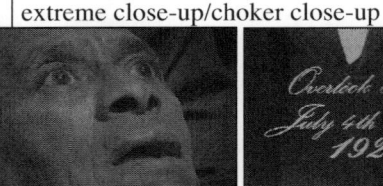

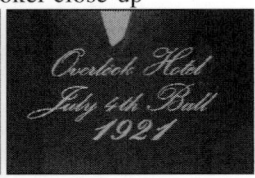

| Detail | | | extreme close-up/choker close-up | |

zeigt Ausschnitt aus Gesicht, Körperteile (hier den schreienden Mund und die sterbende Hand Marion Cranes aus "Psycho"), kleinere Objekte oder Objektteile; besondere Betonung einer Emotion, einzelnen Handlung, Detailinformation

Fischauge	fish-eye lens
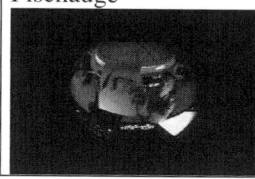 	Aufnahme mit extremer, verzerrender Weitwinkelsicht (bis 180°); z.B. der Blick des Computers HAL in "2001: A Space Odyssey" oder eines Aliens in "The X-Files: Fallen Angel"

Kameraperspektive:	(camera) angle:
Position der Kamera in Bezug auf das von ihr Abgebildete; interpretiert Geschehen, beeinflusst Verhältnis des Zuschauers zu Figuren/Objekten/Handlung; ordnet Werte zu, erzeugt Hierarchien	

Normalsicht	eye-level shot/straight-on angle
 	auf Augenhöhe der Figuren, meist frontal oder von der Seite (frontal or from the side)

Aufsicht/Vogelperspektive/Luftaufnahme	high angle shot/bird's-eye view/aerial shot
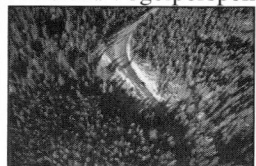 	von erhöhtem Standpunkt aus: Überblick über Geschehen, Kontrolle; Figuren wirken klein, eventuell unterlegen und bedroht (z.B. in weiter Landschaft)

Untersicht/Froschperspektive	low angle shot/worm's eye view
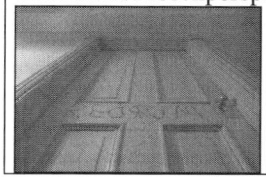 	Abgebildetes wirkt größer, eventuell bedrohlich

subjektive Kamera 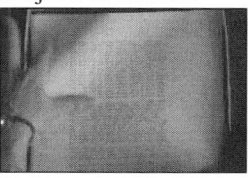 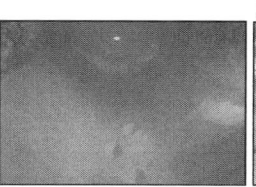	point-of-view (POV) shot/subjective camera 

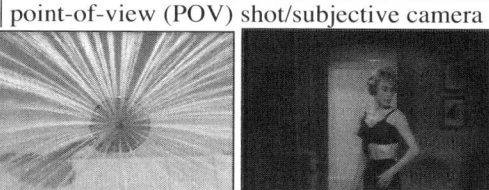

Kamera aus der Sicht einer der Figuren; maximiert Identifikation, erzeugt oft auch Spannung (ganz rechts aus "Psycho": die berühmte Dusche aus Sicht Marion Cranes sowie Marion selbst aus der Voyeurssicht des Norman Bates)

| Über-Schulter | over-the-shoulder shot |

zeigt Figur aus der Position eines Dritten, der leicht hinter und neben einer anderen Figur steht; verdeckt Gesicht der Figur, erhöht die Spannung, macht den Betrachter zum Komplizen

| Schuss-Gegenschuss | (angle-)reverse angle shot |

zeigt eine Person oder einen Gegenstand von der – im Gegensatz zur vorigen Einstellung – gegen-überliegenden Seite, zum Beispiel abwechselnd die Partner eines Dialogs

| **Kamerabewegung:** | **camera movement:** |

erzeugt körperlich erlebbaren Effekt, bezieht Zuschauer in Handlung ein; induzierte Spannung durch sinnliche Überwältigung des Zuschauers; oft kombiniert mit Figurenbewegung

| Horizontalschwenk | pan/panning shot |

Kamerablick schwenkt auf horizontaler Ebene; verfolgt Bewegung der Figur, zeigt ihre Umgebung, macht auf andere Figuren aufmerksam

| Vertikalschwenk/Neigen | tilt/tilting shot |

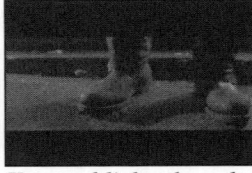

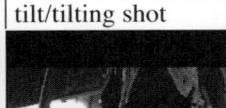

Kamerablick schwenkt nach unten oder oben, z.B. um eine Figur Stück für Stück zu präsentieren und bestimmte Körperteile/Kleidung zu betonen (in "Terminator 2" kombiniert mit Untersicht)

| Reißschwenk/Wischer | swish pan/whip pan |

so schneller Schwenk, dass das Bild während des Schwenks verwischt

Kameraverfolgung, -fahrt, -flug	tracking shot/travelling shot

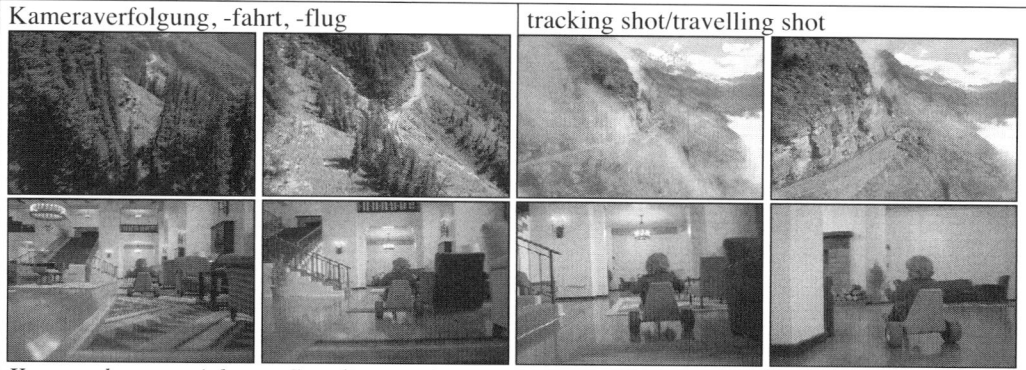

Kamera bewegt sich per Steadicam oder auf Kamerawagen (Dolly), Schienen (Track), Kran (crane), Auto, Hubschrauber etc.; dient dazu, sich bewegende Figuren oder Objekte im Blick zu halten, zu verfolgen, ihnen entgegenzukommen; oder um sie herumzufahren, sich von ihnen zu distanzieren, vor ihnen zurückzuweichen; vermittelt besondere Dynamik, die dem Zuschauer das Gefühl gibt, sich selbst zu bewegen; verstärkt so die Teilnahme am Geschehen, ermöglicht sinnliche Überwältigung des Zuschauers; verleiht Gefühl der übermenschlichen Freiheit durch großräumige, z.T. flugähnliche Bewegung außerhalb menschlicher Möglichkeiten

Rollen	roll/rolling shot

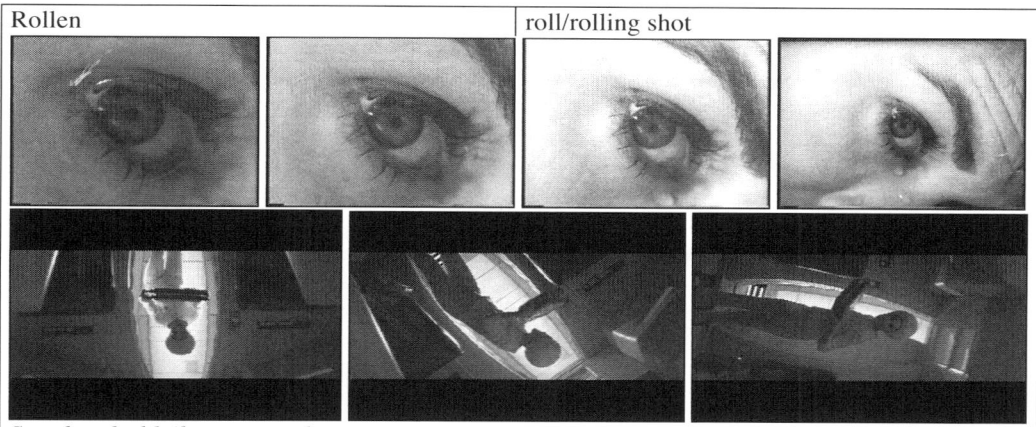

Standpunkt bleibt unverändert, Kamera kippt/rollt mit oder gegen den Uhrzeigersinn um die Blickachse; selten, da verwirrend (wie in Hitchcocks "Psycho" kombiniert mit einem Zooming-out, oder zur Illustration der Schwerelosigkeit in Kubricks "2001: A Space Odyssey")

Kameraachse *Richtung der Kamerabewegung*	camera axis

parallel zur Bildfläche	parallel to screen

erweitert den Blick auf den Schauplatz; holt evtl. Figur ins Bickfeld, erzeugt jedoch keine besondere Bindung oder Distanzierung, da die Entfernung zu dieser Figur gleich bleibt

parallel zur Blickachse	parallel to line of vision
-> *auf Figur/Objekt zu*	-> *towards character/object*

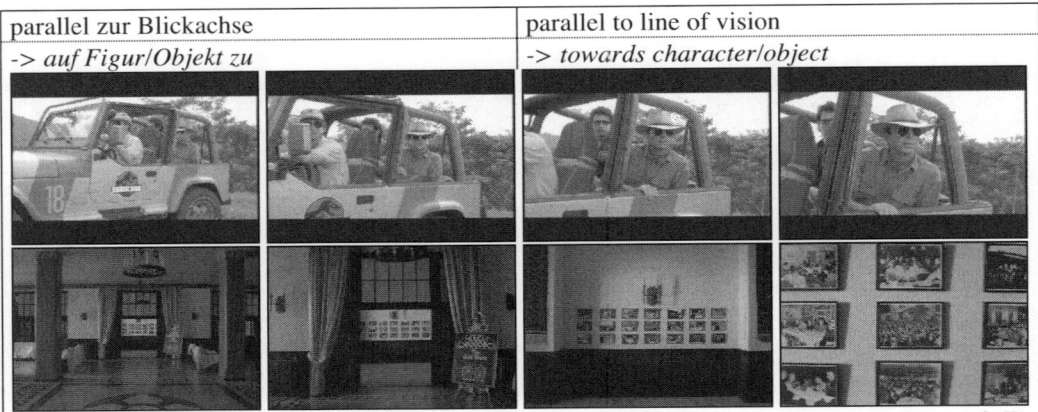

Figur/Objekt wird in Blickraum des Zuschauers geholt; dadurch Konzentration auf Figur/Objekt sowie erhöhtes Interesse (Teilnahme, Sympathie, Identifikation oder Abwehr)

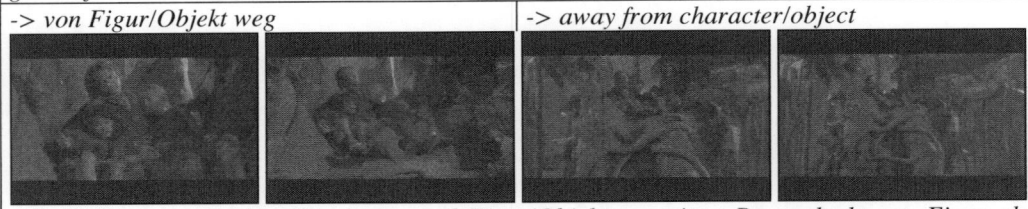

-> *von Figur/Objekt weg*	-> *away from character/object*

schafft Distanz zwischen Zuschauer und Figur/Objekt; erweitert Raum, lenkt von Figur ab, Interesse an Figur lässt nach (hier aus Steven Spielbergs "Jurassic Park")

Achsensprung-Regel	180-degree rule

Kamera sollte gedachte Achse zwischen den Figuren nicht durchqueren; Bruch mit dieser Regel irritiert, da zu schneller Wechsel des Standpunkts; Bild wirkt gespiegelt

Kranaufnahme	crane shot

die Kamera wird durch einen Kran bewegt; erhöht oder reduziert Blickhöhe; erweitert Blick auf Schauplatz oder fokussiert auf Figur in einer Menge (hier "True Lies" und "Titanic")

Handlungsachse:	axis of movement:
Bewegung von Figuren und Objekten (evtl. nur angedeutet durch steigende oder fallende Linien)	

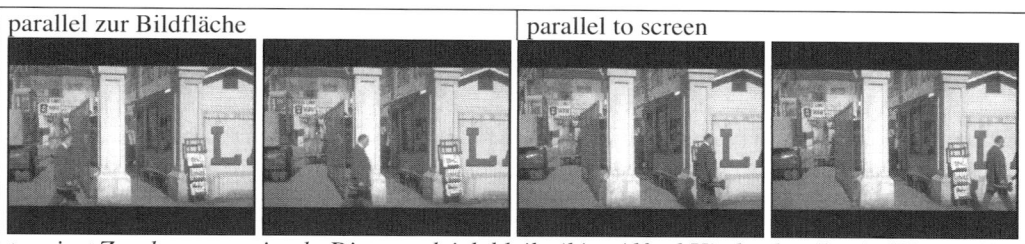

parallel zur Bildfläche	parallel to screen

tangiert Zuschauer wenig, da Distanz gleich bleibt (hier Alfred Hitchock selbst in "Vertigo")

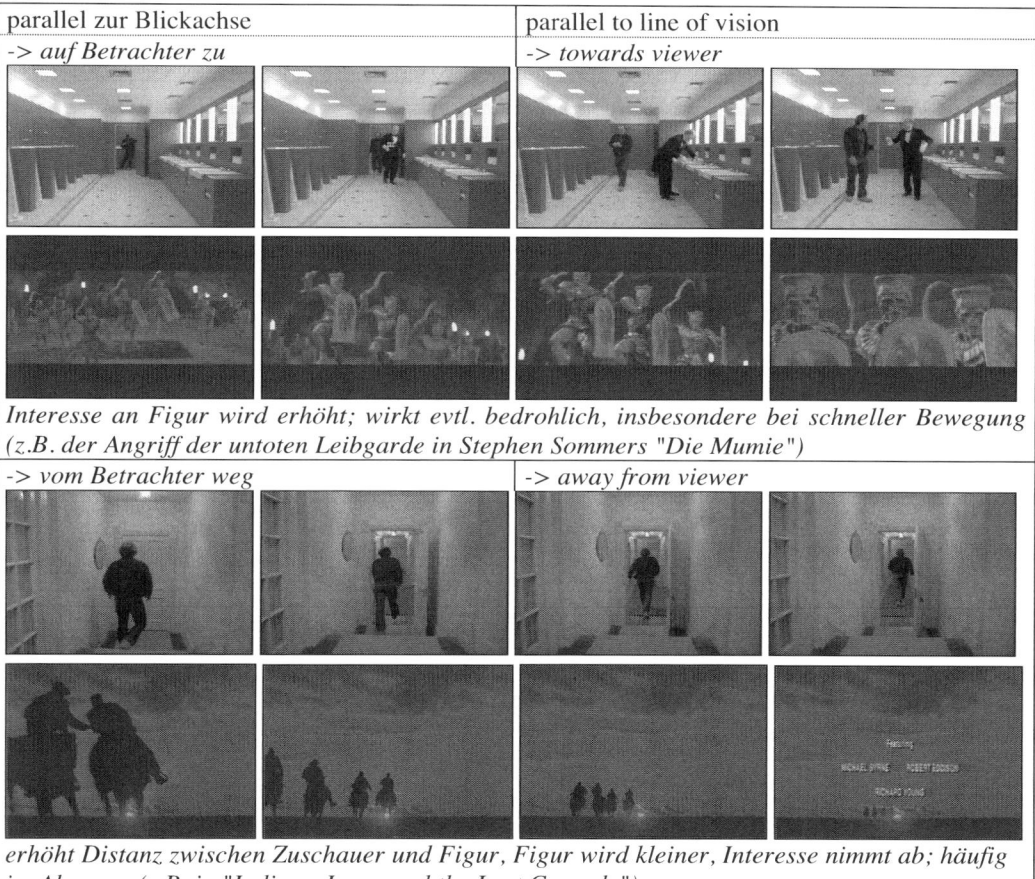

parallel zur Blickachse	parallel to line of vision
-> *auf Betrachter zu*	-> *towards viewer*

Interesse an Figur wird erhöht; wirkt evtl. bedrohlich, insbesondere bei schneller Bewegung (z.B. der Angriff der untoten Leibgarde in Stephen Sommers "Die Mumie")

| -> *vom Betrachter weg* | -> *away from viewer* |

erhöht Distanz zwischen Zuschauer und Figur, Figur wird kleiner, Interesse nimmt ab; häufig im Abspann (z.B. in "Indiana Jones and the Last Crusade")

Kombination von Kamera- und Objektbewegung:	combined movement of camera and objects:
Dramatisierung der Handlung und sinnliche Beanspruchung/Überwältigung des Zuschauers; induzierte Spannung durch besonders intensives, nahezu körperliches Miterleben der Handlung durch den Zuschauer, häufig verlaufen Kamera- und Handlungsachse hierbei parallel	

Kamera + Figur/Objekt parallel zur Bildfläche (Parallelverfolgung)	camera + character/object parallel to screen (parallel tracking shot)
	die Kamera verfolgt z.B. eine Figur, die von links nach rechts läuft; Interesse an der Figur/Handlung wird aufrecht erhalten, jedoch nicht erhöht, da die Distanz gleich bleibt

Kamera rückwärts + Figur/Objekt auf Zuschauer zu	camera backwards + character/object towards viewer

Zuschauer weicht vor Figur/Objekt zurück, empfindet diese als Bedrohung (bzw. nimmt teil an der Bedrohung, welche die Figur empfindet); Verunsicherung, da Rückwärtsbewegung

Kamera rückwärts + Figur/Objekt von Zuschauer weg	camera backwards + character/object away from viewer

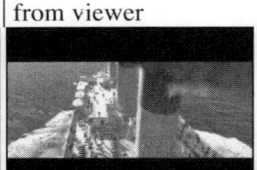

verstärkt Distanzierung von Figur/Objekt; reduziert bzw. isoliert diese (z.B. einen der Protagonisten am Bug der sich entfernenden "Titanic")

Kamera vorwärts + Figur auf Zuschauer zu	camera forward + character towards viewer

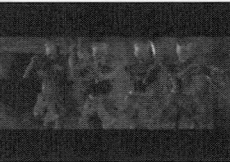

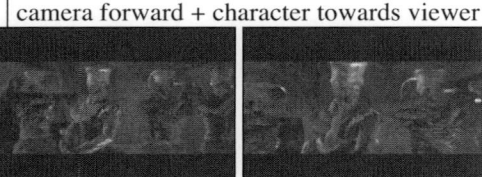

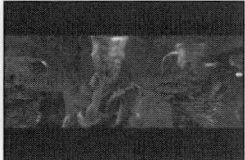

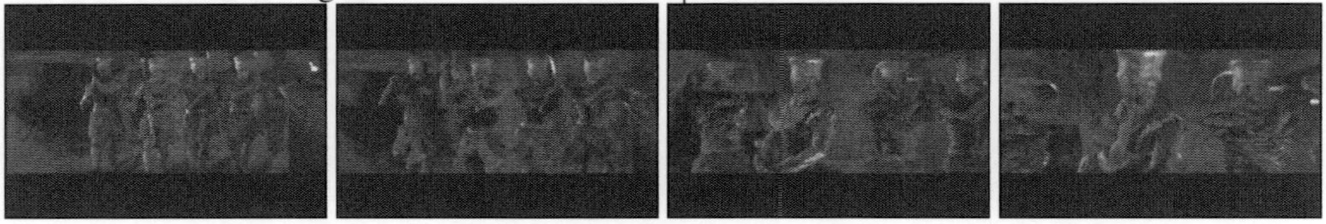

Figur dringt schnell in Nahbereich des Zuschauers ein; meist Schockwirkung, oft auch instinktive Abwehr durch den Zuschauer (hier Fahrt auf die angreifende Leibgarde aus "The Mummy")

Kamera vorwärts + Figur von Zuschauer weg	camera forward + character away from viewer

Zuschauer behält Kontakt zu Figur/Objekt, obwohl diese(s) sich wegbewegt; bewahrt oder verstärkt Interesse an Figur; treibt Figur vor sich her, verfolgt sie

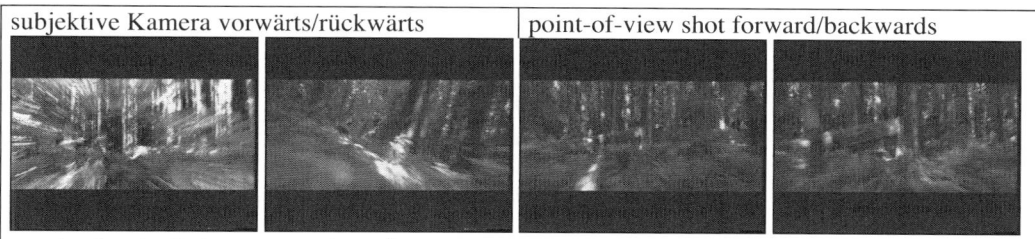

subjektive Kamera vorwärts/rückwärts	point-of-view shot forward/backwards

maximale sinnliche Anteilnahme/Überwältigung (oben die berühmte Hoverspeed-Fahrt aus "Star Wars: The Return of the Jedi")

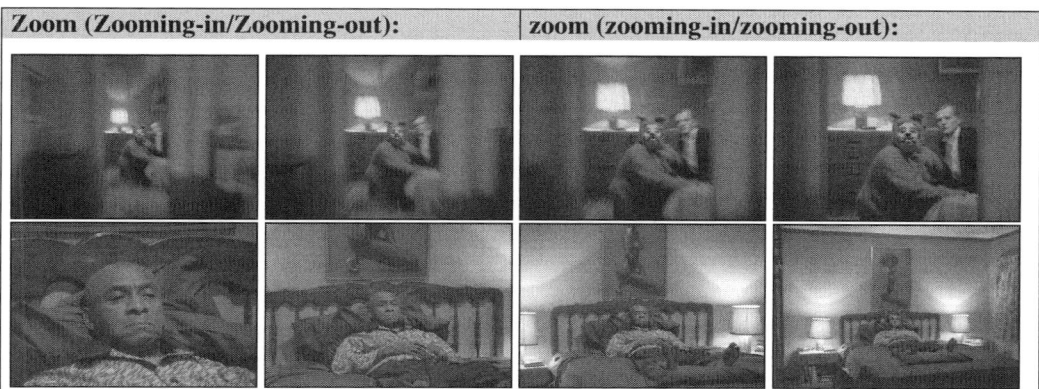

Zoom (Zooming-in/Zooming-out):	**zoom (zooming-in/zooming-out):**

Änderung der Brennweite des Objektivs; ähnlich wie Kamerafahrt, aber Verhältnis von Figur/Objekt zum Hintergrund ändert sich, dadurch Wechsel der Einstellung und veränderte Betonung der Bildelemente

| Zoom + Kamerabewegung | zoom + camera movement |

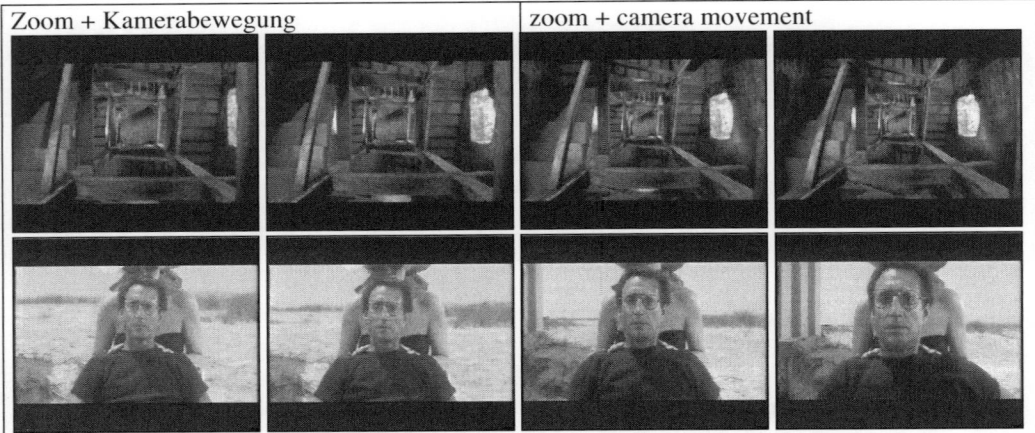

die Kombination von Kamerafahrt und Zoom suggeriert bei genauer Abstimmung einen schreckgeweiteten Blick, wie z.B. den Schwindel in "Vertigo" (obwohl sich die Kameraposition scheinbar nicht verändert, schießt der Boden in die Tiefe); sowie Roy Scheiders Schockblick in Steven Spielbergs "Jaws" (die Kamera fährt heran, aber der Hintergrund weicht zurück)

| **Schärfe:** | **focus:** |

| Schärfenbereich
der Bereich, in dem das Bild scharf ist | depth of field |

| Schärfentiefe vs. geringe Schärfentiefe | deep focus vs. shallow focus
das Bild ist vom Vorder- bis in den Hintergrund scharf oder nur in einem begrenzten Bereich; dient als (recht grobes) Mittel der Akzentuierung; so sind z.B. in "Jurassic Park" die Figuren im linken Bild gleich scharf, im rechten wird die Figur im Vordergrund hervorgehoben |

| Schärfenverlagerung/Fokussieren | rack focusing |

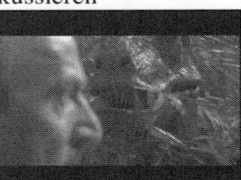

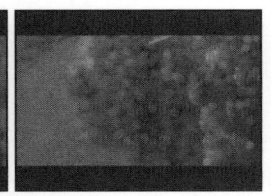

der Schärfenbereich wird zwischen Hinter- und Vordergrund verlagert (hier "Jurassic Park")

| Weichzeichner | soft focus

erzeugt ein weiches, träumerisches Bild; betont und verwäscht Lichtquellen (hier vor dem Start von James Camerons "Titanic") |

Montage/Schnitt:	**montage/editing:**
(einfacher) Schnitt *Umschaltung zwischen einem Bild zum nächsten ohne Übergang*	(simple) cut

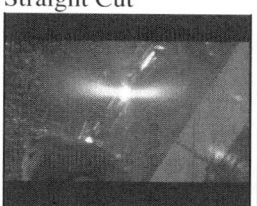

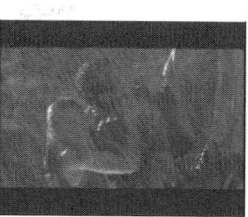

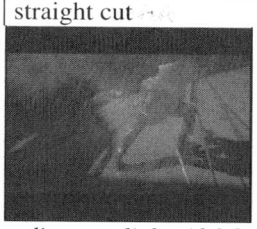

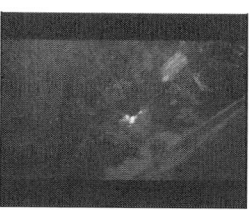

Straight Cut	straight cut

Schnitt zwischen zwei Einstellungen, der sich an die natürliche Abfolge der Geschehnisse hält, d.h. die zeitliche und räumliche Kontinuität aufrechterhält bzw. eine solche suggeriert (hier drohen zwei Figuren in "Jurassic Park" von einem Auto erschlagen zu werden; zunächst sieht man den Wagen am Rand der Steilwand; dann die bedrohten Figuren; dann das Gelingen des Rettungsversuchs; und zuletzt den Wagen, der an ihnen vorbei in die Tiefe saust

Jump Cut	jump cut

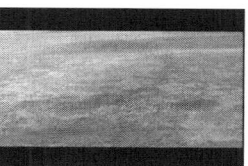

Jump Cuts zeigen eine Bewegung nur in Ausschnitten und heben so die zeitliche oder räumliche Kontinuität auf (hier der Flug aus "Out of Africa", der tatsächlich wohl mehrere Stunden gedauert hätte); selten, da den natürlichen Ablauf und damit den Realismus durchbrechend

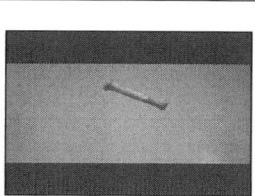

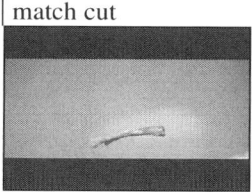

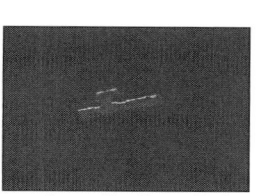

Match Cut	match cut

Verbindung zweier Szenen durch visuelle, akustische oder inhaltlich-strukturelle Parallelen; der wohl berühmteste Match Cut ist der Schnitt vom fliegenden Knochen zur Raumstation in Kubricks "2001: A Space Odyssey"

Mehrfachbild	split screen

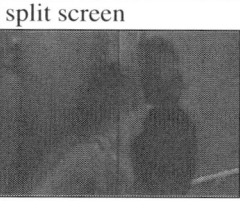

das Bild ist in mehrere Teilbilder aufgeteilt, die zugleich verschiedene Aktionen oder eine Aktion aus verschiedenen Perspektiven zeigen (hier besonders trickreich in "The X-Files: Triangle": das Bild ist mittig gespalten in Vergangenheit und Zukunft; als die beiden Versionen der Agentin Scully die Bildmitte überqueren, werden beide Zeitebenen vertauscht; und sie bemerkt "etwas")

Rückblende			flashback	

meist zeitlich begrenzte Einblendung einer Figur/Handlung, oft zur Jetzt-Handlung kontrastiert, z.B. durch Überblendung oder Gestaltung in Schwarz-Weiß; eher selten, da der Wirkung des real ablaufenden Geschehens zuwiderlaufend (in obiger Bildreihe zeigt die Rückblende die Erinnerung der Madeleine an den Mord in "Vertigo"; die untere Reihe entstammt David Finchers "The Game", der mit einer Rückblende beginnt)

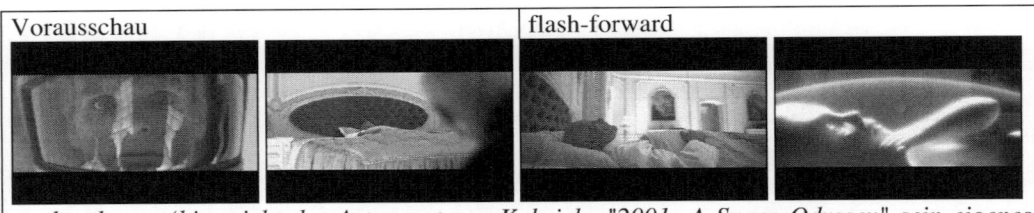

Vorausschau		flash-forward	

noch seltener (hier sieht der Astronaut aus Kubricks "2001: A Space Odyssey" sein eigenes gealtertes Ich, und anschließend seine Verjüngung)

Überblendung		dissolve/cross-fade	

Kombination von Auf- und Abblendung, durch die alte und neue Einstellung graduell ineinander übergehen; veranschaulicht häufig zeitlichen oder räumlichen Abstand zwischen Einstellungen; so wird z.B. aus der versunkenen "Titanic" das neue Schiff im Hafen von Southampton

Aufblende	fade-in

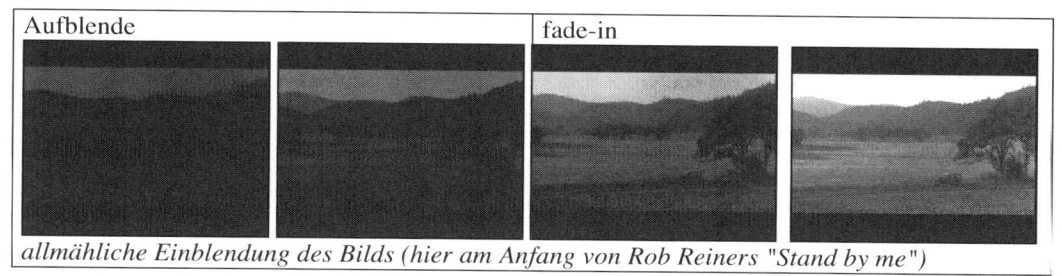

allmähliche Einblendung des Bilds (hier am Anfang von Rob Reiners "Stand by me")

Abblende	fade-out

allmähliche Ausblendung des Bilds (oder eines Bildteils, einer Figur; hier in "Stand by me")

Wischblende	wipe

die alte Einstellung wird von der neuen aus dem Bild "gewischt" (häufig bei "Star Wars", z.B. hier in "Episode 1: The Phantom Menace")

Iris-Blende	iris in, iris out

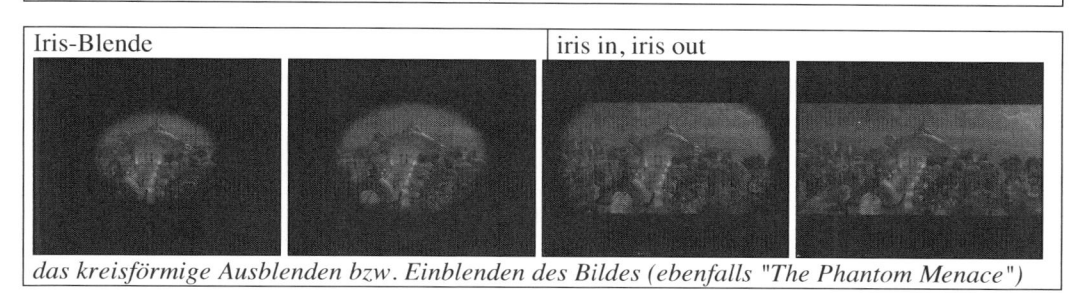

das kreisförmige Ausblenden bzw. Einblenden des Bildes (ebenfalls "The Phantom Menace")

Schärfenblende	focus in, focus out

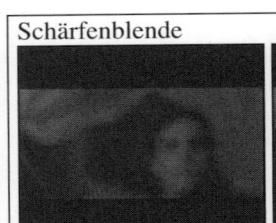

das Bild wird am Beginn bzw. Ende einer Schnittsequenz allmählich scharf bzw. unscharf (hier aus Ridley Scotts "Gladiator")

Parallelmontage/Kreuzschnitt	parallel montage/parallel action/cross-cutting

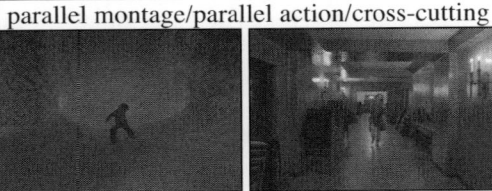

Zusammenschnitt zweier (oder mehrerer) simultan ablaufender Handlungen, z.B. durch Hin- und Herschalten zwischen Jäger und Gejagtem bei einer Verfolgungsjagd; vermittelt dem Zuschauer den Eindruck, an mehreren Orten gleichzeitig zu sein; dynamisiert, erhöht Spannung

Einblendung	insert

kurze Einblendung, die eine für die Handlung wichtige Information liefert; typisch: während eine Bombe entschärft wird (hier bei James Bond: "The World is Not Enough"), sieht man mehrfach die ablaufende Zeitschaltuhr der Zündung

Klappe	clapper board

gibt beim Drehen einer Szene ein Signal, das später die genaue Synchronisation von Bild- und Tonspur ermöglicht

visuelle Effekte:	**visual effects:**

Zeitlupe	slow motion/slomo

betont Geschehen durch Brechung des natürlichen Ablaufs; dramatisiert, verdeutlicht Details

Standbild	freeze frame

überdeutliche Betonung; wirkt oft extrem verfremdend, da auch Zuschauer "angehalten" wird

Zeitraffer	fast motion/time-lapse

dynamisiert Handlungen, verzerrt, verwirrt

Hintergrundbild/-maske	matte painting

Bild, das als Hintergrund einer Szene dient und hierzu in den Film einkopiert wird

Überlagerung	superimposition/overlay
die Überlagerung zweier Bilder bzw. Filmsequenzen	

Blue Screen	blue screen
eine Handlung wird vor blauem Hintergrund aufgenommen und dieser schließlich durch einen anderen, gefilmten, gezeichneten oder computergenerierten Hintergrund ersetzt	

Auf-/Rückprojektion	front/rear projection
die Darsteller spielen vor einer Leinwand, auf die ein Hintergrundfilm oder –bild projiziert wird	

Animation	animation
das Beleben von Objekten, vor allem um diese als lebende Figuren erscheinen zu lassen; die gängigsten Mittel sind der Zeichentrick, die -> Computeranimation und die -> Stopmotion-Technik	

Stopmotion-Technik	stop-motion photography
die Animation von Objekten bzw. Figuren durch das Aneinanderreihen von Einzelbildaufnahmen, zwischen denen das Objekt oder die Figur von Hand verändert wurde (z.B. in Position oder Haltung); die Technik, durch welche Knetfiguren wie "Wallace and Gromit" zum Leben erwachen	

Computeranimation/-grafik	computer-generated animation/image (CGI)
die Animation mit Hilfe des Computers; zur Erzeugung belebter Hintergründe, Schauplätze oder Figuren (z.B. in "Jurassic Park", wo die Position der Dinosaurier genau an die Blickrichtung der Figuren angepasst wurde, und in "The Phantom Menace", wo zunächst ein realer Schauspieler agierte und dann vollständig durch eine Computerfigur ersetzt wurde)	

Morphen	morphing
Computereffekt, bei dem sich z.B. ein Gesicht in ein anderes verwandelt, während der Rest der Einstellung bestehen bleibt; der "T 1000-Effekt" (die Verwandlung des "flüssigen" Terminators in "Terminator 2")	

TON	SOUND
Geräusche, Geräuscheffekte	**sounds, sound effects, noise**
Hintergrundgeräusche *unterstützen Atmosphäre, Realismus*	background noise
Symbolgeräusche *z.B. Donnergrollen für Bedrohung/Dramatik, Vogelgezwitscher für Idylle*	symbolic sounds
verbindende Geräusche/Motivgeräusche *Geräusche als verbindende Klammern zwischen Bildern bzw. Bildsequenzen*	connecting sounds
synchron *vs.* asynchron *Quelle im Bild sichtbar vs. nicht im Bild sichtbar*	synchronous *vs.* asynchronous
diegetisch *vs.* nicht-diegetisch *Geräusche aus der Filmwelt vs. nicht aus der Filmwelt kommend (z.B. Filmmusik)*	diegetic *vs.* non-diegetic
Position, Richtung *Position der Klangquelle bzw. Richtung, aus der die Geräusche kommen; erfordert Stereo, besser noch Dolby-Surround-Sound bzw. vergleichbare Systeme*	position, direction
Bewegung der Klangquelle *verstärkt Realismus und Dynamik des Bildes*	movement of sound source
Einblendung/Ausblendung *Ton beginnt sehr leise und wird langsam laut bzw. klingt allmählich aus*	fade-in/fade-out
Synchronisation *offenbart im Grunde Künstlichkeit des Films und wirkt damit dem Anschein des Realismus entgegen; wird aus Gewohnheit meist aber nicht wahrgenommen*	dubbing
Geräusche, Geräuscheffekte	**music/score/soundtrack:**
Begleitmusik *hauptsächlich instrumental; akustischer "Rahmen"; versieht Bilder mit emotionaler Qualität, verstärkt durch Bilder hervorgerufene Stimmungen; vom Zuschauer meist nicht bewusst wahrgenommen, dann auch am wirksamsten; durch Herausbildung von Mustern bzw. akustischen "Tableaus" Chance für effektive, möglichst unbemerkte Einwirkung auf Zuschauer; allerdings auch Risiko der stereotypen Wirkung*	incidental music
synchron *vs.* asynchron *Quelle im Bild sichtbar (selten, z.B. "Titanic"-Kapelle) vs. nicht sichtbar (häufigster Modus)*	synchronous *vs.* asynchronous
diegetisch *vs.* nicht-diegetisch *Geräusche aus der Filmwelt vs. nicht aus der Filmwelt kommend (z.B. Filmmusik)*	diegetic *vs.* non-diegetic
Aspekte der Harmonielehre *Harmonie = Bezug der gleichzeitig gespielten Töne untereinander*	aspects of harmonic theory

Melodie	melody

abhängig von der Auswahl der Töne aus Tonleitern (Dur- bzw. Moll-Tonleitern); Folge der nacheinander gespielten Töne

Rhythmus	rhythm

zeitliche Gliederung der Tonfolge, bestimmt durch Takt und Metrum, d.h. durch Wechsel der Tondauer und –stärke; horizontale Kategorie

tonal *vs.* atonal	tonal *vs.* atonal

tonal (= an Klangzentrum ausgerichtet) wirkt normal, stimmt Zuschauer auf Bilder ein, und verringert Distanz des Zuschauers zum Geschehen; atonal (= vom Klangzentrum wegbewegend, die Regeln der Harmonielehre nicht beachtend) wirkt unnormal, verstört/beunruhigt Zuschauer, schafft Distanz

konsonant *vs.* dissonant	consonant *vs.* dissonant

strenggenommen ist diese Unterscheidung nur bei tonaler Musik möglich, da atonale Musik kein Klangzentrum hat und daher auch keine Abweichung von einem solchen Zentrum existieren kann bzw. keine Bezüge und Verwandtschaften zwischen einzelnen Klängen vorliegen; Konsonanz (= Zusammenklang klangverwandter Töne) wirkt harmonisch, gelöst, suggeriert Ruhe; Dissonanz (= Zusammenklang nicht klangverwandter Töne) bewirkt Anspannung, strebt nach Auflösung; erzeugt dadurch Spannung, Unruhe, Dramatik

Instrumentierung/Instrumentation	instrumentation

z.B. Streicher für Romantik oder Angst ("Psycho"), Trommeln für Dynamik, Fanfare als Signal

Tonhöhe	pitch

Tondauer	duration

Lautstärke	volume

Klangfarbe	tone colour

Leitmotiv	leitmotif/leitmotiv

verbindende Klammer zwischen Bildern, Bildsequenzen, Figuren und Handlungen

Songs	songs

häufig als Emotionsspitzen sowie Mittel zur Vermarktung des Films

DARSTELLUNG — PERFORMANCE

elementares Mittel der filmischen Erzählung; starker Einfluss durch Wirkung des Darstellers (Geschlecht, Alter, Physiognomie, Mimik, Gestik, Sprechweise, Charisma, Sex-Appeal etc.) und Darstellungsweise

Darstellungsweise	mode of performance

bestimmt die Kategorien der Darstellung wie -> Sprechen, Mimik, Gestik und Bewegung

kohärent/ganzheitlich	coherent

das Bemühen, die Darstellung als zusammenhängenden Ablauf erscheinen zu lassen (auch wenn sie aus separat gefilmten Einstellungen/Takes zusammengesetzt ist)

authentisch/mimetisch, intensiv	authentic/mimetic, intense
möglichst täuschend echte Nachahmung der Wirklichkeit; der Darsteller versucht, echte Gefühle überzeugend nachzuahmen; vermittelt dem Zuschauer die Illusion, einem real ablaufenden Geschehen beizuwohnen; Emotionen werden gerade so intensiv gespielt, dass sie den Zuschauer fesseln, aber nicht auf die Darstellung selbst aufmerksam machen	

Method Acting	Method Acting
das von Stanislawski und Straßberg entwickelte "Method Acting" zielt auf größtmögliche Authentizität der Darstellung: der Darsteller versetzt sich bestmöglich in die Situation der von ihm gespielten Figur und durchlebt deren Gefühle, statt sie nur nachzuahmen bzw. zu spielen	

extensiv/übertrieben	extensive/exaggerated
überspitzte, ausladende, pathetische Darstellung, die nicht mehr realistisch wirkt und damit die Illusion der Authentizität des Geschehens zerstört	

verfremdend	alienating
der Darsteller macht bewusst, dass er nur eine Rolle spielt, um zum distanzierten Beobachten und kritischen Nachdenken anzuregen (vgl. Brechts Episches Theater)	

Sprechweise	way of speaking
vermittelt in erster Linie Stimmung und Haltung der Figur; charakterisiert Figur indirekt auch bzgl. Herkunft, Intellekt und Bildungsstand (Artikulation, Akzentuierung, Dialekt)	

Mimik und Gestik/Körpersprache	facial expressions and gestures/body language
belebt Darstellung; unterstützt die Wirkung des Sprechens, des gesprochenen Textes und die darin vermittelte Verfassung/Intention; oder läuft ihr zuwider und erzeugt Zweifel am Gesagten	

Bewegung	movement
siehe -> Handlungsachse	

SPRACHE UND TEXT — SPOKEN AND WRITTEN WORDS

hier unter Ton- und Bildaspekt gesehen, d.h. zusätzlich zu bekannten Kriterien wie Wortwahl, sprachlichen Stilmitteln, Dialekt, Soziolekt etc.

Dialog	dialogue
der gesprochene Text	

on *vs.* off	on *vs.* off
Sprecher im Bild vs. Sprecher nicht im Bild	

Erzählerkommentar	voice-over
nicht sichtbarer Sprecher kommentiert das Bild bzw. Geschehen, um Hintergrundinformationen zu liefern bzw. eine Grundstimmung zu erzeugen; meist im Rückblick; unterläuft dann die (vermeintliche) Objektivität des Bildes und stört den Eindruck des Zuschauers, an einer aktuell ablaufenden Handlung teilzunehmen; daher selten	

Stimmeffekte	vocal effects
Hall, Dämpfung, Verzerrungen	

Vor- und Nachspann	credits
liefern im Vorspann die wichtigsten und im Nachspann die kompletten Produktionsdaten	

Zwischentitel	title link/title card
	strukturiert Handlung, suggeriert Ordnung, Authentizität des Geschehens

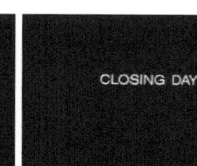

Texteinblendung	text insert
	meist Informationen über Ort und Zeit der Handlung, unterstützt Realismus, suggeriert Authentizität (besonders typisch in Chris Carters "X-Files")

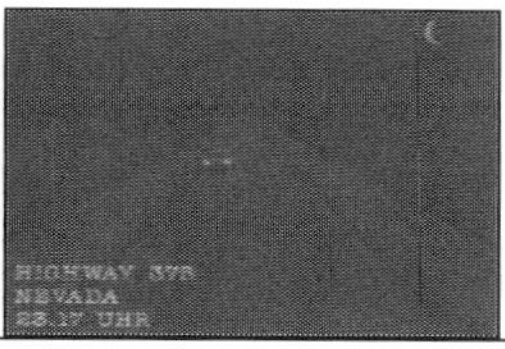

Untertitel	captions/subtitles

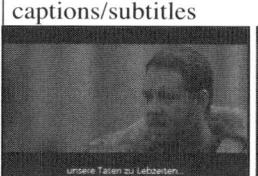

liefern den Text bzw. die Übersetzung des gesprochenen Textes (hier aus "Gladiator")

DRAMATURGIE — DRAMATIC STRUCTURE

Akt	act
die größten Einheiten, in die sich eine Filmhandlung gliedern lässt; abgegrenzt durch -> Plot Points	

Sequenz	sequence
die kürzeren und zeitlich/räumlich/inhaltlich zusammenhängenden Einheiten, die einen Akt konstituieren	

Szene	scene
mehrere Einstellungen, die sich in einem relativ kurzen Zeitabschnitt sowie an einem einzigen, begrenzten Ort abspielen	

Plot/Haupthandlung	plot
der zentrale Handlungsstrang, der mit der Auslösung des zentralen Konflikts beginnt und mit dessen Auflösung endet; er thematisiert die Auseinandersetzung des Protagonisten mit dem Antagonisten bzw. der antagonistischen Kraft und konzentriert sich dabei auf die Darstellung von Handlungen	

Plot Point/Handlungswendepunkt	plot point
wirft eine Frage auf, deren Beantwortung sich über mehrere andere Wendepunkte hinaus erstreckt; wendet die Handlung in eine neue Richtung, z.B. weil der Protagonist das bisherige Teilziel erreicht oder nicht erreicht hat; bringt häufig einen Wechsel von Schauplatz und Zeit mit sich; es folgt eine Ruhephase, nach der die Spannung höher steigt als zuvor	

Subplot/Nebenhandlung	subplot
ein Handlungsstrang, der kürzer ist als der Hauptplot (z.B. früher endet) und dessen Ausgang weniger folgenreich für die Handlung ist; meist thematisiert ein Subplot die Beziehung des Protagonisten zu Nebenfiguren	

Exposition	exposition
stellt die Welt vor, in der die Geschichte spielt; liefert grundlegende Informationen über Figuren, Ort und Zeit der Handlung, so dass der Zuschauer den Konflikt verstehen kann; beantwortet die dringendsten Fragen, die ein Zuschauer stellt, um der Filmhandlung folgen zu können	

Hook	hook
Szene bzw. Sequenz am Beginn des Films, die den Zuschauer emotional besonders stark anspricht und an den Film, insbesondere den Protagonisten bindet; weckt zugleich Erwartungen in Bezug auf den weiteren Verlauf der Handlung und ihren Ausgang, die der populäre Film weitestmöglich erfüllen soll	

Angriffspunkt/Point of Attack	point of attack
das Ereignis, das den Protagonisten vor das zentrale Problem stellt und dadurch den zentralen Konflikt auslöst	

Höhepunkt	climax
der kausale Höhepunkt liegt dort, wo das zentrale Problem gelöst wird; meist ist aber der Moment gemeint, in dem der intensivste Kampf zwischen Protagonist und Antagonist stattfindet; im Mainstream-Film fallen diese Momente zusammen	

Bei der Einführung in die Filmanalyse wird man die hier *in cumulo* versammelten Begriffe **schrittweise erarbeiten**, d.h. anhand einer bestimmten Szene in der Hauptsache die Kameraperspektive und -einstellung untersuchen, während man eine andere Szene auf ihre Montage oder Lichtgestaltung hin betrachtet. Die Ausführlichkeit der Liste soll dem Lehrer helfen, möglichst jede Frage zu beantworten, die sich im Unterricht ergibt. Spezifische Fachbegriffe der Filmproduktion (im Sinne des Herstellungsprozesses), die für die Analyse von Funktion und Wirkung filmischer Mittel keine Rolle spielen, wurden nicht aufgenommen.

4. Ideen für Unterrichtsreihen

4.1 Die Behandlung von Filmen im Unterricht

4.1.1 Phasierungsmodell

> 1. Einstieg
> 2. Analyse des Films nach Sequenzen
> 3. Leitmotive, Dramaturgie
> 4. Bewertung, Kritik
> 5. eventuell: Aufarbeitung (Trailer, Poster)
> 6. Klassenarbeit, Klausur, Abitur

Unabhängig von der Gestaltung der konkreten Filmbesprechung scheint es zumindest in der allerersten Unterrichtssequenz zum Thema Filmanalyse erforderlich, das Medium auf einer Metaebene zu beleuchten, d.h. die Rezeption von Filmen und ihre Risiken, die Frage nach einer Filmlesefähigkeit und prägnante Beispiele von Medienkritik zu besprechen, wie es das in Kapitel 2 vorgelegte Unterrichtsmodell zu *The Shining* vorschlägt. Der **Einstieg** in die Untersuchung des konkreten Films erfolgt mit Blick auf die Thematik. Hier können z.B. **Erwartungen** angesichts des Titels oder des Filmgenres gesammelt werden. Letzteres erscheint vielleicht auf den ersten Blick problematisch, da Gattungsgrenzen nie eindeutig gezogen werden können, doch kann sich gerade hieraus ein weiterer Erkenntnisgewinn ergeben (führt man z.B. *The Shining* als Horrorfilm ein, muss man schließlich feststellen, dass die genreüblichen Erwartungen nicht erfüllt werden). In jedem Fall sollten Erwartungen oder Assoziationen festgehalten werden, um am Ende der Besprechung noch einmal als Vorlage oder Kontrastbild zu den Ergebnissen der Unterrichtssequenz dienen zu können.

Ebenso kann auf bereits besprochene Texte bzw. Spielfilme mit verwandtem Thema zurückgegriffen werden, z.B. wenn der zu behandelnde Film Element einer Reihe (z.B. zum Thema Thriller) ist, oder wenn im Unterricht *Homo faber* gelesen wurde und nun z.B. David Finchers Thriller *The Game* besprochen werden soll. Da allerdings diese thematische Verbindung zu bereits behandelten Stoffen im Voraus nur vom Lehrer hergestellt werden kann, wirkt ein entsprechender Hinweis zugleich als lenkender, die Rezeption der Schüler vorprägender Impuls.

Für die konkrete Behandlung eines Spielfilms stellt sich wie bei einer Ganzschrift die Frage, ob der "Text" **verzögert oder vollständig** rezipiert werden soll, d.h. ob die Schüler den Film in Abschnitten oder vollständig sehen sollen. Die Vor- und Nachteile beider Ansätze sind in folgendem Schema kurz zusammengefasst:

verzögert	<->	*vollständig*
kognitiv-analytischer Zugriff, Distanz		*sinnliches Erfahren, Miterleben*
kleinschrittig		*Zugriff auf gesamte Handlung*
vielfältige Anlässe zur Äußerung von Eindrücken		*erneutes Ansehen erforderlich*
Spannung bleibt erhalten		*dabei kaum Spannung*
Möglichkeiten zur Vorausspekulation		*evtl. Motivationsverlust*
Bewusstmachen des Rezeptionsprozesses		
Bewusstmachen des Interpretationsprozesses		
schrittweise Erschließung der Filmsprache		

Die **vollständige Präsentation** eines Films macht den tatsächlichen Rezeptionsprozess für die Schüler direkt erfahrbar. Dieser vermeintliche Vorteil wird jedoch durch die mangelnde Effizienz dieses Verfahrens aufgehoben, da der Film zur gründlichen Betrachtung und Analyse erneut in Abschnitten (mit mehrfacher Wiederholung) gesehen werden muss. Zwar könnte man argumentieren, dass sich die Schüler nach vollständiger Rezeption des Films im Folgenden ganz auf die Analyse konzentrieren können, weil sie nicht mehr durch die Spannung abgelenkt sind. Andererseits kann es ermüdend wirken, die Wirkung eines Films zu untersuchen, dessen Ausgang man kennt.

In der **verzögerten Behandlung** eines Spielfilms lassen sich die Stilmittel, ihre Wirkung, die Entwicklung der Spannung und damit der gesamte Rezeptions- und Interpretationsprozess bewusst machen, indem Deutungsansätze formuliert, überprüft, verworfen oder modifiziert werden. Der verzögerte Rezeptionsansatz entspricht damit dem unterrichtlichen Anspruch, Filme nicht zum sinnlichen Genuss zu präsentieren, sondern ihre Wirkungsprinzipien zu ergründen, die nicht nur erfahren, sondern *erkannt* und erklärt werden sollen. Da ein Film im Detail untersucht werden muss, liegt kaum ein Gewinn darin, wenn Schüler den Film bloß in seiner Gesamtwirkung erleben, da sie sich anschließend an Einzelheiten im Strom der Eindrücke oft nur unzureichend oder gar nicht erinnern können.

Es erscheint daher sinnvoller, zunächst einen **Filmausschnitt** zu erleben, d.h. seine Wirkung erst zu erfahren und dann durch erneutes (mehrfaches) Ansehen zu erschließen, Stilmittel und Struktur detailliert zu erarbeiten und die Bedeutung für den bisherigen und weiteren Handlungsverlauf zu bestimmen. Zudem ist der Spielfilm in seiner üblichen Ausprägung eine extrem spannungsorientierte Erzählform. Auch wenn der Griff nach der Stopptaste, d.h. der Eingriff in den Rezeptionsprozess anfänglich schwer fällt, empfinden Schüler die sequenzweise Besprechung eines Films, die grundsätzlich unverzichtbar ist, als spannender, wenn sie den Ausgangs des Films *nicht* kennen. Die Untersuchung sollte ohnehin nur anhand solcher Sequenzen kleinschrittig vollzogen werden, die von zentraler Bedeutung und filmanalytisch besonders ergiebig sind.

Auf die vollständige Erstrezeption kann ausgewichen werden, wenn der zu behandelnde Film nur zur Ausweitung einer Thematik gesehen wird, also bereits eine ausführliche filmanalytische Besprechung mindestens zweier anderer Filme stattgefunden hat, wodurch eine recht breite Kenntnis der Kategorien und Stilmittel der Filmsprache gesichert sein sollte.

Die Analyse in Abschnitten stellt somit das Kernstück der Behandlung eines Spielfilms im Unterricht dar. Die **Ergebnisse der Untersuchung** sollten schriftlich **dokumentiert** werden. Der in der Sekundärliteratur häufig verwendete Begriff des "Filmprotokolls" ist insofern irreführend, als eine ausführliche Aufzeichnung des Inhalts und der filmischen Mittel im Unterrichtsgespräch nicht notwendig ist, da das Video bzw. die DVD zur Verfügung steht. Es ist sinnvoller, sich auf die **Dokumentation der Untersuchung***ergebnisse* zu beschränken, wobei auch die entscheidenden Handlungsschritte und Dialoge aufgenommen werden, da die Wirkung der beobachteten Stilmittel schließlich nur im Hinblick auf den Inhalt beschrieben werden kann. Weil sich die Formalanalyse ohnehin **auf die filmischen Mittel beschränken sollte, die eine hinsichtlich des Inhalts spezifizierbare Wirkung entfalten**, erscheint ein vorgefertigtes Kategorienraster, wie es mancher Entwurf für ein "Filmprotokoll" vorsieht,[294] wenig sinnvoll. Zum einen müssen Schüler mehr Kategorien kennen und anwenden können als nur "Einstellung", "Perspektive" und "Kamerabewegung"; ein dementsprechend vorgefertigtes Raster wirkt eher einengend. Zum anderen schärft es weder das analytische Auge noch das interpretatorische Geschick der Schüler, wenn sie zu jeder Sequenz Einstellung und Perspektive etc. festhalten (nach dem Motto "Was blüht denn da?"), solange diese nicht von einer besonderen Wirkung sind, die sich auf den Inhalt beziehen lässt. Auch diesbezüglich ist der Begriff des "Protokolls" problematisch, da er die Gefahr der reinen Beschreibung mit sich bringt.

---

[294] siehe z.B. Günter Lange: Film- und Fernsehspiel im Unterricht. *in:* Taschenbuch des Deutschunterrichts. Schneider Verlag, Baltmannsweiler 1994[5]. S. 693 ff.

Solange Schüler bei der Analyse zu Hause oder in der Klausur nicht auf den Film selbst zurückgreifen können, muss die eigenständige, ungelenkte Aufzeichnung der elementaren Handlungsschritte, Aussagen und Stilmittel auch im Unterricht geübt werden. Schüler sollten von der ersten vorgespielten Sequenz an dazu angehalten werden, Aufzeichnungen zu machen, nicht zuletzt um zu verhindern, dass Schüler sich in die "Kino"-Haltung begeben. Hin und wieder sollte eine Sequenz **mehrfach ohne zwischengeschaltete Sammlung oder Besprechung vorgespielt** werden, wie es sich auch für Klausuren oder Abiturprüfungen empfiehlt. Die Schüler lernen so, ihre **Aufzeichnungen** sukzessive zu ergänzen und zu **präzisieren** sowie den **Aufzeichnungsvorgang** selbst zu **trainieren** und zu **rationalisieren**. Erst nach dem dritten oder vierten Abspielen der Sequenz werden die Ergebnisse dann im Unterricht gesammelt und erörtert, so dass die Schüler ihre Beobachtungs- und Aufzeichnungskompetenz bis zu einer abschließenden Lernerfolgskontrolle (siehe Abschnitt 4.1.2) festigen können.

Im Anschluss an die Detailanalyse lassen sich sowohl die **Leitmotive** als auch die **Dramaturgie** des Films abschließend untersuchen. Letzteres sollte im Rückgriff auf die Arbeiten Jens Eders und Christopher Voglers (siehe Kapitel 2.6) sowie im Vergleich zu bisher behandelten Filmen und Ganzschriften erfolgen. Die Betrachtung der Leitmotive, die **abschließende Deutung** des Films und die **Einordnung der Filmintention** gewinnt, wenn man schon hier entsprechend ergiebige **Rezensionen** einbezieht. Auf der Basis einer derart fundierten Untersuchung und ihres hierdurch erworbenen Expertenwissens können die Schüler schließlich zu einer **eigenen kritischen Bewertung** des Films gelangen. Als echte Kenner eines Films können die Schüler auch in gewinnbringender Weise **kreativ** werden (siehe Abschnitt 4.1.3).

4.1.2 Lernerfolgskontrollen

Der Lernerfolg lässt sich zunächst im Verlauf der Detailanalyse prüfen. In zunehmendem Maße sollten die Schüler **Sicherheit in der Anwendung des filmanalytischen Fachvokabulars** gewinnen. Diese Sicherheit sollte nicht nur im **Unterrichtsgespräch** eingefordert, sondern auch durch **Testläufe** kontrolliert werden, indem die Schüler eine Sequenz zunächst mehrfach sehen, ihre Aufzeichnungen selbstständig optimieren (s.o.) und Sequenzen schließlich möglichst eigenständig, also ohne Moderation des Lehrers, besprechen. Über die Hausaufgaben sollte auch die Verschriftlichung trainiert werden.

Eine abschließende Kontrolle des Lernerfolgs stellen wie in herkömmlichen Unterrichtssequenzen **Klassenarbeiten, Klausuren** und nicht zuletzt die mündliche wie schriftliche **Abiturprüfung** dar. Im Rahmen dieser Überprüfung kann man z.B. Sequenzen analysieren lassen. Hierzu wird der entsprechende Filmausschnitt zunächst mehrmals (mindestens dreimal) gezeigt; die Schüler machen hierbei Notizen und analysieren den Ausschnitt anschließend in schriftlicher Form, wobei sie ihn zunächst in den Kontext der ihnen bekannten Filmhandlung einordnen und sodann unter Anwendung der Fachterminologie inhaltlich und formal analysieren. Denkbar ist auch die **Analyse einer Rezension** mit anschließender, auf der ausführlichen Besprechung des Films gründenden **Stellungnahme**, ebenso wie das Verfassen einer **eigenen Filmkritik** oder kreativer Texte.

4.1.3 Schülermotivation und -aktivierung

Es steht außer Frage, dass Schüler bei der Besprechung von Filmsequenzen hinreichend "aktiv" werden können. Der Zugang zu einem Medium, das die **Sinne derart stark anspricht** wie der Film, fällt üblicherweise leicht, so dass Schüler sich nicht nur in Spontanphasen, sondern auch bei der detaillierten Untersuchung einzelner Sequenzen gut einbringen können. Da das Unterrichtsgespräch sich aber nicht auf die Beschreibung von Wirkungen beschränken darf, kann man von der Schülermotivation mit Blick auf die gesamte Reihe keine Wunder erwarten; sobald es in die Analyse geht, herrschen bei der Beteiligung meist wieder "normale" Verhältnisse. Damit Schüler hier nicht in ein **Motivationsloch** fallen, muss ihnen vom ersten Moment der Reihe an klar sein, dass die Beschäftigung mit einem Spielfilm *Unterricht* sein wird.

Interessanterweise liefert die Behandlung eines Spielfilms meist **neue Informationen über die Schüler als Lerntypen**: So wird man feststellen, dass manche Schüler sich in der Untersuchung bewegter Bilder aufgrund ihrer visuellen Wahrnehmungsfähigkeiten aktiver und geschickter zeigen als in der Analyse von Printtexten, während wieder andere sich damit schwer tun, aus dem Strom der Eindrücke aufzutauchen und jene distanzierte Haltung aufzubauen, die für die Analyse und kritische Betrachtung so wichtig ist.

Auch bei der Beschäftigung mit Filmen können **kreative Zugänge** zum Text die **auf die Analyse konzentrierte Behandlung ergänzen und unterstützen**. Zunächst können Schüler Dialoge oder Bilderreihen ordnen und hierdurch nicht nur Handlungsschritte reflektieren, sondern auch mit der Wirkung von Bilderfolgen experimentieren. Darüber hinaus lassen sich Leerstellen des Films mit eigenen Texten füllen, indem die Schüler beispielsweise eigene Dialoge entwerfen. Vor allem aber kann durch innere Monologe, Tagebucheinträge oder Briefe die **Innenperspektive** der Figuren erschlossen werden, in welche Filme nur begrenzten Einblick gewähren. Natürlich sollten die auf diese Weise entworfenen Einblicke in die psychisch-emotionale Verfassung der Charaktere sich schlüssig auf den Film beziehen lassen und nicht in die Beliebigkeit abgleiten.

Im Anschluss an die Besprechung des Films können die Schüler sich im Bereich des Filmmarketings versuchen, indem sie z.B. **Filmposter oder -trailer selbst erstellen**. Einen hinreichenden Anspruch für Oberstufenkurse gewährleistet wohl eher die letztgenannte Tätigkeit; hier müssen Schüler sich zunächst über die Zielgruppe des Films verständigen und anschließend Szenen selektieren, die für dieses Publikum besonders ansprechend wirken könnten. Mit Hilfe zweier Videorekorder oder eines PCs mit DVD-Laufwerk könnten die ausgewählten Bildfolgen zusammengeschnitten und mit einer eigenen Tonspur unterlegt werden, die neben originalen Geräuschen, Dialogzeilen und Musik auch einen Werbetext enthielte.

4.2 Fremdsprachenunterricht

Der unterrichtliche Einsatz zielsprachiger Filme und TV-Sendungen ist eine **äußerst ergiebige**, aber auch **aufwändige Methode** des Sprachtrainings. Um zu guten Ergebnissen zu gelangen, muss man die anfänglich oft gravierenden Schwierigkeiten überwinden, die auftreten, wenn Schüler authentisches Filmmaterial in der Zielsprache verstehen sollen. Es ist häufig zu beobachten, dass sonst aktive Schüler hier mit ungewohnten Problemen zu kämpfen haben, während eher stille oder schwache Schüler ungeahnte Qualitäten entfalten. Grundsätzlich darf nicht verschwiegen werden, dass die Einstiegsluke in die Welt des gewinnbringenden Hör- und Sehverstehens hoch liegt. Die Erleichterung, die das mitgelieferte Bild für das Verständnis der Handlung bringt, wird durch die Probleme beim Verständnis der authentischen Sprecher zumindest bei der Erstbegegnung wieder aufgehoben. Daher ist gerade in diesem Bereich eine **konsequente und langfristig angelegte Arbeit** erforderlich: Durchhaltevermögen ist unabdingbar, insbesondere am Anfang einer Reihe, wenn die Widerstände am größten sind.

In Unterrichtssequenzen zu Spielfilmen sollte das Sprachtraining nicht die Hauptrolle spielen. Zweifellos ist durch entsprechende Vor- und Nachbereitung der Lexik sowie durch Übungsphasen zum Hörverstehen sicherzustellen, dass die Schüler dem Film folgen, da ansonsten kein analysierendes und reflektierendes Unterrichtsgespräch zustande kommen kann. Da es in der Spielfilmanalyse aber vor allem um die thematischen und filmsprachlichen Aspekte geht, empfiehlt es sich nicht, einen weiteren Schwerpunkt auf das Training des Hörverstehens zu legen. Hierzu sollte man eher auf ausgewählte Episoden einer oder verschiedener **TV-Serien** zurückgreifen und ein **regelmäßiges Training** der "watching comprehension" aufbauen. Insbesondere in der 9. und 10. Klasse, wenn die Schüler über einen entsprechenden Grundwortschatz verfügen, kann unter sinnvoller Berücksichtigung der Schülerinteressen eine populäre Fernsehserie gewählt werden (Beispiele siehe 4.5.1), aus deren Fundus sprachlich und thematisch ergiebige Folgen selektiert und in regelmäßigen Abständen besprochen werden. Die sprachliche Erschließung der Episoden, die Besprechung des Inhalts und die Untersuchung der immer wieder kehrenden Charaktere, insbesondere ihrer Entwicklung, bilden so ein **Spiralcurriculum**, das die mündliche Sprachkompetenz der Schüler spürbar verbessert und eine **gute Ausgangslage** für die spätere Besprechung von Spielfilmen schafft.

4.2.1 Wortschatzentlastung

1. Vorentlastung
2. Filterung aus Dialogen
3. Klärung
4. Sicherung

Probleme beim Hör- und Sehverstehen müssen durch die gezielte Wortschatzentlastung entschärft werden. Eine **Vorentlastung** der lexikalisch wie phonetisch schwierigen Vokabeln erleichtert es den Schülern, diese in den muttersprachlichen Äußerungen der Darsteller zu identifizieren und zu verstehen. Auch wenn man keineswegs alle unbekannten oder schwierigen Ausdrücke im Voraus einführen kann und sollte, lässt sich durch eine Vorentlastung doch vermeiden, dass es zu einem "overflow" an nicht verstandenen Wörtern kommt und die Schüler den Faden verlieren. Aus dem im zu besprechenden Ausschnitt verwendeten Sprachmaterial müssen daher zunächst die lexikalischen Einheiten selektiert werden, die für das grundsätzliche Verständnis der Szene notwendig sind, sowie jene Vokabeln, die im aktiven Wortschatz der Schüler verankert werden sollten. Mit Orchideenvokabeln wie "warp drive" oder "deflector dish", wie sie z.B. in Folgen der grundsätzlich gut geeigneten TV-Serie *Star Trek: The Next Generation* (siehe Abschnitt 4.5.1) als "Technobabble" vorkommen, müssen sich weder Schüler noch Lehrer belasten.

Zusätzlich zu den vorbereiteten Vokabeln sollten weitere lexikalische Einheiten auch **aus den Dialogen herausgefiltert und erschlossen**, d.h. in Bedeutung, genauer Lautung und Schreibung geklärt werden. Da dies eine recht mühsame und zeitraubende Angelegenheit ist (siehe 4.2.2), sollte sich die Zahl der so erschlossenen Vokabeln in Grenzen halten. Die Schüler lernen auf diese Weise allerdings, unbekannte Wörter und Ausdrücke in zielsprachigen Äußerungen zu identifizieren und Rückschlüsse auf ihre Schreibung, vor allem auf ihre Bedeutung zu ziehen. Sie verbessern so zugleich ihre Fähigkeit, neue Lexik durch den Rückgriff auf den inhaltlichen, semantischen und syntaktischen Kontext sowie auf verwandte Wörter und andere Sprachen (z.B. Latein) zu erschließen. Auch wenn man angesichts des recht hohen Aufwands nur einen geringeren Teil des Sprachmaterials auf diese Weise erarbeiten sollte: Je häufiger und intensiver dies trainiert wird, desto **routinierter** werden die Schüler im Hörverstehen, und zwar sowohl in der akustischen Identifikation als auch in der semantisch-grammatischen Einordnung zielsprachiger Äußerungen; und desto weniger Vokabeln müssen im Laufe der Zeit vorentlastet werden.

Man wird ferner beobachten, dass bei routinierten Schülern, die regelmäßig Filme und Sendungen im Original sehen, der Wortschatz und die idiomatische Kompetenz förmlich explodieren. Die Filterung der Vokabeln und Phrasen aus **Gesprächen** (anstatt aus gedruckten Texten) unterstützt den Transfer der lexikalischen Einheiten aus dem passiven in den **aktiven Wortschatz**, der schließlich dadurch gesichert wird, dass die neu erschlossene Lexik im Unterrichtsgespräch auch zur Anwendung kommt. Zur weiteren Sicherung dienen schriftliche Wortschatzübungen (s.u.).

4.2.2 Training des Hör-/Sehverstehens

> 1. Szene vorspielen -> Verstehensansätze
> 2. Szenenausschnitt vorspielen
> 3. erste Wörter und Phrasen erschließen
> 4. Ausschnitt erneut vorspielen, Dialog vervollständigen, evtl. transkribieren
> 5. inhaltlich-analytische Besprechung
> 6. nächsten Ausschnitt vorspielen usw.

Wie bereits angedeutet, erfordert die Nutzung von Filmszenen zum Sprachtraining einigen zeitlichen und manuellen Aufwand, da jene Ausschnitte, die **sprachlich** erschlossen werden sollen, meist **mehrfach** angesehen werden müssen. Die behandelnde Szene wird zunächst in ihrer gesamten Länge vorgespielt, so dass im folgenden Unterrichtsgespräch erste Verstehensansätze zu Situation und Handlung gesammelt werden können, was den folgenden Entschlüsselungsprozess erleichtert.

Daraufhin spult bzw. schaltet man an den Anfang der Szene zurück und zeigt einen ersten **Ausschnitt**, der **auf wenige Dialogzeilen begrenzt** ist. Die hier zu ziehende Grenze unterliegt dem Ermessen des Fachlehrers mit Blick auf die Lerngruppe und auf den Schwierigkeitsgrad des Dialogs, der wiederum vom Vokabular, der Aussprache, eventuell Dialekt und Soziolekt und nicht zuletzt der Tonqualität abhängt. Die Schüler versuchen anschließend, die von ihnen verstandenen **Wörter zu Phrasen zusammenzusetzen**, so dass der authentische **Dialog weitestgehend rekonstruiert** wird, und zwar unter Dokumentation der Ergebnisse an der **Tafel** oder auf **Folie**. Meist wird es nötig sein, den Ausschnitt einige weitere Male zu präsentieren und an besonders schwierigen Stellen einzelne Ausdrücke oder Wörter vorzuspielen. Am besten spult man dabei über den **Bildsuchlauf** zurück, d.h. man drückt bei laufender Wiedergabe des Bandes oder der DVD auf die Rückspul- bzw. Rückscantaste und lässt wieder los, wenn das Bild an der gewünschten Stelle angekommen ist; hier sind Timing, Fingerspitzengefühl und vor allem eine gute Kenntnis des Films gefragt.

Zweifellos erfordert dieser bis ins sprachliche Detail vordringende Entschlüsselungsprozess einen recht **virtuosen Umgang** mit der Fernbedienung des Videorekorders oder DVD-Players. Da ein Videoband durch das häufige Spulen leidet und sich auf den häufig strapazierten bis altertümlichen Schulrekordern schnell verheddert, ist das neue Medium der DVD (= Digital Versatile Disc = Digitale Vielseitige Scheibe, siehe Kapitel 6.2) eine sehr begrüßenswerte Erscheinung. Auf einer DVD lässt sich der Film ähnlich wie die Musik einer Audio-CD durch schnelles **Scannen** im Minuten- und Sekundenbereich hin- und herspielen. Der Vorteil dieses Bildsuchlaufs ist, dass die DVD hierbei nicht leidet und man nicht befürchten muss, das Medium oder das Abspielgerät über Gebühr zu strapazieren. Auch geht der digitale Bildsuchlauf schneller und mit klarerem Bild vonstatten. Zudem ist das Standbild einer DVD schärfer.

Das neue Medium bringt zudem zwei weitere Vorteile mit sich: Erstens ist ein Film auf DVD stets **in Kapitel unterteilt**, so dass man die gewünschten Abschnitte schnell finden und leicht zwischen auseinander liegenden Szenen hin- und herschalten kann. Zweitens enthalten in Deutschland erhältliche DVDs üblicherweise mindestens die englische Originalfassung und die deutsche Synchronfassung, oft auch die **englischen Untertitel**. Diese lassen sich zu Beginn als Unterstützung einblenden, um den Schülern den **Einstieg** in das Training der "watching comprehension" zu **erleichtern**. Sie sollten jedoch **keine permanente Hilfe** sein, da die Schüler sonst dazu verleitet werden, sich ganz auf die Einblendung des Textes zu verlassen.

4.2.3 Lernerfolgskontrollen

Der sichtbarste Nachweis des Lernerfolgs beim Training der "watching comprehension" ist die wachsende Routine der Schüler. Im Verlauf der Unterrichtssequenz verbessert sich ihr Gehör für die Zielsprache, so dass ihnen die **Entschlüsselung der Dialoge zunehmend leichter** fällt. Die Erweiterung des passiven und aktiven Wortschatzes schlägt sich in der Regel auch spürbar im **Unterrichtsgespräch** nieder, da die Schüler nicht nur einzelne neue Vokabeln kennen und anwenden, sondern vor allem im Bereich der **Idiomatik** dazugelernt haben.
Die Sicherung der neuen Lexik kann zum einen durch die herkömmlichen Methoden (Umwälzung im Unterrichtsgespräch, Abfragen, schriftliche Übungen) erfolgen. Zum anderen helfen **Transkriptionsübungen**, die vom Ausfüllen von Lückentexten bis hin zur möglichst eigenständigen Rekonstruktion vollständiger Dialoge fortschreiten können. Bei der Erstellung von Lückentexten können vorhandene Drehbücher oder Transkripte helfen, die z.T. im Buchhandel erhältlich oder im Internet zu finden sind (Vorsicht vor illegal ins Netz gestellten Werken).

4.3 Zur Filmauswahl

Bei der Überlegung, welche Filme sich für den Unterricht im Deutsch- oder Fremdsprachenunterricht eignen, steht man vor einer unüberschaubaren Menge an Titeln. Wer sich nicht ohnehin für das Medium Film interessiert, wird noch durch den Gedanken verunsichert, dass es sich bei der Mehrzahl der Produktionen um Massenware nach Hollywood-Strickmuster handelt. Während der im 5. Kapitel vorgestellte Filmkatalog einen Blick auf "klassische" und grundsätzlich interessante Filme eröffnet, sollen hier konkrete Filme und Serien für den Unterricht vorgeschlagen werden.
Filme leben von Spannung, also hat es wenig Sinn, im Unterricht Langweiler einzusetzen, auch wenn die Beschäftigung mit Filmen nicht zur Spaßshow werden und Unterricht bleiben soll. Aus ebendiesem Grund sollten die gewählten Werke **von thematischer Bedeutung** sein, sich also an bereits behandelte Stoffe anschließen oder mit Blick auf einen spezifischen thematischen Aspekt gewählt werden. Vor allem aber müssen sie auch **formal genügend komplex** sein, so dass man die Filmanalyse an deutlich sichtbaren und wirksamen Beispielen der Filmsprache vollziehen kann.
Seit z.B. die Richtlinien und Lehrpläne des Landes NRW für das Fach Deutsch in der Sekundarstufe II[295] die Behandlung eines fremdsprachigen Werks (in deutscher Übersetzung) vorschreiben, ist die Absprache zwischen den Kollegen des sprachlich-literarischen Arbeitsfeldes noch stärker gefragt. Zum einen ist abzuklären, ob im Deutschunterricht z.B. die deutsche Übersetzung eines Romans gelesen werden kann, ohne dass hierdurch z.B. dem Englischunterricht eine wichtige Lektüre genommen wird. Zum anderen ergibt sich bei genauer Betrachtung des Wortlauts der Richtlinien (zumindest in NRW) offenbar die Möglichkeit, **als fremdsprachiges Werk** weder Roman noch Drama, sondern eben **die deutsche Fassung eines internationalen Films zu wählen**. Folgt man diesem Weg, muss man sich ebenfalls mit den Kollegen der Fremdsprachen absprechen.
Die auf die Detailanalyse abzielende Behandlung von Filmen wird schwerpunktmäßig in der Oberstufe verfolgt werden. Die Beschäftigung mit dem Medium sollte allerdings früher einsetzen, da auch schon Sextaner fleißige TV- und Kinorezipienten sind. Die Einführung in die unterrichtliche Behandlung von Film- und Fernsehproduktionen kann und soll bereits in der Unterstufe beginnen. Insbesondere im Hinblick auf die oben beschriebene Nutzung zum Training des Hör-/Sehverstehens wurden in die folgende Auswahl, die nach Klassenstufen und thematischen Gesichtspunkten gegliedert ist, auch ausgewählte TV-Serien einbezogen.

---

[295] Richtlinien und Lehrpläne für die Sekundarstufe II – Gymnasium/Gesamtschule in Nordrhein-Westfalen – Deutsch. Ministerium für Schule und Weiterbildung, Wissenschaft und Forschung des Landes Nordrhein-Westfalen [Hrsg.]. Düsseldorf, 1999. S. 19.

4.4 Unterstufe

In der Unterstufe sollte noch der Unterhaltungswert der Filme im Vordergrund stehen, da eine Analyse und kritische Betrachtung des Mediums hier allenfalls in Ansätzen versucht werden kann. Die **Spannung** sollte sich jedoch mit Blick auf die Altersgruppe **in Grenzen** halten, d.h. nicht zu lange andauern, sich nicht auf eine Leben-und-Tod-Entscheidung oder die Rettung in letzter Minute gründen und durch ein glückliches Ende aufgelöst werden (siehe hierzu auch die FSK-Freigaben in Kapitel 5 sowie Kapitel 1.1.3).

4.4.1 Animationsfilme

Für die Unterstufe eignen sich insbesondere Animationsfilme, die eine Mischung aus Komik und leichter Spannung darstellen und zudem eine deutliche Nähe zum Comic aufweisen. Eine entsprechende Sequenz, die sich etwa in der 7. Klasse sowohl im Deutsch- als auch im Englischunterricht durchführen lässt, behandelt zunächst die **Darstellungsformen des Comics** an ausgewählten Beispielen, um diese schließlich in **Trickfilmen** wie *Asterix in Amerika* wiederzuentdecken. Hierbei geht es vor allem um:

– die Figurenzeichnung (Charaktertypen)
– Perspektiven (Augenhöhe, Vogel- und Froschperspektive)
– Bewegung (Zeichentechnik, Objekt- und Kamerabewegung)
– die Verformung des Körpers

Durch die Erarbeitung dieser Aspekte können Schüler der Unterstufe eine Erkenntnis, über die sie prinzipiell schon verfügen, rational durchdringen: dass es sich bei Comics und Animationsfilmen um **übertriebene Darstellungen einer erdachten Welt** handelt. Gewiss kann dieser kognitiv geprägte Zugriff die Dynamik der Filmbilder nur eingeschränkt bremsen und sicherlich nicht eventuelle Angstpotenziale annullieren, welche dazu führen können, dass ein Schüler die Filmhandlung durch eigene Aktionen verarbeiten muss. Aus ebendiesem Grund sollte eine solche Unterrichtsreihe nicht in der 5., sondern bestenfalls in der 7. Klasse durchgeführt werden, wenn der Bewegungsdrang der Schüler ein wenig nachgelassen hat und ihnen die bewusstmachende Kontrolle eines Mediums schon vertrauter ist.
Die Untersuchung der **"Verformung des Körpers in Comic und Trickfilm"** ist besonders gut geeignet, das Moment der Übertreibung herauszuarbeiten. Am Anfang einer solchen Reihe kann die Beschäftigung mit Bildern von Wilhelm Busch stehen, so z.B. in *Max und Moritz, Diogenes und die bösen Buben von Korinth, Die kühne Müllerstochter* und *Fipps der Affe*. Im Bereich des Comicstrip eignen sich zu diesem Thema z.B. verschiedene *Asterix*-Bände, etwa *Der große Graben* (siehe die Verwandlung der Römer in der abschließenden Schlacht). Für die grundsätzliche Auseinandersetzung mit Comics empfehlen sich besonders die liebevoll erzählten und gezeichneten *Donald Duck-* und *Dagobert-Duck*-Geschichten aus der Feder von Carl Barks (http://www.donald.org). Im Trickfilm findet sich erwartungsgemäß die sowohl dynamischste wie übertriebenste Darstellung; die griffigsten Beispiele liefern *Tom und Jerry* und *Wile E. Coyote* auf der Jagd nach dem Roadrunner (wie *Bugs Bunny* Inventar der *Looney Tunes*-Reihe).
Mit dem Begriff des Trickfilms assoziiert man zuerst den Namen Disney (http://www.disney.de). Ein Blick auf die Werke der letzten Jahre zeigt, dass der zunehmende Einsatz von Computeranimationen zu immer schnelleren und bunteren Filmen mit hohem Actionanteil geführt hat. Die angestrebte sinnliche Überwältigung wird nicht selten zur Überforderung des Zuschauers. In erster Linie aber sind Filme wie *Tarzan*, die als Meilensteine des Animationsfilms gelten, deswegen mit Bedenken zu betrachten, weil sie jüngere Kinder, auch Zehnjährige, emotional überfordern können: Zum einen zeigt sich ein hoher Anteil an Action und Gewalt, zum anderen erleiden die Protagonisten Verluste, die im realen Leben für Kinder kaum auszuhalten wären, wie z.B. der Verlust der Eltern. Haben Kinder tatsächlich solche

Verluste erlebt, wird die Filmrezeption für sie zur unerträglichen Belastung. Je nach Befindlichkeit der Lerngruppe ist es daher angezeigt, sich auf Filmausschnitte zu beschränken.
Konkurrenz ist Disney übrigens durch eindrucksvolle Filme wie *Toy Story, Toy Story II, Findet Nemo* und *Cars* (Pixar) entstanden, die komplett aus dem Computer stammen. Das britische Animationsteam Aardman Animations (http://www.aardman.com) hat mit den durch Stopmotion-Technik zum Leben erweckten Knetfiguren **Wallace und Gromit** zwei äußerst populäre "Helden" geschaffen, die in bislang vier liebevoll-humorigen Filmen auftraten. Nachdem sowohl *The Wrong Trousers (Die Techno-Hose)* als auch *A Close Shave (Unter Schafen)* mit Oscars® prämiert wurden, schloss das Team um Nick Park einen Kooperationsvertrag mit dem Spielberg-Filmstudio Dreamworks (http://www.dreamworks.com); im Jahr 2000 landete man mit dem Spielfilm *Chicken Run (Hennen rennen)* bereits einen außerordentlichen Kinoerfolg weltweit. Hierauf folgte 2005 der Kinohit *Wallace und Gromit auf der Jagd nach dem Riesenkaninchen*.

Disney-Klassiker wie **The Jungle Book** und die Aardman-Filme kommen nicht nur für das Fach Deutsch, sondern ebenso für erste Schritte des Filmeinsatzes im **Englischunterricht** in Frage. Zweifellos sollte der Einstieg in das Entschlüsselungstraining erst ab der 6. Klasse einsetzen, wenn die Schüler sich in der Zielsprache schon ein wenig über das Gesehene verständigen können, und sehr behutsam erfolgen. Die gründliche Vokabelvorentlastung sowie die Einblendung von Untertiteln sind hier als Hilfen unverzichtbar (siehe Abschnitt 4.2). Dennoch führt die frühe Begegnung mit englischsprachigen Filmen schon zu guten Ergebnissen. Nicht zuletzt gewöhnen sich die Schüler auf diese Weise rechtzeitig daran, Filme und Fernsehsendungen als Instrument des Sprachtrainings zu nutzen.

Eine weitere Spielart der Animationstechnik sind **Computerspiele**, die jedoch sowohl technisch als auch inhaltlich ein derart weites Feld darstellen, dass man allenfalls einen kleinen Ausschnitt aus diesem Genre unter dem Aspekt der Figurensteuerung und -animation behandeln kann; inwieweit hier direkt an Computern gearbeitet werden kann, indem die Schüler die Gestaltung des Spiels selbst ausprobieren und eventuell durch Screenshots dokumentieren, hängt primär von der technischen Ausstattung der Schule ab.

4.4.2 Spielfilme

Im Bereich des nicht-animierten Spielfilms gibt es mit Blick auf Thema und Gestaltung wenig, was sich für die Unterstufe eignet. Die Mehrzahl der von der FSK ab 6 Jahren freigegebenen Filme wecken bei 10- und 11-Jährigen kaum noch Interesse, und die wesentlich größere Zahl der Filme ab 12 Jahren, die ab Klasse 7 in Frage kommen, vergrößert eher das Problem: Es gibt wenige Anknüpfungspunkte an Themen des Unterrichts oder einen zu hohen Action- und Gewaltanteil. Filme wie *Home alone (Kevin allein zu Haus)* oder *Jurassic Park* illustrieren dieses Dilemma auf deutliche Weise.

Ein neuer Kernfilm für den Deutschunterricht der Unterstufe ist durch Franziska Buchs Neuverfilmung von Erich Kästners **Emil und die Detektive** (http://www.emil-film.de) entstanden. Die spannende Geschichte um die Jagd der Kinder nach dem gestohlenen roten Koffer empfiehlt sich durch ihre Thematik und die zeitgemäße Inszenierung – die Handlung wurde ins Berlin dieser Tage versetzt – für das zweite Halbjahr der 6. oder das erste Halbjahr der 7. Klasse. Wer mit seiner Lerngruppe zunächst das Buch lesen möchte, kann den Film auf Grund der veränderten Handlungszeit und anderer Abweichungen als interessanten Kontrast einsetzen; es bleibt offen, ob der *Emil* des Jahres 2001 durch diese Kontrastierung zur Vorlage erheblich an Wirkung verliert oder als gelungene Filmfassung wirkt, die den Stoff in die aktuelle Lebenswelt der Schüler holt.

Für Schüler der 5. Klasse kommt die Verfilmung zu Uwe Timms Kinderbuch *Rennschwein Rudi Rüssel* in Frage, vor allem als Ergänzung zur Lektüre; auch hier gibt es deutliche Abweichungen von der Vorlage, doch da der Zeit- und Handlungsrahmen beibehalten wurde, müssen diese nicht ausführlich thematisiert werden. Ein origineller Spielfilm des Regisseurs Rob Reiner, der gerne Filme mit einem besonderen Zauber dreht (so auch die außergewöhnliche King-Verfilmung *Stand By Me*), ist die spannend-humorvolle Märchenparodie **The Princess Bride** *(Die Braut des Prinzen)*. Es geht um die Liebe zwischen Buttercup und Wesley, den Stallburschen, der eines Tages verschwindet, um Jahre später in der Maske des (gar nicht) "grausamen Piraten Roberts" zurückzukehren und seine Liebe aus den Fängen des ekligen Prinzen Humperdinck zu befreien. Diese Geschichte hat einfach alles, wie es schon in der Rahmenhandlung heißt, in der Peter Falk die Geschichte seinem Enkel vorliest: Fechten, Boxen, Folter (keine Sorge), Rache, Riesen, Monster (die "Ratten von ungewöhnlicher Größe"), Verfolgungen, Fluchten, wahre Lieber, Wunder!

Unter den 10 bis 12-Jährigen findet auch die **Star Wars**-Reihe ihre hingebungsvollste Zielgruppe. Die von George Lucas erdachte Saga erzählt ihre Legende der "Jedi-Ritter" jedoch durchaus dramatisch und bisweilen sehr düster; nicht umsonst avancierte der dunkle Lord Darth Vader zum Inbegriff des Bösen, zum Schwarzen Mann des ausgehenden 20. Jahrhunderts schlechthin. Eine Untersuchung der Dramaturgie dieser Filmreihe und ihrer Stoffsammlung lohnt sich in der Oberstufe durchaus (siehe Abschnitt 4.6.5). In der Unterstufe wird man höchstens *einen* der Filme als Teil eines modernen Märchens behandeln können, und auch dies nur mit Bedacht. Erstaunlich ist in diesem Zusammenhang, dass die FSK einen Film wie *Star Wars Episode 1: The Phantom Menace* ab 6 Jahren freigegeben hat, obwohl ihre entsprechenden Entscheidungskriterien (siehe Kapitel 5) lang anhaltende und nachhaltig wirkende Spannungsmomente als für diese Altersgruppe problematisch einstufen. Nun liegt gewiss gerade zwischen dem 6-Jährigen und dem 11-Jährigen ein großer Unterschied hinsichtlich der Fähigkeit, Filme kognitiv verarbeiten und kontrollieren zu können. Dennoch darf nicht vergessen werden, dass eine solche Freigabe einen Film wie *The Phantom Menace*, der in einem spektakulären und tödlichen Duell (mit Blut) gipfelt, eben auch für 6- und 7-Jährige zugänglich macht. Wenngleich man in der Schule solchen Entwicklungen nicht wirklich entgegenwirken kann, muss man sie nicht unterstützen. Es scheint daher angebracht, Filme aus dieser Reihe und ähnlich gestaltete Produktionen frühestens ab der 7. Klasse im Unterricht zu berücksichtigen.

Das Gleiche gilt für die Filme der **Harry Potter**-Reihe, die sich wie *Star Wars* auch im Englischunterricht einsetzen ließen, aber frühestens erst ab der 7. Klasse – nicht nur aufgrund sehr düsterer und spannender Sequenzen, auch aufgrund des sprachlichen Anspruchs. Spätestens der 4. Teil (*Harry Potter and the Goblet of Fire / ... und der Feuerkelch*) würde sich aufgrund seiner Dramatik erst ab der 8. Klasse eignen, doch interessieren sich in diesem Alter gar nicht so viele Schüler für *Harry Potter*, wie allgemein angenommen.

4.4.3 TV-Serien

Auch eine ernsthafte Auseinandersetzung mit Jugendserien kann wohl frühestens ab dem 7. Schuljahr einsetzen, und zwar aus zwei Gründen: Für den Deutschunterricht bietet sich thematisch nichts an, da die Serien entweder nur Unterhaltungswert haben oder an Themen rühren, die erst ab etwa 12 Jahren sinnvoll reflektiert werden können. Und im Englischunterricht der ersten beiden Lernjahre wird die Begegnung mit einem derart komplexen authentischen Sprachwerk, in dem die Sprecher hinsichtlich Vokabular, Artikulation und Sprechtempo (anders als auf den Lehrbuchkassetten) keine Rücksicht auf Nicht-Muttersprachler nehmen, noch eine Überforderung darstellen.

Möchte man im Verlauf der 7. Klasse damit beginnen, ein Training der "watching comprehension" aufzubauen, bietet sich hierfür die bekannte Kinderserie **Famous Five** *(Fünf Freunde)* von Enid Blyton an. Die Episoden bieten spannende und kindgerecht erzählte Geschichten mit einer festen Figurenkonstellation und einem charakteristischen Handlungsschema, das die Spannung auf erträglichem Niveau hält (und das man in Ansätzen durchaus schon mit den Schülern besprechen kann). Inzwischen liegt die Serie auf DVD vor, allerdings nur in deutscher Sprache. Für den Englischunterricht steht nur die 1. Folge auf DVD zur Verfügung *(The Famous Five – Five On A Treasure Island)*, leider ohne Untertitel. Ebenfalls ohne Untertitel sind die englischsprachigen VHS-Kassetten. Als Unterstützung zur Nutzung der TV-Variante könnte jedoch die Buchvorlage gelesen werden. Inzwischen liegen auch mehrere Folgen eines Computerspiels von Ravensburger (http://www.ravensburger.de/interactive/) vor, die sowohl eine englische als auch eine deutschsprachige Synchronfassung enthalten.

Weniger spannend, sondern problembewusster (man könnte auch sagen: typisch deutsch) kommt **Schloss Einstein** (http://www.schloss-einstein.de) daher. Die deutsche Erfolgsserie um die Schüler eines Internats (man denkt an Hassencamps Geschichten um *Burg Schreckenstein*), die wöchentlich im Kinderkanal (http://www.kika.de) ausgestrahlt wird, zielt primär auf die Gruppe der 10- bis 13-Jährigen und will sogar noch jüngere Kinder ansprechen. Neben der Darbietung lustiger und aufregender Zwischenfälle zielt die Serie thematisch auf die beginnende Pubertät und die Vorbereitung auf die Erwachsenenwelt, weshalb sich ausgewählte Episoden der Reihe sinnvoll wohl frühestens im Verlauf des 6. Schuljahrs, besser noch in der 7. Klasse besprechen lassen.

4.5 Mittelstufe

Im Sprach- und Literaturunterricht der Mittelstufe eröffnet sich allmählich das Feld für ernstere Themen, die sich z.T. direkt aus der Lebenswelt der Schüler mit ihren altersspezifischen Problemen (körperliche Entwicklung, Liebesbeziehungen, Identität, Rolle) ableiten. Hierdurch wird der Zugriff auf Filme möglich, die auch hinsichtlich ihrer Gestaltung anspruchsvoller sind, so dass eine nähere Betrachtung der Filmsprache einsetzen kann.

Die Empfehlungen der FSK für Filme ab 12 bis 15 Jahren (siehe Kapitel 5) sprechen den Zuschauern dieser Altersgruppe die Fähigkeit zu, ein **Filmgeschehen schon rational verarbeiten und intensive Spannung aushalten zu können**. Es besteht nicht mehr die Gefahr, dass die Jugendlichen das Filmgeschehen für real halten könnten. Aufgrund der in der Pubertät besonders heftigen Auseinandersetzung mit der eigenen Rolle sind 12- bis 15-Jährige indes **besonders anfällig für die Identifikation mit Filmhelden**. Schießende und prügelnde Helden, deren Aggression sich in zerstörerischer Gewalt entlädt, werden umso eher als Identifikationsflächen genutzt, desto schwächer sich der einzelne Jugendliche fühlt. Denn meist führen die destruktiven Handlungen der Helden (häufig genug Tötungshandlungen) zum Erfolg, und die Zerstörer sind am Ende die Sieger – genau das, was vor allem männliche Teenager sein wollen. Ein ernstes Problem entsteht besonders dann, wenn die Jugendlichen auch in ihrer realen Lebenswelt die Erfahrung machen, dass Gewaltausübung nicht sanktioniert wird.

In der Schule sollte die Eignung eines Films für eine bestimmte Altersgruppe sorgfältig geprüft werden, sorgfältiger noch, als die FSK dies mitunter zu tun scheint (wenn man bedenkt, dass ein Film wie *Jurassic Park*, in dem Tiere und Menschen in Stücke gerissen werden, ab 12 freigegeben ist). Vor allem Filme, die sich auf Action beschränken und zerstörerische Aggressionen zeigen, sollten gemieden werden. Die Vorgaben des "British Film Institute" (siehe ebenfalls Kapitel 5) liefern eine weitere, vielleicht brauchbarere Orientierung: Gewalt darf nicht ins Detail gehen, d.h. Verletzungen oder Blut dürfen nicht deutlich ins Bild gerückt werden. Nacktszenen mit sexuellem Kontext sollten nur kurz sein. Während durchaus vermittelt werden kann, dass Jugendliche mit diesem Thema bereits vertraut sind, sollte auf ausgeübte Sexualität nur angespielt werden.

4.5.1 TV-Serien

Die Heranführung an **Themen und Formate der TV-Serie** scheint auf den ersten Blick eine leichte Aufgabe zu sein, da das aktuelle Fernsehprogramm von Reihenproduktionen geradezu überschwemmt wird. Vor allem im Bereich der "Daily Soap", der (wochen)täglich ausgestrahlten Serien, gibt es inzwischen ein Fülle von deutschen Produktionen, wie z.B. *Verbotene Liebe* (ARD), *Marienhof* (ARD), *Gute Zeiten, schlechte Zeiten* (RTL). Diese Sendungen richten sich allerdings in der großen Mehrzahl an Jugendliche ab etwa 15 Jahren und jüngere Erwachsene, d.h. sie kommen erst im Verlauf der 9. Klasse in Frage. Für den Beginn der 8. Klasse, in der auch der Unterricht die intensive Auseinandersetzung mit der eigenen Rolle unterstützen soll, scheint die Jugendserie **Schloss Einstein** angebrachter (s.o.), die behutsamer auf die Themen und Probleme der Erwachsenenwelt vorbereitet. Für ältere Schüler hat sie allerdings kaum noch einen Reiz.

Auch bei der Beschäftigung mit einer TV-Serie kommt es darauf an, den Gegenstand mit Hilfe analytischer Ansätze kritisch zu untersuchen, ohne ihn aber zu zerreden oder jeglicher Faszination zu berauben – was bei Sendungen, die bei Jugendlichen populär sind, wohl auch kaum gelingen, sondern zu einer größeren Distanz zum Unterricht führen würde. Es empfiehlt sich dennoch, folgende Fragen zu beleuchten:

– Wie setzt sich die Serie mit den Themen auseinander, die sie anspricht?
– Wie fundiert und ausgewogen wird über ein Thema informiert?
– Wie werden Probleme gelöst?
– Wie sind die Figuren angelegt? Handelt es sich um "runde" Charaktere oder eher "flache" Typen? Welche Rollen spielen sie, wie entwickeln sie sich?
– Wie verläuft die Handlung innerhalb der Episoden sowie episodenübergreifend?

Eine solche Untersuchung wird vielfach zu der Erkenntnis führen, dass die scheinbar interessanten und wichtigen Themen nur oberflächlich behandelt werden; dass es sich bei den Problemlösungen um simplifizierte Scheinlösungen handelt; dass die Figuren bestimmte Typen und Rollen vertreten (was sich aus dem "Rollenspiel"-Charakter der Serien ergibt und dem Zuschauer die Identifikation erleichtert); dass die Episoden einem festen Handlungsschema folgen, das problemorientiert ist und sich meist über eine sehr begrenzte Anzahl von Folgen erstreckt.

Diese Resultate sind insofern ernüchternd, als sie konstituierende Merkmale von Produkten sind, die sich mitunter den Schein des didaktischen Anspruchs geben, tatsächlich aber nur der Unterhaltung und dem Kommerz mit der Serie dienen. Diese Einsicht wird das grundsätzliche Interesse der Jugendlichen an TV-Serien kaum schmälern. Letztlich wird den Schülern aber ein Instrumentarium an die Hand gegeben, mit dessen Hilfe sie ihre Rezeption von TV-Sendungen (und die mit solchen Serien einhergehenden Auswirkungen) kontrollieren können – wenn sie es denn wollen.

Im Bereich der **englischsprachigen Produktionen** bieten Serien wie *X-Files (Akte X)* reichlich Gesprächsstoff und eine gute Portion Spannung und Humor. Leider richten sich solche Reihen primär an ältere Jugendliche und junge Erwachsene und sind daher sprachlich so anspruchsvoll, dass man sie in der Mittelstufe kaum ohne größten Aufwand einsetzen kann (allenfalls gegen Ende des 10. Schuljahrs). Sprachlich zugänglicher sind trotz mancher Vokabeln, die nur "Technobabble" darstellen, die verschiedenen *Star Trek*-Serien (http://www.startrek.com), allen voran **Star Trek: The Next Generation** *(Das nächste Jahrhundert)*. Letztgenannte Reihe bietet nicht nur einen vorbildhaften Darsteller und Sprecher in Person des Patrick Stewart (als Captain Jean-Luc Picard), sondern auch eine Fülle von interessanten Episoden. Freilich kann nicht jeder etwas mit dem Rahmen dieser Erzählungen anfangen, der sich durch das Raumschiff "Enterprise" und die Erlebnisse und Entwicklung seiner Mannschaft definiert. Wer jedoch hinter diese Fassade blickt, entdeckt die Möglichkeit, mit Hilfe dieser Serie vom Beginn der Mittelstufe bis in die Oberstufe ein kontinuierliches Sprachtraining aufzubauen und dabei spannende Folgen, aber auch zahlreiche Episoden mit ernsteren Themen besprechen zu können. Hier liegt der besondere Reiz der *The Next Generation*-Reihe (kurz *TNG*): Keine andere *Star Trek*-Serie setzt sich derart intensiv mit dem

Thema der **Toleranz** auseinander, das dem Serienbegründer Gene Roddenberry so sehr am Herzen lag. Die originale Serie, heute *Star Trek: The Original Series* genannt, brachte zwar legendäre Charaktere hervor, präsentierte aber kaum mehr als Wildwest im Weltraum. Auch die neueren Serien *ST: Deep Space Nine, ST: Voyager* und *ST: Enterprise* konzentrieren sich leider wieder stärker auf die Aktion und nur selten auf interessante Themen oder die Entwicklung der Charaktere.

In der Mittelstufe scheint es zunächst sinnvoll, sich auf das erste Verständnis der Serie, ihrer Figuren und Themen zu konzentrieren. Durch ausgewählte Episoden mit einer wirkungsvollen Spannungskurve, in denen zudem alle wichtigen Figuren vorkommen und in ihrer Beziehung zueinander vorgestellt werden, lässt sich (hoffentlich) das Interesse der Schüler wecken. Hierzu kommen bei *TNG* folgende Episoden besonders in Frage:

Coming of Age:
In dieser Folge aus der 1. Serienstaffel (Season 1) wird die *Enterprise* einer Inspektion unterzogen; der zuständige Admiral Quinn und sein Adjutant Remmick haben den vagen Verdacht, dass etwas auf dem Schiff nicht stimmt. Wie sich bald herausstellt, ist Captain Picard selbst das Ziel ihrer Ermittlungen, und so verhören sie jeden seiner Offiziere (hierdurch lassen sich die Schlüsselfiguren gut einführen). Deren Loyalität wird scheinbar auf eine harte Probe gestellt... Der zweite Handlungsstrang konzentriert sich auf Wesley Crusher, den Sohn der Schiffsdoktorin, der jüngeren Zuschauern als Identifikationsfigur dient (er ist ein talentierter Junge, der sogar schon auf die Brücke des Schiffs darf). In dieser Folge bemüht sich Wesley, einen Aufnahmetest für die Akademie der Sternenflotte zu bestehen. Da es hierbei nicht nur um Intelligenz und Wissen, sondern auch um psychische Stärke geht, erfährt der Zuschauer einiges über das Verhältnis des Jungen zu Captain Picard, der sein großes Vorbild ist, einst aber den Tod von Wesleys Vater verantworten musste. (Achtung: In einer Lerngruppe mit einem Halb- oder Vollwaisen sollte die Folge daher nur nach sorgfältiger Prüfung der Situation gezeigt werden.)

Conspiracy:
In dieser Folge wird der in *Coming of Age* aufgeworfene Verdacht, die Sternenflotte werde von geheimnisvollen Verschwörern unterwandert, wieder aufgegriffen. Da tatsächlich Anzeichen für eine Verschwörung vorliegen, nimmt die *Enterprise* Kurs Richtung Erde, wo Picard sogleich ins Hauptquartier der Sternenflotte geladen wird. Zugleich kommt wieder Admiral Quinn (s.o.) an Bord und versucht, den 1. Offizier William Riker mit einem käferähnlichen Wesen zu infizieren. Picard muss derweil auf der Erde feststellen, dass die führenden Offiziere der Sternenflotte ebenfalls "fremdgesteuert" werden. Erst durch ein Täuschungsmanöver gelingt es ihm und Riker, die Verschwörer zu stoppen und ihren Anführer zu finden: Remmick. – Die wenig appetitliche Szene, in der Remmick zur Strecke gebracht wird, reißt 13-Jährige heute wohl kaum noch vom Hocker, war in der nachmittäglichen TV-Ausstrahlung allerdings gekürzt. Es handelt sich hier um die einzige Szene dieser Art in *Star Trek*; die Folge ist auch keinesfalls ein Muss, lediglich ein spannender Abschluss zu *Coming of Age*.

Datalore:
Diese Episode ist von besonderem Interesse, weil hier die neben Captain Picard wohl wichtigste und interessanteste Figur der Serie im Mittelpunkt steht: der Androide Data. Auch Schüler reagieren auf diese Figur zunächst oft mit Kopfschütteln – einige Bilder z.B. vom MIT (http://www.ai.mit.edu/projects/humanoid-robotics-group/) machen jedoch deutlich, dass der Versuch, künstliche Menschen zu bauen, längst keine Science Fiction mehr ist. In der Tat bietet die *TNG*-Serie in einer ganzen Reihe von Folgen die Möglichkeit, die mit dieser Entwicklung einhergehenden Fragen zu beleuchten (z.B. in *The Measure of a Man*, siehe Abschnitt 4.6.9). In *Datalore* erfährt man zunächst einiges über Datas Herkunft: Auf dem Heimatplaneten seines verschollenen Schöpfers, Dr. Noonian Soong, entdeckt die Crew eine exakte Kopie Datas. Als diese zum Leben erwacht, stellt sich heraus, dass es sich um Datas älteren "Bruder" Lore handelt. Wie Lore erzählt, wurde er zuerst erschaffen, aber schließlich deaktiviert, weil er den Bewohnern des Planeten unheimlich war. In der Tat übertrifft er Data scheinbar: Er ist ebenso übermenschlich intelligent und stark, aber im Verhalten dem Menschen ähnlicher; er benutzt Kontraktionen (*isn't* statt *is not*), kennt Emotionen und Humor. Bald zeigt sich aber der wahre Grund für seine Deaktivierung: Lore verfolgt einen tückischen Plan, zu dessen Durchsetzung er nicht davor zurückschreckt, seinen Bruder auszuschalten und sich selbst als Data auszugeben.

Brothers:
Die Auseinandersetzung zwischen Data und Lore wird in dieser Episode fortgeführt, nachdem Data plötzlich eine offensichtliche Fehlfunktion erleidet und die *Enterprise* zu einem fernen Planeten entführt. Dort trifft er in einem Labor auf seinen Schöpfer, Dr. Soong, der sein Lebenswerk vollenden will: Er möchte Data einen "Emotions-Chip" implantieren, der dem Androiden endlich die Welt der menschlichen Gefühle eröffnen soll. Leider hat das "homing signal" auch Lore herbeigerufen...

Remember me:
Dr. Beverly Crusher (Schiffsdoktor und Mutter von Wesley) bemerkt, dass nach einem Experiment mit dem Antrieb des Schiffs plötzlich ein Crewmitglied nach dem anderen verschwindet. Rätselhafterweise ist Dr. Crusher die einzige, die die fehlenden Freunde vermisst. Eine sehr spannende Folge.

Night terrors:
Die *Enterprise* findet ein havariertes Raumschiff, dessen Mannschaftsmitglieder sich scheinbar gegenseitig angegriffen haben. Kurze Zeit später beginnt die Crew der *Enterprise*, selbst unter psychischen Störungen, vor allem unter irrationalen Ängsten zu leiden. Zudem stellt sich heraus, dass das Schiff in einer Art Weltraumfalte feststeckt. Die Situation spitzt sich zu... (Leider ist die Auflösung dieser ebenfalls spannenden Episode weniger gelungen.)

Identity crisis:
Geordi LaForge, der Chefingenieur der *Enterprise*, trifft auf eine Kollegin früherer Tage, Commander Susanna Leitjen. Zusammen untersuchten sie einst das Verschwinden der Siedler auf dem Planeten Tarchannen III. Inzwischen sind auch die meisten Mitglieder des Untersuchungsteams auf mysteriöse Weise verschwunden; der letzte Kollege stürzt mit einem Shuttle in die Atmosphäre von Tarchannen III. LaForge und Leitjen, nun die einzigen Überlebenden des Teams, untersuchen noch einmal die Stätte der verlassenen Kolonie, und bald zeigt auch Leitjen seltsames Verhalten. In einer äußerst spannenden Szene auf dem Holodeck (einem computergesteuerten Simulationsraum) kommt Geordi dem Rätsel auf die Spur...

Yesterday's Enterprise:
Eine äußerst beliebte, allerdings nicht unkomplizierte Folge: Die *Enterprise* gerät in eine Raum-Zeit-Anomalie, und plötzlich ist die Crew seltsam verändert: Offenbar befindet man sich im Krieg, und auch das in der 1. Staffel verstorbene Crewmitglied Tasha Yar ist wieder da. Außerdem taucht die *Enterprise C* (das Vorgängermodell) aus der Vergangenheit auf und gerät ebenfalls unter Beschuss. Nun gilt es, die unerwarteten Konfrontationen mit anderen Schiffen zu überstehen und der *Enterprise C* den Weg zurück in ihre Zeitlinie zu ermöglichen, um alles wieder ins Lot zu bringen.

The Game:
Commander Riker bringt von einem Urlaub ein neues Videospiel mit, das Punktgewinne mit angenehmen Gefühlen belohnt. Kurze Zeit später ist die gesamte Mannschaft wie süchtig nach diesem Spiel. Nur Wesley und ein weiblicher Fähnrich namens Robin Lefler beobachten die Situation mit Misstrauen. Sie bemerken bald, dass mehr hinter der Sache steckt als nur ein "Spiel"...

The Next Phase:
Geordi LaForge und Ensign Ro verschwinden beim "Beamen" und werden für tot erklärt. Allerdings sind sie lediglich durch ein Experiment der Romulaner unsichtbar geworden, die den Unfall vertuschen und die *Enterprise* sabotieren wollen. Ein Spiel gegen die Zeit beginnt: Geordi und Ro müssen nicht nur ihre Freunde darauf aufmerksam machen, dass sie noch am Leben sind, sondern auch die *Enterprise* vor der drohenden Zerstörung bewahren.

Frame of Mind:
Der erste Offizier Commander Riker probt für die Hauptrolle eines Bühnenstücks. Er spielt den Insassen einer Nervenheilanstalt, und die Rolle beeinträchtigt zusehends sein eigenes Nervenkostüm. Als er endlich die anstrengende Vorführung hinter sich gebracht hat, verbeugt er sich – und als er sich aufrichtet, steht er wirklich einem Nervenarzt gegenüber. Aus der Bühne ist ein echtes Gefängnis geworden, und Riker verstrickt sich immer weiter im Spiegelkabinett seiner Psyche... – Eine Episode, die durch Spannung, einen komplexen Plot und Jonathan Frakes' schauspielerische Leistung besticht; sicher erst etwas für die neunte oder zehnte Klasse.

Timescape:
Mit einem Shuttle kehren Picard, Data, LaForge und Counselor Troi von einer Konferenz zur *Enterprise* zurück. Nach mehreren mysteriösen Zwischenfällen, bei denen die Zeit an Bord des Shuttles stillzustehen scheint, finden sie die *Enterprise* gleichfalls in der Zeit "eingefroren"; sie ist durch einen Strahl mit einem havarierten romulanischen Schiff verbunden und steht Sekunden vor der Explosion ihres Antriebs, der das ganze Schiff zerstören würde. Auf der Suche nach einer Lösung kämpfen die vier Offiziere nicht nur gegen die (extrem verzögert) fortschreitende Zeit, sondern auch gegen eine fünfte Person, die ihre Versuche sabotieren will...

Lower Decks:
In dieser "ruhigeren" Episode stehen nicht die Offiziere, sondern die jüngeren Crewmitglieder im Mittelpunkt, die noch an ihrer Karriere an Bord des Schiffs arbeiten. Hierbei geht es nicht um Spannung, sondern um die Interaktion zwischen den Konkurrenten, Ehrgeiz, Kameradschaft und Vertrauen. Auch wenn die Folge für einen der Kandidaten ein trauriges Ende nimmt, ist sie dennoch – wohl ab dem 10. Schuljahr – eine Besprechung wert.

Einen eigenen Handlungsstrang bilden die Folgen um die "Borg" (abgeleitet von "Cyborg" = cybernetic organism): Wesen, die halb Mensch, halb Maschine sind und keine eigene Identität haben, sondern nur als Knotenpunkte in einem gigantischen Netzwerk (ihrem "Kollektiv") gelten. Mit dieser geballten Kraft und ihren kubischen Schiffen, die sich binnen weniger Sekunden selbst reparieren, sind die Borg vor allem ein schier übermächtiger Gegner; sie "assimilieren" ihre Feinde, indem sie sie ebenfalls in Borg verwandeln (ein Rückgriff auf den Vampirmythos). So leben diese Folgen, die zu den populärsten der Serie gehören, in erster Linie von Suspense und unheimlicher Atmosphäre (doch bleibt die Gewalt wie immer unblutig und erschöpft sich in Phaserfeuer und Funkensprühen). Lediglich die Episoden *Family* und *I Borg* (sowie in Ansätzen der Spielfilm *Star Trek 8: First Contact*) berühren tiefschürfendere Themen wie die Bewältigung persönlicher Niederlagen, das Verhalten gegenüber dem Feind, Individualität und Rachegefühle.

Q Who:
Q, ein gottähnliches Wesen in Menschengestalt, das die *Enterprise* von Zeit zu Zeit auf meist amüsante Weise ins Chaos stürzt, möchte Crewmitglied werden. Als Picard dies verweigert, demonstriert Q auf dramatische und folgenreiche Weise, wie sehr er an Bord gebraucht wird: Er schleudert das Schiff in einen völlig unbekannten Quadranten der Galaxie. Dort trifft man auf die Borg, einen Feind, der mehrere Nummern zu groß scheint...

The Best of Both Worlds Teil 1 + 2:
Ein Borg-Schiff ist in den Alpha-Quadranten eingedrungen, um die Erde anzugreifen. Doch das ist nicht alles: Die Borg entführen Picard und assimilieren ihn (s.o.), um einen von der Menschheit anerkannten Sprecher zu haben und mit Picards Wissen die Eroberung schneller vollenden zu können. Währenddessen ist Riker in einen Konflikt mit Commander Shelby geraten, einer sehr ehrgeizigen jungen Frau, die seine Führungsqualitäten anzweifelt und ihn gerne ablösen möchte. Am Schluss der Episode (damals "seasonbreak" zwischen der 3. und 4. Staffel) muss Riker seine schwerste Entscheidung treffen: Soll er mit einer neu entwickelten Waffe auf das Borg-Schiff feuern, dessen Anführer jetzt sein früherer Captain ist?

Family:
Diese Folge ist nur deshalb hier verzeichnet, weil sie die Folgen des in *The Best of Both Worlds* geschilderten Geschehens thematisiert; und weil sie eine der gelungensten der ganzen Serie ist. Es geht in der Hauptsache um die Charakterisierung der Figur des Captains: Picard ist in seine Heimat Frankreich zurückgekehrt, um Abstand von den Ereignissen zu gewinnen, während die *Enterprise* repariert wird. Die Auseinandersetzung mit seinem Bruder, einem starrköpfigen Weinbauern, der jede Technik ablehnt, führt ihn zurück an seine eigenen Grenzen und das Trauma der Entführung durch die Borg.

I Borg/Descent 1 + 2:
Frei nach Isaac Asimovs *I Robot* befasst sich diese Episode mit der Verantwortung gegenüber der "Maschine". Die Mannschaft der *Enterprise* hat einen lebenden Borg geborgen, was zu einem tiefgreifenden

Konflikt führt: Die einen fürchten um die Sicherheit des Schiffs, sind misstrauisch bis hasserfüllt; andere möchten ihn studieren, um die verwundbare Stelle der Borg zu finden; und wieder andere bemühen sich, mit dem fremden Wesen zu kommunizieren – das schon bald, abgeschnitten von seinem Kollektiv, eine eigene Identität entwickelt. – Der hier begonnene Handlungsfaden wird in der Action-betonten Doppelfolge *Descent* wieder aufgenommen, die auch Datas bösen Bruder Lore wieder ins Spiel bringt (und in der Stephen Hawking höchstpersönlich einen Gastauftritt hat). Lore hat sich zum Anführer einer Gruppe von Borg aufgeschwungen, die durch ihre neu entdeckte Individualität orientierungslos geworden sind. Da Lore den Cyborg als die perfekte Lebensform betrachtet, ist sein Ziel die Assimilierung aller Menschen; auch Data scheint er auf seine Seite gebracht zu haben. Während *I Borg* durchaus interessant ist, da es einmal mehr um ethische Fragen geht, sind die *Descent*-Episoden für das weitere Verständnis der Serie nicht wichtig.

Star Trek 8: First Contact:
Die letzte Begegnung mit den Borg hat die Crew der *Enterprise* im 8. Kinofilm der Serie, der zwar durchaus gelungen ist, sich aber auf Action und Effekte konzentriert; manche Einstellung mag empfindsamen Gemütern berechtigterweise überflüssig erscheinen. Ein wenig Tiefgang gewinnt der Film, als Picard die Sinnlosigkeit seiner Rachegefühle entdeckt und bemerkt, dass er zum Ahab seines Sternenschiffs zu werden droht. Eine interessantere Alternative ist der 6. Kinofilm *The Undiscovered Country* mit der alten Enterprise-Crew um Kirk und Spock (siehe Abschnitt 4.5.2).

Mit sehr viel irdischeren Problemen kämpft Bill Cosby als Familienvater mit fünf Kindern, die seine Fähigkeiten als Erzieher stets aus Neue herausfordern. Während die **Bill Cosby Show** auf die amüsante Weise zeigt, wie eine Familie funktionieren kann, führt die Cartoon-Serie **The Simpsons** (http://www.thesimpsons.com) vor Augen, dass die durchschnittliche amerikanische Familie nicht mehr ist als eine Versammlung von Menschen unterschiedlicher Altersgruppen vor dem Fernseher, und die typische amerikanische Kleinstadt eine Manifestation des Absurden. Übertreibung und Zynismus, die zentralen Mittel der Serie, sind für Jugendliche ab etwa 12 Jahren als solche erkennbar, die Themen allerdings eher Probleme der Erwachsenenwelt. Aus diesem Grund sind die Episoden (legendär z.B. die Persiflage auf die *X-Files*) erst ab dem 8. Schuljahr wirklich brauchbar.

Ebenfalls populär sind Serien wie *Buffy, Charmed* und *Lost*. Ihr Schwerpunkt liegt allerdings grundsätzlich auf der Spannung, oft vermittelt in nicht immer unproblematischen Bildern. Siehe hierzu auch Kapitel 4.6.9.

Zweifellos können die empfohlenen englischsprachigen Sendungen auch im Deutschunterricht behandelt werden. Zuvor sollte man allerdings prüfen, ob nicht dem Englischunterricht Material weggenommen wird.

4.5.2 Spielfilme

Spätestens im Verlauf des 9. Schuljahrs kann die nähere Beschäftigung mit Spielfilmen beginnen, die in Thematik und Gestaltung über vordergründig erzeugte Spannung hinausgehen. Für den Deutschunterricht interessanter als die in den Neunzigern so erfolgreiche deutsche "Komödie" sind diverse **Roadmovies**, die im Gegensatz zu entsprechenden Hollywood-Werken weniger auf spektakuläre Aktionen, sondern auf Plot und Figurenzeichnung setzen. In Detlev Bucks **Wir können auch anders** entsteht eine gelungene Mischung aus Komödie und Tragödie: Zwei skurrile Brüder (Joachim Król und Horst Krause) reisen mit einem Lastwagen hoffnungsvoll in den Osten, wo sie nach der Wende unerwartet ein Haus geerbt haben. Die Reise wird spätestens in dem Moment zum absurden Abenteuer, als sich ihnen ein russischer Deserteur und bald darauf eine Dorfschönheit zugesellen.

Etwas ernsthafter geht es in Thomas Jahns großem Kinoerfolg **Knockin' on Heaven's Door** zu, wo sich zwei Todgeweihte (Til Schweiger und Jan-Josef Liefers) auf eine letzte Reise zum Meer begeben. Durch den Diebstahl eines Autos, in dessen Kofferraum sich eine beträchtliche Summe Mafiageld befindet, werden sie zu Gejagten von Polizei und Profikillern. Die Jäger stellen sich nicht eben geschickt an, die Gejagten haben nichts zu verlieren – heraus kommt eine nicht wirklich tiefschürfende, aber sehenswerte Roadmovie-Komödie aus deutscher Produktion.

Für den Englischunterricht ist das Angebot recht begrenzt, da viele wichtige Filme aufgrund ihres Themas und ihres sprachlichen Schwierigkeitsgrades erst für die Oberstufe in Frage kommen. Ein Einstieg in die Filmanalyse kann, z.B. in Verbindung mit der im vorigen Abschnitt angeregten Nutzung der Serie *Star Trek: The Next Generation,* über den bislang intelligentesten Spielfilm der Reihe erfolgen: **Star Trek 6: The Undiscovered Country**. In diesem Sci-Fi-Whodunit mit der klassischen Crew erhält die *Enterprise* den Auftrag, den Kanzler der feindlichen Klingonen, die durch eine Umweltkatastrophe in Nöte geraten sind, zu einer Friedenskonferenz auf der Erde zu eskortieren. Captain Kirk folgt dem Auftrag nur widerwillig, da es Klingonen waren, die einst seinen Sohn töteten. Es wird bald deutlich, dass er nicht der einzige ist, der gegenüber dem fremden Volk tiefe Vorurteile empfindet. Als der klingonische Kanzler einem Attentat zum Opfer fällt, nachdem scheinbar die *Enterprise* auf sein Schiff gefeuert hat, beginnt ein Wettlauf gegen die Zeit: Der wahre Täter muss gefunden werden, bevor Kirk und Schiffsdoktor McCoy, die für die Tat von den Klingonen verurteilt und ins Gefangenenlager gesteckt werden, endgültig beiseite geschafft werden; ein weiteres Attentat auf den Präsidenten der Föderation muss verhindert werden; und nicht zuletzt gilt es, die Verschwörer zu entlarven, die versuchen, die Friedensbemühungen zu sabotieren. Der Film ist für jeden, der mit Science Fiction etwas anfangen kann, durchaus interessant: Der Plot ist spannungsorientiert und intelligent konstruiert, die Figurenzeichnung souverän, die Selbstironie unverkennbar – und die filmische Qualität von der Kameraarbeit über den Soundtrack bis hin zur Darstellung tadellos.[296]

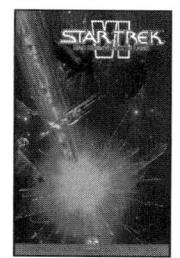

Ein Spielfilm-Juwel stellt sicherlich **Whale Rider** dar, nach dem Roman von Witi Ihimaera, der sich auch gut als Lektüre eignet (auch für den Deutschunterricht !). Es geht um die zwölfjährige Pai, deren Schicksal es ist, Führerin ihres Maori-Stammes zu werden – wogegen sich allerdings die Männer, allen voran ihr eigener Großvater, heftig wehren. Neben der interessanten Geschichte überzeugen die Darsteller und die gesamte Inszenierung. Ergebnis ist ein Film, der ganz ohne "political correctness" daherkommt, sondern ganz einfach verzaubert.

Spannungsorienter präsentiert sich M. Night Shyamalan **Signs** (2002). Im Zentrum des Films steht Reverend Graham Hess, der sein Priesteramt aufgegeben hat, weil er nach dem Unfalltod seiner Frau seinen Glauben verloren hat. Als Aliens, die man in guter Hitchcock-Manier kaum zu sehen bekommt, eine Invasion der Erde starten, muss Graham um seine Familie kämpfen... und wird schließlich einsehen, dass da draußen doch jemand ist, der auf uns aufpasst. Dieser Film lässt sich bei entsprechender Aufbereitung schon in der 9. Klasse (2. Halbjahr) behandeln und bietet sehr geeignete Szenen für eine Einführung in die Filmsprache.

Der Oscar®-prämierte Film **Forrest Gump**, in dem Tom Hanks den Titelhelden mit dem IQ einer Tischtennisplatte spielt, zählt schon zu den Standardfilmen des Englischunterrichts. Hinter der so amüsanten wie anrührenden **Komödie** steckt nicht nur ein **kritischer Blick** auf die Geschichte des Landes, sondern **auf die amerikanische Gesellschaft** schlechthin: Der größte Idiot wird zum Helden, weil er ein guter Sportler ist und ein gutes Herz hat. Gewiss liefert der Film zahlreiche landeskundliche Anspielungen, die aber im Unterricht aufgegriffen und aufbereitet werden müssen, da sie sonst Anspielungen bleiben; man darf nicht voraussetzen, dass Schüler mit der Figur des John F. Kennedy oder mit dem Begriff "Watergate" von sich aus viel anfangen können. Hinzu kommt das Problem der Sprache, die z.T. alles andere als leicht verständlich ist. Insofern ist auch dieser Film **keine leicht verdauliche Kost** und sollte allenfalls

---

[296] *siehe auch:* Jens Hildebrand: Star Trek 6. *in:* Englisch betrifft uns 3/98: Videos Goes Teaching. Bergmoser & Höller, Aachen 1998. S. 18-29.

als Startpunkt für eine landeskundliche Sequenz über die USA (frühestens im 10. Schuljahr) genutzt werden.[297] Andererseits ist der Film erzähltechnisch recht interessant konstruiert, so dass man ihn unter diesem Aspekt auch in der Oberstufe untersuchen kann.

Ähnlich lang und daher aufwändig in der Besprechung ist das bislang finanziell erfolgreichste Werk der Filmgeschichte, James Camerons *Titanic*. Der Film wurde wohl auch deshalb zum Erfolg, weil parallel zur Katastrophe der menschlichen Hybris eine herzerweichende Liebesgeschichte erzählt wurde, die sämtliche Schranken der Klassengesellschaft überwindet (und damit auch noch Ansätze eines Gesellschaftsporträts liefert). Einer Behandlung dieses Films in der Schule ist ferner die Tatsache abträglich, dass diesen Film vermutlich viele Schüler schon gesehen haben. Auch die Liebesgeschichte die Dramaturgie kaum stützen, selbst wenn der eine oder anderen den Ausgang der Romanze nicht kennen sollte. Und eins ist tragisch, aber nicht zu ändern: Das Schiff geht unter, und zwar anderthalb Stunden lang...

Als interessanter gilt *Dead Poets Society (Der Club der toten Dichter*, Regie von Peter Weir, der auch *The Truman Show* inszenierte): die Geschichte des Lehrers Keating, der frischen Wind und eine Ahnung von Freiheit in eine amerikanische Internatsschule bringt, damit aber nicht alle Jugendlichen ins Glück stürzt. Zu diesem Film existiert auch eine "novelization" von N.H. Kleinbaum,[298] die häufig gelesen wird, aber nicht eben von literarischer Finesse ist. Man kann sich daher getrost auf die Besprechung des interessanteren Films beschränken.

Schwerere Kost bietet der dennoch sehr sehenswerte Spielfilm *Rabbit-Proof Fence* von Phillip Noyce (deutscher Verleihtitel: Long Walk Home), mit dem bekannten britischen Schauspieler Kenneth Brannagh und Musik von Peter Gabriel. Die Handlung spielt im Australien des Jahres 1931: Drei Mischlingsmädchen werden gemäß australischer "Rassenpolitik" ihren Müttern weggenommen und zur Umerziehung in ein Lager gebracht. Doch die Mädchen können fliehen und machen sich gemeinsam auf den Weg nach Hause, entlang am berühmten Kaninchenzaun, 1.500 Meilen lang... Ein hervorragend inszenierter Film, der sich auch für den Unterricht eignet, dessen Präsentation und Besprechung aber viel Einfühlungsvermögen und Aufmerksamkeit von Seiten des Lehrers und eine stabile Lerngruppe braucht.

Bei der Behandlung der genannten Filme, die sich auf das 9. und 10. Schuljahr konzentrieren wird, kann man auf jeden Fall schon die **Aspekte der Filmsprache einführen**. Der zu erarbeitende Kategorienkatalog sollte noch reduziert bleiben, z.B. auf:

- **Einstellungen:** Totale, Halbtotale, Halbnah, Nah, Groß
- **Kameraperspektive:** Normalsicht, Aufsicht, Untersicht
- **Kamerabewegung:** Schwenk, Neigen, Kamerafahrt
- **Zoom:** Zoom-in, Zoom-out
- **Montage:** einfacher Schnitt, Überblendung, Parellelmontage
- **visuelle Effekte:** Animation, Zeitlupe
- **Ton:** Hintergrundgeräusche, Symbolgeräusche, Leitmotive der Musik
- **Sprache und Text:** Erzählerkommentar, Texteinblendungen
- **Dramaturgie:** Plot, Exposition, Plot Points, Höhepunkt

Auf der Basis eines solchermaßen überschaubaren Kategorienrasters können schon in der Mittelstufe gute Grundlagen für eine ernsthafte Auseinandersetzung mit Spielfilmen gelegt wer-

---

[297] *siehe auch:* Linda Offenburger: Forrest Gump. *in:* Englisch betrifft uns 3/97: Videos in the Classroom. Bergmoser & Höller, Aachen 1997. S. 8-15.

[298] N.H. Kleinbaum: Dead Poets Society. Bantam Books, New York 1989.

den. Die eingehendere Analyse fällt in der Oberstufe spürbar leichter, wenn Schülern die bewusstmachende Auseinandersetzung mit Filmen bereits vertraut ist.

4.5.3 Literaturverfilmungen

In dieser Kategorie soll nur auf solche Filme hingewiesen werden, die man in erster Linie im Anschluss an die Lektüre der Romanvorlage zeigen wird. Natürlich zählen auch die o.g. Filme wie *The Whale Rider* und *Forrest Gump* zu den Literaturverfilmungen.
Die Schulung der Filmanalyse soll den Blick für das Medium des Films schärfen und gattungsspezifische Stilmittel erarbeiten. Hierzu eignet sich die Besprechung von Literaturverfilmungen nur bedingt, da bei der Besprechung des Films stets notwendiger Rückbezug auf die Buchvorlage genommen werden muss. Der Einsatz einer Literaturverfilmung sollte also nur **ein weiteres Angebot** für die Schüler sein, das die von jeglicher Textvorlage isolierte Behandlung eines Films lediglich ergänzen kann. Zudem sollte man sich ausdrücklich der Form des Spielfilms widmen: Theaterverfilmungen unterliegen derart starken filmischen Einschränkungen, dass man sie zwar als Aufführungsversion der Dramenvorlage präsentieren kann, für eine umfassende Filmanalyse jedoch nicht genügend Ansatzpunkte findet.
Möchte man der Oberstufe kein Material wegnehmen, bleiben für den **Deutschunterricht** z.B. Friedrich Dürrenmatts *Der Richter und sein Henker* (Regie Maximilian Schell, 1976) oder Storms *Der Schimmelreiter* (Regie Alfred Weidenmann, 1978). Lohnenswert ist auch Dürrenmatts *Es geschah am hellichten Tag (Das Versprechen)*, entweder als Ladislao Vajdas Spielfilm von 1958 mit Heinz Rühmann und Gert Fröbe, oder in der neueren, amerikanischen (und sehr guten) Fassung von Sean Penn mit Jack Nicholson in der Hauptrolle (2001, Originaltitel *The Pledge*). In der 8. Klasse mag man vielleicht auch auf einen Edgar Wallace-Stoff zurückgreifen, zu dem eine der legendär-berüchtigten deutschsprachigen Verfilmungen existiert (z.B. *Der Hexer, Der Frosch mit der Maske, Der schwarze Abt*).
Die Auswahl an Literaturverfilmungen, die sich für den **Englischunterricht** eignen, ist begrenzter, da schon aufgrund der sprachlichen Schwierigkeit vieles erst in der Oberstufe zum Einsatz kommen kann. Recht gelungene Adaptionen existieren für so bekannte Stoffe wie Doyles *The Hound of the Baskervilles* (mit Ian Richardson, Regie Douglas Hickox, 1983), Goldings *Lord of the Flies* (Regie Harry Hook, 1990), Christies *Murder on the Orient-Express* (Regie Sidney Lumet, 1974) und natürlich Colin Higgins' *Harold and Maude* (Regie Hal Ashby, 1971) – allesamt Stoffe, die am ehesten für die Klassen 9-10 in Frage kommen. Großes Aufsehen hat zuletzt die Verfilmung von J.R.R. Tolkiens *The Lord of the Rings* erregt, die sich für einen kritischen Vergleich zwischen Romanauszügen und Filmsequenzen durchaus eignet.

4.6 Oberstufe

Für den Unterricht der Oberstufe eröffnet sich die größte Auswahl an Filmen, mit einer Mischung aus interessanter bis ernster Thematik und entsprechend vielfältiger und komplexer Gestaltung, die eine ertragreiche Filmanalyse ermöglicht. Zum einen können Themen ausgeweitet werden, die bereits in der Roman- oder Dramenlektüre angesprochen worden sind, zum anderen lassen sich Unterrichtssequenzen über spezifische Erzählformen entwickeln, die im Literaturunterricht eher selten berührt werden (z.B. zum Thriller).
Auf die Schüler der Oberstufe müssen von der Altersstruktur her die Vorgaben der FSK für Filme ab 16 Jahren angewendet werden. Die Richtlinien (siehe Kapitel 5) gehen bei dieser Altersgruppe von einer "entwickelten Medienkompetenz" aus, worunter sicher nicht jene Kompetenzen zu verstehen sind, die in Kapitel 1.2 dieses Bandes als Vorgaben für den Unterricht empfohlen werden. Gemeint ist in erster Linie die Fähigkeit, dass Dargestellte emotional

und rational verarbeiten zu können – gewiss eine Voraussetzung, die auch manch älterer Zuschauer nicht erfüllt. Als problematisch gelten auch für die 16-18-Jährigen Filme, deren soziale Implikationen kritisch zu sehen sind. Zu heiklen Elementen zählen Gewaltverherrlichung, Diskriminierung, Drogenkonsum oder auf "ein reines Instrumentarium der Triebbefriedigung" reduzierte Sexualität.

Auch hier können die Empfehlungen des British Film Institute (Kapitel 5) als Ergänzung betrachtet werden: Dort dürfen ab der Altersgrenze von 15 Jahren zwar Gewalthandlungen gezeigt werden, doch darf es nicht zur Zurschaustellung von Schmerz oder Verletzungen kommen. Nacktheit und ausgeübte Sexualität können zwar gezeigt werden, aber "ohne Details". Auch sollte der Eindruck vermieden werden, dass Geschlechtsverkehr beiläufig vollzogen wird.

Filme für Achtzehnjährige und Ältere sind meist ungeschnitten. Das "British Film Institute" behält sich jedoch das Schneiden bzw. die Zurückweisung von Inhalten vor, die Gewalt oder andere gefährliche Handlungen detailliert darstellen und Gefahr laufen, solche "Aktivität zu befördern"; hierzu zählen detaillierte Darstellungen von Drogenmissbrauch. Explizite Darstellungen sexueller Aktivität sind ebenfalls unzulässig, es sei denn, sie sind "ausnahmsweise durch den Kontext gerechtfertigt". Hinsichtlich der Hinweise der FSK zu Filmen ab 18 ist festzuhalten, dass hier mit recht schwammigen Begriffen wie "ethischer Minimalstandard" und "genrespezifischen Ästhetiken" gearbeitet wird. Die Anwendung dieser unsicheren Bewertungsmaßstäbe erfolgt laut FSK "deutlich unterhalb der Schwelle strafrechtlicher Normen", d.h. unterhalb strafrechtlicher Verstöße wie Volksverhetzung, Gewaltverherrlichung oder Pornografie. – Auch wenn alle Schüler eines Oberstufenkurses bereits das 18. Lebensjahr erreicht haben, sollte man Filme ab 18 Jahren sehr genau untersuchen, da für solche Werke in Deutschland offenbar nur vage Einschränkungen gelten.

4.6.1 Kernfilme für den Deutschunterricht (und Geschichte)

Eine oberstufengerechte Einführung in die Filmanalyse kann sich Tom Tykwers *Lola rennt* zum Anlass nehmen. Erzählt wird in drei nahezu (aber eben nicht ganz) gleichen Erzählsträngen der Versuch Lolas, ihrem Freund Manni zu Hilfe zu eilen, der 100.000 DM Diebesbeute in der U-Bahn liegen lässt und innerhalb von 20 Minuten Ersatz herbeischaffen muss. Zwar kann man diesen vergleichsweise kurzen Film (76 Minuten) auch in der Mittelstufe behandeln, doch lässt sich dort der Darstellungsreichtum analytisch kaum ausschöpfen: visuelle Techniken, Anspielungen, Motive, Filmzitate und nicht zuletzt die Erzählstruktur verdienen eine ausführliche Würdigung. Hierbei kann z.B. in der 11. Jahrgangsstufe begonnen werden, das in der Mittelstufe entwickelte Kategorienraster für die Filmanalyse zu verfeinern.

Ebenfalls interessant ist Jean-Jaques Annauds Verfilmung von Umberto Ecos *Der Name der Rose* (produziert von Bernd Eichinger). Streng genommen handelt es sich um eine Literaturverfilmung, doch kommt der zugrundeliegende Roman auf Grund seiner Länge und Komplexität schwerlich für den Unterricht in Frage. Der Film erzählt in rascherem Tempo und atmosphärischen Bildern von den Bemühungen des Franziskaners William von Baskerville (Sean Connery) und seines Schülers Adson von Melk, geheimnisvolle Todesfälle in einer Benediktinerabtei aufzuklären. Dabei kommen der mittelalterliche Holmes und sein junger Watson einem uralten Mysterium auf die Spur, das nur aufklären kann, wer das Labyrinth der Mauern und Bücher durchdringt. Der Bedeutungs- und Anspielungsreichtum ist enorm: Es geht nicht nur um die Kriminalgeschichte, sondern auch um das Mittelalter, Geschichte, Religion, Inquisition, vor allem um die Macht dessen, der das Wissen hat und kontrolliert. Wie nicht nur Barbara Tuchman[299] offen legte, lassen sich aus dem "finsteren" Mittelalter mühelos Brücken in unsere Gegenwart schlagen.

Aktuelleren Bezug nehmen zwei Filme, die in ihrem Umgang mit dem Thema Nationalsozialismus unterschiedlicher kaum sein könnten: Da ist zum einen Spielbergs **Schindlers Liste**, basierend auf dem gleichnamigen Roman von Thomas Keneally (auch hier wird man eher den Film als das Buch besprechen). Die Geschichte des Fabrikanten Oskar Schindler, der eintausend Juden vor den Nationalsozialisten rettet, bietet in ihrer preisgekrönten filmischen Adaption vielfältige Anlässe zu filmanalytischen Betrachtungen und historischen Bezugnahmen (eventuell in Form des fächerverbindenden oder -übergreifenden Unterrichts).

Zum anderen hat Helmut Dietl mit **Schtonk** eine vor allem darstellerisch hinreißende **Deutschland-Satire** produziert, in der Götz George als Hermann Willié (in Anlehnung an den *Stern*-Reporter Gerd Heidemann) einem ebenso kaltblütigen wie besessenen Fälscher die "Hitler-Tagebücher" abkauft. Wer mit ansieht, wie sich die kritischen Redakteure des Hamburger Nachrichtenmagazins, für das Willié im braunen Sumpf wühlt, von der Nazi-Nostalgie erfassen lassen, dem wird klar, dass hier nicht nur die Medienwelt durch den Kakao gezogen wird.

Neueren Datums sind die ebenfalls sehr unterschiedlichen Filme **Sophie Scholl – Die letzten Tage** (2005, Marc Rothemund) und **Der Untergang** (2004, Oliver Hirschbiegel). Während sich der mehrfach prämierte und als sehr gelungen zu betrachtende Film über das Schicksal der *Sophie Scholl* gut für den Deutsch- und vor allem Geschichtsunterricht eignet, liegen zu *Der Untergang* Untersuchungen zur Rezeption durch Schüler vor, die vielleicht nicht zu verallgemeinern sind, aber dennoch beunruhigen: Die Ergebnisse zeigen, dass die befragten Schüler nach dem Ansehen des Films weniger negative Gefühle gegenüber der Person Adolf Hitler empfanden, Sanktionen gegen Deutschland ablehnten und sich ihre Identifikation mit der eigenen Nation verstärkt hatte.[300]

4.6.2 Kernfilme für den Englischunterricht

Mit Blick auf den Englischunterricht fällt es leichter, einige der herausragendsten Filme den **im Curriculum festgeschriebenen Themenbereichen zuzuordnen**. So existiert zu der beliebten und häufig in der Jahrgangsstufe 11 behandelten "short novel" The Body von Stephen King eine exzellente Verfilmung von Rob Reiner mit dem Titel **Stand By Me**. Der Film gilt neben *The Shawshank Redemption* und *The Green Mile* zu Recht als die gelungenste Adaption eines King-Stoffes (Kubricks *The Shining* muss man wohl als eigenständiges Werk betrachten). Inzwischen gibt es eine deutsche DVD, die neben dem deutschen Synchronton die originale Version enthält. Darüber hinaus findet man dort eine umfangreiche "Making of"-Dokumentation, die nicht nur Einblicke in die Entstehung des Films, sondern auch in die Behandlung der Kindheits-Thematik gibt (vor allem durch die Erläuterungen Stephen Kings). Der Film selbst ist stimmungsvoll, in seinen gestalterischen Mitteln aber eher unprätentiös, so dass sich hier das Instrumentarium der Filmanalyse noch nicht voll ausschöpfen lässt.

Im Rahmen eines Kurshalbjahrs zum **Thema USA** können Filme zum Einsatz kommen, die auf verschiedenste Art ein Bild der Vereinigten Staaten vermitteln. Die Besiedlung des Westens und ihre Auswirkungen auf die Urbevölkerung stehen im Mittelpunkt des mehrfach Oscar®-prämierten Films **Dances with Wolves** (*Der mit dem Wolf tanzt*, basierend auf Michael Blakes gleichnamigem Roman). Kevin Costners Adaption erzählt die Geschichte des Lt. John Dunbar, der sich allein an einen Vorposten der "frontier" versetzen lässt. Dort tritt er bald mit den Indianern in Kontakt, wird schließlich einer von ihnen und muss doch feststellen, dass die ursprüngliche Lebenswelt dieser Menschen eine Idylle auf Zeit ist. Eindrucksvolle Landschafts-

---

[299] Barbara Tuchman: Der ferne Spiegel. Deutscher Taschenbuch Verlag, München 1982.

[300] Wilhelm Hofmann, Anna Baumert und Manfred Schmitt: Heute haben wir Hitler im Kino gesehen. Evaluation der Wirkung des Films "Der Untergang" auf Schüler und Schülerinnen der neunten und zehnten Klasse. Zeitschrift für Medienpsychologie, 17 (N.F. 5) 4, Hogrefe, Göttingen 2005. S. 132-146.

aufnahmen, aufwendig choreographierte Jagdszenen und die Schlüsselstellen der Handlung sollten im Mittelpunkt der Besprechung stehen; der vollständige Film mit einer je nach Version unterschiedlichen Spiellänge zwischen drei und vier Stunden ist sicherlich zu lang. Die Langversion enthält jedoch u.a. eine wirkungsvoll gestaltete Sequenz, in der Dunbar und sein indianischer Freund durch ein Gebiet reiten, in das die jede natürliche Ressource ausbeutenden "Weißen" schon vorgedrungen sind.

Vielschichtiger und ergiebiger ist **American Beauty** von Sam Mendes. Der Film zeichnet ein amüsant-kritisches Bild der heutigen amerikanischen (bzw. westlichen) Gesellschaft, und zwar in teils poetischen Bildern, die das Tragikomische, ja Absurde nur umso deutlicher hervortreten lassen. Der Erzähler, Lester Burnham (Kevin Spacey), eröffnet gleich zu Beginn, dass er beruflich wie familiär gescheitert sei. Diese Erkenntnis zementiert sich im Rückblick seiner Erzählung, nicht zuletzt durch die Hoffnungslosigkeit seiner Liebe zur Freundin seiner Tochter. Diese Lolita ist ein hochnäsiges Flittchen, die Tochter driftet in die Beziehung zu einem drogendealenden Altersgenossen ab, der unter seinem Vater leidet, der wiederum seine wahren Gefühle unter der Maske des Militärmachos verbirgt... Man kann gar nicht genug lachen in diesem Film, um all die Traurigkeit dessen zu vergessen, was die hier porträtierten Typen Leben nennen.

Ein wieder neues Licht auf den "American way of life" wirft David Lynch, bekannt für skurile und effektreich inszenierte Filme der anderen Art (z.B. *Dune, Wild at Heart, Lost Highway* oder die TV-Serie *Twin Peaks*). Völlig gelassen, ruhig und zutiefst bewegend kommt ***The Straight Story*** daher, die wahre Geschichte des alten Alvin Straight, der sich auf seinem Rasenmäher (!) auf die mehrere hundert Meilen lange Reise zu seinem Bruder Lyle macht, der einen Schlaganfall erlitten haben soll. Lynch erzählt diese Geschichte mit angemessener, äußerst seltener Ruhe; und auch hier versteht er es meisterhaft, das scheinbar Normale außergewöhnlich wirken zu lassen.

Einen Blick wert ist auch ***Witness*** *(Der einzige Zeuge)* von Peter Weir. Das spannende und teilweise hinreißend fotografierte Drama konzentriert sich auf den amerikanischen Polizisten John Book (Harrison Ford), der einen kleinen Amish-Jungen beschützen will, nachdem dieser Zeuge eines Polizistenmordes geworden ist. Auf der Flucht vor den Mördern wird Book angeschossen, kann sich aber noch zu den Amish retten, die ihn pflegen und – widerwillig – in ihre Gemeinschaft aufnehmen, um ihn und den kleinen Zeugen zu beschützen. So gewinnt der Zuschauer Einblick in jene ferne Welt ohne Elektrizität und Maschinen, jene Insel des alten Europa im Amerika von heute. Letztlich lässt sich aber nicht verhindern, dass die Häscher Book ausfindig machen und in die Idylle der Amish eindringen.

Barry Levinsons ***Rain Man*** vermittelt einen aufschlussreichen Einblick in das Denken des modernen Amerika: Der junge Charlie Babbit, ein smarter Autohändler mit ausgeprägtem Profithunger, hofft nach dem Tod seines Vaters auf die große Erbschaft, bekommt aber nur ein altes Auto. Das große Stück vom Kuchen geht an seinen älteren Bruder Raymond, von dem Charlie gar nichts wusste, den er aber sehr bald trifft: in einem Pflegeheim, denn Raymond ist Autist. Aus der "Entführung" Raymonds und dem Plan, das Testament anzufechten, wird eine Reise der beiden Brüder quer durch die Vereinigten Staaten. Dabei gelangt Charlie zwar schließlich nicht an das große Geld, aber zu sich selbst. – Beeindruckend sind hier nicht nur die Porträts kontrastreicher amerikanischer Lebenswelten, sondern auch die Leistungen der Darsteller.

Als Vermittler eines nostalgisch wirkenden, aber aufschlussreichen **England-Bildes** sowie als ästhetisch herausragendes Filmwerk darf *The Remains of the Day* gesehen werden. James Ivory verfilmte Kazuo Ishiguros Roman mit herausragenden Darstellern und in authentischer Atmosphäre: Der Chefbutler Stevens (Anthony Hopkins) hat sich gänzlich seinem Beruf, d.h. dem Dienst für Lord Darlington verschrieben. In dessen Herrenhaus gilt es, eine Vielzahl von Bediensteten zu befehligen, vor allem dann, wenn hoher Besuch ins Haus steht. Denn Lord Darlington hat sich nach dem Ende des 1. Weltkriegs der Diplomatie verschrieben: Er hält es für eine Frage der Ehre, den durch den Versailler Vertrag geknebelten Deutschen eine Hand zu reichen. Ebenso stoisch wie die Irrwege seines Dienstherrn erträgt Stevens den Verlust der Haushälterin Miss Kenton (Emma Thompson), die er so lange auf Distanz erhält, bis sie die Situation nicht mehr erträgt, aus Verzweiflung heiratet und fortgeht. Erst viel später, als längst ein neuer Dienstherr (beeindruckend: Christopher Reeve) in Darlington Hall residiert, realisiert Stevens, was ihm entgangen ist. Doch am Ende bleibt jenes wunderbare Bild der Taube, die sich in die ehrwürdigen Hallen verirrt und von Stevens wieder in die Freiheit entlassen wird: die Hoffnung, das doch nicht alles umsonst gewesen sei... Auch wenn vom England der Herrenhäuser nur noch Fragmente geblieben sind, wird hier mehr als ein Stück Geschichte vor Augen geführt: Die Unterdrückung der eigenen Gefühle ist das große Thema dieses rührenden und sehenswerten Films.

Einen heitereren Blick in die britische Lebensart eröffnet die Komödie *Notting Hill* von Roger Michell. Man kann diesen Film mit Julia Roberts und Hugh Grant in den Hauptrollen für nichts mehr als ein bisweilen albernes Rührstück der Marke *Pretty Woman* halten und durchaus Recht haben. Mit etwas Gelassenheit kann man aber, abseits der stilsicher inszenierten Liebesgeschichte zwischen dem unglücklichen Buchhändler William und dem Filmstar Anna, noch mehr wahrnehmen: treffende Dialoge, Situationskomik und eben echt britische Charaktere. Vom Humor her noch britischer: ***Four Weddings and a Funeral*** (dt.: *Vier Hochzeiten und ein Todesfall*) von Mike Newell.

Ein wenig tiefgründiger zeigt sich die Verfilmung von Nick Hornbys Roman ***About A Boy***, mit Hugh Grant in der Hauptrolle des faulsten Singles der Welt, Will Freeman. Jeder Mensch ist eine Insel, glaubt Will, und so lebt er denn auch – bis ihn ein zwölfjähriger Junge auf dem Weg zum Erwachsenwerden mitnimmt. Den schmalen Grat zwischen Komödie und Tragödie wandelt die Inszenierung der Brüder Chris und Paul Weitz so überzeugend, dass sich ihr Werk **sehr gut für eine Einführung in die Spielfilmanalyse in der Jahrgangsstufe 11 eignet**, vielleicht in Verbindung mit einer Behandlung des Romans (evtl. in Auszügen).

Als erster Spielfilm wurde ***Bend It Like Beckham*** (in Deutschland: *Kick It Like Beckham*) in NRW mit Blick auf das Zentralabitur 2007 in das Pflichtcurriculum des Leistungskurses Englisch aufgenommen. Jesminder Bhamra lebt im Westen von London, eingebettet in die Sikh-Kultur ihrer Eltern, und hat einen ungewöhnlichen Traum: Fußballprofi zu werden wie David Beckham. Auf dem Weg zum Ziel der Träume gilt es allerdings, die orthodoxe Haltung der Eltern zu überwinden, die sich so weit denn doch nicht an die westliche Welt anpassen wollen, in der sie leben. Wenn dieser eher seicht inszenierte, aber durchaus lohnenswerte Film nicht (mehr) zum Pflichtprogramm der Oberstufe gehören sollte, kann man ihn durchaus auch in der 9. oder 10. Klasse besprechen. Ähnliches gilt für ***Billy Elliot***, die Geschichte eines Jungen aus dem englischen Arbeitermilieu, der es gegen alle Widerstände zum Ballettänzer bringt.

Des weiteren gibt es bekanntermaßen eine Vielzahl von Filmen zum Thema **Shakespeare**. Nachdem sich (fast) jeder von ***Shakespeare in Love*** begeistert zeigt, kann man sich schlecht dem Gedanken verschließen, dass sich durch den Einsatz dieses Films (zumindest in Ausschnitten) ein Bild der Schaffenszeit des offenbar ganz menschlichen Genies vermitteln lässt.

Der Gedanke hat seine Berechtigung, aber eben nur so weit, als es um diesen Einblick geht, denn der Film beansprucht weder wissenschaftliche Gültigkeit noch irgendeinen anderen besonderen Anspruch. Der Film hat zweifellos einen gewissen Unterhaltungswert, ein erfolgsorientiertes Drehbuch (von Tom Stoppard) und einige gute Szenen – aber auch nicht mehr.

Wenn es um Verfilmungen eines Shakespeare-Dramas geht, ragen die von Kenneth Branagh inszenierten Filme aus der Masse heraus. Auf der "leichten" Seite besticht **Much Ado About Nothing** (Viel Lärm um nichts) mit Brannagh und Emma Thompson, und zwar nicht allein wegen der getreuen Dialoge, sondern auch durch die passende, luftig-sonnige Atmosphäre, die dem Stück einen passenden Rahmen gibt. Sehr viel düsterer, jedoch nicht minder authentisch geht es bei **Henry V.** zu, der ersten vielbeachteten Shakespeare-Adaption Branaghs, die auch durch die vielleicht zu opulente Verfilmung des **Hamlet** nicht übertroffen wurde.

4.6.3 Thriller

Dieser allein aufgrund des **Spannungspotentials** reizvollen Kategorie lassen sich sehr unterschiedliche Filme zuordnen. Auch in diesem Sinne stellen die hier unterbreiteten Vorschläge nur eine **Auswahl** dar, die in der konkreten Selektion für den eigenen Unterricht begrenzt werden muss, allerdings auch erweitert werden kann. Es ist durchaus sinnvoll, das spannungsorientierte Medium des Spielfilms tatsächlich mit einer eigenen Reihe zum Thema Thriller zu würdigen. Die hierbei zu verfolgende Schwerpunktsetzung wird sicherlich von vielen Faktoren abhängen, z.B. von der Lerngruppe und naturgemäß auch von eigenen Vorlieben. Die Behandlung mindestes eines Hitchcock-Films darf in diesem Rahmen als obligatorisch gelten.

Als Meisterstück des berühmten Regisseurs gilt *Vertigo*. Hierbei handelt es sich um einen klassischen Psychothriller (in Abgrenzung zum modernen Verständnis der Gattung, in der sich die Jagd auf den Psychopathen als zentrales Thema etabliert hat). In *Vertigo* geht es noch um einen Menschen, den von der "Normalität" nichts trennt als eine ausgeprägte Höhenangst – und schließlich die Tatsache, dass er glaubt, die vor seinen Augen zu Tode gekommene Ehefrau eines Kollegen plötzlich mit völlig neuer Identität vor sich zu sehen. James Stewart verfällt Kim Novak und gerät in einen Schwindel, der sich durch die gekonnte Inszenierung unwiderstehlich auf den Zuschauer überträgt.

Ohne Zweifel gruseliger, aber filmanalytisch sehr ergiebig ist ein weiterer Hitchcock-Klassiker: ***Psycho*** (basierend auf dem Roman von Robert Bloch). Kamera, Musik und Montage liefern brillante Beispiele für filmische Erzählkunst, vom voyeuristischen "zooming-in" der Eröffnungssequenz über den berühmten Mord in der Dusche bis zum Showdown. Anthony Perkins spielt Norman Bates, den unheimlichen Sohn einer offenbar drakonischen Mutter, in dessen Motel sich die hübsche Marion Crane (Janet Leigh) verirrt. Sie hat aus einem Affekt der Irrationalität eine beträchtliche Summe Geld gestohlen und befindet sich auf der Flucht, doch was ihr im "Bates' Motel" zustößt, hat sie beileibe nicht verdient: Sie stirbt unter den Messerstichen einer scheinbar wahnsinnig eifersüchtigen Mutter. Erst Marions Liebhaber und ihre Schwester kommen der beklemmenden Wahrheit auf die Spur, die für das Kinopublikum vor vierzig Jahren noch erklärungsbedürftig schien, heute aber zur häufigsten Ursache für die Umtriebe psychopathischer Filmtäter geworden ist.

Über Stanley Kubricks ***The Shining*** muss an dieser Stelle nicht mehr gesagt werden, als dass der Film die Tradition des Psychothrillers fortführt und erfolgreich dem Risiko ausweicht, in die Flachheit des Horrorfilms abzugleiten. Jonathan Demme hat dieselbe Gefahr bei der Inszenierung von Thomas Harris' Roman *The Silence of the Lambs (Das Schweigen der Lämmer)* gesehen. Wirklich ausgewichen ist er ihr nicht, denn dieser "moderne" Psychothriller, einer der bekanntesten Filme überhaupt, enthält durchaus unappetitliche Details in Wort und Bild (die sich angesichts der Grenzüberschreitungen in der Fortsetzung *Hannibal* allerdings harmlos ausnehmen). Die Jagd nach einem Serienmörder wird umrahmt von der rein verbalen Konfrontation zwischen der FBI-Agentin Sterling (Jodie Foster) und dem inhaftierten Psychopathen Hannibal Lecter (Anthony Hopkins). Der Regisseur hat sich sichtlich bemüht, einen möglichst schockierenden Stoff auf für das Kinopublikum der Achtziger aushaltbare Weise zu inszenieren. Heute wirkt diese Inszenierung teilweise schon wieder harmlos, und so lässt sich eine durch täglichen Fernseh- und Filmkonsum geprüfte (oder vorgeschädigte) Lerngruppe vom *Schweigen der Lämmer* kaum beunruhigen. Mancher hält Demmes Adaption (wie auch Harris' Romanvorlage) auch einfach für atemberaubend langweilig.

Keine graphischen, aber verbale Details liefert **Der Totmacher**, den Romuald Karmakar im Stil eines dokumentarischen Dramas inszenierte. Hier brilliert Götz George als der Massenmörder Fritz Haarmann, den man Gott sei Dank nicht bei seinen Verbrechen sieht (Haarmann ermordete 24 Männer), stattdessen in den Verhören durch einen Psychologen. Haarmanns Äußerungen über Motive und Vorgehensweisen offenbaren Abgründe, die vielleicht noch beklemmender sind als die des Hannibal Lecter und daher mit Vorsicht zu behandeln sind.

Zu den subtileren Werken zählt eine sehr viel ältere deutsche Produktion, die man in einem Seminar zur Filmgeschichte als Pflichtlektüre sehen müsste: Fritz Langs ***M – Eine Stadt sucht einen Mörder*** (1931) ist als erster Erfolgsfilm um einen Serienmörder einerseits erstaunlich modern, weist andererseits aber auch noch spürbare Elemente des expressionistischen Stummfilms auf. Außerdem vermittelt Langs Meisterwerk auch ein Stück Zeitgeschichte, eine Atmosphäre aus Angst, Paranoia und Gewalt: Der irre Kindermörder (Peter Lorre) wird in den dunklen Straßen von Berlin schließlich von der Unterwelt, die um ihre Geschäfte fürchtet, zur Strecke gebracht. Der Gangsterboss (Gustav Gründgens) leitet in Ledermantel und Richterpose das Verfahren, in dem der Pflichtverteidiger einen scheinbar hoffnungslosen Kampf um die gerechte Bestrafung bzw. Therapierung des Angeklagten führt.

Nicht aus der Betrachtung einer kranken Psyche, sondern aus dem Übernatürlichen bezieht das erstaunliche Erstlingswerk von M. Night Shyamalan, **The Sixth Sense**, seine besondere Wirkung. Nicht als Actionheld, sondern als behutsamer Kinderpsychologe sieht man Bruce Willis in der Rolle des Dr. Malcolm Crowe, der zunächst von einem verstörten jungen Mann, dem er vor Jahren nicht helfen konnte, angeschossen wird. Einige Zeit später nimmt sich Crowe eines ähnlich schwierigen Kindes an: Cole Sear ist ein verschüchterter Junge, der sich verfolgt fühlt und extreme Ängste empfindet. Bald stellt sich heraus, was ihn so verstört: Er sieht tote Menschen, die ihn heimsuchen, tatsächlich aber seine Hilfe brauchen... Der Film ist subtiler in Szene gesetzt, als man es von einem derartigen Sujet erwarten mag. Die darstellerische Leistung insbesondere von Haley Joel Osment als Cole vermag nachhaltig zu beeindrucken.

Auch die folgenden Filme dürfen aufgrund ihres Spannungspotentials im weiteren Sinne als Thriller bezeichnet werden, wenngleich sie weder das Kranke noch das Übernatürliche thematisieren. Mitunter wird auch der unschärfere Begriff "Drama" verwendet. Als Meilenstein der Filmgeschichte gilt **Citizen Kane** von und mit Orson Welles in der Rolle des mysteriösen Charles Foster Kane, dessen Lebensweg zum Medienmogul so effektreich dargestellt wird, dass sich vielfältige Anlässe für den analytischen Zugriff ergeben: Thema und Plot (ein Amerikaner auf dem Weg zu Ruhm, Macht und Einsamkeit), Erzählhaltung (Rückblenden aus der Sicht verschiedener Zeitgenossen schaffen ein widersprüchliches Zerrbild Kanes), Kameraperspektiven, Lichteinsatz, Montagetechnik und das berühmte "Rosebud"-Rätsel... – Der Film wurde im Kino nicht zum kommerziellen Erfolg; zu ungewöhnlich war seine Gestaltung, und mancher Kritiker störte sich an den unübersehbaren Parallelen zwischen der Hauptfigur Kane und dem Zeitungsmagnaten William Randolph Hearst. Längst gilt der Film jedoch als eines der besten Werke der Filmgeschichte, das Schüler (zumindest in Auszügen, insbesondere des Anfangs) gesehen haben sollten.

Erzähltechnisch weniger komplex, aber doch handwerklich ebenso hochwertig wie beachtenswert ist David Finchers **The Game** mit Michael Douglas in der Hauptrolle. Douglas spielt den Multimillionär Nicolas van Orton, der allein, geschieden und ohne Gefühle für seine Mitmenschen in der Villa seiner verstorbenen Eltern lebt; der die meiste Zeit jedoch damit zubringt, sein Geld zu mehren und sich unfähiger Mitarbeiter zu entledigen. Von seinem offensichtlich weniger strebsamen Bruder bekommt van Orton ein besonderes Geschenk: den Gutschein für ein einzigartiges "Spiel", dessen Inhalt, Regeln und Ziel unklar bleiben. Doch schon bald wird klar, dass van Orton die wohlgeliebte Kontrolle über sein Leben verliert und an die Abgründe seiner Existenz getrieben wird... Nicht allein aufgrund seiner Thematik bietet Finchers Film interessanten Unterrichtsstoff; auch hier sind die Gestaltungsmittel von Interesse, obwohl der Plot dem Zuschauer einigen guten Willen abverlangt. Die Gesetze der Logik werden hier mit einer Leichtigkeit aufgehoben, die selbst für Hollywood-Filme eher ungewöhnlich ist; und doch vermag dieser Film zu fesseln.

Noch ernstzunehmender und sogar auf einem authentischen Fall basierend ist **The Insider**, ein von Kritik und Publikum hochgelobter Film von Michael Mann. Die durch Komposition, Einstellung, leitmotivische Verknüpfung und Darstellung beeindruckenden Bilder zeichnen einen der größten Skandale des 20. Jahrhunderts nach: Dr. Jeffrey Wigand (Russell Crowe), ein fähiger Chemiker, wird unter dubiosen Umständen aus einem der größten Tabakkonzerne entlassen. Man gibt ihm die nachdrückliche Empfehlung mit auf den Weg, kein Wort über seine bisherige Tätigkeit zu verraten. Doch schon bald begegnet er Lowell Bergman, dem Produzenten des bekannten TV-Magazins "Sixty Minutes". Wigands zunächst nur aufgezeichnetes Geständnis, dass sein früherer Arbeitgeber mit voller Kenntnis und Absicht süchtigmachende Zigaretten produziere, bringt ihn unter immensen Druck (der ihn u.a. seine Ehe kostet). Als der Tabakkonzern als potentieller Käufer des Senders CBS die Ausstrahlung des Interviews verhindert, wird klar, dass beide Männer einen schier aussichtslosen Kampf um die Wahrheit austragen: der eine, weil sie ihn seine Existenz gekostet hat; der andere, weil er die Essenz seiner journalistischen Berufung gefährdet sieht.

Stilsicher inszeniert und mit hervorragenden Darstellern besetzt, vor allem aber leichtherziger ist Phil Alden Robinsons High-Tech-Thriller **Sneakers**. Zwei jugendliche Hacker trifft ein unterschiedliches Schicksal: Der eine (Ben Kingsley) wird verhaftet, der andere (Robert Redford) kann untertauchen und Jahre später eine kleine Firma gründen, die Sicherheitssysteme testet (indem sie bestellte Einbrüche verübt). Schon das Figurenarsenal des Teams zeugt von besonderer Klasse: ein ehemaliger CIA-Agent (Sidney Poitier); ein neurotischer Verschwörungstheoretiker (Dan Akroyd); ein blindes Akustik-Genie (David Strathairn); und ein ehemaliger Schüler, der seine Noten im Schulcomputer hackte (River Phoenix). Wirklich aufregend wird es, als das Team in den Konflikt verschiedener Interessengruppen gerät, die eines magischen "schwarzen Kastens" habhaft werden wollen, der jeden digitalen Code knacken kann. Zweifellos ist die Bedrohung, die von einem solchen Apparat ausginge, in diesem Film eher Nebensache. Doch die ebenso spannende wie geistreich-komische Inszenierung qualifiziert den Film für die nähere Betrachtung, vor allem im Englischunterricht.

4.6.4 Katastrophenfilme

Katastrophenfilme gehört nicht unbedingt zur Pflichtlektüre, bieten sich jedoch als Studienmaterial für dramaturgische Betrachtungen an, da sie meist sehr klar dem Strukturprinzip des Mainstream-Films folgen. Wie Jens Eder[301] dargelegt hat, ist der überaus erfolgreiche Film **Twister** von Jan de Bont ein typisches Beispiel für den Hollywood-Kassenschlager mit einfachem, linearem und klar spannungsorientiertem Aufbau (siehe hierzu auch Kapitel 2.6). Die Geschichte konzentriert sich ganz auf die Tornadojäger Bill und Jo Harding (Helen Hunt und Bill Paxton) und ihre Suche nach dem ultimativen "Twister", den sie mit einem neu entwickelten Messgerät erforschen wollen. Aus diesem Hauptplot ergibt sich ein ebenso typischer Subplot: Nachdem sich Bill und Jo entfremdet haben und kurz vor der Scheidung stehen, entdecken sie während der ultimativen Jagd ihre Gefühle füreinander neu.

---

[301] Jens Eder: Dramaturgie des populären Films – Drehbuchpraxis und Filmtheorie. [Anm. 230]

Ein ähnlich klar strukturierter Genrefilm ist Wolfgang Petersens **Outbreak**. In diesem klassischen Hollywood-Streifen des deutschen Regisseurs geht es nicht um Stürme, Erdbeben oder Vulkanausbrüche, sondern um ein in die USA eingeschlepptes Virus, das Menschen innerhalb kurzer Zeit tötet. Um die weitere Verbreitung zu verhindern, wird die Kleinstadt, in der das Virus ausbricht, vom Militär hermetisch abgeriegelt. Wieder einmal beginnt ein Kampf gegen die Zeit: Der Epidemiologe der Army, Colonel Daniels (Dustin Hoffman), muss ein Antiserum entwickeln, bevor die Kleinstadt per Bombardement einfach dem Erdboden gleichgemacht wird. Auch dieser Film ist gewohnt professionell und spannend inszeniert, beschränkt sich aber auf die üblichen Gestaltungsmittel des Films in altbewährter Anwendung. Viel mehr als die Klischeehaftigkeit von Plot und Umsetzung lässt sich hier nicht nachweisen.

4.6.5 Science Fiction

Der Science Fiction-Film ist wie der Thriller eine Gattung mit vielen Spezies. Das ursprüngliche Thema, die moderne Technik und die von ihr ausgehende Bedrohung, wird vielfach durch den bloßen Handlungsrahmen ersetzt: eine ferne, meist zukünftige Welt voller Wundertechnik. Als wirkungsvolles Beispiel für den frühen Science Fiction-Film kann Fritz Langs **Metropolis** dienen, vor allem jene Sequenzen, die das Schicksal der Arbeiter in der Maschinerie von Industrialisierung und Großstadt und den humanoiden Roboter zeigen, der zu ihrem Idol und zur Bedrohung der ständischen Ordnung wird. Da der gesamte Film nicht nur ein anstrengendes "Vergnügen", sondern auch eine seltsame Mixtur aus expressionistischen, romantischen und christlichen Elementen ist, kann man sich auf Ausschnitte beschränken. Dennoch hat *Metropolis* auf viele spätere Filme des Genres nachgewirkt und die primär dystopische Ausrichtung begründet, wie sie auch Ridley Scotts **Blade Runner** eigen ist. Der sehr stark von seiner literarischen Vorlage (*Do Androids Dream of Electric Sheep?* von Philip K. Dick) abweichende Film behandelt die Problematik des ethischen Umgangs mit Androiden: Die Tyrell Corporation, ansässig im Los Angeles des Jahres 2019, hat mit dem "Nexus 6" einen Androiden (hier: "Replikanten") entwickelt, der dem Menschen nicht nur perfekt gleicht, sondern ihn auch in Kraft und Intelligenz übertrifft. Um die Psyche der Androiden zu stärken, implantiert man ihnen künstliche Erinnerungen und Träume. So nimmt es nicht Wunder, dass einige Exemplare dieser neuen Spezies sich nicht länger als Arbeitskraft missbrauchen lassen möchten. Vor allem aber wollen sie nicht akzeptieren, dass ihre Lebensspanne künstlich auf 5 Jahre begrenzt wurde – eine Vorsichtsmaßnahme, die eben verhindern soll, dass die Replikanten an ihrem Leben hängen. Die Aufgabe der *Blade Runner*, einer Spezialeinheit der Polizei, besteht darin, Androiden zu finden und auszuschalten, die sich über das Verbot hinweggesetzt haben, auf die Erde zu kommen. Als einige Replikanten vom Typ "Nexus 6" in Los Angeles gesichtet werden, ruft man Rick Deckard auf den Plan, einen ehemaligen *Blade Runner*. Während seine Zielobjekte versuchen, zu ihrem "Schöpfer" (dem Chef der Tyrell Corporation) vorzudringen, gerät Deckard in einen Konflikt: Er verliebt sich in Rachel, die Sekretärin Tyrells, die ebenfalls eine Replikantin ist. Dass ein anderer Polizist, der vorzugsweise Origami-Figuren faltet, Rachel wider Erwarten am Leben gelassen hat, realisiert Deckard erst, als er kurz vor der gemeinsamen Flucht ein winziges Einhorn aus Papier am Boden entdeckt. Wie tief sein Konflikt reicht, wird erst im inzwischen erhältlichen *Director's Cut* des Films deutlich: Dort träumt er zuvor von einem Einhorn. Handelt es sich hierbei um einen jener implantierten Träume? Soll Deckard erkennen, dass er selber ein Replikant ist? Jenseits dieser Frage behandelt der Film nicht nur Themen der Zukunft, sondern beeindruckt durch seine visuelle Kraft und die bedrückend authentische Atmosphäre: Die Welt der Zukunft erscheint als düstere Großstadt, ständig in Wolken, Smog und Regen gehüllt und dominiert von monumentalen Bauten, die den Menschen auf eine hilflos wimmelnde Masse schrumpfen (und an die Architektur der *Metropolis* erinnern). Die sphäri-

sche Musik von Vangelis ist zu Recht ebenso populär wie der Film selbst. Zur unterrichtlichen Behandlung sei u.a. ein vom British Film Institute herausgegebener Band empfohlen.[302]
Die Rolle des Menschen in einer technisch hochentwickelten Kultur ist das zentrale Thema des wohl einflussreichsten Science Fiction-Films des 20. Jahrhunderts, Stanley Kubricks **2001: A Space Odyssey** *(2001: Odyssee im Weltraum).* Die verfremdende Ästhetik des Films bleibt unübertroffen: Gigantische Raumstationen schweben zu Walzertakten kreiselnd durch den kalten, schwarzen Raum, Menschen laufen wie Mäuse durch die inneren Räder ihrer Raumschiffe, wenn sie nicht dem sprechenden Supercomputer HAL zum Opfer fallen. Das einzige, was dem Menschen in diesem Raum bleibt, ist die Entgrenzung, die dem letzten der Astronauten widerfährt – und die zugleich den metaphysischen Plot zu seinem mystischen Ende führt. Zumindest in seinen wirkungsvollsten Sequenzen sollte dieser Film, der bis heute die Optik des Genres prägt, Schülern nahegebracht werden.
Die wohl bekannteste Dystopie der Literatur, George Orwells **1984**, wurde in überzeugender Weise von Michael Radford verfilmt. Die Adaption soll hier genannt werden, weil sie sich nicht nur als Literaturverfilmung (siehe Abschnitt 4.6.8), sondern auch als eigenständiger Film einsetzen lässt. Weniger bedeutungsschwanger geht es in zwei Filmen zu, die typische Vertreter des modernen Science Fiction-Films darstellen. In Ridley Scotts **Alien** liefert der Mythos des abgeschlossenen Raums den Handlungsrahmen für den erschreckenden Kampf gegen ein fremdes außerirdisches Wesen. Scotts Film bezieht seine besondere Wirkung sowohl aus dem Schauplatz des düsteren Raumschiffs als auch aus der Tatsache, dass man das "Monster" nur für Bruchteile von Sekunden zu Gesicht bekommt. So bleibt das Grauen bis zum Schluss nahezu form- und gesichtslos. Da der Film nichts für schwache Nerven ist, scheint seine Eignung für den Unterricht fraglich.
Die Popcorn-Version des SciFi-Films stammt aus der Feder von George Lucas, der in seiner **Star Wars**-Reihe (http://www.starwars.com) die Raumschiffe nicht nur dahingleiten, sondern auch aufeinander schießen lässt. Mit den "Jedi-Rittern" brachte er freilich ein Element in den sich über sechs Filme erstreckenden Plot ein (der fünfte kommt 2002 in die Kinos), das den High-Tech-Schlachten ein uraltes Erzählmuster unterlegte: den Weg des naiven Guten über die Ausbildung zum tapferen Kämpfer hin zum Sieg über das Böse. Das häufig auf Lucas' Filme angewendete Etikett vom "Mythenmix" ist meist nicht freundlich gemeint, aber durchaus berechtigt; mit der Bibel, Homer, der Artussage, dem Nibelungenlied und Tolkien sind zahlreiche bedeutenden Quellen vertreten. Man muss die vor allem beim jüngeren Kinopublikum unglaublich populäre Reihe deshalb nicht für schlecht halten. Vor allem die neueren Produktionen erweisen sich für das in Videospielen weniger trainierte Auge als anstrengend bunt, recht hektisch und im Vergleich zu den älteren Filmen als recht flach. Zur Bewusstmachung urtypischer Erzählstrategien und grundlegenden Kulturwissens taugt die Reihe (in Auszügen) allemal.

4.6.6 Krieg und Gewalt

Als Literaturverfilmung sowie als eigenständiger Film kann **Im Westen nichts Neues** nach Erich-Maria Remarque behandelt werden. Lewis Milestones Version von 1930 ist einer der frühesten und zugleich wirkungsvollsten Filme zum Thema. Die Adaption zeigt nachhaltig (aber aushaltbar) die Schrecken des Kriegs, und auch die aufgrund der zeitlichen Nähe zur Stummfilmära stellenweise bühnenhafte Darstellung kann die Wirkung der Inszenierung nicht beeinträchtigen; sowohl das Werk als auch sein Regisseur wurden mit dem Oscar® belohnt. Delbert Manns Remake von 1979 wirkte naturgemäß weniger prägend auf das Genre, gilt aber als ebenso gelungen. Vielleicht sollte man dennoch die in Schwarz-Weiß gedrehte Erstverfilmung als dem Geschehen näheres Zeitdokument vorziehen.

---

[302] Scott Bukatman: Blade Runner. BFI Modern Classics. British Film Institute, London 1997.

Paths of Glory (Wege zum Ruhm) ist einer der frühen Filme Stanley Kubricks, dessen "travelling shots" durch die Schützengräben schon den besonderen Sog andeuten, den seine Kamera später in Filmen wie *The Shining* entwickeln sollte. Hier sind Colonel Dax (Kirk Douglas) und seine Soldaten Gefangene des Wahnsinns, der allerdings aus den eigenen Reihen kommt: Der karrierebewusste General Mireau befiehlt den aussichtslosen Angriff auf den Ant Hill, der scheitern muss, selbst als der General den Befehl gibt, die eigenen Leute per Bombenhagel zum Angreifen zu bewegen. Anschließend gilt es, eine exemplarische Strafe zu vollziehen und drei per Los bestimmte Soldaten als Sündenböcke vor das Kriegsgericht zu stellen. Colonel Dax versucht vergeblich, die Bauernopfer vor der Erschießung zu bewahren... – Kubrick geht es weniger um die Auswirkungen als um die Antriebsfedern der Kriegsmaschinerie: Menschenverachtung, moralisches Vakuum und die Gier nach Macht treiben die "Hirten" des Schlachtviehs an. Den Mensch als Bestie ohne Blut an den Fängen zu zeigen, darin liegt die besondere Kunst dieses bedrückenden Films.

Nicht minder sinnlos erscheint der Krieg im Blick auf das Schicksal einiger deutscher Teenager, die als letzte Soldaten die Überreste des "Dritten Reichs" verteidigen müssen: ***Die Brücke***. Bernhard Wicki zeigt den in schonungsloser Absurdität geführten Kampf der Kinder um jene Brücke, die nur noch in den Hirnen der letzten Befehlshaber von einer verzweiflungsvollen symbolischen Bedeutung ist. So kommt es, wie es kommen muss, aber nicht kommen musste: Die Jungen werden tapfer und blind in den Tod geschickt. – Die Inszenierung ist geradlinig und nicht sonderlich vielschichtig, so dass dieser Film in erster Linie aufgrund seines Sujets Beachtung verdient.

Das Vietnamtrauma der Vereinigten Staaten hat Anlass für zahlreiche filmische Stellungnahmen gegeben. Neben *Apocalypse Now*, *Rambo – First Blood* und *Good Morning, Vietnam* sind vor allem Oliver Stones *Platoon* und Kubricks *Full Metal Jacket* bekannt geworden. In ***Platoon*** muss ein junger amerikanischer Soldat neben den Verlusten in den eigenen Reihen auch die Greueltaten der Kameraden an der vietnamesischen Bevölkerung mitansehen; bevor die Verantwortlichen zur Rechenschaft gezogen werden können, kommt es zum Mord in der eigenen Truppe. Die Demarkationslinien zwischen Gut und Böse verlaufen quer durch die amerikanischen Reihen, sogar durch den Protagonisten, der angesichts des (schonungslos vermittelten) Kriegsgeschehens um sein Weltbild kämpft. Letztlich handelt es sich in Inhalt und Gestaltung wohl um den grundlegenden Film zum Thema.

In der ersten Hälfte von Stanley Kubricks ***Full Metal Jacket*** steht nicht das Kriegsgeschehen, sondern die vorbereitende Ausbildung junger Amerikaner auf den Einsatz in Vietnam im Mittelpunkt. Die menschenverachtende Gleich- und Kleinmacherei kommt einer militärisch exerzierten Gehirnwäsche gleich, deren unerbittliche Mechanik sich durch Kubricks Filmkunst wirksam vermittelt. Schon die Eingangssequenz, in der den jungen Männern die sehr unterschiedlich frisierten Haare abrasiert werden, stellt klar, dass hier der Mensch als Individuum nichts mehr gilt. Umso ernüchternder ist die Erkenntnis, die sich aus der zweiten Hälfte des Films gewinnen lässt: die Methode, kritisch denkende Menschen in Kämpfer zu verwandeln, funktioniert. (Der Film basiert auf dem Roman *The Short Timers* von Gustav Hasford.)

Viel diskutiert wurde auch Steven Spielbergs Film über die Landung der Alliierten in der Normandie, *Saving Private Ryan (Der Soldat James Ryan)*. Insbesondere der Anfang ist extrem dokumentarisch, zeigt die blutspritzende und Körper zerfetzende Brutalität der Kriegshandlungen, dass es einem den Magen umdreht. Es muss nicht viel mehr über diesen Film gesagt werden als: Anfangs ist er einfach zu schlimm, später einfach zu flach.

4.6.7 Satiren

Durchaus amüsant und interessant, aber filmanalytisch meist weniger ergiebig zeigen sich Satiren. Unter den deutschsprachigen Produktionen sei zunächst auf die Werke Helmut Dietls verwiesen, der neben *Kir Royal* (TV-Serie) und zuletzt *Late Night Show* Glanzlichter wie *Schtonk* und *Rossini* schuf. Dass hier reale Begebenheiten zugrunde liegen, verleiht insbesondere **Schtonk** eine besondere Würze: Der Skandal der vom "Stern" als Tagebücher Hitlers verkauften Kujau-Kladden (FH = Fritz Hitler ? Führer-Hauptquartier ?) ist ein dankbares Opfer für Dietls Fähigkeit, unter der Maske der Komödie reale Schrecken zu enttarnen. Auch **Rossini** zeichnet ein Gesellschaftsbild, das der Stars und Sternchen. Der Plot trägt eindeutig die Handschrift Patrick Süskinds *(Das Parfum)*, der am Drehbuch mitschrieb und sich gleich selbst auf die Schippe nahm: Die illustren Gäste (man darf auch sagen: Bewohner) des italienischen Restaurants "Rossini" in München (realiter: das "Romagna Antica" in Schwabing) entstammen dem Milieu der Schriftsteller, Regisseure und Filmproduzenten. Das Einhorn, dessen Unschuld es zu rauben gilt, erscheint in Gestalt des menschenscheuen Schriftstellers Jakob Windisch, der einfach nicht die Filmrechte an seinem großen Erfolgsroman hergeben möchte (mittlerweile hat Süskind die Rechte am *Parfum* aber doch verkauft!). Die Gesellschaftskritik wird durch unerbittliche Komik, Übertreibung und Ironie sowie durch die kunstvolle Inszenierung aufgewogen, die das Restaurant zur (alp-)traumhaften Bühne macht. Die Darsteller (Götz George als Dietl, Mario Adorf als Wirt Cereghini, Joachim Król als Süskind, Heiner Lauterbach als Bernd Eichinger, Jan Josef Liefers als Wolf Wondratschek, Veronica Ferres als Filmsternchen, Gudrun Landgrebe als gealterte Diva) bilden ein Starensemble, das diese Bezeichnung wohl wirklich verdient.

Aus dem Bereich der englischsprachigen Produktionen, die man natürlich auch in der synchronisierten Fassung besprechen kann, sei zunächst Barry Levinsons **Wag the Dog** hervorgehoben. Diese herrliche Politsatire, die vor dem Skandal um Bill Clinton und Monica Lewinsky entstand, hat sich als geradezu prophetisch erwiesen: Als der amerikanische Präsident eine junge Besucherin des Weißen Hauses begrapscht, tritt sein PR-Krisenstab in Aktion, der ohnehin alle Hände voll zu tun hat, den Präsidenten die kommende Wahl gewinnen zu lassen. Krisenchef Brean (Robert de Niro) holt sich den Hollywood-Produzenten Stanley Motss (Dustin Hoffman) zu Hilfe, um durch einen inszenierten Krieg vom Fehlgriff des Präsidenten abzulenken... Der teils urkomische Film zeigt offenbar völlig realistische politische Strategien, so dass einem das Lachen im Halse stecken bleiben mag.

Komische Elemente fehlen auch nicht in **The Truman Show** von Peter Weir *(Witness, Dead Poets Society)*, weshalb der Film trotz einiger futuristischer Kulissen eher in die Kategorie der Satire als in die der Science Fiction passt. Schon der Vorspann verwischt die Grenzen zwischen Realität und Fiktion: Augenscheinlich sieht man eine Dokumentation über das Leben des Truman Burbank (Jim Carrey), der vom Moment seiner Geburt an bis zum heutigen Tag (er ist jetzt knapp 30) von Kameras beobachtet worden ist. Er lebt mit einer hübschen Frau in einem hübschen Haus in einer hübschen Kleinstadt – ohne zu wissen, dass das alles nur Staffage ist, dass jeder Mitbürger ein Statist und auch seine Frau nur eine Schauspielerin ist. Während all diese Menschen offenbar ihre Seele an den Big Brother Chris (den Produzenten der Show) verkauft haben und Truman eine Existenz vorgaukeln, die er in Wahrheit gar nicht hat, ist Truman ganz er selbst – eben ein "true man". Als solcher kommt er irgendwann doch dahinter, dass mit seiner Welt etwas nicht stimmt... – Obwohl Jim Carrey bisher überwiegend durch klamaukhafte bis peinliche Rollen aufgefallen ist, halten sich hier die Scherze in Grenzen; der Film bewegt sich zwischen Komödie und Tragödie, kann aber beides nicht wirklich sein – vielleicht seine größte Schwäche. Dennoch überträgt sich einige Spannung auf den Zuschauer, und es gibt einige filmanalytisch interessante Szenen. Insgesamt kommt der Film wohl am ehesten für die Jahrgangsstufe 11 oder auch für die 10. Klasse in Frage.

4.6.8 Literaturverfilmungen

Zwar erlauben beispielsweise die NRW-Richtlinien für das Fach Deutsch in der S II, bei der Behandlung des Themas Filmanalyse *im Grundkursbereich* auf die Literaturverfilmung auszuweichen.[303] Dennoch lässt sich nicht bezweifeln, dass hier eine Hintertür offen gelassen wurde, durch die man der Aufgabe entgehen kann, einen Film als gänzlich eigenständiges Medium zu behandeln. Zwar können und sollen im Vergleich zwischen Roman- und Filmszenen auch filmspezifische Gestaltungsmittel erarbeitet werden. Die Besprechung einer Literaturverfilmung reicht jedoch nicht aus, um den Film im Bewusstsein der Schüler als ein Medium mit eigenen Erzählmustern, Gestaltungsmitteln und Wirkungen zu verankern – was nicht zuletzt deshalb wichtig ist, weil Schüler wesentlich mehr Filme sehen als Bücher lesen.

Hinzu kommt, dass gerade die Verfilmung einer literarischen Vorlage mit besonderen **Schwierigkeiten** behaftet ist. Dass ein gelungener Roman als Film nicht unbedingt funktioniert, liegt auf der Hand. Die Probleme beginnen mit der eigenen Vorstellungskraft, die bei der Lektüre des Romans angeworfen, im Film aber weniger gefordert wird. Auch die Erzählhaltung ist ein Problem, da sich eine streng personale Perspektive oder die Ich-Perspektive filmisch praktisch nicht umsetzen lassen. Auch ist die Spannungsorientierung des Spielfilms, der in erster Linie emotional rezipiert wird, nicht das allein entscheidende Kriterium für die erfolgreiche Rezeption eines Romans; so bleibt abzuwarten, ob aus Süskinds nicht eben spannungsgeladenem *Parfum* ein Film wird, der "funktioniert".

Dennoch sei im Folgenden auf einige bekannte Literaturverfilmungen hingewiesen. Legendär und filmgeschichtlich interessant ist Fritz Langs Stummfilmversion des Nibelungenliedes, **Die Nibelungen**, von 1924. Die neuere Fassung aus dem Jahr 1966, die eher wie eine Karl-May-Verfilmung anmutet, liefert amüsante Kontrastmöglichkeiten.

Auf die gelungenen Adaptionen von Remarques **Im Westen nichts Neues** wurde bereits hingewiesen (siehe Abschnitt 4.6.6). Ebenfalls beachtenswerte Verfilmungen liegen zu Kafkas **Der Prozess** vor, und zwar als Schwarzweißfilm mit Anthony Perkins (Regie Orson Welles, 1963) und als neuere Version mit Kyle MacLachlan in der Hauptrolle (Regie David Hugh Jones, Drehbuch Harold Pinter, 1993). Welles schuf eine eigenständigere, aber nicht minder wirkungsvolle Version. Jones' Film hält sich strenger an die Vorlage und bietet den weniger labil wirkenden Hauptdarsteller. Beide Fassungen sind sehenswert, und es spricht nichts dagegen, sie beide im Unterricht (zumindest in Auszügen) zu besprechen und zu vergleichen.

Hingegen scheiden sich die Geister an Schlöndorffs **Blechtrommel**, ebenso wie an Fassbinders **Effi Briest**. Während Schlöndorff in erster Linie die Geschmacksnerven des Zuschauers strapaziert, verbirgt sich gerade in der scheinbaren Treue zum Original bei Fassbinder die viel beklagte Reduktion des Romantextes auf eine – nämlich Fassbinders – Lesart. Offensichtlich ist, dass Schlöndorff in seiner Version von Frischs **Homo faber** (im englischsprachigen Original: *Voyager*) gar nicht ernsthaft versucht hat, Zielrichtung, Vielschichtigkeit und Perspektive der Vorlage zu bewahren. Walter Faber verkommt hier zu einer Mischung aus Indiana Jones und Herrn Kaiser von der bekannten deutschen Versicherung – eine weder prickelnde noch glaubwürdige Mischung.

Die Schattenmacher (original: *Fat Man and Little Boy*, Regie Roland Joffé, 1989) ist keine wirkliche Literaturverfilmung, sondern ein gelungener Film über das Manhattan Project, die Entwicklung der Atombombe unter Oppenheimer. Die Präsentation dieses Films bietet sich z.B. als Einführung zu Heinar Kipphardts *In der Sache J. Robert Oppenheimer* an.

Keine wirkliche Literaturverfilmung, aber eine interessante filmische Variante des Kafkaschen Alptraums ist Steven Spielbergs erster und weitgehend unbekannter Film **Duell** (Duel, 1971): Der Handelsreisende Mr. Mann fährt einen einsamen Highway entlang, überholt einen Truck und wird fortan von diesem verfolgt. Der ewig gesichtslos bleibende Fahrer scheint nur noch ein Ziel zu kennen: Mr. Mann zu vernichten...

---

[303] [Anm. 295]

Abzuwarten bleibt, inwiefern sich eine Behandlung der Verfilmung von Patrick Süskinds *Das Parfum* (Tom Tykwer) als lohnend erweisen wird.

Die Menge der Verfilmungen zu englischsprachigen Vorlagen ist ungleich größer, und mancher Film ist bereits in den vorgenannten Abschnitten aufgeführt worden. Hier soll vor allem auf Adaptionen "klassischer" Werke hingewiesen werden, zuallererst auf einige verfilmte Werke Steinbecks: ***Of Mice and Men*** (Regie Gary Sinise, 1992), ***East of Eden*** (Elia Kazan, 1955) und ***Grapes of Wrath*** (John Ford, 1940). Auch zu Tennessee Williams' ***Cat on a Hot Tin Roof*** liegt eine gelungene Verfilmung vor (Richard Brooks, mit Elizabeth Taylor und Paul Newman, 1958). Wer eine geeignete Umsetzung von Millers ***Death of a Salesman*** sucht, kann auf Schlöndorffs Verfilmung von 1985 mit Dustin Hoffman in der Rolle des Willy Loman zurückgreifen. Ang Lee brachte 1995 Jane Austens ***Sense and Sensibility*** auf die Leinwand, u.a. mit Emma Thompson, die auch das Drehbuch schrieb und dafür einen Oscar® erhielt. Der Film war zu Recht erfolgreich und kann auch selbstständig besprochen werden. Gleiches gilt für die Neuverfilmung von ***Pride & Prejudice*** (Joe Wright, 2005) mit Keira Knightley. Als besonders gelungen gilt Robert Mulligans Adaption von Harper Lees ***To Kill a Mockingbird*** (1962) mit Gregory Peck in der Hauptrolle des Pflichtverteidigers Atticus Finch. Auch sei an dieser Stelle noch einmal auf Peter Jacksons Verfilmung des ***Lord of the Rings*** von J.R.R. Tolkien hingewiesen; ein Vergleich zwischen Roman und Film lässt sich in der Oberstufe gewiss noch differenzierter ausführen als in der Mittelstufe und kommt sowohl für den Englisch- als auch für den Deutschunterricht in Betracht.

4.6.9 TV-Serien

Die Beschäftigung mit Fernsehserien sollte schon in der Mittelstufe beginnen; nähere Hinweise zu geeigneten Beispielen finden sich in den Abschnitten 4.5.1 und 1.1. Vor allem im Englischunterricht der Oberstufe kann aufgrund der gewachsenen Sprachkompetenz der Schüler allerdings ein noch breiteres Repertoire ausgeschöpft werden. Zu Beginn der 90er schufen David Lynch und Mark Frost mit ***Twin Peaks*** eine äußerst populäre Serie, deren Erfolg sich weder aus besonderer Dramatik, laserflirrenden Spezialeffekten oder dem üblichen Soapgeschmuse ergab. Die Suche nach dem Mörder von Laura Palmer, der Homecoming Queen der Kleinstadt Twin Peaks, gewährt vor allem Einblicke in vielschichtige, teils skurrile Charaktere. Im Zuge der Ermittlungen, geleitet von FBI-Agent Dale Cooper (legendär: Kyle MacLachlan), wird deutlich, dass das Opfer ein gar nicht so unschuldiges Mädchen war – und die Kleinstadt alles andere als ein harmonisch-verträumtes Nest, sondern ein Dickicht aus familiären und wirtschaftlichen Intrigen. Neben den Figuren und ihren Darstellern trägt die zurückhaltende, im richtigen Moment aber Lynch-typisch ungewöhnliche Inszenierung einen wesentlichen Teil zur unverwechselbaren Atmosphäre bei. So können die entscheidenden Episoden (Nr. 1-14) ganz oder in Ausschnitten gesehen und für ein spiralcurriculatorisches Training der "watching comprehension" genutzt werden.

Ein Blick auf die Gesellschaft lässt sich mit Hilfe vieler zeitgenössischer Serien werfen. Zuweilen sind Serien wie z.B. *24* sogar in ihrer Gestaltung ungewöhnlich genug, um sie für eine Untersuchung der Filmsprache in Betracht zu ziehen. Problematisch ist oft, so auch bei *24*, dass man tatsächlich nur mit Ausschnitten arbeiten kann, da viele Sequenzen zu gewalttatig sind.

Sehr interessant sind auch politisch orientierte Serien. Während die berühmte BBC-Serie ***Yes Minister*** bzw. ***Yes Prime Minister*** eher auf Humor setzt, gewährt die zu Recht mehrfach ausgezeichnete Serie ***West Wing*** in erster Linie faszinierende Einblicke in die moderne, öffentlichkeits- und medienorientierte Politik; wobei auch hier die persönlichen Beziehungen und Entwicklungen der Charaktere und der Humor nicht zu kurz kommen. Aufgrund ihrer zahlreichen Anspielungen auf amerikanische Gegebenheiten wurde diese hervorragende Serie in Deutschland nicht eingekauft. Es gibt allerdings eine hervorragende Internetseite unter http://westwingepguide.com/, die detaillierte Informationen zu jeder Episode bereithält, auch über das jeweilige Thema und Hintergründe.

Die prägendste Reihe der Neunziger war die Serie *X-Files* (Akte X), deren Produzent Chris Carter vermutlich *Twin Peaks* gesehen hatte und eine Marktlücke entdeckte: eine Serie über einen FBI-Agenten, der das Übernatürliche erforscht (David Duchovny als Fox Mulder). Damit der "Freak" die Füße am Boden behält, stellte Carter ihm eine Agentin zur Seite, die durch ihre Fähigkeit zur kühlen Analyse und kritischen Skepsis als interessantes Gegengewicht fungiert (Gillian Anderson als Dana Scully). Die Menge der inzwischen produzierten Episoden deckt nahezu jeden Mythos ab, den Schüler kennen oder kennen sollten: Geister, Werwölfe, moderne "Monster" wie der Bigfoot, das Bermuda-Dreieck, Vampirismus usw. Der rote Faden dieser z.T. originell inszenierten Serie ist freilich die Suche nach dem Beweis für die Existenz außerirdischen Lebens. Die von Beginn an spürbare, später noch zunehmende Selbstironie bewahrt die allermeisten Episoden vor der Lächerlichkeit. Als interessant und gelungen dürfen gelten:

Pilot/Gezeichnet:
Der Pilotfilm legt den Grundstein zum Verständnis der Serie: der erste gemeinsame Fall von Scully und "Spooky" Mulder, das erste UFO, die ersten Entführten.

Deep Throat/Die Warnung:
Als ein Air Force-Pilot einen Zusammenbruch erleidet und vom Militär abtransportiert wird, ruft die verstörte Frau das FBI zu Hilfe. Bevor Mulder und Scully in die kleine Stadt am Rande einer Militärbasis reisen, die auf keiner Karte verzeichnet ist, wird Mulder von einem Mann mit einer "tiefen Stimme" (Anlehnung an Watergate) gewarnt: In der Basis werden geheime Militärentwicklungen getestet, deren Ursprung möglicherweise derart obskurer Natur ist, dass Neugierige hier schnell in Gefahr geraten...

Conduit/Signale:
Ruby, ein weiblicher Teenager, verschwindet unter mysteriösen Umständen aus dem Wohnwagen ihrer Mutter. Während einiges darauf hindeutet, dass Ruby mit einem Freund davongelaufen sein könnte, glaubt Mulder, dass der kleine Bruder der Schlüssel zur Lösung ist: Er empfängt offensichtlich versteckte Signale aus dem Fernsehen. Als Ruby wieder auftaucht, stellt man fest, dass sie längere Zeit schwerelos war... – Diese Folge ist insofern wichtig für den Serienverlauf, als hier deutlich wird, wie sehr Mulder seit vielen Jahren unter dem Verschwinden seiner eigenen Schwester leidet. Die Suche nach ihr ist der wesentliche Motor seiner Bemühungen, die Existenz außerirdischen Lebens zu beweisen.

Jersey Devil/Der Teufel von Jersey:
Hier gehen Mulder und Scully der alten Legende des Jersey Devil nach, einer Abart des Sasquatch/Bigfoot-Mythos: Das Wesen, offensichtlich eine unbekannte Hominidenart, hat einen Menschen angegriffen. Als Mulder von der Erscheinung hört, beginnt die Jagd nach dem "Teufel", der doch so unmenschlich gar nicht sein muss.

Ice/Eis:
In Anlehnung an Howard Hawks' bzw. John Carpenters *The Thing* (aber weniger unappetitlich) geht es in dieser Episode um eine Forschungsstation im ewigen Eis, deren Besatzungsmitglieder sich aus unerklärlichen Gründen gegenseitig getötet haben. Das X-Files-Duo reist mit weiteren Spezialisten an und findet heraus, dass das Team bei einer Bohrung eine seltsame, möglicherweise außerirdische Lebensform entdeckt hat: einen wurmartigen Parasiten, der scheinbar auch Menschen befallen kann...

Fallen Angel/Gefallener Engel:
Eine der dramatischsten und aufwendigsten Folgen: Nach dem Absturz eines Flugobjekts errichtet das Militär eine Sperrzone. Mulder glaubt, dass es sich um ein UFO gehandelt haben muss. Tatsächlich beginnt das Militär in den angrenzenden Wäldern einer Kleinstadt bald den Kampf gegen einen unsichtbaren, scheinbar übermenschlichen Gegner.

E.B.E./Täuschungsmanöver:
Diese Folge ist hinsichtlich der Regierungsverschwörung wichtig, die angeblich das Wissen um außerirdische Intelligenzen verheimlicht (diese Verschwörung zieht sich als roter Faden durch die Serie). Als Mulder und Scully erfahren, dass angeblich ein abgeschossenes UFO in einem LKW quer durch die USA transportiert wird, machen sie sich auf die Jagd. Am Ende steht Mulder wieder dem Mann mit der "tiefen Stimme" gegenüber, der scheinbar die Fäden im Spiel der Täuschungs- und Vertuschungsmanöver zieht...

Shapes/Verwandlungen:
Als auf einer Farm ein wolfähnliches "Monster" erschossen wird und sich anschließend als Indianer entpuppt, geraten die FBI-Agenten in die klassische, spannend inszenierte Suche nach dem Werwolf-Mythos.

Darkness Falls/Der Kokon:
Nachdem eine Gruppe von Holzfällern verschwunden ist, begeben sich Mulder und Scully in den Wäldern Washingtons auf einen Erkundungstrip. Schließlich finden sie die Leichen der Männer, eingesponnen in einen gigantischen Kokon. Wie sich herausstellt, ist durch das Fällen einiger sehr alter Bäume eine uralte Käferart freigesetzt worden, die in großen Schwärmen und vorzugsweise nachts auf Jagd geht...

The Erlenmeyer Flask/Das Labor:
Diese Folge enthüllt, worum es in der Außerirdischen-Verschwörung geht: Scheinbar arbeiten hohe Regierungsbeamte mit Außerirdischen zusammen, um eine Hybridrasse aus Menschen und Außerirdischen zu züchten. Leider nimmt diese Theorie im weiteren Verlauf der Serie immer abstrusere Formen an, so dass es schwer fällt, dieser Plotlinie weiter zu folgen. Daher werden im Folgenden nur noch die interessantesten Episoden dieses Handlungsstrangs aufgeführt.

Anasazi:
In einem durch ein Erdbeben freigelegten Güterwagon werden seltsame Gerippe entdeckt: offenbar beiseite geschaffte Beweise für die Existenz der Hybridrasse. Bei der Bemühung, diesbezügliche Dokumente zu entziffern, die in der Navajosprache verschlüsselt sind, gerät Mulder in eine tiefe Krise: Zunächst wird sein Vater erschossen, der ihm ein Geheimnis anvertrauen wollte. Schließlich wird Mulder selbst angeschossen, und als er endlich den geheimen Wagon findet, wird dieser vom Oberverschwörer, dem "Raucher", gesprengt.

The Blessing Way/Das Ritual:
Fortsetzung: Mulder wird von den Navajo durch ein langwieriges Ritual geheilt. Währenddessen versucht Scully, die Mulder für tot hält, ihren Vorgesetzten Skinner zu weiteren Ermittlungen in Sachen "Verschwörung" zu bewegen. Hierbei entdeckt sie, dass ihr bei ihrer Entführung (zu Beginn der zweiten Staffel war sie für einige Zeit verschollen), ein Mikrochip in den Nacken implantiert wurde.

Paper Clip/Die Verschwörung des Schweigens:
Fortsetzung: Mulder ist zurück und findet zusammen mit Scully weitere Beweise für die Züchtungsversuche "perfekter" Menschen, das Projekt *Paper Clip*: Millionen von Akten, versteckt in einer stillgelegten Mine, in denen medizinische Informationen über die amerikanische Bevölkerung gespeichert sind. Auch eine Akte über Scully ist dabei...

War of the Coprophages/Krieg der Koprophagen:
Eine herrlich selbstironische Folge mit einem typischen "Ekelthema", das aber amüsant und interessant aufbereitet wird: Es geht um Kakerlaken, mit denen die Regierung offenbar herumexperimentiert. Mulder findet schließlich heraus, dass einige der kleinen Tierchen gar keine Tierchen, sondern Mini-Roboter sind...

X-Files: The Movie/Akte X: Der Film:
Der erste Kinofilm mit dem nicht eben einfallsreichen Titel kann als Schnittpunkt der verworrenen Verschwörungstheorie gesehen werden (er schließt an das Ende der 5. Staffel an): Grundlage des Plots ist eine Art schwarzes Öl, das bereits in diversen Folgen – *Piper Maru/Apocrypha (Der Feind Teil 1 und 2)* und *Tunguska/Terma (Tunguska Teil 1 und 2)* – eine Rolle spielte; es schleicht sich in menschliche Körper und verwandelt sie in "Aliens". Als ein Junge in eine Höhle einbricht und von diesem Öl befallen wird, sorgt die Verschwörergruppe in Gestalt des "Rauchers" dafür, dass das Gelände abgeriegelt wird.

Als Mulder und Scully, deren X-Akten-Abteilung zwischenzeitlich aufgelöst worden ist (was häufig geschieht), nach einigen Verwicklungen dort eintreffen, sind alle Spuren beseitigt. Es gelingt ihnen jedoch, eine geheime Forschungsstation des Projekts zu finden, in der Bienen gezüchtet werden; diese sollen den Virus verbreiten, wenn die Verschwörer die gesamte Bevölkerung mit dem Alien-Virus infizieren wollen, um eine Besiedlung der Erde durch die Außerirdischen vorzubereiten... – Wie bereits angedeutet, ist es schwierig und auch nicht unbedingt sinnvoll, den Handlungsstrang "Verschwörungstheorie" zu verfolgen, in dem weniger Fragen beantwortet als neue aufgeworfen werden.

Triangle/Im Bermuda-Dreieck:
Diese Episode ist sowohl aufgrund ihrer interessanten filmischen Gestaltung (lange Kamerafahrten ohne Schnitt, Split-Screens etc.) als auch durch die deutliche Selbstironie sehenswert: Mulder verschwindet im Bermuda-Dreieck. Während Scully und das skurrile Hilfstrio, die "Lone Gunmen", nach ihm suchen, wacht Mulder auf einem Passagierdampfer des Jahres 1939 auf. Nachdem man ihn zunächst für einen Nazi-Spion hält, tauchen "echte" Nazis auf, die an Bord nach einem bekannten Wissenschaftler suchen. Interessanterweise sind die Bösewichter dieselben Männer, die auch in Mulders realer Gegenwart seine Gegenspieler sind (z.B. der "Raucher"); entsprechend tauchen in anderen Rollen Doppelgänger von Scully und FBI-Direktor Skinner auf (natürlich auf der Seite der Guten). Als Mulder die Situation in der Vergangenheit gerettet hat, springt er ins Wasser – und wird in der Gegenwart von Scully und den Lone Gunmen aufgefischt. War alles nur ein Traum? Aber warum schmerzt dann Mulders Wange, genau an der Stelle, auf die ihm die "Scully" von 1939 einen Schlag versetzt hat?

Dreamland (Teil 1 und 2):
Ebenfalls eine eher amüsante Episode: Maurice Fletcher, ein Mitarbeiter der ebenso geheimen wie legendären "Area 51", wo das amerikanische Militär Flugzeuge mit außerirdischer Technologie erproben soll, hat Mulder und Scully kontaktiert, um brisante Informationen weiterzugeben. Bevor die beiden Agenten das Gelände erreichen können, werden sie von ebendiesem Mitarbeiter und einem Militärtrupp gestoppt. Zum Austausch von Informationen kommt es nicht: Ein seltsames Flugobjekt überfliegt die Straße, ein helles Licht erscheint, und Mulder und Fletcher haben ihre Persönlichkeiten getauscht. Ehe Mulder realisiert, was geschehen ist, hat Fletcher – der jetzt eben in Mulders Körper steckt – den Wagen gewendet und fährt mit Scully auf und davon. Schon bald bekommt Mulder (in Fletchers Körper) heraus, warum dieser so frustriert war: Im Büro warten Intrigen und Verwicklungen, die geheimen Neuentwicklungen führen zu mittleren Katastrophen, und zu Hause hängt der Segen mehr als schief...

Sein und Zeit/Closure (Alte Seelen/Sternenlicht):
Ein kleines Mädchen verschwindet unter mysteriösen Umständen: Der Brief des Entführers wurde von der Mutter geschrieben und enthält den seltsamen Satz "No one shoots at Santa Claus". Mulder gerät in eine neue Krise, als er entdeckt, dass es vor Jahren einen ähnlichen Fall gab, und als seine Mutter plötzlich Selbstmord begeht. Nachdem das Verschwinden von Mulders kleiner Schwester Samantha in vielen früheren Folgen als Entführung durch Außerirdische dargestellt worden war, ergibt sich in dieser Folge eine neue Variante – die aber, wie bei den X-Files üblich, nie als endgültige Antwort gelten dürfte.

Requiem:
Am Ende der 7. Staffel kehren Mulder und Scully an den Ort des Pilotfilms zurück, wo nun offenbar ein UFO abgestürzt ist. Auch die zwischenzeitlich zerschlagene Verschwörergruppe bemüht sich, des UFOs habhaft zu werden. Mulder überkommen indes beim Anblick der völlig gestressten Scully Zweifel, ob der Kampf für "seine" Sache nicht zuviel von ihr verlangt, zumal sie schon sehr gelitten hat (sie war u.a. schwer erkrankt und kann keine Kinder mehr bekommen). Die Episode (und damit die Staffel) endet allerdings mit einem Knalleffekt: Mulder verschwindet, offensichtlich von einem UFO entführt – und Scully ist schwanger...

Besonders hingewiesen sei noch auf die Persiflage "The Springfield Files" aus der bekannten Cartoon-Serie *The Simpsons*.

Wie bereits in Abschnitt 4.5.1 erläutert, kann auch die **Star Trek**-Reihe, vor allem die Serie **The Next Generation** um Captain Picard (gespielt von Patrick Stewart), sprachlich wie thematisch sehr brauchbares Material für das kontinuierliche Training der "watching comprehension" bilden. Während einführende Folgen bereits in der Mittelstufe besprochen werden können, berühren die im Folgenden beschriebenen Episoden ernsthaftere Themen. Der erste Themenkomplex behandelt die Problematik neuer Technologien, vor allem der Künstlichen Intelligenz bzw. des Künstlichen Lebens, und zwar häufig anhand der Entwicklung des Androiden Data:

The Measure of a Man:
Als die Enterprise an einer Sternenbasis anlegt, kommt Commander Maddox an Bord und kündigt an, kurz vor einem wichtigen technologischen Durchbruch zu stehen: der Reproduktion des Androiden Data. Um dieses ehrgeizige Ziel zu erreichen, möchte er Data auseinandernehmen und sein positronisches Gehirn untersuchen – ein riskantes Unternehmen, das Picard ablehnt. Als Maddox daraufhin Data unter sein Kommando stellen lässt, reicht dieser seinen Rücktritt aus dem Dienst der Sternenflotte ein. Maddox wendet sich an den JAG (Judge Adjutant General) der Sternbasis und argumentiert, dass Data gar nicht zurücktreten könne, da er kein lebendes Individuum, sondern Eigentum der Sternenflotte sei. Auf einer Anhörung muss Riker, der Erste Offizier der *Enterprise*, wider Willen die Position der Sternenflotte vertreten – und ist dabei so erfolgreich, dass der Fall für Data verloren scheint: Indem er Data ausschaltet, gelingt ihm der scheinbar schlagende Beweis, dass dieser nichts als eine Maschine sei. Picard als Datas Verteidiger schafft es jedoch, den Spieß umzudrehen: Wenn die Sternenflotte eine Armee von Datas produzieren wolle, gehe es hier nicht mehr nur um Data, sondern um eine ganz neue Spezies und die folgenschwere Entscheidung, wie man mit dieser Spezies umgehen wolle – ob man ihnen die Rechte einer lebenden Spezies zugestehen oder sie versklaven wolle... – Die hier angesprochene Problematik mag sehr futuristisch klingen, ist es aber nicht, wie ein Blick auf die aktuelle Robotik zeigt, auch wenn man von der Konstruktion eines menschenähnlich denkenden Geschöpfs noch weit entfernt ist. So führt diese Folge ein interessantes Problem der Zukunft vor Augen, und das in ungewohnter Weise: Spektakulär ist hier nicht die Handlung, sondern einzig die Entwicklung der Gedanken und Argumente.

Evolution:
Der bekannte Forscher Dr. Stubbs kommt an Bord der *Enterprise*, um anhand eines nur alle 197 Jahre auftretenden astronomischen Phänomens das Experiment seines Lebens durchzuführen. Doch schon bald fällt ein System nach dem anderen aus, so dass das Experiment in ernste Gefahr gerät. Der Grund ist keine Sabotage, sondern ein Missgeschick: Wesley, der junge Ensign, ist über einem Robotik-Genetik-Experiment eingeschlafen, so dass sich eine neue Generation von "Nanites" im Schiff verbreiten konnte: mikroskopisch kleine Roboter, die durch Wesleys Hilfe zu einer Art kollektiver Intelligenz gefunden haben. Aus diesem Grund lehnt Picard Stubbs' Vorschlag ab, sie einfach zu vernichten... – Eine weitere Episode um die Anerkennung einer neuen, durch Technologie erzeugten Spezies.

The Offspring:
Datas Charakter entwickelt sich weiter, umso mehr er sich außergewöhnlichen Situationen ausgesetzt sieht. Die wohl größte Prüfung ist der Versuch, einen Nachkommen zu erzeugen: Data konstruiert eine "Tochter" namens Lal. Sowohl Captain Picard als auch die Sternenflotte reagieren hierauf mit Bedenken, da Data auf eigene Faust ein neues Wesen geschaffen hat. Ein Admiral kommt an Bord, um Lal zu inspizieren und notfalls mitzunehmen. Nachdem Lal sich zunächst gut entwickelt hat, ist sie aber offensichtlich dem emotionalen Stress der drohenden Trennung von ihrem "Vater" nicht gewachsen und bricht zusammen. Data kann sie nicht retten, aber immerhin ihre Erinnerungen in sein eigenes Gedächtnis übernehmen.

The Most Toys:
Data transportiert eine wichtige Substanz, die zur Reinigung des verseuchten Trinkwassers einer Kolonie benötigt wird, von einem Handelsschiff zur *Enterprise*, als sein Shuttle explodiert; er scheint verloren, in den Trümmern zeigen sich Spuren seines (künstlichen) Körpers. Als die *Enterprise* zur Rettung der Kolonie eilt, zeigt sich, dass Chefingenieur LaForges Zweifel an Datas Unfalltod berechtigt sind: Der Händler, ein gewisser Kivas Fajo, hat den Unfall vorgetäuscht, um Data zu einem Teil seiner berüchtigten Sammlung einzigartiger Lebewesen zu machen. Während die Enterprise entdeckt, dass die Kontamination des Trinkwassers der Kolonie ein Vorwand war, zeigt Data im Kampf um sein Leben ganz neue Seiten... – Diese Folge ist vor allem spannend, allerdings auch interessant im Hinblick auf die Entwicklung Datas.

Data's Day:
Ein Tag im Leben des Androiden, geschildert aus seiner Sicht: Da er als Brautvater für eine Freundin auftreten soll, besteht sein größtes Problem zunächst darin, tanzen zu lernen; doch bald steht er vor dem Problem, die Heirat retten zu müssen – eine prekäre Aufgabe, da ihm Emotionen immer noch fremd sind.

– Die nötige Spannung wird durch den zweiten Handlungsstrang erzeugt, in dem es um eine vulkanische Botschafterin geht, die offensichtlich von den Romulanern, einer feindlichen Rasse, entführt wurde. – Eine unterhaltsame, aber keineswegs essentielle Episode.

In Theory
Auch diese Folge konzentriert sich auf Datas Entwicklung, ist aber ebenfalls keine zwingende "Lektüre": Ein weibliches Crewmitglied fühlt sich zu Data hingezogen. Als sie ihn küsst, weiß Data zunächst nicht, wie er mit dieser emotionalen Situation umgehen soll. Nachdem er den Rat seiner Freunde eingeholt hat, lässt er sich auf die Beziehung ein...

Hero Worship:
Die Enterprise findet in einem dunklen "Cluster", einer anomalen Region des Weltraums, ein zerstörtes Raumschiff. Der einzige Überlebende ist ein Junge namens Timothy, dessen Eltern bei der Zerstörung des Schiffs ums Leben kamen. Timothy gibt an, dass das Schiff von Unbekannten angegriffen worden sei. Data nimmt sich des Jungen an, der in dem emotionslosen Androiden ein Vorbild findet, das ihm hilft, seine Trauer zu verdrängen. In der Zwischenzeit ergeben weitere Nachforschungen, dass Waffen in diesem Bereich des Weltraums nicht funktionieren. Timothy gibt schließlich zu, die Geschichte des Angriffs erfunden zu haben; er glaubt, das Unglück durch die Berührung einer Computerkonsole selbst verursacht zu haben, was sein besonderes Trauma erklärt.

Ethics:
Nach einem Unfall ist Whorf querschnittsgelähmt. Als eine Expertin der Sternenflotte eine revolutionäre Operationsmethode vorschlägt, durch die Whorfs verletztes Rückgrat komplett erneuert werden könnte, gerät Dr. Crusher in ein Dilemma: Die neue Methode wurde noch nie getestet und könnte Whorfs Tod bedeuten. Dieser lehnt zudem Crushers konventionelle Behandlungsmethode, die nur einen Teil seiner Bewegungsfähigkeit wiederherstellen könnte, strikt ab: Wenn er seine Beine nicht mehr voll gebrauchen kann, muss er nach klingonischer Tradition Selbstmord begehen. So gerät Commander Riker in eine Zwangslage: Soll er diese Tradition achten und Whorfs Bitte nachkommen, ihm einen Dolch zu bringen, oder nach eigenen Maßstäben entscheiden?

The Quality of Life:
Eine der zentralen Folgen, in der sich Data einer neuen "Gattung" kleiner Roboter annimmt, die Reparaturen in für Menschen lebensgefährlichen Situationen durchführen können. Data macht sich zum Anwalt der "Exocomps" und versucht zu beweisen, dass sie intelligent und sich ihrer selbst bewusst sind: also nicht nur lernfähige Maschinen, sondern lebende Wesen...

The Inner Light:
Nur indirekt eine Technologie-Folge, aber insgesamt doch sehr sehenswert, allein aufgrund der schauspielerischen Leistung Patrick Stewarts und des Plots, der wieder einmal keinerlei Action benötigt, um zu fesseln: Als die *Enterprise* auf eine seltsame Sonde stößt, beginnt diese das Schiff zu scannen. Der Strahl erfasst Captain Picard, der das Bewusstsein verliert. Während Dr. Crusher um sein Leben kämpft, erwacht er auf einem fremden Planeten, mit einer völlig neuen Identität. Mit der Zeit vergisst er, wer er war, und akzeptiert sein neues Leben. Da jedoch sein Forschergeist noch immer wach ist, findet er eines Tages heraus, dass die Dürre, die seinen neuen Heimatplaneten heimgesucht hat, auf den baldigen Kollaps der Sonne zurückzuführen ist. Schließlich wird eine Rakete mit einer Sonde an Bord gestartet, die jemanden finden soll, der die Erinnerung an diesen Planeten und seine Bewohner weitergeben soll. Als Picard realisiert, dass er dieser Jemand ist, erwacht er aus seinem zweiten Leben.

Die Tendenz der neuesten *Star Trek*-Serien zu weniger Tiefgang und eher handlungsorientierter Dramatik zeigt sich auch in der Figur des "Doktors" in *Star Trek: Voyager*. Auch er ist ein künstliches Wesen, ein sogenannter "holo-character", der vom Computer der *Voyager* erzeugt und projiziert wird. Ursprünglich nur als Notfallprogramm geplant, muss der Holo-Doktor nach dem Tod des realen Schiffsarztes rund um die Uhr Dienst tun. Bei der Entwicklung zum vollwertigen Crewmitglied und im Kampf um volle Rechte und Pflichten kommt es zu manch bedenkenswertem (und amüsantem) Moment; insgesamt erreichen die Konflikte jedoch nicht das Niveau der Episoden aus *The Next Generation*.

Ein weiterer Themenkomplex berührt die zentrale Thematik aller *Star Trek*-Serien: die Toleranz gegenüber dem Anderen und Fremden. Neben dem wohl bislang gelungensten Kinofilm *Star Trek 6: The Undiscovered Country* mit der alten Crew (siehe Abschnitt 4.5.2) bieten sich die folgenden TNG-Episoden besonders an:

Darmok:
Picards diplomatische Fähigkeiten werden in dieser Folge, die als eine der besten gilt, auf eine harte Probe gestellt: Die *Enterprise* begegnet einem Raumschiff der "Children of Tama", einer fremden Rasse, mit der bisher keine Kommunikation gelang. Auch der Captain dieses Schiffes, Dathon, spricht in unverständlichen Phrasen, die hauptsächlich aus Namen bestehen. Als die Kommunikation fehlschlägt, kommt es scheinbar zu Aggressionen: Dathon zückt zwei Dolche und lässt sich mit Picard auf die Oberfläche eines nahen Planeten "beamen". Während jegliche Versuche der *Enterprise*, Picard zurückzuholen, fehlschlagen, gehen die Missverständnisse weiter: Dathon will Picard einen der Dolche geben, doch Picard lehnt ab, weil er nicht kämpfen will. Erst als der Schrei eines mächtigen Tieres ertönt und Dathon wieder den Dolch anbietet, versteht Picard, dass sie beide gemeinsam gegen das mythische "Monster" kämpfen sollen, das diesen Planeten bewohnt. Er realisiert auch, dass Dathon bzw. sein Volk in Metaphern kommuniziert, durch Zitate aus alten Mythen und Legenden, die auf die aktuelle Situation übertragbar sind. So gelingt die Kommunikation zwischen den beiden schließlich doch. Leider versucht die *Enterprise* gerade in dem Moment, Picard zurück zu beamen, als das Tier angreift, so dass Dathon schwer verletzt wird und schließlich stirbt. Zurück an Bord der *Enterprise*, die unter schweren Beschuss des fremden Raumschiffs geraten ist, kann Picard dessen Crew mit Hilfe einiger gelernter Metaphern erklären, was geschehen ist. Der Kontakt ist, wenn auch unter großen Opfern, endlich hergestellt.

The Outcast:
Die J'naii, eine androgyne Rasse, bitten die *Enterprise* um Hilfe bei der Suche nach einem verlorenen Shuttle. Als Commander Riker und ein J'naii namens Soren eine Region des sogenannten "Nullraums" erforschen, der Energie schluckt und unsichtbar macht, wird Soren verletzt. Nachdem es Riker gelungen ist, sie/ihn lebend zur Enterprise zurückzubringen, entwickelt Soren Gefühle für den Ersten Offizier. Riker erfährt, dass manche J'naii eingeschlechtliche Tendenzen entwickeln, d.h. zu Weiblichkeit oder Männlichkeit neigen. Soren tendiert zur Weiblichkeit, muss dies aber verbergen, um nicht einer Behandlungsmethode unterzogen zu werden, die das offenbar nicht seltene "Problem" behebt. Soren wird schließlich verhaftet, lehnt aber Rikers Versuche, die volle Verantwortung zu übernehmen, ab – sie möchte ihre Neigung nicht länger unterdrücken müssen. Letztlich kann Riker jedoch nicht verhindern, dass Soren der Behandlung unterzogen wird...

Half a Life:
Immer wenn die Mutter von Deanna Troi, des weiblichen Ship's Counselor, an Bord kommt, sind Turbulenzen und amüsante Verwicklungen die Folge, denn Lwaxana Troi ist stets auf der Suche nach einem neuen Mann (besonders hat sie es auf Picard abgesehen). In dieser Episode geht es jedoch ernsthafter zu: Lwaxana beginnt eine Beziehung mit dem Wissenschaftler Timicin, der zur Durchführung einiger Experimente auf die *Enterprise* gekommen ist, die seinen Heimatplaneten retten könnten. Nachdem der erste wichtige Test fehlgeschlagen ist, bemüht sich Lwaxana, Timicin zum Durchhalten zu motivieren. Da enthüllt er Erschütterndes: Schon bald muss er zu seinem Heimatplaneten zurückkehren und an einer Zeremonie teilnehmen, in deren Verlauf er Selbstmord begehen muss – wie alle Mitglieder seiner Rasse, wenn sie das Alter von 60 Jahren erreichen. Lwaxanas Versuche, ihn von dem Unsinn dieses Brauchs und der Bedeutung seiner Experimente zu überzeugen, sind zunächst erfolgreich: Timicin bittet um Asyl auf der *Enterprise*, kann sich der in seiner Heimat aufbrandenden Kritik aber nicht entziehen. Kurz bevor er das Schiff verlässt, um zu sterben, eröffnet ihm Lwaxana, dass sie Zeuge der Zeremonie sein und ihn auf seinem letzten Weg begleiten möchte.

The Host:
Als die *Enterprise* Odan, einen bedeutenden Diplomaten, zu einer Friedenskonferenz bringt, entwickelt sich zwischen ihm und Dr. Crusher eine Beziehung. Beim Shuttleflug zur Konferenz wird Odan jedoch schwer verletzt. Dr. Crusher stellt schockiert fest, dass sein Körper offenbar von einem großen Parasiten befallen ist, doch Odan erklärt, dass er selbst eigentlich jener "Trill" sei: ein Mitglied einer Rasse von Symbionten, die im Körper von Menschen leben, die diese Verbindung ganz freiwillig eingehen. Da Odans menschliche Hülle stirbt, muss Dr. Crusher den Symbiont retten und ihn Riker einpflanzen, weil der neue menschliche Wirt nicht rechtzeitig eintreffen wird. Nach der Operation zeigt sich, dass Riker

nun tatsächlich Odans Wesen angenommen hat, also auch dessen Gefühle für Dr. Crusher teilt. Mit Mühe kann sich Dr. Crusher hierauf einstellen, aber nicht mehr auf den letzten Wandel: Der neue Wirt, der gerade rechtzeitig ankommt, bevor Riker an einer allergischen Reaktion gegen den Trill sterben müsste, ist eine Frau. – Der Plot wirkt recht abstrus, dreht sich aber erneut um grundlegende Gefühle und Haltungen: das Problem der Begegnung mit dem Fremden, der Anpassung an dasselbe – und deren Grenzen.

Eine ganze Reihe von Episoden lässt sich bei der Behandlung des Themenkomplexes "Violence, Aggression, War" einsetzen; hier seien nur einige ausgewählt:

The Wounded:
An der Grenze zum Territorium der Cardassianer, von denen man trotz des bestehenden Friedensvertrags stets Aggressionen befürchtet, wird die *Enterprise* plötzlich angegriffen. Als man den Angreifer, ein kleineres Schiff, außer Gefecht gesetzt hat, erklärt dessen Kapitän Gul Macet, sein Volk befände sich mit der Föderation im Krieg: Auslöser sei der Angriff der *Phoenix* auf eine Forschungsstation der Cardassianer gewesen. Die Sternenflotte bestätigt dies und bittet Picard, die *Phoenix* und ihren offensichtlich Amok laufenden Captain Maxwell zu finden. Als dies gelingt, erklärt Maxwell, dass die angegriffene Forschungsstation in Wirklichkeit ein Militärlager gewesen sei und die Cardassianer eine Offensive gegen die Föderation planen würden. Entgegen Picards Befehl, in das Territorium der Föderation zurückzukehren, greift Maxwell einen Frachter an, der seiner Meinung nach Beweise für seine Theorie enthält. Picard, der einen neuerlichen Krieg verhindern muss, geht nicht darauf ein und schickt Chief O'Brien auf die *Phoenix*, der früher unter Maxwell gedient hat. O'Brien gelingt es schließlich, seinen alten Kapitän von der Zerstörung des Frachters abzubringen. Während deutlich wird, dass Maxwell ein bedauernswerter Veteran ist, dem der Krieg die Möglichkeit genommen hat, in Frieden zu leben, nimmt die Episode ein überraschendes Ende: Picard warnt Gul Macet, der Zeuge der Verfolgung Maxwells gewesen ist, dass dessen Verdacht trotz allem offensichtlich berechtigt gewesen sei. Während Picard seine Aufgabe erfüllt hat, den Frieden zu bewahren, macht er doch deutlich, dass die Föderation die Bewegungen der Cardassianer in Zukunft sehr wachsam beobachten werde.

Chain of Command 1 + 2:
In dieser Doppelfolge geht es um Folter und Gehirnwäsche, und auch hier wird die Wirkung nicht durch Prügeleien oder Blut, sondern durch den Dialog und die einzigartig intensive Darstellungskraft Patrick Stewarts erzielt: Captain Picard soll als Experte für "theta band"-Emissionen eine geheime Forschungsstation der Cardassianer auskundschaften, die offenbar mit ebendieser Technik experimentieren, um eine neue Massenvernichtungswaffe zu konstruieren. Während Picard für diese Mission trainiert und schließlich mit Worf und Dr. Crusher aufbricht, übernimmt Captain Jellico das Kommando auf der *Enterprise*. Er präferiert einen rigideren Führungsstil als Picard und bringt vor allem Commander Riker gegen sich auf; allerdings gilt Jellico als Experte für Verhandlungen mit den Cardassianern, die offenbar die Annexion eines nahen Sternsystems planen. Derweil erreicht Picards Team die unterirdische Geheimbasis, gerät jedoch in Gefangenschaft. Er muss erkennen, dass die "theta band"-Strahlen absichtlich ausgesandt wurden, um ihn anzulocken – man forscht nicht an einer neuen Waffe, sondern will Picard sein Wissen über die Verteidigungspläne für das avisierte Sternensystem entlocken. Das Verhör wird zum persönlichen Duell zwischen Picard und dem Cardassianer Gul Madred: Nachdem Wahrheitsdrogen nicht wirken, weil Picard offenbar nicht über das gewünschte Wissen verfügt, setzt Gul Madred alles daran, Picards Willen zu brechen. Am Ende läuft alles darauf hinaus: Wird Picard sagen, dass über Gul Madreds Kopf fünf Lichter brennen, wo es tatsächlich doch nur vier sind ? Und wird es Captain Jellico, der Picard aufgegeben hat, zumindest gelingen, die Invasion zu verhindern ?

Frame of Mind:
Eine in erster Linie durch den spannenden, rätselhaften Plot und durch die darstellerische Leistung von Jonathan Frakes (Riker) fesselnde Folge; für Details siehe S. 282.

The Pegasus:
Commander Riker gerät in einen Gewissenskonflikt, als überraschend Admiral Pressman an Bord kommt, unter dem Riker 12 Jahre zuvor an Bord des geheimen Prototyps *USS Pegasus* gedient hat. Auch jetzt benötigt Pressman Rikers Hilfe in einer geheimen Mission: Die Romulaner haben angeblich Trümmer der *Pegasus* entdeckt, deren Wrack unbedingt sichergestellt werden muss, bevor es dem Gegner in die Hände fällt. Rikers Dilemma: Kann er noch derselbe Offizier sein, der damals seinem Vorgesetzten blind in eine

höchst fragwürdige Mission folgte ? Wie soll er sich gegenüber Captain Picard verhalten, der zu ahnen beginnt, dass sein Erster Offizier etwas zu verbergen hat ? ... – Hier geht es um Verantwortung, sowohl im Zusammenhang mit militärischer Forschung als auch gegenüber dem Vorgesetzten und den Mitmenschen, um Gehorsam und Loyalität sowie um die Entwicklung der Persönlichkeit.

In gewisser Hinsicht spannende, in erster Linie aber amüsante Episoden sind jene, in denen "Q" auftaucht, um seine Spielchen zu treiben und Unruhe zu stiften.

Deja Q:
Die *Enterprise* greift Q auf, der behauptet, von den anderen Mitgliedern seines "Kontinuums" verstoßen und aller göttlichen Kräfte beraubt worden zu sein. Als sterbliche Daseinsform habe er die menschliche Lebensform gewählt, weil sie ihm am interessantesten erscheine. Picard zweifelt an der Wahrhaftigkeit dieser Aussagen, doch belegen (meist amüsante) Zwischenfälle, dass Q zwar nicht sein Mundwerk, aber doch seine übermenschlichen Fähigkeiten verloren hat. Dennoch wird bald deutlich, dass Q aus einem ganz besonderen Grund auf die *Enterprise* gekommen ist...

Qpid:
Eine moderne Variante der Robin Hood-Geschichte: Vash, eine frühere Freundin Picards, kommt anlässlich einer Archäologen-Konferenz an Bord. Während sie feststellen muss, dass Picard seine Beziehung zu ihr verschwiegen hat ("The Captain is a very private man"), taucht auch noch Q auf. Er möchte sich für Picards Hilfe bei ihrer letzten Begegnung (s.o. *Deja Q*) bedanken. Als Picard jeden Dank ablehnt, zieht Q ihn mit der verschwiegenen Beziehung zu Vash auf, die Picard herunterspielt. Als Antwort verwandelt Q Picard und seine Mannschaft bei der Eröffnungsrede der Konferenz in Robin Hood und seine "Merry Men", entführt Vash und transportiert alle zurück in den Sherwood Forest...

All Good Things 1+2:
Die letzte – und schon deshalb sehenswerte – Folge der Serie (bzw. eine Doppelfolge): Picard beginnt, Stimmen zu hören und seltsame Gestalten zu sehen, und immer häufiger scheint er zwischen Vergangenheit, Gegenwart und Zukunft hin und her zu wechseln. Angeblich zeigt sich bei ihm eine seltene Krankheit, doch Picard ist sicher, dass seine Erlebnisse real sind. Tatsächlich steckt wieder Q dahinter, der Picard bzw. der *Enterprise* schon auf deren Jungfernflug begegnet war: Obwohl er zunächst die Absicht hatte, die Menschen zu vernichten, hatte er ihnen damals die Chance gegeben, sich durch ihre Taten als daseinsberechtigt zu erweisen. Nun soll abgerechnet werden...

5. Filmkatalog

Die vorliegende Liste stellt keinen Filmkanon dar, sondern ist primär als Anregung zu verstehen. Sie versteht sich als **Auswahl bekannter und sehenswerter Filme**, die ihre Genres geprägt haben. Die Angaben zu Thema, Plot und Inszenierung bemühen sich, Hinweise auf eine eventuelle Eignung für den unterrichtlichen Einsatz zu geben. Letztlich muss man, vor allem mit Blick auf die individuelle Lerngruppe, selbst entscheiden, ob sich ein hier verzeichneter Film (zusätzlich zu den in Kapitel 4 vorgestellten Titeln) als Unterrichtsgegenstand eignet.

Die durch Fettdruck hervorgehobene Zuordnung zu einem bestimmten Genre fällt oft schwer, da exakte Grenzen sich schwer festlegen lassen und Spielfilme oft bewusst Elemente verschiedener Gattungen verbinden. Besonders problematisch wirkt der Begriff des "Dramas"; er meint hier den dialoglastigen, handlungsärmeren Film, im Gegensatz zum "Action"-Film, der sich auf die äußere und meist spektakulär inszenierte Handlung konzentriert. Mit "Thriller" soll der Film gemeint sein, der auf subtilere Art an die Nerven geht.

Die Herkunft eines Films erweist sich durch den **Originaltitel**, nach dem die Liste auch sortiert ist; meist ist ebenfalls der **deutsche Verleihtitel** angegeben. Da ohnehin immer weniger englischsprachige Titel ins Deutsche übersetzt werden (wenn aus *What Lies Beneath* der *Schatten der Wahrheit* wird, ist dies wohl auch besser so), ist diese Liste nach dem Originaltitel sortiert. Ebenfalls verzeichnet ist die durch die FSK in Deutschland erfolgte **Altersfreigabe**, deren Einstufung allerdings nicht immer nachvollziehbar ist. Die amerikanische bzw. britische Einordnung lässt sich für die meisten Filme in der im Internet zugänglichen "International Movie Database" (http://www.imdb.com) nachschlagen. Hier sei die Erläuterung der Systeme zitiert, die auch im Internet unter http://www.fsk.de (Freiwillige Selbstkontrolle der Filmwirtschaft, Deutschland) http://www.filmratings.com/ (The Classification and Rating Administration, USA) und http://www.bbfc.co.uk/ (British Board of Film Classification) zugänglich ist:

Deutschland (www.fsk.de):

Freigegeben ohne Altersbeschränkung:
"Kleinkinder erleben filmische Darstellungen unmittelbar und spontan. Ihre Wahrnehmung ist vorwiegend episodisch ausgerichtet, kognitive und strukturierende Fähigkeiten sind noch kaum ausgebildet. Schon dunkle Szenarien, schnelle Schnittfolgen oder eine laut bedrohliche Geräuschkulisse können Ängste mobilisieren oder zu Irritationen führen. Kinder bis 6 Jahre identifizieren sich vollständig mit der Spielhandlung und den Filmfiguren. Vor allem bei Bedrohungssituationen findet eine direkte Übertragung statt. Gewaltaktionen, aber auch Verfolgungen oder Beziehungskonflikte lösen Ängste aus, die nicht selbständig und alleine abgebaut werden können. Eine schnelle und positive Auflösung problematischer Situationen ist daher sehr wichtig."

Freigegeben ab 6 Jahren:
"Ab 6 Jahren entwickeln Kinder zunehmend die Fähigkeit zu kognitiver Verarbeitung von Sinneseindrücken. Allerdings sind bei den 6- bis 11-jährigen beträchtliche Unterschiede in der Entwicklung zu berücksichtigen. Etwa mit dem 9. Lebensjahr beginnen Kinder, fiktionale und reale Geschichten unterscheiden zu können. Eine distanzierende Wahrnehmung wird damit möglich. Bei jüngeren Kindern steht hingegen noch immer die emotionale, episodische Impression im Vordergrund. Ein 6-jähriges Kind taucht noch ganz in die Filmhandlung ein, leidet und fürchtet mit den Identifikationsfiguren. Spannungs- und Bedrohungsmomente können zwar schon verkraftet werden, dürfen aber weder zu lang anhalten noch zu nachhaltig wirken. Eine positive Auflösung von Konfliktsituationen ist auch hier maßgebend."

Freigegeben ab 12 Jahren:
"Bei Jugendlichen dieser Altersgruppe ist die Fähigkeit zu distanzierter Wahrnehmung und rationaler Verarbeitung bereits ausgebildet. Erste Genre-Kenntnisse sind vorhanden. Eine höhere Erregungsintensität, wie sie in Thrillern oder Science-Fiction-Filmen üblich ist, wird verkraftet. Problematisch ist dagegen zum Beispiel die Bilderflut harter, gewaltbezogener Action-Filme, die zumeist noch nicht selbständig verarbeitet werden kann. 12- bis 15-jährige befinden sich in der Pubertät, einer schwierigen Entwicklungsphase der Selbstfindung, die mit großer Unsicherheit und Verletzbarkeit verbunden ist. Insbesondere Filme, die zur Identifikation mit einem "Helden" einladen, dessen Rollenmuster durch antisoziales, destruktives oder gewalttätiges Verhalten geprägt ist, bieten ein Gefährdungspotential. Die Auseinandersetzung mit Filmen, die gesellschaftliche Themen seriös problematisieren, ist dieser Altersgruppe durchaus zumutbar und für ihre Meinungs- und Bewusstseinsbildung bedeutsam."

PG (Parental Guidance) – von 6 bis 12 immer möglich:
"Haben Filme die Kennzeichnung „Freigegeben ab 12 Jahren" erhalten, kann auch Kindern im Alter von sechs Jahren aufwärts der Einlass zur Vorstellung gewährt werden, wenn sie von einer personensorgeberechtigen Person begleitet werden. Die Personensorge steht grundsätzlich den Eltern zu. Eine erziehungsbeauftragte Person, die von den Eltern (= Personensorgeberechtigte) autorisiert ist, reicht nicht aus."

Freigegeben ab 16 Jahren:
"Bei 16- bis 18-jährigen kann von einer entwickelten Medienkompetenz ausgegangen werden. Problematisch bleibt die Vermittlung sozial schädigender Botschaften. Nicht freigegeben werden Filme, die Gewalt tendenziell verherrlichen, einem partnerschaftlichen Rollenverhältnis der Geschlechter entgegenstehen, einzelne Gruppen diskriminieren oder Sexualität auf ein reines Instrumentarium der Triebbefriedigung reduzieren. Auch die Werteorientierung in Bereichen wie Drogenkonsum, politischer Radikalismus oder Ausländerfeindlichkeit wird mit besonderer Sensibilität geprüft."

Keine Jugendfreigabe:
"Das bisherige „höchste" Kennzeichen „Nicht freigegeben unter 18 Jahren" lautet seit 1. April 2003 „Keine Jugendfreigabe". Dieses Kennzeichen wird vergeben, wenn keine einfache bzw. schwere Jugendgefährdung vorliegt. Nach § 14 Abs. 3 u. 4 JuschG erfolgt für Videos die Vergabe des Kennzeichnens „Keine Jugendfreigabe", wenn keine einfache Jugendgefährdung vorliegt; für die öffentliche Filmvorführung, wenn der Film nicht offensichtlich schwer jugendgefährdend ist. So gekennzeichnete Filme, Videos und DVDs können von der Bundesprüfstelle für jugendgefährdende Medien (BPjM) nicht indiziert werden."

USA: (www.mpaa.org)

GENERAL AUDIENCES — ALL AGES ADMITTED

"General Audience. All ages admitted. This signifies that the film rated contains nothing most parents will consider offensive for even their youngest children to see or hear. Nudity, sex scenes, and scenes of drug use are absent; violence is minimal; snippets of dialogue may go beyond polite conversation but do not go beyond common everyday expressions."

PG | PARENTAL GUIDANCE SUGGESTED
SOME MATERIAL MAY NOT BE SUITABLE FOR CHILDREN

"**Parental Guidance Suggested.** Some material may not be suitable for children. This signifies that the film rated may contain some material parents might not like to expose to their young children - material that will clearly need to be examined or inquired about before children are allowed to attend the film. Explicit sex scenes and scenes of drug use are absent; nudity, if present, is seen only briefly, horror and violence do not exceed moderate levels."

PG-13 | PARENTS STRONGLY CAUTIONED
SOME MATERIAL MAY BE INAPPROPRIATE FOR CHILDREN UNDER 13

"**Parents Strongly Cautioned.** Some material may be inappropriate for children under 13. This signifies that the film rated may be inappropriate for pre-teens. Parents should be especially careful about letting their younger children attend. Rough or persistent violence is absent; sexually-oriented nudity is generally absent; some scenes of drug use may be seen; one use of the harsher sexually derived words may be heard."

R | RESTRICTED
UNDER 17 REQUIRES ACCOMPANYING PARENT OR ADULT GUARDIAN

"**Restricted-Under 17** requires accompanying parent or adult guardian (age varies in some locations). This signifies that the rating board has concluded that the film rated contains some adult material. Parents are urged to learn more about the film before taking their children to see it. An R may be assigned due to, among other things, a film's use of language, theme, violence, sex or its portrayal of drug use."

NC-17 | NO ONE 17 AND UNDER ADMITTED

"**No One 17 and Under Admitted.** This signifies that the rating board believes that most American parents would feel that the film is patently adult and that children age 17 and under should not be admitted to it. The film may contain explicit sex scenes, an accumulation of sexually-oriented language, or scenes of excessive violence. The NC-17 designation does not, however, signify that the rated film is obscene or pornographic."

Großbritannien: (www.bbfc.co.uk)

U

U – Universal – Suitable for all. It is impossible to predict what might upset any particular child. But a 'U' film should be suitable for audiences aged four years and over. Works aimed at children should be set within a positive moral framework and should offer reassuring counterbalances to any violence, threat or horror.

Theme	Treatment of problematic themes must be sensitive and appropriate to a younger audience.
Language	Infrequent use only of very mild bad language.
Nudity	Occasional natural nudity, with no sexual context.
Sex	Mild sexual behaviour (eg kissing) and references only (eg to 'making love').
Violence	Mild violence only. Occasional mild threat or menace only.
Imitable Techniques	No emphasis on realistic weapons.
Horror	Horror effects should be mild and brief and should take account of the presence of very young viewers. The outcome should be reassuring.
Drugs	No references to illegal drugs or drug use.
Uc	Videos classified 'Uc' are particularly suitable for pre-school children."

PG – Parental guidance. – General viewing, but some scenes may be unsuitable for some children. Unaccompanied children of any age may watch. A 'PG' film should not disturb a child aged around eight or older. However, parents are advised to consider whether the content may upset younger or more sensitive children.

Theme	More serious issues may be featured, eg crime, domestic violence, racism (providing nothing in their treatment condones them).
Language	Mild bad language only.
Nudity	Natural nudity, with no sexual context.
Sex	Sexual activity may be implied, but should be discreet and infrequent. Mild sexual references and innuendo only.
Violence	Moderate violence, without detail, may be allowed - if justified by its setting (eg historic, comedy or fantasy).
Imitable Techniques	No glamorisation of realistic, contemporary weapons. No detail of fighting or other dangerous techniques.
Horror	Frightening sequences should not be prolonged or intense. Fantasy settings may be a mitigating factor.
Drugs	No references to illegal drugs or drug use unless entirely innocuous."

12 – Suitable only for 12 years and over. No-one younger than 12 may see a '12' film in a cinema or rent or buy a '12' rated video.

Theme	Mature themes are acceptable, but their treatment must be suitable for young teenagers.
Language	The use of strong language (eg 'fuck') should be rare and must be justified by context.
Nudity	Nudity is allowed, but in a sexual context will be brief and discreet.
Sex	Sexual activity may be implied. Sexual references may reflect the familiarity of most adolescents today with sex education through school.
Violence	Violence must not dwell on detail. There should be no emphasis on injuries or blood. Sexual violence may only be implied or briefly indicated and without physical detail.

Imitable Techniques	Dangerous techniques (examples include: combat, hanging, suicides) should contain no imitable detail. Realistic and contemporary weapons should not be glamorised.
Horror	Sustained threat and menace is permitted. Occasional gory moments only.
Drugs	Brief and occasional references to, and sight of, 'soft' drug-taking (eg cannabis) are allowed, but must be justified by context and should indicate the dangers. No instructional elements are permitted."

(15)

15 – Suitable only for 15 years and over. No-one younger than 15 may see a '15' film in a cinema or rent or buy a '15' rated video.

Theme	No theme is prohibited, provided the treatment is appropriate to 15 year olds.
Language	There may be frequent use of strong language; the strongest terms (eg 'cunt') are only rarely acceptable. Continued aggressive use of strong language and sexual abuse is unacceptable.
Nudity	There are no constraints on nudity in a non-sexual or educational context.
Sex	Sexual activity and nudity may be portrayed but without strong detail. The depiction of casual sex should be handled responsibly. There may be occasional strong verbal references to sexual behaviour.
Violence	Violence may be strong but may not dwell on the infliction of pain, and of injuries. Scenes of sexual violence must be discreet and brief.
Imitable Techniques	Dangerous combat techniques such as ear claps, head-butts and blows to the neck are unlikely to be acceptable. There may be no emphasis on the use of easily accessible lethal weapons (in particular, knives).
Horror	Sustained or detailed infliction of pain or injury is unacceptable.
Drugs	Drug taking may be shown but clear instructive detail is unacceptable. The film as a whole must not promote or encourage drug use."

(18)

18 – Suitable only for adults. No-one younger than 18 may see an '18' film in a cinema or rent or buy an '18' rated video.
The BBFC respects the right of adults to chose their own entertainment, within the law. It will therefore expect to intervene only rarely in relation to '18' rated cinema films. In the case of videos, which are more accessible to younger viewers, intervention may be more frequent. There are no constraints at this level on theme, language, nudity or horror. The Board may, however, cut or reject the following content:
– any detailed portrayal of violent or dangerous acts which is likely to promote the activity. This includes also instructive detail of illegal drug use
– the more explicit images of sexual activity - unless they can be exceptionally justified by context."

Zweifellos gilt, was die "British Video Association" in ihrer gedruckten Informationsbroschüre abschließend betont: "Remember, in the end it's your decision." Am Ende muss man, auch wenn ein Film für eine bestimmte Altersstufe freigegeben wurde, immer wieder im Einzelfall prüfen, ob ein Film für die aktuelle Lerngruppe zumutbar ist oder nicht.

1492: Conquest of Paradise (1492: Die Eroberung des Paradieses)	*Regie:* Ridley Scott
Pünktlich zur Fünfhundertjahrfeier inszenierte Ridley Scott diesen **Historienfilm** über die Entdeckung Amerikas durch Columbus sowie sein Scheitern als Vermittler zwischen den Kulturen. Das Resultat ist historisch nicht unbedingt akkurat, aber (typisch für Ridley Scott) filmtechnisch opulent.	*Darsteller:* Gérard Depardieu, Sigourney Weaver *Jahr:* 1992, *FSK:* ab 16
2001: A Space Odyssey (2001: Odyssee im Weltraum)	
In wohl keinem anderen Film leistete Stanley Kubrick derart bahnbrechende Arbeit: *2001* wurde zum epochalen **Science-Fiction-Film**, der sowohl das Genre als auch das filmische Erzählen neu definierte. In faszinierenden Bildern und noch heute beeindruckender Tricktechnik zeichnet Kubrick das Bild des *homo sapiens sapiens* im weiten All: als Spielball kosmischer Kräfte und seiner eigenen Technik. *Star Wars* und *Star Trek* sind digital, doch *2001* ist genial: Die moderne Filmtechnik konstruiert millimetergenau Raumschiffe und schwebende Städte im Kosmos, während Kubricks Bilder visionäre Gemälde und bisher unerreicht geblieben sind. Für die Schule ist dieser Film vor allem aufgrund seiner Länge leider nur in Ausschnitten geeignet, z.B. um Schnitttechniken und visuelle Effekte zu demonstrieren.	*Regie:* Stanley Kubrick *Darsteller:* Keir Dullea, Gary Lockwood *Jahr:* 1968, *FSK:* ab 12
About A Boy	
Hugh Grant spielt hier zwar humorig, aber nicht flach: In der Verfilmung des gleichnamigen Romans von Nick Hornby spielt er den überzeugten Single Will Freeman, der irgendwann auf die Idee kommt, dass allein stehende Mütter die besten Gespielinnen seien. Keine Bindung, keine Verantwortung – doch dann kommt ihm der zwölfjährige Marcus in die Quere, und gemeinsam bestehen sie schließlich die Feuerprobe der Initiation. Humor ist hier reichlich vorhanden, wirkt aber nicht flach, so dass der Film nie zur Klamotte abgleitet, im Gegenteil: Es ist einer jener seltenen Filme, die nachdenklich machen und dabei gut unterhalten.	*Regie:* Chris & Paul Weitz *Darsteller:* Hugh Grant, Nicholas Hoult *Jahr:* 2002, *FSK:* ab 12
Aguirre – Der Zorn Gottes	
Hier wurde der Grundstein für Legendenbildung um die Herzog-Kinski-Kooperation gelegt: das Wüten des Exzentrikers Kinski, der schikanierte, prügelte und um sich schoss; das Angebot der Indios an den Regisseur, Kinski zu ermorden; der Kampf Herzogs gegen den Wunsch, die Tat eigenhändig auszuführen; der Rückzug Kinskis auf ein Floß, verbunden mit der Drohung, Herzog bei Annäherung abzuknallen... In seinem Dokumentarfilm *Mein geliebter Feind* bestätigte Herzog später die Gerüchte. So wird deutlich, warum dieses **Drama** im Grunde nicht erzählt, sondern von Kinski verkörpert wird: Der Konquistador Lope de Aguirre will im Dschungel Südamerikas das sagenumwobene Eldorado finden – um jeden Preis. Abgesehen von der schillernden Entstehungsgeschichte, die jedes Herzog-Kinski-Werk begleitet, stellt der Film das faszinierende und eindrucksvoll gefilmte Porträt eines Menschen an der Grenze des Menschseins dar.	*Regie:* Werner Herzog *Darsteller:* Klaus Kinski *Jahr:* 1972, *FSK:* ab 12

Alien *"In space, no one can hear you scream."* Das Motto dieses **Science-Fiction-Films**, der eine ganze Reihe begründete und das Genre nachhaltig prägte, ist auch deshalb so treffend, weil er den Mythos des Menschen im stillen, geschlossenen Raum thematisiert. Das insektenähnliche Monster ist in erster Linie deshalb so beängstigend, weil man es fast nie zu Gesicht bekommt (ganz anders als in den Fortsetzungen.) Dennoch ist dieser spannende, z.T. aber unappetitliche Film für die Schule allenfalls in Auszügen geeignet.	*Regie:* Ridley Scott *Darsteller:* Tom Skerritt, Sigourney Weaver *Jahr:* 1979, *FSK:* ab 16
American Beauty Die **Tragikomödie** um die Midlife-Crisis eines modernen Amerikaners (Spacey), der sich in die Freundin seiner Tochter verliebt, sein Leben umkrempelt und die Fassaden der amerikanischen Familie einreißt, überraschte das Publikum und die Kritiker. Der interessant inszenierte Film, der nicht zum Kassenschlager werden konnte, eignet sich als das von Rissen durchzogene Familienporträt Amerikas gut für den Englischunterricht der Sekundarstufe II.	*Regie:* Sam Mendes *Darsteller:* Kevin Spacey, Annette Bening *Jahr:* 1999, *FSK:* ab 16
Apocalypse Now Bei der Inszenierung des legendären **Antikriegsdramas**, das Conrads *Heart of Darkness* in den Vietnam-Krieg verlegt, verlor Coppola beinahe selbst den Verstand: Captain Willard soll in einer geheimen Dschungelmission den abtrünnigen Colonel Kurtz finden und töten, der offenbar dem Wahnsinn verfallen ist. Dabei begegnet Willard seiner eigenen "dunklen Seite". Epochemachende Bilder eines Traumas, wohl nur dosiert schultauglich.	*Regie:* Francis F. Coppola *Darsteller:* Marlon Brando, Martin Sheen *Jahr:* 1979, *FSK:* ab 16
Back to the Future (Zurück in die Zukunft) Die recht lustige, freilich überdrehte **Komödien**-Reihe um die Zeitreisen des Marty McFly in seine eigene Vergangenheit und Zukunft war ein Kassenschlager der Achtziger – und vor allem etwas für die Jüngeren, vielleicht sogar im Unterricht der 7. oder 8. Klasse.	*Regie:* Robert Zemeckis *Darsteller:* Michael J. Fox, Christopher Lloyd *Jahr:* 1985/1992/1993, *FSK:* ab 12
Ben Hur Der erste Meilenstein des **Historien-/Antikfilms**: die Legende des Israeliten Ben Hur, der in Rom zur Lebzeit Christi zum berühmten Wagenlenker aufsteigt. Dieser Stummfilm ist nicht weniger aufwändig als die spätere Fassung: Mehr als 125.000 Statisten sollen mitgewirkt haben. Das legendäre Wagenrennen endete auch bei den Dreharbeiten im Chaos, bei dem mehrere Menschen zu Tode gekommen sein sollen.	*Regie:* Fred Niblo *Darsteller:* Ramon Novarro, Francis Bushman *Jahr:* 1925
Ben Hur In der Neuverfilmung des o.g. klassischen **Historienfilms** spielte Charlton Heston die Titelrolle. Das Wagenrennen, in dem Ben Hur endlich auf seinen verhassten Feind Messala trifft, gehört zu den berühmtesten Sequenzen der Filmgeschichte und kann in einer Unterrichtsreihe zum Thema Film ausschnittweise als Meisterwerk der Kompositions- und Montagekunst betrachtet werden.	*Regie:* William Wyler *Darsteller:* Charlton Heston, Jack Hawkins *Jahr:* 1959, *FSK:* ab 16

Blade Runner – Director's Cut Ridley Scotts sehr freie Adaption des dystopischen **Science-Fiction**-Romans *Do Androids Dream of Electric Sheep?* von Philipp K. Dick ist zum Kultfilm geworden: Der Ex-Polizist Deckard soll noch einmal auf die Jagd nach Replikanten gehen, d.h. auf perfekt produzierte Androiden, die nur eines von ihren Vorbilder unterscheidet: eine künstlich verkürzte Lebensspanne. Nun sind einige Exemplare der neuesten Generation verbotenerweise auf die Erde des Jahres 2019 gekommen, weil sie schon in kürzester Zeit ein Bewusstsein für ihre eigene Existenz und deren Begrenzung entwickelt haben. Die Jagd auf die Androiden, die ihrem Schöpfer die Verlängerung ihres Lebens abtrotzen wollen, wird für Deckard zu einer Reise ins eigene Ich: Der vorzugsweise zu behandelnde **Director's Cut** legt nahe, dass Deckard selbst ein Replikant ist. Diese Version des in düsterer Ästhetik inszenierten Alptraums wirkt vor allem verstörender, weil der Erzählerkommentar fehlt (der auf Verlangen des Filmstudios eingefügt wurde, das den Film zu enigmatisch fand – und den Harrison Ford so schlecht gesprochen hatte, damit man ihn nicht verwenden würde...).	*Regie:* Ridley Scott *Darsteller:* Harrison Ford, Rutger Hauer *Jahr:* 1982, *FSK:* ab 16
Braveheart In diesem mehrfach Oscar®-prämierten **Historienfilm** über den schottischen Freiheitskämpfer William Wallace setzt sich Mel Gibson packend und ideenreich, aber nicht eben tiefsinnig selbst in Szene. Durch die Brutalität der englischen Unterdrücker zum Heldentum gezwungen, zieht Wallace in den gnadenlosen wie intrigenreichen Kampf gegen den übermächtigen Gegner. Dabei kann der schottische Dialekt, vor allem aber die explizite Darstellung von Gewalt für manchen Zuschauer zum Problem werden.	*Regie:* Mel Gibson *Darsteller:* Mel Gibson, Sophie Marceau *Jahr:* 1995, *FSK:* ab 16
Casablanca Das vielleicht bewegendste **Liebesdrama** der Filmgeschichte: Zur Zeit des 2. Weltkriegs trifft Rick Blaine, Nachtclubbesitzer in Casablanca, seine alte Liebe Ilsa wieder. Als die Romanze neu entflammt, muss er sich entscheiden: Wird er selbst mit Ilsa vor den Nazis fliehen oder ihr und ihrem Ehemann, einem tschechischen Widerstandskämpfer, zur Flucht verhelfen?	*Regie:* Michael Curtiz *Darsteller:* Humphrey Bogart, Ingrid Bergman *Jahr:* 1942, *FSK:* ab 6
Casino Scorcese inszenierte wieder einmal die Geschäfte der Mafia, diesmal als (z.T. auf Tatsachen beruhendes) **Drama** eines ihrer "leitenden Angestellten" im Spielerparadies Las Vegas. Es entstand ein gewiss gelungenes Exemplar der Gattung, zu der auch Scorceses *Goodfellas* gehört. Während Robert de Niro und Sharon Stone durch ihre Darstellung überzeugen, ist die z.T. offen visualisierte Brutalität für sanftere Gemüter nicht erträglich.	*Regie:* Martin Scorcese *Darsteller:* Robert De Niro, Sharon Stone *Jahr:* 1995, *FSK:* ab 16

Citizen Kane Dieses **Drama** gilt als Meisterwerk der Filmgeschichte, in dem Orson Welles zugleich als Produzent, Regisseur und Hauptdarsteller fungierte. Er spielt Charles Foster Kane, der als Junge von seinen Eltern in die erzieherische Obhut eines Industriellen gegeben wird und zu einem mächtigen Medienmagnaten wird. Diese Geschichte, erzählt in traumgleicher Optik und Akustik, wird zu einer Reise in das widersprüchliche Leben eines Mannes zwischen materialistischer Kälte und der sehnsüchtigen Suche nach dem verlorenen Glück. Rosebud – was mag es nur bedeuten...	*Regie:* Orson Welles *Darsteller:* Orson Welles, Joseph Cotton *Jahr:* 1941, *FSK:* ab 12
Clockwork Orange (Uhrwerk Orange) Die zur Zeit der Veröffentlichung vieldiskutierte Verfilmung des gleichnamigen Romans von Anthony Burgess wirkt in vielerlei Hinsicht verstörend: in erster Linie durch die scheinbar ästhetisierende Darstellung der Gewalt, die Alex als Anführer einer Streetgang verübt, und zugleich durch komische Elemente, deren satirischer Charakter manch unkritischem Zuschauer verborgen bleibt. Als Alex schließlich gefasst und einer Gehirnwäsche unterzogen wird, wird aus dem Täter das Opfer einer staatlichen Justiz, die das kriminelle Produkt der Gesellschaft heilt, indem es dasselbe aushöhlt – und so wiederum jenes Vakuum erzeugt, in dem Moral und Gewissen keinen Platz finden können.	*Regie:* Stanley Kubrick *Darsteller:* M. McDowell, Patrick Magee *Jahr:* 1971, *FSK:* ab 16
Dances with Wolves (Der mit dem Wolf tanzt) Costner selbst drehte diesen mehrfach Oscar®-gekrönten **Western/Historienfilm** über die Zerstörung des indianischen Lebens- und Kulturraums durch die Besiedlung des amerikanischen Westens. Die heute gängige Version des Films dauert ca. vier Stunden; für den Unterricht werden nur Auszüge in Frage kommen.	*Regie:* Kevin Costner *Darsteller:* Kevin Costner, Graham Greene *Jahr:* 1990, *FSK:* ab 12
Das Boot Als Petersen noch nicht in Hollywood drehte, entstand dieses bekannte **Antikriegsdrama** über das Schicksal eines deutschen U-Boots im 2. Weltkrieg (nach dem gleichnamigen Roman von Lothar-Günther Buchheim). Der auf DVD erhältliche "Director's Cut" hat eine Länge von 208 Minuten und stellt einen kongenialen Kompromiss zwischen der originalen Kino- und der TV-Fassung dar: Vor allem die Konzentration auf den Kapitän rückt die psychologische Dimension des Films in den Vordergrund.	*Regie:* Wolfgang Petersen *Darsteller:* Jürgen Prochnow, H. Grönemeyer *Jahr:* 1981, *FSK:* ab 12
Dead Poets Society (Der Club der toten Dichter) Lieber dieses **Schul-Drama** sehen und besprechen als das dazugehörige Buch lesen: Der Konflikt zwischen den nach individueller Entfaltung strebenden Schülern eines Internats mit den strengen Regeln des Hauses und den Vorstellungen der Eltern entzündet sich durch den Funken, den ein neuer Lehrer (Robin Williams) entfacht. Die intensiven, häufig poetischen Bilder des Films sind um ein Vielfaches schöner als die vergebliche Bemühung der "novelization", diesen Zauber in Worten zu reproduzieren.	*Regie:* Peter Weir *Darsteller:* Robin Williams, R.S. Leonard *Jahr:* 1989, *FSK:* ab 12

Der Hexer	*Regie:* Alfred Vohrer
Eine der gelungeneren **Krimi**-Verfilmungen aus der "klassischen" Edgar-Wallace-Reihe der 60er Jahre, die bei manchen Kultstatus genießt und allein aus diesem Grund in die Geschichtsbücher des deutschen Films gehört (ähnlich wie die Karl May-Filme derselben Produzenten).	*Darsteller:* Joachim Fuchsberger, Siegfried Lowitz *Jahr:* 1964, *FSK:* ab 16
Der Himmel über Berlin	*Regie:* Wim Wenders
Es ist dies einer der wenigen auch international bekannten deutschen Filme, entstanden unter der Regie von Wim Wenders und der Mitarbeit von Peter Handke. Das **moderne Märchen** erzählt die Geschichte des Engels Damiel, der sich in ein sterbliches Mädchen verliebt und auf die Erde (nach Berlin) hinabsteigt, um menschliches Leben und Gefühle zu erfahren.	*Darsteller:* Bruno Ganz, Peter Falk *Jahr:* 1987, *FSK:* ab 6
Der Totmacher	*Regie:* R. Karmakar
Dieses **Psychodrama** ist Deutschlands Antwort auf das *Schweigen der Lämmer* und basiert noch dazu auf einem authentischen Fall aus dem Jahr 1924: Die Geständnisse des "Totmachers" Fritz Haarmann, der 24 Männer ermordete, beklemmen durch ihre kammerspielartige Inszenierung, die sich ganz auf Georges exzellentes Schauspiel konzentriert.	*Darsteller:* Götz George, Jürgen Hentsch *Jahr:* 1995, *FSK:* ab 12
Die Blechtrommel	*Regie:* Volker Schlöndorff
Schlöndorffs Faible für Literaturverfilmungen führte auch bei der Umsetzung des bekannten Grass-Romans zu intensiven Diskussionen: in der Hauptsache über die (Unter-)Grenze des Geschmacks und filmischer Ästhetik. Abseits all dieser Aufregung erzählt der Film die Geschichte des kleinen Oskar Matzerath, der nicht mehr wachsen will und sich gegen Erwachsenenwelt und aufkommenden Nationalsozialismus mit Hilfe seiner Trommel wehrt. Wie das Buch, so ist auch der mehrfach mit Preisen bedachte Film ein schonungsloses Porträt der deutschen Gesellschaft zur Nazi-Zeit.	*Darsteller:* David Bennent, Mario Adorf *Jahr:* 1979, *FSK:* ab 16
Die Brücke	*Regie:* Bernhard Wicki
Bernhard Wicki lieferte den deutschen **Antikriegsfilm**, in dem das Verbrechen des Nationalsozialismus am Beispiel deutscher Teenager-Soldaten deutlich wird: Ein Haufen Schuljungen soll eine kleine, bedeutungslose Brücke verteidigen, als ob sie den Einmarsch der Alliierten verhindern könnten. Sie folgen dem Befehl und gehen blinden Auges in den Tod. – Zweifellos einer der beklemmendsten Beiträge zum Thema.	*Darsteller:* Fritz Wepper, V. Lechtenbrink *Jahr:* 1959, *FSK:* ab 12
Die Ehe der Maria Braun	*Regie:* R. W. Fassbinder
Fassbinders vielleicht gelungenster Film über Nachkriegsdeutschland erzählt die Karriere einer Frau: Maria ist auf sich allein gestellt, nachdem ihr Mann in Kriegsgefangenschaft geriet und als vermisst gilt. Sie schlägt sich durchs Leben, prostituiert sich, fängt ein Verhältnis mit einem Amerikaner an, der von ihrem plötzlich heimkehrenden Mann getötet wird. Während Hermann Braun im Gefängnis sitzt, erschleicht sich Maria das Vermögen eines Unternehmers. Als Hermann freikommt, hat Maria sich endgültig hochgearbeitet – doch ereilt die *Ehe der Maria Braun* ein jähes Ende...	*Darsteller:* Hanna Schygulla, Klaus Löwitsch *Jahr:* 1979, *FSK:* ab 12

Die Nibelungen (Siegfried, Kriemhilds Rache)	*Regie:* Fritz Lang
Diese Verfilmung des Nibelungenstoffs durch Fritz Lang ist ein Meilenstein des deutschen **Stummfilms**, ja der Filmgeschichte überhaupt. Ausschnitte des Werks gehören in eine Sequenz über die Entwicklung der Filmkunst. Ausschnitte aus der Verfilmung von 1966 wirken als gutes, vor allem amüsantes Mittel des Vergleichs, aus dem der ältere Film zweifellos als Sieger hervorgeht.	*Darsteller:* Paul Richter, Margarethe Schön *Jahr:* 1924, *FSK:* ab 6
Don Camillo	*Regie:* Julien Duvivier
"Kultige" **Filmkomödien** nach den Geschichten von Giovanni Guareschi mit dem französischen Komiker Fernandel in der Titelrolle des italienischen Priesters, der mit Jesus spricht und Peppone verhaut.	*Darsteller:* Fernandel, Gino Cervi *Jahr:* 1951, *FSK:* ab 12
Down by Law	*Regie:* Jim Jarmusch
Eigenwilliger, oft zum Brüllen komischer und zugleich rührender **Roadmovie**, der das Schicksal dreier amerikanischer Verlierer zeigt und sich damit sogar (mit etwas gutem Willen) für den Englischunterricht eignet. Wer noch nie Roberto Benigni in der Gefängniszelle oder auf Kaninchenjagd gesehen hat, hat noch nicht wirklich gelacht.	*Darsteller:* Roberto Benigni, Tom Waits *Jahr:* 1986, *FSK:* ab 16
Dr. Strangelove, Or: How I Learned to Stop Worrying and Love the Bomb (Dr. Seltsam, oder: Wie ich lernte, die Bombe zu lieben)	*Regie:* Stanley Kubrick
Diese **Politsatire** auf den Kalten Krieg und das nukleare Zeitalter gilt als eine der schwärzesten Komödien und als einer der besten Filme überhaupt: Der verrückte amerikanische General Jack D. Ripper greift die Sowjetunion an, und der amerikanische Präsident (Peter Sellers) hat alle Hände voll zu tun, den Dritten Weltkrieg zu verhindern... Wieder ein Kubrick-Meilenstein.	*Darsteller:* Peter Sellers, Sterling Hayden *Jahr:* 1964, *FSK:* ab 16
Duel (Duell)	
Der erste Kinofilm Steven Spielbergs ist einer seiner besten: ein **Thriller**, dessen Spannung und Schrecken aus dem Alltag erwachsen und der aus der Welt Franz **Kafkas** stammen könnte: Der Handlungsreisende Mr. Mann ist auf den einsamen kalifornischen Highways unterwegs, wo er irgendwann auf weiter Flur einen Tanklaster überholt. Dessen Fahrer scheint er hierdurch zum Duell aufgefordert zu haben, denn es kommt zu einem nervenzerreißendem Kampf zwischen Mr. Mann in seinem kleinen Auto und dem Fahrer des Riesentrucks, den man nie zu Gesicht bekommt. Und es geht nicht nur um die rechte Fahrspur, sondern um Leben und Tod.	*Regie:* Steven Spielberg *Darsteller:* Dennis Weaver Jacqueline Scott *Jahr:* 1971, *FSK:* ab 16
Dune	
Die einzige gelungene Verfilmung des **Science Fiction**-Epos von Frank Herbert lieferte David Lynch: Der junge Erbe des Hauses Atreides kämpft gegen den finsteren Baron Harkonnen, um die ihm rechtmäßig zustehende Herrschaft über den Planeten Arrakis wiederzugewinnen; nur dort gibt es das Spice, den Stoff, der Weltraumreisen ermöglicht. Ein genreprägender Film mit hochkarätiger Besetzung.	*Regie:* David Lynch *Darsteller:* Kyle McLaclan, Jürgen Prochnow *Jahr:* 1984, *FSK:* ab 16

East of Eden (Jenseits von Eden) Das weltberühmte **Drama** nach dem Roman von John Steinbeck um den jungen Cal (James Dean), der im Wettstreit mit seinem bevorzugten Bruder um die Liebe seines harten Vaters kämpft, machte James Dean zum Idol.	*Regie:* Elia Kazan *Darsteller:* James Dean, Julie Harris *Jahr:* 1955, *FSK:* ab 16
Effi Briest Fassbinders Verfilmung des Fontane-Romans war einer der wenigen Filme, die Deutschschüler bislang im Unterricht zu sehen bekamen. Wenn man das Problem der **Literaturverfilmung** erörtern möchte, eignet sich Fassbinders Film durchaus, da sich sein scheinbar respektvoller Umgang mit der Vorlage auf den zweiten Blick doch als (freilich reduzierte) Unterwanderung des Textes entpuppt – als eine Art filmischer Gegenbeweis dessen, was Fontane seine Figuren sagen lässt und wie er ihre Welt beschreibt.	*Regie:* R. W. Fassbinder *Darsteller:* Hanna Schygulla, Wolfgang Schenck *Jahr:* 1974, *FSK:* ab 12
El Dorado Dieses Werk aus der späteren Schaffensperiode Hawks ist ein klassischer **Western** um den Kampf zweier gealterter Helden auf der Seite des Guten; und ebenso eine humorvoll-zynische Reminiszenz an *Rio Bravo* (s.u.) und an das Genre des Hollywood-Westerns.	*Regie:* Howard Hawks *Darsteller:* John Wayne, Robert Mitchum *Jahr:* 1967, *FSK:* ab 12
Emil und die Detektive Die neueste Verfilmung der Kästner-Vorlage versetzt die Handlung ins Berlin der Neuzeit und macht den Stoff auf überzeugende Weise dem heutigen Kinderpublikum zugänglich. Ein spannender Film für den Deutschunterricht der Unterstufe, auch als Ergänzung zur Lektüre.	*Regie:* Franziska Buch *Darsteller:* Tobias Retzlaff, Anja Sommavilla *Jahr:* 2001, *FSK:* ab 6
E.T. Steven Spielberg, Hollywoods "größtes Kind", zeigte wieder einmal Gespür für eine kassenträchtige Geschichte: Das **Drama** um einen auf der Erde gestrandeten Außerirdischen, dem ein vaterloser Junge zur Rückkehr auf den Heimatplaneten verhelfen will, rührte Millionen. Spielberg konzentrierte die Geschichte auf die Liebe des Kindes zum wehrlosen Geschöpf und schuf so einen der erfolgreichsten Filme aller Zeiten.	*Regie:* Steven Spielberg *Darsteller:* Henry Thomas, Drew Barrymore *Jahr:* 1982, *FSK:* ab 6
Eyes Wide Shut Es wäre ein Wunder gewesen, hätte auch Stanley Kubricks letztes Werk das Publikum und die Kritiker nicht irritiert: Die Adaption der "Traumnovelle" Arthur Schnitzlers konzentriert sich auf die Figur des Dr. Bill Harford (Tom Cruise), der durch eine Ehebruch-Fantasie seiner Frau auf eine Reise der Versuchungen geschickt wird. Traum und Wirklichkeit, Liebe, Treue, Schicksal und Vergänglichkeit – die großen Themen dieses **Dramas** erschließen sich nur dem interpretierenden Zuschauer.	*Regie:* Stanley Kubrick *Darsteller:* Nicole Kidman, Tom Cruise *Jahr:* 1999, *FSK:* ab 16

Fargo **Krimi, Roadmovie und Porträt des amerikanischen Kleinbürgers**, gewürzt mit Slapstick und Satire: Aus der finanziellen Krise des Autoverkäufers Jerry Lundegaard, der seine Frau durch ein "Gangster"-Paar kidnappen lässt, wird ein Fall für die schwangere Kleinstadtpolizistin Marge Gunderson (Oscar® für Frances McDormand). Erheiternd, rührend und befremdend.	*Regie:* Joel u. Ethan Coen *Darsteller:* F. McDormand, William H. Macy *Jahr:* 1996, *FSK:* ab 16
Fitzcarraldo Unter den extremen Bedingungen, die für Filme des Gespanns Herzog-Kinski wohl unerlässlich waren (s.o. *Aguirre*), entstand im Dschungel des Amazonas ein weiteres beeindruckendes Porträt eines Mannes jenseits der Vernunft: Der reiche Unternehmer Fitzgerald möchte dort ein Opernhaus errichten, in dem u.a. Caruso auftreten soll. Um diesen Plan zu realisieren, fährt "Fitzcarraldo" nicht nur mit einem Seedampfer den Strom hinauf, sondern lässt das riesige Schiff, ohne Rücksicht auf sich und Hunderte von Indios, sogar über einen Berg schleppen...	*Regie:* Werner Herzog *Darsteller:* Klaus Kinski, Claudia Cardinale *Jahr:* 1982, *FSK:* ab 12
Forrest Gump Die mehrfach Oscar®-gewürdigte **Komödie** eignet sich recht gut für den Einsatz im Englischunterricht: als Reise durch die amerikanische Geschichte an der Seite des Titelhelden (Tom Hanks), der vom Dorfidioten zum Sportstar, Kriegshelden und Millionär wird. Eine Satire auf den "American Dream" und rührende Liebesgeschichte zugleich, präsentiert in teils aufwendigen Bildern.	*Regie:* Robert Zemeckis *Darsteller:* Tom Hanks, Robin Wright, Sally Field *Jahr:* 1994, *FSK:* ab 12
Fried Green Tomatoes (Grüne Tomaten) Dieses schön fotografierte, mit stimmungsvoller Musik unterlegte und von hervorragenden Schauspielern getragene **Drama** erzählt zwei ineinander verschachtelte Geschichten: Evelyn Couch (Bates) bemüht sich vergeblich um die Aufmerksamkeit ihres Mannes; ihr Leben verändert sich grundlegend, als sie in einem Pflegeheim eine alte Frau (Tandy) kennen lernt, die ihr eine faszinierende Geschichte über zwei ungewöhnliche Frauen erzählt, die vor Jahrzehnten das "Whistle Stop Café" betrieben, um sich ohne Männer durchs Leben zu schlagen.	*Regie:* Jon Avnet *Darsteller:* Kathy Bates, M. S. Masterson, Jessica Tandy *Jahr:* 1991, *FSK:* ab 6
Full Metal Jacket Einer der besten **Antikriegsfilme**; auch dies ein Werk Stanley Kubricks, also ein Film der eigenen Art: Die erste Hälfte dokumentiert die einer Auswaschung von Gehirn und Seele gleichkommende Ausbildung junger US-Rekruten für den Vietnam-Krieg; die zweite Hälfte versetzt die in jeder Hinsicht Uniformierten mitten in die Schrecken der Schlacht. Hier wird der Mensch nicht durch die Technik oder die Geschichte entmenschlicht, sondern durch den Krieg: also doch wieder durch sich selbst. – Zumindest in Ausschnitten ein Muss für den Englischunterricht in der Oberstufe.	*Regie:* Stanley Kubrick *Darsteller:* Matthew Modine, R. Lee Ermey *Jahr:* 1987, *FSK:* ab 16

Gattaca So künstlich wie die Inszenierung dieses **Science-Fiction**-Dramas ist die Welt, in der Vincent lebt: Noch ohne genmanipulatorische Eingriffe geboren, hat er gegen die neue Generation der perfekt produzierten Menschen, zu denen auch sein jüngerer Bruder gehört, keine Chance. Er möchte Raumfahrer werden, doch würde sein Blut sofort jede der Imperfektionen seines Körpers verraten. Um die harte Auswahl zum Weltraumreisenden zu bestehen, greift auch er zum Mittel der Manipulation – und führt durch seinen Erfolg die Vorhersagen der Genanalyse ad absurdum.	*Regie:* Andrew Niccol *Darsteller:* Ethan Hawke, Uma Thurman *Jahr:* 1997, *FSK:* ab 12
Gandhi Richard Attenboroughs mehrfach Oscar®-prämierte Inszenierung der Lebensgeschichte des Mahatma Gandhi ist ein Meilenstein des Spielfilms. Der Weg Gandhis wird eindrucksvoll und in epischer Breite inszeniert, so dass eine Behandlung des vollständigen Films im Schulunterricht nicht anbietet. Doch lohnt durchaus eine Betrachtung von Schlüsselszenen, die zentrale Momente im Leben Gandhis auch filmsprachlich reizvoll in Szene setzen.	*Regie*: Richard Attenborough *Darsteller:* Ben Kingsley, Candice Bergen *Jahr:* 1982, *FSK:* ab 12
Gone with the Wind (Vom Winde verweht) Die episch angelegte Mischung aus **Liebesdrama** und **Historienfilm** wurde zum Klassiker der Filmgeschichte: Die legendäre Geschichte der Scarlett O'Hara und ihrer Liebe zu Rhett Butler, erzählt in opulenten Bildern vor dem Hintergrund des amerikanischen Bürgerkriegs.	*Regie:* Viktor Fleming *Darsteller:* Clark Gable, Vivien Leigh *Jahr:* 1939, *FSK:* ab 12
Halloween Hier erlebt man Jamie Lee Curtis als "Scream-Queen" in einem der **Horrorfilme**, die das Genre nachhaltig prägten: Mike Myers, der schon als Kind seine Schwester erstach und in die geschlossene Anstalt kam, bricht aus und kehrt in seine Heimatstadt zurück. Während sein Arzt die Verfolgung aufnimmt, begegnet Laurie (Curtis) in den Häusern einer amerikanischen Kleinstadt dem gesichts- und gewissenlosen Schrecken: dem Tod, der im Schatten auf uns alle lauert...	*Regie:* John Carpenter *Darsteller:* Jamie Lee Curtis, Donald Pleasance *Jahr:* 1978, *FSK:* ab 18
Harold and Maude Herrliche **schwarze Komödie** um Harold, der seine Obsession mit dem Tod auf die seltsamste Art auslebt, um seine Mutter zu schocken (und die Mädchen, mit denen sie ihn verkuppeln will). Erst Maude, die lustige Dame mit dem Hang zur Anarchie, zeigt ihm, was es heißt zu leben.	*Regie:* Hal Ashby *Darsteller:* Bud Cort, Ruth Gordon *Jahr:* 1971, *FSK:* ab 12
Heat Dieser epische **Actionkrimi** zeigt den modernen Kampf zweier Titanen: Der Los Angeles-Detective Vincent Hanna (Pacino) kommt dem Profigangster McCauley (de Niro) auf die Spur. Michael Mann inszeniert in mal rasanten, teils erschreckenden, teils poetischen Bildern. Doch der ganz besondere Reiz der Geschichte liegt in der Schwierigkeit, im Zusammentreffen zweier starker Charaktere (und zweier großartiger Schauspieler) zwischen Protagonist und Antagonist zu unterscheiden. – Ein sehr interessanter Film, den man gesehen haben sollte.	*Regie:* Michael Mann *Darsteller:* Robert De Niro, Al Pacino *Jahr:* 1995, *FSK:* ab 16

Henry V Hochgelobte Verfilmung des **Historiendramas** von Shakespeare mit Kenneth Branagh im Regiestuhl und als Hauptdarsteller. Für den Englischunterricht zumindest in Ausschnitten ebenso interessant wie Brannaghs *Much Ado About Nothing* und *Hamlet*.	*Regie:* Kenneth Branagh *Darsteller:* Kenneth Branagh, Derek Jacobi *Jahr:* 1989, *FSK:* ab 12
High Noon (12 Uhr mittags) Der **Western**-Klassiker mit dem wohl berühmtesten Showdown der Filmgeschichte: Der jung verheiratete Marshall Kane (Gary Cooper) wartet als einsamer Held, dem die Unterstützung durch die Bürger seiner Stadt versagt bleibt, auf die ultimative Begegnung mit dem gesetzlosen Gunslinger Frank Miller, den er einst inhaftierte und der jetzt auf Rache sinnt. Ein archetypisches Drama, dessen Held die größte Krise allein durchstehen muss.	*Regie:* Fred Zinneman *Darsteller:* Gary Cooper, Grace Kelly *Jahr:* 1952, *FSK:* ab 12
Homo faber (Voyager) Wer im Deutschunterricht den Roman Max Frischs gelesen hat und die Problematik der **Literaturverfilmung** thematisieren möchte, findet in Schlöndorffs kontrovers diskutiertem, an der Kinokasse allerdings recht erfolgreichem Film einen brauchbaren Stein des Anstoßes. Es ist durchaus enttäuschend, dass der Film den Charakter des Romans nicht einzufangen vermag, es noch nicht einmal ernsthaft versucht. Gerade hier hätte sich die Gelegenheit zum filmischen Experiment ergeben. Was hätte man aus vielen Passagen des Romans machen können, nicht zuletzt aus Fabers Bad im Gewitterregen Havannas... Statt dessen reduziert Schlöndorff Fabers Reise zu sich selbst auf die Liebesgeschichte mit Sabeth (allein deswegen ist der englische Verleihtitel unpassendes Blendwerk). Die tragisch endende Romanze wird noch dazu in uninspirierten Bildern erzählt, die mitunter poetisch sein wollen, aber bloß prätentiös sind.	*Regie:* Volker Schlöndorff *Darsteller:* Sam Shepard, Julie Delpy *Jahr:* 1991, *FSK:* ab 12
Indiana Jones Die berühmte **Actionfilm-Reihe** aus der Feder der Box-Office-Giganten George Lucas und Steven Spielberg trug wesentlich zum Aufstieg beider Regisseure bzw. Produzenten bei. In *Raiders of the Lost Ark (Jäger des verlorenen Schatzes)*, *Indiana Jones and the Temple of Doom (Indiana Jones und der Tempel des Todes)* und *Indiana Jones and the Last Crusade (Indiana Jones und der letzte Kreuzzug)* entstand einer der beliebtesten Helden der Filmgeschichte: Dr. "Indiana" Jones erzählt seinen Studentinnen, die ihn anhimmeln, dass "noch nie ein X irgendwo einen Punkt markiert" habe, der für den Archäologen von Interesse gewesen sei – und geht in der nächsten Szene auf die Jagd nach den wertvollsten und mysteriösesten Schätzen der Menschheitsgeschichte. Der Ruhm der Reihe verdankt sich dabei nicht nur der Fantasie der Autoren und der rasanten Action, sondern vor allem der Komik: Indy, der Held unserer Tage, übersteht seine Abenteuer nicht selten in der Manier des Parzival.	*Produzent/Regie:* George Lucas/ Steven Spielberg *Darsteller:* Harrison Ford, Sean Connery *Jahr:* 1981/1984/1989, *FSK:* ab 16/16/12

James Bond 007	Produzent: Alfred R. Broccoli
Eine Auflistung aller **Actionfilme** dieser Reihe um den britischen Meisterspion 007 (aus der Feder Ian Flemings) würde den Rahmen sprengen. Die Filme hatten und haben Erfolg, solange sie sich an das Erfolgsrezept halten: eine gute Mischung aus Action, Romanze und Selbstparodie. Die wohl gelungensten Beispiele, in denen die drei prägendsten der fünf Hauptdarsteller die Lizenz zum Töten (und Küssen) nutzten, sind *Goldfinger* (mit Sean Connery), *For Your Eyes Only* (*In tödlicher Mission*, mit Roger Moore) und *The World is Not Enough* (mit Pierce Brosnan).	*Darsteller:* Sean Connery, Roger Moore, Pierce Brosnan *Jahr:* 1964/1981/1999, *FSK:* ab 12/16/12
Jaws (Der weiße Hai)	*Regie:* Steven Spielberg
Der Kampf des Menschen gegen die Natur wurde selten so packend geschildert: Steven Spielbergs erster großer Kinohit gebar mit dem Weißen Hai eines der bekanntesten Ungeheuer der Filmgeschichte. Wichtiger als die damals noch besonders schockierenden Effekte dieses **Thrillers** (wie ein abgetrenntes Bein) ist die Spannung, die entsteht, als die drei Männer sich auf die Jagd begeben, ohne zu ahnen, welches Monster in dieser "Höhle" haust: das Meer liegt ruhig in der Sonne, es ist sehr still... und dann...	*Darsteller:* Roy Scheider, Richard Dreyfuss *Jahr:* 1975, *FSK:* ab 16
JFK	*Regie:* Oliver Stone
Oliver Stone, bekannt für kontroverse Filme, legt mit dieser Mischung aus **Thriller** und **Geschichtsdrama** eine andere Theorie über die Ermordung Kennedys vor als die offizielle des Warren-Reports: Die Vorstellung der durch einflussreiche Verschwörer angezettelten "Hinrichtung" JFKs nimmt beängstigend überzeugende Züge an, wenn Kevin Costner als Jim Garrison auf die Suche nach Spuren geht, die von höchster Stelle verwischt zu werden scheinen. Inhaltlich bleibt der Film dennoch umstritten.	*Darsteller:* Kevin Costner, Joe Pesci *Jahr:* 1991, *FSK:* ab 12
Jurassic Park	*Regie:* Steven Spielberg
Hinsichtlich des Einspielergebnisses (ca. 900 Millionen Dollar) ist Steven Spielbergs Verfilmung des **Science-Fiction**-Romans von Michael Crichton bislang der dritterfolgreichste Film aller Zeiten. Zur Zeit seiner Veröffentlichung beeindruckte der Film vor allem durch die Dinosaurier und am allerwenigsten durch die menschlichen Hauptdarsteller. Gewiss ein Meilenstein der Filmgeschichte, für Zwölfjährige aber sicher eine zu "grafische" Kost, und weit weniger interessant für den Unterricht als der Roman.	*Darsteller:* Jeff Goldblum, R. Attenborough *Jahr:* 1993, *FSK:* ab 12
L.A. Confidential	*Regie:* Curtis Hanson
Ein atmosphärisch dichter, vor allem durch seine Darsteller überzeugender **Kriminalfilm** über die Polizei im Hollywood der 50er Jahre, im Kampf gegen die Korruption von außen und innen. Curtis Hansons Verfilmung des Romans von James Ellroy gewann 1997 den Oscar® für das beste Drehbuch, ging in der Wahl zum Besten Film aber leer aus; Kim Basinger gewann allerdings als beste Nebendarstellerin.	*Darsteller:* Kevin Spacey, Russell Crowe, Kim Basinger *Jahr:* 1997, *FSK:* ab 16

La Vita è Bella (Das Leben ist schön)	
Eine **Tragikomödie**, die emotional fesselt: Der Italiener Guido wird von seiner Frau getrennt und mit seinem Sohn in ein Konzentrationslager gebracht. Dort gelingt es ihm, den Kleinen vor dem allgegenwärtigen Schrecken zu beschützen, indem er den Aufenthalt in ein Spiel verwandelt, aus dem beide mit Geschick als Sieger hervorgehen können. Benigni spielte seine erstaunlichen Qualitäten als Komödiant und Regisseur aus und erhielt zwei Oscars® (Bester Hauptdarsteller, Bester Ausländischer Film). Wem der komödienhafte Umgang mit dem Thema Holocaust problematisch erscheint, sei versichert, dass auch dieser Clown vor allem zu Tränen rührt... Dennoch hat Wilfried Wiegand nicht unrecht: "Am Schluss gedenkt der Junge ganz kurz seines Vaters, der sich geopfert habe, um sein Kind zu retten. Und was, so fragt man sich, was ist mit all den anderen, die sich völlig umsonst geopfert haben? Die Frage kommt einem nicht etwa in den Sinn, weil Benignis Film sie stellt, sondern weil er sie nicht stellt – und das spricht dann doch gegen seinen Film." [304]	*Regie:* Roberto Benigni *Darsteller:* Roberto Benigni, Horst Buchholz *Jahr:* 1997, *FSK:* ab 6
Lawrence of Arabia (Lawrence von Arabien)	*Regie:* David Lean *Darsteller:* Peter O'Toole, Alec Guinness *Jahr:* 1962, *FSK:* ab 12
Monumentales und mehrfach Oscar®-prämiertes **Historienepos** über den britischen Offizier T.E. Lawrence, der im 1. Weltkrieg die arabischen Stammesführer im Kampf gegen das Osmanische Reich vereinte und schließlich 1918 mit Prinz Faisal in Damaskus einzog. Ein breit angelegtes Porträt des Mannes und des Ortes, der sein Kampfplatz war und in keinem anderen Film so atmosphärisch gezeichnet wurde: der arabischen Wüste.	
Léon (Léon – Der Profi)	*Regie:* Luc Besson *Darsteller:* Jean Reno, Natalie Portman *Jahr:* 1994, *FSK:* ab 16
Luc Bessons **Thriller** um den Killer Léon verdankt seinen Erfolg weder besonders spektakulärer Actionszenen noch intensiver Spannung, sondern dem Porträt einer ungewöhnlichen Freundschaft: Als brutale Geldeintreiber die Eltern und Geschwister Mathildas ermorden, kann der Teenager in Léons Apartment fliehen. Dort entdeckt sie, welcher Profession er nachgeht – und findet den Menschen in ihm...	
Lola rennt	*Regie:* Tom Tykwer *Darsteller:* Franka Potente, Moritz Bleibtreu *Jahr:* 1998, *FSK:* ab 12
Dieser ohne die großen Aufwendungen des Hollywood-Kinos, jedoch einfallsreich und dynamisch inszenierte deutsche **Thriller** wurde zum Überraschungserfolg. Drei Teile (= drei Erzählperspektiven) erzählen die grundsätzlich gleiche Geschichte in leichter, aber entscheidender Abwandlung: Manni lässt 100.000 DM in der U-Bahn liegen und hat nur 20 Minuten Zeit, für Ersatz zu sorgen. So kommt es, dass Lola rennt, um ihrem Freund das Leben zu retten... und dass wir sehen, wie sehr wir vom Zufall (oder dem leichten Wink des Schicksals?) abhängen.	

---

[304] Wilfried Wiegand: Mit Humor der Vernichtung entgehen. *in:* Frankfurter Allgemeine Zeitung Nr. 116, 20.05.1998. S. 45.

M – Eine Stadt sucht einen Mörder Fritz Langs legendärer **Kriminalfilm** um einen psychopathischen Kindermörder (Peter Lorre), der schließlich von der Unterwelt der Stadt gejagt wird, zählt zu den Highlights des deutschen Films und der Filmgeschichte schlechthin: ein gelungener Übergang zwischen Stumm- und Tonfilm, zugleich das Porträt einer dunklen Stadt und einer noch dunkleren Zeit.	*Regie:* Fritz Lang *Darsteller:* Peter Lorre, Gustav Gründgens *Jahr:* 1931, *FSK:* ab 16
Metropolis Dieser **Science-Fiction-Stummfilm** von Fritz Lang prägte das Genre, das im Grunde erst Jahrzehnte später entstand, vor allem durch die bedrückend monumentale Darstellung der Stadt der Zukunft. Auch die Figur des humanoiden Roboters, der hier zum Idol der unterdrückten Menschen im Aufstand gegen die Mogule der Stadt wird, lebt bis in unsere Zeit fort: man denke an den *Terminator*, C3PO aus *Star Wars*, Data aus *Star Trek* oder die Forschungen, die z.B. das MIT betreibt.	*Regie:* Fritz Lang *Darsteller:* Gustav Fröhlich, Brigitte Helm *Jahr:* 1927, *FSK:* ab 16
Moby Dick Die Verfilmung des Klassikers von Herman Melville durch John Huston gilt als Meisterwerk: Gregory Peck spielt das **Drama** des Kapitän Ahab, der den Weißen Wal jagt, um endlich Rache für den Schaden an Bein und Seele zu nehmen... Patrick Stewarts Darstellung des Ahab (im Remake von 1999) und sein ins Leere gehender Blick in Ehren, aber Hustons Film vermittelt den Wahnsinn des Menschen im Kampf gegen die Natur noch überzeugender... Wer Ray Bradburys *Green Shadows, White Whale* gelesen hat (er schrieb das Drehbuch für Huston und kam zu den Dreharbeiten nach Irland), ahnt, warum...	*Regie:* John Huston *Darsteller:* Gregory Peck, Richard Basehart *Jahr:* 1956, *FSK:* ab 12
Modern Times (Moderne Zeiten) Eine zugleich komische und bedrückende **Satire** über den Menschen im Kampf gegen das Industriezeitalter. Charlie Chaplins letzter Film, in dem nicht gesprochen wird (es gibt nur Hintergrundgeräusche), zeigt ihn in einer der bekanntesten Filmsequenzen: Er wird hilflos zappelnd und hantierend durch das Räderwerk einer gigantischen Maschine gereicht.	*Regie:* Charlie Chaplin *Darsteller:* Charlie Chaplin *Jahr:* 1936, *FSK:* ab 6
Murder on the Orient-Express (Mord im Orient-Express) Klassische Verfilmung des Christie-**Krimis** mit bestechender Besetzung und Atmosphäre: Sir Albert Finney kommt als Hercules Poirot dem geheimnisvollen Kimono auf die Spur, den er in der Nacht des Mordes sah.	*Regie:* Sidney Lumet *Darsteller:* Albert Finney, Sean Connery *Jahr:* 1974, *FSK:* ab 12
Much Ado About Nothing (Viel Lärm um nichts) Eine weitere gelungene Shakespeare-Verfilmung von Kenneth Branagh: Die **Komödie** besticht sowohl durch die Darstellung als auch durch die stimmige Atmosphäre, in der Witz, vor allem aber Liebe und Intrige so gut gedeihen.	*Regie:* Kenneth Branagh *Darsteller:* Emma Thompson, Kenneth Branagh *Jahr:* 1993, *FSK:* ab 6

Night on Earth Interessanter, **komödienhafter Episodenfilm** über fünf Taxifahrten, die zur gleichen Zeit in Los Angeles, New York, Paris, Rom und Helsinki stattfinden. In der eigentümlich intimen Atmosphäre des Taxis überlagern sich plötzlich die Lebenskreise gänzlich unterschiedlicher Menschen – und erhellen einander. Unvergesslich: Roberto Benigni als Chauffeur eines geistlichen Würdenträgers und Armin-Müller Stahl als Helmut, der sich in New York noch nicht so gut auskennt...	*Regie:* Jim Jarmusch *Darsteller:* A. Müller-Stahl, Roberto Benigni *Jahr:* 1991, *FSK:* ab 16
Nineteen Eighty-Four Diese gelungene **Verfilmung** des Romans von George Orwell überzeugt durch die Darsteller und die passend getroffene Atmosphäre. Ein Einsatz empfiehlt sich im Englischunterricht im Anschluss an die Lektüre des Romans; der Film kann aber auch unabhängig vom Buch gezeigt werden.	*Regie:* Michael Radford *Darsteller:* John Hurt, Richard Burton *Jahr:* 1984, *FSK:* ab 16
North by Northwest (Der unsichtbare Dritte) Einer der anerkanntesten **Thriller** Alfred Hitchcocks mit einem brillanten Gary Crant als Roger O. Thornhill, der fälschlicherweise für einen Agenten gehalten wird und ins Kreuzfeuer feindlicher Spione gerät. Am Schluss, auf dem Höhepunkt der Spannung, kommt es in den Gesichtern der amerikanischen Präsidenten am Mt. Rushmore zu einem der berühmtesten Showdowns der Filmgeschichte. – Hitchcocks Meisterwerk (nicht sein einziges) ist für die Filmanalyse sehr gut geeignet, insbesondere mit Blick auf Kameraarbeit und Bildkomposition.	*Regie:* Alfred Hitchcock *Darsteller:* Gary Crant, Eva Marie Saint, James Mason *Jahr:* 1959, *FSK:* ab 12
Once Upon a Time in the West (Spiel mir das Lied vom Tod) Legendärer Leone-**Western** um den Kampf einer Frau (Claudia Cardinale), deren Mann von den Killern eines Eisenbahn-Moguls ermordet wurde und die nun um ihr Land kämpfen muss. Dem ultimativen Killer (Fonda) tritt ein mysteriöser Mundharmonikaspieler (Bronson) entgegen... – Für viele der beste Film seines Genres sowie ein irritierender Blick auf den "American Dream".	*Regie:* Sergio Leone *Darsteller:* Henry Fonda, Charles Bronson *Jahr:* 1969, *FSK:* ab 16
Paths of Glory (Wege zum Ruhm) Dieser **Antikriegsfilm** ist ein Frühwerk Kubricks. Die schonungslose Darstellung der Schützengrabengefechte des 1. Weltkriegs wird nur von *Saving Private Ryan* übertroffen, zeigt aber nicht annähernd so viel Blut. Die Kunst dieses Films liegt darin, den Wahnsinn des Krieges *außerhalb* der Schlacht zu zeigen und die Unmenschlichkeit so weit zu treiben, dass man das Gesehene für übertrieben halten will – ohne dass der Film die heilsame Flucht zulässt. Colonel Dax (Douglas) wird von seinem vorgesetzten und karrierebesessenen General gezwungen, einen aussichtslosen Angriff auf den bislang uneinnehmbaren Ant Hill zu führen. Als die Truppen scheitern, werden drei per Los bestimmte Soldaten als Sündenböcke vor ein Kriegsgericht gestellt. Dax verteidigt seine Männer, um sie vor dem unausweichlichen Urteil zu bewahren... Die Schlussszene, in der ein deutsches Mädchen (Kubricks spätere Ehefrau Christiane) die demoralisierten Soldaten und den Zuschauer durch ein Lied zu Tränen rührt, gilt vielen zurecht als eine der emotionalsten Szenen der Filmgeschichte.	*Regie:* Stanley Kubrick *Darsteller:* Kirk Douglas, George Macready *Jahr:* 1957, *FSK:* ab 12

Platoon Oliver Stones viel beachteter **Antikriegsfilm** bearbeitet wie viele seiner Produkte ein amerikanisches Trauma: Vietnam. Der junge Soldat Taylor (Sheen) lernt die Brutalität des Kriegs nicht nur im Gefecht kennen, sondern auch durch die eigenen Kameraden, die bei der Durchsuchung eines vietnamesischen Dorfes ein Blutbad anrichten. Als Seargant Elias (Dafoe), der den Übeltäter vor ein Kriegsgericht bringen wollte, ermordet wird, erfährt Taylor am eigenen Leib, was der Krieg aus den Menschen macht: hilflose Kreaturen auf der Suche nach Überleben und Vergeltung...	*Regie:* Oliver Stone *Darsteller:* Charlie Sheen, Tom Berenger, Willem Dafoe *Jahr:* 1986, *FSK:* ab 18
Psycho Der wohl populärste **Psychothriller** gab dem Genre seinen Namen. Obwohl die Geschichte um Norman Bates eher auf vordergründige Spannung als auf subtilen Schrecken baut, gehört der Film allein aufgrund der kompositorischen Kunst Hitchcocks in eine Sequenz über das Genre. Wenn Janet Leigh schon nach dem ersten Drittel des Films unter der Dusche ermordet wird, kommt es nicht nur zum schockierend frühen Tod eines Filmstars: 70 Schnitte in 45 Sekunden und die sich aus der Pupille der Toten herauswindende Kamera schufen den berühmtesten Filmtod und die vielleicht bekannteste Filmszene überhaupt. Dennoch liegt in Bates' Motel mehr verborgen, als einem lieb sein kann... – Gus van Sants Remake (1998) verlieh dem Film Farbe und neue Gesichter, aber keine neue Dimension, im Gegenteil: Es ist völlig überflüssig.	*Regie:* Alfred Hitchcock *Darsteller:* Anthony Perkins, Janet Leigh *Jahr:* 1960, *FSK:* ab 16
Pulp Fiction Die Aufregung um die angeblich neue Erzähltechnik dieses **episodischen Gangsterfilms** ohne lineare Chronologie hat sich längst wieder gelegt; was erneut beweist, dass nicht alles, was anders ist oder vor den Kopf stößt, wirklich etwas verändert. Verändern wollte Tarantino vielleicht auch gar nichts, eher die Topoi des Gangster- und Kriminalfilms aufkochen zu einer Pulpe, die über den Rand des Genres kocht: Ein Gangsterpärchen, das gerne wie Bonnie und Clyde sein möchte, diskutiert, ob man nun Schnapsläden oder Coffee Shops überfallen soll; zwei Killer müssen unterschlagenes Geld wieder eintreiben, was ihnen gelingt, aber dann erschießen sie den Informanten, dessen Blut ihnen das Auto besudelt; einer der beiden muss den Abend auf möglichst unverfängliche Weise mit der Frau des Bosses verbringen, diese bringt sich ins Drogenkoma; ein Boxer gewinnt seinen Kampf, obwohl er verlieren soll, gerät aber auf der Flucht in einen Gewissenskonflikt. Das Weiterspinnen konventioneller Erzählfäden und die dabei entstehende Verwirrung, aber auch die Selbstverständlichkeit der verübten Gewalt soll belustigen. Ob diese "Komik des coolen Killens" den Zuschauer allerdings wirklich auf Distanz halten kann, muss bezweifelt werden.	*Regie:* Quentin Tarantino *Darsteller:* Samuel L. Jackson, Uma Thurman, Bruce Willis *Jahr:* 1994, *FSK:* ab 16

Rain Man Dieser stimmungsvolle Film erzählt die Geschichte zweier ungleicher Brüder: Charlie, der coole Autohändler, rechnet mit der Erbschaft seines Vaters und muss erfahren, dass jemand anders das Geld geerbt hat; erst jetzt erfährt er von seinem älteren, autistischen Bruder Raymond. Er entführt ihn aus der Pflegeanstalt, um das Testament des Vaters anzufechten; im Verlauf der gemeinsamen Reise lernt er aber, wenn auch widerwillig, die Krankheit kennen und seinen Bruder lieben. Eine überzeugende Charakterstudie in schönen Bildern, durchaus für den Unterricht geeignet.	*Regie:* Barry Levinson *Darsteller:* Dustin Hoffman, Tom Cruise *Jahr:* 1988, *FSK:* ab 12
Rambo – First Blood Der erste Film der *Rambo*-Reihe ist mehr Beachtung wert, als man glauben mag. Zwar konzentriert sich schon hier die Geschichte auf die Action, doch ist die Gewalt des John Rambo nur der Reflex eines durch die Armee und Vietnam zerstörten Mannes, der die physische und psychische Gewalt, mit der ihn seine Heimat abstoßen will wie eine lästige Erinnerung, nicht mehr ertragen kann. Dass er mit Zerstörung antwortet, ist hier (noch) kein Selbstzweck eines Gewalt verherrlichenden Actionkinos, sondern logische Konsequenz einer Vergangenheit, die vergessen werden soll.	*Regie:* Ted Kotcheff *Darsteller:* Sylvester Stallone, Richard Crenna *Jahr:* 1982, *FSK:* ab 16
Remains of the Day (Was vom Tage übrigblieb) Den gleichnamigen Roman von Kazuo Ishiguro verfilmte James Ivory mit herausragenden Darstellern, in wundervoll atmosphärischen Bildern und Klangteppichen. Der Film erzählt im Rückblick das **Drama** des Butlers Mr. Stevens (Hopkins), der in selbstvergessener Pflichterfüllung Lord Darlington dient und seine Gefühle, vor allem jene für die Hauswirtschafterin Miss Kenton (Thompson) unterdrückt. Es macht ihm das Leben leichter, so lange es dauert, und irgendwann ist es für Reue zu spät: Der liebenswerte, aber naive Hausherr sympathisiert mit den Nazis (aus Mitleid mit dem durch Versailles geknebelten Deutschland) und stirbt schließlich vereinsamt; und Miss Kenton stürzt sich in die Arme eines anderen Mannes... So flüchtet Stevens durch die Abschottung gegen jede Emotion nicht nur vor den Risiken des Lebens, sondern auch vor seinen Chancen – und damit vor dem Leben selbst.	*Regie:* James Ivory *Darsteller:* Anthony Hopkins, Emma Thompson, Christopher Reeve *Jahr:* 1993, *FSK:* ab 6
Rio Bravo Einer der populärsten **Western**, der als Vorbild für weitere Filme, nicht zuletzt für Hawks' eigene Filme *El Dorado* (s.o.) und *Rio Lobo*. Sheriff Chance muss die Befreiung eines inhaftierten Mörders verhindern. Dabei hat er drei Deputys an seiner Seite: einen Trinker, ein schießwütiges Babyface und einen Krüppel...	*Regie:* Howard Hawks *Darsteller:* John Wayne, Dean Martin *Jahr:* 1959, *FSK:* ab 12
Rosemary's Baby In Polanskis berühmtem **Horrorthriller** zieht die junge Rosemary mit ihrem Mann, einem erfolglosen Schauspieler, nach New York. Dort macht man die Bekanntschaft eines schrulligen Rentnerpärchens, und bald stellt sich für Guy der Erfolg und für Rosemary die Schwangerschaft ein, die allerdings zum Alptraum wird. Sie ahnt nicht, warum: Sie soll das Kind des Teufel zur Welt bringen.	*Regie:* Roman Polanski *Darsteller:* Mia Farrow, John Cassavetes *Jahr:* 1968, *FSK:* ab 16

Saving Private Ryan (Der Soldat James Ryan)	
Wenn Spielberg für diesen **Kriegsfilm** einen Oscar® verdient hat, dann nur für die wohl authentischste Darstellung der Invasion: 24 Minuten lang zeigt der Film die Landung der Alliierten am Omaha Beach in einem grausamen Realismus, der über alles hinausgeht, was man bisher gesehen hat und ertragen möchte. Über alles Weitere bleibt festzuhalten, dass Tom Hanks keinen guten Plot ersetzen kann und nur davon ablenkt, dass unsere Hauptfigur im Grunde der furchtsame Corporal Upham ist. Am Ende folgt der durchlebten Panik eine große Leere und die Frage, ob man noch Nerven, Gedanken und Gefühle hat, die sich sortieren ließen, oder ob auch diese im Kugelhagel hinweggerissen wurden.	*Regie:* Steven Spielberg *Darsteller:* Tom Hanks, Matt Damon *Jahr:* 1998, *FSK:* ab 16
Schindler's List (Schindlers Liste)	*Regie:* Steven Spielberg
Das **Holocaust-Drama** um den deutschen Fabrikanten Oskar Schindler, der vom Kriegsgewinnler zum Retter von mehr als eintausend Juden wurde, brachte Spielberg den ersehnten Oscar® ein. Der Film überzeugt durch seine formale Qualität, das Bemühen um größtmögliche Authentizität und die sorgfältige Zeichnung der Hauptfigur.	*Darsteller:* Liam Neeson, Ben Kingsley *Jahr:* 1993, *FSK:* ab 12
Scream	
Wes Craven trat mit *Scream* die Wiederbelebung eines Filmtypus los, den er etwa zwanzig Jahre zuvor mitbegründet hatte: den **Teenie-Horrorfilm**, der sich wenig subtil auf die Flucht der Opfer vor dem Psychopathen konzentriert. Insbesondere der erste Film der *Scream*-Reihe ist jedoch insofern originell, als er mit Filmreihen wie *Halloween*, *Freitag der 13.* und Cravens eigener *Nightmare on Elm Street*-Serie spielt, also das Genre selbst zum Thema macht **Scream** (Fortsetzung) und parodiert. – Die Story scheint simpel: In einer amerikanischen Kleinstadt kommt es zu brutalen Morden an High School-Schülerinnen, verübt durch einen Täter in schwarzer Kutte und weißer Todesmaske. Schon bald erkennen die jugendlichen Protagonisten, dass der Täter nach Mustern vorgeht, die sie selbst nur allzu gut kennen: Seine Tötungsakte sind Kopien bekannter Filmmorde aus den Klassikern des Horrorfilms, die einige von ihnen in- und auswendig kennen... – Der Film macht die Konventionen des Genres bewusst, nur um sie selbst – in eigenwilliger Variation – wieder zu verwenden. So hält *Scream* seinen Zuschauern den Spiegel vor: So gefährlich wie die Faszination der Täter ist die Begeisterung des Zuschauers, der sich von diesem Film faszinieren lässt. Dass Craven seinem Publikum damit einen Vorwurf machen will, ist nicht anzunehmen.	*Regie:* Wes Craven *Darsteller:* Neve Campbell, David Arquette *Jahr:* 1996, *FSK:* ab 18
Sense and Sensibility	*Regie:* Ang Lee
Hochgelobtes und stimmungsvoll in Szene gesetztes **Drama** nach der Romanvorlage von Jane Austen: Zwei grundverschiedene Schwestern bemühen sich, vom Stiefbruder aus dem Erbhaus des Vaters verwiesen, den Mann fürs Leben, d.h. vor allem eine neue Existenz zu finden. Roman wie Film liefern überzeugende Porträts zweier Frauen und einer für Frauen schwierigen Zeit.	*Darsteller:* Emma Thompson, Kate Winslet, Hugh Grant *Jahr:* 1995, *FSK:* ab 6

Shakespeare in Love Die nach einem Drehbuch von Tom Stoppard und Marc Norman verfilmte **Tragikomödie** um den jüngeren William Shakespeare, dem Geld und die Eingaben der Muse fehlen, eignet sich als seichte Einstimmung in die obligatorische Sequenz über das elisabethanische Drama im Englischkurs. Es ist recht amüsant anzusehen, wie eine Romanze die poetische Ader des Genies wieder ans Fließen bringt. Damit man nicht vergisst, dass Shakespeare auch ein großer Tragödienschreiber war, ist die Angebetete allerdings einem anderen versprochen... – In der "International Movie Database" (www.imdb.com) findet sich ein netter Kommentar zur Ursache der Begeisterung über diesen Film: "Hey they speak in English accents, it must be sophisticated!"	*Regie:* John Madden *Darsteller:* Gwyneth Paltrow, Joseph Fiennes *Jahr:* 1998, *FSK:* ab 6
Shawshank Redemption Stephen Kings Novellensammlung *Different Seasons* lieferte schon Stoff für drei Filme, von denen zwei als außerordentlich gelten: Rob Reiners *Stand by me* (s.u.) und Frank Darabonts *Shawshank Redemption*. In diesem Gefängnisdrama geht es um den wegen angeblichen Mordes an seiner Frau zu lebenslanger Haft verurteilten Andy Dufresne, der allen Härten seines reduzierten Lebens zum Trotz eines nie aufgibt: die Hoffnung und den Ehrgeiz auf die Freiheit jenseits der Mauern. – Darabont inszenierte übrigens auch Kings zweites Gefängnisdrama *The Green Mile* mit Tom Hanks in der Hauptrolle (s.u.).	*Regie:* Frank Darabont *Darsteller:* Tim Robbins, Morgan Freeman *Jahr:* 1994, *FSK:* ab 12
Shichinin no samurai (Die Sieben Samurai) Akira Kurosawas Meisterwerk erzählt in brillanter Struktur und Formgebung das **actiongeladene Drama**, das *The Magnificent Seven* (s.u.) in den Wilden Westen transportiert: Sieben Ronin (Samurai ohne Dienstherrn) werden von den Bewohnern eines Dorfes angeheuert, um dieses vor den immer wiederkehrenden Übergriffen durch Banditen zu beschützen. Auch wenn der Höhepunkt die finale und furios choreographierte Schlacht mit den Banditen ist, so widmet sich der Film vor allem der Kaste der Samurai und der Zeichnung ihrer Charaktere.	*Regie:* Akira Kurosawa *Darsteller:* Takashi Shimura, Kikuchiyo *Jahr:* 1954, *FSK:* ab 16
Sneakers (Sneakers – Die Lautlosen) Diese intelligente Mischung aus **Thriller** und **Komödie** ist ein eher leiser Hit geblieben, was zur Inszenierung passt: keine rasanten Actionszenen, sondern wohl komponierte Bilder, pfiffige Dialoge, herausragende Darsteller und die schöne Musik von Branford Marsalis. Der Plot: Martin hackte sich schon als Student in Bankencomputer, um das Geld der Reichen an die Armen zu verschieben, bis er Pizza holen ging und sein Freund Cosmo geschnappt wurde – und später im Gefängnis starb. Heute leitet Martin ein kleines Team von Spezialisten, das Sicherheitssysteme testet. Doch als ihn zwei Agenten auf einen geheimnisvollen "schwarzen Kasten" ansetzen, der Verschlüsselungen knacken kann, holt ihn die Vergangenheit wieder ein... – Gut geeignet für den Englischunterricht, z.B. als motivierender Einstieg in eine Reihe über Informationstechnologie.	*Regie:* Phil A. Robinson *Darsteller:* Robert Redford, Sidney Poitier, Ben Kingsley *Jahr:* 1992, *FSK:* ab 12

Snow White and the Seven Dwarfs (Schneewittchen und die sieben Zwerge) Ein echter Meilenstein der Filmgeschichte: Walt Disneys **Zeichentrickklassiker** war der erste animierte Film in Spielfilmlänge, wurde 1939 mit einem speziellen Oscar® ausgezeichnet (einer großen Figur und sieben kleinen) und übertrifft noch immer vieler seiner mit Hilfe des Computers generierten Nachkommen. *"Heigh-Ho, heigh-Ho, and off to work we go..."*	*Produzent/Studio:* Walt Disney *Jahr:* 1937, *FSK:* frei
Some Like It Hot (Manche mögen's heiß) Eine der bekanntesten **Filmkomödien**, hauptsächlich aufgrund der Mitwirkung Marilyn Monroes. Zwei arbeitslose Musiker werden ungewollt Zeugen eines Massenmordes unter Gangstern und tauchen in einer Frauenband unter – entsprechend verkleidet, versteht sich.	*Regie:* Billy Wilder *Darsteller:* Tony Curtis, Marilyn Monroe *Jahr:* 1959, *FSK:* ab 16
Sophie Scholl – Die letzten Tage Marc Rothemunds vielfach ausgezeichneter und von der Kritik hoch gelobter Film um die letzten Tage der Sophie Scholl eignet sich in Inhalt und Form wesentlich besser für eine Besprechung im Geschichts- oder Deutschunterricht als Olivers Hirschbiegels umstrittener und in der Wirkung nicht unproblematischer Film *Der Untergang* (siehe hierzu Kapitel 4.6.1).	*Regie:* Marc Rothemund *Darsteller:* Julia Jentsch, Fabian Hinrichs *Jahr:* 2005, *FSK:* ab 12
Spartacus Kubricks erster großer Film war eine Auftragsarbeit, die ihm nicht viel Einfluss ließ und von der er sich später gern distanzierte; immerhin entstand mit *Spartacus*, der Geschichte des Sklaven, der sich gegen Rom erhebt und wie ein Vorläufer Christi wirkt, einer der bislang aufwendigsten und erfolgreichsten **Historienfilme**. Dem Film fehlt gewiss das, was die späteren Werke des Regisseurs auszeichnet: eine spezifische Vision über die Welt und die Natur des Menschen. Dennoch ist dies kein simpler Sandalenfilm, sondern eines der besseren Exemplare seiner Gattung.	*Regie:* Stanley Kubrick *Darsteller:* Kirk Douglas, Laurence Olivier, Peter Ustinov *Jahr:* 1960, *FSK:* ab 16
Stand by me Die erste **Verfilmung** einer der vier Novellen aus Stephen Kings Sammlung *Different Seasons* war die erste gelungene Adaption eines King-Stoffs überhaupt (sieht man von *The Shining* ab, der mehr Kubrick als King ist) – vielleicht, weil es hier gar nicht um übernatürliche Schrecken geht. *Stand by me* ist ein Film über die Kindheit, ihre Wunder und Schrecken, vor allem über ihre Begrenztheit: Vier Jungen brechen auf, um einen vermissten Altersgenossen zu finden, der vermutlich in den sommerlichen Wäldern Maines zu Tode gekommen ist. Zumindest zwei von ihnen begreifen schließlich, was sie am Ende ihrer Reise gefunden haben: die Grenze ihres eigenen Lebens.	*Regie:* Rob Reiner *Darsteller:* Wil Wheaton, River Phoenix *Jahr:* 1986, *FSK:* ab 6

Star Trek

Aus der Idee Gene Roddenberrys wurde ein ganzes Universum: Alles begann mit der heute als *The Original Series* bezeichneten TV-Serie (abgekürzt: TOS, 1966-69), die bei der Erstausstrahlung nicht eben erfolgreich war, aber durch Wiederholungen im US-Kabelfernsehen bald Kultstatus erreichte. Nachdem Roddenberry die beliebte **Science-Fiction**-Reihe um Captain Kirk (William Shatner) durch den ersten Kinofilm *Star Trek: The Motion Picture* 1979 wiederbelebt hatte, folgten fünf weitere Filme mit der ersten Crew der Enterprise: *ST 2: The Wrath of Khan* (1982), *ST 3: The Search for Spock* (1984), *ST 4: The Voyage Home* (1986), *ST 5: The Final Frontier* (1989) und *ST 6: The Undiscovered Country* (1991), der als besonders gelungenes Beispiel hervorzuheben ist (siehe Kapitel 4.5.2).

Das Altern seiner Stars vor Augen, startete Roddenberry derweil 1987 den Fernsehnachfolger, die populärste und inhaltlich bisher unerreichte Serie **ST: The Next Generation** (TNG, 1987-1994). Die Episoden der insgesamt sieben Staffeln muten nicht mehr wie in den Weltraum verlagerte Wildwest-Geschichten an, sondern behandeln Themen wie Kommunikation, Aggression, Vorurteile und den ethischen Umgang mit künstlicher Intelligenz und artifiziellen Lebensformen. Weniger engagierte Folgen sind einfach spannend oder widmen sich auf rührende oder komische Weise den Figuren, die eine breite Identifikationsfläche bieten. Grundthema von *TNG* ist und bleibt aber die Toleranz gegenüber dem Anderen auf dem Weg zu Verständigung, gegenseitigem Verstehen und friedlichem Miteinander. Die Inhalte, die überzeugende Inszenierung und nicht zuletzt die schauspielerische Leistung qualifizieren zahlreiche Episoden dieser Serie für den Einsatz im Englischunterricht (siehe Kapitel 4.5.1 und 4.6.9).

Im siebten Kinofilm *ST 7: Generations* (1994) übernahm die Crew um Captain Picard auch das Kinoruder und bekämpfte in der vielleicht spektakulärsten Fortsetzung *ST 8: First Contact* (1996) die Borg: menschenähnliche kybernetische Wesen, der halb Fleisch, halb Maschine gewordene Alptraum des Menschen auf dem Weg ins Zeitalter der Künstlichen Intelligenz. Auf *ST 9: Insurrection* (1998), eine bloß mit den Konventionen der Reihe spielende Variante, folgte der ebenfalls enttäusche (vorläufige ?) Abschluss *ST 10: Nemesis (2002)*. "All good things must end", so lautete schon der Titel der letzten TV-Folge…

Als das Ende von *TNG* im Fernsehen nahte, hoben die "Erben" des 1991 verstorbenen Gene Roddenberry, die Produzenten Rick Berman und Michael Piller, **Deep Space Nine** aus der Taufe (DS9, 1993-1999): eine zu TNG parallel laufende Reihe über die Geschicke einer Raumstation an prekärer Stelle im All. Auch hier bemühte man sich um *political correctness*, konnte aber den Fesseln des Konzepts einer Raumstation, die nun einmal nirgendwo hinfliegen kann, um Abenteuer zu erleben, nur selten entfliehen. In den letzten drei von insgesamt sieben Staffeln verlegte man sich daher auf die Inszenierung von Weltraumschlachten, die zwar technisch

Regie/Idee:
Gene Roddenberry

Ausführende Produzenten:
Rick Berman,
Michael Piller,
Jeri Taylor

Darsteller:
William Shatner,
Leonard Nimoy,
Patrick Stewart,
Brent Spiner,
Avery Brooks,
Colm Meany,
Kate Mulgrew,
Robert Picardo

Star Trek (Fortsetzung)

beeindruckten, aber den Charakter der *Star Trek*-Idee ans Messer lieferten.

Auch der vierte Ableger, **Star Trek Voyager** (STV, 1995-2001), krankt nicht nur am Konzept: Der nicht unbedingt auf Logik fixierte Trekkie mag verzeihen, dass das in einen anderen Quadranten der Galaxie geschleuderte Schiff, das mehr als siebzig Jahre für die Rückkehr zur Erde brauchen wird, auch nach fünfjähriger Reise unverändert durch unbekanntes Gebiet und Feindesland saust. Die selten überzeugenden Drehbücher sowie die einer tieferen Regung und Wandlung unfähigen Figuren scheinen jedoch kaum geeignet, das *Star Trek*-Franchise mittelfristig am Leben halten zu können. Die fünfte und bisher letzte Serie, schlicht **Enterprise** genannt und vor allen bisherigen Serien und Filmen angesiedelt, wurde bereits nach der 4. Staffel eingestellt – die Quote stimmte nicht mehr.

Star Wars

Die Reihe der *Star Wars*-Filme ist ein Musterbeispiel des populären Films, was viele Kritiker ihr nicht verzeihen können. Schon vor der Veröffentlichung des ersten von bislang vier Filmen (der fünfte kommt wohl 2002 in die Kinos) schüttelten Freunde des Produzenten und Teilzeitregisseurs George Lucas mitleidig den Kopf. Heute bemitleiden sie nur noch sich selber: Alle *Star Wars*-Filme liegen in der Bestenliste der Filmgeschichte ganz vorne.

Zahlen allein freilich machen die Filme der Reihe nicht zum künstlerisch wertvollen Produkt, wohl aber zu einem durchaus lohnenswerten Untersuchungsgegenstand. Warum dieser Erfolg ? Eine Antwort liefert der Katalog der Ausstellung "Star Wars – The Magic of Myth", die 1997/98 im Smithsonian National Air and Space Museum in Washington stattfand: Zwar müssen sich Figuren wie *Harry Potter* und sein Gegenspieler, der böse Zauberer Voldemort, heute als Abziehbilder von Luke Skywalker und Darth Vader lesen lassen; doch gehen auch Lucas' Figuren, ihre Konstellation und ihr Weg durch die Heldengeschichte auf bekannte Erzählungen und bewährte Erzählmuster zurück. Und da ein leicht verdaulicher Weg zu sonst verschüttetem Kulturwissen nicht der schlechteste ist, lohnt eine Beschäftigung mit dem Phänomen auch im Unterricht.

Die zwischen 1977 und 1983 entstandenen drei Filme, die das aus Mythen komponierte *Star Wars*-Universum selbst zum Mythos machten, erhielten die Episodennummern 4-6. Lucas hatte zugesagt, die Episoden 1-3 nachliefern zu wollen, und 1999 war es soweit: Episode 1 mit dem Titel *The Phantom Menace (Die Dunkle Bedrohung)* kam in die Kinos, der Logik der Episodennummern folgend als Prequel, d.h. mit den ursprünglich gedrehten Filmen vorgeschalteter Handlung. Der neue Film enttäuschte die Kritiker und manche Fans, wurde aber hinter *Titanic* zum zweiterfolgreichsten Film aller Zeiten. Tatsächlich ist der Streifen knallbunt inszeniert und unterfordert jene Darsteller, die nicht aus dem Effektstudio stammen: Die Grenze zwischen Kinofilm und Computerspiel verschwämme gänzlich, könnte man bloß noch in die Handlung eingreifen und ihr mehr Dynamik verleihen.

Regie/Produzent: George Lucas

Darsteller: Mark Hamill, Alec Guinness, Harrison Ford, Carrie Fisher, Liam Neeson, Ewan McGregor, Natalie Portman

Jahr: 1977, 1980, 1983, 1999, 2002, 2005, *FSK:* ab 12 (Episode 2-6)/ab 6 (Episode 1)

Star Wars (Fortsetzung)	
Das Problem liegt auf der Hand: Jeder Zuschauer weiß, dass der Held der drei neuen Filme, der kleine Anakin Skywalker, nicht sterben kann, weil er in den alten, in der Chronologie später liegenden Filmen der große Bösewicht Darth Vader ist. Es geht also nur darum zu zeigen, *warum* er zum Fiesling mutierte, was dramaturgisch gesehen deshalb von Nachteil ist, weil der Fan des Mainstream-Films an solchen Neugierfragen kein besonders großes Interesse hat (siehe Kapitel 2.7.2). Trotzdem wurden auch die Episoden 2 (2002) und 3 (2005) zu großen Kinoerfolgen. Möge die Macht mit uns sein...	
Taxi Driver	*Regie:* Martin Scorcese
Das **Drama** dieses Taxifahrers, eines Army-Veteranen, ist Scorceses Beitrag über die Traumata des Amerikaners Mitte der Siebziger: Vietnam, Watergate und die Einsamkeit im Moloch der Großstadt. Der Ausweg des Travis Bickle (de Niro) führt über die Gewalt. Einer der wichtigeren Filme, dessen Behandlung in der Schule jedoch schwer fallen dürfte.	*Darsteller:* Robert De Niro, Jodie Foster *Jahr:* 1976, *FSK:* ab 16
The Terminator	
Der Mensch schafft die Apokalypse: Das Computernetzwerk der USA macht sich selbstständig und entfacht den Atomkrieg, aus dessen Trümmern der Kampf der unterdrückten Menschen gegen die Maschinen entsteht. Um diese Entwicklung zu verhindern, kommt schon im ersten Teil der *Terminator*-Reihe ein Retter aus jener düsteren Zukunft. Er tritt gegen einen wortkargen Kampfroboter an (Schwarzeneggers Paraderolle), der ebenfalls aus der Zukunft gekommen ist, um den zukünftigen Menschenführer John Connor zu töten. – Im zweiten Teil kommen wieder ein Attentäter und ein Beschützer mit dem gleichen Ziel, aber vertauschten Rollen aus der Zukunft: Diesmal ist Schwarzenegger der Beschützer, und sein Gegner kein Titanskelett mit Gummiüberzug, sondern ein Überwesen aus silberner Legierung, das jede Form annehmen kann, die es jemals berührt hat – Anlass für atemberaubende Trickeffekte und Stoff für einen der populärsten Filme überhaupt.	*Regie:* James Cameron *Darsteller:* Arnold Schwarzenegger, Edward Furlong, Linda Hamilton *Jahr:* 1991, *FSK:* ab 16
The Big Sleep (Tote schlafen fest)	*Regie:* Howard Hawks
Ein Film Noir aus Hollywood muss auf einem Werk Hammetts oder Chandlers basieren und Bogart in der Rolle des harten Detektivs zeigen, der aller Schlechtigkeit der Welt, die den verderbten Kriminalfall gebiert, den eigenen Zynismus entgegenhält – und beinahe so etwas wie sein Herz entdeckt. Diese klassische Literaturverfilmung verdankt sich einem der größten Kriminalautoren, einem der größten Regisseure und zwei der größten Schauspieler.	*Darsteller:* Humphrey Bogart, Lauren Bacall *Jahr:* 1946, *FSK:* ab 16
The Birds (Die Vögel)	*Regie:* Alfred Hitchcock
In diesem **Thriller** Hitchcock sind nicht die Menschen die Psychopathen, sondern die Vögel, die aus heiterem Himmel über den friedlichen Ort Bodega Bay herfallen. Der Mensch als Opfer der Natur, die sich ohne logische Ursache gegen ihn wendet: Aus diesem Schrecken und der zielsicheren Inszenierung ergibt sich die besondere Spannung dieses Films, der auf einer Erzählung von Daphne du Maurier basiert.	*Darsteller:* Tippi Hedren, Rod Taylor *Jahr:* 1963, *FSK:* ab 16

The Bridge on the River Kwai (Die Brücke am Kwai)	*Regie:* David Lean
Dieses **Kriegsdrama** ist in erster Linie eine beeindruckende Charakterstudie: Das Schicksal britischer Kriegsgefangener in einem japanischen Gefangenenlager scheint eine Wendung zu nehmen, als ihr Colonel sich darauf einlässt, für den japanischen Offizier Saito eine Brücke über den Kwai zu bauen. Das Unternehmen bietet eine Chance, dem Leben wieder einen ordnenden Sinn zu geben, läuft aber den eigenen militärischen Interessen zuwider – weshalb einige Gefangene ihren Colonel und sein unerbittlich verfolgtes Vorhaben stoppen wollen.	*Darsteller:* Alec Guinness, William Holden *Jahr:* 1957, *FSK:* ab 12
The Court Jester (Der Hofnarr)	*Regie:* Melvin Frank
Eine unterhaltsame **Komödie** mit dem unnachahmlichen Danny Kaye, insgesamt bestechender Besetzung und einer Unmenge an Wortwitz in Dialog und Gesang – der sich sogar noch in der deutschen Fassung wiederfindet.	*Darsteller:* Danny Kaye, Angela Lansbury *Jahr:* 1956, *FSK:* ab 6
The Exorcist (Der Exorzist)	*Regie:* William Friedkin
Das **Horrordrama** um ein vom Teufel besessenes Mädchen, das Father Merrin (von Sydow) durch einen Exorzismus befreien will, ist ein erschreckendes, aber anspruchsvolles Exemplar seiner Gattung. Hier geht es nicht um die blutige Darstellung eines Rituals, sondern um den Kampf zwischen Gut und Böse in den Köpfen der Menschen, der so überzeugend dargestellt wie schockierend inszeniert wird.	*Darsteller:* Max von Sydow, Linda Blair *Jahr:* 1973, *FSK:* ab 18
The Game	
Nicholas van Orton, ein reicher Misanthrop, der alles und jeden kontrolliert und distanziert, nimmt widerwillig das seltsame Geburtstagsgeschenk seines Bruders an: ein Spiel, dessen Zweck darin besteht, genau diesen Zweck herauszufinden. Wie sehr das Spiel, das von einer ominösen High-Tech-Firma inszeniert wird, dem Leben ähnelt, wird van Orton (und manchem Zuschauer) erst am Schluss klar, als ihm alle Kontrolle entglitten ist, er vor den Trümmern seiner alten Identität steht und erkennen muss, dass sie es wert war, zerstört zu werden. – Der mit der Fincher eigenen Ästhetik inszenierte Film wirft nicht nur die Frage nach Rolle und Identität auf. Er macht auch deutlich, wie weit der Zuschauer die Gesetzmäßigkeiten von Logik und Wahrscheinlichkeit aufzugeben bereit ist, wenn die Bilder zu laufen beginnen; und ist im Ganzen durchaus Stoff für den Unterricht.	*Regie:* David Fincher *Darsteller:* Michael Douglas, Sean Penn, Deborah Unger *Jahr:* 1997, *FSK:* ab 12
The Godfather 1-3 (Der Pate 1-3)	*Regie:* F. F. Coppola
Ob *Der Pate*, das **Drama** einer Familie (im wörtlichen wie sizilianischen Sinne), wirklich den 1. Platz in der Rangliste der besten Filme der "International Movie Database" (www.imdb.com) verdient, sei dahingestellt. Es gibt sicher lohnendere Filme, wenn auch wenige, die ähnlich perfekt inszeniert sind. Herausragende Darstellung (vor allem durch Brando als Pate Don Vito Corleone und Pacino als Michael Corleone), bestechende Dialoge und ein makellos konstruierter Plot sichern zumindest dem ersten und zweiten Teil feste Plätze in der Galerie der Meisterwerke.	*Darsteller:* Marlon Brando, Al Pacino, Diane Keaton *Jahr:* 1972, 1974, 1990, *FSK:* ab 16

The Gold Rush (Der Goldrausch) Wenn der Tramp auf der Suche nach dem Gold vor lauter Hunger seinen Schuh zu essen beginnt, ist einer der berühmtesten Momente der Filmgeschichte gekommen. Dieser Einblick in das Leben des anti-heldischen Goldsuchers versinnbildlicht den gesamten Film: das **tragikomische Drama** eines einsamen Menschen, dessen Momente nie gänzlich dunkel oder licht sind... – Ein Glanzlicht des Stummfilms.	*Regie:* Charlie Chaplin *Darsteller:* Charlie Chaplin *Jahr:* 1925, *FSK:* ab 6
The Good, the Bad and the Ugly (Zwei glorreiche Halunken) Leone schloss mit diesem **Western**, dem dritten Teil der *Für eine Handvoll Dollar*-Reihe, seine schonungslos ironisierende Betrachtung des Wildwest-Mythos ab. Drei Halunken, unter ihnen der berühmte Namenlose (Eastwood), jagen hinter einem Goldschatz her – und werden dabei von Leone meisterhaft in Szene gesetzt.	*Regie:* Sergio Leone *Darsteller:* Clint Eastwood, Lee Van Cleef *Jahr:* 1966, *FSK:* ab 16
The Great Dictator (Der große Diktator) Wie Chaplin Hitler sah, stellte er in seinem ersten vollständigen Tonfilm als Adenoid Hynkel, Herrscher von Tomanien, unvergessen dar. Zwar räumte Chaplin später ein, dass er den Film niemals gedreht hätte, wenn er das wahre Ausmaß der Nazi-Verbrechen gekannt hätte. Doch auch wenn ihm das Monster Hitler entgangen ist, darf man diesen Film gewiss nicht übersehen.	*Regie:* Charlie Chaplin *Darsteller:* Charlie Chaplin, Jack Oakie *Jahr:* 1940, *FSK:* ab 6
The Insider (Der Insider) Diesen Film im Englischunterricht der Sekundarstufe II zu behandeln ist gewiss nicht einfach, aber im Grunde ein Muss. Das von Michael Mann inszenierte **Drama** um die Macht der Wirtschaft über Mensch und Medien beruht auf der wahren Geschichte des Chemikers Dr. Jeffrey Wigand (Crowe), der den Tabakkonzern Brown & Williamson verlässt und von TV-Produzent Lowell Bergman (Pacino) dazu gebracht wird, in der berühmten Show "60 Minutes" auszupacken: Sein Arbeitgeber produzierte Zigaretten nicht nur im klaren Bewusstsein, sondern mit der vollen Absicht, den Konsumenten abhängig zu machen. Doch als das Interview mit Wigand aufgezeichnet ist, geht der Kampf um die Wahrheit erst richtig los: Wigands ehemaliger Arbeitgeber nutzt allen Einfluss auf den Sender CBS, um die Ausstrahlung des Interviews zu verhindern und Wigand zu diskreditieren. Schließlich geht es in dem komplex strukturierten Plot um das Schicksal beider Männer: Wigand hat die Wahrheit gesagt und steht vor den Trümmern seiner Existenz; Bergman fühlt sich der Wahrheit verpflichtet und sieht diese Berufung mit Füßen getreten. Der Kampf um die Wahrheit legt offen, wie wenig sie wert ist... – Der Film liefert lohnenswertes Untersuchungsmaterial auf allen Ebenen: Dialoge und Charakterzeichnung, Darstellung, Kameraarbeit sowie Bild- und Tonkomposition erreichen (wie bei Mann nahezu garantiert) eine bestechende und leider selten gewordene Qualität.	*Regie:* Michael Mann *Darsteller:* Russell Crowe, Al Pacino, Chr. Plummer *Jahr:* 1999, *FSK:* ab 12

The Jungle Book (Das Dschungelbuch) Disneys **Zeichentrickklassiker** ist im Vergleich zur literarischen Vorlage ein Leichtgewicht, aber das hat noch niemanden gestört. Wenn Balu der Bär von den "Bare Necessities" singt, die Elefanten Colonel Hathis Marsch schmettern oder King Louie "I wanna be like you" trompetet, steppt der Dschungel. Die Wortspiele der Songtexte sind einmalig, weshalb man sie auch im Englischunterricht (bis in höhere Klassen) genussvoll einsetzen kann.	*Produzent/Studio:* Walt Disney *Jahr:* 1967, *FSK:* ab 6
The Life of Brian (Das Leben des Brian) Man muss nicht verstehen, warum diese überdrehte **Komödie** (oder besser: Nonsensfilm) um Brian, der alles andere als der echte Jesus ist, in dieser Liste erscheint; es sei denn, man ist ein Monty Python-Fan und/oder kann lachen, wenn Religion und Geschichte auf keinesfalls ernstzunehmende Weise durch den Kakao gezogen werden. Anyway: *Always look on the bright side of life!*	*Regie:* Terry Jones *Darsteller:* Graham Chapman, John Cleese *Jahr:* 1979, *FSK:* ab 16
The Lion in Winter (Löwe im Winter) Sie leben seit Jahren getrennt, sind aber nicht aus der Übung in den wichtigsten Disziplinen ihrer Ehe: Hassliebe, Intrigen und verbale Giftpfeile par excellence führen Henry II (O'Toole) und Eleanor von Aquitanien (Hepburn, Oscar® für Beste Darstellerin) in diesem **Familiendrama** vor. An Weihnachten holt Henry seine Gemahlin aus der Isolation, in die er sie verbannte, um sich vor ihren Machenschaften zu schützen. Nun gilt es, unter drei ähnlich durchtriebenen Söhnen den Thronfolger zu bestimmen... – Die bitterböshumorigen Dialoge, insbesondere zwischen den beiden Hauptdarstellern, machen diesen Film zu einem Genuss.	*Regie:* Anthony Harvey *Darsteller:* Peter O'Toole, Katherine Hepburn *Jahr:* 1968, *FSK:* ab 12
The Lord of the Rings Die Verfilmung der Trilogie von J.R.R. Tolkien galt als schwierig, wenn nicht unmöglich. Die rasante Entwicklung der digitalen Tricktechnik brachte den neuseeländer Peter Jackson, der bis dahin nicht eben durch hochwertige Filmarbeiten aufgefallen war, auf die Idee, den Versuch dennoch zu wagen. Es hat sich gelohnt, die Filme wurden ein Erfolg an den Kinokassen und sogar mit Oscars® belohnt. Die Kritik war sehr geteilter Meinung, und das sehr zu Recht: Neben gelungenen Passagen gibt es Vieles, das nicht die Fantasie nicht anreizt, sondern die Sinne des Zuschauers brachial (manchmal gar brutal) überfrachtet. So geht viel vom Zauber des Romans verloren – eine Problematik, die man sicherlich anhand von Vergleichen zwischen Romanauszügen und Filmausschnitten auch einmal im Unterricht thematisieren könnte.	*Regie:* Peter Jackson *Darsteller:* Elijah Wood, Ian McKellen *Jahr:* 2001-2003, *FSK:* ab 12 (Ext. DVD-Version z.T. ab 16)
The Magnificent Seven (Die glorreichen Sieben) Sturges transportierte Akira Kurosawas *Seven Samurai* in den **Wilden Westen** und schuf damit ein prägendes Werk des Western-Genres: Sieben Revolvermänner werden angeheuert, um ein mexikanisches Dorf vor dem alljährlichen Überfall eines Banditen zu beschützen. Die hochkarätige Besetzung, intensive Spannung und die wirkungsvolle Action-Inszenierung machte diesen ultimativen Kampf zum Klassiker.	*Regie:* John Sturges *Darsteller:* Yul Brunner, Steve McQueen *Jahr:* 1960, *FSK:* ab 12

The Maltese Falcon (Der Malteser Falke) Ob Humphrey Bogart nun Sam Spade oder Phil Marlowe spielt, ist eigentlich egal. In dieser Verfilmung der gleichnamigen **Kriminalgeschichte** aus der Feder Dashiell Hammetts gibt er den zerknitterten Spade, der sich durch die Irrungen und Wirrungen dieses klassischen **Film Noir** kämpft, um eine wertvolle Falkenfigur wiederzufinden. – Der Film begründete den Ruhm sowohl seines Regisseurs als auch seines Hauptdarstellers.	*Regie:* John Huston *Darsteller:* Humphrey Bogart, Peter Lorre *Jahr:* 1941, *FSK:* ab 12
The Many Adventures of Winnie the Pooh (Die vielen Abenteuer von Winnie Puuh) Diese liebevolle Aneinanderreihung mehrerer *Winnie-Puuh*-Episoden ist ein echter Klassiker des **Zeichentricks** und nicht minder charmant als die Geschichten von A.A. Milne, die als Vorlage dienten. Für jedes Herz, das erleichtert werden will, insbesondere aber für die Jüngeren wunderbar und völlig unbedenklich.	*Produzent/Studio:* Walt Disney *Jahr:* 1977, *FSK:* frei
The Matrix Der **Science Fiction**-Thriller der Gebrüder Wachowski wurde schnell zum Kultfilm, auch wenn die Fortsetzungen enttäuschten: Neo erwacht wiederholt aus merkwürdigen Träumen, bis er feststellt, dass sein Leben nichts als ein computergenerierter Traum ist und er in Wahrheit, wie Milliarden anderer Menschen, von insektenartigen Maschinenwesen im künstlichen Dauerschlaf gehalten und als menschliche Batterie benutzt wird. Von einer Handvoll Rebellen aus seinem Kokon befreit, muss er sich als der prophezeite Heilsbringer entpuppen, der die verdüsterte Welt befreien soll. Dieser Kampf findet – zur Freude des Publikums – im virtuellen Raum zwischen Comic und Cyberspace statt, wo die Grenzen der Logik aufgehoben sind und der Tricktechnik alle Türen offen stehen... – Ob sich die teils philosophisch anmutende, letztlich aber dünne und emotionslos gespielte Geschichte fortspinnen und durch weitere Effekte tragen lässt, muss sich erst noch erweisen.	*Regie:* Andy + Larry Wachowski *Darsteller:* Keanu Reeves, L. Fishburne, Carrie-Anne Moss *Jahr:* 1999, *FSK:* ab 16
The Princess Bride (Die Braut des Prinzen) Die Verfilmung des gleichnamigen Buchs von William Goldman, der auch das Drehbuch schrieb, ist eine köstliche Mischung aus **Mantel- und Degenfilm**, romantischer **Komödie** und leichtherziger **Fantasy-Parodie**: Westley muss sein Mädchen Buttercup aus den Fängen des bösen Prinzen Humperdinck befreien, und natürlich wird der Kampf gegen Giganten, giftige Tränke, Riesenratten und gemeine Intrigen geführt. Schöne Bilder, herrliche Dialoge und die bestechende Musik aus der Feder von Mark Knopfler sichern den Genuss.	*Regie:* Rob Reiner *Darsteller:* Robin Wright, Cary Elwes *Jahr:* 1987, *FSK:* ab 6
The Searchers (Der schwarze Falke) Einer der ganz großen **Western**: John Ford hinter und John Wayne vor der Kamera. Wayne spielt, nein verkörpert Ethan Edwards, den ehemaligen Soldaten, der bei der Heimkehr die Ranch seines Bruders in Schutt und Asche findet. Er macht sich auf die Suche nach den Comanchen, die das Blutbad angerichtet und die kleine Nichte entführt haben. Der Rachefeldzug erstreckt sich über Jahre, und in gewisser Weise ist der Weg das Ziel: Ethan wird von seinem Neffen Martin begleitet, der ein Halbblut ist...	*Regie:* John Ford *Darsteller:* John Wayne, Vera Miles *Jahr:* 1956, *FSK:* ab 16

The Seven Year Itch (Das verflixte siebte Jahr)	*Regie:* Billy Wilder
In dieser **Komödie** spielte Marilyn Monroe eine ihrer berühmtesten Rollen: ein Model, das einem Mann (Tom Ewell) im siebten Jahr des Eheglücks den Kopf verdreht. Jenseits der berühmten Szene, in der MMs Rock über dem U-Bahn-Schacht flattert, lebt der Film von dem komödiantischen Talent seiner Darsteller, der souveränen Regie Wilders und der liebevollen Porträtierung der Fünfziger.	*Darsteller:* Marilyn Monroe, Tom Ewell
	Jahr: 1955, *FSK:* ab 16
The Shining	*Regie:* Stanley Kubrick
Wie die ausführliche Analyse in diesem Buch zeigt, ist dies Stanley Kubricks Vision des Grauens, das dem Menschen innewohnt – und nicht Stephen Kings Horrormär vom Spuk, der in einem Hotel wohnt. So gilt dieses Labyrinth der Bilder manchen als **Horrorfilm**, dem Eingeweihten aber als verrätselter **Psychothriller**, dessen Bedeutungsebenen und –motive sich nur bei näherer Betrachtung aufspüren lassen.	*Darsteller:* Jack Nicholson, Danny Lloyd
	Jahr: 1980, *FSK:* ab 16
The Silence of the Lambs (Das Schweigen der Lämmer)	*Regie:* Jonathan Demme
Genreprägendes **Serienkiller-Drama** nach der Vorlage von Thomas Harris: Die FBI-Agentin Clarice Starling (Foster) jagt einen psychopathischen Mörder und holt sich dabei Rat von "Hannibal the Cannibal" (Hopkins), einem unter strengsten Sicherheitsbedingungen inhaftierten Triebtäter – ein fataler Fehler, wie insbesondere die allerdings nicht nur überflüssige, sondern wahrlich abstoßende Fortsetzung *Hannibal* zeigt...	*Darsteller:* Jodie Foster, Anthony Hopkins
	Jahr: 1991, *FSK:* ab 16
The Sixth Sense	*Regie:* M. N. Shyamalan
Ein überraschender Film: Der Held dieses **Psychothrillers** ist nicht Bruce Willis, der einen Kinderpsychologen gibt, sondern Haley Joel Osment, der einen verstörten Jungen spielt. Cole sieht tote Menschen, Geister, die keine Ruhe finden. Allmählich gelingt es dem Psychologen Crowe, das Vertrauen des Jungen zu gewinnen und zu ergründen, ob und warum sich die Geister gerade an ihn wenden... – Shyamalan setzt die beklemmende Geschichte um die Kälte zwischen den Menschen und ihren verzweifelten Versuch, sie (über alle Grenzen) zu überbrücken, behutsam um, indem er die wenigen furchteinflößenden Bilder pointiert einsetzt und das weitere Feld seinen exzellenten Darstellern überlässt.	*Darsteller:* Haley Joel Osment, Bruce Willis
	Jahr: 1999, *FSK:* ab 16
The Straight Story	*Regie:* David Lynch
Nach vielen skurrilen Werken drehte David Lynch diesen wunderbar leisen und langsamen Film: Alvin Straight, in den Siebzigern, entschließt sich, seinen erkrankten Bruder zu besuchen, den er lange nicht gesehen hat. Das Problem: Er hat kein Auto, um die 500 Meilen zu überwinden. Also setzt er sich auf seinen Rasenmäher und tritt eine Reise an, die ihm und uns Zeit gibt, in den Nachthimmel zu sehen und zu uns selbst zu kommen...	*Darsteller:* R. Farnsworth, Sissy Spacek
	Jahr: 1999, *FSK:* frei

The Thin Red Line (Der schmale Grat) Ein interessanter **Antikriegsfilm** über die Auswirkungen des Krieges auf den Soldaten, der auf der Suche nach seiner Mission nur Irrlichter der eigenen Ängste und Sehnsüchte findet – oder den Tod. Schauplatz ist die Pazifikinsel Guadalcanal, um die Amerikaner und Japaner im 2. Weltkrieg kämpfen und die natürliche Ordnung ihrer Welt zerreißen. Die z.T. meditative Inszenierung lässt sich viel Zeit für philosophierende Dialoge und poetische Bilder, denen sich die hochkarätige Besetzung problemlos unterordnet.	*Regie:* Terrence Malick *Darsteller:* Sean Penn, Nick Nolte *Jahr:* 1998, *FSK:* ab 16
The Thing From Another World (Das Ding aus einer anderen Welt) Dieser **Horrorfilm** ist weniger bekannt als John Carpenters Remake *The Thing* (1982) und weniger eklig, aber gruseliger: Die Besatzung einer arktischen Forschungsstation findet ein Raumschiff im Eis, samt eingefrorenem Piloten. Zurück in der Station wird der herausgeschnittene Eisblock versehentlich aufgetaut, und das hünenhafte Alien erwacht aus seinem Tiefschlaf. Das Grauen entsteht durch die Konfrontation mit einem unberechenbaren Gegner in einem geschlossenen Raum, dem niemand entfliehen kann.	*Regie:* Howard Hawks (Christian Nyby) *Darsteller:* Kenneth Tobey, Margaret Sheridan *Jahr:* 1951, *FSK:* ab 12
The Third Man (Der Dritte Mann) Dieser exzellente **Thriller** verdankt seinen Ruhm nicht nur der Zittermusik von Anton Karas oder der berühmten Szene, die den lange Gesuchten endlich als Schattenmann enthüllt. Die Geschichte ist so spannend wie bestechend gespielt: Der Schriftsteller Holly Martins (Cotton) kommt ins Wien der Nachkriegszeit und erfährt, dass sein Freund Harry Lime (Welles) bei einem Unfall ums Leben kam; und obendrein ein fürchterlicher Schieber und Kriegsgewinnler gewesen sein soll. Bei dem Versuch, das Gegenteil zu beweisen, kommt Martins allmählich der Wahrheit auf die Spur.	*Regie:* Carol Reed *Darsteller:* Joseph Cotton, Orson Welles *Jahr:* 1949, *FSK:* ab 12
The Truman Show Weirs tragikomische **Mediensatire** erzählt die Geschichte Truman Burbanks, der ein ganz normales Leben lebt, ohne zu wissen, dass dieses Leben von der ersten Sekunde an gefilmt wurde und rund um die Uhr in alle Welt als Reality-Show übertragen wird. Jim Carrey beweist hier, dass er mehr kann als albern (auch wenn er sich mitunter kaum zurückhalten kann). Doch das beste Mittel des Films sind seine Bilder: oft so poetisch, dass man ihre Künstlichkeit *beinahe* vergisst und zum Teilhaber jener Show wird, ohne sich als Voyeur fühlen zu müssen. Denn aus der hohlen Figur Truman wird der "true man", der nicht normal oder perfekt sein will wie seine idyllische Kleinstadt, sondern er selbst. Wir begleiten ihn auf der Reise an die Grenze seiner Welt, auf der Suche nach dem Riss, der aus der paradiesischen Retorte hinaus ins Leben führt. – Ohne Frage Stoff für den Unterricht.	*Regie:* Peter Weir *Darsteller:* Jim Carrey, Ed Harris *Jahr:* 1998, *FSK:* ab 12

Titanic

Das **Drama** um die "Titanic" wurde zum bislang erfolgreichsten Film, mit einem Einspielergebnis von ca. 1,8 Milliarden Dollar. Weil jeder Zuschauer wusste, dass dieses Schiff sinken würde, beschränkte sich Cameron nicht auf die Inszenierung des Untergangs. Er gab der unveränderlichen Geschichte einen Handlungsrahmen, der aus einem simplen Katastrophenfilm ein Epos machte: die Liebesgeschichte zwischen Rose und Jack. Deren Romanze entwickelt sich über die Grenzen der Gesellschaften, die sich auf den verschiedenen Decks tummeln und dem Desaster schließlich nur zu ungleichen Teilen entkommen können. Dennoch überlebt die Liebe zwischen Rose und Jack die Grenzen von Raum und Zeit, von Leben und Tod...

Regie: James Cameron

Darsteller: Kare Winslet, Leonardo DiCaprio

Jahr: 1997, *FSK:* ab 12

To Kill a Mockingbird (Wer die Nachtigall stört)

Das **Drama** um den Pflichtverteidiger Atticus Finch, der in einer amerikanischen Kleinstadt der 30er Jahre einen Schwarzen verteidigen muss, der eine weiße Frau vergewaltigt haben soll, gilt als eine der gelungensten Literaturverfilmungen (nach dem gleichnamigen Roman von Harper Lee). Auf selten poetische und packende Weise wird hier der Kampf gegen den Rassismus und das Vorurteil ausgetragen, der schließlich nicht nur den Angeklagten, sondern auch seinen Pflichtverteidiger Finch und dessen Kinder trifft.

Regie: Robert Mulligan

Darsteller: Gregory Peck, Robert Duvall

Jahr: 1962, *FSK:* frei

Toy Story I + II

Die 1995 fertig gestellte *Toy Story* war der erste abendfüllende **Animationsfilm**, d.h. ein Film, der über die komplette Länge am Computer bearbeitet wurde und dessen Hauptfiguren, passenderweise zum Leben erwachte Spielzeugfiguren, ausschließlich mit Maus und Monitor erschaffen wurden. Die Fortsetzung spielte weltweit fast 500 Millionen Dollar ein und stieg auf Platz 22 der ewigen Film-Bestenliste. Auf den ersten Blick scheinen die Filme nur für Kinder geeignet, doch ihre Erzählweise, die Figuren und insbesondere der Humor garantieren auch etwas älteren Semestern sehenswerte Unterhaltung.

Regie: Ash Brannon, John Lasseter

Jahr: 1995, 1999, *FSK:* frei

Twin Peaks (TV-Serie)

Eine Frage bewegte 1990 die Gemüter wie keine andere: Wer hat Laura Palmer ermordet ? Das **TV-Drama** um den Tod der Homecoming-Queen einer amerikanischen Kleinstadt, dessen Aufklärung so manche Dekadenz und Intrige offenbart, wurde von der Regie-Legende Lynch und Co-Autor Mark Frost so erfrischend "anders" erzählt und inszeniert, dass es bei der Erstausstrahlung zu Massenveranstaltungen mit Großleinwänden und hysterischer Begeisterung kam: FBI-Agent Dale B. Cooper (MacLaclan) und auch die übrigen Figuren werden durch das Adjektiv "interessant" nur unzureichend charakterisiert. Die Musik von Angelo Badalamenti ist exquisit. David Duchovny aus *Akte X* (s.u.) gibt seinen ersten Auftritt als FBI-Agent (als Transvestit). Und schließlich erfahren wir auch, wer wirklich Lauras Mörder war... (Die zweite Staffel sowie den Spielfilm kann man sich sparen.)

Regie: David Lynch, Mark Frost

Darsteller: Kyle MacLaclan, Michael Ontkean

Jahr: 1990-91

Twister Das Musterbeispiel für den Mainstream-Film aus Hollywood, der dramaturgisch konsequent einfach gestrickt ist (siehe Kapitel 2.6) und seine Figuren nur so weit zeichnet, wie es zur Abwicklung der Handlung nötig ist. Die Hauptrolle in diesem **Katastrophenfilm** spielen die gewaltigen Tornados. Wer wissen möchte, wie ein Blockbuster funktioniert, sollte sich *Twister* unbedingt anschauen – oder den Film im Unterricht auseinander nehmen lassen.	*Regie:* Jan de Bont *Darsteller:* Helen Hunt, Bill Paxton *Jahr:* 1996, *FSK:* ab 12
Unforgiven (Erbarmungslos) Dieser mehrfach Oscar®-gekrönte **Western** von Clint Eastwood (u.a. Bester Film und Beste Regie) betrachtet die Zeit und das Genre aus dem heute scheinbar einzig möglichen Blickwinkel: aus der Sicht des gealterten Westernhelden, der sich noch einmal widerwillig aufrafft, mit seinen Colts ein paar Dollar mehr zu verdienen als mit der Farm, auf die er sich zurückgezogen hat. In diesem Fall macht sich William Munny (Eastwood) auf den Weg, um einem Jack-the-Ripper des Westens das Handwerk zu legen. – Eastwood zieht mit diesem Abgesang auf den Western-Mythos den endgültigen und schonungslosen Schlussstrich unter das Genre, und allein deshalb sollte man diesen Film gesehen haben.	*Regie:* Clint Eastwood *Darsteller:* Clint Eastwood, Gene Hackman *Jahr:* 1992, *FSK:* ab 12
Vertigo Der in den Ruhestand versetzte Kriminalkommisar John "Scottie" Ferguson (Stewart) wird von einem Freund gebeten, dessen Frau Madeleine (Novak) zu überwachen, die selbstmordgefährdet scheint. Scottie verliebt sich in sie, kann sie aber aufgrund seiner Höhenangst (engl. *vertigo*) nicht vor dem Todessprung von einem Kirchturm retten. Wenig später läuft ihm eine Frau namens Judy Barton über den Weg, die Madeleine unheimlich ähnlich sieht... und der Schwindel beginnt aufs Neue. – *Vertigo* gilt als Hitchcocks Meisterwerk und als einer der besten Filme schlechthin. Plot, Darstellung und Erzählweise sind von bestechender Komplexität, so dass man die Analyse zumindest einiger Schlüsselszenen im Unterricht nur empfehlen kann.	*Regie:* Alfred Hitchcock *Darsteller:* James Stewart, Kim Novak *Jahr:* 1958, *FSK:* ab 12
Wag the Dog Der Präsident hat eine Pfadfinderin begrabscht, mitten im Kampf um die Wiederwahl. Ein Fall für Berater Conrad Brean, der zusammen mit Hollywood-Produzent Stanley Motss (!) zur Ablenkung einen Krieg inszeniert, den es gar nicht gibt... – Die herrliche **Politsatire** wurde vor dem Clinton-Lewinsky-Skandal gedreht und erwies sich als belustigend prophetisch...	*Regie:* Barry Levinson *Darsteller:* Robert deNiro, Dustin Hoffman *Jahr:* 1997, *FSK:* ab 12
Whale Rider Dieser zu Recht hoch gelobte Film erzählt auf einnehmende Weise die Geschichte des Maori-Mädchens Paikea, das den Traditionen seines Stammes trotzt, um dessen Führerin zu werden. Hierbei bietet der Film nicht nur eine zeitgemäße Story, sondern gewährt einen interessanten Einblick in eine fremde, archaisch anmutende Welt mitten in unserer Zeit – und all das in gefühlvoller, nie kitschiger Inszenierung. Ein Film für den Unterricht der späten Mittelstufe und der Oberstufe.	*Regie:* Niki Caro *Darsteller:* Keisha Castle-Hughes, Rawiri Paratene *Jahr:* 2002, *FSK:* ab 6

What Lies Beneath (Schatten der Wahrheit) Das Etikett des Horrorfilms bringt meist Assoziationen von Verfolgungen durch Phantome in dunklen Kutten und Messerstechereien mit sich *(Scream, A Nightmare on Elm Street)*, doch ähnlich wie *The Shining* gehört *What Lies Beneath* eher in die Kategorie des **Psychothrillers**. Auch wenn es in dem Haus, das Claire und Norman Spencer beziehen, vielleicht wirklich spukt, deutet der Originaltitel schon an, dass der hier hausende Schrecken subtilerer Natur ist und ebenso inszeniert wird. Zemeckis bedient sich in Motivik, Kameraarbeit und Bildkomposition u.a. bei Kubrick und Hitchcock, und das gereicht seinem Film nicht zum Nachteil.	*Regie:* Robert Zemeckis *Darsteller:* Harrison Ford, Michelle Pfeiffer *Jahr:* 2000, *FSK:* ab 16
Wir können auch anders Ein lustiger, rührender **Roadmovie** um zwei leicht unterbelichtete Brüder, die sich nach der Wende in den Osten aufmachen, um ein geerbtes Anwesen in Besitz zu nehmen. Auf dem Weg dorthin gesellt sich noch ein russischer Deserteur hinzu, und das Chaos nimmt seinen Lauf...	*Regie:* Detlev Buck *Darsteller:* Joachim Król, Horst Krause *Jahr:* 1993, *FSK:* ab 6
Witness (Der einzige Zeuge) Wer dieses stimmungsvolle und packende **Drama** nicht gesehen hat, hat viel verpasst: eine gut strukturierte und spannende Geschichte, eine dichte Atmosphäre in poetischen Bildern und Klangfarben, interessante Figuren und einen faszinierenden Schauplatz: Amish Country, Pennsylvania. Dorthin verschlägt es den Polizisten John Book (Ford), nachdem der kleine Amish-Junge Samuel Zeuge eines Mordes geworden ist und vor dem Zugriff des Killers geschützt werden muss, den nur der Junge identifizieren kann. Während er sich unter der Pflege von Samuels Mutter von einer Schusswunde erholt, lernt Book die Lebensart der religiösen und jede Technisierung ablehnenden Amish kennen. Schließlich verliebt er sich in die junge Witwe, was sein Leben unter den Amish nicht einfacher macht. Zumal die Killer seine Spur gefunden haben... – Es gibt nicht viele Sequenzen, die derart atmosphärisch wirken wie jene, in der die Amish (unter ihnen John Book) gemeinsam eine Scheune als Hochzeitsgeschenk für ein frisch vermähltes Paar errichten. Allein dieser Bildertraum macht *Witness* zum sehenswerten Erlebnis.	*Regie:* Peter Weir *Darsteller:* Harrison Ford, Kelly McGillis *Jahr:* 1985, *FSK:* ab 12
Woyzeck Herzogs **Dramenverfilmung** kann nicht nur durch Kinskis intensive Darstellung der gequälten Kreatur Woyzeck überzeugen. Die werkgetreue Inszenierung überlässt den dramatischen Raum den Figuren und ihren Darstellern und ermöglicht es so dem Zuschauer, sich ganz auf den Leidensweg der Titelfigur zu konzentrieren, statt sich in Bildern zu verlieren. Als gelungenes Beispiel einer Literaturverfilmung – und damit seltenes Exemplar einer problematischen Gattung – hat Herzogs Film seinen Platz im Deutschunterricht.	*Regie:* Werner Herzog *Darsteller:* Klaus Kinski, Eva Mattes *Jahr:* 1979, *FSK:* ab 12

6. Filmtechnik
6.1 Bildformate

Die technischen Möglichkeiten für die zufriedenstellende Darbietung eines Films in der Schule sind üblicherweise leider sehr begrenzt. Auch wenn es im Unterricht nicht darum gehen soll, den fulminanten Kinogenuss mit Surround-Ton, Popcorn und Cola nachzuempfinden, so entfaltet sich doch gerade die visuelle Kraft eines Films, insbesondere seiner Komposition und der Kameraarbeit, erst bei Ansicht des vollen Bildes auf möglichst großer Leinwand. Wie sehr das in Schule und Hausgebrauch übliche Fernsehgerät die Betrachtung eines Films eingrenzt, wird deutlich, wenn man einen Blick auf das Bildformat (engl. *aspect ratio*) wirft, in dem Kinofilme, jedoch zunehmend auch TV-Filme und Dokumentationen aufgenommen werden.

Beim herkömmlichen Fernsehbild liegt das Verhältnis der Breite zur Höhe des projizierten Bildes bei **4:3 (= 1,33:1**, tatsächlich allerdings **1,37:1**, da mit einem Blickfeld von 22x16mm fotografiert wird). Dies ist auch das einfachste Kinoformat, das für weniger aufwendige Produktionen verwendet und auch **Academy Aperture** genannt wird (nach der "Academy of Motion Picture Arts and Sciences", die auch die Oscars® vergibt). In diesem Normalformat werden Nachrichten, TV-Serien und -Shows sowie die meisten eigens für das Fernsehen produzierten Filme aufgenommen. Da die allermeisten Kinofilme, vor allem aufwändigere Produktionen, in einem breiteren Bildformat (engl. *aspect ratio*) aufgezeichnet werden, geht bei der Anpassung an das 4:3-Format ein erheblicher Teil des linken und rechten Bildrandes verloren.

Das bei dieser Anpassung üblicherweise verwendete Verfahren heißt **Pan-and-Scan**: das breite Kinobild wird abgeschwenkt und lediglich ein Ausschnitt des ursprünglichen Bildes gezeigt. Ein solchermaßen verstümmelter Kinofilm ist im Fernsehen ohne die bekannten schwarzen Balken am oberen und unteren Bildschirmrand (engl. *mattes*) zu sehen, die viele Zuschauer stören. Allerdings entgehen dem Zuschauer hierdurch die originale und wohl durchdachte Komposition des Bildes, die Umgebung, umstehende Figuren oder sogar Dialogpartner, wie die folgenden Beispiele aus Michael Manns *Heat* (1995) zeigen. Dieser Film wurde im Format 2.35:1 (Cinemascope/Panavision®, s.u.) aufgenommen und im Kino vorgeführt. Die folgenden Ausschnitte zu den einzelnen Formaten (ausgenommen 4:3 und 16:9) entsprechen somit nicht den veröffentlichten Fassungen, sondern dienen lediglich der Veranschaulichung.

Pan-and-Scan-Bild der veröffentlichten TV-/Video-Fassung:

Die folgende Grafik zeigt, wie stark das Cinemascope-Bild von *Heat* beschnitten wurde, dessen ursprüngliche Größe der schwarze Rahmen anzeigt. Ferner wird deutlich, dass man sich beim "Scannen" des Bildes nicht genau an die Mitte des Bildes gehalten, sondern sich auf die Hauptfigur konzentriert hat. Zum Glück werden die meisten Filme im weniger breiten "Spielberg-Format" von 1,85:1 (s.u.) gedreht und müssen nicht in dieser Weise verstümmelt werden.

Tatsächliche Bildmitte des 2,35:1-Cinemascope-Kinobildes:

Wie im technischen Bereich üblich, tut man sich mit Standards schwer, und so unterscheiden sich die in Europa und den USA verwendeten Formate. Der **europäische Breitwandfilm** hat ein Format von **1,66:1**, was bei *Heat* etwa so aussähe:

Ein Kompromiss zwischen dem europäischen und dem breiteren amerikanischen Widescreen-Format ist der **Breitwandstandard für Fernsehgeräte** namens **16:9 (= 1,78:1)**. Immer mehr Kinofilme werden im Fernsehen im Breitwandformat ausgestrahlt, also nicht per Pan-and-Scan an den Seitenrändern beschnitten, sondern in voller Breite gezeigt, wodurch auf einem herkömmlichen 4:3-Fernsehgerät die bekannten schwarzen Balken am oberen und unteren Bildschirmrand entstehen. Fernseher mit 16:9-Fähigkeit dagegen können Breitwandfilme nahezu im vollen Format zeigen. Auf einem 16:9-Fernseher wäre bei voller Aufblendung ungefähr folgender Ausschnitt des Bildes zu sehen:

Noch ein wenig mehr Bild liefert das **amerikanische Breitwandformat** von **1,85:1**, auch "Spielberg-Format", "Academy Flat" oder einfach nur "Flat" genannt:

Ein Nachteil der Formate 1,66:1 sowie 1,85:1 liegt übrigens in der schlechten Ausnutzung des Filmmaterials: Man belichtet das volle 35mm-Negativ im Format 1,37:1 und "kascht" bei der Projektion im Kino den oberen und unteren Bildrand ab ("soft matting"; wird schon bei der Aufnahme abgedeckt, was seltener vorkommt, spricht man vom "hard matting").

Anamorphotische Breitwandsysteme wie **Cinemascope** (entwickelt von Twentieth Century Fox, die allerdings das Copyright erlischen ließen) bzw. **Panavision**® liefern das breiteste Kinobild im Verhältnis **2,35:1**. Meist bedienen sich besonders aufwändig produzierte Filme wie z.B. *Titanic* oder *Dances with Wolves* dieses Formats. Das anamorphotische Verfahren nutzt das volle Bildnegativ und damit jeden möglichen Bildpunkt aus; da das 35mm-Negativ nahezu quadratisch ist, wird der Film in seiner Breite komprimiert aufgenommen, sozusagen "gestaucht" und erst bei der Projektion wieder entzerrt. Ein großer Qualitätsgewinn geht damit prinzipiell allerdings nicht einher, da die Entzerrung bei der Projektion das Korn in die Breite zieht. Dennoch eröffnet dieses Format den weitesten und ausgewogensten Blick, der dem natürlichen Blickfeld des Menschen am nächsten kommt:

Das aufgenommene Bild sieht etwa so aus:

Auf dem relativ neuen Medium der DVD werden Filme übrigens häufig in anamorphotischem Format abgelegt, um so viel Bildinformation wie möglich zu speichern und ein möglichst perfektes Bild zu erzeugen. Ein DVD-Spieler kann das Signal bei der Weitergabe an den Fernseher wieder entzerren (Details siehe Abschnitt 6.2).
Wer keinen 16:9-fähigen Fernseher hat und dennoch in den Genuss des vollen Kinobildes kommen möchte, muss hoffen, dass die TV-Sender weiter den Trend verfolgen, Kinofilme in voller Breite zu senden. Beim "Quetschen" des Breitwandfilms in das TV-Format, dem **Letterboxing**, entstehen zwar am oberen und unteren Bildschirmrand die bekannten schwarzen Balken, dafür kommt man aber auch auf einem herkömmlichen Fernsehgerät in den Genuss des vollen Bildes:

Ein seltener verwendetes und ebenfalls aufwändiges Breitwandformat ist **2,2:1**, das auf einem **70mm**-Negativ aufgenommen wird und damit die höchste Bildqualität analoger Technik bietet. Allerdings steht diesem Verfahren nicht nur die teurere Aufnahmetechnik im Weg, sondern auch das Problem, das nur eine begrenzte Zahl von Kinos Filme in diesem Format projizieren kann.

Weniger für das Unterhaltungskino, sondern für Museen oder Vergnügungsparks eignet sich das aufwendige, aber in der Bildqualität bestechende **IMAX®-Format**, ein auf 65mm-Film fotografiertes Großformat von 1,43:1. In Deutschland finden sich IMAX®-Säle z.B. in Berlin und Nürnberg. Weltweit einen Besuch wert sind die IMAX®-Kinos des Smithsonian Air and Space Museum in Washington oder die Filmattraktion in Disneyland Paris.

Die **Aufnahmetechnik der Zukunft** liegt allerdings weder im 35mm, 65mm oder 70mm-Format, sondern in der digitalen Technik. Der erste komplett mit **Digitalkameras** fotografierte Film ist *Star Wars 2* (Dreharbeiten in 2000). Diese Produktionstechnik erleichtert nicht nur den Dreh, da die aufgenommenen Szenen direkt betrachtet werden können, sondern auch den Schnitt und das Einbauen digitaler Effekte: Verschiedene Takes einer Szene können beim Schneiden schnell aus dem Computer geladen und müssen nicht umständlich einmontiert werden.

Der in diesem Buch ausführlich behandelte Film *The Shining* ist ein typisches Beispiel für die bereits erwähnte Praxis, einen Film im Academy-Format 1,37:1 zu filmen, ihn aber im Kino im Format 1,85:1 zu präsentieren. Das Bild wurde hierzu eben nicht im Breitwandformat gefilmt, sondern einfach das in 1,37:1 aufgenommene Bild am oberen und unteren Bildrand abgedeckt. Um das Bild beim Dreh auf das breite Format hin komponieren zu können, zeigten die Kamerasucher den oben und unten begrenzten Bildbereich, der im Kino zu sehen sein würde, durch Markierungslinien an. Wirklich abgedeckt wurden bzw. werden diese Teile dann erst bei der Projektion im Kino – die Bildrollen enthalten also mehr Bild, als der Zuschauer im Saal zu sehen bekommt. Glücklicherweise bekommt man sowohl auf dem Video als auch auf der DVD das volle Bild zu sehen.

Weblinks:

American Widescreen Museum

http://www.widescreenmuseum.com/

Ein originell und leicht nostalgisch gestaltetes Online-Museum zur Geschichte des Breitwandfilms.

6.2 Medien

Inzwischen hat die **DVD** (Digital Versatile Disc) das lange gängige Speichermedium für Filme, die VHS-**Videokassette** abgelöst. Dies ist zu begrüßen, da die Videokassette mit zahlreichen Nachteilen behaftet ist:

- Ihr Speichervolumen ist begrenzt, Bild- und Tonqualität entsprechend bescheiden.
- Die ohnehin eingeschränkte Qualität lässt mit wiederholtem Abspielen nach.
- Insbesondere ältere bzw. stark strapazierte Videorekorder, wie man sie oft in der Schule vorfindet, verarbeiten Videokassetten mitunter zu Bandsalat.
- Zwischen einzelnen Sequenzen muss aufwendig hin- und hergespult werden.
- Das Abspielen in Zeitlupe ist mühsam und eine weitere Gefährdung für das Band.
- Das Standbild ist oft unklar oder zittrig.
- Die Zählwerke der Rekorder verschiedener Hersteller und Modelle arbeiten unterschiedlich, so dass man die zu Hause vorbereitete Einteilung der Szenen nach der Zählwerkanzeige in der Schule oft nicht benutzen kann.

Die DVD hebt ebendiese Beschränkungen in so bestechender Form auf, dass sie sich für den Unterricht hervorragend eignet. Ähnlich wie die Laserdisc (eine Silberscheibe von der Größe einer Schallplatte), die sich in Europa aufgrund zu hoher Preise nicht durchsetzen konnte, hat die DVD dem Videoband aus Zelluloid vor allem eines voraus: eine hohe Speicherkapazität. In ihren verschiedenen Beschichtungsvarianten lassen sich auf einer DVD bis zu 17 Gigabyte speichern, was etwa 26 voll bespielten Audio-CDs (= ca. 32 Stunden Musik) oder 26 bis zum Rand mit Daten gefüllten CD-ROMs für den PC entspricht (bei der Standardgröße einer CD-ROM von 650 Megabyte). Die zur Zeit längste Film-DVD enthält den Film *Gettysburg* mit einer Länge von ca. 254 Minuten und einer Fülle von Bonusmaterial (Trailer, Dokumentationen über Dreharbeiten, über die Schlacht von Gettysburg etc.).

Zu den weiteren, nicht minder zu beachtenden Vorteilen der DVD zählen folgende Eigenschaften bzw. Möglichkeiten:

1. Die Informationen werden auf einer DVD wie auf einer CD in digitaler Form gespeichert. Dadurch gibt es zum einen praktisch **keine Abnutzungserscheinungen** beim Material, d.h. ein Film kann über Jahre hinweg von diesem Medium abgespielt werden, ohne in Bild- und Tonqualität nachzulassen, zu knittern oder vom Abspielgerät "gefressen" zu werden.

2. Aus der digitalen Speichertechnik ergibt sich die **Vielseitigkeit**, die sich in der Bezeichnung des Mediums (engl. *versatile* = vielseitig) ausdrückt: Es gibt die DVD als **Filmträger**, als Speichermedium DVD-ROM für besonders umfangreiche **Software** (wie z.B. die Multimedia-Enzyklopädie "Encarta" von Microsoft, die früher auf mehreren CD-ROMs daherkam) und auch als **Tonträger** namens Audio-DVD.

3. Aufgrund der hohen Speicherkapazität ermöglicht die DVD eine deutlich **bessere Bildqualität**, zunächst gemessen an der Auflösung des Bildes. Die **horizontale Auflösung** wird ausgedrückt in der Zahl der **senkrechten Linien** (lines of horizontal resolution), die sich auf einer Bildfläche erkennen lassen, die so breit wie hoch ist, d.h. auf einem *gedachten Quadrat* mit einer Kantenlänge, die der maximalen Höhe entspricht. Da natürlich kein Fernseher ein quadratisches Bildformat hat, ist die errechnete Zahl der Bildlinien immer bloß eine **theoretische Angabe**. So würden aus den 720 horizontalen Bildpunkten der DVD auf einem gedachten Quadrat auf einem 4:3-Fernseher (= dividiert durch 1,33) theoretisch ca. 540 **Bildlinien,** auf dem flacheren 16:9-Fernseher (= dividiert durch 1,78) etwa 405 Bildlinien. Angesichts dieser verwirrend anmutenden Zahlen ist im Auge zu behalten, dass sich diese eben nur auf ein gedachtes Quadrat und nicht auf die gesamte Breite des Bildschirms beziehen. Freilich zeigen sowohl 4:3- als auch 16:9-Fernseher insgesamt alle 720 DVD-Bildpunkte an (mit leichten

Verlusten beim herkömmlichen, analogen Fernsehen, s.u.). – Das normale Fernsehbild wird übrigens mit nur ca. 330 Bildlinien ausgestrahlt. Das gängige Videosystem VHS kommt sogar nur auf ca. 240 Linien.

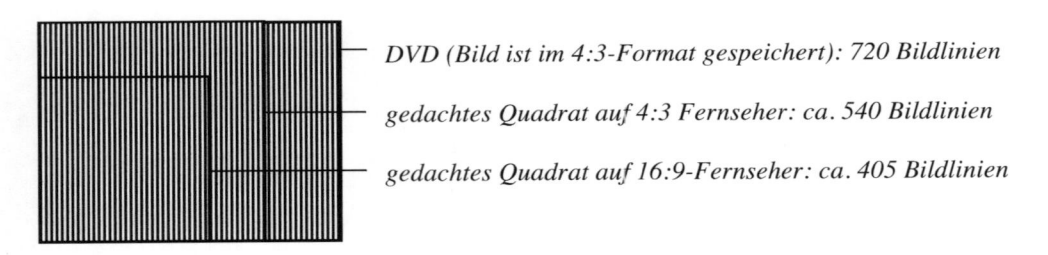

DVD (Bild ist im 4:3-Format gespeichert): 720 Bildlinien

gedachtes Quadrat auf 4:3 Fernseher: ca. 540 Bildlinien

gedachtes Quadrat auf 16:9-Fernseher: ca. 405 Bildlinien

Die **vertikale Auflösung** ergibt sich aus der Zahl der aktiven **waagerechten Linien** des Bildes, den **Bildzeilen** (scan lines). Diese Zahl ist nicht abhängig vom Medium, sondern vom Bildsystem: PAL ermöglicht 576 sichtbare Zeilen, NTSC nur 480 Zeilen. Letztlich ist die Bildqualität auch einer DVD abhängig vom Ausgangsmaterial und der Umsetzung – wird ein alter Film nicht digital überarbeitet, kann auch der neueste Filmträger keine Mängel und Bildfehler wegzaubern.

Übersicht über die Auflösung verschiedener Medien und Bildsysteme:

	DVD PAL	DVD NTSC	Laserdisc PAL	Laserdisc NTSC	TV PAL	TV NTSC	VHS PAL	VHS NTSC
Linien* x Zeilen	540/405 x 576	540/405 x 480	425/318 x 576	425/318 x 480	330/248 x 576	330/248 x 480	240/172 x 576	240/172 x 480

* Die erste Zahl gibt die Auflösung für 4:3-Fernseher, die zweite für 16:9-Fernseher an.

Bei der erforderlichen Umwandlung der digitalen Information in ein analoges Signal gehen bei vielen DVD-Spielern Bildlinien verloren, so dass von etwa 550 Bildlinien im gedachten Quadrat nur etwa 500 Linien ankommen.

Da jedes einzelne Bild (engl. *frame*) eines Films mit der recht hohen Farbtiefe von 24 Bit gespeichert wird, umfasst ein kompletter Spielfilm eine gewaltige Datenmenge, die auch das Fassungsvermögen einer DVD weit übersteigt. Die Lösung liegt in dem **Komprimierungsverfahren MPEG-2**, das die Datenflut reduziert und dennoch eine beachtliche Bildqualität erhält.

4. Ein weiterer Vorteil ist die bereits in Abschnitt 6.1 angesprochene Möglichkeit, einen Film in anamorphotischem Format auf der DVD zu speichern, d.h. auch zur Speicherung eines Breitwandfilms das komplette Bildrechteck der DVD auszunutzen, auf der die Informationen im 4:3-Format gespeichert werden (und so eine maximale Bildpunktzahl von 720x576 zu erreichen). Manche DVD-Spieler sind vom Werk her darauf eingestellt, ihr Signal an einen 16:9-Fernseher abzugeben; hat man jedoch nur einen herkömmlichen 4:3-Fernseher, erscheint das Bild einer anamorphotischen DVD entsprechend verzerrt: Die Figuren wirken stark "verschlankt" und erinnern ein wenig an Herrn Tur-Tur aus Michael Endes *Jim Knopf*-Geschichten. Über das Setup-Menü des Players lässt sich die Bildausgabe allerdings von 16:9 auf 4:3 umstellen, so dass auch 4:3-Fernseher wieder ein normales Breitwandbild zeigt – mit den bekannten schwarzen Balken, versteht sich.

Der Vorteil der anamorphotischen Bildspeicherung liegt darin, dass das von der DVD auf den 16:9-Fernseher gebrachte Bild eine wesentlich höhere vertikale Bildauflösung hat als z.B. das Bild einer Widescreen-Videokassette mit seiner ohnehin begrenzten Pixelzahl, das der 16:9-Fernseher dann noch "künstlich" aufblendet, d.h. ohne Rücksicht auf Verluste in die Höhe zieht.

> DVDs mit anamorphotisch gespeichertem Filmbild tragen Bezeichnungen wie:
>
> – *Enhanced for widescreen TVs*
> – *Widescreen version – enhanced for 16x9*
> – *Widescreen (1.85:1)*oder *(2.35:1) – Enhanced for 16x9 Televisions*
> – *1.85:1* oder *2.35:1 Anamorphic (Widescreen)*
>
> ... oder Zeichen wie die folgenden:

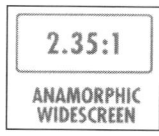

5. Im Gegensatz zu den meisten Videorecordern (vor allem häufig gebrauchten) bringt ein DVD-Player nach dem Drücken der Pause-Taste ein ruckelfreies, glasklares **Standbild** auf den Fernseher. Schaltet man nun auf das nächste Standbild, so erscheint auch dieses Bild unmittelbar, ohne dass die DVD in irgendeiner Form besonderen Belastungen ausgesetzt wäre wie eine Videokassette bei demselben Vorgang. Aus der normalen Wiedergabe heraus lässt sich der DVD-Film außerdem mit der gleichen Leichtigkeit per **Zeitlupe** verlangsamen oder per **Zeitraffer** beschleunigen (in variabler Geschwindigkeit), woraus sich ein variabler wie reibungsloser Bildsuchlauf ergibt.

6. Die DVD bietet nicht nur das bessere Bild, sondern auch den klareren und vielseitigeren **Ton**. Dessen Qualität übertrifft, wenn die Möglichkeiten der DVD von bis zu 24 bit Samplingrate und 192 kHz ausgenutzt werden, sogar die der CD (16 bit/44 kHz). Zudem wird bei neueren Filmen nicht nur normaler Stereoton, sondern auch "Surround"-Sound (siehe Abschnitt 6.3) in verschiedenen Varianten angeboten.

7. Die Anwahl der vielfältigen Optionen einer DVD erfolgt über ein **Menü**, das häufig durch Filmfotos oder sogar -szenen animiert ist. Das ist nicht nur eine nette Spielerei, sondern vor allem komfortabel, da sich von hier aus z.B. bestimmte **Kapitel bzw. Szenen eines Films direkt anwählen** lassen. Auf Knopfdruck wird die gewünschte Szene abgespielt, ohne dass man aufwendig spulen muss (der folgende Schnappschuss stammt von der DVD *Die Thomas-Crown-Affäre,* Regie John McTiernan, 1999).

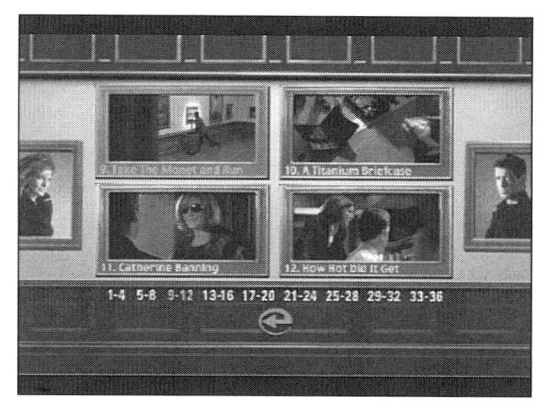

Darüber hinaus lässt sich jede Einstellung eines Films sekundengenau anwählen – Unterschiede beim Einsatz der DVD auf verschiedenen DVD-Spielern gibt es nicht, die Zeiteinteilung des digitalen Mediums ist unbestechlich.

8. Eine DVD enthält bis zu 8 **Sprachversionen**.

9. Über die Anwahl mehrerer gesprochener Sprachen hinaus lassen sich (nicht nur im Menü, sondern bei vielen DVD-Geräten auch während des Abspielens) **Untertitel** einblenden. So ist es z.B. bei der Präsentation eines Films in englischer Sprache hilfreich, auch die englischen Untertitel einzublenden, damit untrainierte Schüler sich zunächst einhören und den Dialogen folgen können. Spezielle Untertitelfassungen für Hörgeschädigte enthalten dabei nicht nur den Text, sondern auch Regieanweisungen sowie Hinweise zu Hintergrundgeräuschen und musikalischer Untermalung einer Szene. Eine DVD kann maximal 32 verschiedene Untertitel-Fassungen aufnehmen – bei der *Thomas Crown Affäre* reicht die Varianz von Englisch bis Polnisch.

10. Aufgrund der enormen Speicherkapazität der DVD statten viele Produzenten ihre neuen Silberscheiben mit mehr oder weniger ergiebigem **Bonusmaterial** aus. Zu den sinnvolleren Extras gehört z.B. der **Kommentar des Regisseurs**, den man sich bei der Wiedergabe des Films anhören kann (der Originalton wird dann abgeschwächt), wenn man z.B. im Unterricht über den Rahmen der textimmanenten Deutung hinausgehen möchte. Meist erhält man auf diesem "Kanal" recht interessante Hinweise zu Entstehung, Produktion oder Deutung einer Szene, mitunter allerdings auch allenfalls unterhaltsame Einblicke in all das, was beim Dreh schiefgegangen ist. Häufig enthält eine DVD auch eine "Making of"-Dokumentation über die Entstehung des Films sowie mindestens einen Trailer zum Film. Mitunter gibt es als Bonbon auch "Deleted Scenes" (= Szenen, die in der Kinofassung nicht zu sehen waren), Musikvideos oder ein Computerprogramm (dessen Nutzung einen PC mit DVD-Laufwerk voraussetzt).

11. Eine eher theoretische, kaum genutzte Funktion der DVD ist die Anwahl verschiedener **Blickwinkel** auf das Geschehen (maximal 9). Während ein Kinofilm meist "starr" komponiert ist, bieten z.B. einige Konzert-Mitschnitte die Möglichkeit, ein und dieselbe Passage aus mehreren Perspektiven zu betrachten.

12. Die prinzipiell mögliche **Jugendschutz-Kontrolle** (Parental Control), die je nach Voreinstellung kritische Szenen ausblendet oder einen Film ganz sperrt, wird z.Zt. von den Filmstudios eher selten unterstützt.

Achtung: Zwar besteht grundsätzlich die Möglichkeit, DVDs aus dem Ausland zu beziehen. Hierbei ist allerdings auf den **Ländercode** (region code) der DVD zu achten. So lassen sich z.B. DVDs aus den USA auf handelsüblichen deutschen (bzw. europäischen) DVD-Spielern nicht abspielen. Der Ländercode wurde von der Filmindustrie eingeführt, um zu verhindern, dass sich die des Englischen mächtigen Cineasten-Gemeinde einen Film schnellstmöglich aus den USA besorgt und sich hier den Kinobesuch erspart.

Übersicht Ländercodes:

0: Frei – die DVD läuft auf jedem Gerät.
1: USA und Kanada.
2: Europa, Japan, Südafrika, Mittlerer Osten.
3: Südostasien und Ostasien (inkl. Hong Kong).
4: Australien, Neuseeland, Pazifische Inseln, Zentralamerika, Mexiko, Südamerika, Karibik.
5: Ehemalige Sowjetunion, Afrika, Indischer Subkontinent, Nordkorea, Mongolei.
6: China.
7: Reserviert.
8: Aufenthaltsorte mit internationalem Charakter wie Flugzeuge, Kreuzfahrtschiffe etc.

Ein Tipp, falls Sie einmal eine amerikanische DVD in die Hand bekommen: Wundern Sie sich nicht über die unterschiedliche Länge eines Films in der PAL und in der NTSC-Version: Bei der Übertragung eines Filmbildes in ein PAL-Bild findet eine 1:1-Umsetzung statt, d.h. aus *einem* Filmframe wird *ein* PAL-Bild. Da ein Kinofilm mit einer Geschwindigkeit von 24 fps (frames per second = Bildern pro Sekunde) abläuft, ein PAL-Film jedoch mit 25 fps, wird der ursprüngliche Kinofilm unmerklich beschleunigt – und zwar um etwa 4 %. Aus diesem Grund ist z.B. Alfred Hitchcocks *Vertigo* auf der in Deutschland erhältlichen DVD 122 Minuten, auf der US-DVD jedoch 128 Minuten lang.

Neben dem Ländercode gibt es auf den meisten DVDs auch einen direkten Kopierschutz, der z.B. das Überspielen auf eine Videokassette verhindert. Ein solcher Versuch endet mit einem unruhigen, flackernden und/oder verzerrten Videobild. Dieser Kopierschutz, meist das Macrovision-Verfahren (auch APS = Analog Protection System), sendet ein Störsignal, das die Bildsynchronisation bei der Aufnahme auf den meisten Videorekordern durcheinander bringt.
Brauchbare DVD-Player gibt es inzwischen bereits ab etwa 70 EUR. Bei einer gewissen Heimkino-Ambition sollte man darauf achten, dass der Player tatsächlich ein gutes Bild liefert (am besten prüft man das Bild selbst beim Fachhändler) und zumindest über einen Ausgang für einen Dolby Digital®- und DTS®-Decoder (siehe Abschnitt 6.3) verfügt, idealerweise gleich über einen eingebauten Decoder für diese Surround-Tonsysteme.
Inzwischen gibt es auch DVD-Rekorder, die den alten Videorekorder ersetzen und auf der DVD auch aufnehmen.

Weblinks:

AreaDVD
http://www.areadvd.de
Forum mit fundierten Informationen zu Geräten, DVDs, Neuerscheinungen, Problemen etc.

DVD FAQ (E)
http://dvddemystified.com/dvdfaq.html
Der "offizielle" DVD-FAQ von Jim Taylor.

6.3 Tontechnik

Eine gute Akustik garantiert nicht nur den möglichst kinoähnlichen Filmgenuss, sondern auch den im **Hörverstehenstraining des Fremdsprachenunterrichts** absolut notwendigen guten Ton. Der Fernseher alleine, oft noch in einem mobilen Kasten versteckt, den man zwischen den Klassenzimmern hin- und herschieben kann, liefert auch als Stereogerät nur eingeschränkt brauchbare Tonqualität. Leider beschränkt man sich an den deutschen Schulen darauf, internetfähige Computerräume einzurichten, während die Einrichtung eines Raums zur Filmpräsentation angesichts der Maßgaben der neuen Richtlinien für die Sekundarstufen mindestens ebenso dringend erforderlich geworden ist. In einem solchen Raum lässt sich nicht nur ein guter Fernseher oder gar Projektor fest installieren, sondern auch mindestens zwei Lautsprecherboxen. Von der Akustik her ideal erscheint die Installation einer mobilen Sendestation für ein Kopfhörersignal und die Anschaffung von Funkkopfhörern in ausreichender Zahl. Ein solches Szenario erinnert allerdings fatal an das Sprachlabor, das nicht nur am falschen linguistischen Ansatz, sondern auch an hohen Wartungskosten scheiterte. Zudem wäre das Hantieren mit Kopfhörern im Wechsel zwischen Sehen/Anhören und Unterrichtsgespräch wohl auch unbrauchbar; abgesehen von der Tatsache, dass der Empfang der Dialoge auf diese Weise wohl zu sehr vereinfacht und damit der Übungseffekt des Hörverstehens unterlaufen würde. Sinnvoller erscheint es daher, ein **gutes Lautsprecher-Set** zu installieren.
Wenn man einen **HIFI-Receiver** für eine solche Anlage anschafft, muss man heute keine Unsummen mehr investieren, um sogar die sehr guten Tonstandards einzukaufen, die inzwischen

nahezu jeder DVD-Player beherrscht: die verschiedenen Varianten des **Surround-Tons**. Hierunter versteht man eine Klangausgabe, die um den Zuschauer herum eine möglichst authentische und rauschfreie Klangwirkung erzeugt. Hier gibt es mehrere Systeme:

1. Dolby Surround®/Dolby ProLogic®

Das von den Dolby® Laboratories entwickelte Dolby Surround®-System bedient sich der 2 Kanäle des Stereosignals und bringt in ihnen **4 Signale** unter: je eins für die vordere linke und die vordere rechte Box, eins für den vorne mittig angebrachten **Center-Lautsprecher** und eins für den "Surround-Kanal" – der die beiden hinter dem Zuschauer angebrachten **Effekt-Lautsprecher** zum Klingen bringt. Diese liefern in erster Linie **Umgebungsgeräusche**, die sich hinter der Position der Kamera, d.h. hinter dem Standpunkt des Zuschauers abspielen. Die beiden vorderen Lautsprecher sind in der Hauptsache für die Musik und Geräusche von vorne zuständig, während sich der mittig unter (oder über) dem Fernseher angebrachte Center-Lautsprecher auf die Sprache konzentriert.

© *Dolby Laboratories, Inc.*

Das aus Dolby Surround® entstandene, in der Verteilung des Tons auf die einzelnen Kanäle aber noch präzisere **Dolby ProLogic®**-Verfahren ist heutzutage praktisch der **Standardton auf Kauf-Videokassetten**. Zur Nutzung benötigt man einen Dolby Surround®-fähigen **DVD-Spieler** oder einen **HIFI-Videorekorder** (= stereo-fähig), einen **Verstärker (meist Receiver) mit eingebautem ProLogic®-Dekoder** und **fünf Boxen** (siehe Abbildung), die man mit Blick auf ihren jeweiligen Zweck (insbesondere bei Center- und Effekt-Lautsprecher) im Fachhandel kaufen sollte. Ein Receiver ohne ProLogic®-Dekoder entdeckt die im Stereosignal versteckten Surround-Botschaften nicht und gibt normales Stereo wieder. Inzwischen ist nahezu jeder neue Receiver mit einem ProLogic®-Chipsatz ausgestattet. Hierzu gibt es fertige und brauchbare Boxenpakete mit 5 Lautsprechern ab ca. 300 EUR. Tonträger mit Dolby ProLogic® (das heute manchmal auch wieder nur Dolby Surround® genannt wird) tragen eine entsprechende Bezeichnung oder das o.a. Symbol.

Für noch mehr Konfusion sorgt der Begriff **Virtual Dolby Surround®**, den man mitunter als Bezeichnung für die Tonfähigkeiten mancher Fernsehgeräte oder Kopfhörer findet. Hierbei wird einfach der hintere Kanal des Surround-Signals in das Stereosignal gemischt, das hierdurch zwar ein wenig räumlicher als simples Stereo klingt, von der Erzeugung eines wirklichen Raumklanges aber weit entfernt ist.

2. Dolby Digital®/AC-3®/Dolby 5.1®
(http://www.dolby.com/)

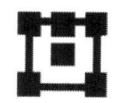

Der nächste Schritt auf dem Weg zum perfekten Klangerlebnis führt über Dolby Digital®, auch AC-3® oder Dolby 5.1® genannt. Bei diesem Mehrkanaltonsystem wird die Surround-Information nicht im Stereosignal untergebracht; stattdessen sorgen **fünf separate, digitale Hauptkanäle** (vorne links, vorne rechts, Center, hinten links, hinten rechts) und ein **Subwoofer-Kanal** (für niedrig-frequente Töne) für exzellente Klangqualität auf 5 + 1 Kanälen – daher die Bezeichnung 5.1. Ein entsprechender Dekoder sitzt heute schon in manchem DVD-Player oder aber im Verstärker bzw. Receiver. Dementsprechend gibt es Surround-Lautsprecher-Pakete, die zu einem geringfügigen Mehrpreis zusätzlich eine Subwoofer-Box enthalten.

Ein wesentlicher Unterschied zum herkömmlichen, analogen Dolby ProLogic®-Verfahren liegt neben der deutlich besseren Klangqualität darin, dass die **hinteren Boxen ein getrenntes Signal erhalten**, Geräusche also nicht mehr einfach von hinten kommen, sondern tatsächlich von hinten rechts oder hinten links. Mit Hilfe dieser Anordnung und Ansteuerung der Boxen kann ein Geräusch, wie einer der Tornados in *Twister*, von der vorderen linken Box nach vorne rechts und von dort nach hinten rechts wandern, sich hinter dem Rücken des Zuschauers nach links bewegen und diesen förmlich umkreisen – wodurch die Gewalt des Sturms und die von ihm ausgehende Gefahr noch authentischer wirken.

Den digitalen Surround-Ton gibt es auf DVDs und der inzwischen fast verschwundenen Laserdisc. Doch Achtung: Nicht jede DVD, auf der Dolby Digital® steht, enthält diese höhere Form des Umgebungstons. Die Bezeichnung "Digital" stellt zunächst nur sicher, dass der Ton in digitaler Form übertragen wird. Das muss aber nicht heißen, dass der Ton auch ursprünglich in 5 + 1 Kanäle dividiert wurde. So verbirgt sich hinter Dolby 1.0 ein Monosignal, hinter Dolby 2.0 Stereo ein normales Stereosignal, hinter Dolby 2.0 Surround ein ProLogic®-Signal und hinter Dolby 5.0 ein Signal für fünf Kanäle ohne Subwoofer. Daher sollte man bei höherem Anspruch auf die Bezeichnung **Dolby 5.1®** achten.

3. Dolby EX®/Dolby 6.1®

Bei dieser Weiterentwicklung von Dolby Digital® wird aus den beiden hinteren Kanälen ein weiteres **Signal für die hintere Mitte** gewonnen, daher auch die Bezeichnung 6.1. Der erste Film, der in diesem Tonformat produziert wurde, war *Star Wars: The Phantom Menace (Star Wars: Die dunkle Bedrohung, 1999)*. Als Tonvariante für DVDs setzt sich dieses wiederum aufwendigere System erst allmählich durch, vor allem weil es bislang nur von Receivern bzw. Verstärkern der hohen Preisklasse unterstützt wird.

4. MPEG-2 (5.1)

Das Komprimierungsverfahren MPEG-2 war ursprünglich nicht nur als Bild-, sondern auch als Tonformat für die DVD zwingend vorgeschrieben. Inzwischen schreibt der Standard nur noch vor, dass eine DVD eines der drei folgenden Tonsysteme unterstützen muss: MPEG-2, Dolby Digital® oder LPCM (Linear Pulse Code Modulation, das Tonformat der Audio-CD). Das Tonformat nach Standard MPEG-2 liefert ebenfalls 5+1 Kanäle, findet sich aber wesentlich seltener auf DVDs als Dolby Digital®.

5. DTS® (Digital Theater Systems) Digital Surround
http://www.dtsonline.com/

Das Tonsystem DTS® Digital Surround (mit vollem Namen Digital Theater Systems Digital Surround) wurde zum ersten Mal von Steven Spielberg bei der Produktion von *Jurassic Park*

(1993) eingesetzt. Es funktioniert nach dem gleichen Kanalprinzip wie Dolby Digital®, liefert den Ton folglich über 5 Hauptkanäle und 1 Subwoofer-Kanal. Ein **noch bestechenderes Klangbild** entsteht durch die etwa drei- bis vierfach höhere Datenmenge pro Kanal. Da die Unterbringung dieses opulenteren Tonmaterials einen höheren Aufwand bei der Produktion bedeutet, sind nicht viele DVDs mit diesem High-End-Ton ausgestattet. Zudem erfordert die Nutzung einen DVD-Player oder Receiver bzw. Verstärker mit integriertem DTS-Decoder. Da DTS®-Ton nicht abwärtskompatibel zu Stereo ist (das DTS-Signal von einem reinen Stereogerät also nicht verstanden wird), kann man eine DTS-DVD nur dank der Tatsache nutzen, dass sie laut Vorschrift mindestens ein anderes, stereokompatibles Tonsystem unterstützen muss (s. MPEG-2).

Auf DTS® oder gar die Weiterentwicklung DTS-ES® (= Extended Surround), die wie bei Dolby Digital 6.1 einen zusätzlichen Kanal für hinten Mitte bereitstellt, muss letztlich nur der Perfektionist Wert legen, der über eine entsprechend gute und teure Anlage verfügt und die Klangwelten dieses aufwendigen Mehrkanaltonsystems auch nutzen kann.

6. THX® (http://www.thx.com/)

THX® (für Tomlinson Holman Experiment[305]), wurde von Tom Holman von der Hightech-Filmschmiede Lucasarts entwickelt und erstmalig bei *Star Wars: Return of the Jedi (Star Wars: Die Rückkehr der Jedi-Ritter)* eingesetzt. Hinter THX verbirgt sich kein Tonsystem, sondern eine **Qualitätssicherung für Filmton**. Ursprünglich galt es, eine vor allem klanglich einwandfreie und möglichst einheitliche Vorführung eines Films in den Kinos zu sichern. Filmtheater, die das THX®-Zertifikat tragen (und damit werben können), erhalten dieses erst nach eingehender Prüfung durch Experten des Unternehmens. Hierbei wird sichergestellt, dass bei der Präsentation eines Films bestimmte Voraussetzungen in Bezug auf Bild und Ton erfüllt werden: So dürfen z.B. keine Nebengeräusche wie das Surren eines Projektors, aus Nachbarsälen herüberdringender Schall oder im Film nicht vorgesehene Halleffekte auftreten. Ebenso ungetrübt soll der Blick auf die Leinwand sein, hier gibt es Mindestwerte z.B. für den Blickwinkel und die Helligkeit des projizierten Bildes. Um größtmögliche Qualität zu gewährleisten, wird die Filmpräsentation in einem THX®-Kinosaal von einer ganzen Reihe THX-zertifizierter Geräte abgewickelt und überwacht.

Längst gibt es auch Heimkinogeräte und DVDs mit dem Gütesiegel von Lucasarts. So verfügen z.B. entsprechende Verstärker über Chips, die den Surroundton optimieren. In ähnlicher Weise unterliegt die Produktion THX®-geprüfter Filmmedien strengen Qualitätskontrollen, insbesondere beim Mastering, d.h. bei der Übertragung des originalen Films auf das Ausgangsformat der Vervielfältigung (spätestens bei der Übertragung auf das Format der DVD wird ein Film heutzutage digitalisiert; mitunter, wie bei *Star Wars 2* (2001/2002), wird sogar schon mit digitalen Kameras gefilmt).

PS: Nicht jedes Kino, das mit THX® wirbt, hat von Lucasarts die entsprechende Lizenzierung erhalten. Mitunter werden lediglich THX-Komponenten eingesetzt, die aber nicht das ganze "Paket" ersetzen können.

---

[305] sowie nach *THX 1138*, einem frühen Film von George Lucas (1967/1970)

7. Anhang
7.1 Bezugsquellen

Die intensive Vorbereitung und Durchführung einer Unterrichtsreihe zum Thema Film wird in der Regel die Anschaffung des gewünschten Films erforderlich machen. Bestellmöglichkeiten für DVDs und Videokassetten bestehen über den Buchhandel und über das Internet.
Die deutsche Filiale des bekannten Internet-Buchhändlers Amazon (www.amazon.de) liefert neben **deutschsprachigen Videokassetten und DVDs** auch **UK-Importe**, die aufgrund des hohen Pfund-Kurses allerdings recht teuer ausfallen. Sucht man die englischsprachige Version eines Films, sollte man zunächst prüfen, ob der Film als in Deutschland veröffentlichte DVD erhältlich ist (vorausgesetzt, man verfügt über entsprechende Abspielmöglichkeiten); üblicherweise enthalten deutsche DVDs neben der Synchronfassung auch die englischsprachige Originalversion, meist sogar mit englischen Untertiteln. Findet man auf der deutschen Homepage von Amazon keine englische Sprachversion, lohnt sich der Gegencheck bei der britischen Filiale (http://www.amazon.co.uk). Bei französischen Videokassetten, die z.B. über http://www.amazon.fr bezogen werden können, ist zu beachten, dass sich diese nur über SECAM-fähige Ausgabegeräte wiedergeben lassen; französische DVDs benutzen allerdings üblicherweise das PAL-Format. – Ein Vorteil für Amazon-Kunden ist es sicherlich, auf verschiedene Filialen dieses Händlers über ein und dasselbe Kundenkonto zugreifen zu können; dieses muss nur einmal eingerichtet werden, egal bei welcher Zweigstelle.
Auch BOL, der Online-Händler aus dem Bertelsmann-Konzern, liefert DVDs und Videos. Englischsprachige Filmmedien bestellt man hier über die britische Filiale.

Leider erscheint nur eine recht geringe Anzahl von **Drehbüchern** auf dem Buchmarkt, wie z.B. Andrew Niccols Skript zur *Truman Show*[306] oder Quentin Tarantinos *Pulp Fiction*[307]. Zahlreiche Drehbücher bzw. Transkripte englischsprachiger Kinofilme und TV-Serien finden sich im Internet; die wohl bekannteste Anlaufstelle mit schier unfassbarer Auswahl (von *2001* bis zu *You've Got Mail*, von *Ally McBeal* bis zu den *X-Files*) ist "Drew's Script-O-Rama" unter http://www.script-o-rama.com, wo u.a. das vollständige Drehbuch zu James Camerons *Titanic* auftauchte, noch ehe der Film in Deutschland in die Kinos kam ("donated by GOD" !). Zu prüfen bleibt die rechtliche Situation beim Herunterladen und Nutzen solcher Drehbücher.

7.2 Weiterführende Literatur

7.2.1 Film und Fernsehen

Franz-Josef **Albersmeier** [Hrsg.]: Literaturverfilmungen. Suhrkamp, Frankfurt 1989.

Royal S. **Brown**: Overtones and Undertones: Reading Film Music. University of California Press, Los Angeles 1994.

Claudia **Bullerjahn**: Grundlagen der Wirkung von Filmmusik. Reihe Wißner-Lehrbuch, Band 5. Forum Musikpädagogik Band 43. Wißner, Augsburg 2000.

Joseph **Campbell**: Hero with a Thousand Faces. Princeton University Press, Princeton 1972.

---

[306] Andrew Niccol/Peter Weir: The Truman Show. Newmarket Press, New York 1998. *deutsch:* Die Truman Show. Fischer Taschenbuch, Frankfurt/Main 1998.
[307] Quentin Tarantino: Pulp Fiction. Faber and Faber, London 1994. *deutsch:* Pulp Fiction – Das Buch zum Film. Rowohlt, Reinbek 1994.

Jens **Eder**: Dramaturgie des populären Films – Drehbuchpraxis und Filmtheorie. Beiträge zur Medienästhetik und Mediengeschichte Bd. 7, hrsg. von Knut Hickethier, Literaturwissenschaftliches Seminar Universität Hamburg. LIT Verlag, Hamburg 1999.

Thomas **Hausmanninger**/Thomas **Bohrmann** [Hrsg.]: Mediale Gewalt. W. Fink (UTB), München 2002.

Knut **Hickethier**: Film- und Fernsehanalyse. Sammlung Metzler Bd. 277. J. B. Metzler, Stuttgart 1996².

FAZ-Filmkritiken (über das Internet z.T. mit Videoausschnitten). Frankfurter Allgemeine Zeitung. http://www.faz.net

Georg **Maas**/Achim **Schudack**: Musik und Film, Filmmusik. Informationen und Modelle für die Unterrichtspraxis. Schott, Mainz 1994.

Making of... Wie ein Film entsteht. Rowohlt, Reinbek 1998. (Teil 1: Idee, Produktion, Drehbuch, Storyboard & Konzept, Regie, Kamera, Schauspieler, Kostüm & Design, Marketing, Kinos der Zukunft. Teil 2: Set-Team, Effekte & Tricks, Maske, Stop Motion/Animation, Digitale Effekte, Schnitt, Ton & Musik, Synchronisation, Zukunft des Kinos.)

James **Monaco**: How To Read A Film. Oxford University Press, London 2000. *dt.:* Film verstehen. Rowohlt, Reinbek 2000.

Fred **Karlin**: Listening to Movies: The Film Lover's Guide to Film Music. Schirmer Books, New York/Wadsworth Publishing Company, Belmont 1994.

Christopher **Vogler**: The Writer's Journey: Mythic Structure for Writers. Pan Books, London 1998². *dt.:* Die Odyssee des Drehbuchschreibers. Zeitausendeins, Frankfurt 2004⁴.

7.2.2 Film- und Fernsehpädagogik

Das British Film Institute (http://www.bfi.org.uk) liefert zwei interessante englischsprachige Reihen zu bekannten Filmen, die "BFI Film Classics" und die "BFI Modern Classics", sowie weitere Sekundärliteratur zu Filmen, Filmtheorie und bekannten Filmemachern. In den genannten Reihen liegen u.a. Bände zu *Blade Runner, Citizen Kane, High Noon, Independence Day, M, Psycho, Pulp Fiction, The Birds, Titanic* und *The Terminator* vor.

Dieter **Baacke**: Medienpädagogik. Niemeyer, Tübingen 1997.

Dieter **Baacke**/Margit **Lenssen**/Renate **Rölleke**: Von Mäusen und Monstern. Kinderfernsehen unter der Lupe. GEP, 1997.

Bruno **Bettelheim**: Kinder brauchen Märchen. dtv, München 1993.

Mihaly **Csikszentmihalyi**: Das flow-Erlebnis. Jenseits von Angst und Langeweile: im Tun aufgehen. Klett-Cotta, Stuttgart 1999.

Dieter **Czaja** [Hrsg.]: Kinder brauchen Helden. Power Rangers & Co. unter der Lupe. KoPäd, München 1997.

Jürgen **Hüther**/Bernd **Schorb**: Grundbegriffe Medienpädagogik. Kopäd, 2005.

Michael **Kunczik**: Gewalt und Medien. Böhlau, Köln 1998.

Andreas **Lange**/Kurt **Lüscher**: Kinder und ihre Medienökologie. Eine Zwischenbilanz der Forschung unter besonderer Berücksichtigung des Leitmediums Fernsehen. KoPäd Hochschulschriften, München 1998.

Günter **Lange**: Film- und Fernsehspiel im Unterricht. *in:* Taschenbuch des Deutschunterrichts. Schneider Verlag, Baltmannsweiler 1994^5.

Ingrid **Paus-Haase**: Heldenbilder im Fernsehen. Westdeutscher Verlag, Wiesbaden 1998.

Jan-Uwe **Rogge**: Kinder können fernsehen – Vom Umgang mit der Flimmerkiste. Rowohlt Taschenbuch Verlag, Reinbek , 1999.

Franz **Röll**: Mythen und Symbole in populären Medien. GEP Buch, 1998.

Helga **Theunert**/Margit **Lenssen**/Bernd **Schorb**: "Wir gucken besser fern als ihr!" – Fernsehen für Kinder. Edition TELEVIZION. KoPäd, München 1995.

Helga **Theunert**/Bernd **Schorb** [Hrsg.]: Begleiter der Kindheit. Zeichentrick und die Rezeption durch Kinder. BLM-Schriftreihe Bd. 37. Reinh. Fischer Verlag, München 1996.

Mathias **Wierth-Heining**: Filmgewalt und Lebensphase Jugend. Ein Beitrag zur Faszination Jugendlicher an medialer Gewalt. KoPäd, München 2000.

7.2.3 Stanley Kubrick und *The Shining*

Garrett **Brown**: The Steadicam and "The Shining". American Cinematographer August 1980, S. 786ff. http://www.visual-memory.co.uk/sk/ac/page2.htm [Stand 01.08.06].

Bill **Blakemore**: The Family of Man. *in:* San Francisco Chronicle, 29.07.1987. http://www.visual-memory.co.uk/amk/doc/0052.html [Stand 01.08.06]

Alison **Castle**: The Stanley Kubrick Archives. Taschen, Köln 2005.

Michel **Ciment**: Kubrick. München, 1982. *darin:* Kubrick on "The Shining". An Interview with Michel Ciment. http://www.visual-memory.co.uk/amk/doc/interview.ts.html [Stand 01.08.06].

Michael **Dare**: Kubrick, King and the Ultimate Scare Tactic. http://www.visual-memory.co.uk/amk/doc/0021.html [Stand 01.08.06].

Peter W. **Jansen**: Kommentierte Filmografie. *in:* Stanley Kubrick (Reihe Film 18). München 1984.

Urs **Jenny**: Das Traumangebot. *in:* Der Spiegel Nr. 43/1980. S. 266-67.

Stephen **King**: The Shining. Doubleday, New York 1977/1988. *deutsch:* Shining. Lübbe, Bergisch-Gladbach 1987. *zitiert nach der englischen Taschenbuchausgabe:* New English Library, Hodder & Stoughton, London 1978.

Kay **Kirchmann**: Stanley Kubrick. Das Schweigen der Bilder. Hitzeroth, Marburg 1995.

Murray **Kraft**: The Duality Motif. http://www.drummerman.net/shining/duality.html [Stand 01.08.06].

Jack **Kroll**: Stanley Kubrick's Horror Show. *in*: Newsweek, 02.06.1980. S. 52-54. http://www.visual-memory.co.uk/amk/doc/0053.html [Stand 01.08.06]

The **Kubrick** FAQ. http://www.visual-memory.co.uk/faq/ [Stand 01.08.06]

Kubrick FAQ. The Shining. http://www.visual-memory.co.uk/faq/html/shining/shining.html [Stand 01.08.06]

Kubrick Multimedia Film Guide. http://www.indelibleinc.com/kubrick/ [Stand 01.08.06]

The **Kubrick** Site. http://www.visual-memory.co.uk/amk/ [Stand 01.08.06]

Freddy **Langer**: ...und der ungekürzte. *in:* Frankfurter Allgemeine Zeitung, Feuilleton 21.10.1980.

Paul **Mayersberg**: The Overlook Hotel. *in:* Sight and Sound, Winter 80-81. http://www.visual-memory.co.uk/sk/ss/theshining.htm [Stand 01.08.06].

Thomas Allan **Nelson**: Kubrick: Inside a Film Artist's Maze. Indiana University Press, Bloomington 2000².

Richard **Schickel**: All Eyes on Them: *in:* Time 12.07.1999. S. 52-56.

Frank **Schnelle**: Im Labyrinth der Korridore: THE SHINING (1980). *in:* Andreas Kilb/Rainer Rother u.a.: Stanley Kubrick. Bertz, Berlin 1999. S. 195-212.

Georg **Seeßlen**: Stanley Kubrick und seine Filme. Schüren, Marburg 1999.

Shine On...and Out. *in:* Monthly Film Bulletin Vol. 47 No. 562, November 1980. http://www.visual-memory.co.uk/sk/films/cutshining.htm [Stand 01.08.06].

The **Shining**: Fast Facts. Warner Bros. Website.

http://kubrickfilms.warnerbros.com/video_detail/shining/index.html [Stand 01.08.06].

The **Shining**: Frequently Asked Questions. Warner Bros. Website.

http://kubrickfilms.warnerbros.com/faq/shining_faq.html [Stand 01.08.06].

P.L. **Titterington**: Kubrick and 'The Shining'. *in:* Sight & Sound, Spring 1981. http://www.visual-memory.co.uk/sk/ss/theshining2.htm [Stand 01.08.06].

Trivia for the Shining. International Movie Database. http://us.imdb.com/title/tt0081505/trivia [Stand 01.08.06].

Alexander **Walker**: Stanley Kubrick, Director. W.W.Norton, New York 1999. *deutsch:* Stanley Kubrick – Leben und Werk. Henschel, Berlin 1999.

Wilfried **Wiegand**: Der gekürzte Kubrick – Die deutsche Kinofassung des Horrorfilms "Shining". *in:* Frankfurter Allgemeine Zeitung, Feuilleton 21.10.1980.

7.3 Zeitschriften und Material zum Thema Medien

"Flimmo"
Programmberatung für Eltern e.V.
Postfach 801344
D-81613 München
Tel.: 089/63808-280
komplett online unter: http://www.flimmo.de
(Der "Flimmo" ist als Ansichtsexemplar kostenlos erhältlich; das Abo für drei Ausgaben pro Jahr kostet 12,-- DM.)

Zeitschrift "Medien und Erziehung"
KoPäd – Kommunikation und Pädagogik e.V.
Pfälzerwaldstr. 64
D-81539 München
http://www.kopaed.de

Zeitschrift "Televizion"
Internationales Zentralinstitut für das Jugend- und Bildungsfernsehen (IZI)
Rundfunkplatz 1, D-80335 München
http://www.izi.de
(Die Zeitschrift erscheint zweimal im Jahr und ist kostenfrei zu beziehen.)

Medienpädagogischer Forschungsverbund Südwest
Hans-Bredow-Straße, 76530 Baden-Baden
http://www.mpfs.de
(Materialien lassen sich von der Homepage aus herunterladen oder postalisch anfordern.)

7.4 Text- und Bildnachweis

Die Rezensionen von Wilfried Wiegand und Freddy Langer erscheinen hier mit freundlicher Genehmigung der "Frankfurter Allgemeinen Zeitung". Die Besprechung Urs Jennys wird mit freundlicher Genehmigung des "Spiegel" abgedruckt. Die Bildzitate sind folgenden Filmen entnommen:

Stanley **Kubrick**: The Shining. Warner Bros. 1980/2001.
Vivian **Kubrick**: The Making of "The Shining". Warner Bros. 2001.
Michael **Apted**: James Bond 007: The World is not Enough. Danjaq Productions/MGM. 1999.
James **Cameron**: Terminator 2. Carolco Pictures/Lightstorm Entertainment. 1991.
James **Cameron**: Titanic. 20th Century Fox/Paramount/Lightstorm Entertainment. 1997.
James **Cameron**: True Lies. 20th Century Fox/Universal Pictures/Lightstorm Ent. 1994
Chris **Carter**: The X-Files: Dreamland. 20th Century Fox/Ten Thirteen Productions. 1998.
Chris **Carter**: The X-Files: Fallen Angel. 20th Century Fox/Ten Thirteen Productions. 1993.
Chris **Carter**: The X-Files: Triangle. 20th Century Fox/Ten Thirteen Productions. 1998.
Michael **Crichton**: Westworld. MGM. 1973.
David **Fincher**: The Game. Polygram/Propaganda Films. 1997.
Alfred **Hitchcock**: Psycho. Shamley Productions/Universal Pictures/Columbia Tristar. 1960.
Alfred **Hitchcock**: Vertigo. Universal Pictures/Columbia Tristar. 1958.
Stanley **Kubrick**: 2001: A Space Odyssey. Warner Bros. 2001.
George **Lucas**: Star Wars: The Phantom Menace. Lucasfilm/20th Century Fox. 1999.
David **Lynch**: The Straight Story. Asymmetrical Productions/Channel Four Films. 1999.
Richard **Marquand**: Star Wars: Return of the Jedi. Lucasfilm/20th Century Fox. 1983.
John **McTiernan**: Die Thomas Crowne-Affäre. Irish DreamTime/MGM.1999.

Nicolas **Meyer**: Star Trek 6 – The Undiscovered Country. Paramount. 1991.
Nick **Park**: Wallace and Gromit – A Close Shave. Aardman Animations/BBC. 1995.
Sydney **Pollack**: Out of Africa. Mirage Entertainment/Universal Pictures. 1985.
Rob **Reiner**: Stand by me. Columbia Pictures. 1986.
Ridley **Scott**: Gladiator. DreamWorks SKG/Universal Pictures/Columbia Tristar. 2000.
Stephen **Sommers**: The Mummy. Alphaville Films/Universal Pictures. 1999.
Steven **Spielberg**: Indiana Jones and the Last Crusade. Lucasfilm/Paramount. 1989.
Steven **Spielberg**: Jaws. Universal Pictures. 1975.
Steven **Spielberg**: Jurassic Park. Amblin Entertainment/Universal Pictures. 1993.

Cinema Products/The Tiffen Company LLC., Hauppauge/USA. (Abbildungen Steadicam)
Dolby Laboratories Inc., San Francisco/USA, London. (Abbildung Dolby Surround, Logos)
Digital Theater Systems Inc., Agoura Hills/USA, Twyford/England. (DTS-Logo)
Lucasfilm Ltd., San Rafael/USA. (THX-Logo)

Printed in Germany
by Amazon Distribution
GmbH, Leipzig